新型轿车机械维修265问

朱　帆　主编

金盾出版社

内 容 提 要

本书以部分常见轿车为例，采用问答形式列出车辆维修中主要的机械维修作业项目，并详细叙述各作业项目的技术要求、操作程序与方法，主要内容包括轿车发动机、离合器、变速器、传动轴、车桥、悬架、转向系统、制动系统的机械维修工艺。

本书所列车型众多、实用性强，且图文结合、数据翔实、叙述简明，可供汽车维修工阅读参考，也可作为职业院校汽车维修技能的实训指导书。

图书在版编目(CIP)数据

新型轿车机械维修 265 问 / 朱帆主编. --北京：金盾出版社，2010.11
ISBN 978-7-5082-6337-3

Ⅰ.①新… Ⅱ.①朱… Ⅲ.①汽车－机械系统－车辆修理－问答 Ⅳ.①U472.41-44

中国版本图书馆 CIP 数据核字(2010)第 059914 号

金盾出版社出版、总发行

北京太平路 5 号(地铁万寿路站往南)
邮政编码:100036 电话:68214039 83219215
传真:68276683 网址:www.jdcbs.cn
封面印刷:北京印刷一厂
正文印刷:北京四环科技印刷厂
装订:海波装订厂
各地新华书店经销
开本:787×1092 1/16 印张:23.5 字数:572 千字
2010 年 11 月第 1 版第 1 次印刷
印数:1～10 000 册 定价:42.00 元

前　言

在车辆维修工作中，机械维修是一项重要的维修作业。为进一步规范车辆维修操作程序，提高车辆维修质量，我们针对机械维修的特点，并参照有关轿车维修手册，选取常见轿车的机械维修工艺实例编写了本书。所选车型保有量大，其车型包括爱丽舍、飞度、凯越、桑塔纳2000GSi、捷达Ci、宝来、风神蓝鸟等轿车。

本书采用设问形式列出轿车维修中主要的机械维修作业项目，并详细叙述各作业项目的技术要求、操作程序与方法，主要内容包括发动机、离合器、变速器、传动轴、车桥、悬架、转向系统、制动系统等总成与系统的拆装、调整及部件检修工艺。

1. 发动机机械检修　包括发动机总成的拆装、气缸盖的拆装或气缸垫的更换、正时带或正时链的拆装、气缸盖与气缸体的检修、活塞连杆组的拆装与检测、曲轴的拆装与检测、曲轴油封的更换、配气机构的拆装、气门座的铰削、润滑油滤清器的更换、油底壳的拆装、润滑油泵与水泵的拆装、润滑油和冷却液的检查与更换等。

2. 离合器检修　包括离合器总成的拆装、离合器踏板行程的检查与调整、从动盘总成的检查、压盘总成的检查、离合器操纵机构部件的检查等。

3. 变速器检修　包括变速器总成的拆装、变速器的分解与装配、零件的检查等。

4. 传动轴检修　包括传动轴总成的拆装、部件的检查等。

5. 车桥检修　包括车轮轮毂的拆装、车轮轴承的更换与间隙的调整等。

6. 悬架检修　包括悬架支柱的拆装、减振器与弹簧的检查与更换等。

7. 车轮定位检测　包括车轮前束与车轮外倾的检查与调整、主销内倾与主销后倾的检查与调整等。

8. 转向系统检修　包括转向系统部件的拆装、转向盘转向力与自由行程的检查、转向轮转向角的检查、转向机构的检查与调整、动力转向液压系统的检查等。

9. 制动系统检修　包括制动器的拆装、制动踏板行程的检查与调整、制动摩擦片的更换、制动主缸的拆装、真空助力器的测试、驻车制动装置的检查与调整等。

在本书编写过程中，参阅了有关车型的技术资料，并得到一些汽车维修人员的大力支持与帮助，陶燕平参与了部分图文编录，在此一并表示诚挚谢意。

因编者水平所限，书中难免有不当之处，恳请广大读者批评指正。

编　者

目　录

第一章 轿车发动机机械的检修

第一节 东风雪铁龙爱丽舍轿车 TU5JP/K 型发动机机械的检修

1. 如何检查与紧固发动机支架？

爱丽舍轿车 TU5JP/K 型发动机支架及其紧固力矩如图 1-1 所示。本作业内容包括检查发动机支架的连接，并按规定力矩拧紧各螺栓、螺母。

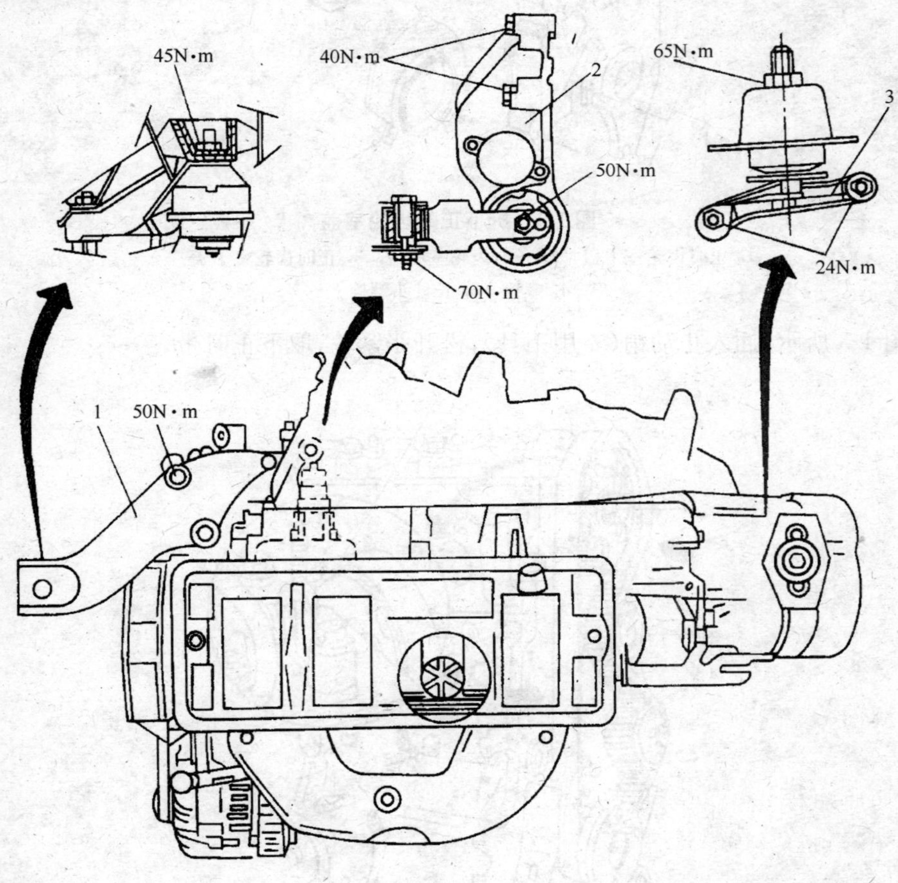

图 1-1 发动机支架

1. 右上支架 2. 右下支架 3. 左中支架

2. 如何更换发动机正时带？

(1)正时带的拆卸

正时带的拆卸顺序如下：

①如图 1-2 所示,拆下正时齿轮室盖。

图 1-2　拆下正时齿轮室盖

1. 正时齿轮室上盖　2. 正时齿轮室中盖　3. 正时齿轮室下盖
4. 螺栓　5. 长柱头螺栓

②如图 1-3 所示,插入止动销(专用工具),松开张紧轮,取下正时带。

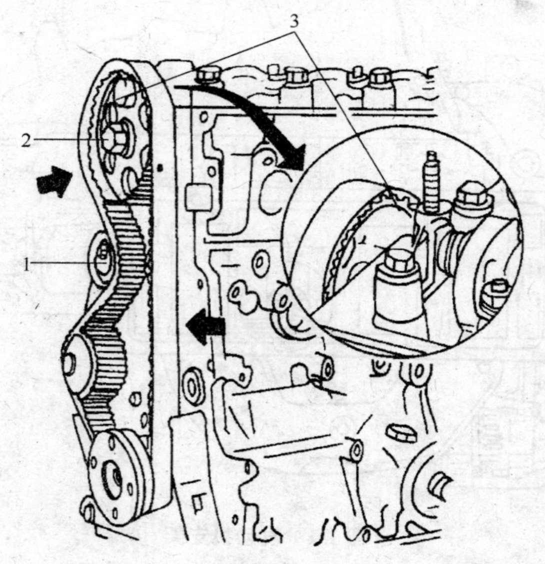

图 1-3　拆下正时同步带

1. 正时带张紧轮　2. 螺栓　3. 止动销

(2)正时带的检查

检查正时带有无硬化、龟裂、带齿磨损等现象,若有应更换。当正时带使用的行驶里程达

60 000km（使用条件差的则为 40 000km ）后，不管正时带状况如何均应更换。

(3)正时带的安装

如果直接更换，则只需按与拆卸相反的顺序安装新的正时带即可。如果是在重新装配曲轴或凸轮轴后，则应重新对曲轴和凸轮轴定位，确保配气正时准确。

正时带的安装顺序如下：

①如图 1-4 所示，慢慢转动曲轴，观察飞轮上的正时标记，当标记对准时，插入止动销将飞轮锁住，使曲轴不能转动。慢慢转动凸轮轴，当正时齿轮与气缸盖上的定位孔对齐时，插入止动销，将凸轮轴锁住。

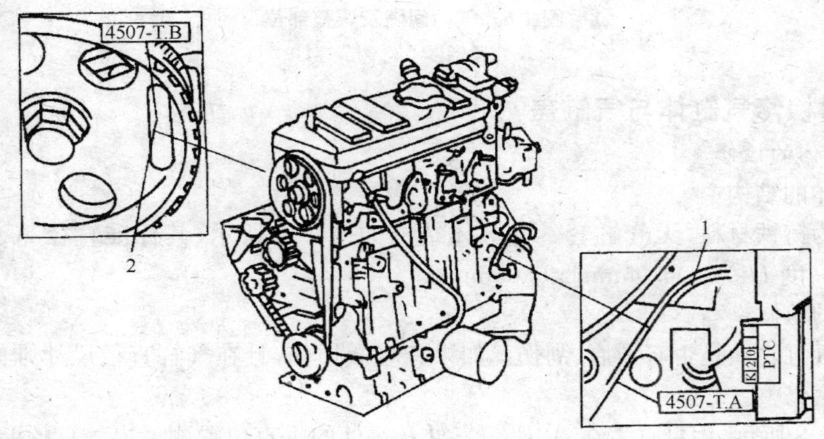

图 1-4　曲轴与凸轮轴的定位

1. 曲轴定位　2. 凸轮轴定位

②松开张紧轮，使其退到极限位置并将其夹紧。

③按凸轮轴正时齿轮、曲轴正时齿轮、水泵齿轮、张紧轮的顺序装上新的正时带。正时带为 101 个齿的齿形带。如安装原正时带，应使正时带上的方向标记与曲轴的旋转方向一致。

(4)正时带张紧力的调整

如图 1-5 所示，将正时带张紧工具套在张紧轮上，然后松开张紧轮，通过重锤的重力自然地拉紧正时带，拧紧张紧轮。拔下曲轴、凸轮轴的止动销，慢慢转动发动机曲轴 4 周，检查正时带是否安装正确。

3. 如何检查与调整气门间隙？

车辆运行了一段时间（约 25 000km）或配气机构装配后，应检查和调整气门间隙，以保证发动机的密封性和配气相位的正确。

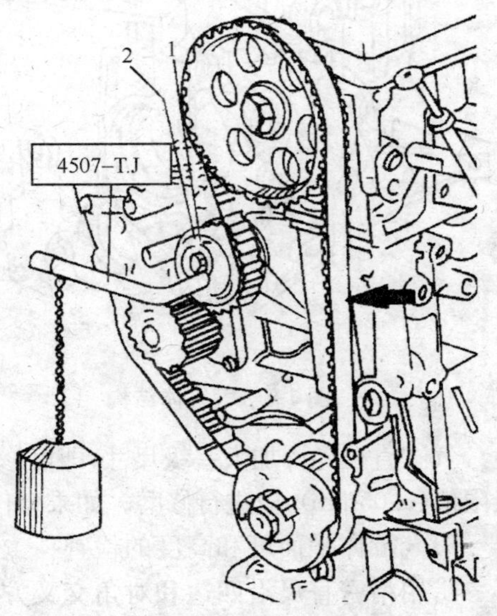

图 1-5　调整正时同步带张紧力

1. 正时带张紧专用工具　2. 张紧轮

如图 1-6 所示，发动机冷态下，进气门的间隙应为 0.20mm，排气门的间隙应为 0.40mm。

气门间隙应在发动机冷态下调整。在气门完全关闭时，松开锁紧螺母，用旋具旋转调整螺钉，即可改变气门间隙。用厚度为气门间隙的塞尺在气门间隙处来回拉动，若塞尺能拉动且稍有阻力，为间隙适当。然后，按规定的力矩拧紧锁紧螺母，再复查气门间隙。

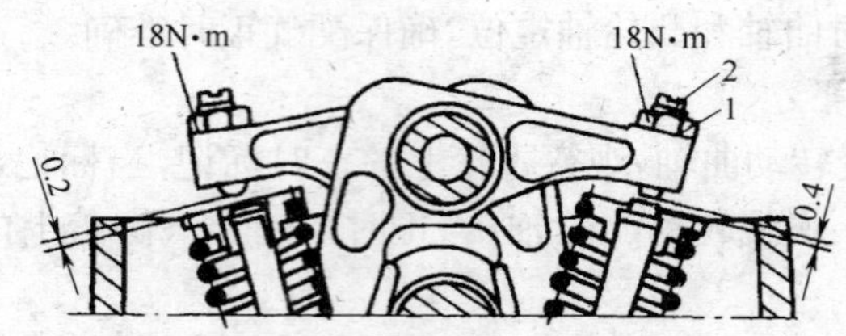

图 1-6 气门间隙及调整部位

1. 锁紧螺母 2. 调节螺钉

4. 如何检修气缸体与气缸盖?

(1)气缸体的检修

1)气缸体的结构

气缸体为铸铁材料，无气缸套。气缸体结构如图 1-7 所示，其标准直径 A 为 78.500～78.518mm，高度 H 为 206.95mm±0.05mm。

2)气缸的检修

①检查气缸表面是否有划痕、刮伤。如果有轻微损伤，且在气缸直径尺寸维修极限之内，可以通过珩磨修整。

②如图 1-8 所示，用量缸表在 A、B、C 三处及每处的垂直位置测量出气缸的磨损量和圆柱度误差。

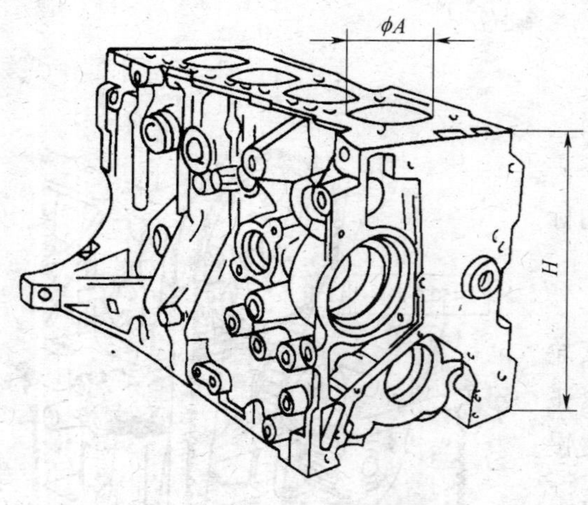

图 1-7 气缸体结构

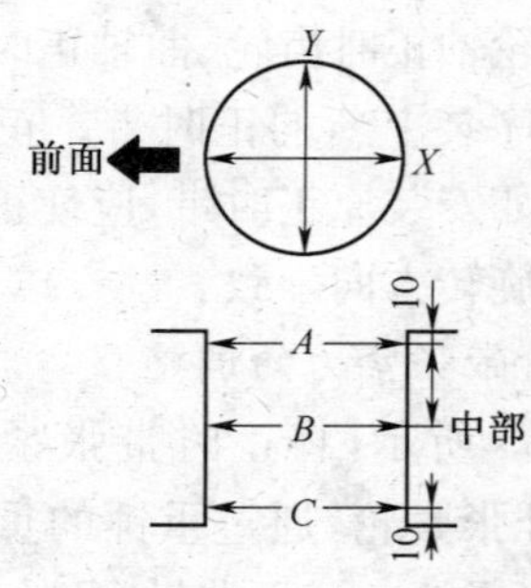

图 1-8 气缸直径测量位置

气缸直径允许加大一级尺寸，即可修磨至 78.900～78.918mm。如果气缸的圆柱度误差超过极限值(0.05mm)，应进行修磨。如果有任一气缸超过了加大尺寸的维修极限，必须更换气缸体。

3)气缸体平面度和高度的检查

①用精密直尺沿四边和对角交叉方向检查气缸体上部平面的平面度。气缸体上部平面度误差应不超过 0.05mm。

②测量气缸体的高度 H。其高度应为 206.95mm±0.05mm。

气缸体上部平面不能修磨。如果气缸体上部平面的平面度或气缸体高度误差超出正常范围，应更换气缸体。

4）主轴承孔的检查

①检查气缸体主轴承孔表面有无损伤，如果有较严重损伤，则更换气缸体。

②用千分表测量主轴承孔的直径，其直径应为 53.712～53.731mm。如果主轴承孔直径超出正常范围，则更换气缸体。

③检查曲轴的轴向间隙，由安装在第二道主轴承孔（从飞轮端数）两侧的止推垫片保证曲轴的轴向定位。该主轴承孔的宽度应为 18.58～18.63mm。

（2）气缸盖的检修

1）气缸盖的结构

气缸盖为铸铝合金材料，其结构如图 1-9 所示。气缸盖的高度 H 为 111.20mm±0.08mm。

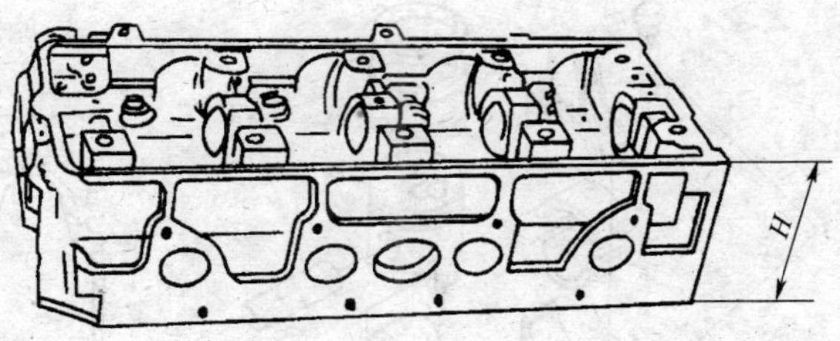

图 1-9　气缸盖结构

2）气缸盖的检修

①检查气缸盖下部平面有无损伤。检查气缸盖下部平面的平面度误差（方法与气缸体上部平面的平面度误差检查相同），其平面度误差应小于 0.05mm。如果气缸盖下部平面有损伤，或平面度误差超过了极限，应进行修磨。修磨量为 0.2mm。

②测量气缸盖的高度 H，其高度应为 111.20mm±0.08mm。如果气缸盖的高度小于规定值，应使用加厚的气缸垫，或更换气缸盖。

（3）气缸垫的更换

气缸垫的厚度有两种，即厚度为 1.45mm±0.1mm 气缸垫和厚度为 1.65mm 加厚气缸垫。气缸盖修磨后，必须使用加厚气缸垫。否则，会增大发动机的压缩比。

更换气缸垫时，应核对气缸垫的标识。气缸垫上的标识如图 1-10 所示。气缸垫的标识是由其端部 a、b、c 三处的缺口来表示的。

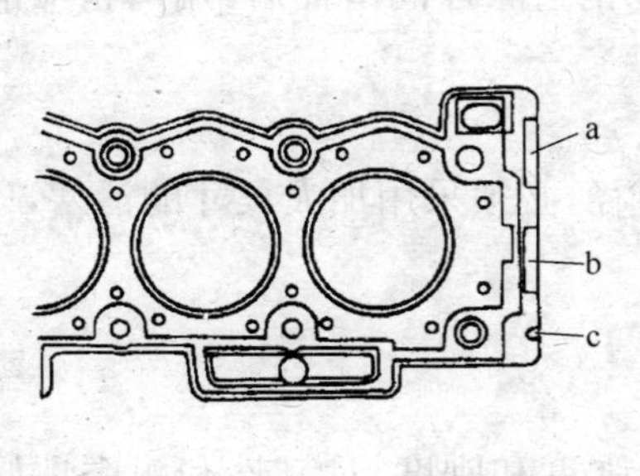

(a)

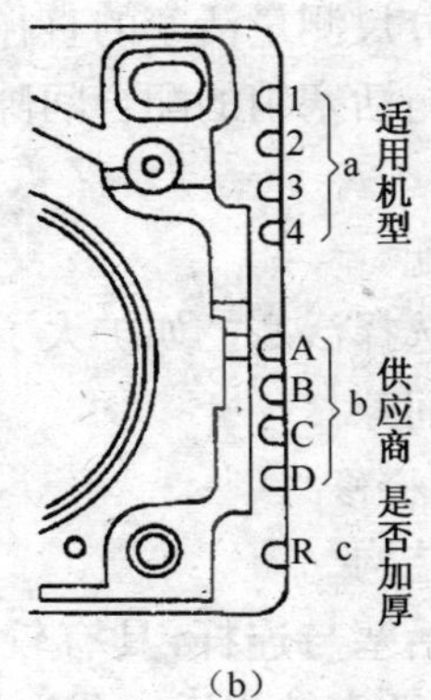

(b)

图 1-10　气缸垫标识

(a)标记的位置　(b)标记的分布

（4）油底壳的密封

油底壳由薄钢板冲压而成。安装油底壳前，先刮掉旧的密封胶，再涂上新的密封胶，换上新的密封垫，并按规定力矩均匀地将油底壳螺栓拧紧，以防止润滑油渗漏。

5. 如何检修活塞连杆组零件？

爱丽舍轿车 TU5JP/K 型发动机活塞连杆组的零件如图 1-11 所示。

(1)活塞的检修

1)活塞的结构

活塞由铝合金精铸而成，其结构如图 1-12 所示。活塞的标准直径为 78.455～78.470mm，加大尺寸为 78.855mm；活塞销孔的偏心距为 1mm±0.15mm。三道环槽的环高分别为 1.83～1.87mm、2.04～2.06mm、3.03～3.06mm。活塞销孔与活塞销为间隙配合，其间隙为 0.010～0.016mm。活塞的质量差应不大于 3g。活塞裙部为"半拖式"，以避免与曲轴平衡块干涉。

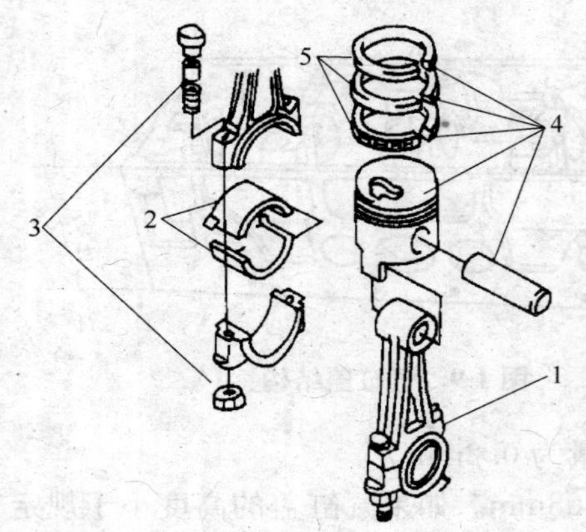

图 1-11　活塞连杆组分解图

1. 连杆　2. 连杆轴承　3. 连杆螺栓与螺母
4. 活塞组　5. 活塞环

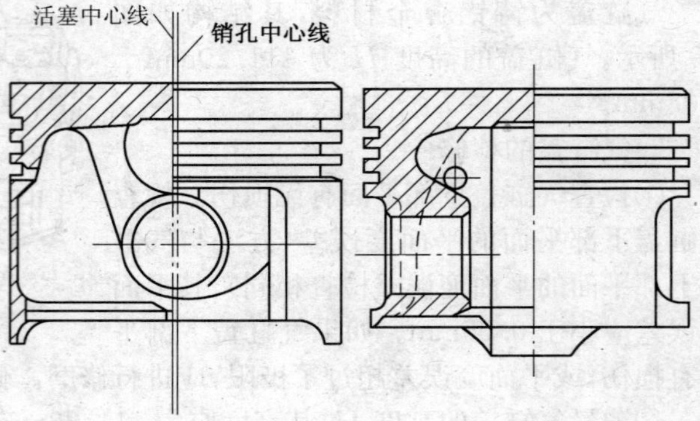

活塞中心线
销孔中心线

图 1-12　活塞结构

2)活塞的检查

①检查活塞有无变形或裂纹。

②用外径千分尺测量活塞的直径。

③检查活塞与活塞销的配合间隙。在活塞销上涂抹润滑油后，用拇指应能将活塞销压入活塞销孔。

3)活塞的选配

按气缸直径选择活塞。如扩大了气缸孔直径，必须采用加大尺寸的活塞，以保证活塞与气缸壁的正常配合间隙。

(2)活塞销的检修

1)活塞销的结构

活塞销连接活塞与连杆，具有较高的机械强度和刚度，且韧性和耐磨性好。活塞销采用"半浮式"连接，即活塞销与活塞孔为间隙配合，活塞销与连杆小头孔为过盈配合。

2)活塞销的检查

握住活塞，将连杆沿竖直方向上下移动，检查活塞销与活塞销孔应无移动的感觉。

3)活塞销的选配

活塞销拆下后不能再用，必须更换新的活塞销。

(3)活塞环的检修

1)活塞环的结构

活塞上有两道气环和一道油环，如图 1-13 所示。第一道气环为球墨铸铁桶形环，外圆表面经喷铝处理，具有较高的强度和冲击韧性，且耐热、耐磨，桶形环与气缸壁的圆弧形接触，对气缸壁表面的适应性和对活塞偏摆的适应性较好，有利于密封。第二道气环为灰铸铁正扭曲锥形环，有朝上标记“TOP”。第三道为普通铸铁 U 形截面组合油环。

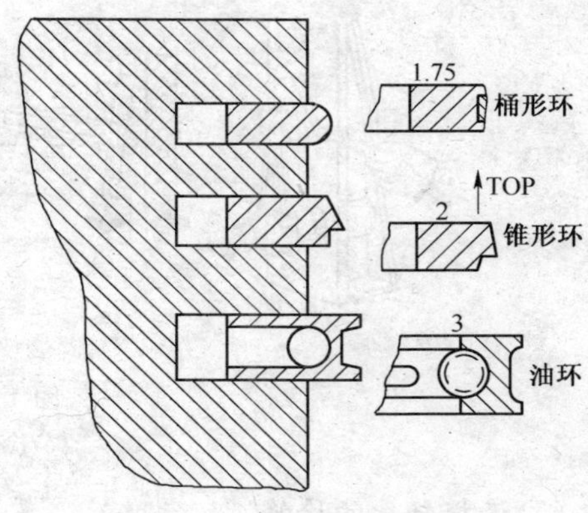

图 1-13　活塞环结构

2)活塞环的检查

①如图 1-14 所示，用活塞将活塞环推入气缸内距底部 15～20mm 处，然后用塞尺测量活塞环的开口间隙，各活塞环的开口间隙均应为 0.30～0.50mm。

②如图 1-15 所示，检查活塞环侧隙，其间隙应为 0.30～0.70mm。

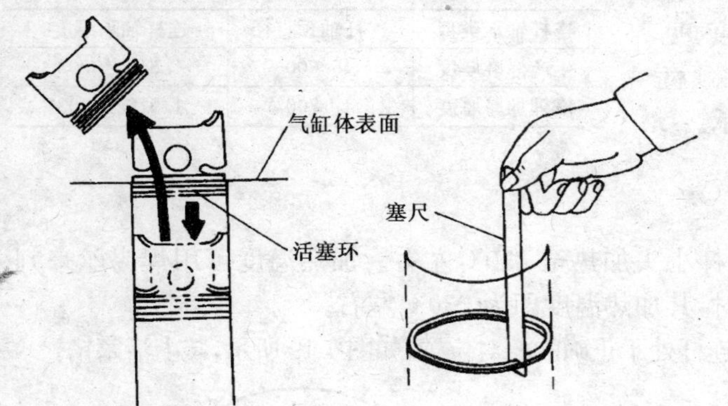

图 1-14　检查活塞环开口间隙

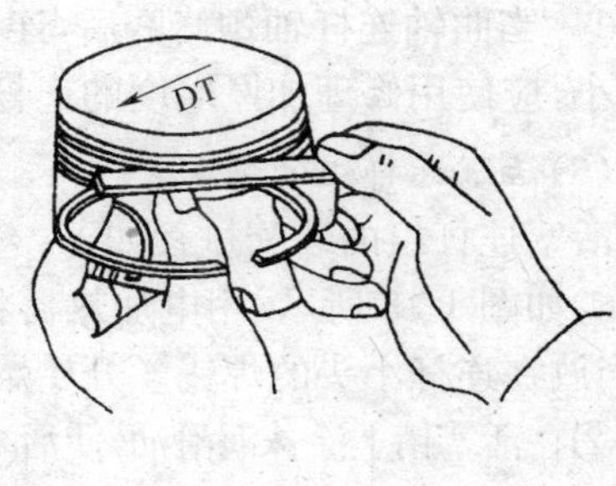

图 1-15　检查活塞环侧隙

(4)连杆的检修

1)连杆的结构

连杆由 45M5UA2(法国钢号)钢模锻而成。杆身截面呈“工”字形，连杆小头为整体式，其孔径为 19.450～19.463mm，连杆小头孔与活塞销为过盈配合。连杆大头为分体式，用连杆螺栓连接，其孔径为 48.642～48.655mm。连杆大头与连杆小头两孔中心距为 133.5mm±0.07mm。各连杆的质量差不能超过 3g。

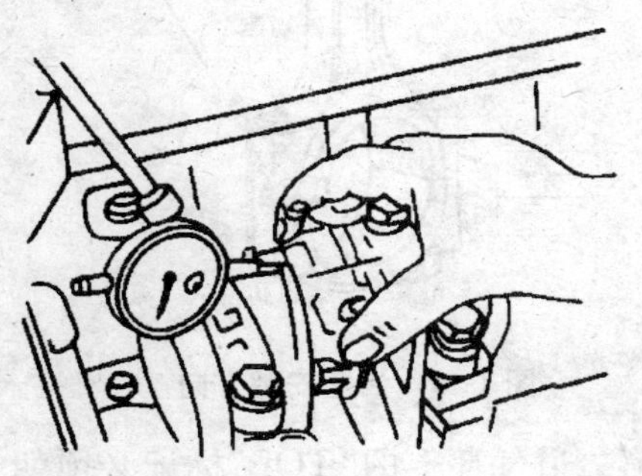

图 1-16　检查连杆轴向间隙

2)连杆的检查

①在拆下活塞连杆组之前，用百分尺检查连杆大头在曲轴上的轴向间隙，如图 1-16 所示，其间隙应为 0.15～0.30mm。如果间隙过大，则应更换连杆。如果更换连杆仍不能使连杆大头在曲轴上的轴向间隙恢复到正常范围内，则应更换曲轴。

②用连杆检验矫正仪检查连杆的弯曲和扭曲，

如图 1-17 所示,其变形不应超过 0.05mm/100mm。如果连杆有弯曲和扭曲,必须进行矫正或更换连杆。连杆体与连杆盖为配对装合,安装时不能装错。

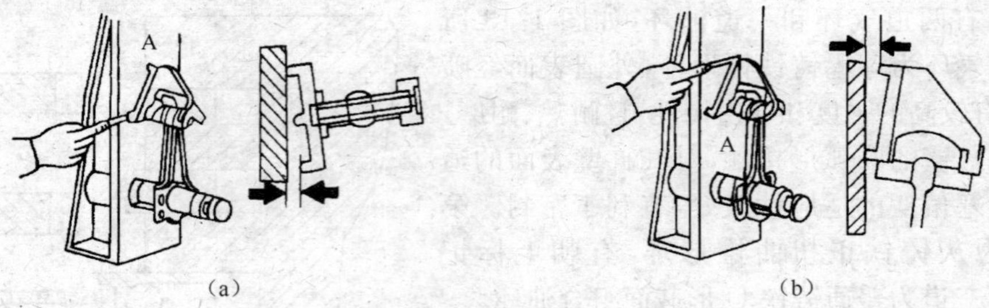

图 1-17　检查连杆变形

(a)检查扭曲　(b)检查弯曲

(5)连杆轴承的检修

连杆轴承由薄钢片与减摩合金制成,轴承上无油槽。连杆轴承的厚度有两种,一种是生产标准厚度,另一种是修理加厚厚度,见表 1-1。当曲轴连杆轴颈修磨后,连杆轴颈直径减小,应使用修理加厚厚度的连杆轴承。

表 1-1　连杆轴承与连杆轴颈的尺寸　　(mm)

连杆轴承类型	连杆轴颈直径	连杆轴承厚度
生产标准厚度	45.000	1.817±0.03
修理加厚厚度	47.700	1.976±0.03

(6)活塞连杆组的装配

活塞连杆组的装配过程如下:

①如图 1-18 所示,用电加热器将连杆小头加热至 230℃左右。加热温度可用焊锡丝来判断,当放在连杆小头的焊锡丝开始熔化时,其加热温度即为 230℃左右。

②在活塞销上涂抹润滑油,使活塞和连杆处于正确的相对位置,如图 1-19 所示,装上活塞销。

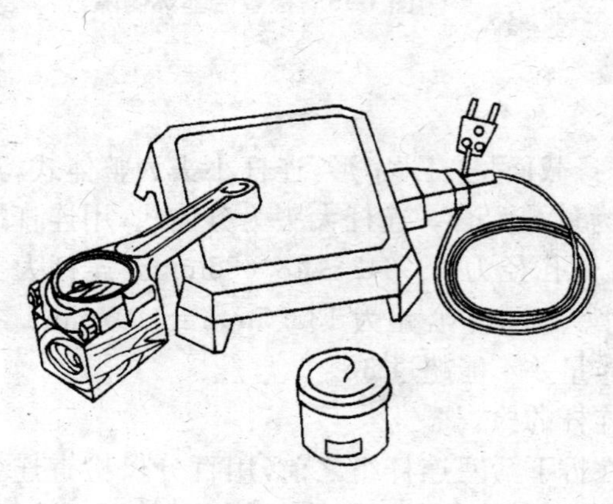

图 1-18　加热连杆小头

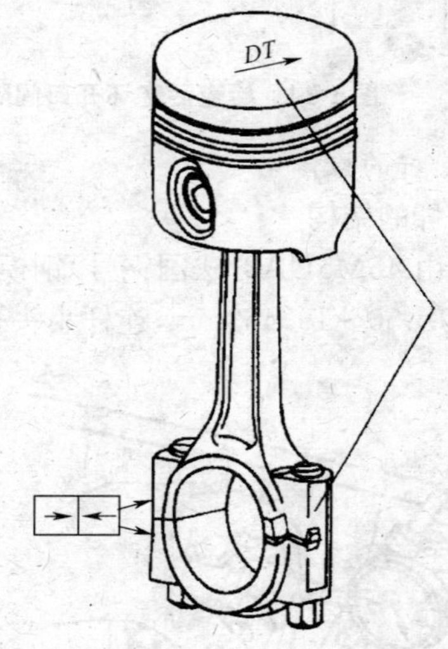

图 1-19　活塞安装方向

③用活塞环专用拆装钳装上各道活塞环。应注意第二道气环上的“TOP”标记必须朝上。在环槽中转动活塞环,检查活塞环在环槽中有无卡滞。

6. 如何检修曲轴飞轮组零件？

爱丽舍轿车 TU5JP/K 型发动机曲轴飞轮组零件如图 1-20 所示。

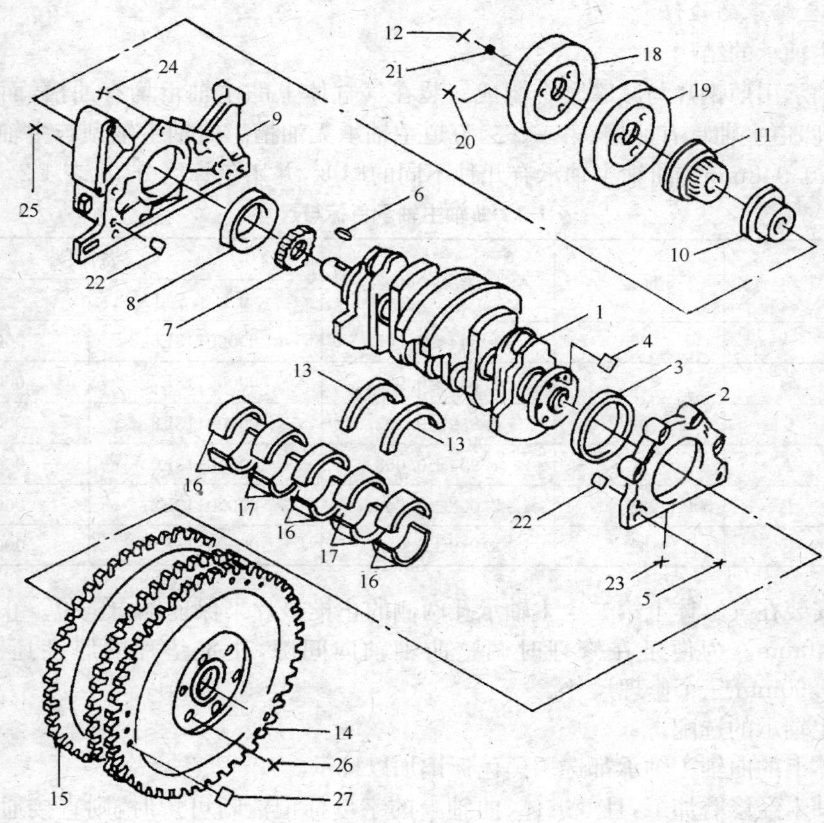

图 1-20　曲轴飞轮组分解图

1. 曲轴　2. 曲轴右油封支座　3、8. 油封　4、27. 圆柱销　5、12. 螺栓　6. 半圆键　7. 润滑油泵驱动齿轮　9. 曲轴左油封支座　10. 隔套　11. 曲轴正时齿轮　13. 止推垫片　14. 飞轮　15. 飞轮齿圈　16、17. 主轴承　18、19. 带轮　20. 六角螺栓　21. 平垫圈　22. 销　23. 支座下平面　24、25. 螺栓　26. 飞轮螺栓

(1)曲轴的检修

1)曲轴的结构

曲轴用球墨铸铁铸造而成，曲轴带有平衡块，采用全支承结构形式。连杆轴颈标准直径为 45.000mm，修理尺寸为 44.700mm。主轴颈标准直径为 49.981mm，修理尺寸为 49.681mm。

2)曲轴的检查

①在拆下曲轴前，用百分表检查曲轴的轴向间隙，其轴向间隙应为 0.07～0.27mm。若间隙过大，则应检查和更换止推垫片。如果更换止推垫片不能使曲轴的轴向间隙恢复到正常范围内，应更换曲轴。

②检查曲轴的键槽及其他部位有无损伤。

③检查曲轴的油道，必要时清洁曲轴油道。

④检查曲轴是否弯曲，用百分表测量曲轴中间轴颈的径向圆跳动，应不大于 0.05mm。若超出此范围，则应更换曲轴。

⑤检查曲轴的磨损情况。用外径千分尺测量曲轴主轴颈和连杆轴颈的圆度及圆柱度误差。如果误差超出0.007mm,则需对曲轴轴颈进行修磨。

(2)曲轴主轴承的检修

1)曲轴主轴承的结构

曲轴主轴承用薄钢片与减摩合金制成。装在气缸体上的主轴承均有油槽,而装在主轴承盖上的第二、四道主轴承有油槽,第一、三、五道主轴承无油槽。曲轴主轴颈与主轴承的配合间隙为0.023~0.048mm。曲轴主轴承有几种不同的厚度,并用色标区分,见表1-2。

表1-2 曲轴主轴承色标与尺寸

轴瓦类型		标记	厚度/mm	备件号	
				第1、3、5道	第2、4道
标准轴承	A	蓝	1.844±0.003	00000113E6	00000113E9
	B	黑	1.858±0.003	00000113E7	00000113F0
	C	绿	1.869±0.003	00000113E8	00000113F1
修理加厚轴承	A	蓝	1.994±0.003	00000113E0	00000113E3
	B	黑	2.008±0.003	00000113E2	00000113E4
	C	绿	2.019±0.003	00000113E3	00000113E5

曲轴由安装在气缸体上第二个主轴承孔两侧的止推垫片来保证轴向定位。止推垫片的标准厚度为2.40mm。为便于在修理时调整曲轴轴向间隙,止推垫片的厚度还有2.50mm、2.55mm和2.60mm三个修理尺寸。

2)曲轴主轴承的选配

①气缸体上的曲轴主轴承都选用黑色标记加以标示。

②在曲轴未经修磨加工,且气缸体、曲轴上的字母标记清晰可辨时,则直接通过字母标记按厂家规定选配曲轴主轴承。

③曲轴未经修磨加工,但气缸体、曲轴上的字母标记模糊不清时,则需通过实际测量主轴承孔和曲轴主轴颈的直径,然后按厂家规定选配曲轴主轴承。

④当曲轴轴颈经修磨加工后,应使用加厚曲轴主轴承,按厂家规定选配曲轴主轴承。

气缸体上的标记位于靠近正时同步带处的前端面上,标记为条形码和5个法文字母。条形码与修理无关。5个字母从靠飞轮侧的第一个起,依次代表第一至第五道曲轴主轴承。

曲轴上的标记位于靠近正时同步带侧的第一个平衡块上,也为条形码和5个法文字母。条形码与修理无关。5个字母从靠飞轮侧的第一个起,依次代表第一至第五道曲轴主轴颈。

气缸体主轴承孔与主轴承盖为配对装合,安装时不能装错。

(3)飞轮的检修

1)飞轮的结构

飞轮由铸铁铸造而成,直径为200mm,通过六个螺栓与曲轴凸缘连接。飞轮外圆固定有起动齿圈和曲轴位置传感器信号触发齿圈。

2)飞轮的检查

①检查飞轮与离合器从动摩擦片接触的表面是否有烧蚀、拉伤、起毛、裂纹。若表面损伤较严重,则应更换飞轮。

②检查飞轮上起动齿圈是否有损伤,若轮齿损伤较严重,则应更换起动齿圈。

3）飞轮的安装

在螺栓上涂防松胶，并以 65N・m 的力矩拧紧螺栓。

（4）曲轴的安装

曲轴的安装顺序如下：

①将气缸体底面朝上放稳后，将主轴承安装在相应的主轴承孔上，装上止推垫片，并涂上适量的润滑油。

②将曲轴放入气缸体主轴承上，安装各道主轴承盖，应注意主轴承盖与气缸体主轴承孔为配对装合，安装时不能装错。拧上主轴承盖螺栓。按先中间后两边的顺序拧紧各主轴承盖螺栓。主轴承盖螺栓用 20N・m 的力矩拧紧后，再拧紧 45°。

③检查曲轴转动是否灵活，曲轴的轴向间隙是否符合要求。

7. 如何检修配气机构零件？

爱丽舍轿车 TU5JP/K 型发动机配气机构传动组件如图 1-21 所示。

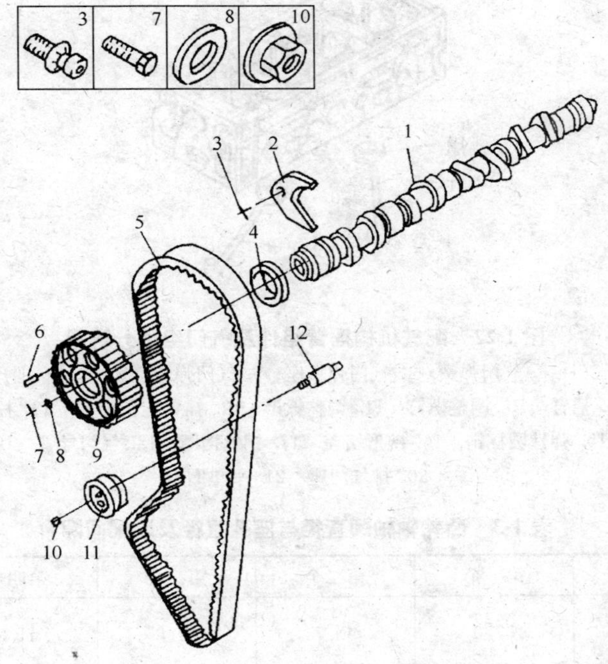

图 1-21　配气机构传动组件分解图

1. 凸轮轴　2. 止推凸缘　3. 螺栓　4. 凸轮轴油封　5. 正时同步带　6. 圆柱销　7. 六角螺栓　8. 平垫圈　9. 凸轮轴正时齿轮　10. 六角螺母　11. 张紧轮　12. 双头螺柱

爱丽舍轿车 TU5JP/K 型发动机配气机构摇臂组件及气门组件如图 1-22 所示。

（1）凸轮轴的检修

1）凸轮轴的结构

凸轮轴为合金铸铁材料。凸轮轴由气缸盖上五个座孔支撑。座孔为整体式，无轴承。为便于凸轮轴拆装，座孔直径从第一个（从飞轮侧起）至第五个依次增大。凸轮轴轴颈直径、座孔直径及装配间隙见表 1-3。凸轮轴轴颈与座孔的配合间隙为 0.03～0.07mm。凸轮轴的轴向间隙为 0.07～0.16mm。

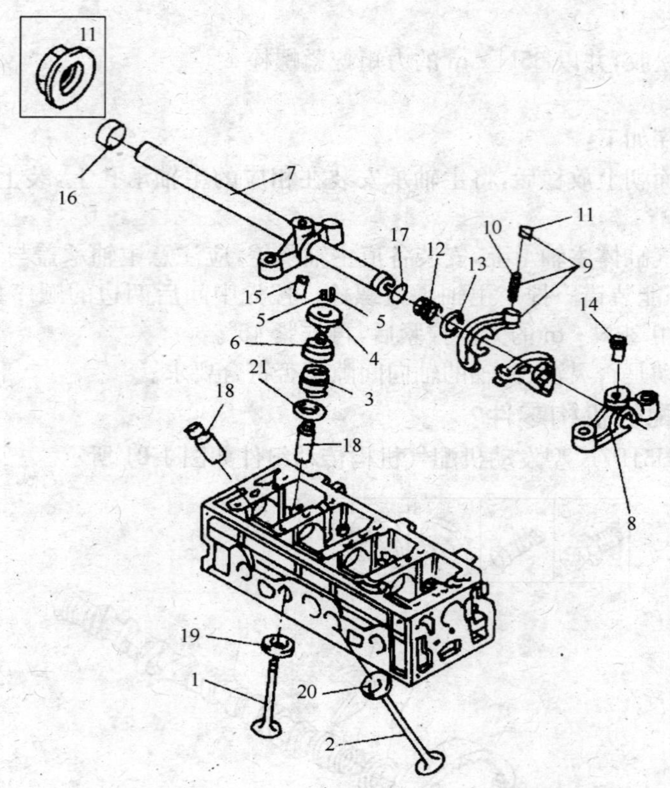

图 1-22　配气机构摇臂组件及气门组件分解图

1. 进气门　2. 排气门　3. 气门弹簧　4. 气门弹簧座　5. 气门弹簧锁片　6. 气门杆油封　7. 摇臂轴　8. 摇臂轴支座　9. 摇臂　10. 调整螺钉　11. 调整螺母　12. 摇臂定位弹簧　13. 摇臂定位弹簧垫圈　14. 定位螺钉　15. 弹性圆柱销　16. 碗形堵盖　17. 钢丝挡圈　18. 气门导管　19. 进气门座　20. 排气门座　21. 平垫圈

表 1-3　凸轮轴轴颈直径与座孔直径及装配间隙　　(mm)

轴颈与座孔	第一个	第二个	第三个	第四个	第五个
凸轮轴轴颈直径 (－0.075；－0.050)	37.0	40.7	41.3	41.9	42.5
凸轮轴座孔直径 (0；＋0.039)	37.0	40.7	41.3	41.9	42.5

2)凸轮轴的检查

①检查凸轮轴各轴颈及凸轮的表面有无划伤、麻点和不正常磨损。如果有轻微的麻点或划伤,可用油石修磨。如果有严重的损伤或磨损(起台阶),则应更换凸轮轴。

②用外径千分尺测量凸轮的高度,如果凸轮的磨损量超过了 1.0mm,则应更换凸轮轴。

③检查凸轮轴的弯曲。如果凸轮轴的中间轴颈径向圆跳动超过了 0.05mm,应矫正或更换凸轮轴。

④检查凸轮轴轴颈与座孔的配合间隙。分别测量凸轮轴轴颈与座孔直径,如果超过 0.15mm,则应更换凸轮轴。

⑤检查凸轮轴的轴向间隙。凸轮轴的轴向间隙用安装在气缸盖上的止推凸缘来保证，检查时，用力使止推凸缘向凸轮轴的正时齿轮侧靠紧的同时，用塞尺测量止推凸缘与凸轮轴轴颈侧面的间隙。若间隙超过 0.25mm，则应更换止推凸缘。

(2)摇臂组件的检修

1)摇臂组件的组成

摇臂组件包括摇臂、摇臂轴、摇臂轴支座、摇臂定位弹簧等。

摇臂是以摇臂轴为铰接点的杠杆，由摇臂定位弹簧来保证轴向定位。摇臂的凸轮端为扁圆工作面，与凸轮的轮廓贴合。摇臂的气门杆端安装了气门间隙调整螺钉，通过螺钉的球形面与气门杆接触。

摇臂轴由钢管制成，其外径为 20mm，长为 368mm，由摇臂轴支座支承。

2)摇臂组件的检查

①在分解摇臂组件前，先直观检查摇臂与摇臂轴的配合情况：径向推拉摇臂，如果有明显间隙感，则表明摇臂与摇臂轴的磨损使配合间隙过大，应更换摇臂与摇臂轴。

②检查摇臂及摇臂轴工作表面有无划痕、麻点、异常磨损。轻微的伤痕可修磨。如果有较严重的损伤或磨损过度，应更换。

③检查摇臂与摇臂轴润滑油孔的堵塞情况并清洁和疏通。

④检查摇臂上气门间隙调整螺钉的螺纹是否完好。若有损伤，应更换。

(3)气门的检查

每个气缸设置一个进气门和一个排气门，且进、排气门呈 V 形布置，夹角为 33°。

①检查气门杆及头部有无裂纹、破损、烧蚀等，若有则更换。

②用千分尺检查气门杆的磨损情况，在气门杆的上部、中部和下部测量其直径，若气门杆的磨损量达 0.08mm，圆度或圆柱度误差超过了 0.01mm，则更换气门。

③用百分表检查气门杆是否弯曲，若指针的摆动量超过 0.06mm，则更换气门。

④检查气门的工作面(密封锥面)有无斑点和烧蚀等，若有则更换。

(4)气门导管的检查与更换

如图 1-23 所示，气门导管安装在气缸盖上，与气缸盖为过盈配合。气门导管的装配尺寸见表 1-4。

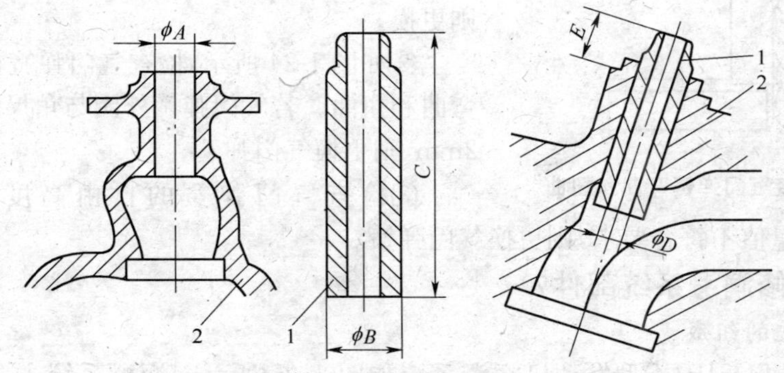

图 1-23　气门导管装配尺寸

1. 气门导管　2. 气缸盖

ϕA—气缸盖导管孔径　ϕB—气门导管外径　C—气门导管长度　ϕD—气门导管内径　E—气门导管装配尺寸

表 1-4　气门导管的装配尺寸　　(mm)

项　目		参数	项　目		参数
气缸盖导管孔径 ϕA (0;+0.032)	标准尺寸	12.965	气门导管内径 ϕD (0;+0.022)	标准尺寸	7
	维修尺寸 1	13.195			
	维修尺寸 2	13.495	气门导管长度 C	标准尺寸	48.5±0.3
气门导管外径 ϕB (+0.028;+0.039)	标准尺寸	13.02	气门导管安装高度 E	进气门	16.15±0.1
	维修尺寸 1	13.29		排气门	15.15±0.1
	维修尺寸 2	13.59			

1)气门导管的检查

用百分表测量气门导管与气门杆之间的间隙,正常的间隙应为 0.04～0.10mm。如果间隙达到或超过了 0.20mm,应更换气门,并重新进行检查。若间隙仍然超出正常范围,则更换气门导管。

2)气门导管的更换

①将气门导管冲出,检查气缸盖上气门导管孔的直径,并用规定尺寸的铰刀铰削气缸盖上的气门导管孔至维修尺寸。

②选择外径与孔相配的气门导管,并将新气门导管装入。气门导管的安装高度应符合要求。

③清洗气门导管,再检查气门杆与气门导管的间隙。气门在气门导管中应滑动自如。

(5)气门座圈的检修

气门座圈是镶嵌在气缸盖上的耐磨铸铁圆环,其密封锥面与气门的工作锥面相配合。

①检查气门座圈密封锥面。若出现斑点、轻微的烧蚀及表面有硬化层,可采用研磨或先铰削再研磨的方法修整。

②如果气门座圈出现裂纹、松动、严重烧蚀或铰削后座圈下陷超过了 1.5mm,则更换气门座圈。

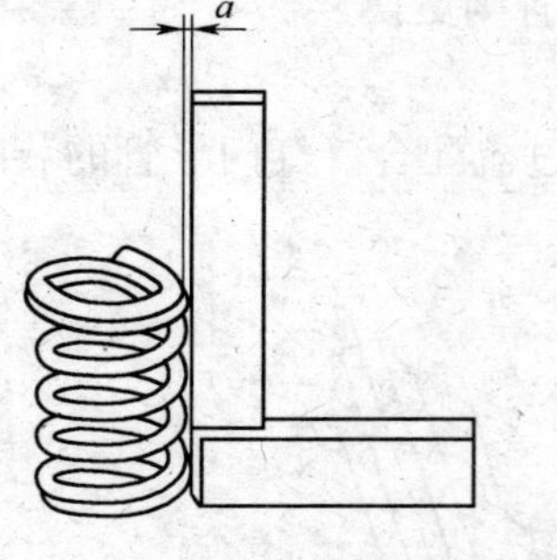

图 1-24　检查气门弹簧弯曲和扭曲

(6)气门弹簧的检查

进、排气门弹簧相同,均为不等距右旋圆柱螺旋弹簧。

①检查气门弹簧是否有裂纹、锈蚀或断裂。若有则更换。

②如图 1-24 所示,检查气门弹簧在自由状态下的弯曲和扭曲。若气门弹簧外圈与角尺的间隙 α 超过了 2mm,则更换气门弹簧。

③检查气门弹簧的自由高度。其规定值为 49.5mm。若测量值不符合要求,则更换气门弹簧。

8. 如何检修润滑系统部件?

(1)润滑系统的组成

爱丽舍轿车 TU5JP/K 型发动机润滑系统如图 1-25 所示。润滑系统主要部件包括油底壳、润滑油集滤器、润滑油泵、润滑油滤清器等。该系统通过在气缸体底部与主油道相通的喷嘴向活塞底部喷出锥形的润滑油,对活塞进行润滑和冷却。

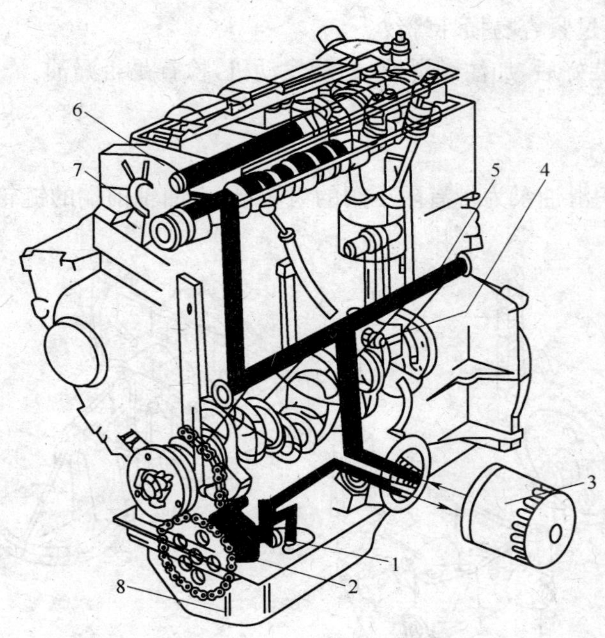

图 1-25　发动机润滑系统的组成

1. 润滑油集滤器　2. 润滑油泵　3. 润滑油滤清器　4. 润滑油压力传感器
5. 主油道　6. 摇臂轴　7. 凸轮轴　8. 油底壳

(2)润滑油集滤器的检查

润滑油集滤器悬浮于油底壳内的润滑油中，对进入润滑油泵的润滑油进行粗滤，以滤除润滑油中一些较大颗粒的杂质。检查时，主要检查润滑油集滤器的滤网是否堵塞，以及有无变形和破损。清洗滤网，用压缩空气吹干。

(3)润滑油滤清器的更换

1)润滑油滤清器的更换周期

润滑油滤清器是一次性的易损耗部件，脏污后应及时更换。

新车或大修发动机的润滑油滤清器表面上的字为红色，表示其内部滤网较细密，专门用于发动机走合期。当车辆行驶 1 500～2 000km 后，必须进行首次维护，更换发动机润滑油和润滑油滤清器。

发动机维修用的润滑油滤清器表面上的字为黄色，表示内部滤网较稀。当车辆行驶 10 000～15 000km 后，更换润滑油滤清器。

2)润滑油滤清器的拆卸

用专用工具卡住润滑油滤清器的头部，使专用工具的内齿与润滑油滤清器壳体头部的齿槽紧紧啮合后，拧下润滑油滤清器。应在发动机停止工作并在冷态下拆卸润滑油滤清器，且在润滑油滤清器下方包上抹布或棉纱以吸收漏出的润滑油。

3)润滑油滤清器的安装

将新润滑油滤清器的端面密封垫上涂上润滑油，用手将润滑油滤清器拧至端面密封垫与气缸体端面接触，再用专用工具将润滑油滤清器拧紧 2～3 圈。应注意：不要拧得过松或过紧，过松则容易造成漏油，过紧容易损坏螺纹。

润滑油滤清器安装好后，加注润滑油，起动发动机，检查是否漏油。

(4)润滑油泵的检修

1)润滑油泵的结构

如图 1-26 所示，润滑油泵为带有限压阀的齿轮泵，由曲轴前端的链轮通过链条驱动。

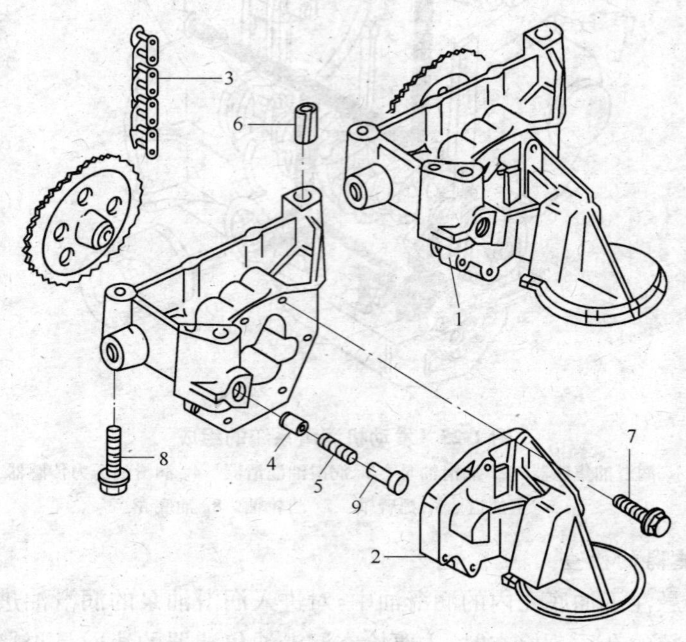

图 1-26　润滑油泵

1. 润滑油泵　2. 润滑油泵盖　3. 润滑油泵链条　4. 限压阀柱塞　5. 限压阀弹簧　6. 弹性销　7、8. 螺栓　9. 限压阀柱塞导向轴

2)润滑油泵的检查

①检查润滑油泵泵体有无裂纹、变形和机械损伤，若有应更换。

②检查润滑油泵齿轮有无毛刺、缺损、齿面剥落等损伤，若有应更换。

③检查齿轮的啮合间隙、齿轮端面与泵盖的间隙、齿轮轴与衬套的配合间隙、齿轮的轴向间隙等，如果不符合要求应更换。

④检查润滑油泵盖密封表面的平面度误差，若超过 0.10mm 应更换。

⑤检查限压阀柱塞滑动表面有无划伤或其他痕迹，若有应更换。

⑥检查限压阀柱塞与柱塞孔的配合，将柱塞涂上润滑油，柱塞应能依靠自重顺利落入孔中，否则应更换。

⑦检查限压阀弹簧是否弯曲或失效，若有应更换。

9. 如何检修冷却系统部件？

(1)冷却系统的组成

爱丽舍轿车 TU5JP/K 型发动机冷却系统如图 1-27 所示，主要部件包括散热器、水泵、节温器、电动风扇、冷却液温度控制器、冷却液温度传感器、水管等。

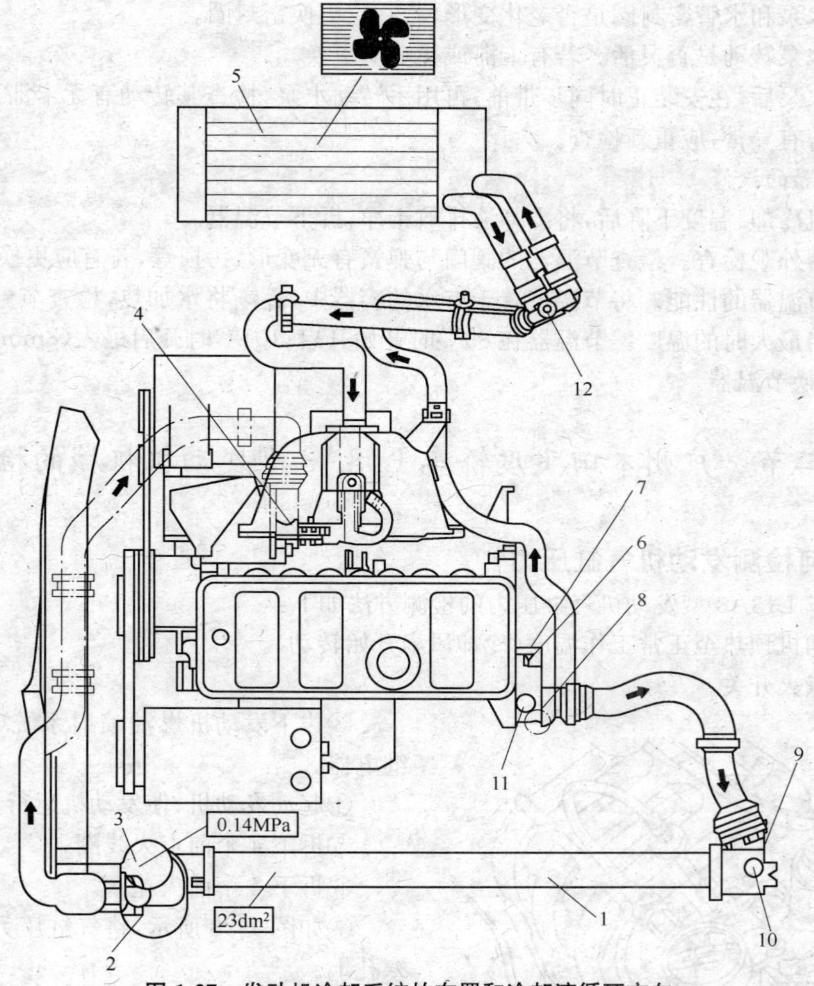

图 1-27　发动机冷却系统的布置和冷却液循环方向

1. 散热器　2. 储水室　3. 散热器盖　4. 水泵　5. 暖风热交换器　6. 冷却液温度传感器
7. 出水室　8. 节温器　9. 散热器放水螺塞　10、11、12. 排气螺塞

(2)散热器的检修

检查散热器表面有无脏污、散热器片有无弯折和缺损。若脏污,应予以清洗。对弯折变形的散热片予以矫正。

检查散热器有无泄漏。将散热器进、出水口堵住后,从出水口接入压缩空气,并将散热器放入水池中,观察散热器有无冒气泡。若冒气泡,应做好标记以便维修。如果泄漏不太严重,可用焊补或用散热器堵漏剂修复。如果有多处泄漏应更换。

(3)水泵的检修

1)水泵的结构

水泵为叶轮式离心泵,水泵壳和气缸体铸在一起,叶轮由曲轴通过正时同步带驱动。

2)水泵的检查

①检查水泵叶片、齿轮、进水管壳体等有无裂纹、损伤和异常磨损。若有较严重的缺陷,则应更换水泵或进水管。

②检查水泵和水管密封圈是否老化变形，若有应更换密封圈。

③检查水泵转动是否灵活。若有卡滞或异响应更换。

④装上水泵后，在安装正时同步带前，再用手转动水泵，检查其转动有无卡滞、叶轮与泵壳是否碰刮。若有异常，应重新检查。

(4)节温器的检修

在发动机冷却、温度下降后，将冷却液排放干净，拆下节温器。

①节温器外观检查。检查节温器的阀门与弹簧有无变形、污损等，若有应更换。

②检查节温器的性能。将节温器置于有水的容器中，逐渐将水加热，检查节温器开始开启的温度和开启最大时的温度。节温器在89℃时开始开启，101℃时开启最大(8mm)。若与规定值不符，则更换节温器。

第二节 广州本田飞度轿车L13A3型发动机机械的检修

10. 如何检测发动机气缸压力?

飞度轿车L13A3型发动机气缸压力的检测方法如下：

①将发动机预热至正常工作温度(冷却风扇开始转动)。

②关闭点火开关。

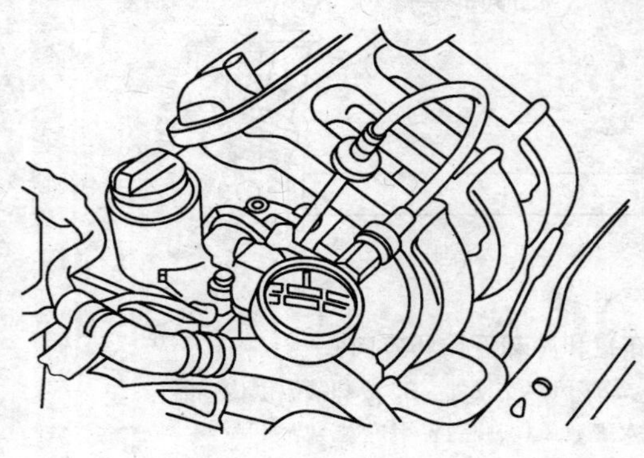

图1-28 连接气缸压力表

③拔下发动机燃油喷射系统(PGM-FI)主继电器。

④起动发动机，使发动机运行至熄火。

⑤拆下4个前点火线圈。

⑥拆下4个前火花塞。

⑦如图1-28所示，将气缸压力表附在火花塞孔上。

⑧连接一个转速表。

⑨将节气门完全打开，借助起动机使发动机转动，并测量气缸压力。气缸压力应在880kPa以上。

⑩测量所有气缸的气缸压力。各缸最大压力差应在200kPa以内。如果压缩压力不符合要求，应检查气门与气门座、气缸垫、活塞环与气缸等部位是否磨损或损坏，并重新测量气缸压力。

11. 如何拆装正时链?

(1)正时链传动机构

飞度轿车L13A3型发动机正时链传动机构如图1-29所示。

(2)正时链的拆卸

正时链的拆卸顺序如下：

①拧松交流发电机托架的固定螺栓，拆下发动机附件传动带。

②拆下惰轮，如图1-30所示。

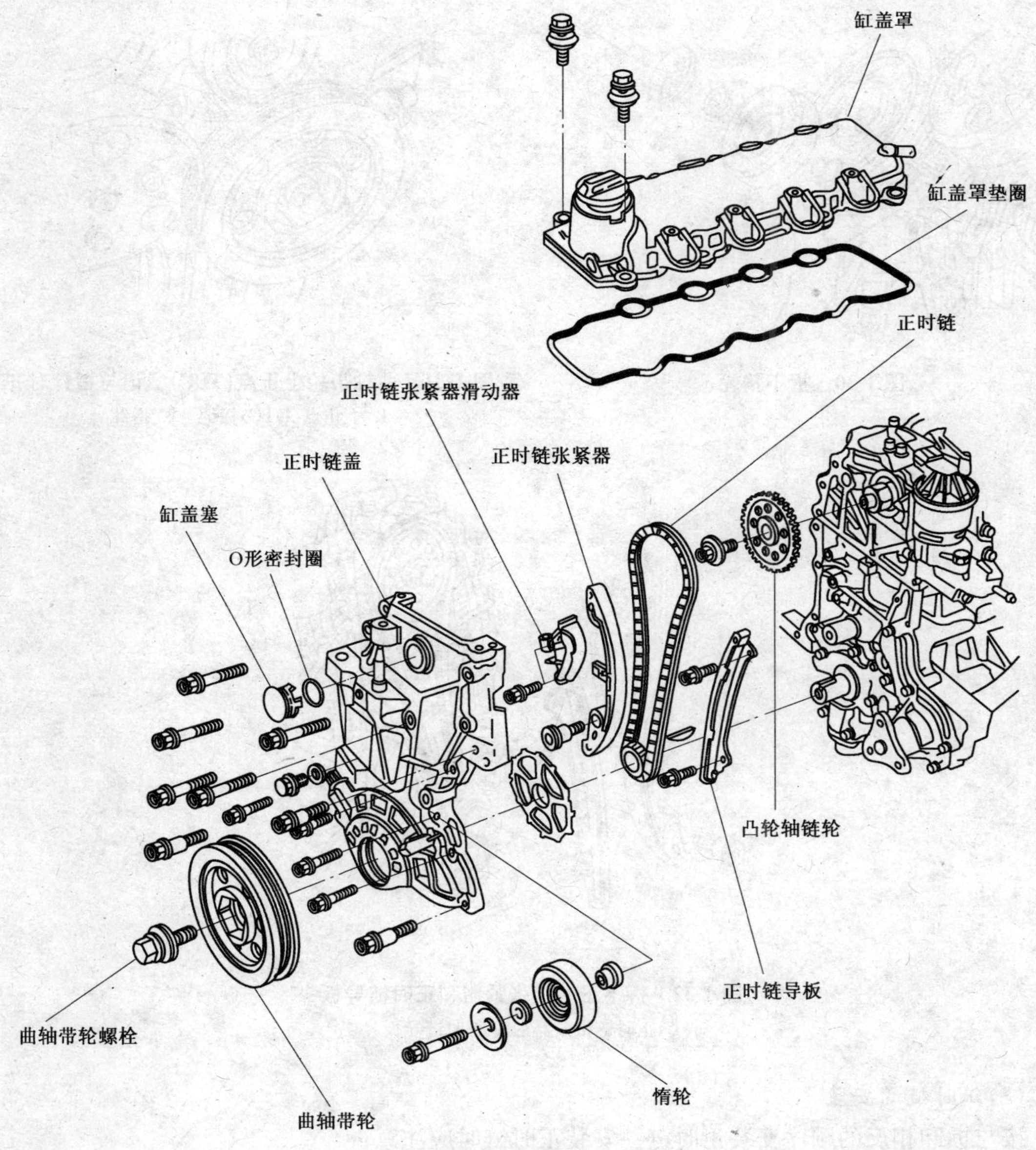

图 1-29　正时链传动机构

③转动曲轴，使曲轴带轮上止点（TDC）标记与指针对齐，如图 1-31 所示。

④拆下气缸盖罩、水泵带轮、曲轴带轮、油底壳。

⑤拔下曲轴位置传感器（CKP）插头，拆下线束夹。

⑥在气缸体下方用千斤顶和木块支撑发动机。

⑦拆开接地导线，拆下发动机侧支架/托架总成。

⑧拆下正时链盖，拆下曲轴位置传感器（CKP）转子。

⑨拆下正时链张紧器滑动器、正时链张紧器和正时链导板，如图 1-32 所示。

⑩取下正时链。

图 1-30　拆下惰轮

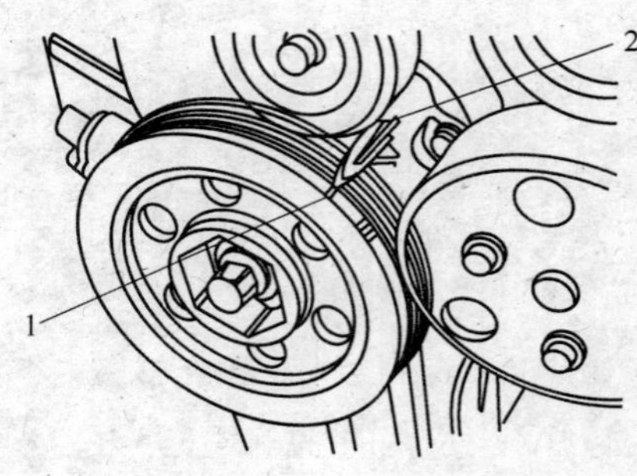

图 1-31　曲轴带轮上止点(TDC)标记与指针对齐

1. 上止点(DTC)标记　2. 指针

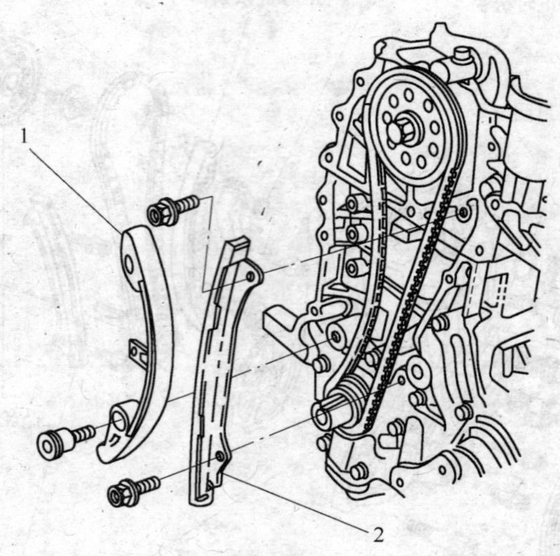

图 1-32　拆下正时链张紧器和正时链导板

1. 正时链张紧器　2. 正时链导板

(3)正时链的安装

按与拆卸相反的顺序安装正时链。安装正时链时应注意:

①如图 1-33 所示,使曲轴链轮的上止点(TDC)标记与指针对齐,即第 1 缸活塞位于上止点位置。

②如图 1-34 所示,使凸轮轴链轮的 UP 标记位于上部,且凸轮轴链轮的上止点槽应当与气缸盖上边缘对齐。

③如图 1-35 所示,使正时链的色片对准曲轴链轮上止点(TDC)标记。

④如图 1-36 所示,使凸轮轴链轮的指针对准正时链两块色片的中心。

⑤在正时链张紧器螺栓、滑动器的滑动面上涂上发动机润滑油,并调整正时链张紧器。

⑥装上发动机附件传动带,并调整传动带松紧度。

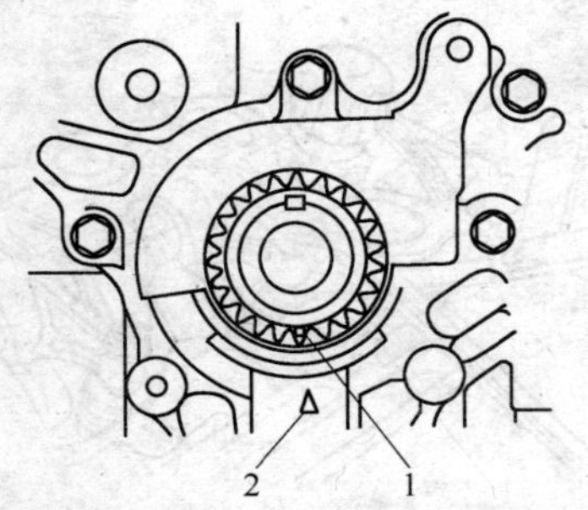

图 1-33　对齐曲轴链轮的上止点(TDC)标记

1. 曲轴链轮的上止点(TDC)标记　2. 指针

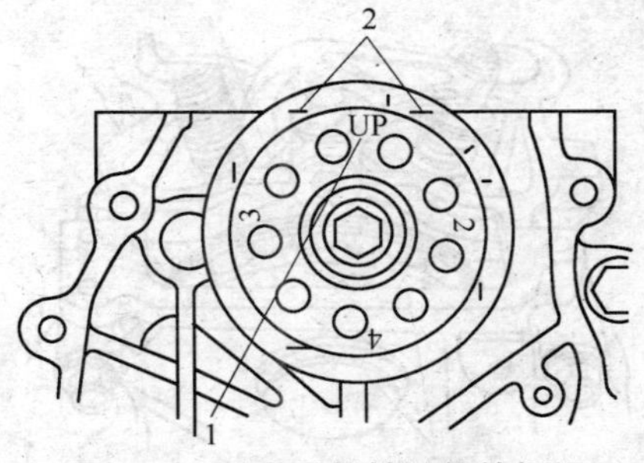

图 1-34　对齐凸轮轴链轮的标记

1. 凸轮轴链轮 UP 标记　2. 气缸盖上边缘对齐点

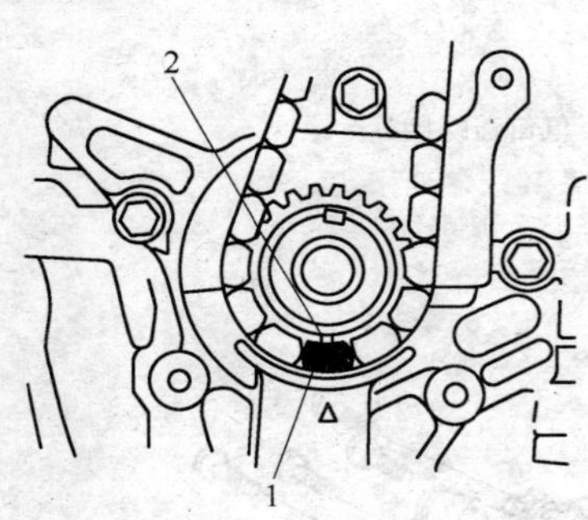

图 1-35　对准正时链色片与曲轴链轮上止点(TDC)标记

1. 白色片　2. 曲轴链轮上止点(TDC)标记

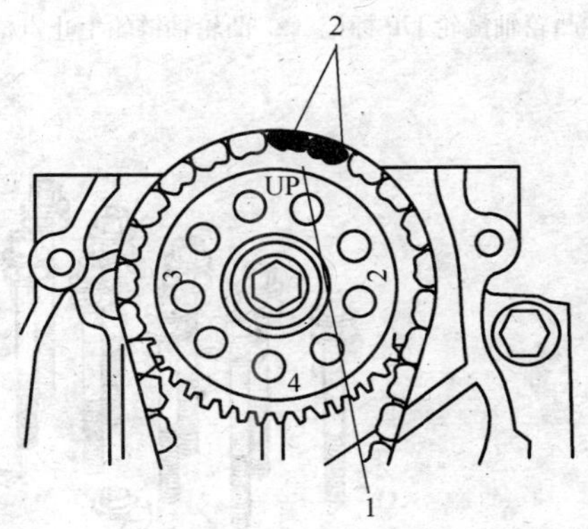

图 1-36　对准凸轮轴链轮与正时链的标记

1. 指针　2. 两块白色片

12. 如何检查与调整气门间隙?

飞度轿车 L13A3 型发动机气门间隙的检查与调整方法如下:

①拆下气缸盖罩。

②如图 1-37 所示,将第 1 缸活塞置于上止点(TDC),凸轮轴链轮 UP 标记应位于顶部,且凸轮轴链轮的上止点槽应与气缸盖的上边缘对齐。

③如图 1-38 所示,将合适厚度的塞尺插入调整螺钉与气门杆端部之间,将其前后移动,应能感觉到轻微的阻力。如果感觉阻力太大或太小,松开锁紧螺母,旋转调整螺钉,直到感觉阻力适当为止。拧紧锁紧螺母,并重新检查气门间隙。进气门间隙为 0.15～0.19mm,排气门间隙为 0.26～0.30mm。只有当气缸盖温度低于 38℃时,才可调整节气门间隙。

④顺时针旋转曲轴,依次将凸轮轴链轮上第 3 缸、第 4 缸和第 2 缸活塞上止点槽与气缸盖边缘对齐,检查各缸气门间隙,如有必要,予以调整。

⑤安装气缸盖罩。

13. 如何检修气缸体与气缸盖?

(1)机体组零件

飞度轿车 L13A3 型发动机机体组零件如图 1-39 所示,包括气缸体、气缸盖及气缸垫等。

1
UP
2

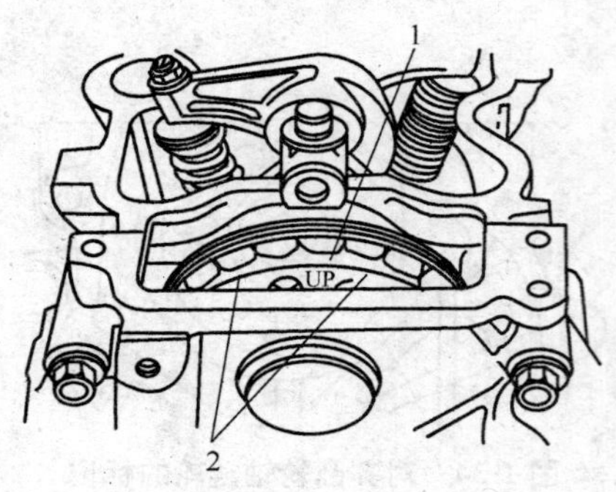

图 1-37 UP 标记定位

1. 凸轮轴链轮 UP 标记 2. 凸轮轴链轮上止点槽

2
1
14N•m

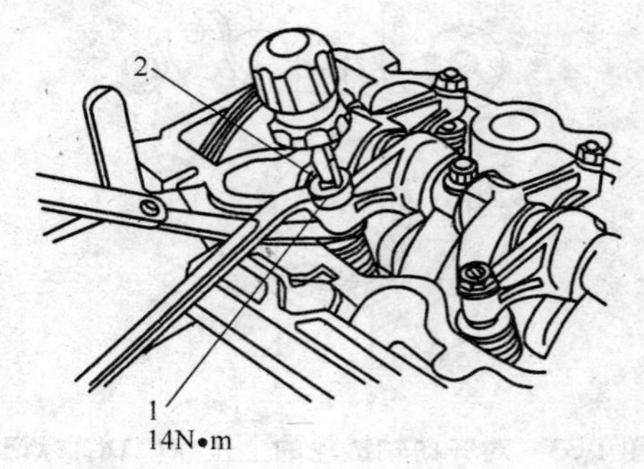

图 1-38 调整气门间隙

1. 锁紧螺母 2. 调整螺钉

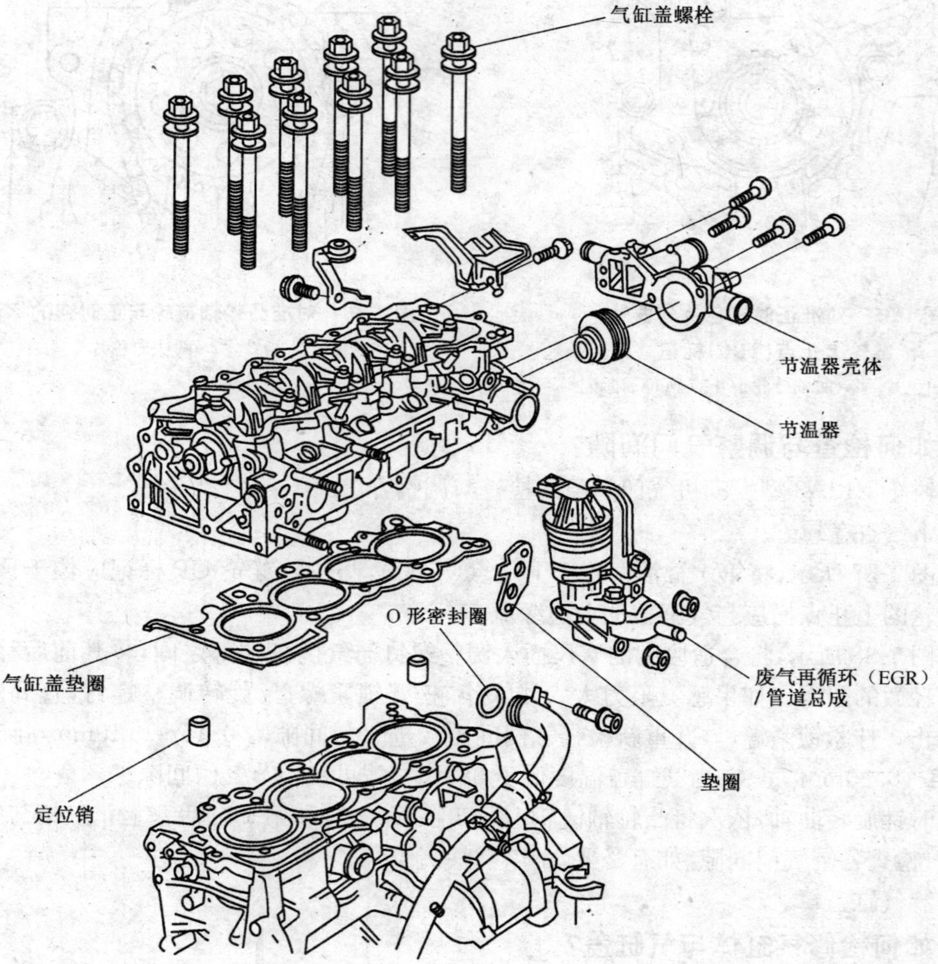

气缸盖螺栓
节温器壳体
节温器
O 形密封圈
气缸盖垫圈
废气再循环（EGR）
/ 管道总成
垫圈
定位销

图 1-39 气缸体、气缸盖及其附件

(2)气缸盖的检查

检查气缸盖有无翘曲。如果翘曲量小于 0.08mm,则气缸盖表面无需整修。如果翘曲量介于 0.08mm 至 0.2mm 之间,则应整修气缸盖表面。基于 120mm 高度的最大表面整修极限为 0.2mm。气缸盖高度的标准值为 119.9～120.1mm。

(3)气缸体的检测

①如图 1-40 所示,在气缸的三个不同的高度上,沿 X 和 Y 方向测量磨损和圆柱度。如果任一气缸的测量值超过气缸孔加大尺寸的维修极限,则应更换气缸体。气缸孔标准尺寸为73.00～73.02mm,维修极限为 73.07mm。加大 0.25mm 气缸孔尺寸为 73.25～73.27mm。气缸孔的圆柱度极限为 0.05mm。

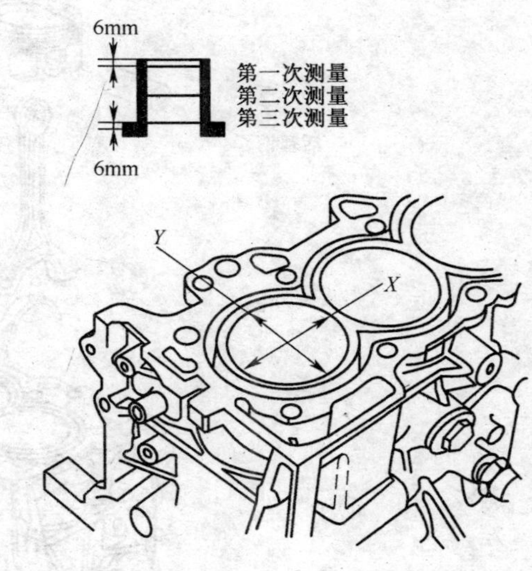

图 1-40 气缸测量

②检查气缸孔是否有划痕或被刮伤。如有,应对气缸进行珩磨或更换气缸体。

③如图 1-41 所示,检查气缸体与气缸盖接合表面是否翘曲变形。发动机缸体的翘曲量最大为 0.07mm,维修极限为 0.10mm。

④如图 1-42 所示,检查活塞与气缸之间的间隙。其间隙标准值为 0.010～0.040mm,维修极限为 0.05mm。

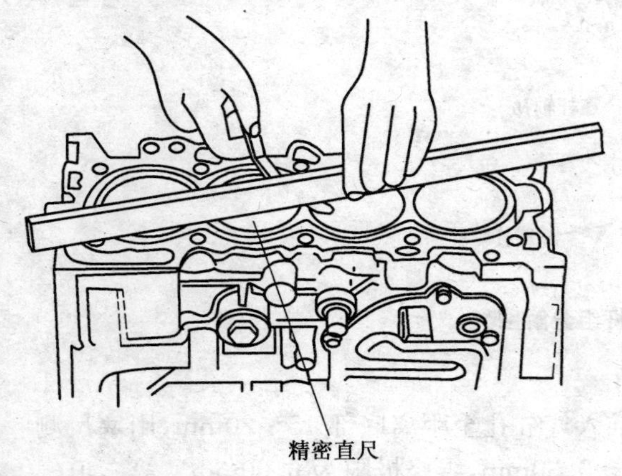

图 1-41 检查气缸体翘曲

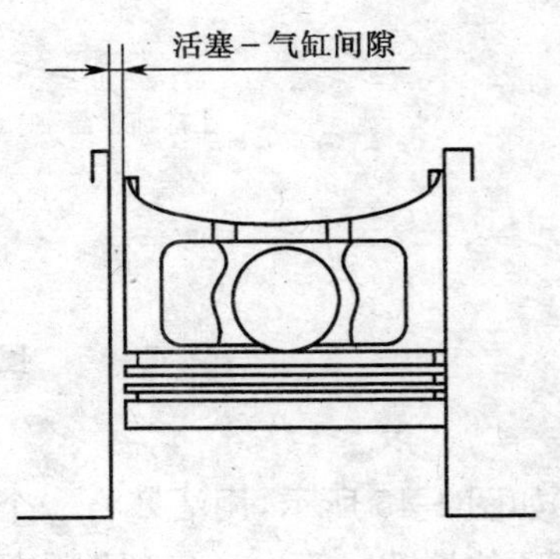

图 1-42 检查活塞与气缸间隙

14. 如何检修活塞连杆组零件?

(1)活塞连杆组零件

飞度轿车 L13A3 型发动机活塞连杆组零件如图 1-43 所示。

(2)活塞环的检查

①用活塞环拆装钳拆下活塞环。活塞环如图 1-44 所示。

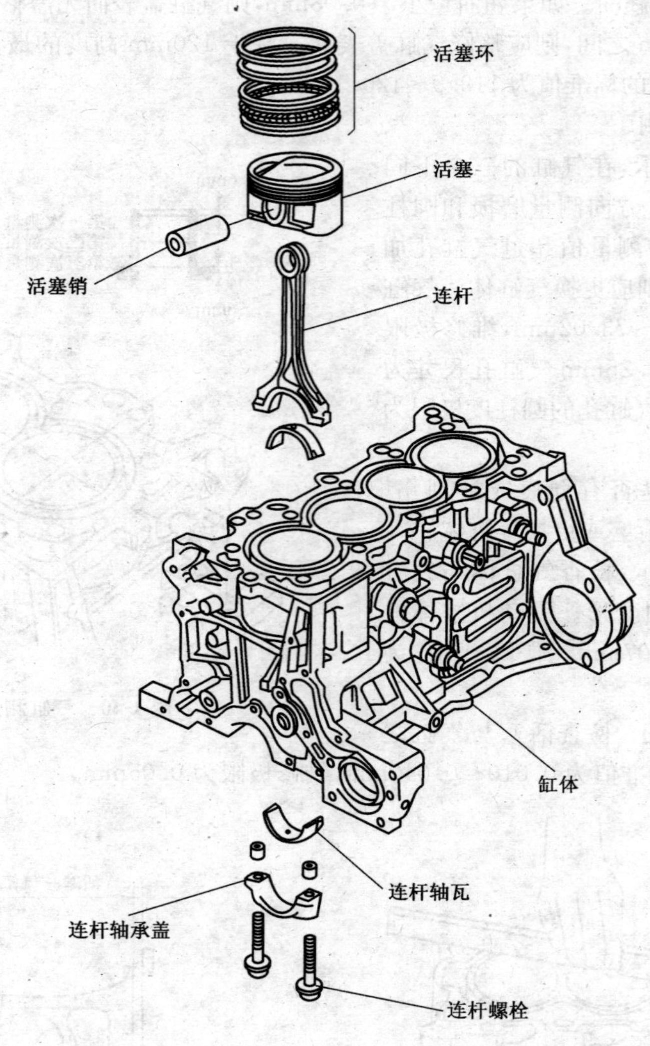

图 1-43　活塞连杆组分解图

②如图 1-45 所示，用活塞将一个新的活塞环推入气缸孔至距离底部 15～20mm，用塞尺测量活塞环的端隙。第一道气环端隙标准值为 0.15～0.30mm，维修极限为 0.60mm。第二道气环端隙标准值为 0.35～0.50mm，维修极限为 0.65mm。油环端隙标准值为 0.20～0.70mm，维修极限为 0.80mm。

③如图 1-46 所示，装上活塞环，活塞环的标记应朝上，测量活塞环侧隙。第一道气环侧隙标准值为 0.065～0.090mm，维修极限为 0.16mm。第二道气环侧隙标准值为 0.030～0.055mm，维修极限为 0.13mm。转动活塞环，确认活塞环在环槽中无卡滞。

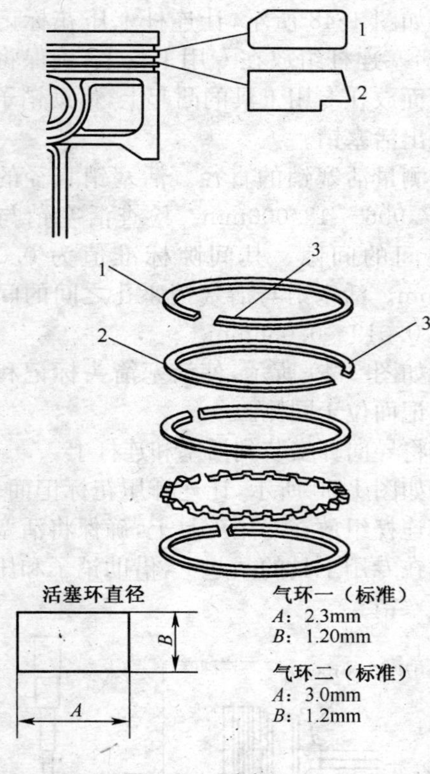

图 1-44　活塞环

1. 第一道气环　2. 第二道气环　3. 制造标记

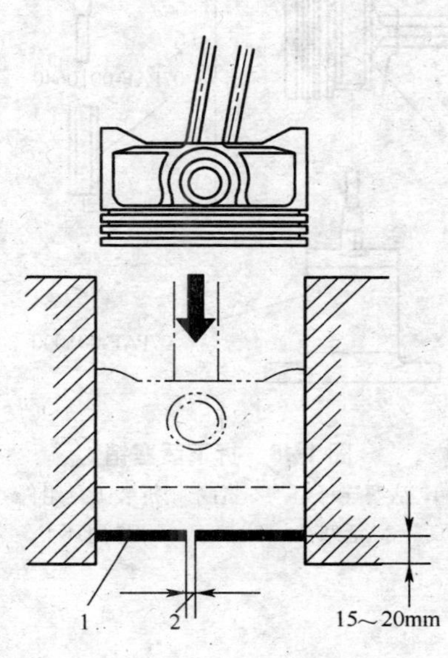

图 1-45　检查活塞环端隙

1. 活塞环　2. 端隙

(3)活塞销的拆装

活塞销的拆装顺序如下：

①如图 1-47 所示，将导向环(07PAF-0010640，外径 18mm)安装在活塞销拆装工具组件(07PAF-0010000)上，并调整活塞销拆装工具组件。

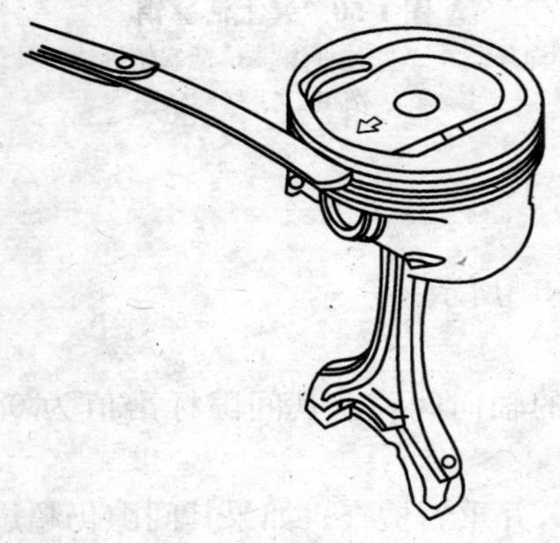

图 1-46　检查活塞环侧隙

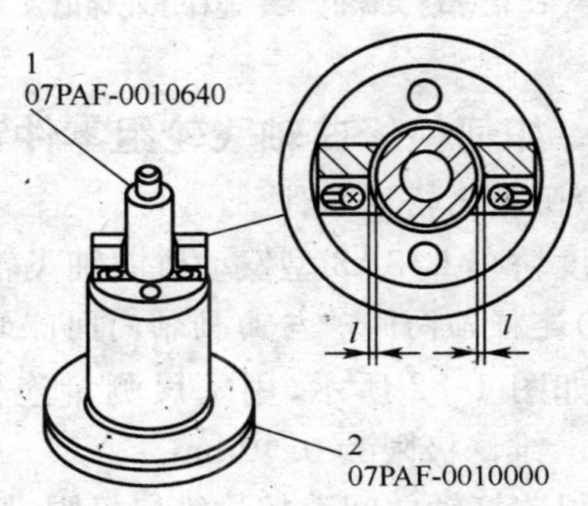

图 1-47　活塞销拆装工具组件

1. 导向环　2. 活塞销拆装工具组件

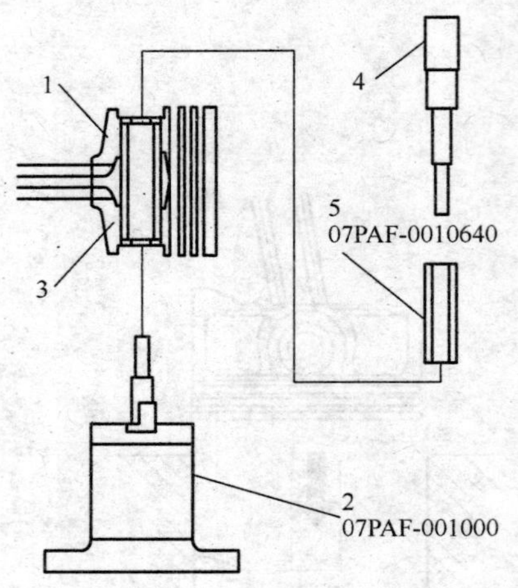

图 1-48　拆下活塞销

1. 活塞连杆组　2. 活塞销拆装工具组件　3. 活塞销　4. 销子　5. 导向环

②如图 1-48 所示，让连杆上压花标记面朝上，将活塞连杆组放在专用工具上，确保将活塞上的凹面放在专用工具的凸起上，借助销子和压力机压出活塞销。

③测量活塞销的直径。活塞销直径的标准值为 17.996～18.000mm。检查活塞销与连杆小孔之间的间隙。其间隙标准值为 0.010～0.018mm。活塞销与活塞销座孔之间的间隙标准值为 0.019～0.036mm。

④如图 1-49 所示，使活塞箭头标记和连杆压花标记面位于同侧。

⑤将导向环安装到活塞和连杆上。

⑥如图 1-50 所示，让连杆压花标记面朝上，将活塞连杆组放在专用工具上，确保将活塞上的凹面放在专用工具的凸起上，借助销子和压力机压入活塞销。

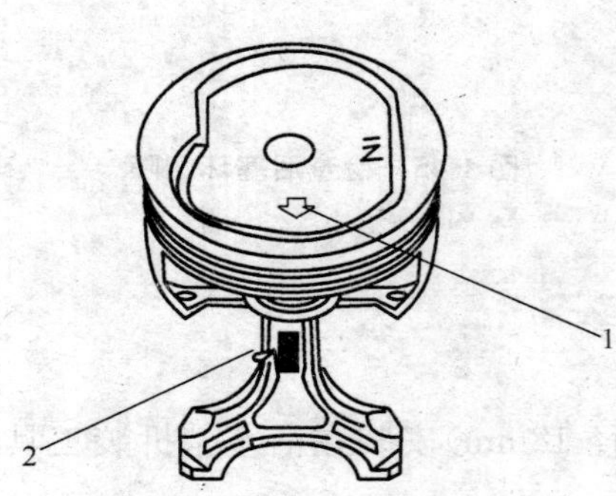

图 1-49　使活塞和连杆的标记位于同侧

1. 活塞箭头标记　2. 连杆压花标记

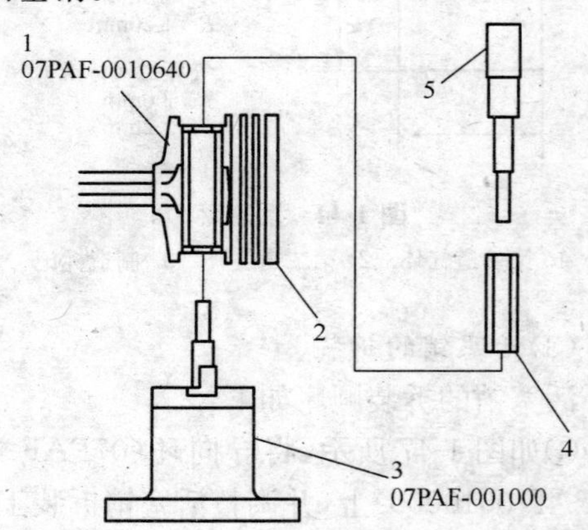

图 1-50　装上活塞销

1. 导向环　2. 活塞连杆组　3. 活塞销拆装工具组件　4. 销子　5. 活塞销

15. 如何检修曲轴飞轮组零件？

(1)曲轴飞轮组零件

飞度轿车 L13A3 型发动机曲轴飞轮组零件如图 1-51 所示。

(2)连杆轴向间隙与曲轴轴向间隙的检查

①如图 1-52 所示，用塞尺测量连杆与曲轴之间的轴向间隙。其间隙标准值为 0.15～0.30mm，维修极限为 0.40mm。

如果连杆轴向间隙超过维修极限，则应换上新连杆，并重新检查。如果其间隙仍超过维修极限，则应更换曲轴。

②如图 1-53 所示，用百分表测量曲轴的轴向间隙。其间隙标准值为 0.10～0.35mm，维修极限为 0.45mm。

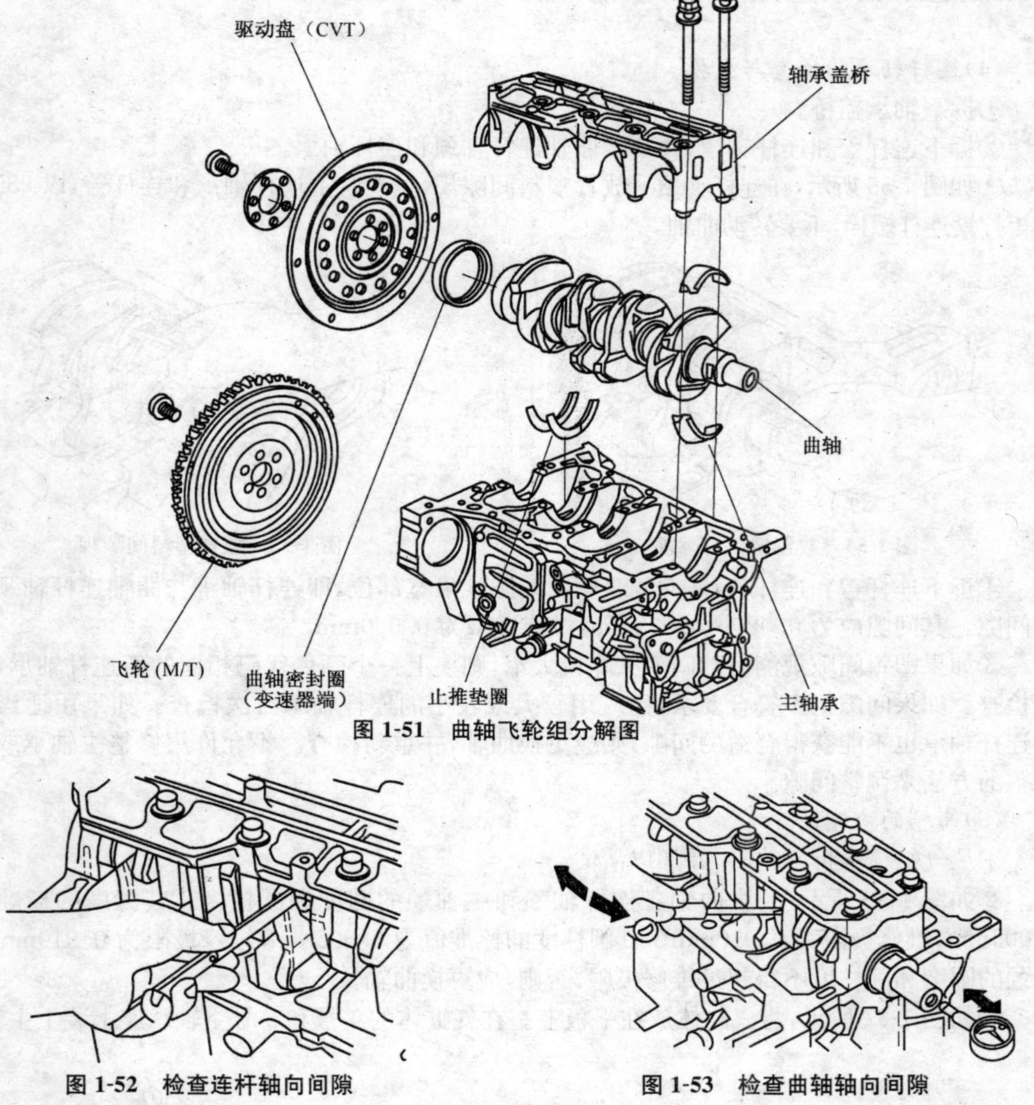

图 1-51　曲轴飞轮组分解图

图 1-52　检查连杆轴向间隙

图 1-53　检查曲轴轴向间隙

如果曲轴轴向间隙超过维修极限，则应换上新止推垫圈，并重新检查。如果其间隙仍超过维修极限，则应更换曲轴。

(3)曲轴主轴承的检查与更换

①拆下曲轴轴承盖桥、主轴承盖及主轴承，并清洁曲轴主轴颈和主轴承。

②如图 1-54 所示，在曲轴每个主轴颈间放置一条塑料间隙规。

③装上主轴承、主轴承盖和轴承盖桥，以 25N·m－40°力矩拧紧主轴承盖螺栓，不要转动曲轴。

④拆下曲轴轴承盖桥、主轴承盖及主轴承，并测量塑料间隙规最宽部位，即主轴承与曲轴主轴颈之间的间隙。其间隙标准值为 0.018～0.036mm，维修极限为 0.050mm。

⑤如果塑料间隙规测得的间隙太宽或太窄，则应换上一个颜色代码相同的新主轴承，并重新检查。如果间隙仍不符合要求，则应用较大或较小的主轴承再次检查。如果用适当大小的主轴承也不

能获得合适的间隙，则应更换曲轴，并重新检查。不允许用修整主轴承或主轴承盖的方法来调整间隙。

(4)连杆轴承的检查与更换

①拆下轴承盖桥。

②拆下连杆盖和连杆轴承，并清洁曲轴连杆轴颈和连杆轴承。

③如图 1-55 所示，在连杆轴颈上放置塑料间隙规，重新装上连杆轴承和连杆盖，以 98N·m 力矩拧紧连杆螺栓，不要转动曲轴。

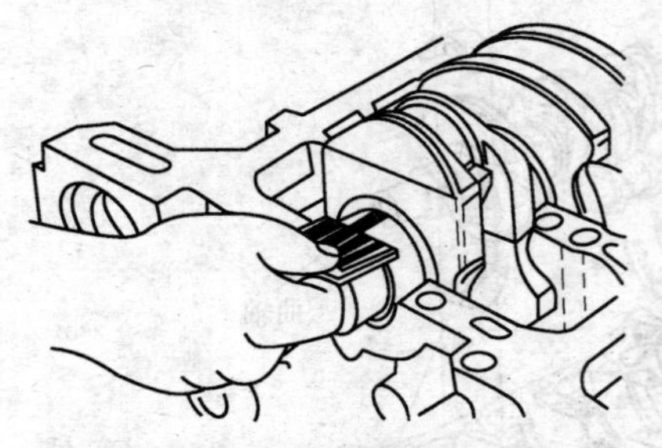

图 1-54　放置塑料间隙规

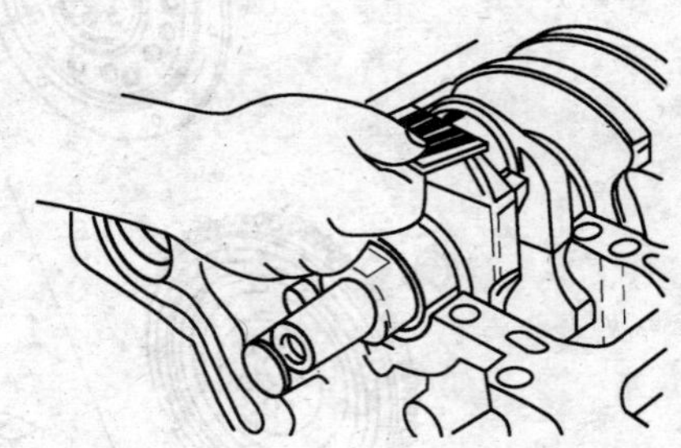

图 1-55　放置塑料间隙规

④拆下连杆盖和连杆轴承，并测量塑料间隙规最宽部位，即连杆轴承与曲轴连杆轴颈之间的间隙。其间隙应为 0.020～0.038mm，维修极限为 0.050mm。

⑤如果塑料间隙规测得的间隙太宽或太窄，则换上一个颜色代码相同的新连杆轴承，并重新检查。如果间隙仍不符合要求，则应用较大或较小的连杆轴承再次检查。如果用适当大小的连杆轴承也不能获得合适的间隙，则应更换曲轴，并重新检查。不允许用修整主轴承或主轴承盖的方法来调整间隙。

(5)曲轴的检测

①从气缸体上拆下曲轴，并加以清洁。

②如图 1-56 所示，测量曲轴各连杆轴颈和主轴颈的圆度和圆柱度。其圆度的标准值为 0.005mm，维修极限为 0.010mm。其圆柱度的标准值为 0.005mm，维修极限为 0.010mm。各轴颈的圆度和圆柱度不得超过维修极限，否则，应更换曲轴。

③如图 1-57 所示，将气缸体放在平板上。在气缸体的 1 号和 5 号主轴承座上装上主轴承，

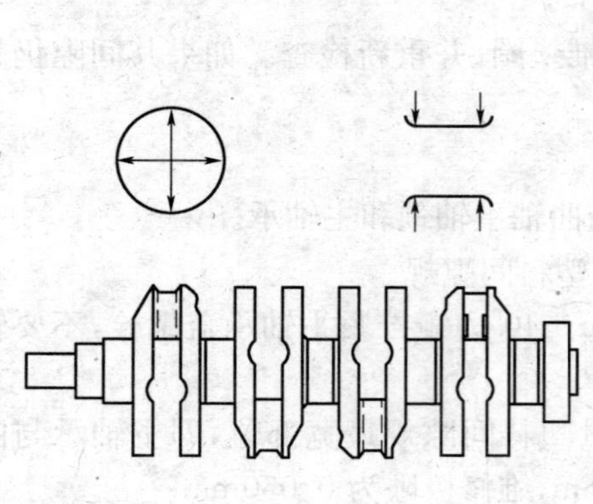

图 1-56　测量曲轴的圆度和圆柱度

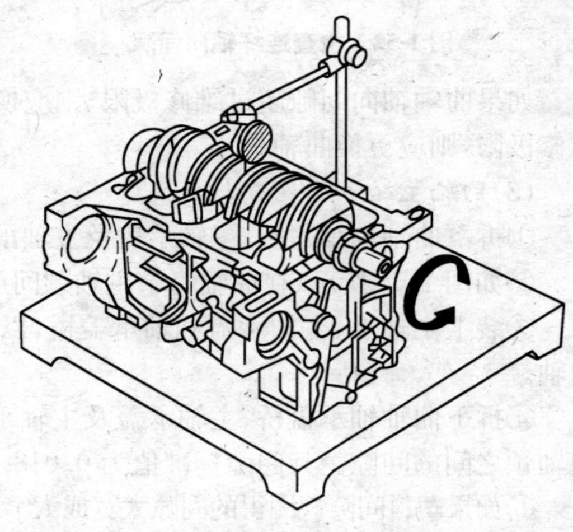

图 1-57　测量曲轴圆跳动量

并将曲轴放在气缸体主轴承上，将曲轴旋转两圈，测量所有的主轴颈的圆跳动量。曲轴圆跳动量的标准值为 0.03mm，维修极限为 0.04mm。各轴颈的圆跳动量不能超过维修极限，否则，应更换曲轴。

16. 如何检修配气机构零件？

(1)配气机构零件

飞度轿车 L13A3 型发动机配气机构零件如图 1-58 所示。

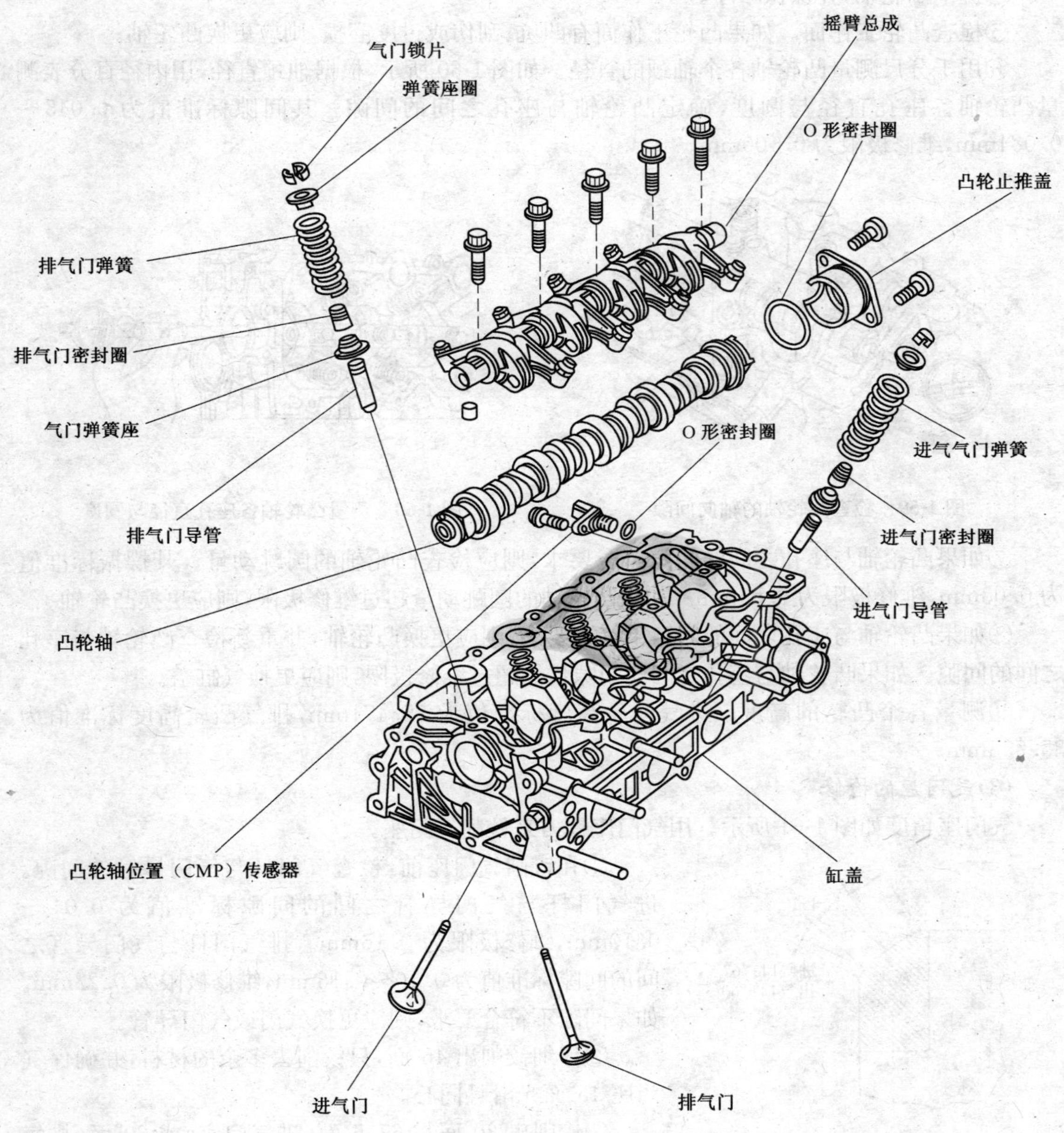

图 1-58　本田飞度 L13A3 型发动机配气机构分解图

(2)凸轮轴的检测

①拆下凸轮轴链轮。

②拆下摇臂总成,再装上摇臂轴,以 29N·m 的力矩拧紧螺栓。

③如图 1-59 所示,将百分表推杆顶在凸轮轴端部,前后推动凸轮轴,测量凸轮轴的轴向间隙。其轴向间隙标准值为 0.05～0.25mm,维修极限为 0.5mm。如果轴向间隙超过维修极限,应更换凸轮止推盖,并重新检查。如果轴向间隙超过维修极限,应更换凸轮轴。

④拆下凸轮轴,并擦拭干净。

⑤检查凸轮工作面。如果凸轮工作面有凹坑、刮伤或过度磨损,则应更换凸轮轴。

⑥用千分尺测量凸轮轴各个轴颈的直径。如图 1-60 所示,根据轴颈直径,用内径百分表测量凸轮轴各座孔直径与圆度,确定凸轮轴与座孔之间的间隙。其间隙标准值为 0.045～0.084mm,维修极限为 0.100mm。

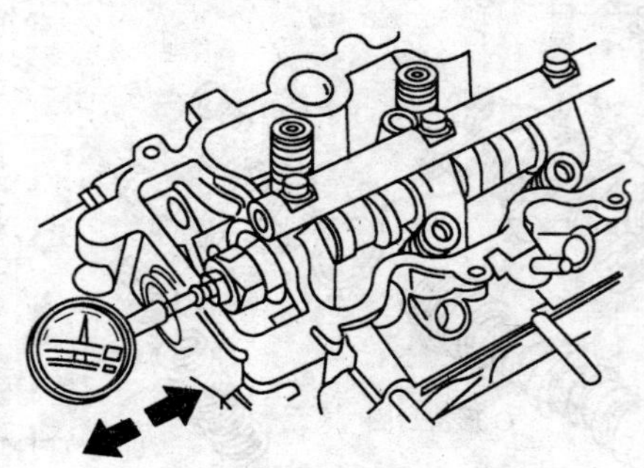

图 1-59　检查凸轮轴的轴向间隙

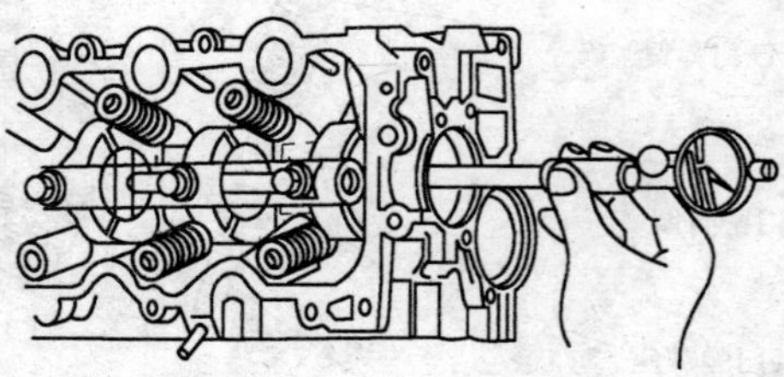

图 1-60　测量凸轮轴各座孔直径与圆度

⑦如果凸轮轴与座孔之间的间隙符合要求,则应检查凸轮轴的圆跳动量。其摆振标准值为 0.03mm,维修极限为 0.04mm。如果凸轮轴的圆跳动量超过维修极限,则应更换凸轮轴。

⑧如果凸轮轴与座孔之间的间隙不符合要求,则应更换凸轮轴,并重新检查凸轮轴与座孔之间的间隙。如果凸轮轴与座孔之间的间隙仍然超过维修极限,则应更换气缸盖。

⑨测量各个凸轮的高度。进气凸轮高度标准值为 35.471mm,排气凸轮高度标准值为 35.558mm。

(3)气门座的检修

气门座角度如图 1-61 所示。用气门座铰刀来铰削气门座。

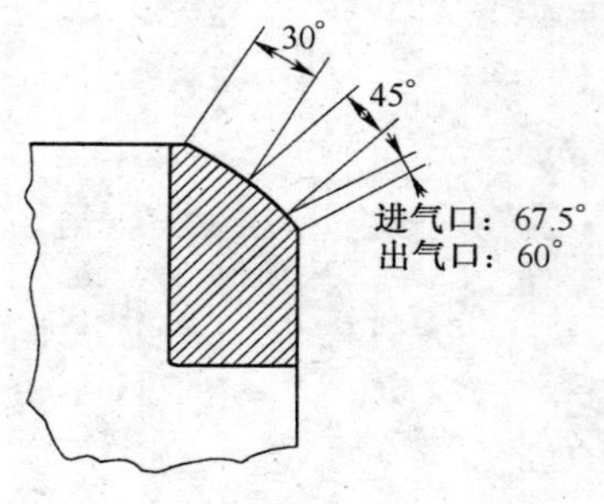

图 1-61　气门座角度

①在铰削气门座前,检查气门杆与气门导管的间隙。进气门杆与气门导管之间的间隙标准值为 0.04～0.10mm,维修极限为 0.16mm。排气门杆与气门导管之间的间隙标准值为 0.10～0.16mm,维修极限为 0.22mm。如果间隙不符合要求,则应更换气门或气门导管。

②仔细铰削出 45°面,只铰削去多余的材料,并确保气门座 45°面光滑且同心。

③铰削出 30°面与 67.5°面(进气门座)或 60°面(排气门座)。检查气门座 45°面的宽度。进气门座宽度标准值为 0.850～1.150mm,维修极限为 1.60mm。排气座宽度标准值为 1.250～1.550mm,维修极

限为 2.00mm。

④用 45°铰刀再轻轻地铰削一次气门座 45°面，以除去毛刺。

⑤检查气门座与气门的接触位置。在气门表面涂上普鲁士蓝复合剂，将气门插入气门导管，来回提起和压下气门几次，使气门与气门座接触。气门座 45°面必须与气门表面中央接触。调整气门座 45°面位置，如果太高(靠近气门杆部)，须用 67.5°铰刀(进气门座)或 60°铰刀(排气门座)再铰削一次，使之降低。再用 45°铰刀铰削一次，以恢复气门座 45°面的宽度。如果太低(靠近气门顶部)，须用 30°铰刀再铰削一次，使之升高，再用 45°铰刀铰削一次，以恢复气门座 45°面的宽度。

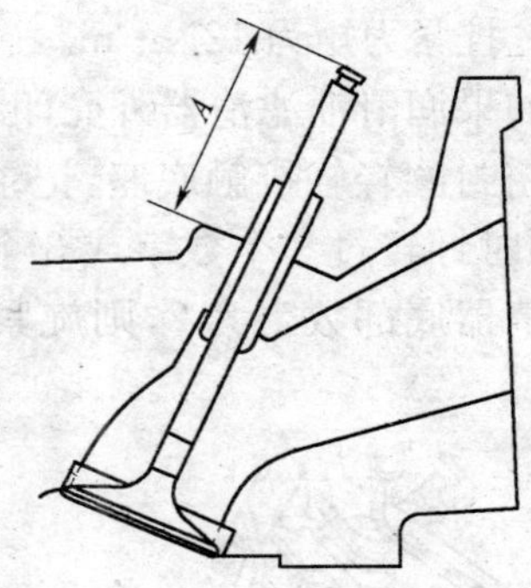

图 1-62　测量进气门杆和排气门杆高度

⑥如图 1-62 所示，将气门插入气门导管中，并测量进气门杆和排气门杆的高度 A。进气门杆高度标准值为 46.1～46.5mm，维修极限为 46.8mm。排气门杆高度标准值为 46.2～46.6mm，维修极限为 46.9mm。

17. 如何检修润滑系统部件?

(1)润滑油压力的测试

①如果发动机运转时，润滑油压力报警灯常亮，应检查润滑油油位。如果润滑油油位正常，则应测试润滑油压力。

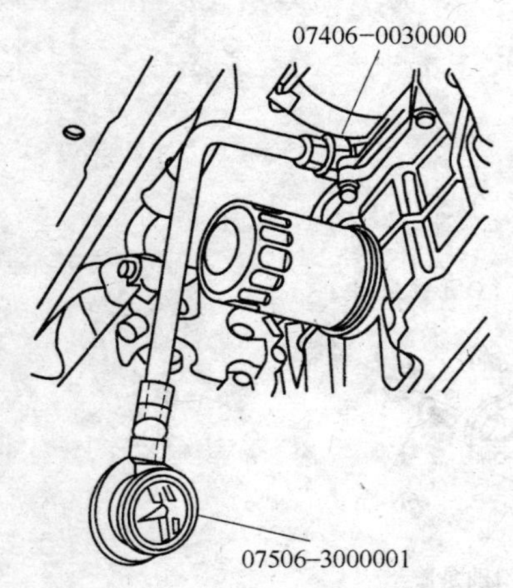

图 1-63　安装润滑油压力计及附件

②如图 1-63 所示，拆下润滑油压力开关，安装润滑油压力计(07506-3000001)及附件(07406-0030000)。

③起动发动机，观察润滑油压力计。如果润滑油压力计显示无压力，应使发动机立即熄火，排除故障。

④起动发动机，使发动机达到正常运行温度(风扇至少起动两次)。润滑油温度为 80℃。观察润滑油压力计。怠速时，最小润滑油压力应为 70kPa。转速为 3000r/min 时，最小润滑油压力应为 340kPa。

⑤如果润滑油压力不符合要求，则应检查润滑油集滤器有无堵塞，检查润滑油泵是否正常。

(2)润滑油的更换

①起动发动机并预热。

②拧下放油螺塞，放净发动机润滑油。

③换上新垫圈，装上放油螺塞。

④加注推荐的润滑油。换油量为：不包括润滑油滤清器时，润滑油容量为 3.4L；包括润滑油滤清器时，润滑油容量为 3.6 L。

⑤起动发动机，使发动机运转 3min 以上，检查润滑油有无泄漏。

(3)润滑油滤清器的更换

①用润滑油滤清器专用扳手(07HAA-PJ70100)拆下润滑油滤清器。

②清洁润滑油滤清器底座。

③确认新的润滑油滤清器带有内置旁路系统，检查新润滑油滤清器的螺纹和橡胶密封圈。

④在润滑油滤清器橡胶密封圈上涂一层润滑油，用手将润滑油滤清器安装到底座上。

⑤橡胶密封圈就位后，用润滑油滤清器专用扳手（07HAA-PJ70100）顺时针拧紧润滑油滤清器。拧紧力矩为 12N·m。

如果润滑油滤清器外壳印有数字或标记（1 至 4 或▲至▲▲▲▲），旋转润滑油滤清器，直至密封圈轻轻接触底座，记录润滑油滤清器底部的数字或标记。从记录的数字或标记开始，顺时针转过 3 个数字或 3 个标记，将润滑油滤清器拧紧。例如，密封圈就位时，如果润滑油滤清器底部数字为 2，则旋紧润滑油滤清器，直到润滑油滤清器底部数字为 1，如图 1-64 所示。

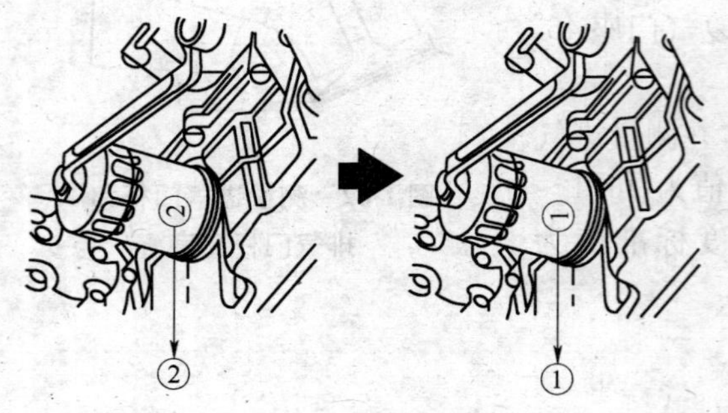

橡胶密封圈就位后的标记或数字	1 ▲	2 ▲▲	3 ▲▲▲	4 ▲▲▲▲
锁紧后的数字或标记	4 ▲▲▲▲	1 ▲	2 ▲▲	3 ▲▲▲

图 1-64 拧紧润滑油滤清器

⑥加注润滑油到规定油位。

⑦使发动机运转 3min 以上，检查润滑油有无泄漏。

(4)润滑油泵的检修

①拆下润滑油泵。

②将润滑油泵分解，如图 1-65 所示。

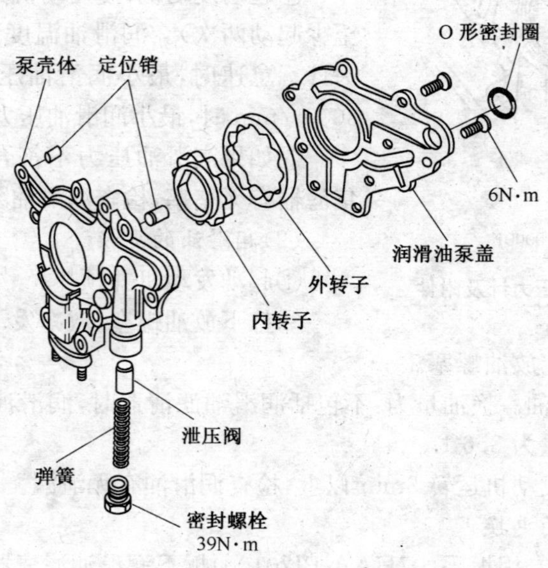

图 1-65 润滑油泵分解图

③检查内、外转子与壳体有无划痕或其他损伤，必要时应更换。

④如图 1-66 所示，检查内转子和外转子之间的径向间隙。其间隙标准值为 0.02～0.14mm，维修极限为 0.20mm。如果内转子和外转子之间的径向间隙超过了维修极限，则应更换润滑油泵。

⑤如图 1-67 所示，检查转子与壳体之间的轴向间隙。其间隙标准值为 0.02～0.07mm，维修极限为 0.15mm。如果壳体与转子之间的轴向间隙超过了维修极限，应更换润滑油泵。

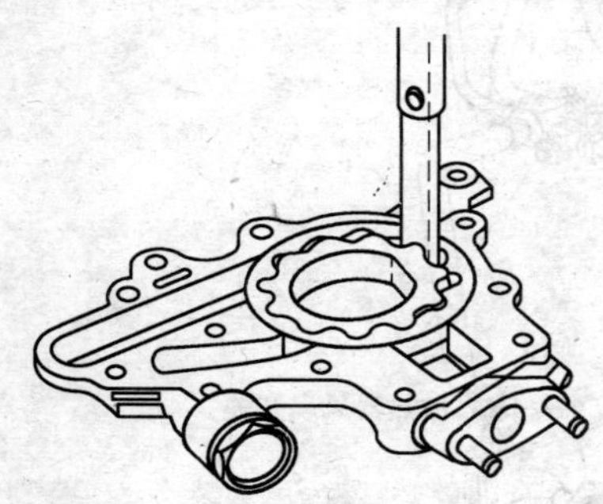

图 1-66　检查内转子和外转子之间径向间隙

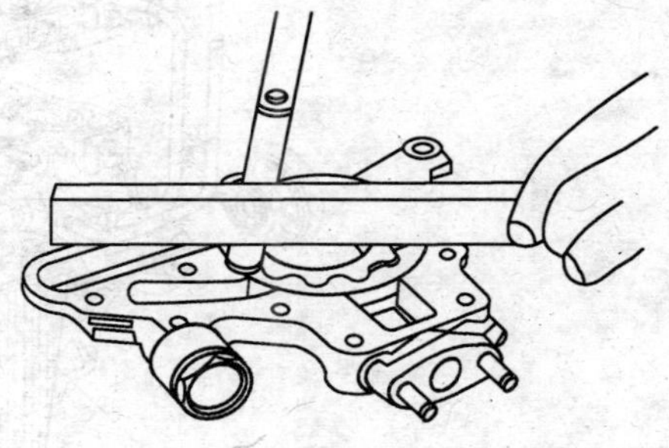

图 1-67　检查转子与壳体之间的轴向间隙

⑥如图 1-68 所示，检查外转子与壳体之间的径向间隙。其间隙标准值为 0.10～0.18mm，维修极限为 0.20mm。如果外转子与壳体之间的径向间隙超过了维修极限，应更换润滑油泵。

⑦将定位销和新的 O 形密封圈安装到润滑油泵上，再将内转子与曲轴对准，安装润滑油泵。

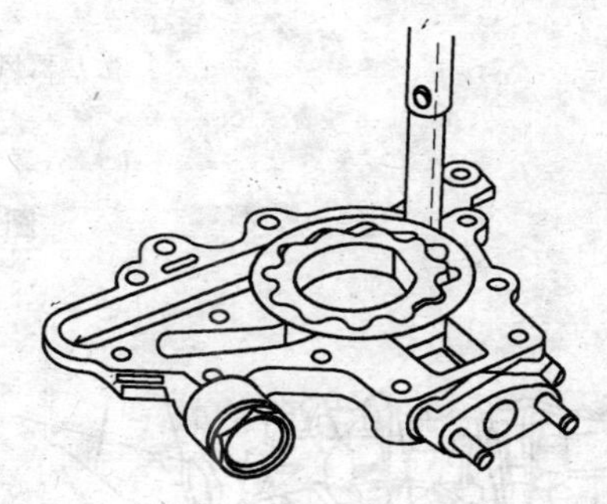

图 1-68　检查外转子与壳体之间的径向间隙

18. 如何检修冷却系统部件？

(1)冷却系统的布置

飞度轿车 L13A3 型发动机冷却系统部件的位置如图 1-69 所示。

(2)散热器的检查

待发动机冷却后，小心地取下散热器盖，向散热器注入冷却液，直至漏斗颈。如图 1-70 所示，将压力测试仪及适配器(Ⅱ-901122-09)连接在散热器上，并施加 93～123kPa 的压力，观察冷却液是否泄漏及压力是否下降。

(3)水泵的检查与更换

①拆下发动机附件传动带，拆下水泵带轮。

②如图 1-71 所示，逆时针转动水泵，检查水泵是否能自由转动，检查有无泄漏。排放孔有少量渗水为正常。如果水泵损坏，应更换水泵。

③放净冷却液。

④如图 1-72 所示，拆下水泵。

⑤清洁密封圈凹槽和水泵与气缸体的接合面。

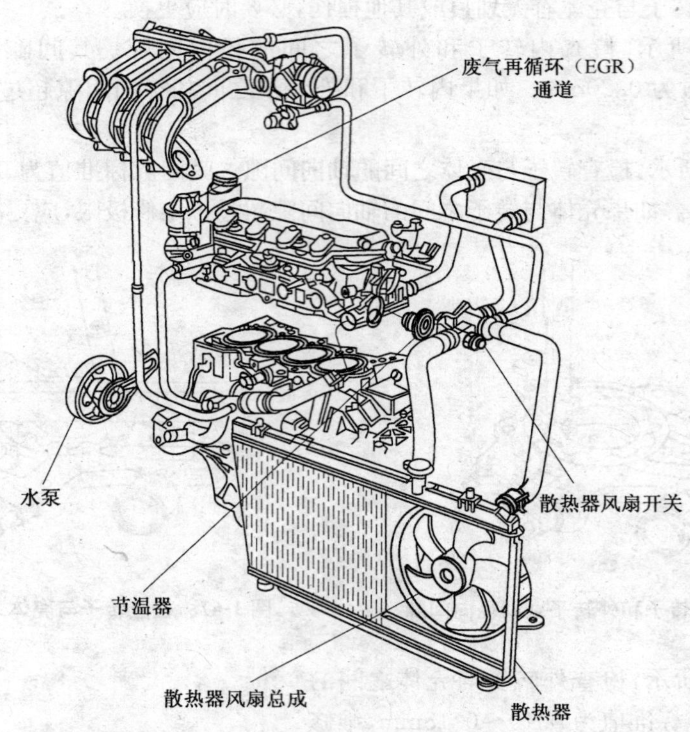

图 1-69　冷却系统的布置

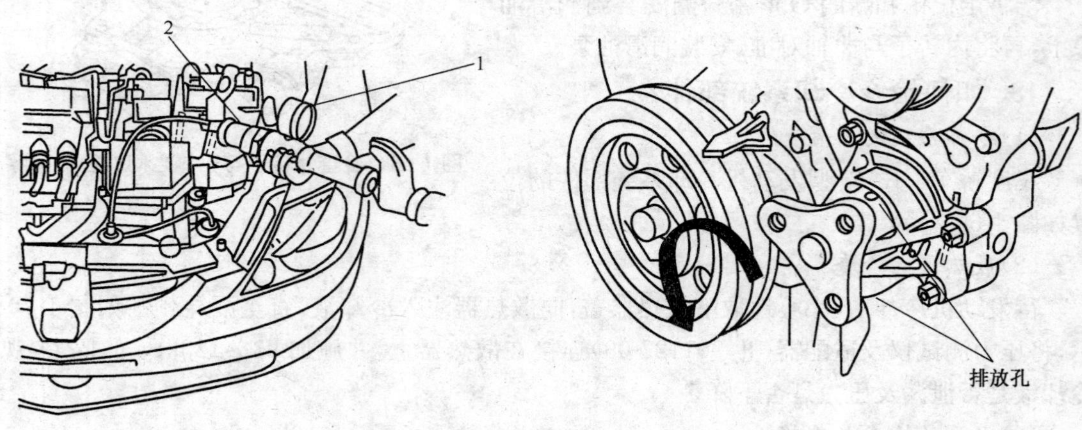

图 1-70　检查散热器泄漏　　　　图 1-71　检查水泵

⑥换上新的密封圈，按与拆卸相反的顺序安装水泵。

⑦加注冷却液。加注时，应打开加热器阀，以便排出冷却系统中的空气。

(4)冷却液的更换

①起动发动机。把加热器温度控制盘设定为最大加热，或空调控制系统为 Hi。关闭点火开关。用手触摸，确认发动机和散热器已冷却。

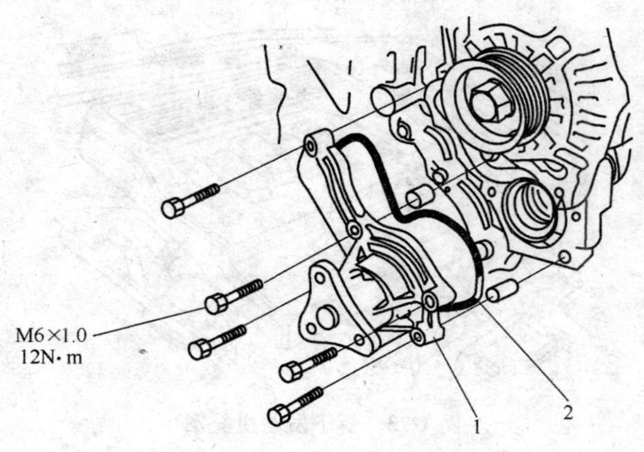

图 1-72　拆下水泵

1. 水泵　2. 水泵垫

②取下散热器盖。松开冷却液排放塞，排净冷却液，拆下气缸体上的排放螺塞，换一个新垫圈，重新装上排放螺塞，并可靠地紧固散热器上的排放螺塞。

③向储液箱中添加本田纯正四季 2 型防冻液/冷却液(50%防冻液与 50%水的混合物，不可加水)，直至“MAX”标记。

铝合金散热器、M/T 的加注量为：带加热器的冷却液加注容量(包括 0.4L 储液箱容量)为 4.0L，不带加热器的为 3.4L。

铜质散热器、M/T 的加注量为、带加热器的冷却液加注容量(包括 0.4L 储液箱容量)为 4.1L，不带加热器的为 3.4L。

④冷却液加注后，盖上散热器盖，起动发动机并使其运转预热。关闭发动机，检查冷却液液位。如液位较低，应加注冷却液。完成后，旋紧散热器盖，起动发动机并使其运转，检查有无泄漏。

第三节　上海别克凯越轿车 F16D3 型发动机机械的检修

19. 如何拆装发动机总成?

凯越轿车 F16D3 型发动机总成的拆装顺序如下：

①取出燃油泵熔丝，起动发动机，以消耗燃油供给系统内的残余燃油，使发动机燃油供给系统卸压。

②如图 1-73 所示，拆下发动机盖罩。

③放出发动机润滑油、冷却液。

④断开蓄电池负极电缆。

⑤拆下发动机进气管、发动机附件驱动带、右前车轮及其挡护板。

⑥拆下发动机冷却风扇、散热器、动力转向油泵的油管。

⑦拔下各传感器插头，拔下喷油器、点火线圈、炭罐电磁阀插头，拆下发电机线束连接，拆下进气支管处和起动机处的发动机控制模块(ECM)接地线，拆下发动机线束固定螺栓。

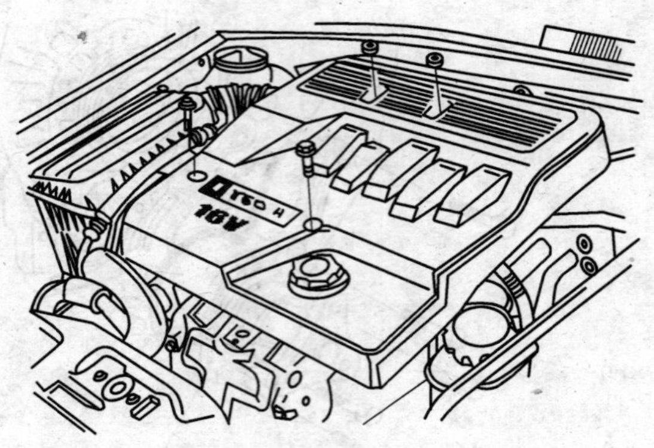

图 1-73　拆下发动机盖罩

⑧断开燃油管、真空管、辅助水箱水管。

⑨拆下三元催化转换器和排气管，拆下起动机。

⑩吊住发动机。拧下发动机与变速器连接螺栓，并支撑变速器。如图 1-74 所示，拆卸发动机支架，吊出发动机总成。

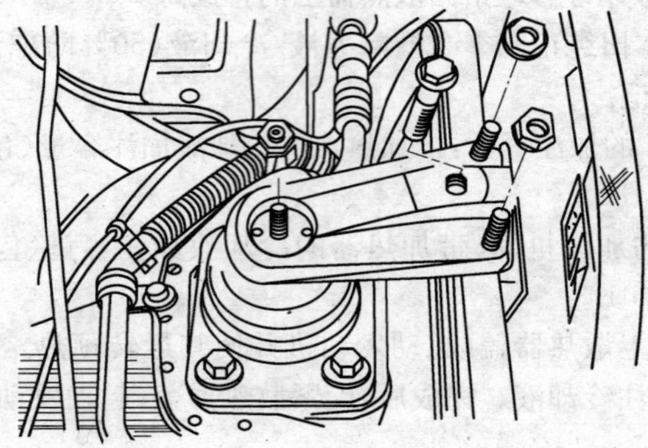

图 1-74　拆下发动机支架

按与拆卸相反的顺序安装发动机总成。以 50N·m 的力矩拧紧发动机支架螺母。加注发动机润滑油、冷却液。

20. 如何拆装发动机正时带？

凯越轿车 F16D3 型发动机正时带及相关零件如图 1-75 所示。

(1)发动机正时带的拆卸

发动机正时带的拆卸过程如下：

①断开蓄电池负极电缆线。

②拆下曲轴箱通风管、空气滤清器壳。

③拆下右前车轮及挡护板。

④拆下发动机附件驱动带、曲轴带轮、正时带前盖，装回曲轴带轮螺栓。

⑤顺时针方向转动曲轴，并使曲轴正时带轮上的标记对准相应的标记。

⑥松开水泵螺栓，并逆时针方向转动水泵以释放正时带。

⑦拆下发动机支架。

⑧取出正时带。

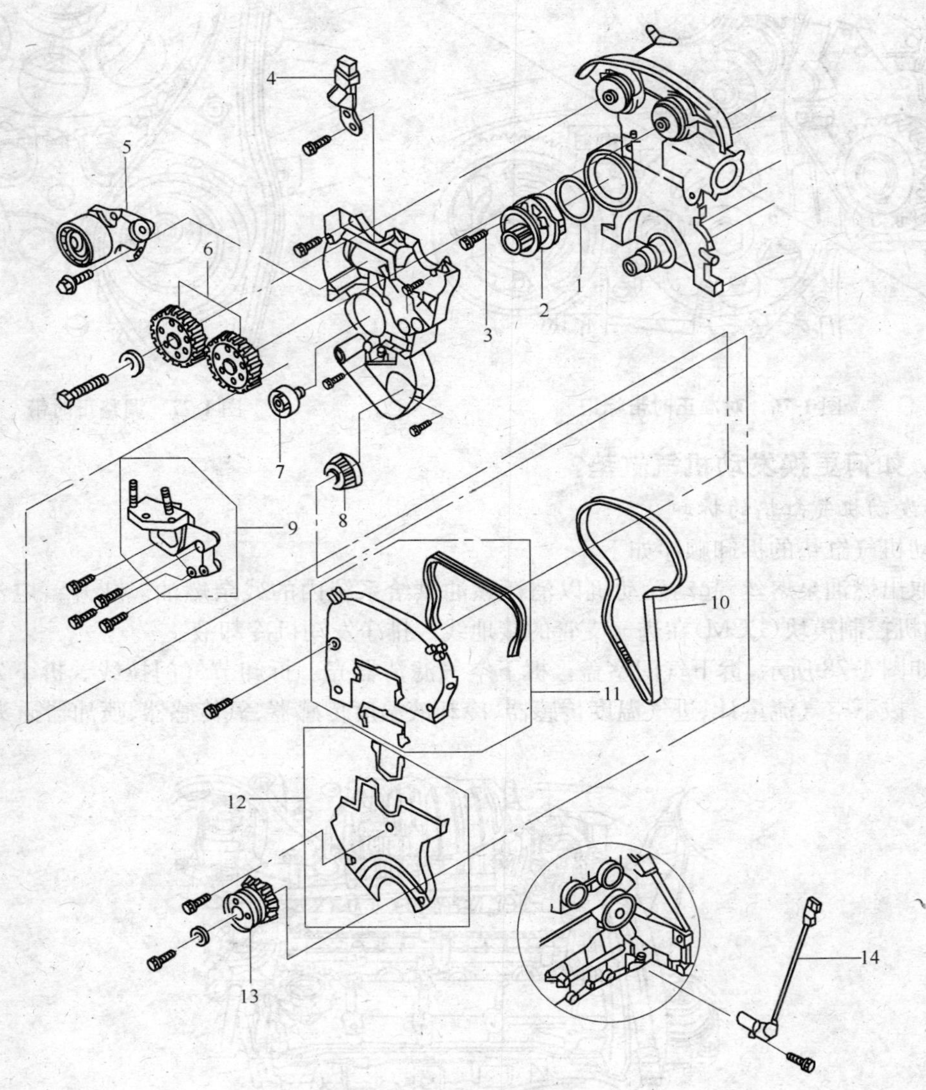

图 1-75　发动机正时带及相关零件

1. 水泵密封圈　2. 水泵　3. 正时带后盖　4. 凸轮轴位置传感器　5. 张紧轮　6. 凸轮轴正时带轮　7. 惰性轮　8. 曲轴正时带轮　9. 支架　10. 正时带　11. 正时带前上盖　12. 正时带前下盖　13. 曲轴带轮　14. 曲轴位置传感器

(2)发动机正时带的安装

按与拆卸相反的顺序安装发动机正时带：

①如图 1-76 所示，装上正时带，正时带的标记应与凸轮轴正时带轮和曲轴正时带轮的标记对准。

②调整正时带，顺时针方向转动水泵，直至正时带张紧轮上的标记对准相应的标记，如图 1-77 所示，拧紧水泵固定螺栓。

③以 95N・m＋30°＋15°力矩拧紧曲轴正时带轮螺栓。

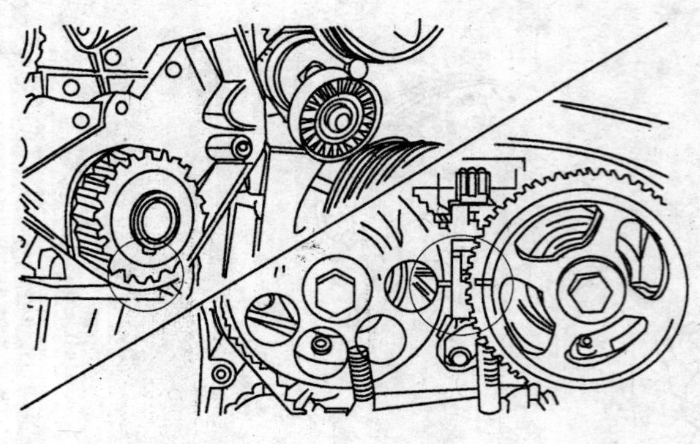

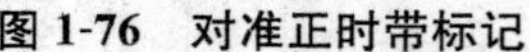

图 1-76　对准正时带标记

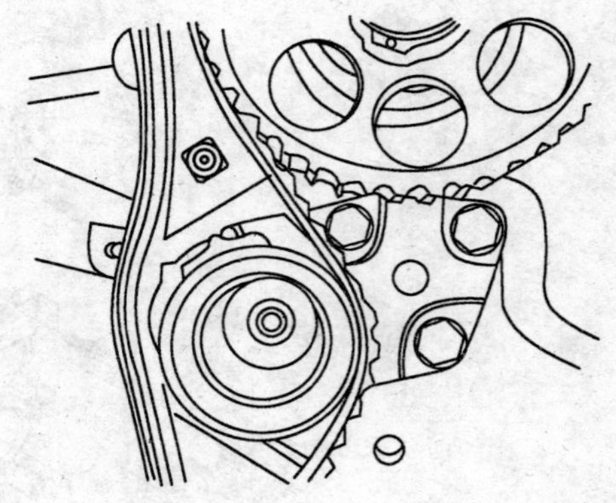

图 1-77　调整正时带

21. 如何更换发动机气缸垫?

(1)发动机气缸垫的拆卸

发动机气缸垫的拆卸顺序如下:

①取出燃油泵熔丝,起动发动机以消耗燃油供给系统内的残余燃油。断开蓄电池负极电缆、发动机控制模块(ECM)在进气支管的接地线。排净发动机冷却液。

②如图 1-78 所示,拆下气门室盖。拆下空气滤清器壳。拆卸节气门拉线。拆下发动机冷却水管。拔下空气流量计、进气温度传感器、冷却液温度传感器、氧传感器、喷油器插头。

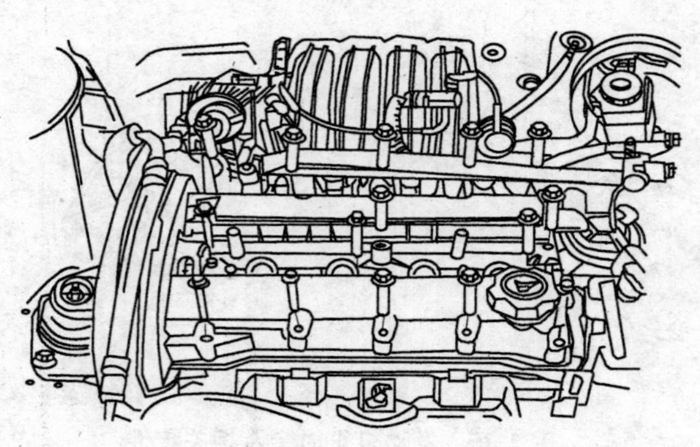

图 1-78　拆下气门室盖

③拆下进气支管支架。拔下进气支管上所有真空管。

④拔下火花塞高压线,拆下点火线圈及其支架。

⑤如图 1-79 所示,顺时针转动附件驱动带张紧轮,拆下附件驱动带。拆卸右前车轮及其挡护板。

⑥拆下正时带前上盖。对准凸轮轴带轮正时记号。拆下曲轴带轮。拆下正时带下盖。

⑦如图 1-80 所示,稍微松开水泵固定螺栓,使用专用工具逆时针方向转动水泵,释放正时带。取下正时带。

⑧拆卸发动机支架。拆下进、排气支管及附件,如图 1-81 所示。

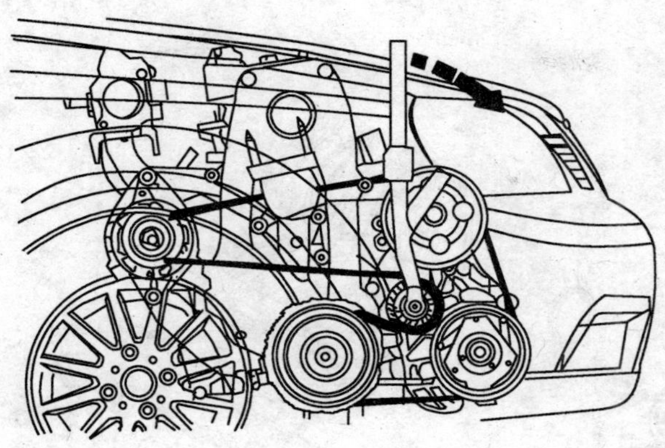

图 1-79　拆下附件驱动带

图 1-80　拆下正时带

⑨拆下凸轮轴正时带轮。拆下正时带自动张紧轮的惰性轮。拆下正时带后盖。

⑩图 1-82 所示，按顺序拧下气缸盖螺栓。卸下气缸盖，取下气缸垫。

(2)发动机气缸垫的安装

换上新的气缸垫，按与拆卸相反的顺序安装气缸盖。安装时应注意：

①应按顺序逐级拧紧气缸盖螺栓，其拧紧力矩为 25N·m+70°+70°+50°，即先把所有螺栓拧紧至 25N·m，再把所有螺栓拧紧 70°，再次把所有螺栓拧紧 70°，最后把所有螺栓拧紧 50°。

②以 67.5 N·m 的力矩拧紧进、排气凸轮轴正时带轮螺栓。

③加注发动机冷却液。

22. 如何拆装发动机储油盘？

(1)发动机储油盘的拆卸

凯越轿车 F16D3 型发动机储油盘(即油底壳)的拆卸顺序如下：

①断开蓄电池负极电缆。

②排净发动机润滑油。

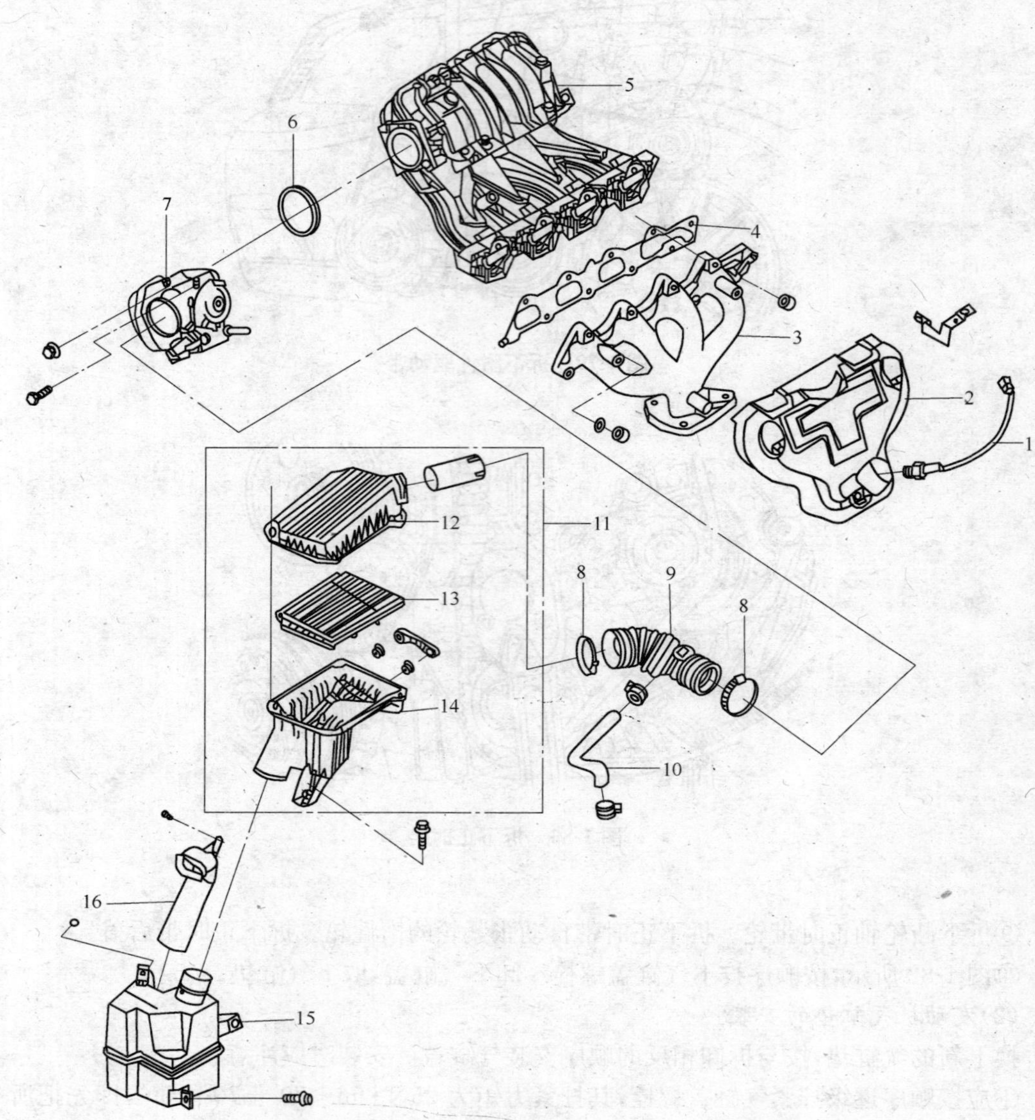

图 1-81　进、排气支管及附件

1. 氧传感器　2. 隔热板　3. 排气支管　4. 排气支管垫　5. 进气支管　6. 节气门垫
7. 节气门体　8. 固定夹　9. 进气软管　10. 真空软管　11. 空气滤清器　12. 空气滤清器上壳
13. 空气滤芯　14. 空气滤清器下壳　15. 进气消声器　16. 软管

③拆下三元催化转换器。

④如图 1-83 所示，拆下下护板。

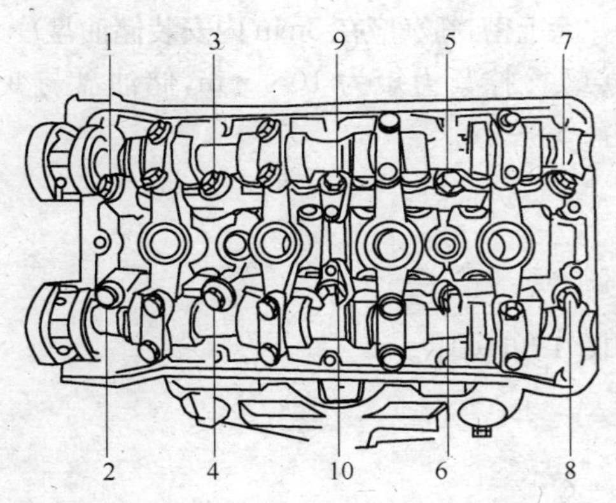

图 1-82　气缸盖螺栓拆卸顺序

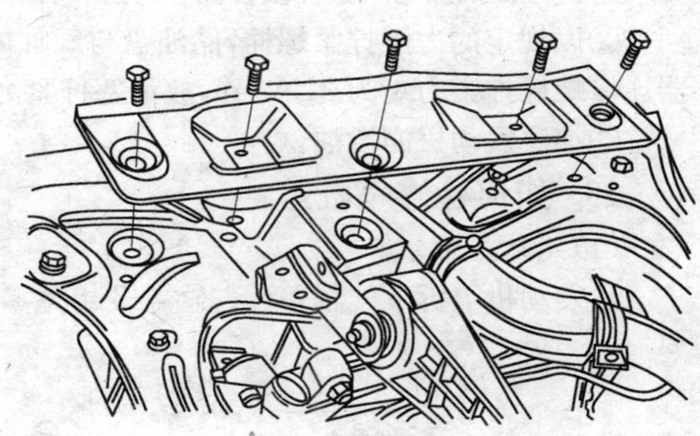

图 1-83　拆下下护板

⑤如图 1-84 所示，拧下储油盘与变速器连接螺栓。

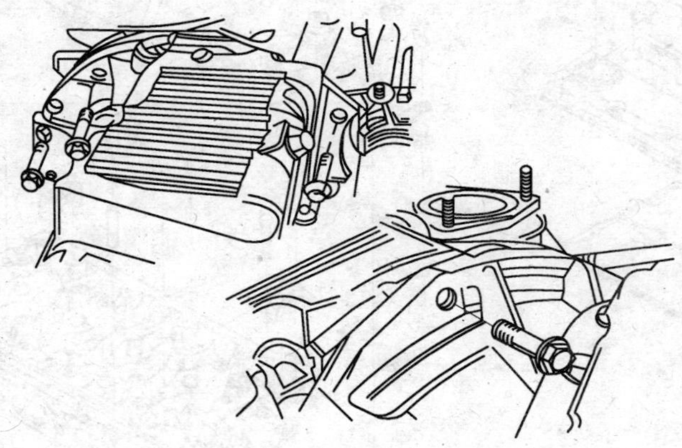

图 1-84　拧下储油盘与变速器连接螺栓

⑥如图 1-85 所示，拧下储油盘与气缸体连接螺栓，取出储油盘。

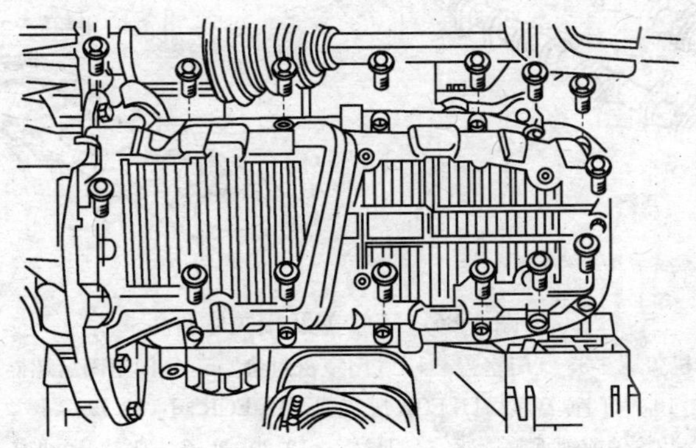

图 1-85　拧下储油盘与气缸体连接螺栓

(2)发动机储油盘的安装

按与拆卸相反的顺序安装发动机储油盘。安装时应注意：

①清理储油盘与气缸体接合面，换上新的密封垫，并涂上密封胶(应在5min内安装储油盘)。

②以规定的力矩拧紧螺栓，储油盘与气缸体连接螺栓拧紧力矩为10N·m，储油盘与变速器连接螺栓拧紧力矩为31N·m，放油塞拧紧力矩为55N·m。

③加注发动机润滑油。

23. 如何检修气缸盖？

(1)气缸盖的分解

从发动机上拆下气缸盖。气缸盖及相关零件如图1-86所示。

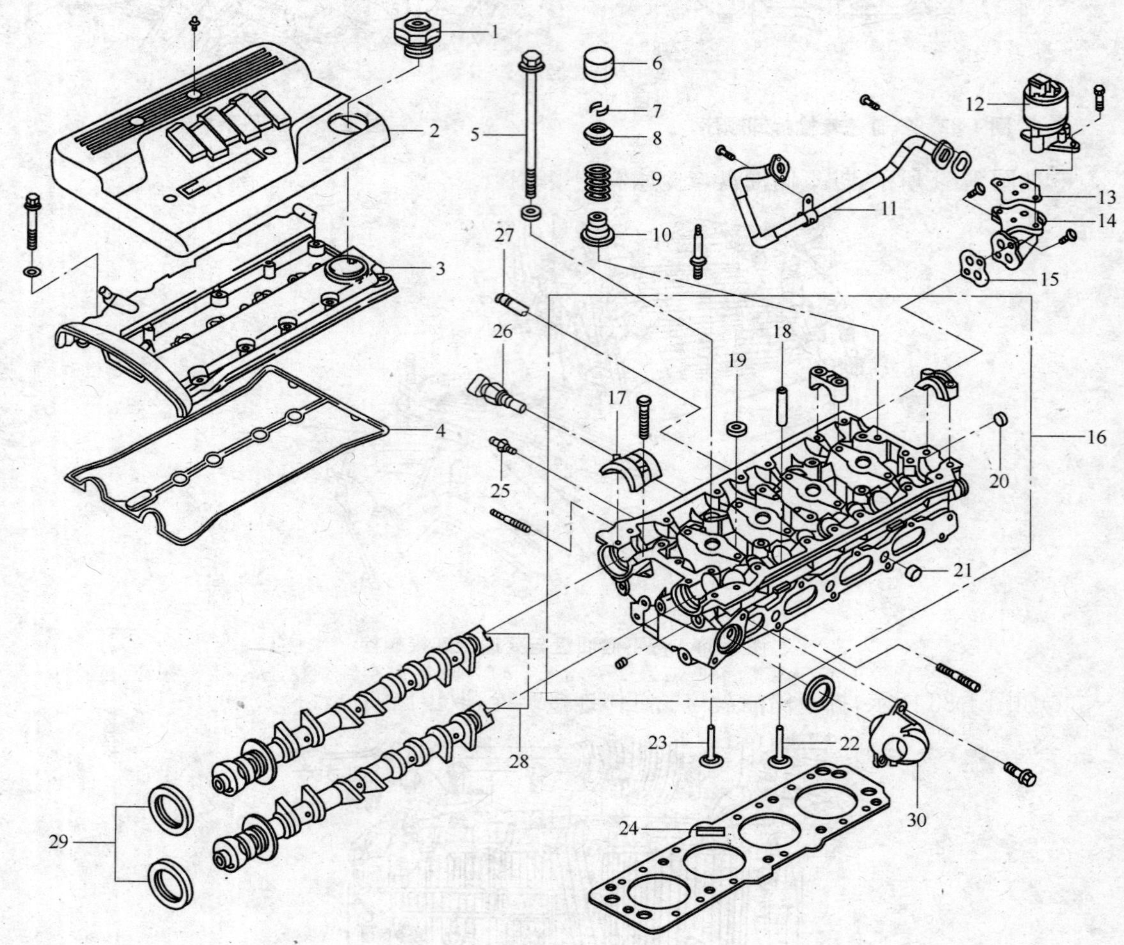

图1-86　气缸盖及相关零件

1. 润滑油加注口盖　2. 发动机盖罩　3. 气门室盖　4. 气门室密封垫　5. 气门室固定螺栓　6. 气门顶盖　7. 气门锁片　8. 气门弹簧盖　9. 气门弹簧　10. 气门弹簧座　11. EGR废气管　12. EGR阀　13. EGR阀垫片　14. EGR阀座　15. EGR阀座垫片　16. 气缸盖　17. 凸轮轴前轴承盖　18. 气门导管　19、20. 塞子　21. 润滑油道盖　22. 进气门　23. 排气门　24. 气缸垫　25. 冷却液温度感应塞　26. 冷却液温度传感器　27. 水管　28. 凸轮轴　29. 凸轮轴油封　30. 节温器

气缸盖的分解顺序如下：

①拆下进、排气凸轮轴带轮。

②如图 1-87 所示，按顺序拧下凸轮轴轴承盖螺栓。

③取下进、排气凸轮轴。

④如图 1-88 所示，取出进、排气门顶盖。

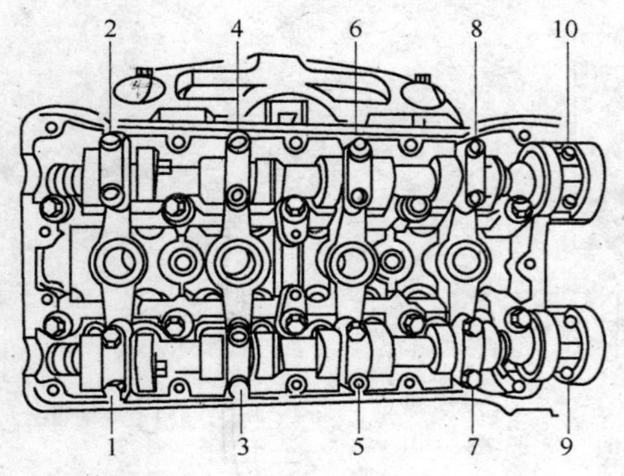

图 1-87　凸轮轴轴承盖螺栓拆卸顺序

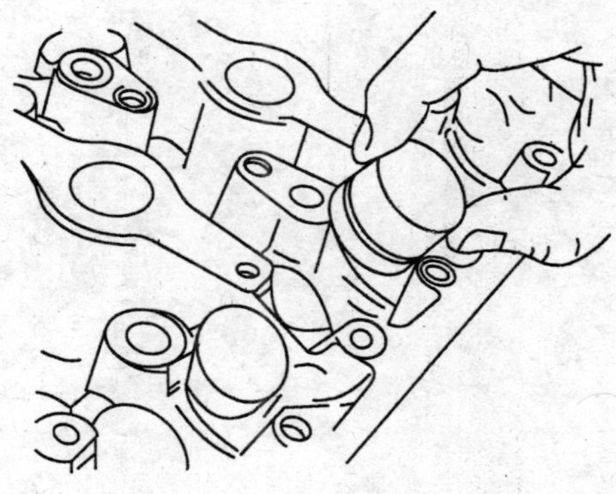

图 1-88　取出进、排气门顶盖

⑤如图 1-89 所示，拆卸气门组件。

(2)气缸盖的检查

①清理气缸盖和气缸体的接合面。

②如图 1-90 所示，检查气缸盖的翘曲。最大翘曲应小于 0.050mm。

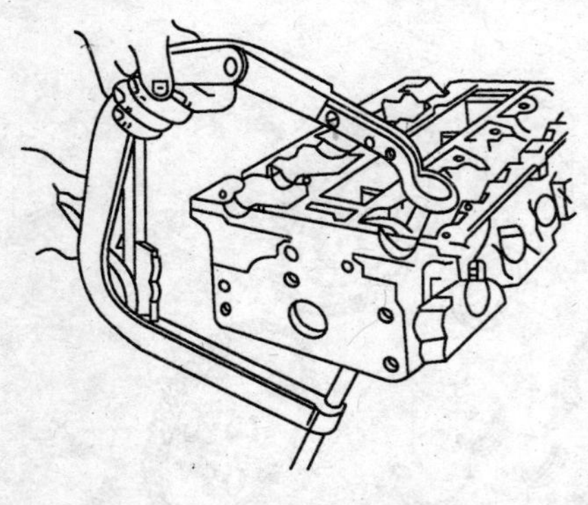

图 1-89　拆卸气门组件

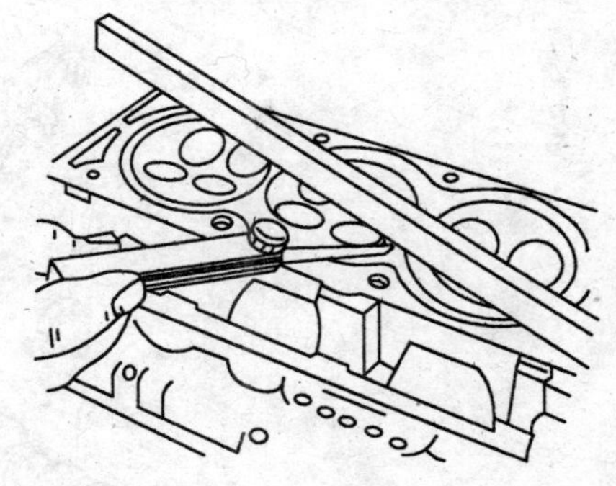

图 1-90　检查气缸盖的翘曲

③如图 1-91 所示，检查气缸盖的厚度。气缸盖的厚度应为 134.08～134.23mm。如果气缸盖厚度小于 134.08mm，则应更换气缸盖。

(3)气缸盖的装配

按与气缸盖分解相反的顺序安装气缸盖。装配时应注意：

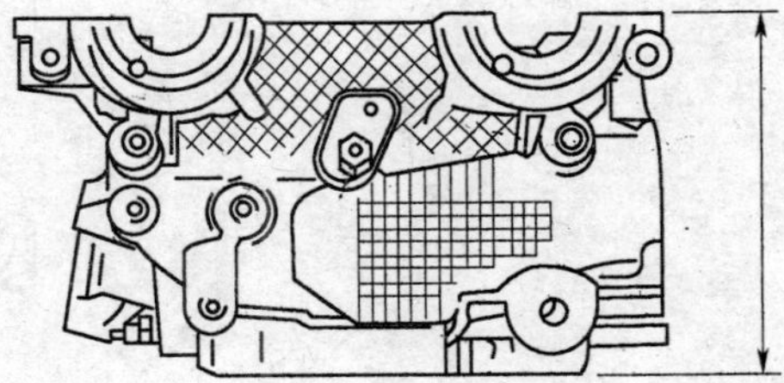

图 1-91　检查气缸盖的厚度

①按顺序以 16N·m 力矩拧紧进、排气凸轮轴承盖螺栓。

②以 67.5N·m 力矩拧紧进、排气凸轮轴正时带轮螺栓。

③检查进、排气凸轮轴轴向间隙，其间隙为 0.10～0.25mm。

24. 如何检修曲柄连杆机构零件?

(1)活塞连杆组件的检修

凯越轿车 F16D3 型发动机曲柄连杆机构零件如图 1-92 所示。

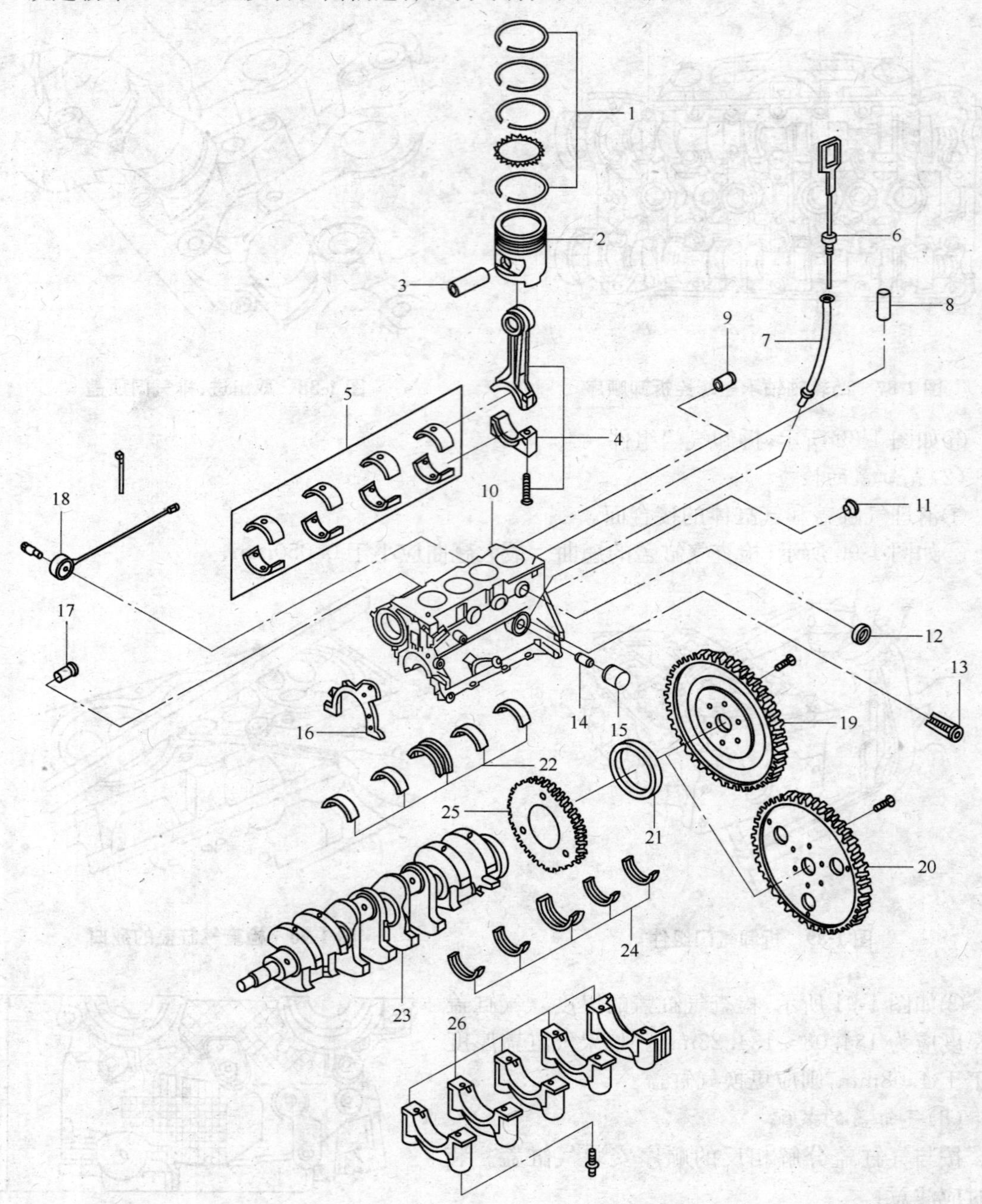

图 1-92　曲柄连杆机构分解图

1. 活塞环　2. 活塞　3. 活塞销　4. 连杆　5. 连杆轴承　6. 润滑油尺　7. 润滑油尺导管　8. 气缸盖定位销　9. 变速器定位销　10. 气缸体　11. 润滑油道塞　12. 水道盖　13. 润滑油旁通阀　14. 润滑油滤清器接头　15. 润滑油滤清器　16. 曲轴前盖　17. 塞子　18. 爆燃传感器　19. 飞轮(变速器)　20. 飞轮(自动变速器)　21. 曲轴后油封　22. 曲轴主轴承(上半部分)　23. 曲轴　24. 曲轴主轴承(下半部分)　25. 曲轴位置传感器信号轮　26. 曲轴主轴承盖

1)活塞连杆组件的拆卸与分解

活塞连杆组件的拆卸与分解过程如下：

①拆卸发动机总成。

②拆卸气缸盖、储油盘及润滑油集油器。

③拆下各缸活塞连杆组。

④如图 1-93 所示，用活塞环拆装钳拆下活塞环。

⑤如图 1-94 所示，用压具压出活塞销。

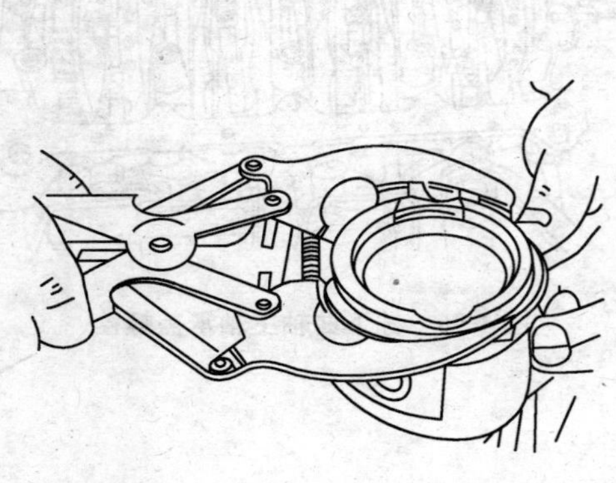

图 1-93　拆下活塞环

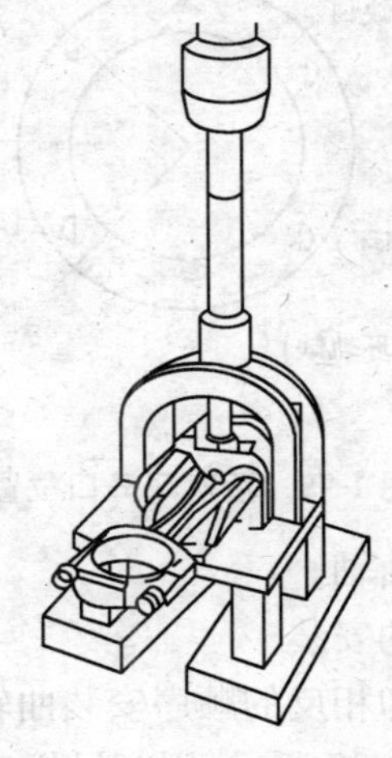

图 1-94　压出活塞销

2)活塞连杆组件的检查

①检查连杆是否有弯曲、扭曲变形。如有，应予以矫正或更换。

②检查连杆轴承是否烧蚀、剥落，并检查连杆轴承与曲轴连杆轴颈配合间隙是否符合规定。其间隙为 0.019～0.071mm。否则，应予以更换。

③检查活塞是否烧蚀、拉伤、磨损，并检查活塞与气缸的配合间隙是否符合规定。气缸间隙为 0.030mm。否则，应更换活塞。

④检查活塞环开口间隙和侧隙。第一道环开口间隙为 0.2～0.3mm，侧隙为 0.016mm。第二道环开口间隙为 0.5～0.6mm，侧隙为 0.066mm。

3)活塞连杆组件的装配与安装

①装配活塞连杆组件。装配时，应注意活塞和连杆的标记一致，换上新的活塞环，且活塞环的端隙和侧隙应符合规定。

②按与拆卸相反的顺序安装活塞连杆组件。安装时，活塞环开口位置如图 1-95 所示，应逐级拧紧连杆轴承盖螺栓。拧紧力矩为 25N·m＋30°＋15°。

(2)曲轴的拆装

1)曲轴的拆卸

曲轴的拆卸顺序如下：

①拆卸发动机总成。

②拆下发动机飞轮、曲轴后油封。

③拆卸正时带，拆下曲轴正时带轮及曲轴前盖。

④拆卸储油盘，拆下润滑油集油器及润滑油泵。

⑤拆下活塞连杆组件。

⑥如图 1-96 所示，拧下曲轴主轴承盖螺栓，取下曲轴主轴承盖，并做好标记。

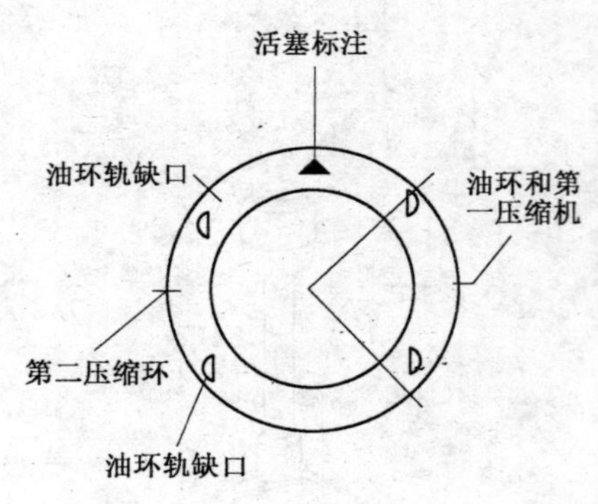

图 1-95 活塞环开口位置

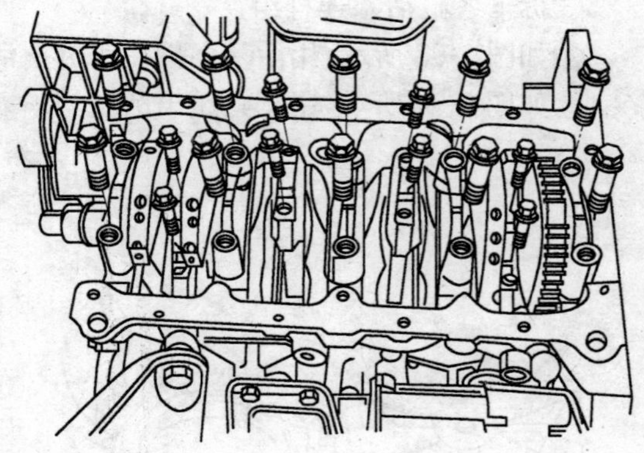

图 1-96 拧下曲轴主轴承盖螺栓

⑦取下曲轴。

2)曲轴的安装

按与拆卸相反的顺序安装曲轴。安装时应注意：

①如图 1-97 所示，用塞尺检查曲轴轴向间隙。曲轴轴向间隙为 0.05～0.28mm。其间隙应符合规定。

②如图 1-98 所示，用塑料量规检查曲轴主轴颈与曲轴主轴承配合间隙。其间隙应为 0.026～0.042mm。

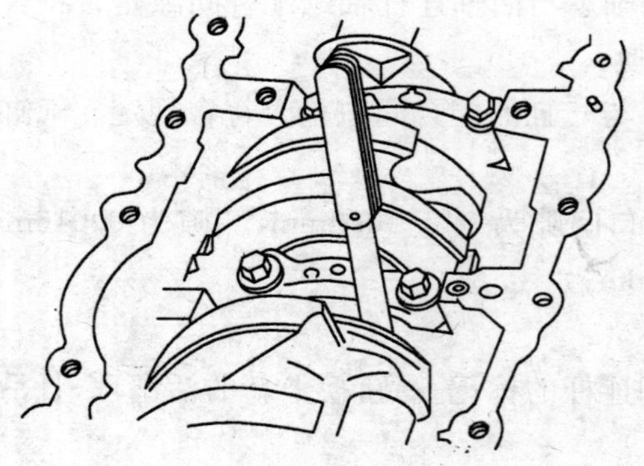

图 1-97 检查曲轴轴向间隙

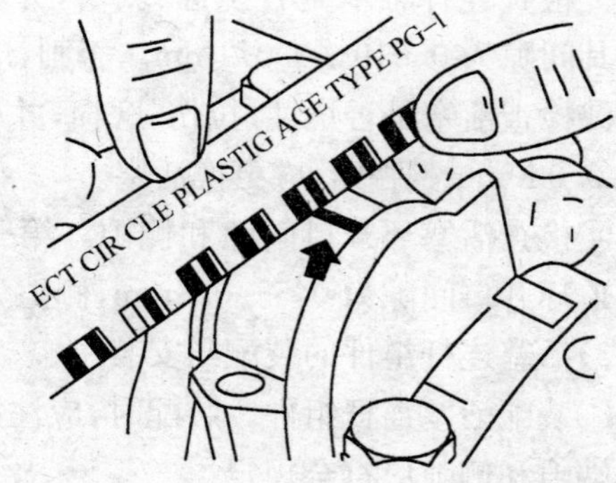

图 1-98 检查曲轴主轴颈与曲轴主轴承配合间隙

③应逐级拧紧曲轴主轴承盖螺栓、飞轮螺栓。曲轴主轴承盖螺栓拧紧力矩为 50N·m+45°+15°。飞轮螺栓拧紧力矩为 35N·m+30°+15°。

25. 如何检修气门座？

气门座的检修方法如下：

①拆卸并分解气缸盖。

②检查气门座是否烧蚀或磨损。若有,应对气门座进行修复。

③气门座的铰削角度如图 1-99 所示。用气门座铰刀铰削气门座。工作面角度 45°用 KM-340-13 铰刀。上部角度 30°用 KM-340-13 铰刀。下部角度 60°用 KM-340-26 铰刀。

如图 1-100 所示,研磨气门座。

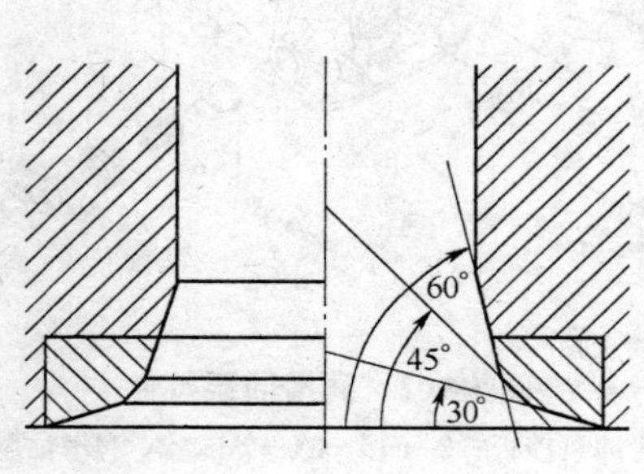

图 1-99　气门座的角度

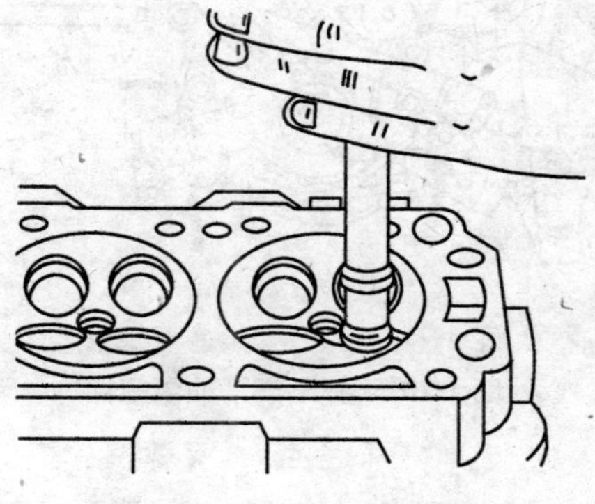

图 1-100　研磨气门座

④检查气门座工作面宽度。进气门座工作面宽度为 1.17～1.57mm。排气门座工作面宽度为 1.4～1.8mm。

⑤检查气门与气门座的密封性。

26. 如何拆装发动机润滑油泵?

(1)润滑油泵的拆卸

润滑油泵的拆卸顺序如下:

①断开蓄电池负极电缆。

②拆下动力转向油泵。

③拆卸正时带,拆下正时带后盖。

④拔下润滑油压力开关插头。

⑤拆卸储油盘,拆下润滑油集油器。

⑥如图 1-101 所示,拆下润滑油泵。

润滑油泵的零件如图 1-102 所示。

(2)润滑油泵的安装

按与拆卸相反的顺序安装润滑油泵。安装时应注意:

①清洁润滑油泵与发动机气缸体接合表面。

②更换曲轴前油封,并涂上润滑油。

③按规定力矩拧紧润滑油泵螺栓。其拧紧力矩为 10N·m。

27. 如何拆装发动机水泵?

发动机水泵的拆装顺序如下:

①排放冷却液。

②拆卸正时带。

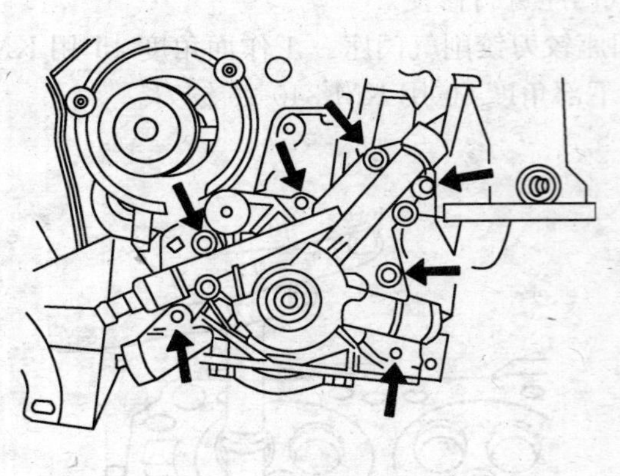

图 1-101 拧下润滑油泵螺栓

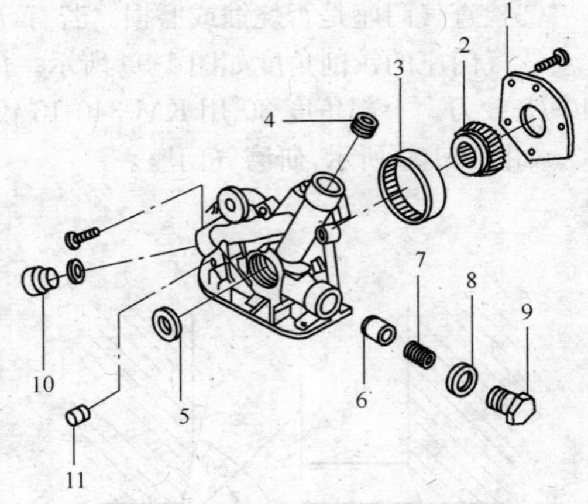

图 1-102 润滑油泵零件

1. 润滑油泵挡板 2. 润滑油泵转子 3. 润滑油泵外圈 4. 润滑油道塞 5、8. 垫圈 6. 润滑油压力释放阀 7. 弹簧 9. 润滑油压力释放阀螺栓 10. 螺塞 11. 定位销

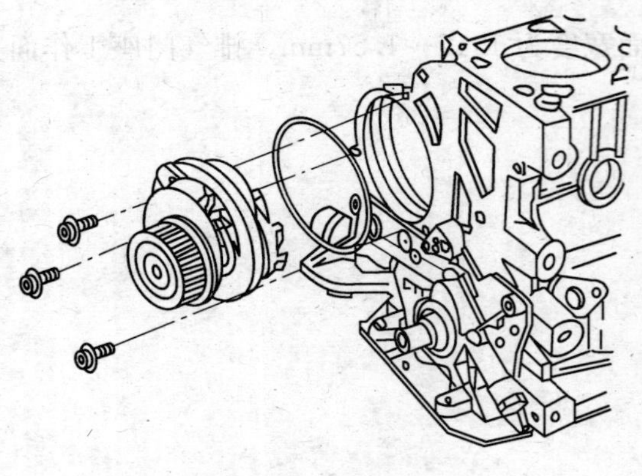

图 1-103 拆下水泵

③拆下正时带张紧轮。

④如图 1-103 所示，拆下水泵。

⑤清理水泵与气缸体的接合面。

⑥更换新的水泵密封圈，并在密封圈上涂抹润滑油。

⑦装上水泵，以 25N·m 力矩拧紧紧固螺栓。

⑧安装正时带张紧轮及正时带。

⑨加注冷却液。

第四节 上海大众桑塔纳 2000GSi 轿车 AJR 型发动机机械的检修

28. 如何拆装发动机正时带?

(1)发动机正时带的拆卸

桑塔纳 2000GSi 轿车 AJR 型发动机正时带及相关零件如图 1-104 所示。

发动机正时带的拆卸顺序如下：

①将曲轴转到第 1 缸的上止点位置，如图 1-105 所示。

②拆下正时带上防护罩。

③将凸轮轴正时带轮上的标记对准正时带后上防护罩上的标记，如图 1-106 所示。

④拆下曲轴正时带轮。

⑤拆下正时带中间防护罩及下防护罩。

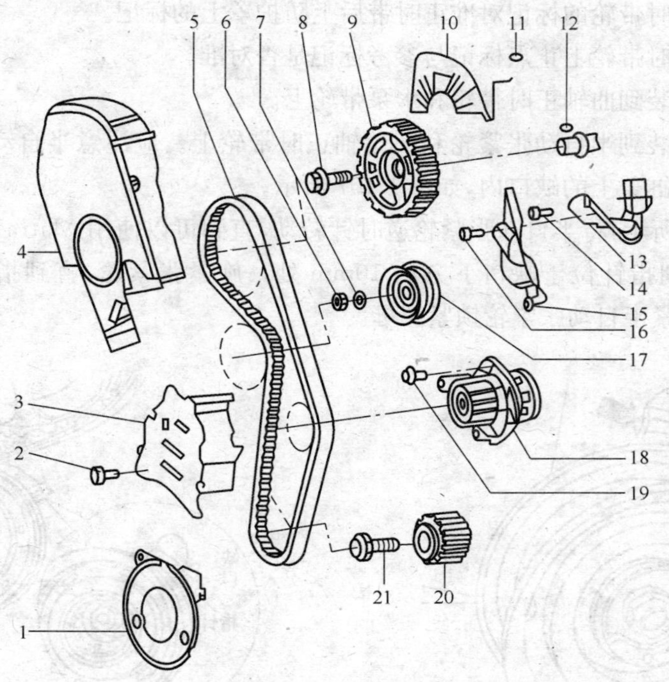

图 1-104　发动机正时带及相关零件

1. 正时带下防护罩　2. 螺栓(10N·m)　3. 正时带中间防护罩　4. 正时带上防护罩　5. 正时带　6. 螺栓(15N·m)　7. 波纹垫圈　8. 螺栓(100N·m)　9. 凸轮轴正时带轮　10. 正时带后上防护罩　11. 螺栓(10N·m)　12. 半圆键　13. 霍尔传感器　14. 螺栓(10N·m)　15. 正时带后防护罩　16. 螺栓(10N·m)　17. 半自动张紧轮　18. 水泵　19. 螺栓(15N·m)　20. 曲轴正时带轮　21. 螺栓(90N·m+1/4 圈)

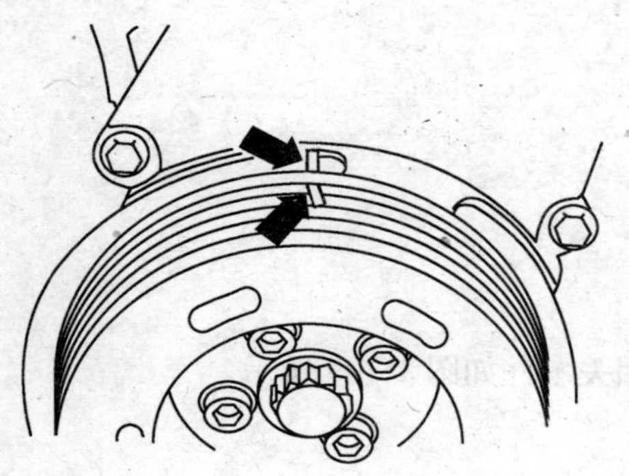

图 1-105　对准曲轴正时带轮第 1 缸上止点标记

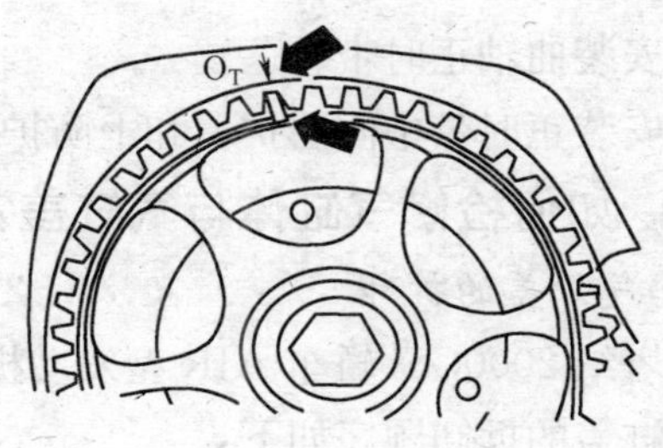

图 1-106　对准凸轮轴正时带轮与正时带后上防护罩上标记

⑥用粉笔在正时带上做好方向记号，便于安装时确定正时带方向。

⑦松开半自动张紧轮，并取下正时带。

(2)正时带的安装

正时带的安装顺序如下：

①转动曲轴，使曲轴不在上止点的位置，以免损坏气门及活塞。

②将凸轮轴正时带轮的标记对准正时带后上防护罩上的标记。

③检查曲轴正时带轮上止点标记与参考标记是否对准。

④将正时带安装到曲轴正时带轮和水泵带轮上。

⑤将正时带安装到半自动张紧轮和凸轮轴正时带轮上。应注意半自动张紧轮的位置，即定位块必须嵌入气缸盖上的缺口内，如图 1-107 所示。

⑥如图 1-108 所示，将半自动张紧轮逆时针转动，直到可以使用 Matra159 专用工具，松开半自动张紧轮，直到指针位于缺口下方约 10mm 处。旋紧张紧轮，直到指针与缺口重叠，以 15N·m 的力矩拧紧半自动张紧轮锁紧螺母。

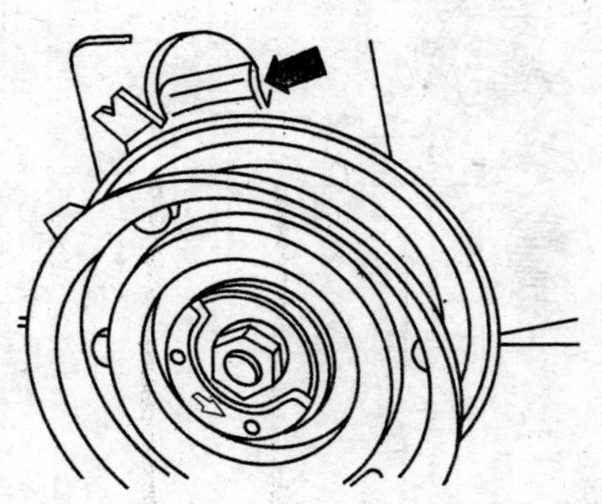

图 1-107 半自动张紧轮的位置

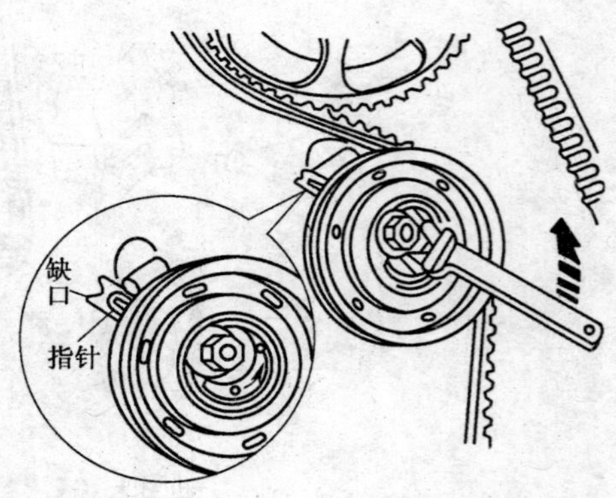

图 1-108 调整正时带的张紧

检查半自动张紧轮是否正常，可用拇指按压正时带，指针应移向一侧。当放松正时带时，张紧轮应该回到初始位置(缺口和指针重叠)。

⑦用手转动曲轴，检查正时带安装是否正常。

⑧安装正时带下防护罩。

⑨安装曲轴正时带轮。

⑩安装正时带中间防护罩和上防护罩。

29. 如何检修气缸体与气缸盖?

(1)气缸盖的拆卸

桑塔纳 2000GSi 轿车 AJR 型发动机气缸盖及相关零件如图 1-109 所示。

气缸盖的拆卸顺序如下：

①排净冷却液。拔下气缸盖冷却液软管。

②拆下进气支管和排气支管。

③拆下正时带上防护罩。

④拧下气门罩盖的螺母，取下气门罩盖、下压条和支架。

⑤拆下同步带后上防护罩。

⑥拔出火花塞高压导线插头，并放置在一边。

⑦按对角从两边到中间的顺序松开气缸盖螺栓。

⑧取下气缸盖与气缸垫。

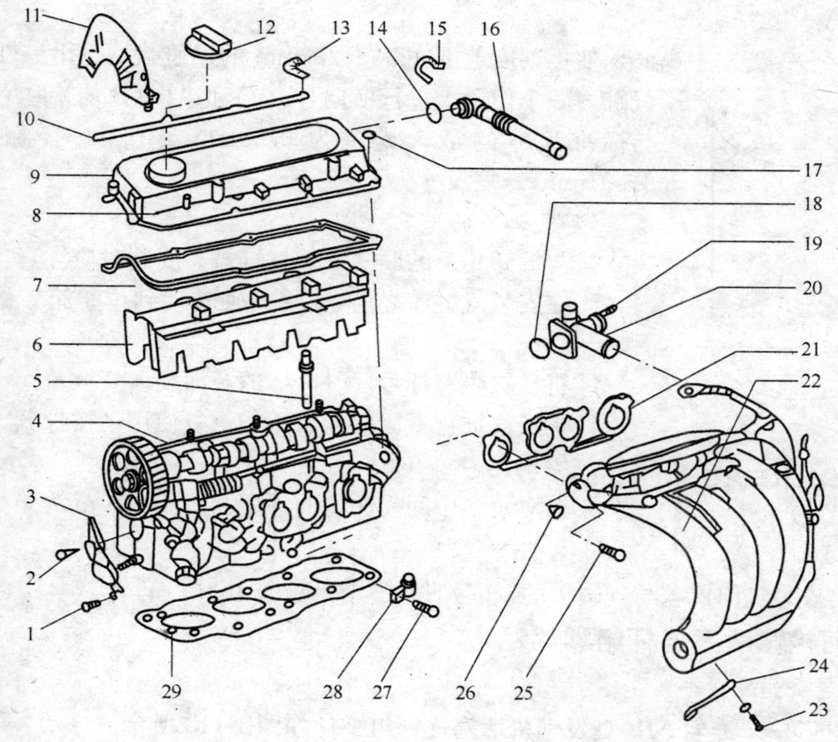

图 1-109　气缸盖及相关零件

1. 螺栓(15N·m)　2、25、27. 螺栓(20N·m)　3. 正时带后护板　4. 气缸盖总成　5. 气缸盖螺栓　6. 润滑油反射罩　7. 气门罩盖衬垫　8. 紧固压条　9. 气门罩盖　10. 压条　11. 正时带后上防护罩　12. 加润滑油口盖　13. 支架　14. 密封圈　15. 夹箍　16. 曲轴箱通气软管　17. 螺母(12N·m)　18. 密封圈　19. 螺栓(10N·m)　20. 凸缘　21. 进气支管衬垫　22. 进气支管　23. 螺栓　24. 进气支管支架　26. 螺母(20N·m)　28. 吊耳　29. 气缸垫

(2)气缸盖的检查

如图 1-110 所示,检查气缸盖平面度。将气缸盖翻过来,把刀形样板尺放到气缸盖下表面上,用塞尺检查气缸盖的平面度。气缸盖的平面度最大不得超过 0.1mm。

如超过极限值,应予以修理或更换。修理后的气缸盖高度 a 不得低于 133mm,如图 1-111 所示。

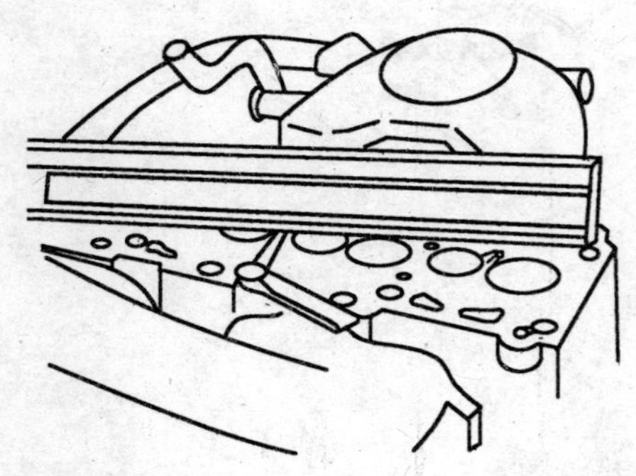

图 1-110　检查气缸盖平面度

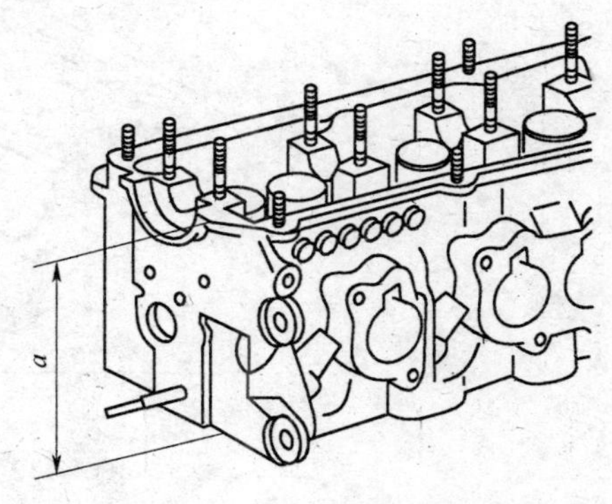

图 1-111　检查气缸盖高度

(3)检测气缸直径

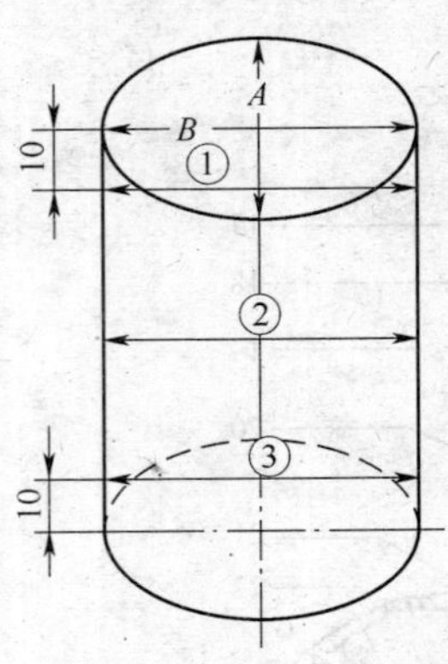

图 1-112　检测气缸直径

使用刻度范围在 50～200mm 的量缸表，如图 1-112 所示，在气缸内三个位置上进行横向(A 向)和纵向(B 向)垂直测量，要求与标准尺寸的最大偏差为 0.08mm。气缸直径标准尺寸为 81.01mm，修复尺寸为 81.51mm。

(4)气缸盖的安装

按与拆卸相反的顺序安装气缸盖。安装时应注意：

①在安装气缸盖之前，要将曲轴转动到位于第 1 缸上止点位置。

②将气缸垫有标号(配件号)的一面朝向气缸盖。

③更换气缸盖紧固螺栓。不能重复使用已按拧紧力矩拧紧过的气缸盖螺栓。

④按对角先中间后两边的顺序并以 40N·m 力矩拧紧气缸盖螺栓，再拧紧 180°。

⑤按对角拧紧气门罩盖与气缸盖的紧固螺母，拧紧力矩为 40N·m。

30. 如何检修活塞连杆组零件?

(1)活塞连杆组零件

桑塔纳 2000GSi 轿车 AJR 型发动机活塞连杆组零件如图 1-113 所示。

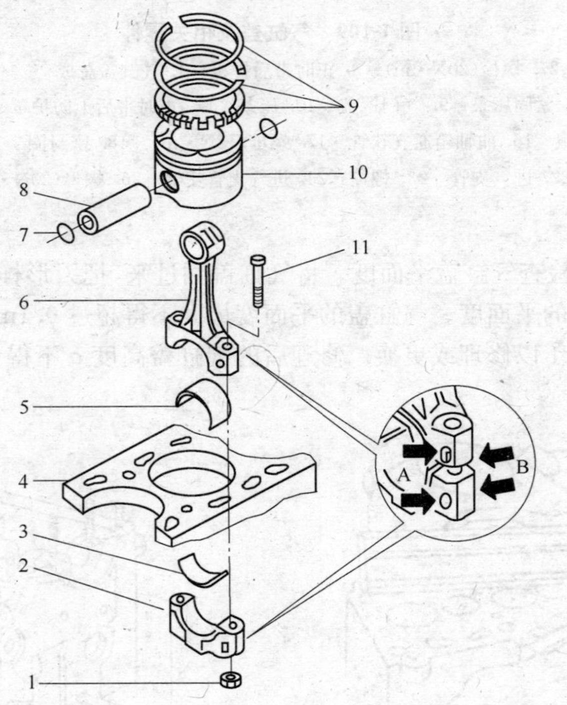

图 1-113　活塞连杆组分解图

1. 连杆螺母(30N·m+90°)　2. 连杆盖　3、5. 连杆轴承　4. 气缸体
6. 连杆体　7. 夹箍　8. 活塞销　9. 活塞环　10. 活塞　11. 连杆螺栓

(2)连杆轴向和径向间隙的检查

如图1-114所示,检查连杆的轴向间隙。连杆的轴向间隙为0.10～0.35mm,磨损极限值为0.40mm。

如图1-115所示,检查连杆径向间隙。将塑料间隙规横放在连杆盖上轴承全宽上,拧紧连杆盖螺栓,再拆下连杆盖,测量压扁的塑料间隙规的宽度,即连杆径向间隙值。连杆的径向间隙为0.01～0.05mm,磨损极限值为0.12mm。在测量连杆径向间隙时,不要转动曲轴。

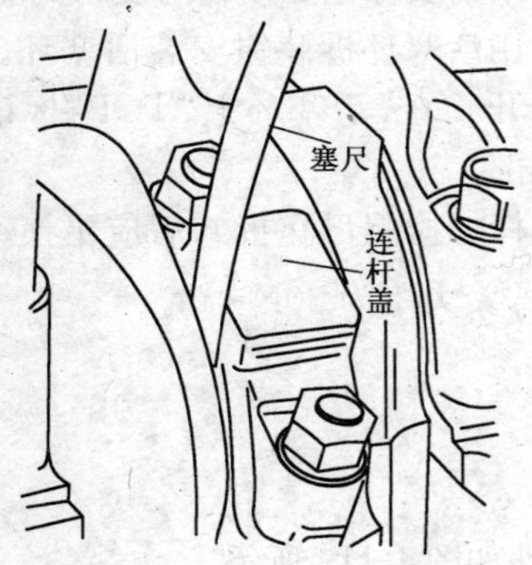

图1-114 检查连杆轴向间隙

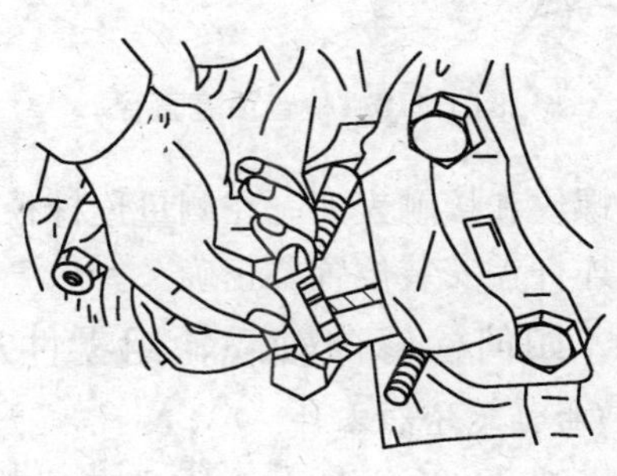

图1-115 检查连杆径向间隙

(3)活塞环间隙的检查

1)检查活塞环的开口间隙

如图1-116所示,用活塞将活塞环从气缸体上端压入气缸,距气缸边缘约15mm,用塞尺测量活塞环的开口间隙。第一道气环的开口间隙为0.20～0.40mm,磨损极限为0.80mm。第二道气环的开口间隙为0.20～0.40mm,磨损极限为0.80mm。油环的开口间隙为0.25～0.50mm,磨损极限为0.80mm。

2)检查活塞环侧隙

清洁活塞环槽,用塞尺检查活塞环侧隙,如图1-117所示。第一道气环侧隙为0.06～0.09mm,磨损极限为0.20mm。第二道气环侧隙为0.06～0.09mm,磨损极限为0.20mm。油环环侧隙为0.03～0.06mm,磨损极限为0.15mm。

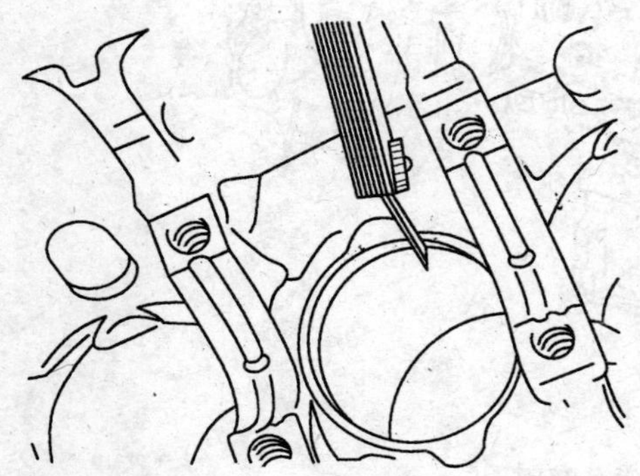

图1-116 检查活塞环的开口间隙

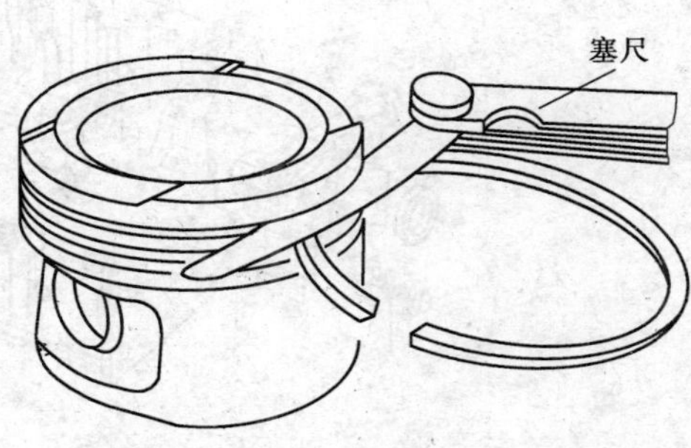

图1-117 检查活塞环侧隙

(4)活塞直径的检查

如图1-118所示,用千分尺在距活塞裙部下边缘约10mm处与活塞销垂直方向测量。测量值与标准尺寸的偏差应为 0.04mm。

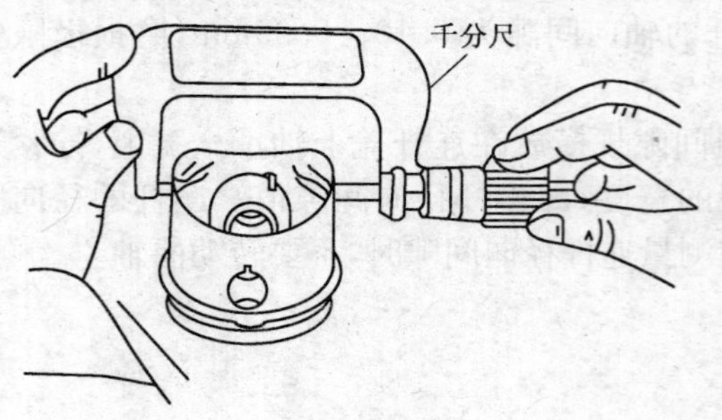

图 1-118　检查活塞直径

(5)活塞连杆组的安装

安装活塞连杆组时应注意：

①应使用专用工具 VW222a 安装活塞销，将活塞加热到 60°。

②活塞箭头标记必须朝向发动机前方。

③使用活塞环拆装钳安装活塞环。活塞环开口应错开 120°，活塞环上“TOP”标记必须朝向活塞顶部。

④连杆螺栓螺母在拆卸后应更换。安装时先润滑螺纹和接触表面。在测量连杆径向间隙时，螺栓拧紧力矩为 30N·m。

⑤连杆盖安装位置要正确。

31. 如何检修曲轴飞轮组零件？

(1)曲轴飞轮组零件

桑塔纳 2000GSi 轿车 AJR 型发动机曲轴飞轮组零件如图 1-119 所示。

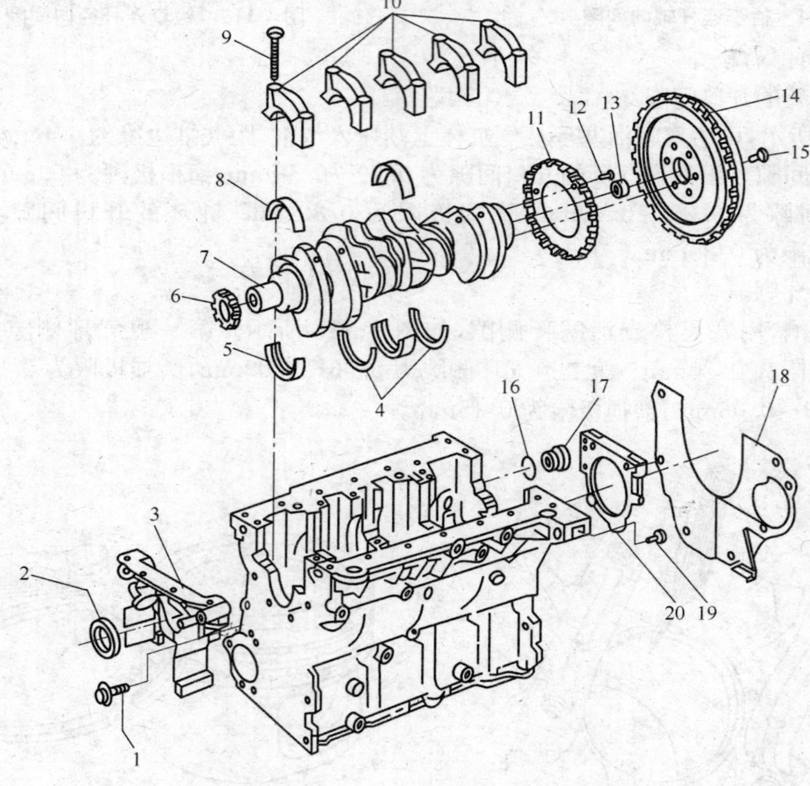

图 1-119　曲轴飞轮组分解图

1. 螺栓(16N·m)　2. 密封圈　3. 前密封凸缘　4. 止推环(位于第 3 道轴颈)　5. 主轴承(用于带润滑油槽气缸体)　6. 润滑油泵链轮　7. 曲轴　8. 主轴承(用于不带润滑油槽气缸体)　9. 主轴承盖螺栓(65N·m+90°)　10. 主轴承盖　11. 发动机转速传感器脉冲轮　12. 螺栓(10N·m+90°)　13. 滚针轴承　14. 飞轮　15. 螺栓(60N·m+90°)　16. 密封圈　17. 螺塞(100N·m)　18. 中间支板　19. 螺栓(16N·m)　20. 曲轴后密封凸缘

(2)曲轴轴颈的标准尺寸

曲轴主轴颈标准尺寸为54.00mm,连杆轴颈标准尺寸为47.80mm。曲轴轴颈的修理尺寸为每级缩小0.25mm,曲轴轴颈可缩小0.75mm。

(3)曲轴轴向和径向间隙的检查

如图1-120所示,检查曲轴轴向间隙时,可在曲轴前端面处安装一个百分表,将曲轴后移至极限位置,将百分表调整为零,再将曲轴前移至极限位置,此时读出百分表的读数,即为曲轴轴向间隙值。曲轴轴向间隙为0.07～0.21mm,磨损极限值为0.30mm。

曲轴径向间隙的检查与连杆径向间隙的检查方法基本相同。曲轴径向间隙为0.01～0.04mm,磨损极限值为0.15mm。

(4)曲轴前端油封的更换

可在不解体发动机情况下,更换曲轴前端油封。

1)曲轴前端油封的拆卸

①拆下发动机附件传动带(V形带)。

②拆下同步带。

③拆下曲轴同步带轮,用专用工具3099固定同步带轮,如图1-121所示。

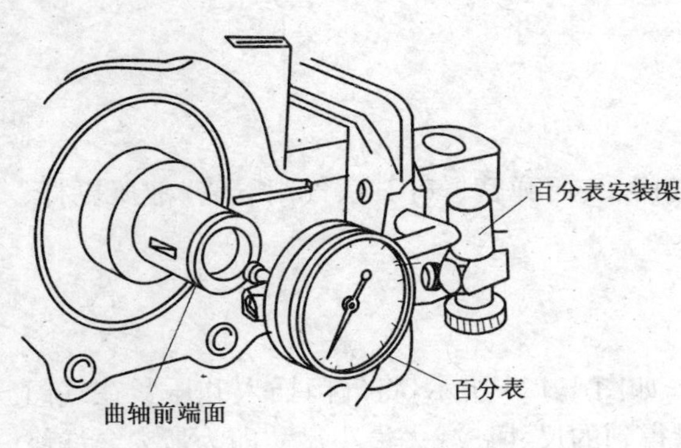

图1-120　检查曲轴轴向间隙

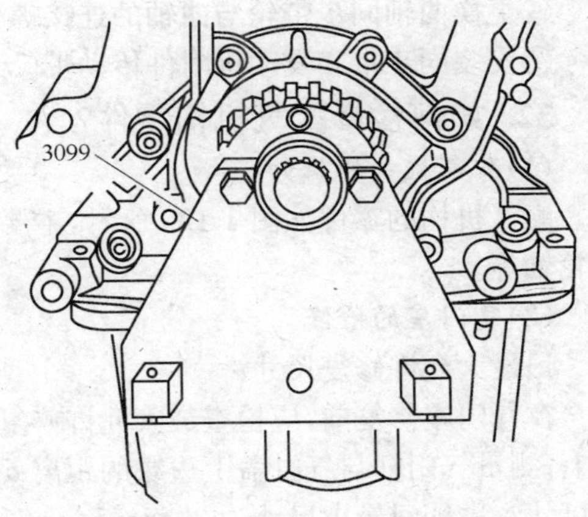

图1-121　固定曲轴同步带轮

④在曲轴同步带轮和工具之间放入两个垫片。将曲轴同步带轮的中间螺栓旋入到曲轴以提供支承。拉出器3023的内件从外件中旋出约2圈(约3mm),拧紧滚花螺钉。

⑤在拉出器3203的螺纹头上涂润滑油,并将其尽可能深地拧入到油封内,如图1-122所示。

⑥松开滚花螺钉,将内件对着曲轴转动,直到拉出油封为止。

2)曲轴前端油封的安装

①在油封的密封唇上涂少量润滑油。

②如图1-123所示,将导向套筒2080A定位在

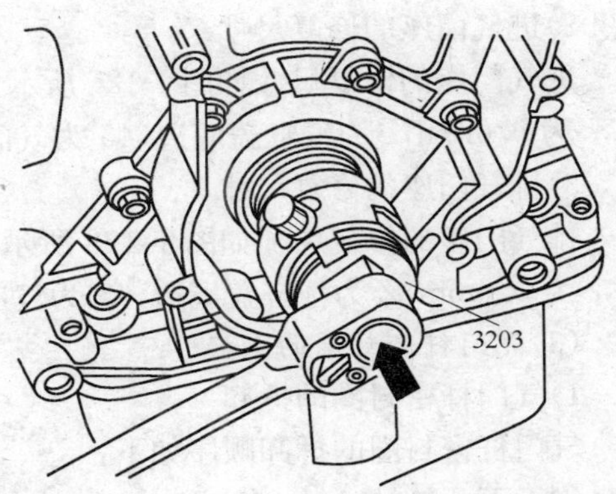

图1-122　将拉出器拧入油封内

曲轴颈上。

③将油封导入导向衬套内。

④如图 1-124 所示，用曲轴同步带轮中间螺栓将油封压入。

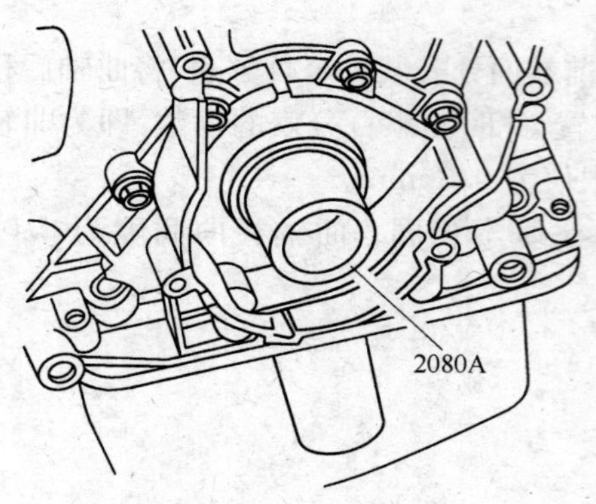

图 1-123　安装导向套筒

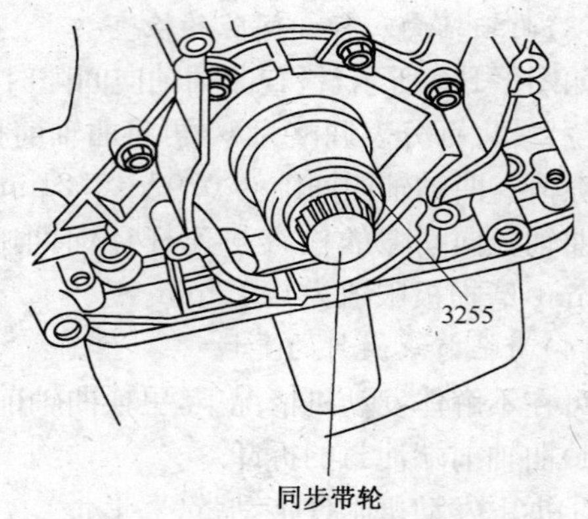

图 1-124　压入油封

⑤安装曲轴同步带轮，并用锁定器 3255 锁定。

⑥更换曲轴同步带轮与曲轴的连接螺栓。螺栓拧紧力矩为 90N·m＋90°(1/4 圈)。

⑦安装同步带和发动机附件传动带(V 形带)。

32. 如何检修配气机构零件?

(1)配气机构的拆卸

配气机构的零件如图 1-125 所示，主要包括气门、气门弹簧、气门座、气门导管、液压挺杆、凸轮轴等。

(2)气门座的检修

1)最大允许修复尺寸

在气门座修复前，应检查最大允许修复尺寸。如图 1-126 所示，将气门插入并压紧在气门座上，测量气门杆与气缸盖上边缘的距离 a。测量得到的尺寸 a 减去最小尺寸即为最大允许修复尺寸。进气门最小尺寸为 33.8mm，排气门最小尺寸为 34.1mm。如果最大允许修复尺寸等于或小于 0mm，则采用新的气门重新进行测量。如果得到的数值仍然等于或小于 0mm，则应更换气缸盖。

2)进气门座的修复尺寸

进气门座的修复尺寸如图 1-127 所示。其中，测量尺寸 a 为 36.5mm，b 为最大允许加工尺寸，c 为 0.6mm，z 为气缸盖底边，45°为气门座锥角。

3)排气门座的修复尺寸

排气门座的修复尺寸如图 1-128 所示。其中，测量尺寸 a 为 30mm，b 为最大允许加工尺寸，c 为 0.6mm，Z 为气缸盖底边，45°为气门座锥角。

(3)气门杆密封圈的更换

1)气门杆密封圈的拆卸

气门杆密封圈的拆卸顺序如下：

①拆下凸轮轴。

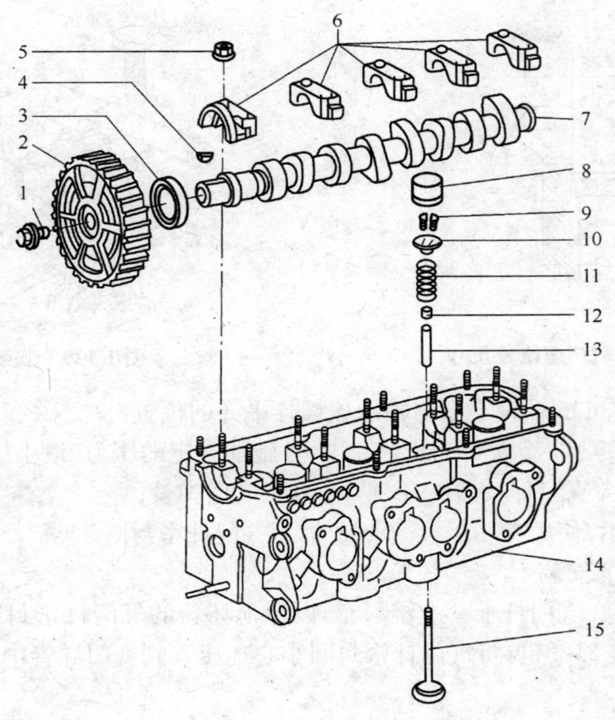

图 1-125　配气机构分解图

1. 同步带轮螺栓(100N·m)　2. 凸轮轴同步带轮　3. 密封圈　4. 半圆键　5. 螺母(20N·m)　6. 轴承盖　7. 凸轮轴　8. 液压挺杆　9. 气门锁块　10. 气门弹簧座　11. 气门弹簧　12. 气门杆密封圈　13. 气门导管　14. 气缸盖　15. 气门

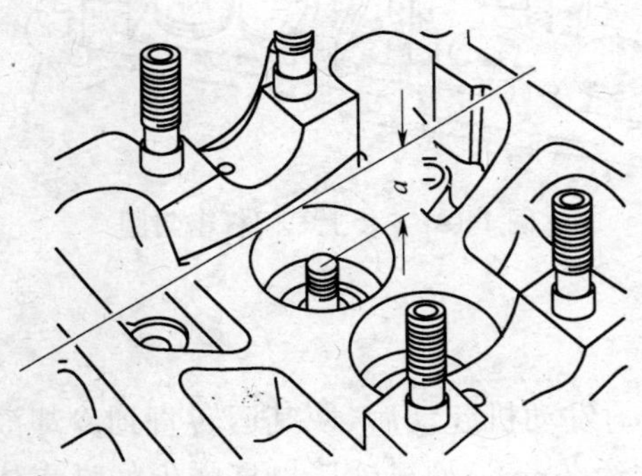

图 1-126　检查最大允许修复尺寸

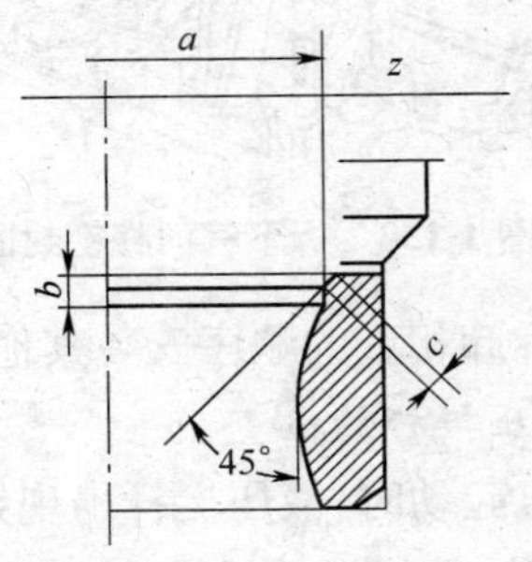

图 1-127　进气门座修复尺寸

②拆下液压挺杆,将其工作表面向下放置。

③拆下火花塞。

④将对应气缸的活塞移动到下止点。

⑤如图 1-129 所示,安装专用工具 2036,并将专用工具 2036 的轴调整到与气门罩盖密封边缘对齐,然后旋紧工具。

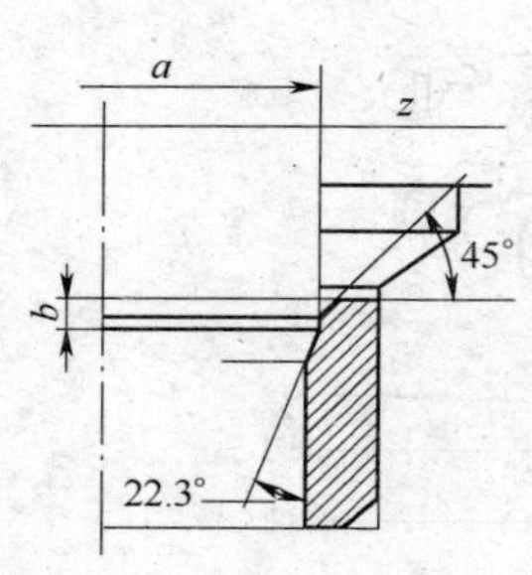

图 1-128　排气门座修复尺寸

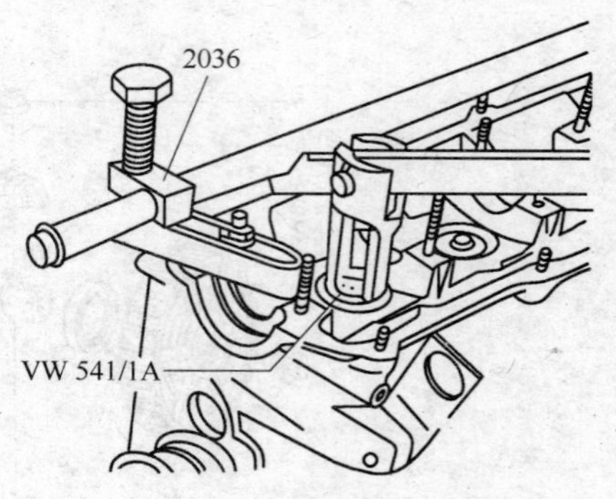

图 1-129　安装专用工具

⑥将专用工具 2036 的轴设定到与轴承盖螺栓平齐的位置。

⑦将压力管 VW653/3 旋入到火花塞孔中，并施加一定的压力(最小压力为 0.6MPa)。

⑧使用专用工具 VW541/1A 及 VE541/5 拆下气门弹簧。

⑨如图 1-130 所示，使用专用工具 3047A 拆下气门杆密封圈。

2)气门杆密封圈的安装

如图 1-131 所示，在气门杆上套上塑料套，以免损坏新的气门杆密封圈。润滑气门杆密封圈，将其套入压力工具 3129，再将气门杆密封圈小心地压入到气门导管中。

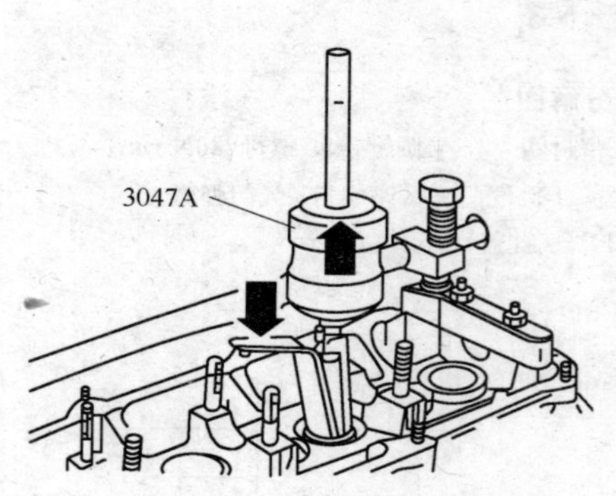

图 1-130　拆下气门杆密封圈

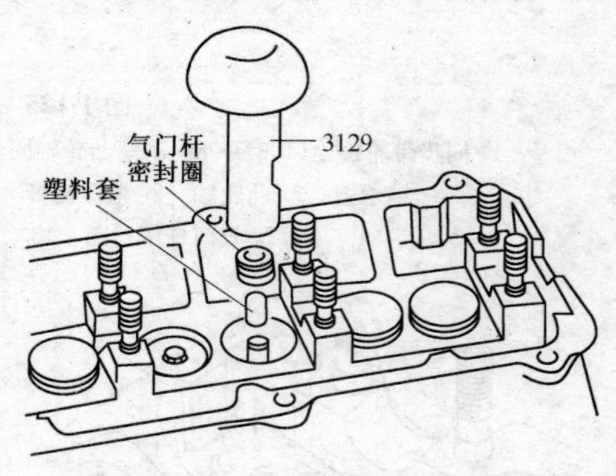

图 1-131　装上气门杆密封圈

按与拆卸相反的顺序安装其他零件。

(4)液压挺杆的检查

发动机起动时，液压挺杆出现异常噪声是正常的。发动机起动后，使其运转直到冷却液温度达到 80℃，并将发动机转速提高到 2500r/min 运转约 2min。如果液压挺杆产生的噪声依然很大，则应检查液压挺杆。

检查液压挺杆时，拆卸气门罩盖，按顺时针方向转动曲轴，直到待检查的液压挺杆的凸轮朝上为止，测量凸轮和液压挺杆之间的间隙，如图 1-132 所示。如果其间隙大于 0.2mm，则应更换液压挺杆。液压挺杆不能进行调整或维修时，必须整套更换。

(5)凸轮轴的检修

1)检查凸轮轴轴向间隙

拆下液压挺杆并安装好第 1 和第 5 轴承盖。如图 1-133 所示，用百分表检查凸轮轴轴向间隙。凸轮轴轴向间隙极限不得超过 0.15mm。

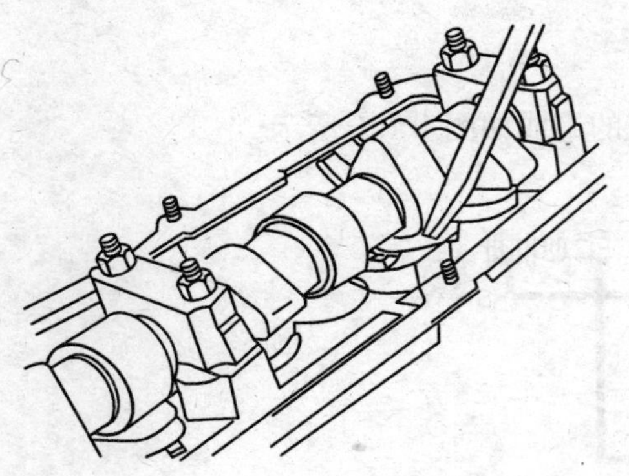

图 1-132　测量凸轮和液压挺杆之间的间隙

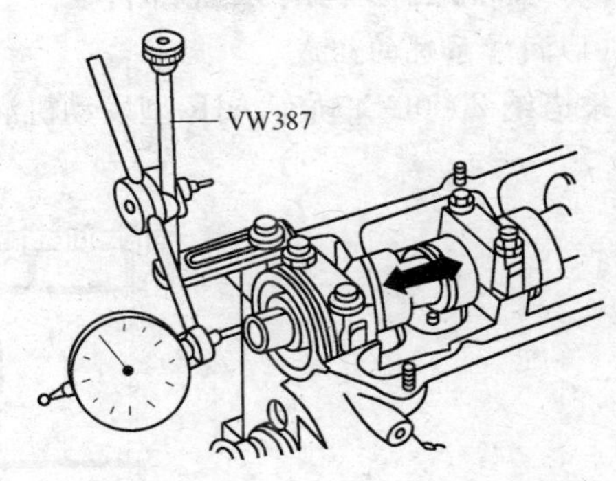

图 1-133　检查凸轮轴轴向间隙

2)更换凸轮轴油封

凸轮轴油封的更换顺序如下：

①拆下同步带上防护罩。松开凸轮轴同步带轮。

②转动曲轴，将同步带轮第 1 缸上止点标记设定到第 1 缸上止点标记。此时，凸轮轴同步带轮上的标记必须对准同步带防护罩上的标记。转动曲轴，使曲轴 V 形带轮上的标记与第 1 缸上止点标记对准。

③旋松半自动张紧轮，并从凸轮轴同步带轮上拆下同步带。拆下凸轮轴同步带轮，拆下凸轮轴上半圆键。

④将凸轮轴同步带轮固定螺栓尽可能地拧入凸轮轴。如图 1-134 所示，将油封取出器 2085 的内件旋出，直到与外件平齐后，拧紧滚花螺钉将其固定。

⑤将油封取出器的螺纹头部涂上润滑油，尽可能深地旋入到凸轮轴油封内。拧松滚花螺钉，将内件对着凸轮轴，直到将凸轮轴油封拉出为止。用台虎钳夹住油封取出器，用钳子取下凸轮轴油封。

⑥在油封的唇边上涂少量润滑油。如图 1-135 所示，用专用工具 10-203 的导向套筒将油封定位，并将凸轮轴油封压入直到平齐。

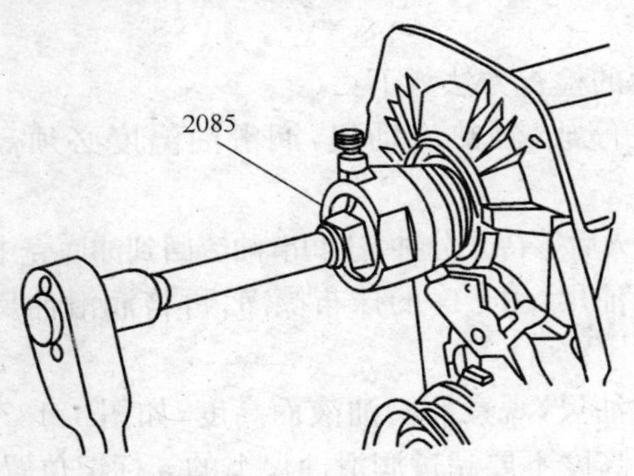

图 1-134　装上油封取出器

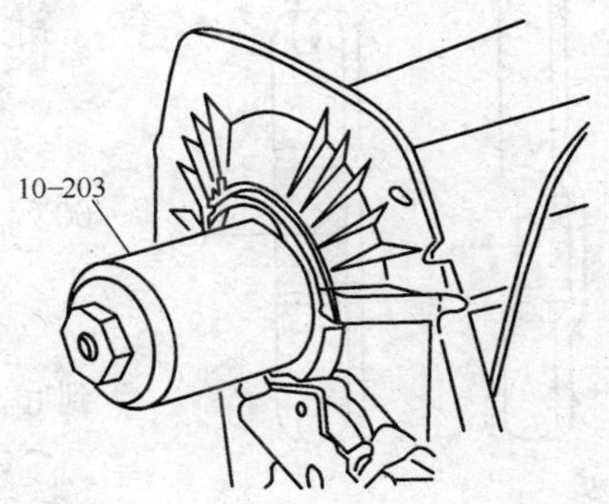

图 1-135　压入凸轮轴油封

⑦装上半圆键，装上凸轮轴同步带轮，并以 100N·m 力矩拧紧螺栓。

⑧装上同步带及同步带上防护罩。

33. 如何检修润滑系统部件？

(1)润滑系统的组成

桑塔纳 2000GSi 轿车 AJR 型发动机润滑系统的组成如图 1-136 所示。

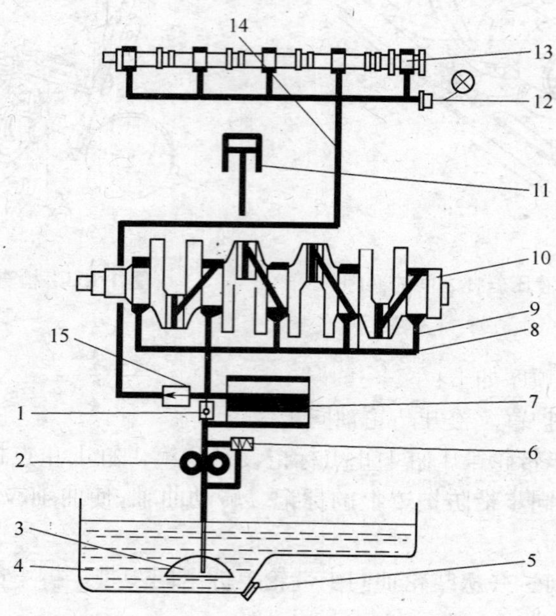

图 1-136　发动机润滑系统示意图

1. 旁通阀　2. 转子式润滑油泵　3. 润滑油集滤器　4. 油底壳　5. 放油螺塞　6. 安全阀　7. 润滑油滤清器　8. 气缸体主油道　9. 分油道　10. 曲轴　11. 活塞　12. 润滑油压力开关　13. 凸轮轴　14. 气缸盖油道　15. 止回阀

(2)润滑油的检查与更换

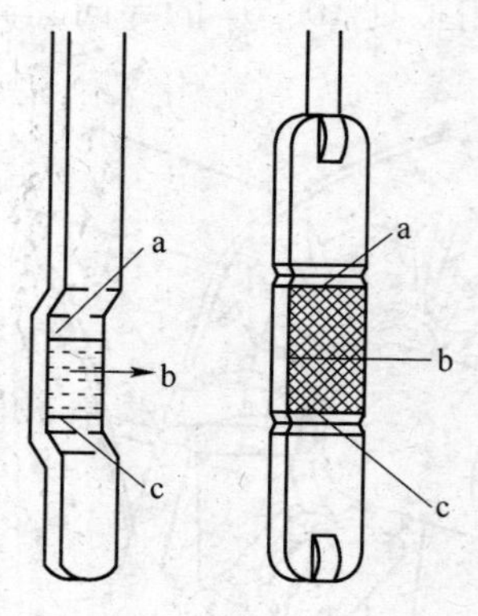

图 1-137　润滑油尺

a—不必加注润滑油　b—可以加注润滑油　c—必需加注润滑油

发动机润滑油液面应经常检查，保持润滑油液面位于润滑油尺最高及最低两个标记之间。润滑油量为 2.5～3.0L。

润滑油液面的检查方法如下：

①车辆水平停放，预热发动机，润滑油温度必须高于60℃。

②发动机熄火后等待几分钟，让润滑油流回到油底壳中。

③拔出润滑油尺，用干净的抹布擦净，再将润滑油尺插到底。

④拔出润滑油尺，观察润滑油液面高度，如图 1-137 所示。润滑油液面高度不要超过润滑油尺上的 a 标记位置。

车辆每行驶 7 500km，应定期更换发动机润滑油。如果车辆连续在多尘地区以及气温低于－20℃的寒冷地区行驶，发动机润滑油的更换周期应相应缩短。

必须使用 API 标号 SF 级或 SG 级的润滑油或改良润滑油（VW50000）。不可选用其他型号的润滑油及劣质润滑油，不可混合使用不同牌号的润滑油。

当更换发动机润滑油时，选择合适的润滑油黏度级别，如图 1-138 所示。当使用单级润滑油 SAE10W 或多级润滑油 SAE5W-20、SAE5W-30 时，不要使节气门全开长时间运行，特别是当环境温度高于所示温度范围时。

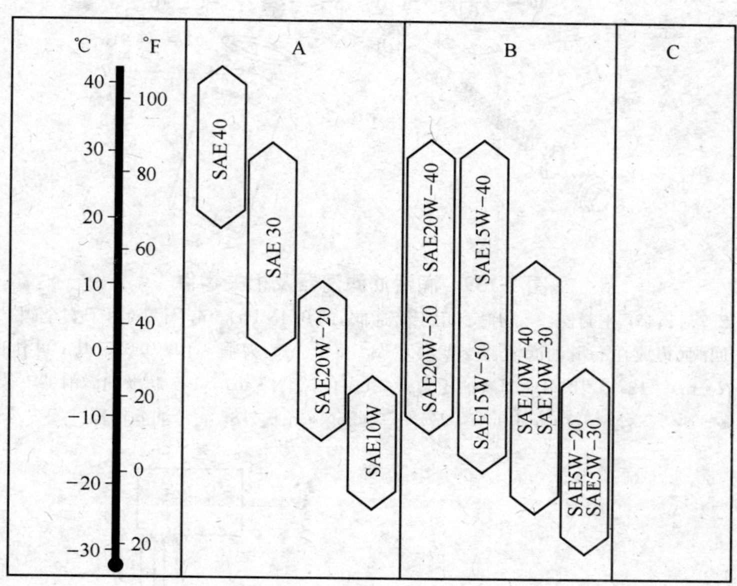

图 1-138　选择润滑油黏度级别

A—单级润滑油　B—多级润滑油　C—改良润滑油

(3)润滑油滤清器的更换

润滑油滤清器及相关零件如图 1-139 所示。在更换润滑油滤清器时，应使用润滑油滤清器专用扳手 3417 拆装，拧紧力矩为 20N·m。

(4)润滑油泵的拆装

润滑油泵位于气缸体的前端底面，直接由曲轴前端的链轮通过链条驱动，如图 1-140 所示。润滑油泵为转子式，内转子 7 个齿，外转子 6 个齿。

拆下油底壳。将链轮和润滑油泵一起拆下。再装上润滑油泵、油底壳。链轮与润滑油泵的螺栓拧紧力矩为 22N·m±3N·m，润滑油泵与气缸体的紧固螺栓拧紧力矩为 16N·m±1N·m。

34. 如何检修冷却系统部件？

(1)冷却系统的组成

桑塔纳 2000GSi 轿车 AJR 型发动机冷却系统的布置如图 1-141 所示。发动机冷却系统的小循环是常开的，即水温达到 105℃时，节温器主阀门全开，但副阀门仍不会关闭，仍然有小循环流动。采用两个轴流式风扇，风扇叶片数为 9 片（外缘有一个圆环将这 9 片叶片连在一起），由各自独立的电机驱动。

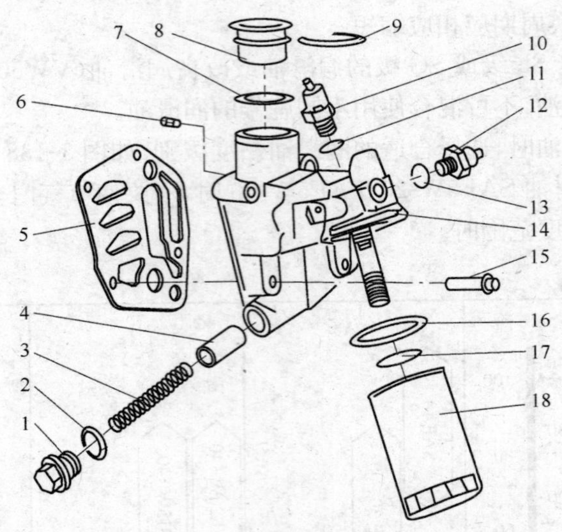

图 1-139　润滑油滤清器及相关零件

1. 螺塞　2、7、11、13. 密封圈　3. 弹簧(用于旁通阀,约 0.4MPa)　4. 柱塞(用于安全阀)　5、16. 衬垫　6. 止回阀(集成在润滑油滤清器支架内)　8. 盖子　9. 夹箍　10. 0.025MPa 润滑油压力开关(棕色,15N·m)　12. 0.18MPa 润滑油压力开关(白色,25N·m)　14. 润滑油滤清器支架　15. 螺栓(16N·m+90°)　17. 压盘(25N·m)　18. 润滑油滤清器

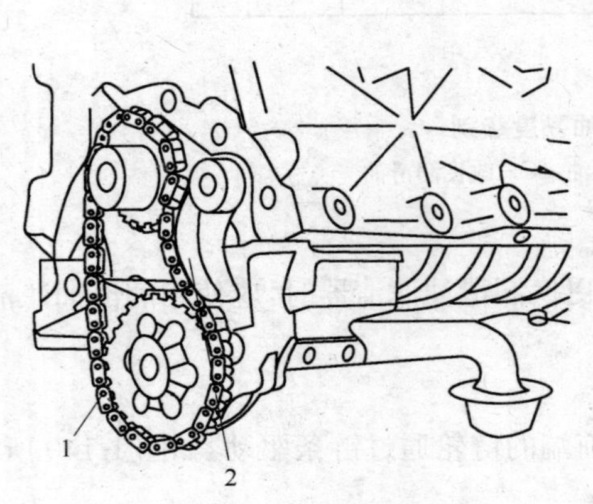

图 1-140　润滑油泵的位置及驱动

1. 传动链　2. 链条张紧器

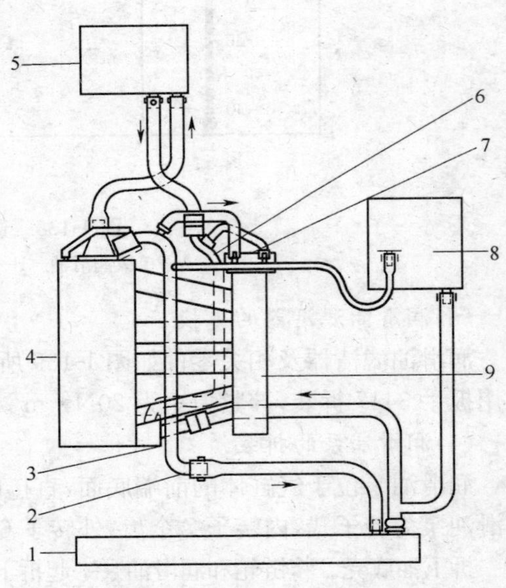

图 1-141　冷却系统布置示意图

1. 散热器　2. 散热器上水管　3. 节温器　4. 气缸体　5. 暖风散热器　6. 散热器下水管　7. 进气预热管　8. 膨胀水箱　9. 进气支管

(2)冷却液的更换

冷却液的型号为 N052 744 CO(由 G11 防冻剂与水混合而成),切勿混用不同牌号的冷却液。

1)冷却液的排放

①将仪表板上的暖风开关拨至右端，打开暖风控制阀。

②在膨胀水箱盖上放一块抹布，小心地旋开膨胀水箱盖。在发动机热态时，不可立即取下膨胀水箱盖，以免有蒸汽喷出。

③在发动机下方放置一个干净的收集盘。

④松开散热器下水管夹箍，拔下散热器下水管，放出冷却液。

2)冷却液的加注

①装上散热器下水管，拧紧散热器下水管夹箍。

②将规定型号的冷却液加注至膨胀水箱最高标记处。

③旋紧膨胀水箱盖。

④使发动机运转5～7min。

⑤检查冷却液液面高度。必要时，加注冷却液到最高标记处。

(3)冷却系统密封性的检查

①将发动机预热，打开膨胀水箱盖。在打开膨胀水箱盖时，可能会有蒸汽喷出，必须在膨胀水箱盖上包上抹布后小心地拧开。

②如图1-142所示，将压力测试仪V.A.G1274及V.A.G1274/8安装在膨胀水箱上。

③使用泵施加约0.2MPa的压力。

④如果压力迅速下降，则应找出泄漏的部位，排除泄漏故障。

(4)水泵的检修

1)水泵的结构

水泵的结构如图1-143所示，水泵壳体直接铸在气缸体上。

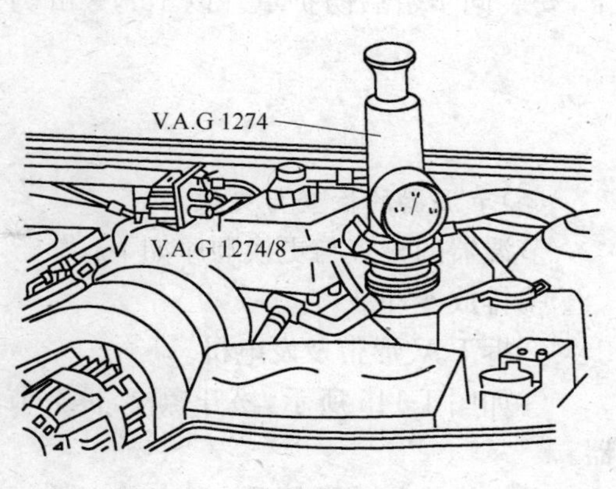

图1-142　安装压力测试仪

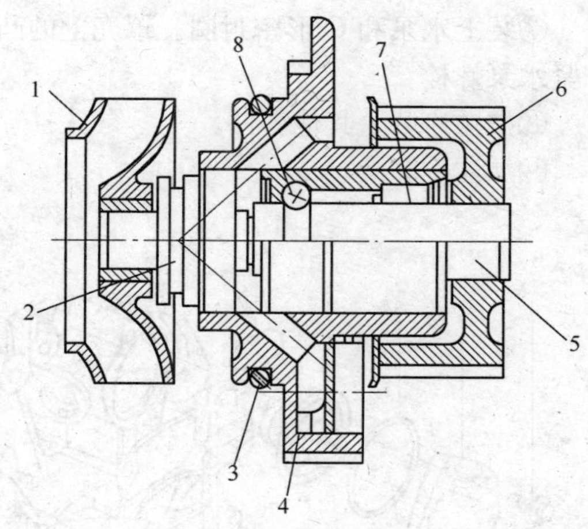

图1-143　水泵结构

1.叶轮　2.水封　3.O形密封圈　4.轴承座　5.水泵轴　6.水泵带轮　7.滚柱轴承　8.球轴承

2)水泵的拆装

水泵的拆装顺序如下：

①排放冷却液。

②拆下 V 形带。拆下风扇。拆下同步带的上、中防护罩。

③将曲轴转到第 1 缸上止点位置。

④取下凸轮轴上的同步带，保持曲轴同步带轮上的同步带位置。

⑤拧下水泵螺栓，拆下同步带后防护罩，小心地拉出水泵，如图 1-144 所示。

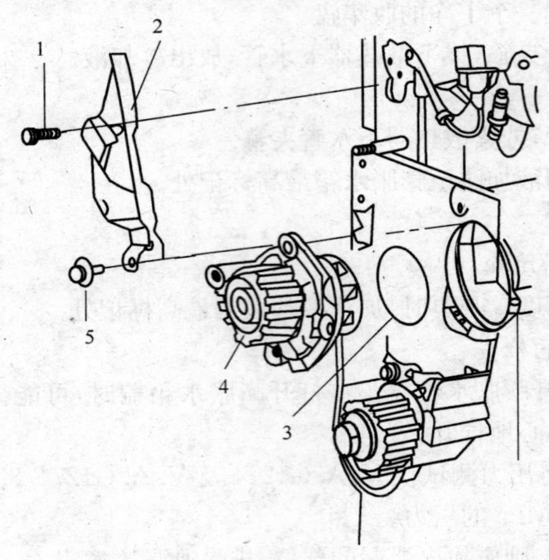

图 1-144　拆下水泵

1、5. 螺栓　2. 同步带后防护罩　3. O 形密封圈　4. 水泵

⑥清洁 O 形密封圈的安装表面。用冷却液浸湿新的 O 形密封圈。

⑦装上水泵和 O 形密封圈。罩壳上的凸耳朝下，安装同步带后防护罩。以 15N·m 力矩拧紧水泵螺栓。

⑧按顺序装上其他零件。

⑨加注冷却液。

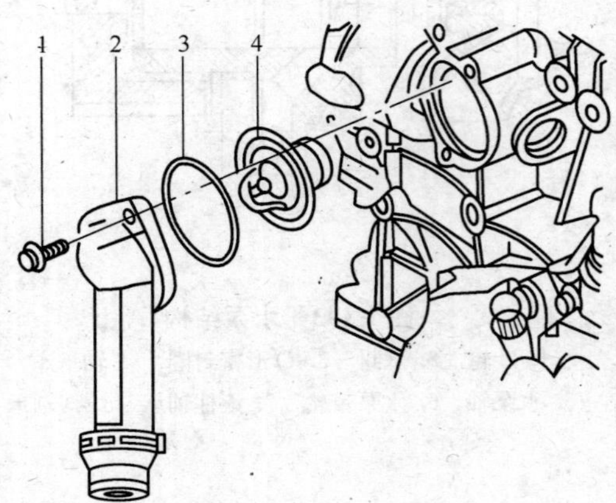

图 1-145　拆下节温器

1. 螺栓　2. 节温器盖　3. O 形密封圈　4. 节温器

(5)节温器的检查与更换

节温器的检查与更换顺序如下：

①排放冷却液。

②拆下 V 形带及发电机。

③如图 1-145 所示，松开螺栓，拆下节温器。

④在水中加热节温器，观察节温器阀门开启温度和升程。节温器开始打开温度约为 72℃，完全打开温度约为 120℃，节温器最大升程约为 8mm。

⑤清洁 O 形密封圈的安装表面。用冷却液浸湿新的 O 形密封圈。

⑥安装节温器 O 形密封圈。节温器的感温部分必须在气缸体内。拧紧节温器盖

螺栓。

⑦装上 V 形带和发电机。

⑧加注冷却液。

第五节　一汽大众捷达轿车 ATK 型发动机机械的检修

35. 如何拆装正时带？

捷达轿车 ATK 型发动机正时带及相关零件如图 1-146 所示。

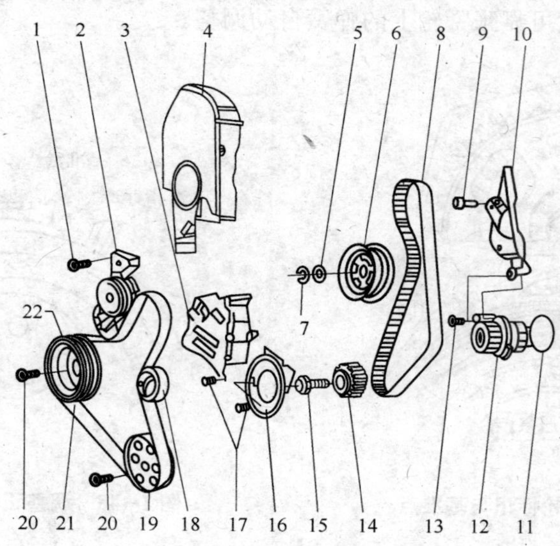

图 1-146　正时带及相关零件

1. 张紧轮螺栓(25N·m)　2. 多楔带及张紧装置　3. 正时带中护罩　4. 正时带上护罩　5. 垫片　6. 正时带张紧轮　7. 螺母(20N·m)　8. 正时带　9. 螺栓(20N·m)　10. 正时带后护罩　11. O形密封圈　12. 水泵　13. 螺栓(15N·m)　14. 曲轴正时带轮　15. 螺栓(90N·m+90°)　16. 正时带轮下护罩　17. 螺栓(10N·m)　18、19、22. 多楔带轮　20. 螺栓(25N·m)　21. 多楔带

(1)正时带的拆卸

正时带的拆卸顺序如下：

①拆下空气滤清器。

②拆下多楔带及张紧装置。

③拆下正时带上护罩。

④如图 1-147 所示，按发动机旋转方向转动曲轴，使凸轮轴正时带轮及曲轴多楔带轮上的标记与基准点对齐。此时，1 缸活塞处于上止点位置。

⑤拆下曲轴多楔带轮及正时带的中护罩和下护罩。

⑥松开正时带张紧轮固定螺栓。

⑦标明正时带的旋转方向，取下正时带。

(2)正时带的安装

按与拆卸相反的顺序安装正时带。安装时应注意：

①将凸轮轴正时带轮的标记与扇形挡板上的标记对齐，曲轴多楔带轮上的标记与基准点对齐。

②如安装原正时带，应注意按原正时带旋转方向标记安装。

③以规定力矩拧紧各螺栓。

④如图 1-148 所示，使用专用工具(2587)按箭头方向旋转张紧轮上的偏心部分，并使正时带张紧轮上的指针与基准点对齐，以调整正时带的张紧度。张紧带时，只需将正时带张紧轮指针与基准点对齐，张紧度可靠张紧轮上的弹簧自动调整。

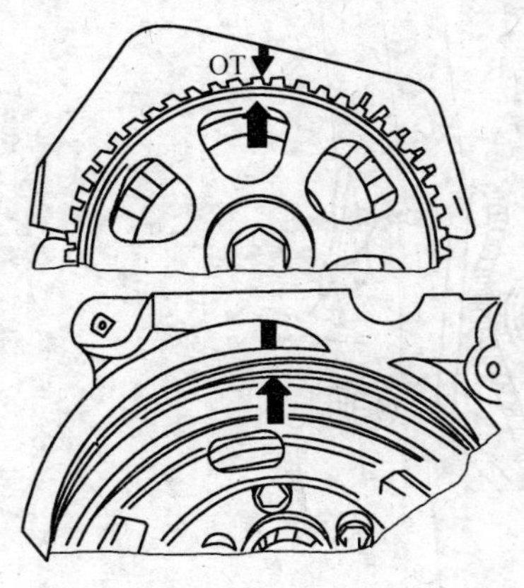

图 1-147　对齐带轮标记与基准点

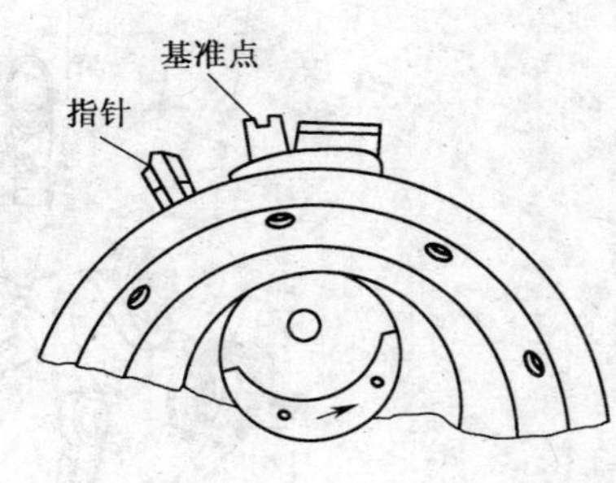

图 1-148　调整正时同步带的张紧度

36. 如何检修机体组零件？

(1)气缸盖的检修

1)气缸盖的拆卸

捷达轿车 ATK 型发动机气缸盖及其相关零件如图 1-149 所示。

气缸盖的拆卸顺序如下：

①发动机熄火，待发动机冷却后，放掉冷却液，并拆开出水法兰与出水管。

②拆下蓄电池负极电缆。

③拆下燃油分配管上的进油管和回油管。堵上油管口，防止脏物进入供油系统。

④拆下排气支管前的排气管。

⑤拆下多楔带。

⑥拆下正时带上护罩，松开正时带张紧轮，取下正时带。

⑦拆下气缸盖罩及导油板。

⑧按先两边后中间的顺序分步拧松气缸盖螺栓。

⑨卸下气缸盖。

2)气缸盖的安装

按与拆卸相反的顺序安装气缸盖。安装时应注意：

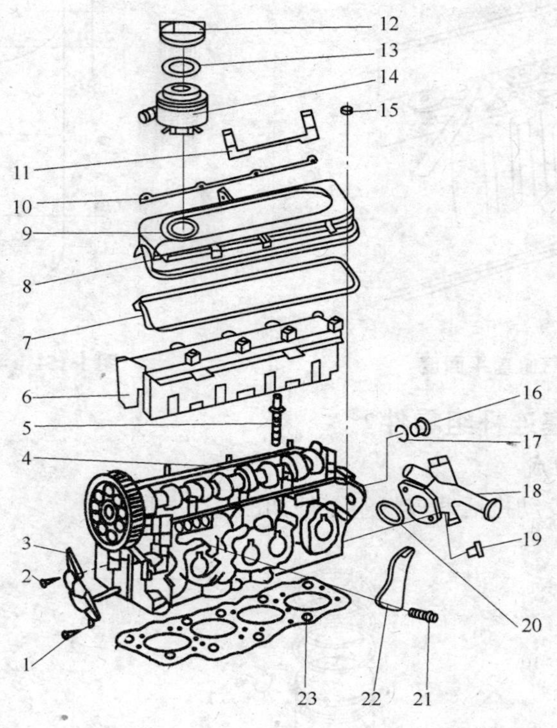

图 1-149　气缸盖及其相关零件分解图

1. 螺栓(15N·m)　2. 螺栓(20N·m)　3. 正时带上护罩　4. 气缸盖　5. 气缸盖螺栓　6. 导油板　7. 气缸盖罩密封垫　8、10. 加强条　9. 气缸盖罩盖　11. 托架　12. 润滑油加油口盖　13. 密封垫　14. 润滑油盖底座　15. 螺母(10N·m)　16. 堵塞　17. 密封环　18. 出水法兰　19. 螺栓(10N·m)　20. 密封环　21. 螺栓(20N·m)　22. 吊耳　23. 气缸垫

①安装气缸盖前，使 1 缸活塞处于上止点，再将曲轴往回转动一些。

②气缸垫有文字(备件号等)一面必须朝气缸盖。

③按先中间后两边的顺序分步拧紧气缸盖螺栓。拧紧力矩为 40N·m＋90°＋90°。

④安装正时带时要对准正时标记。

3)气缸盖的检查

如图 1-150 所示，用钢直尺和塞尺检查气缸盖表面平面度。气缸盖与气缸体上平面的接合面平面度极限值为 0.1mm。如果超过极限值时，可在气缸盖极限高度(132.6mm)允许情况下，对气缸盖进行修磨，否则应更换气缸盖。气缸盖与进、排气支管的接合面的平面度应不大于 0.05mm。

(2)气缸直径的测量

如图 1-151 所示，使用 50～100mm 量缸表测量气缸直径，应分别在上①、中②、下③三个位置上，且每一位置应对 A 向和 B 向进行测量。气缸直径的基本尺寸为 81.01mm。第一次修理尺寸为 81.26mm，第二次修理尺寸为 81.51mm。

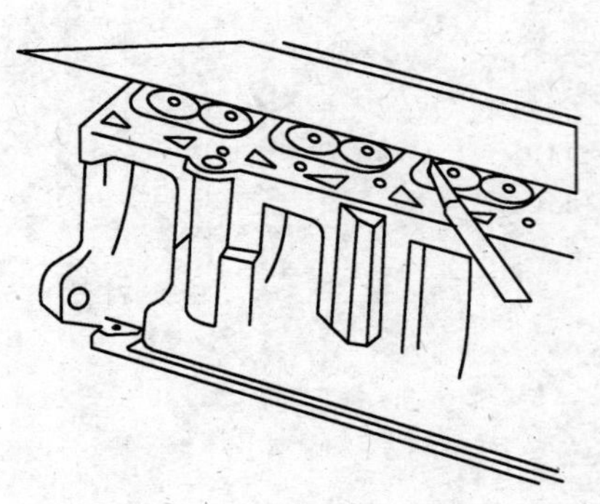

图 1-150　检查气缸盖平面度

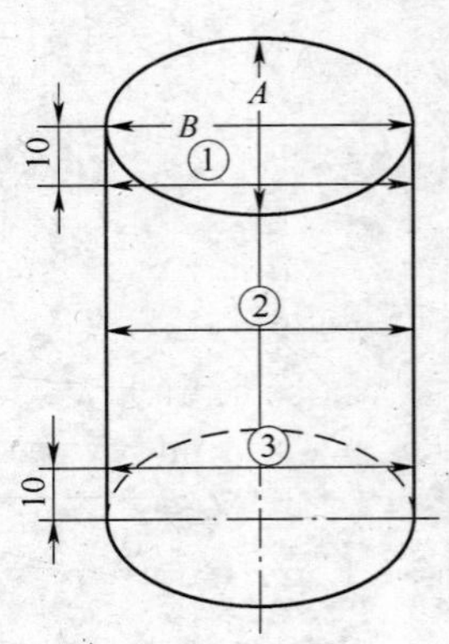

图 1-151　测量气缸直径

37. 如何检修活塞连杆组零件？

(1)活塞连杆组的组成

捷达轿车 ATK 型发动机活塞连杆组零件如图 1-152 所示。

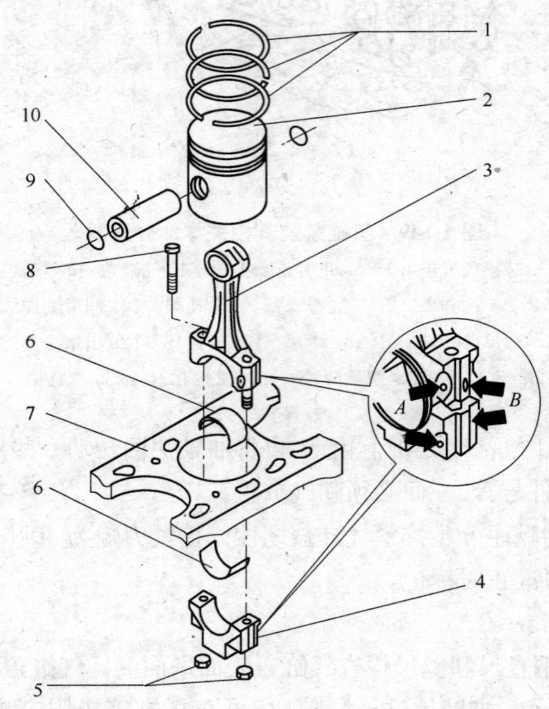

图 1-152　发动机活塞连杆组分解图

1. 活塞环　2. 活塞　3. 连杆体　4. 连杆盖　5. 连杆螺母(30N·m+90°)　6. 连杆轴承　7. 气缸体　8. 连杆螺栓　9. 活塞销卡环　10. 活塞销　*A*—安装位置标记　*B*—气缸号

(2)活塞连杆组拆装要点

①用防水笔在活塞上标出与连杆的安装位置(活塞顶部箭头指向带轮)和所在气缸号。

②拆卸连杆和连杆盖时，应标出所属气缸号 *B* 和安装位置标记 *A*(图 1-152)。安装时，标

记 A 必须对应，并朝向同步带轮方向。

③拧紧连杆螺母时，应在接触面涂少量润滑油，拧紧力矩为 30N·m+90°。

④应使用专用工具(活塞环拆装钳)拆装活塞环。

⑤安装活塞环时，应使活塞环开口错开 120°。活塞环有 TOP 标记的一面必须朝向活塞顶部。

⑥拆装活塞销时，如拆装困难，可将活塞加热至 60℃，拆下活塞销。

⑦检查活塞销与活塞销座孔的配合。用拇指仅需较小的力就能将涂有润滑油的活塞销压入活塞销孔座中，且将活塞销垂直地面时，活塞销不能在自重作用下从活塞销座孔中自行滑出，用手晃动活塞销时，应无间隙感，表明活塞销与活塞销座孔配合适宜。

(3)活塞磨损的检查

如图 1-153 所示，在活塞裙部离底边约 10mm 处并与活塞销轴线垂直方向测量活塞裙部的磨损量。其最大允许磨损量为 0.04mm。

(4)活塞环间隙的检查

1)活塞环开口间隙的检查

如图 1-154 所示，用活塞将活塞环推入气缸 15mm，检查活塞环开口间隙。新活塞环的开口间隙：压缩环为 0.20～0.40mm，两件组合式油环为 0.20～0.40mm，三件组合式油环为 0.25～0.50mm，磨损极限为 0.8mm。

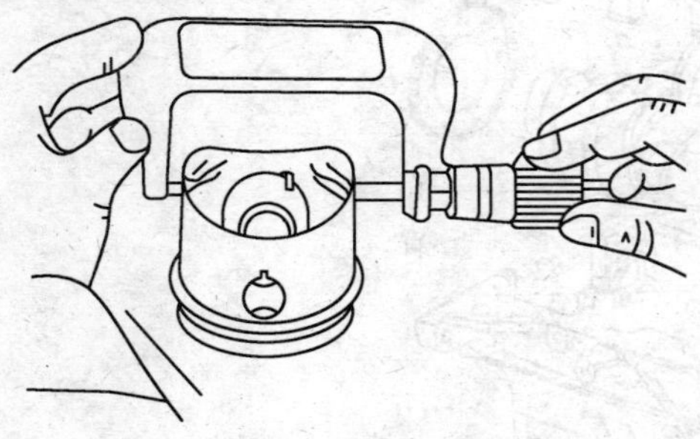

图 1-153　检查活塞磨损

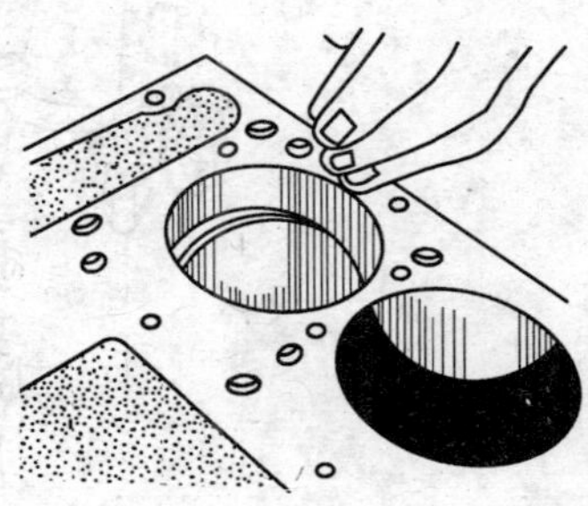

图 1-154　检查活塞环开口间隙

2)活塞环侧隙的检查

如图 1-155 所示，检查活塞环侧隙。新的压缩环侧隙为 0.05～0.09mm，磨损极限为 0.2mm。新的两件和三件组合式油环侧隙为 0.03～0.06mm，磨损极限为 0.15mm。

(5)连杆间隙的检查

1)连杆轴向间隙的检查

如图 1-156 所示，检查连杆轴向间隙。连杆轴向间隙的磨损极限为 0.37mm。

2)连杆径向间隙的检查

①拆下连杆轴承盖，清洁连杆轴承和曲轴连杆轴颈。

②在曲轴连杆轴颈或连杆轴承上将塑料测量片沿轴向放置。

③装上连杆轴承盖，并以 30N·m 力矩拧紧，不得转动曲轴。

④拆下连杆轴承盖。

⑤测量挤压过的塑料测量片的厚度。连杆径向间隙应为 0.01～0.06mm，磨损极限为 0.12mm。

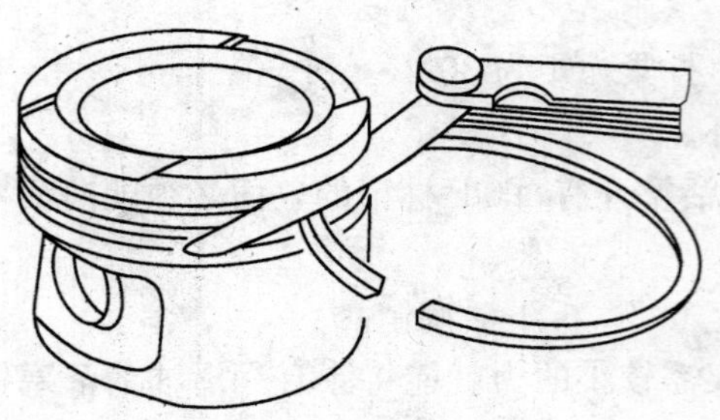

图 1-155　检查活塞环侧隙

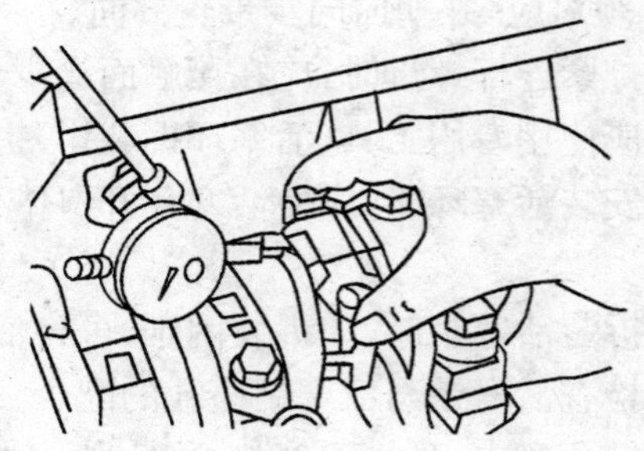

图 1-156　检查连杆轴向间隙

38. 如何检修曲轴?

(1)曲轴的拆装

捷达轿车 ATK 型发动机曲轴飞轮组零件如图 1-157 所示。

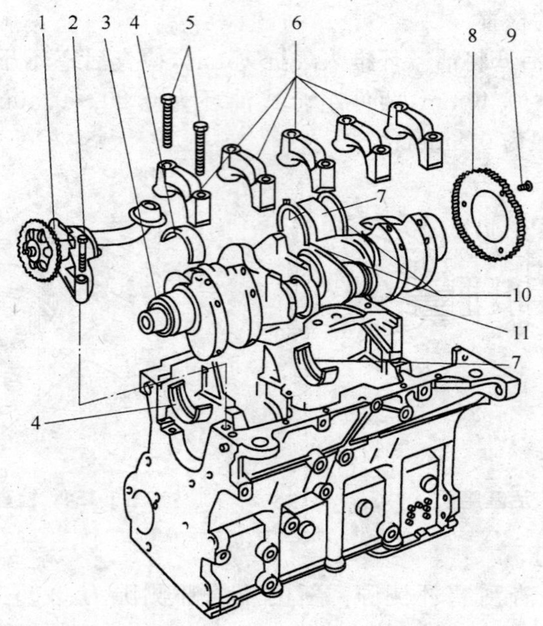

图 1-157　发动机曲轴飞轮组分解图

1. 润滑油泵　2. 润滑油泵螺栓(15N·m)　3. 润滑油泵链轮　4. 主轴承　5. 曲轴主轴承盖螺栓(65N·m+90°)　6. 主轴承盖　7. 第 3 道主轴承　8. 曲轴位置传感器信号轮　9. 螺栓(10N·m+90°)　10. 止推环　11. 曲轴

1)曲轴的拆卸

曲轴的拆卸顺序如下:

①拆下飞轮。拆下后密封法兰、前密封法兰,如图 1-158 所示。

②从两侧到中间逐渐拧松主轴承盖螺栓。

③取下各道主轴承盖及螺栓。

④取下止推环。

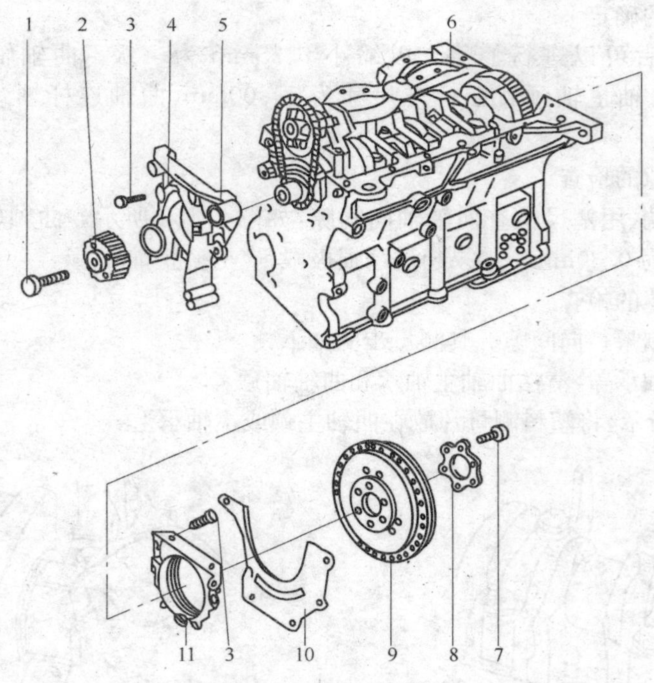

图 1-158　拆下前后密封法兰

1. 螺栓(90N·m+90°)　2. 曲轴同步带轮　3. 螺栓(15N·m)　4. 油封　5. 前密封法兰　6. 气缸体　7. 螺栓(90N·m+90°)　8. 垫圈　9. 压盘　10. 中间板　11. 后密封法兰

⑤取下曲轴。

⑥取下所有主轴承。

2)曲轴的安装

按与拆卸相反的顺序安装曲轴。安装时应注意:

①安装曲轴前油封时,应在油封外圈和唇边涂上一薄层润滑油,在曲轴轴颈上套上专用工具 3266/1,通过装在导套上的压套将油封压到位。

②由中间到两边的顺序拧紧主轴承盖螺栓,拧紧力矩为 65N·m+90°,

(2)曲轴的检查

1)曲轴裂纹的检查

清洗曲轴后,应首先检查曲轴主轴颈和连杆轴颈表面有无起槽,再检查有无裂纹。

①用磁力探伤仪检查。在曲轴上撒一些铁粉,裂纹处便会吸附铁粉,从而使裂缝显露出来。用磁力探伤仪检查零件后必须使零件退磁,否则,在使用中将会加速零件的磨损。

②简易检查法。将曲轴放在煤油里浸泡一会,再将曲轴取出擦净,在曲轴表面撒上白粉,用木槌敲击曲轴非工作面,曲轴振动时,如果出现油迹,则表明该处有裂纹。

2)曲轴弯曲的检查

用 V 形铁将曲轴两端水平支承在平台上,将百分表的测量触点垂直抵压到第三道主轴颈上。转动曲轴一周,百分表指针所指示的最大和最小读数差值的一半即为曲轴的弯曲量。其值不大于 0.03mm。否则,应更换曲轴。

3)曲轴磨削量的确定

曲轴轴颈磨损后可以进行修磨。以缩小 0.25mm 为一级。曲轴轴颈最大缩小量为 0.75mm(三级)。曲轴主轴颈直径标准尺寸为 54.00mm,曲轴连杆轴颈直径标准尺寸为 47.80mm。

4)曲轴轴向间隙的检查

将曲轴撬向一端,用塞尺检查曲轴轴向间隙,如图 1-159 所示。曲轴轴向间隙为 0.07～0.23mm,磨损极限为 0.30mm。如果超过磨损极限,应更换止推环。

5)曲轴径向间隙的检查

用塑料测量片测量径向间隙。其测量步骤如下:

①拆下曲轴主轴承盖,清洁曲轴主轴承和曲轴轴颈。

②如图 1-160 所示,将塑料测量片放在曲轴主颈或主轴承上。

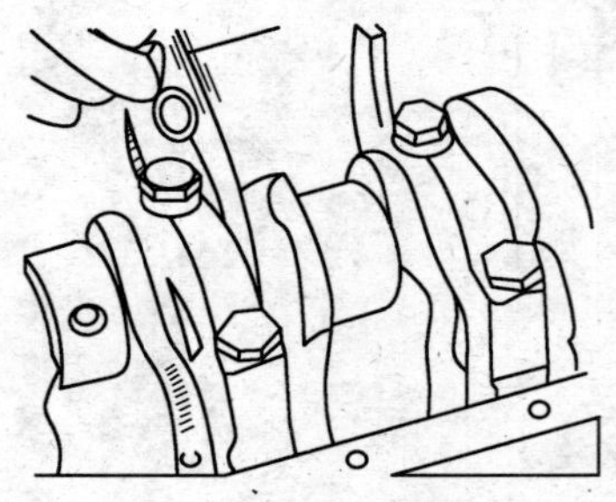

图 1-159　检查曲轴轴向间隙

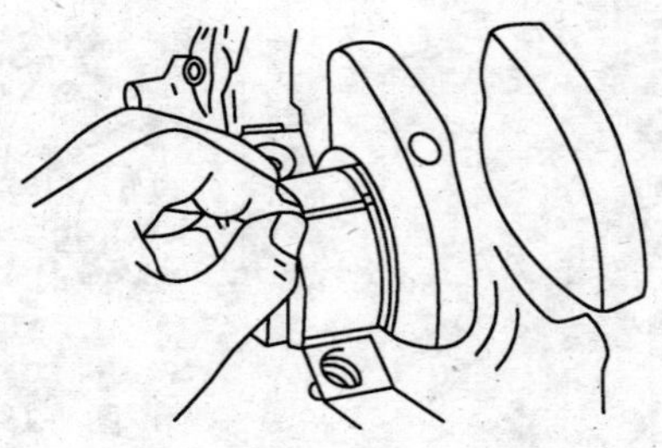

图 1-160　放置塑料测量片

③装上曲轴主轴承盖,并以 65N·m+90°的力矩拧紧。不可旋转曲轴。

④再拆下曲轴主轴承盖,测量挤压过的塑料测量片的厚度。曲轴径向间隙为 0.02～0.06mm,磨损极限为 0.15mm。

39. 如何检修配气机构零件?

(1)配气机构的结构

捷达轿车 ATK 型发动机采用两气门配气机构。配气机构零件如图 1-161 所示。

(2)凸轮轴的拆装

1)凸轮轴的拆卸

凸轮轴的拆卸顺序如下:

①拆下正时同步带。

②将曲轴往回转动一些。

③用支架(3036)固定凸轮轴正时带轮,拆下凸轮轴正时同步带轮,取下凸轮轴上的半圆键。

④拆下气缸盖罩盖。

⑤按凸轮轴的 5、1、3、2、4 轴颈的顺序拆下凸轮轴轴承盖。

⑥取下凸轮轴。

2)凸轮轴的安装

按与拆卸相反的顺序安装凸轮轴。安装时应注意:

①安装凸轮轴前,应更换凸轮轴油封。

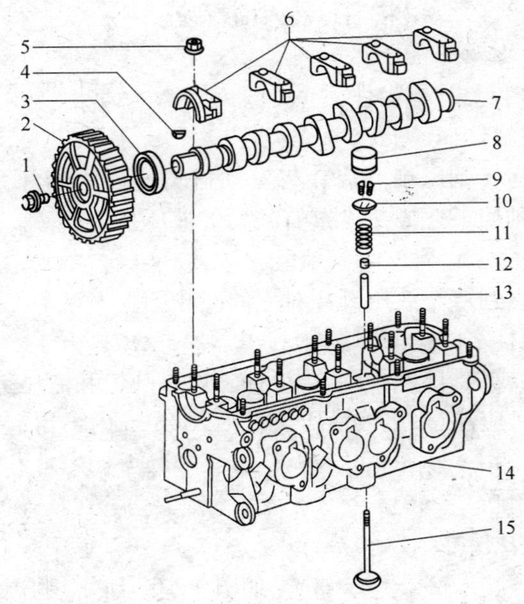

图 1-161　配气机构分解图

1. 螺栓(100N·m)　2. 凸轮轴同步带轮　3. 凸轮轴油封　4. 半圆键　5. 凸轮轴轴承盖螺母(20N·m)　6. 凸轮轴轴承盖　7. 凸轮轴　8. 液压挺杆　9. 气门锁块　10. 气门弹簧座　11. 气门弹簧　12. 气门杆油封　13. 气门导管　14. 气缸盖　15. 气门

②放置凸轮轴时,凸轮轴第 1 缸凸轮必须朝上。

③安装轴承盖时,要保证孔的上、下部分对准。

④用润滑油润滑凸轮轴轴承表面与凸轮轴轴颈。

⑤将 2、4 道轴承盖以交叉方式拧紧,拧紧力矩为 20N·m。

⑥在 1、5 道轴承座表面涂上密封胶 AMV 174 004 01。

⑦将 3、1 和 5 道轴承盖以 20N·m 的力矩拧紧。

⑧以 100N·m 力矩拧紧凸轮轴正时同步带轮螺栓。

⑨安装完毕后,应小心地转动曲轴至少两圈,以防止发动机在起动时敲击气门。

(3)凸轮轴油封的更换

凸轮轴油封的更换过程如下:

①拆下正时同步带。

②将曲轴往回转一些。

③用支架(3036)固定凸轮轴带轮,拆下凸轮轴正时同步带轮,取下凸轮轴上的半圆键。

④将凸轮轴正时同步带轮固定螺栓及垫圈拧入凸轮轴螺纹孔内。

⑤如图 1-162 所示,将油封提取器(2085)的内件从外件中拧出 2 圈(大约 3mm),并用滚花螺钉锁紧。

⑥润滑油封提取器的螺纹,拉出油封。

⑦将油封提取器夹到虎钳上,用卡钳取出油封。

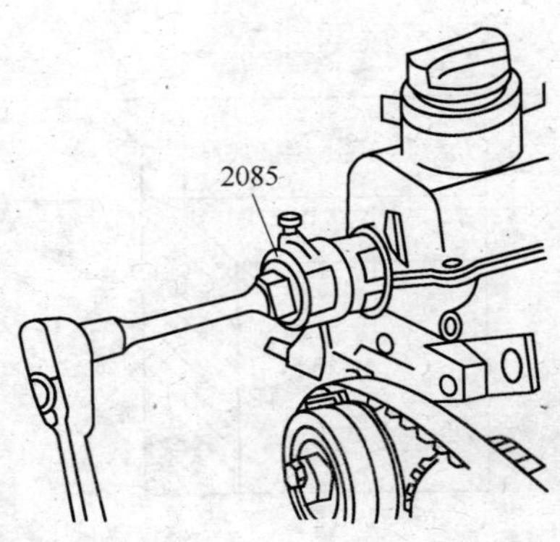

图 1-162　安装油封提取器

⑧用专用工具(10-208、10-208)将油封装入油封座。

⑨润滑油封唇口。

⑩按与拆卸相反顺序装上其他零件。

(4)液压挺杆的检查

起动发动机,并使其运转到风扇开启。将发动机转速提高到约 2500r/min,并运转 2min。如果液压挺杆还有噪声,则用下述方法检查有问题的液压挺杆。

①拆下气缸盖罩。

②顺时针旋转曲轴,直到待查液压挺杆对应的凸轮朝上。

③检查凸轮和液压挺杆之间的间隙。

④轻轻地用楔形木棒或塑料棒压下液压挺杆。如果凸轮和液压挺杆之间能够插入 0.2mm 塞尺,则应更换液压挺杆。应注意:更换液压挺杆后,30min 内不得起动发动机。否则,气门将与活塞撞击。

(5)气门座的检修

1)气门座最大允许修复尺寸

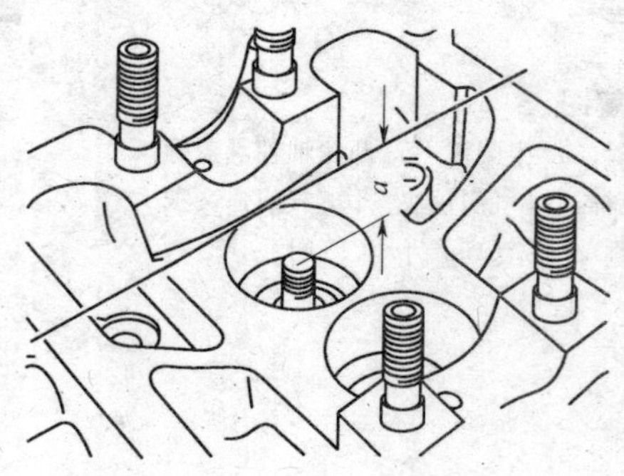

图 1-163　测量气门杆尾部与气缸盖上边缘之间的距离

如图 1-163 所示,将气门插入并压紧到气门座上,测量气门杆尾部与气缸盖上边缘之间的距离 a。

测量尺寸减去最小尺寸即为气门座最大允许修复尺寸。进气门最小尺寸为 33.8mm,排气门最小尺寸为 34.1mm。如果最大允许修复尺寸等于或小于 0mm,则应更换气门,并重新测量。如果最大允许修复尺寸仍然等于或小于 0mm,则应更换气缸盖。

2)气门座修复尺寸

如图 1-164 所示,进、排气门座修复尺寸:a 为 39.4mm,b 为最大允许研磨尺寸,c 约为 2.0mm,z 为气缸盖底平面,45°为工作面角,30°为修正角。

如图 1-165 所示,排气门座修复尺寸:a 为 32.4mm,b 为最大允许研磨尺寸,c 约为 2.4mm、z 为气缸盖底平面,45°为工作面角,30°为修正角。

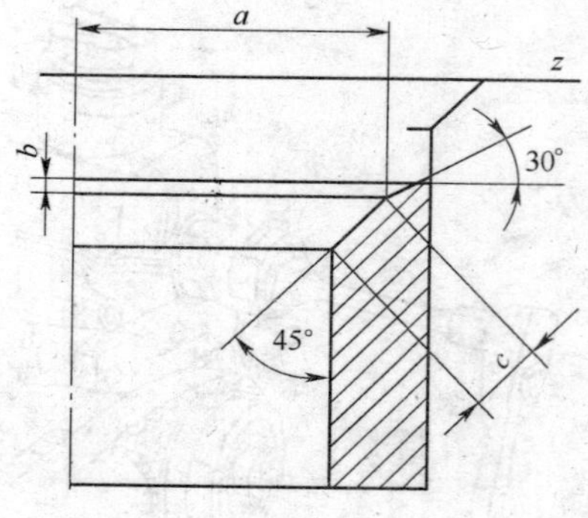

图 1-164　进气门座修复尺寸

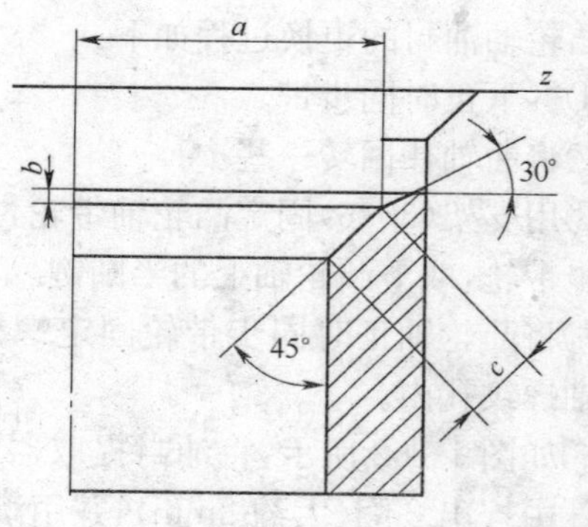

图 1-165　排气门座修复尺寸

40. 如何检修润滑系统部件?

(1)润滑系统的组成

捷达轿车 ATK 型发动机润滑系统的组成如图 1-166 所示。

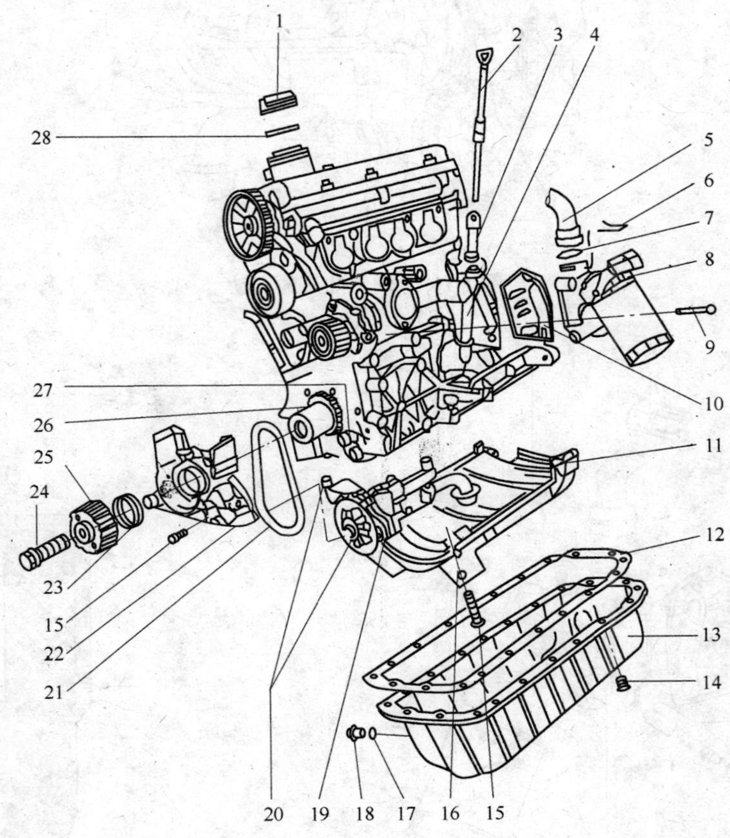

图 1-166　润滑系统分解图

1. 润滑油加油口盖　2. 润滑油尺　3. 导向套　4. 导管　5. 连接管　6. 紧固夹　7. O形环　8. 润滑油滤清器支架　9. 螺栓(15N·m+90°)　10. 带阻流挡板的密封垫　11. 防溅挡板　12. 密封垫　13. 油底壳　14、15. 螺栓(15N·m)　16. 隔套　17、28. 密封圈　18. 放油螺栓(30N·m)　19. 带链轮的润滑油泵　20. 衬套　21. 润滑油泵链条　22. 前密封法兰　23. 油封　24. 中央螺栓(90N·m+90°)　25. 曲轴同步带轮　26. 润滑油泵链轮　27. 带导轨的链条张紧器(15N·m)

1)润滑油泵

该车采用小齿轮润滑油泵。润滑油泵由曲轴通过链条直接驱动。带滑轨的链条张紧器用于调节链条的张紧,如图 1-167 所示。更换润滑油泵链轮时,要与润滑油泵一同更换。

2)润滑油滤清器

润滑油滤清器及相关零件如图 1-168 所示。拆装润滑油滤清器时,应使用润滑油滤清器扳手(3417)。检修时,所有密封圈及衬垫均应更换。

(2)润滑油油位的检查

应将车辆停在水平路面上,冷却液温度 85℃以上,停车 10min 后,检查润滑油油位。

润滑油尺标记如图 1-169 所示。

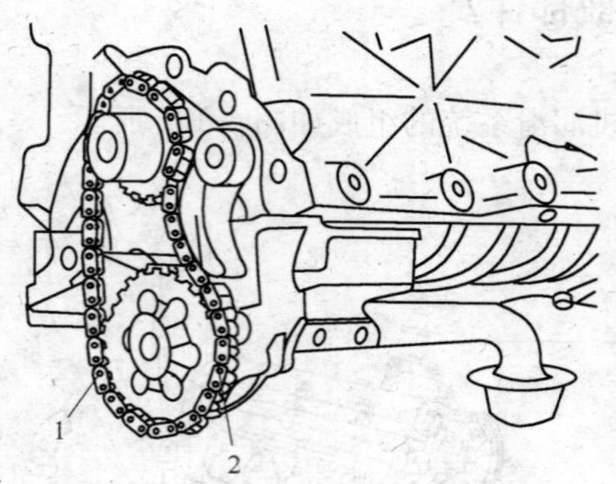

图 1-167　润滑油泵的驱动

1. 链条　2. 链条张紧器

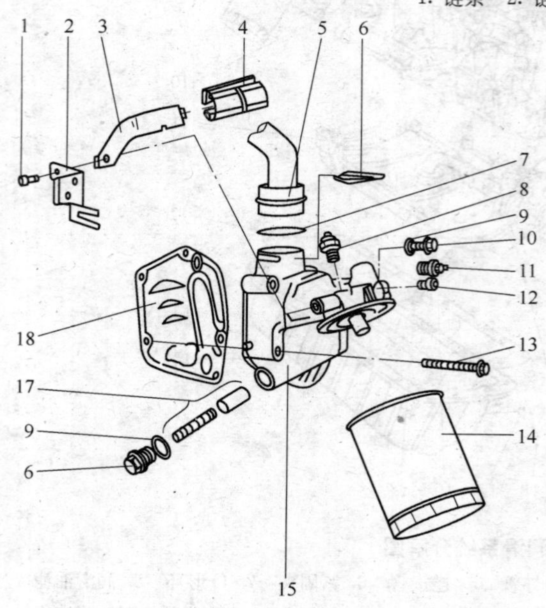

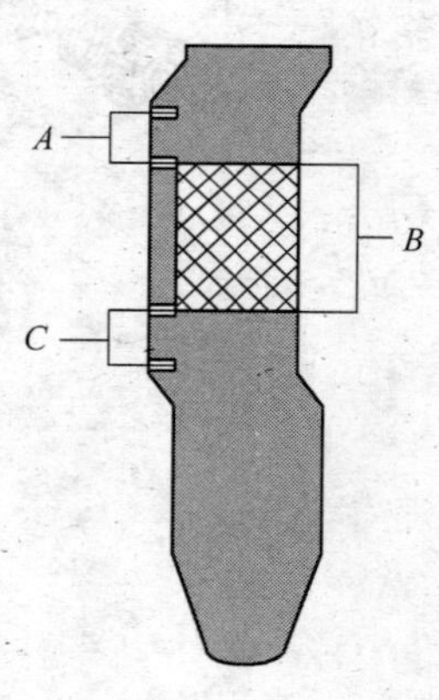

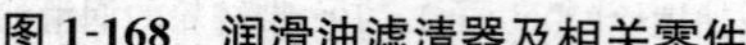

图 1-168　润滑油滤清器及相关零件

1. 螺栓(10N·m)　2、3. 支架　4. 线夹　5. 连接管　6. 固定夹
7. O形环　8. 0.03MPa 润滑油压力开关(25N·m)　9. 密封圈
10. 螺栓(25N·m)　11. 0.18MPa 润滑油压力开关(25N·m)
12. 螺栓(10N·m)　13. 螺栓(25N·m+90°)　14. 润滑油滤清器
15. 润滑油滤清器支架　16. 螺栓(40N·m)　17. 减压阀(0.35～0.45MPa)　18. 带阻流挡板的密封垫

图 1-169　润滑油尺标记

A—不需添加润滑油区
B—不必添加润滑油区
C—应添加润滑油区

处于 C 区下限或低于 C 区时，则必须添加润滑油。油位可加至 B 区或 A 区，应根据下次换油期限确定，但不能超过 A 区上限。

添加润滑油时应注意：

①油位不可超过 A 区上限和低于 C 区下限。否则，可能导致有关零部件损坏。

②在高原山区长期行驶，或在高温气候下持续行驶，应将润滑油添加至 A 区。

③更换润滑油时，油位应加至 A 区。

④添加发动机润滑油时，应使用规定的润滑油。

⑤如果在发动机处于冷态时进行上述检查，油位可能略低（如 20℃时，要比冷却温度在 85℃时低约 2.5mm ）。

(3)润滑油压力及油压开关的检查

1)润滑油压力测试仪的连接

①如图 1-170 所示，拆下 0.18MPa 油压开关，将其拧入润滑油压力测试仪（V. A. G1342）。用辅助接线（V. A. G1594）将二极管电笔（V. A. G1527）接到蓄电池正极和 0.03MPa 油压开关（B）上，将二极管电笔接到 0.18MPa 油压开关（A）上。润滑油压力测试仪的褐色导线（C）接地。

②将润滑油压力测试仪连接到润滑油滤清器支架上油压开关处。

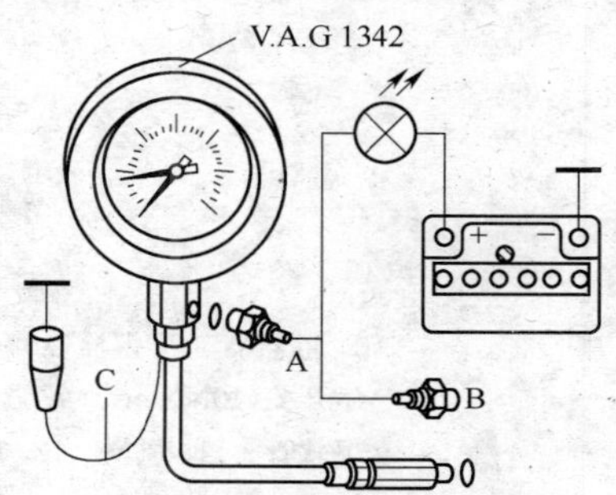

图 1-170　连接润滑油压力测试仪与油压开关

A—0.18MPa 油压开关

B—0.03MPa 油压开关　C—接地线

2)检查油压开关

①发动机未起动时，发光二极管应亮。起动发动机，慢慢提高转速，润滑油压力达到 0.015～0.045MPa，发光二极管应熄灭。否则，应更换 0.03MPa 油压开关。

②当润滑油压力达到 0.16～0.2MPa 时，发光二极管应亮。否则，应更换 0.18MPa 油压开关。

3)检查润滑油压力

当发动机转速达到 2000r/min 且润滑油温度达到 80℃ 时，润滑油压力至少应达到 0.2MPa。转速再进一步提高时，润滑油压力不可超过 0.7MPa。如需要，则更换润滑油滤清器支架上的安全阀。

41. 如何检修冷却系统部件？

(1)冷却系统的组成

捷达轿车 ATK 型发动机冷却系统的主要部件如图 1-171 所示。冷却系统的正常工作压力为 0.13～0.15MPa，工作温度为 85～120℃，冷却液容量约为 6.0L。

(2)水泵的拆装

1)水泵的拆卸

水泵的拆卸顺序如下：

①放出冷却液。

②拆下多楔带。

③拆下正时同步带上护罩，松开正时同步带张紧轮。

④从水泵带轮上取下正时同步带。

⑤如图 1-172 所示，拧下水泵紧固螺栓，拆下水泵。

2)水泵的安装

按与拆卸相反的顺序安装水泵。安装时应注意：

①用冷却液浸润新 O 形密封圈。

②水泵外壳上的堵塞向下。

③以 15N · m 力矩拧紧水泵紧固螺栓。

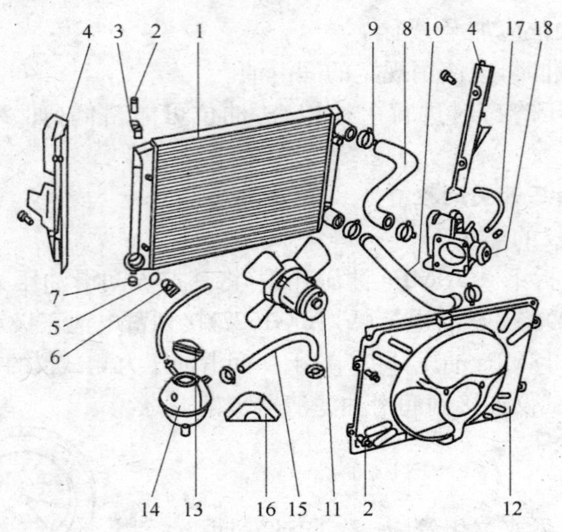

图 1-171　发动机冷却系统分解图

1. 散热器　2. 螺栓(10N·m)　3. 支架　4. 空气导板　5. O形密封圈　6. 热敏开关(10N·m)　7. 橡胶垫圈　8. 散热器上软管　9. 弹性卡箍　10. 散热器下软管　11. 风扇　12. 风扇护圈　13. 膨胀水箱盖　14. 膨胀水箱　15. 水管　16. 护罩　17. 水管　18. 节气门体

(3)节温器的检查

如图 1-173 所示，将蜡式节温器置于水中，观察温度变化与节温器开启关系。当水温为 86℃时，节温器应开始打开。当水温达到 102℃时，节温器阀门应全部开启。其开启行程应不小于 7mm。

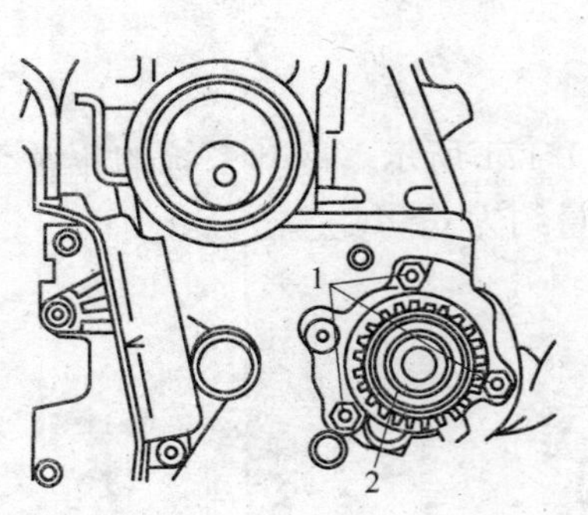

图 1-172　拆下水泵

1. 螺栓　2. 水泵

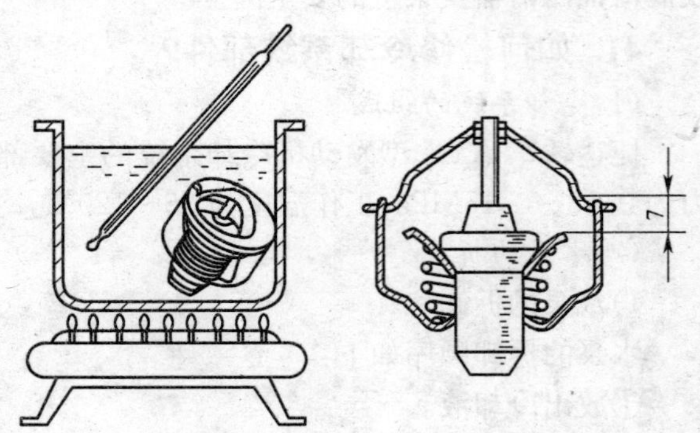

图 1-173　检查节温器

第六节　一汽大众宝来轿车 AGN 型发动机机械的检修

42. 如何拆装发动机多楔带与正时带?

宝来轿车 AGN 型发动机多楔带与正时带及相关零件如图 1-174 所示。

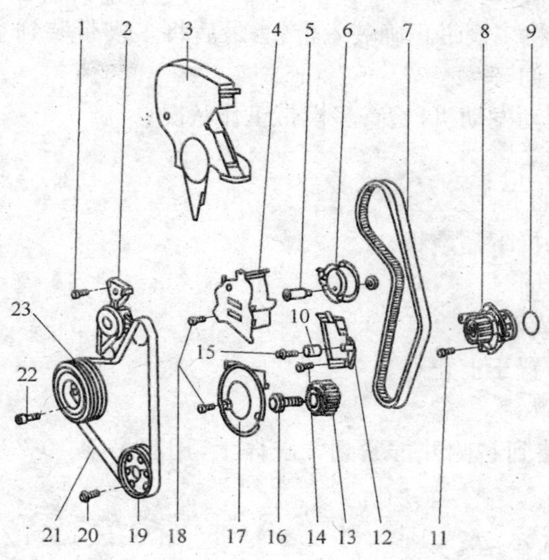

图 1-174　发动机多楔带与正时带及相关零件

1、20、22. 螺栓(25N·m)　2. 多楔带张紧器　3. 正时带上部护罩　4. 正时带中部护罩　5. 轴销(27N·m)　6. 导向轮　7. 正时带　8. 水泵　9. O 形环　10. 销套　11、14. 螺栓(15N·m)　12. 正时带张紧器　13. 曲轴正时带轮　15. 螺栓(20N·m)　16. 螺栓(90N·m+90°)　17. 正时带下部护罩　18. 螺栓(10N·m)　19. 空调压缩机多楔带轮　21. 多楔带　23. 曲轴多楔带轮及减振器

(1)多楔带的拆装

发动机多楔带为发动机附件传动带,用于驱动发电机、空调压缩机等。

发动机多楔带的拆装顺序如下:

①如图 1-175 所示,标出多楔带旋转方向,按箭头方向转动张紧器,松开多楔带。

②如图 1-176 所示,用一个 ϕ4.5mm,长约 55mm 的心轴固定张紧器,也可使用专用工具 3090 上的支柱进行固定。

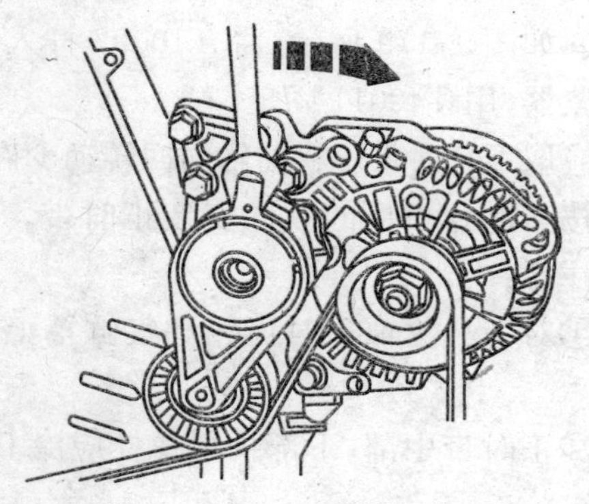

图 1-175　松开多楔带

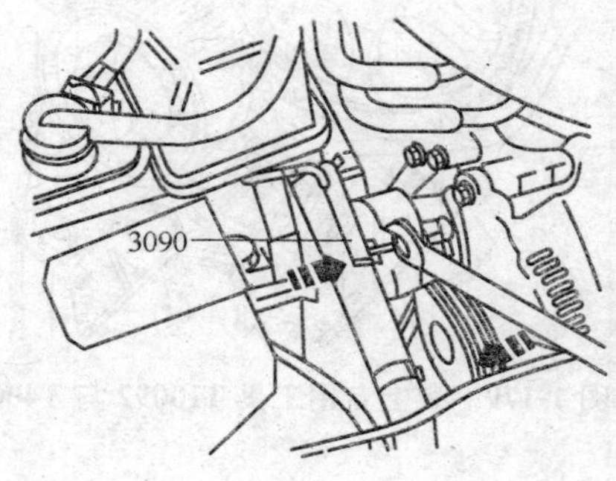

图 1-176　固定张紧器

③拆下右侧隔声板。

④取下多楔带。

⑤安装多楔带前,将发电机、空调压缩机等固定。

⑥如图 1-177 所示，将多楔带正确装入带轮，最后将多楔带装到空调压缩机带轮上。安装时，应注意多楔带旋转方向。

⑦安装完毕后，应起动发动机，检查多楔带工作状况。

(2)正时带的拆装

正时带的拆卸过程如下：

①拆下发动机盖罩，拆下隔声板。

②拆下右前照灯。

③拆下多楔带及张紧器。

④转动曲轴，将 1 缸置于上止点。

⑤拆下正时带上护罩。

⑥将工具 T10013 装到右侧并拧紧到气缸体上，用起吊架 10-222A、10-222A/1 轻轻吊起发动机，如图 1-178 所示。

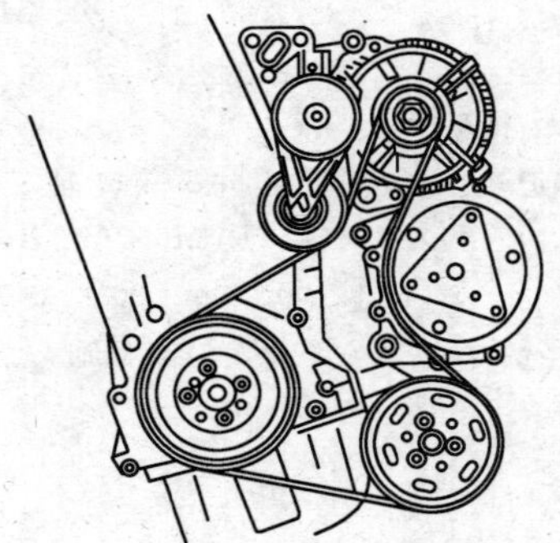

图 1-177　多楔带布置

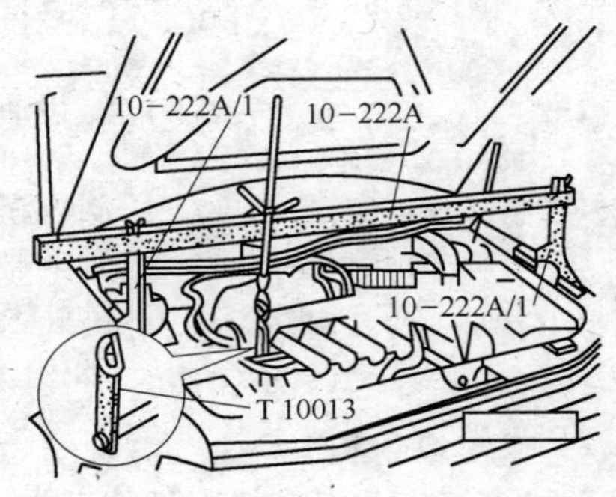

图 1-178　用起吊架轻轻吊起发动机

⑦拧下发动机支架紧固螺栓，拆下支座总成。

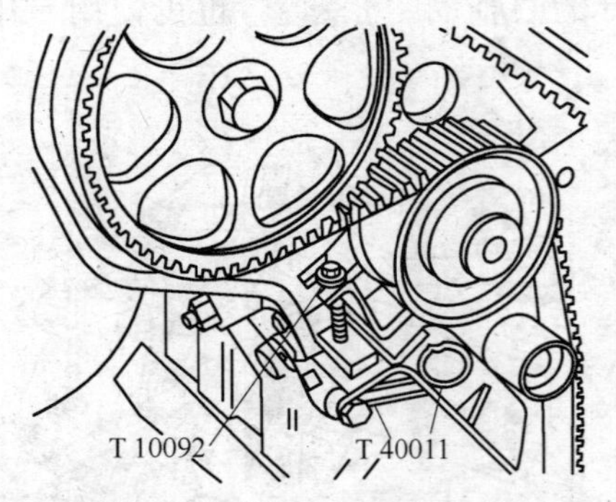

图 1-179　装上专用工具 T10092 与 T40011

⑧拆下曲轴多楔带轮，拆下正时带中部及下部护罩，标出正时带旋转方向。

⑨如图 1-179 所示，将 T10092 拧入正时带张紧器，用 T40011 固定。

⑩取下正时带。将曲轴向回转动少许。

按与拆卸相反的顺序安装正时带。安装时应注意：

①对齐凸轮轴正时齿轮和气缸罩上的标记。

②正时带中部、下部护罩螺栓应涂 D 000 600 A2 后拧入。

③以规定力矩拧紧各螺栓。发动机支架螺栓拧紧力矩为 45N・m，正时带中部、下部护罩螺栓拧紧力矩为 10N・m，多楔带张紧器螺栓拧紧力矩为 25N・m，曲轴多楔带轮螺栓拧紧力矩为 25N・m。

④检查正时齿轮上标记是否与参考点对齐。将曲轴转两圈，检查正时带安装是否正常。

43. 如何更换发动机前端曲轴油封?

宝来轿车 AGN 型发动机前端曲轴油封的拆装顺序如下：

①如图 1-180 所示,用支架 3415 固定并拆下曲轴正时带轮。

②将油封提取器 3203 的内部件从外部件中拧出 9 圈(约 20mm),用滚花螺栓固定。用润滑油润滑油封提取器 3203 螺纹头,将其装到油封上,尽力拧入,松开滚花螺栓,顶住曲轴,转动内部件,直到拉出油封,如图 1-181 所示。

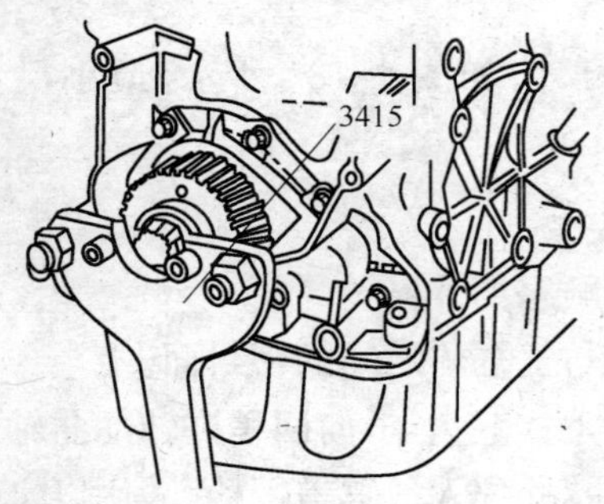

图 1-180　拆下曲轴正时带轮

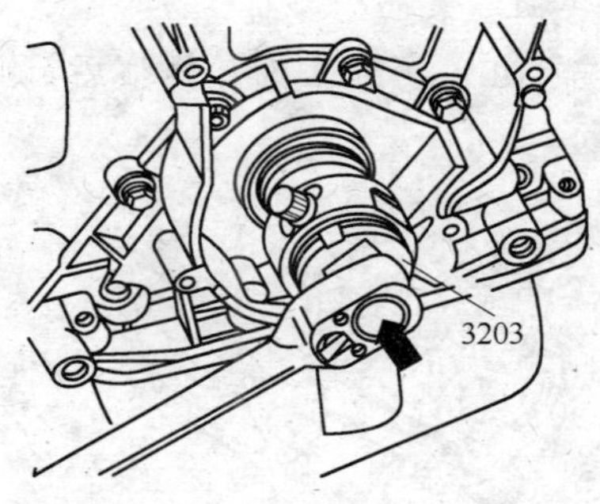

图 1-181　拉出油封

③用干净抹布擦净曲轴轴颈上的润滑油。如图 1-182 所示,将专用工具 T10053/1 装到曲轴轴颈上,并通过专用工具 T10053/1 将油封推到曲轴轴颈上。

④如图 1-183 所示,用专用工具 T10053 和 T10053/2 将油封压入至止点位置。

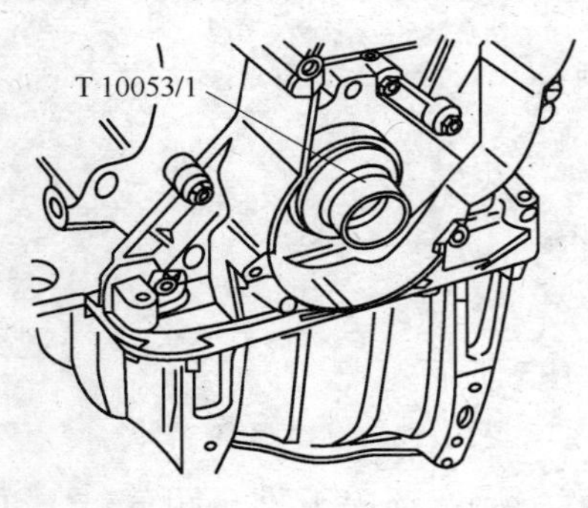

图 1-182　装上油封

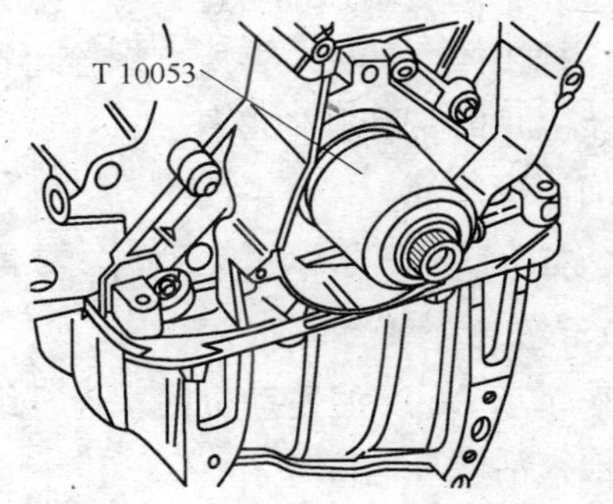

图 1-183　压入油封

⑤装上曲轴正时带轮并用支架 3415 固定,以 90N·m+90°力矩拧紧曲轴正时带轮螺栓。

⑥装上正时带、多楔带及张紧器。

44. 如何检修气缸盖?

(1)气缸盖的拆卸

宝来轿车 AGN 型发动机气缸盖的拆卸顺序如下：

①排放冷却液。

②拆下发动机盖罩。

③拆下进气支管上部。用干净抹布堵住进气支管下部的进气道。

④拆下燃油分配管上的燃油供油管及回油管,堵上油管,以免脏物进入燃油系统。

⑤从排气支管上拆下前排气管。

⑥拆开冷却系统、曲轴箱通风、二次空气系统、燃油喷射及点火系统的连接。

⑦拆下多楔带及张紧器，拆下正时带上护罩。

⑧转动曲轴，使凸轮轴正时齿轮处于1缸上止点。从凸轮轴正时齿轮上取下正时带。向回稍许转动曲轴。

⑨拆下气缸盖罩。

⑩按先两边后中间的顺序松开并拧下气缸盖螺栓。取下气缸盖。

(2)气缸盖表面的修整

修整气缸盖密封表面。修整后，测量气缸盖修整尺寸，如图1-184所示，最小尺寸a为139.2mm。

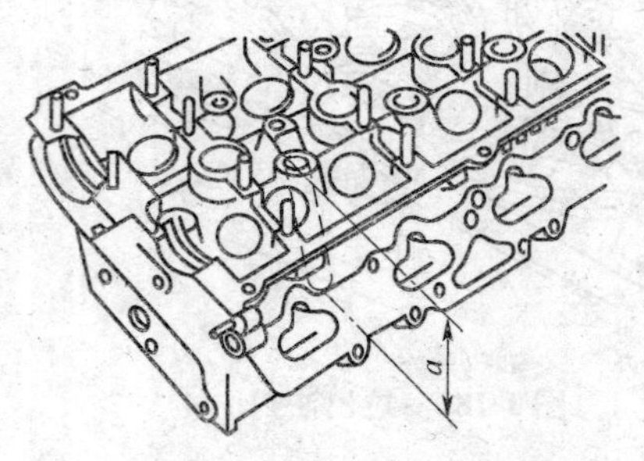

图1-184　测量气缸盖修整尺寸

(3)气缸盖的安装

气缸盖的安装顺序如下：

①清洁气缸盖与气缸体之间的密封面。

②将曲轴置于1缸上止点，向回稍许转动曲轴。

③将两个导向螺栓拧入气缸盖螺栓孔，用以定位。

④装上新气缸垫。气缸垫有备件号的一面应朝气缸盖。放上气缸盖，装上气缸盖螺栓，用手拧紧。

⑤拧出两个导向螺栓，再装上两个剩下的气缸盖螺栓，用手拧紧。

⑥按先中间后两边的顺序拧紧气缸盖螺栓。先以40N·m预拧紧所有螺栓，用扳手再将所有螺栓拧1/4圈(90°)，将所有螺栓再拧1/4圈(90°)。

⑦装上正时带和其他零件。

⑧加注冷却液。

45. 如何检修曲柄连杆机构零件?

(1)活塞连杆组的检修

宝来轿车AGN型发动机活塞连杆组的零件如图1-185所示。

1)检查活塞环间隙

①检查活塞环开口间隙。如图1-186所示，用活塞将活塞环向下推至距气缸下边缘约15mm处，用塞尺测量活塞环开口间隙。新压缩环开口间隙为0.20～0.40mm，磨损极限为0.8mm。油环开口间隙为0.25～0.50mm，磨损极限为0.8mm。

②检查活塞环侧隙。如图1-187所示，用塞尺测量活塞环与环槽间隙，即侧隙。新压缩环侧隙为0.06～0.09mm，磨损极限为0.20mm。油环侧隙为0.03～0.06mm，磨损极限为0.15mm。

2)检查活塞与气缸直径

如图1-188所示，用75～100mm外径千分尺距活塞裙下部约10mm，且与活塞销轴线成90°处测量活塞直径。活塞基本尺寸为80.965mm，修理尺寸为81.465mm，公差为0.04mm。

如图1-189所示，用50～100mm量缸表，沿A、B两个方向分别测量3处气缸直径。气缸直径基本尺寸为81.01mm，修理尺寸为81.51mm，公差为0.01mm。

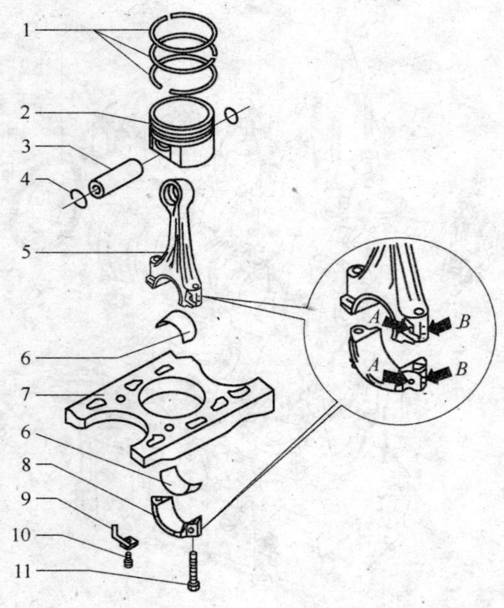

图 1-185　活塞连杆组分解图

1. 活塞环　2. 活塞　3. 活塞销　4. 活塞销卡环
5. 连杆　6. 连杆轴承　7. 气缸体　8. 连杆盖
9. 润滑油喷嘴　10. 安全阀　11. 连杆螺栓

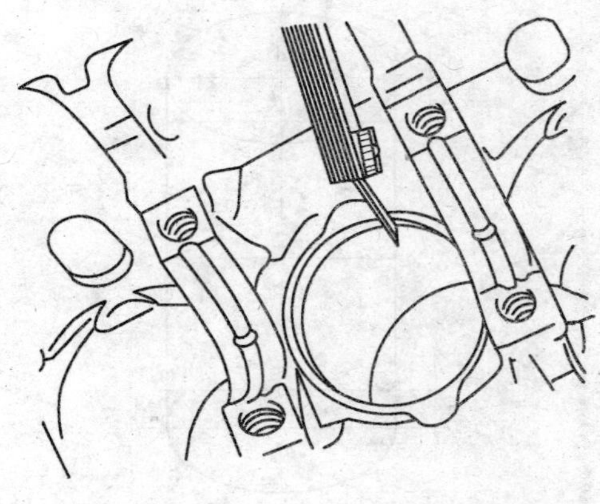

图 1-186　检查活塞环开口间隙

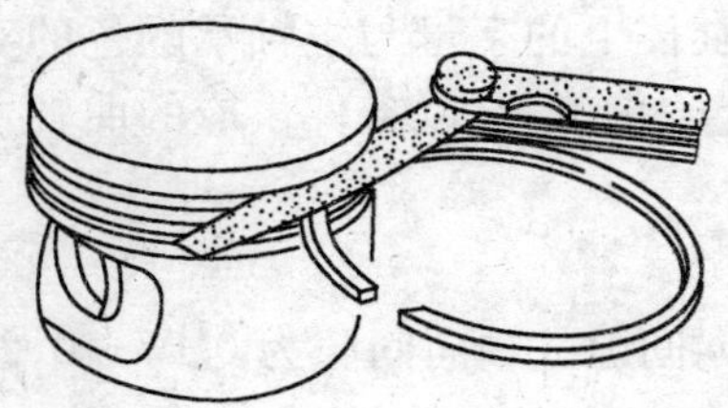

图 1-187　检查活塞环侧隙

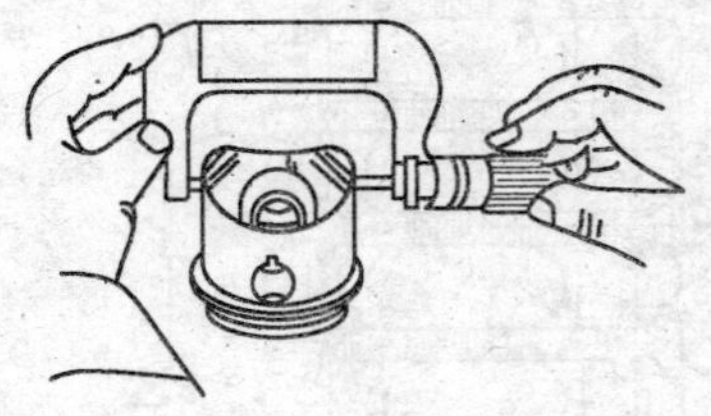

图 1-188　检查活塞直径

3)检查连杆轴轴向间隙和径向间隙

①检查连杆轴轴向间隙。轴向间隙为 0.05～0.31mm;磨损极限为 0.37mm。

②检查连杆轴径向间隙。测量径向间隙时不得转动曲轴。径向间隙为 0.01～0.06mm,磨损极限为 0.12mm。

(2)曲轴的检修

1)曲轴的拆卸

宝来轿车 AGN 型发动机曲轴及相关零件如图 1-190 所示。

①拆下润滑油泵及附件。

②拆下曲轴主轴承盖。

③拆下曲轴。

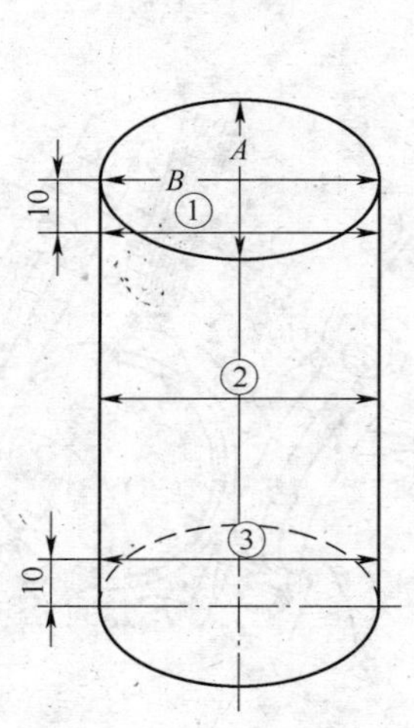

图 1-189　检查气缸直径

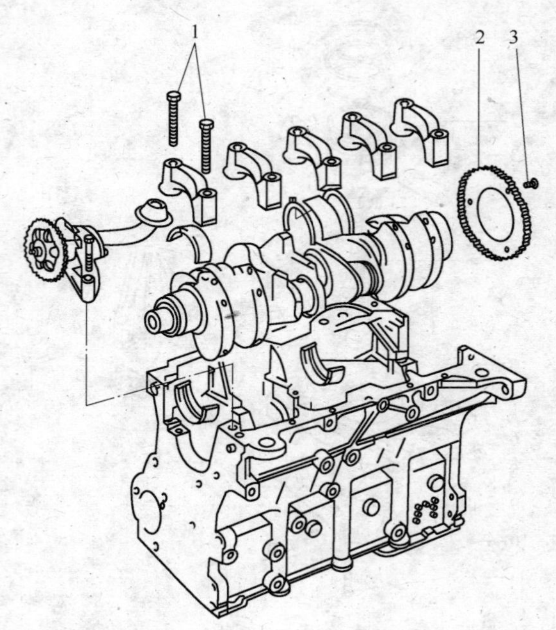

图 1-190　曲轴及相关零件

1、3. 螺栓　2. 曲轴位置传感器信号轮

④取下曲轴主轴承和止推垫片。止推垫片在第 3 道主轴承上。主轴承厚度已与气缸体配好，曲轴主轴承标记位置如图 1-191 所示，用颜色点来表示主轴承厚度。气缸体上的字母与主轴承颜色的对应关系为：S-黑色，R-红色，G-黄色，以备件供应的曲轴主轴承一般均标黄色。

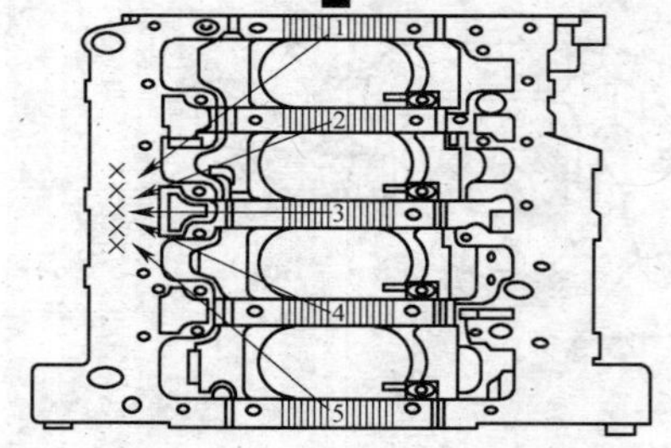

图 1-191　曲轴主轴承标记位置

2）曲轴的检查

①测量曲轴轴向间隙。轴向间隙为 0.07～0.23mm，磨损极限为 0.15mm。

②测量曲轴径向间隙。以 65N·m 力矩拧紧主轴承盖螺栓，测量时不可转动曲轴。径向间隙为 0.01～0.04mm，磨损极限为 0.15mm。

③测量曲轴轴颈直径。曲轴主轴颈直径基本尺寸为 ϕ54.00mm。每级减小 0.25mm。曲轴连杆轴颈直径基本尺寸为 ϕ47.80mm。每级减小 0.25mm。

3）曲轴的安装

按与拆卸相反的顺序安装曲轴。以 60N·m+90°的力矩拧紧主轴承盖螺栓。

46. 如何检修配气机构零件？

（1）配气机构的分解

宝来轿车 AGN 型发动机配气机构的零件如图 1-192 所示。

（2）凸轮轴轴向间隙的检查

如图 1-193 所示，拆下挺杆及链条，装上第 2 和 4 道轴承盖进行检查。凸轮轴轴向间隙的磨损极限为 0.2mm。

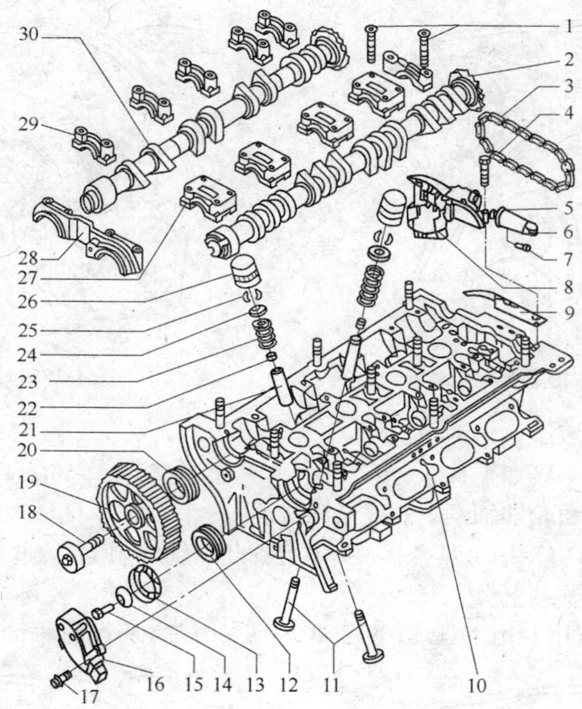

图 1-192　发动机配气机构分解图

1、4. 螺栓(10N·m)　2. 进气凸轮轴　3. 链条　5. O 形环　6. 凸轮轴调整阀(N205)　7. 螺栓(3N·m)　8. 凸轮轴调整器　9. 密封垫　10. 气缸盖　11. 气门　12、20. 密封圈　13. 转子　14. 垫片　15. 螺栓(25N·m)　16. 凸轮轴位置传感器　17. 螺栓(10N·m)　18. 螺栓(65N·m)　19. 凸轮轴正时齿轮　21. 气门导管　22. 气门杆油封　23. 气门弹簧　24. 气门弹簧座　25. 气门锁块　26. 挺杆　27. 进气凸轮轴轴承盖　28. 双轴承盖　29. 排气凸轮轴轴承盖　30. 排气凸轮轴

(3)凸轮轴油封的更换

1)凸轮轴油封的拆卸

凸轮轴油封的拆卸顺序如下：

①拆下齿形带上护罩。

②转动曲轴，将凸轮轴正时齿轮上的标记与气缸盖罩上的标记对齐。

③从凸轮轴正时齿轮上取下齿形带，向回稍许转动曲轴。

④拆下凸轮轴正时齿轮。

⑤如图 1-194 所示，拧紧螺栓，用于给油封提取器导向。

⑥把油封提取器 2085 的内部件拧出两圈(约 3mm)，并用滚花旋钮固定。

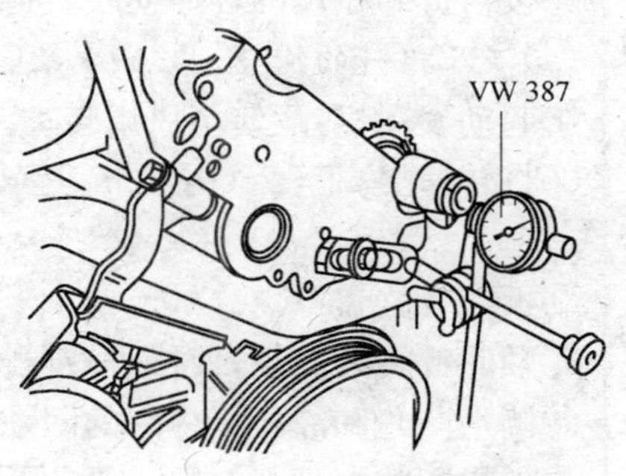

图 1-193　检查凸轮轴轴向间隙

⑦如图 1-195 所示，将油封提取器 2085 的螺纹端部上涂上润滑油，尽可能用力拧入油封。松开滚花旋钮，顶着凸轮轴转动内部件，直到拉出油封。

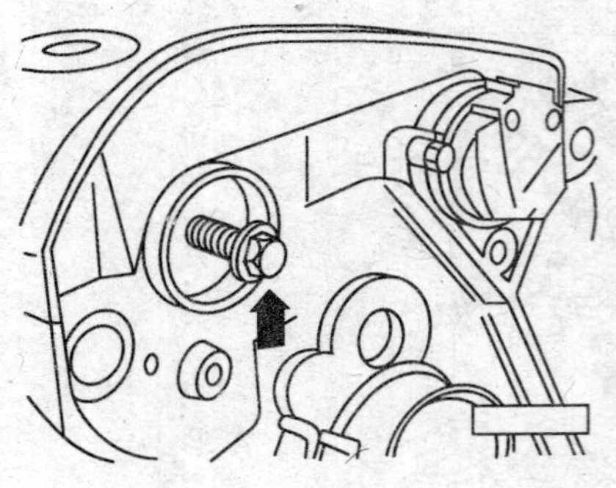

图 1-194　拧紧油封提取器导向螺栓

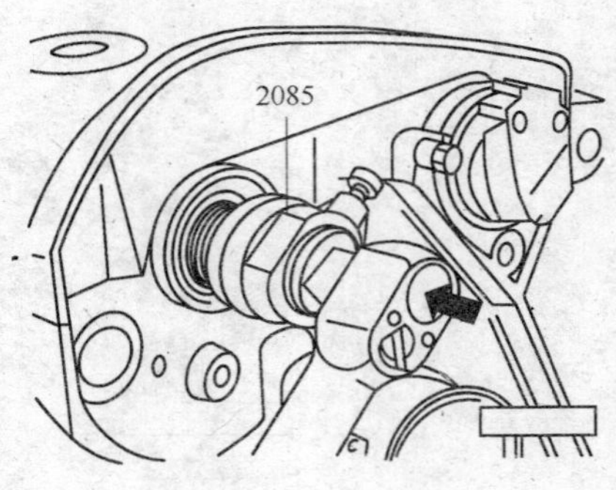

图 1-195　拉出油封

2)凸轮轴油封的安装。

凸轮轴油封的安装顺序如下：

①用干净抹布擦净凸轮轴轴颈上的残余润滑油。

②如图 1-196 所示，将专用工具 T10071/1 装到凸轮轴轴颈上，通过专用工具 T10071/1 将凸轮轴油封推到凸轮轴轴颈上。

③如图 1-197 所示，用专用工具 T10071/3 与 T10071/4 将凸轮轴油封压到底。

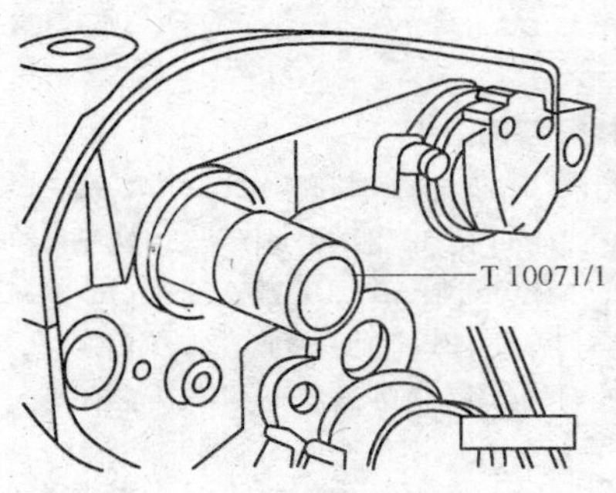

图 1-196　装上凸轮轴油封

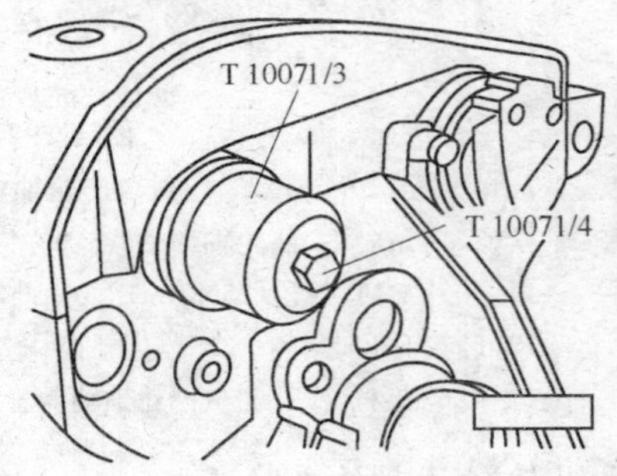

图 1-197　压入凸轮轴油封

④按与拆卸相反的顺序安装其他零件。

(4)液压挺杆的检查

①起动发动机，运转至风扇转动。发动机起动时，如有不规则气门噪声，属正常现象。

②将转速提高至 2500r/min，运转 2min。如液压挺杆仍有噪声，则应检查液压挺杆是否损坏。

③拆下气缸盖罩。

④顺时针转动曲轴，使待查液压挺杆对应凸轮朝上。

⑤测量凸轮和液压挺杆间的间隙。

⑥如果间隙大于 0.2mm，则应更换挺杆。如果间隙小于 0.1mm 或无间隙，用楔形木棒或塑料棒压下液压挺杆，在凸轮与液压挺杆之间可放入 0.2mm 塞尺时，应换液压挺杆。液压挺杆只能整体更换，不可调整或修理。安装新的液压挺杆后 30min 内不得起动发动机。

(5)凸轮轴的拆装

1)凸轮轴的拆卸

凸轮轴的拆卸顺序如下：

①拆下发动机盖罩。

②拆下进气管上部，用干净抹布堵住进气管下部的进气道。拆下齿形带上护罩。转动曲轴，将凸轮轴链轮上和气缸盖罩上的标记对齐。

③拆下气缸盖罩。从凸轮轴正时齿轮上取下齿形带。向回稍许转动曲轴，拆下凸轮轴正时齿轮。

④拆下霍尔传感器。

⑤清洁凸轮轴传动链及链轮，用色笔标出安装位置。不可用中心冲头在链条上打标记、切口。颜色标记间的距离为 16 个链辊。

⑥如图 1-198 所示，用支架 3366 固定住凸轮轴调整器。支架 3366 不能拧得过紧。否则，可能损坏凸轮轴调整器。

⑦首先拆下进、排气凸轮轴第 3 和第 5 道轴承盖。拆下双轴承盖。拆下进、排气凸轮轴链轮旁的两个轴承盖。

⑧拧下凸轮轴调整器的紧固螺栓。

⑨交叉松开并拆下进、排气凸轮轴第 2 和第 4 道轴承盖。

⑩拆下带凸轮轴调整器的进、排气凸轮轴。

2)凸轮轴的安装

凸轮轴的安装顺序如下：

①按颜色标记将传动链装到两凸轮轴上。安装新传动链条时，凸轮轴上的缺口 A 和 B 之间的距离为 16 个链辊。缺口 A 相对于链辊 1 略向里安装，如图 1-199 所示。

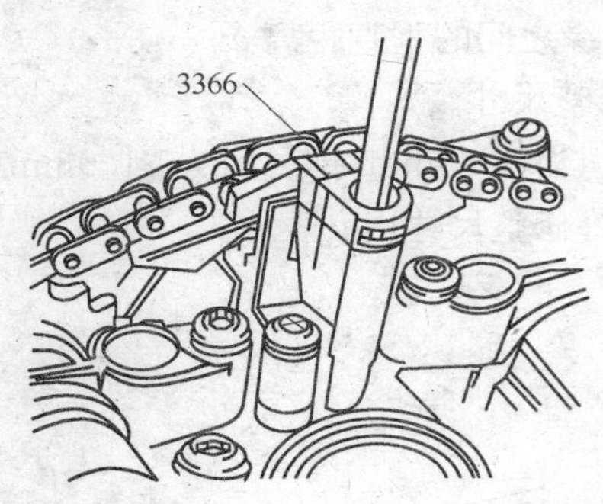

图 1-198　固定住凸轮轴调整器

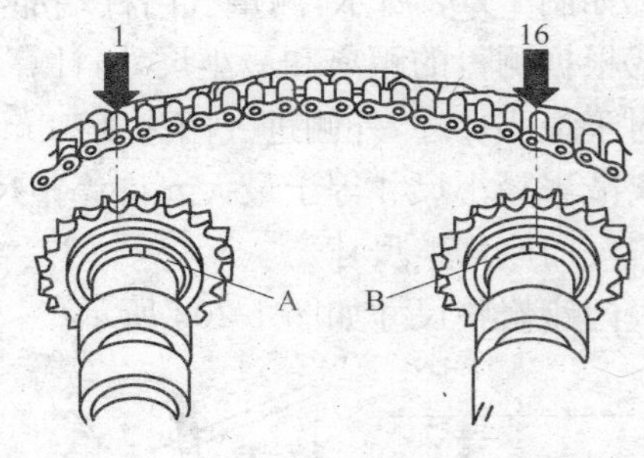

图 1-199　传动链条安装标记

②将凸轮轴调整器装到传动链条之间，用润滑油润滑凸轮轴工作面。

③将凸轮轴连同传动链条和凸轮轴调整器装在气缸盖上，1 缸凸轮应朝上。以 10N·m 力矩拧紧凸轮轴调整器。以 10N·m 力矩拧紧交叉进、排气凸轮轴的第 2 和第 4 道轴承盖，如图 1-200 所示。装上进、排气凸轮轴链轮旁的两个轴承盖，以 10N·m 力矩拧紧轴承盖。

④拆下固定凸轮轴调整器支架 3366。

⑤如图 1-201 所示，在双轴承盖上阴影区域涂上 AMV174 004 01 密封胶。然后装上，以 10N·m 力矩拧紧。

⑥装上其余轴承盖，以 10N·m 力矩拧紧。从气缸盖进气一侧应可见轴承盖标记。

⑦装上凸轮轴正时齿轮（窄边朝外，并可见 1 缸上止点标记），以 65N·m 力矩拧紧螺栓。

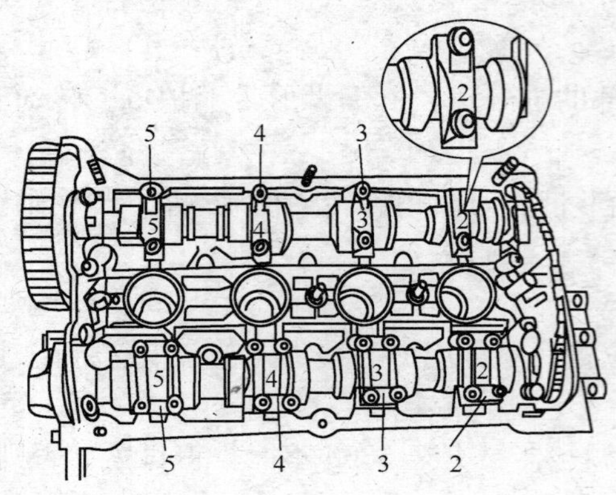

图 1-200 交叉拧紧进、排气凸轮轴的第 2 和第 4 道轴承盖

图 1-201 双轴承盖上密封胶涂抹区域

⑧装上霍尔传感器，以 10N·m 力矩拧紧。

⑨装上气缸盖罩、齿形带及其他零件。

(6)气门座的修整

气门座修整到接合状态良好即可。修整前，应计算出最大允许修整尺寸。如果超过修整尺寸，则不再能保证液压杆正常工作，应更换气门盖。

1)计算最大允许修整尺寸

①插入气门，将其压紧在气门座上(如需更换气门，则用新气门进行计算)。

②如图 1-202 所示，测量气门杆端部与气缸盖上边缘之间的垂直距离 a。

③根据测得的距离和最小尺寸，计算出最大允许修整尺寸。

对于最小尺寸，外侧进气门为 31.0mm，中间进气门为 32.3mm，排气门为 31.9mm。测得的距离减去最小尺寸等于最大允许修整尺寸。最大允许修整尺寸用 b 表示。

2)气门座修整尺寸

气门座修整尺寸如图 1-203 所示。

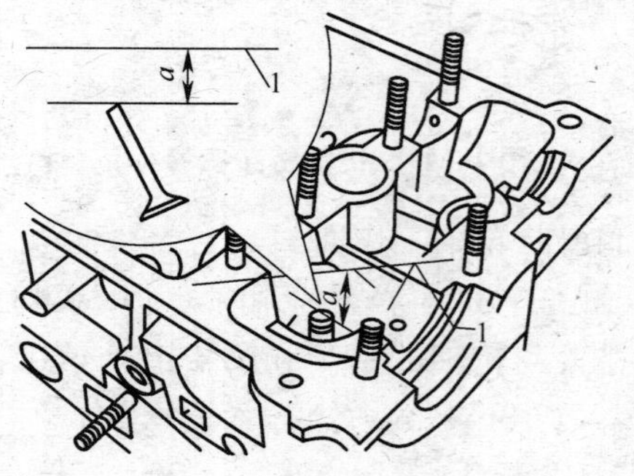

图 1-202 测量气门杆端部与气缸盖上边缘之间的垂直距离

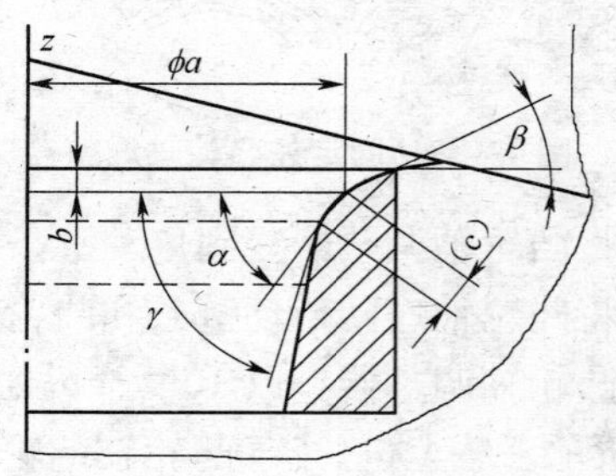

图 1-203 气门座修整尺寸

对于进气门座修整尺寸，a 为 26.2mm，b 为最大允许修整尺寸，c 为 1.5～1.8mm，z 为气缸盖下边缘，α 为 45°气门座锥角，β 为 30°上修正角，γ 为 60°下修正角。

对于排气门座修整尺寸，a 为 29.0mm，b 为最大允许修整尺寸，c 为约 1.8mm，z 为气缸盖下边缘，α 为 45°气门座锥角，β 为 30°上修正角，γ 为 60°下修正角。

47. 如何检修润滑系统部件？

(1)润滑系统的组成

宝来轿车 AGN 型发动机润滑系统的部件如图 1-204 所示，主要包括润滑油泵、润滑油滤清器、油底壳等。

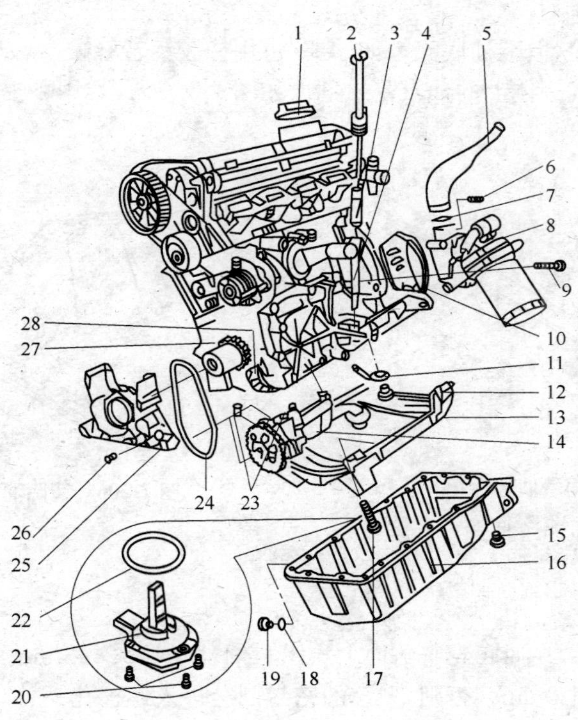

图 1-204　润滑系统分解图

1. 加油口盖　2. 润滑油尺　3. 导向件　4. 导管　5. 连接管　6. 卡箍　7. O 形圈　8. 润滑油滤清器支架　9. 螺栓(15N·m+90°)　10. 密封垫　11. 润滑油喷嘴　12. 安全阀螺栓(20N·m)　13. 防溅板　14. 润滑油泵　15、17、26. 螺栓(15N·m)　16. 油底壳　18. 密封圈　19. 放油螺栓(30N·m)　20. 螺栓(10N·m)　21. 润滑油油面高度及温度传感器　23. 定位衬套　24. 润滑油泵链条　25. 密封法兰　27. 润滑油泵链轮　28. 润滑油泵链条张紧器

(2)润滑油的检查与更换

1)润滑油的容量

无润滑油滤清器时，润滑油的容量为 4.0L。有润滑油滤清器时，润滑油的容量为 4.5L。用润滑油尺可检查润滑油油位。润滑油尺的标记如图 1-205 所示。润滑油油位切勿超过最高润滑油尺的最高(Max)标记。否则，可能损坏三元催化转换器。

2)润滑油的使用

使用符合 VW500 00、501 01 或 502 00 标准的发动机润滑油。只有在特殊情况下，才使用 AP1-SF 或 SG 标准的发动机润滑油。

首次加注新 VW 标准的 503 00(TL52 173)长效发动机润滑油。

发动机出厂时已加注了 VW503 00 润滑油。该种润滑油用于维修间隔长的发动机，当然也可用于维修间隔短的发动机。VW500 00、501 01 或 502 00 的发动机润滑油仍可继续使用。但每 12 个月或 15000km 必须更换润滑油，并再设定保养间隔里程显示。

(3)油底壳的拆装

油底壳的拆装顺序如下：

①拆下中间和右侧隔声板。

②排放发动机润滑油。

③拧下油底壳螺栓，取下油底壳。如需要，可用橡胶锤轻轻敲击，以松开油底壳。

④用平刮刀去掉气缸体上的残余密封剂。如图 1-206 所示，用手提电钻上的塑料刷去掉油底壳上的残余密封剂。

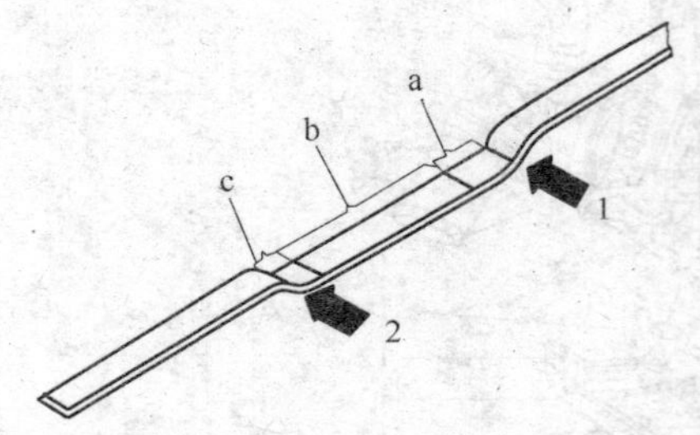

图 1-205　润滑油尺标记

1. 最高标记　2. 最低标记

a—不用再添加润滑油区域　b—可以补加润滑油区域

c—最多补加 0.5L 润滑油区域

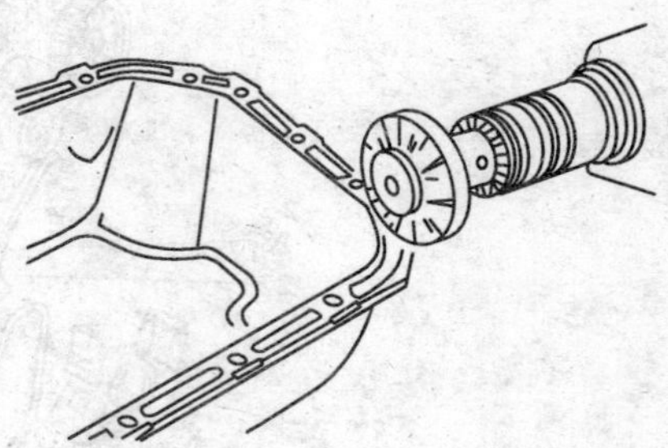

图 1-206　清除油底壳上残余密封剂

⑤如图 1-207 所示，在油底壳密封面上涂密封剂，厚度为 2～3mm。涂时应让开螺栓孔，密封剂涂层厚度不可超过 3mm。否则，多余的密封剂会进入螺栓孔。

⑥如图 1-208 所示，在气缸体与油底壳接合面上涂密封剂。

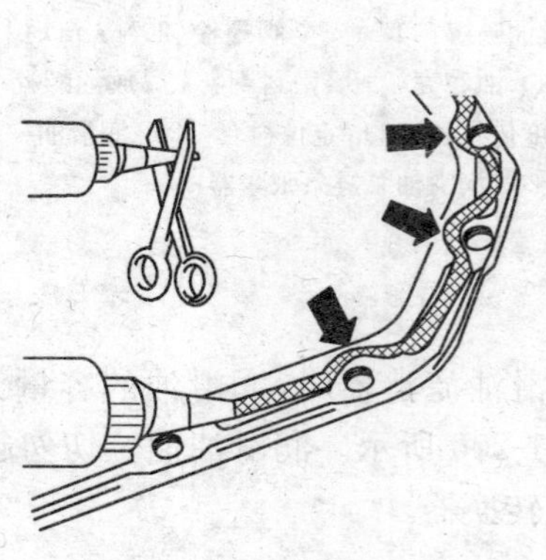

图 1-207　在油底壳密封面上涂密封剂

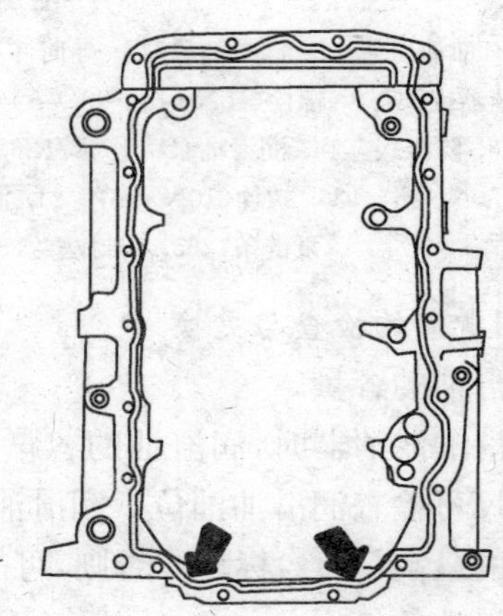

图 1-208　在气缸体与油底壳接合面上涂密封剂

⑦涂密封剂后，5min 内必须装上油底壳，并轻轻拧紧油底壳螺栓，再以 15N·m 力矩拧紧

油底壳螺栓。

⑧安装其他零件。

⑨油底壳安装 30min 后，密封剂才能干。应在 30min 之后加注发动机润滑油。

48. 如何检修冷却系统部件？

(1)冷却系统部件

宝来轿车 AGN 型发动机冷却系统部件如图 1-209 及图 1-210 所示。

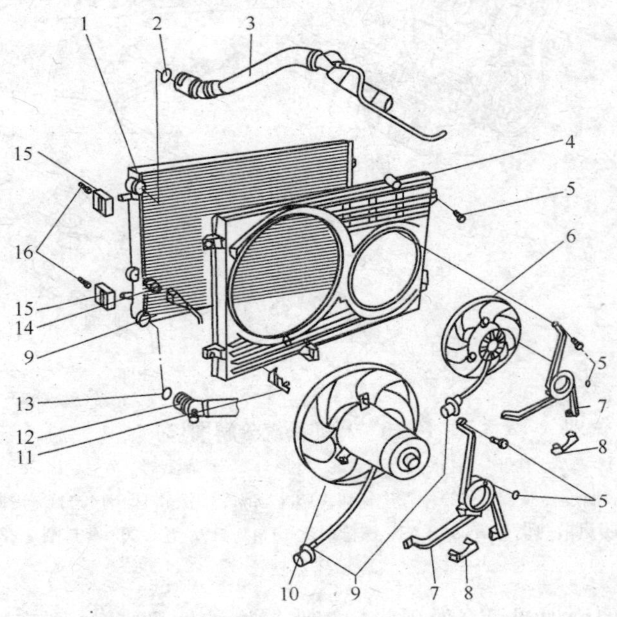

图 1-209　冷却系统分解图(1)

1. 散热器　2、13. O 形圈　3. 上部软管　4. 护罩　5. 螺栓(10N·m)
6. 辅助风扇　7. 风扇安装圈　8. 卡箍　9. 插头　10. 风扇　11、15. 支架
12. 下部软管　14. 风扇热敏开关　16. 螺栓(15N·m)

(2)冷却液循环

AGN 型发动机冷却系统软管连接及冷却液循环如图 1-211 所示。

(3)冷却液的更换

1)冷却液的排放

①打开冷却液膨胀罐盖。打开膨胀罐盖时可能喷出蒸汽，用抹布包住盖子慢慢开启。

②拆下隔声板。

③拧下散热器上的冷却液排放螺塞，排放散热器中的冷却液。拔下散热器上的冷却液软管，排放发动机内冷却液。

2)冷却液说明

①只能使用符合 TL VW 774D 标准的冷却液添加剂 G12，识别标记为红色。

②符合 TL VW 774D 的冷却液添加剂不仅防冻、防锈及防止产生水垢，还能提高沸点，尤其在热带气候下大负荷运转时，高沸点可保证发动机可靠运行。因此，冷却系统应常年加注这种防冻防腐剂。

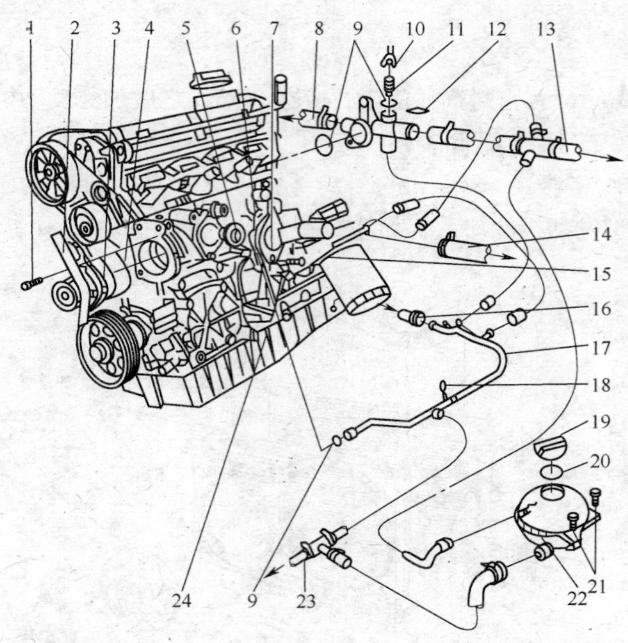

图 1-210　冷却系统分解图(2)

1、24. 螺栓(15N·m)　2. 齿形带　3. 水泵　4、6、9. O形环　5. 节温器　7. 接头　8. 接暖风散热器软管　10. 插头　11. 冷却液温度传感器(G62)　12. 卡箍　13. 上部冷却液软管　14. 下部冷却液软管　15. 润滑油冷却器　16. 来自暖风散热器软管　18、21. 螺栓(10N·m)　19. 盖　20. 密封圈　22. 膨胀罐　23. 接涡轮增压器软管

③G12 不能与其他添加剂混合使用。如膨胀罐内液体呈褐色，则表明 G12 已与其他冷却液混用，应更换冷却液。

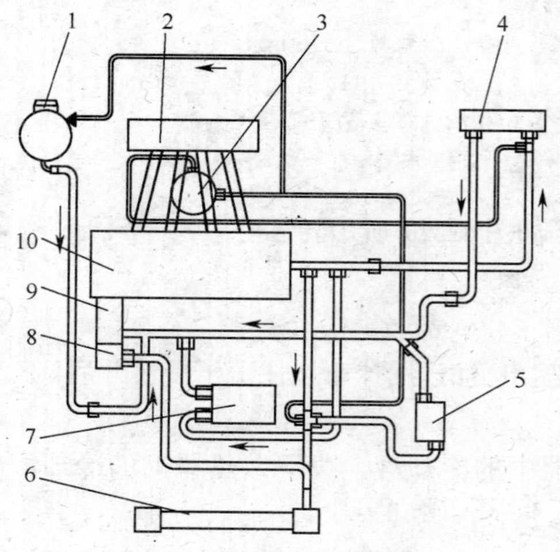

图 1-211　冷却液循环示意图

1. 膨胀管　2. 进气支管　3. 带节气门控制单元连接管　4. 暖风散热器　5. 变速器油冷却器　6. 散热器　7. 润滑油冷却器　8. 节温器　9. 水泵　10. 气缸体与气缸盖

④防冻液必须具有－25℃(寒带为－35℃)的防冻能力。

⑤即使在炎热的季节或地方，也不可降低冷却液浓度，添加剂比例不得低于 40%。

⑥若要提高防冻能力，可提高 G12 的比例，但最多不可超过 60%(防冻能力可达－40℃)。超过 60%，会降低防冻能力。

⑦如果换了散热器、热交换器、气缸盖或气缸盖密封垫，则不可再使用旧冷却液。

3)冷却液的加注

①拧上散热器上的排放螺塞。

②将冷却液软管装到散热器的连接管上，用弹性卡箍固定。

③加注冷却液。液面达到膨胀罐 max 标记处。

④拧上膨胀罐盖。

⑤起动发动机，将其转速保持在 2 000r/min 运转约 3min，风扇开始转动。

⑥检查膨胀罐冷却液液面高度。如需要，应补加冷却液。发动机达到正常工作温度时，液面应处于 max 。发动机冷态时，液面应在 min 和 max 之间。

第七节　风神蓝鸟轿车发动机机械的检修

49. 如何拆装发动机附件？

风神蓝鸟轿车发动机附件及外部零件的拆装如图 1-212、图 1-213 及图 1-214 所示。

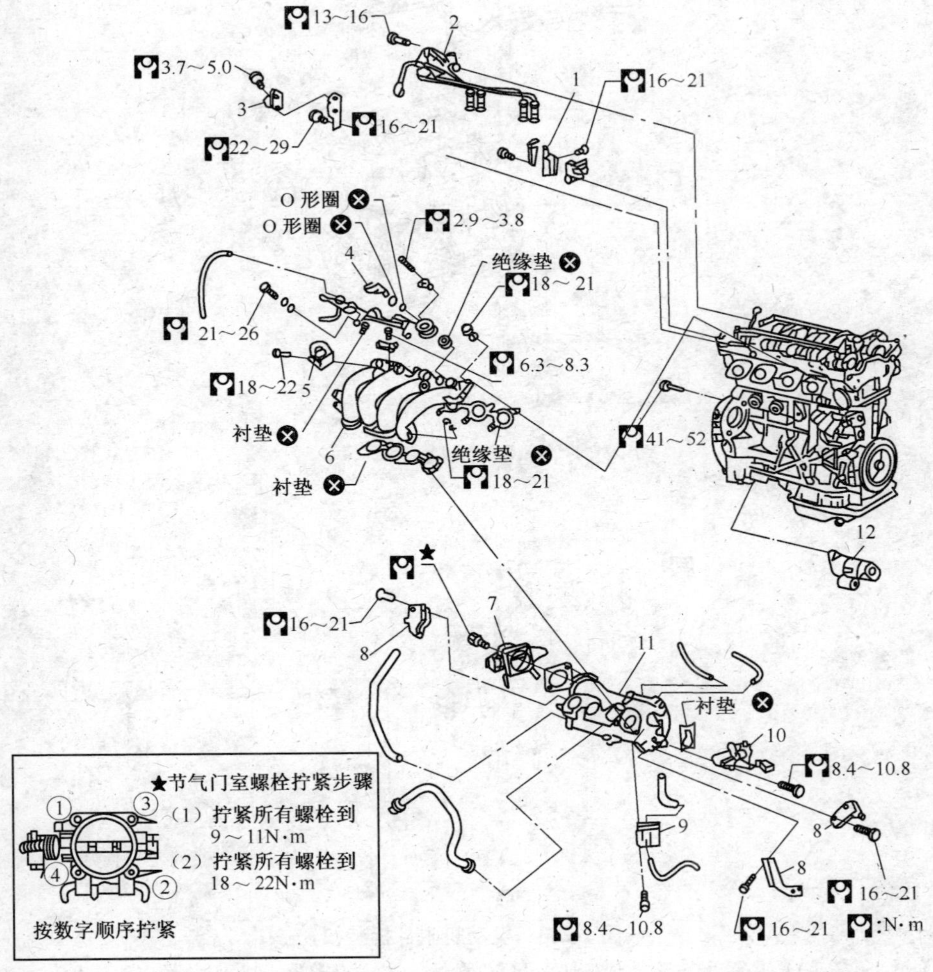

图 1-212　发动机附件拆装(1)

1. 点火线圈　2. 分电器及高压线　3. 功率晶体管(点火模块)　4. 喷油器　5. 加速器鼓轮部件　6. 进气支管　7. 节气门体　8. 进气支管支承　9. 空气调节器　10. 辅助空气控制阀(AAC)　11. 进气支管集气管　12. 起动机

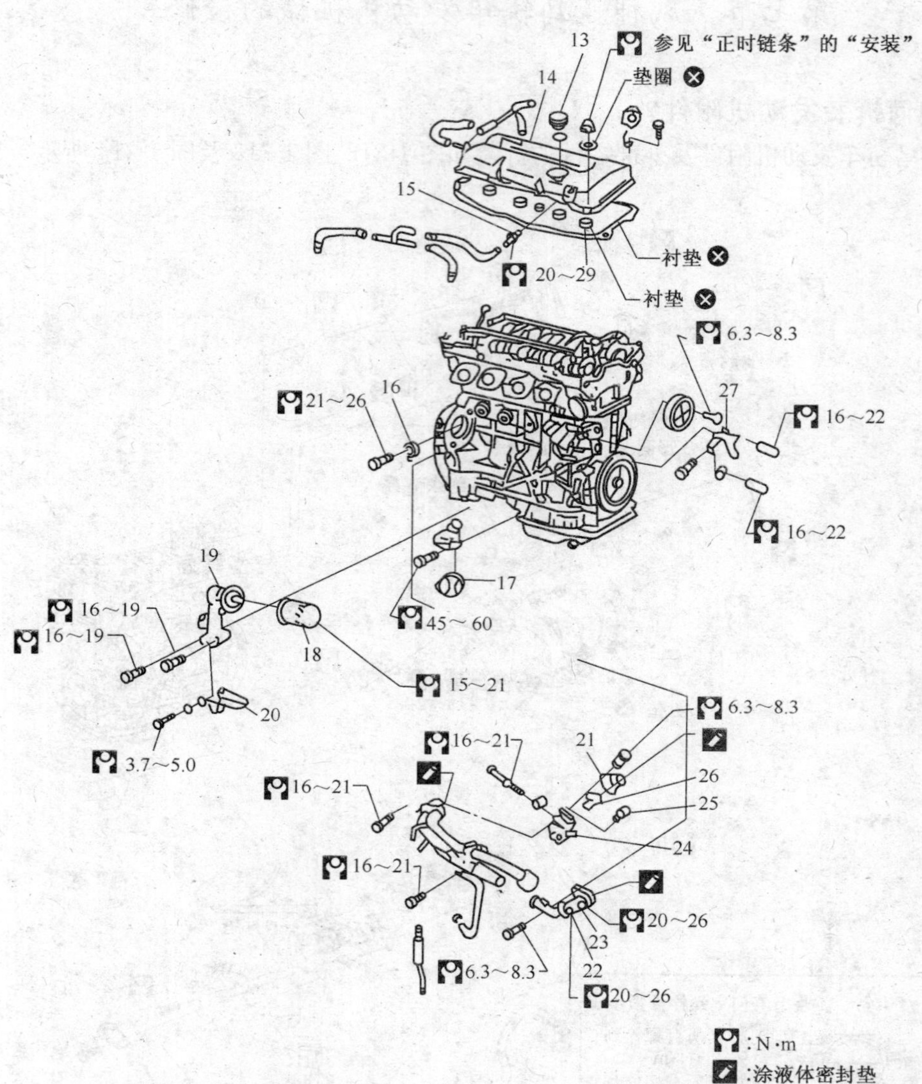

图 1-213　发动机附件拆装(2)

13. 加润滑油孔盖　14. 摇臂罩　15. 曲轴箱通风(PCV)阀　16. 爆燃传感器　17. 动力转向油泵支架　18. 润滑油滤清器　19. 润滑油滤清器支架　20. 集滤器　21. 进水管　22. 热敏电阻　23. 冷却液温度传感器　24. 节温器壳　25. 放气阀　26. 节温器　27. 动力转向油泵调整杆

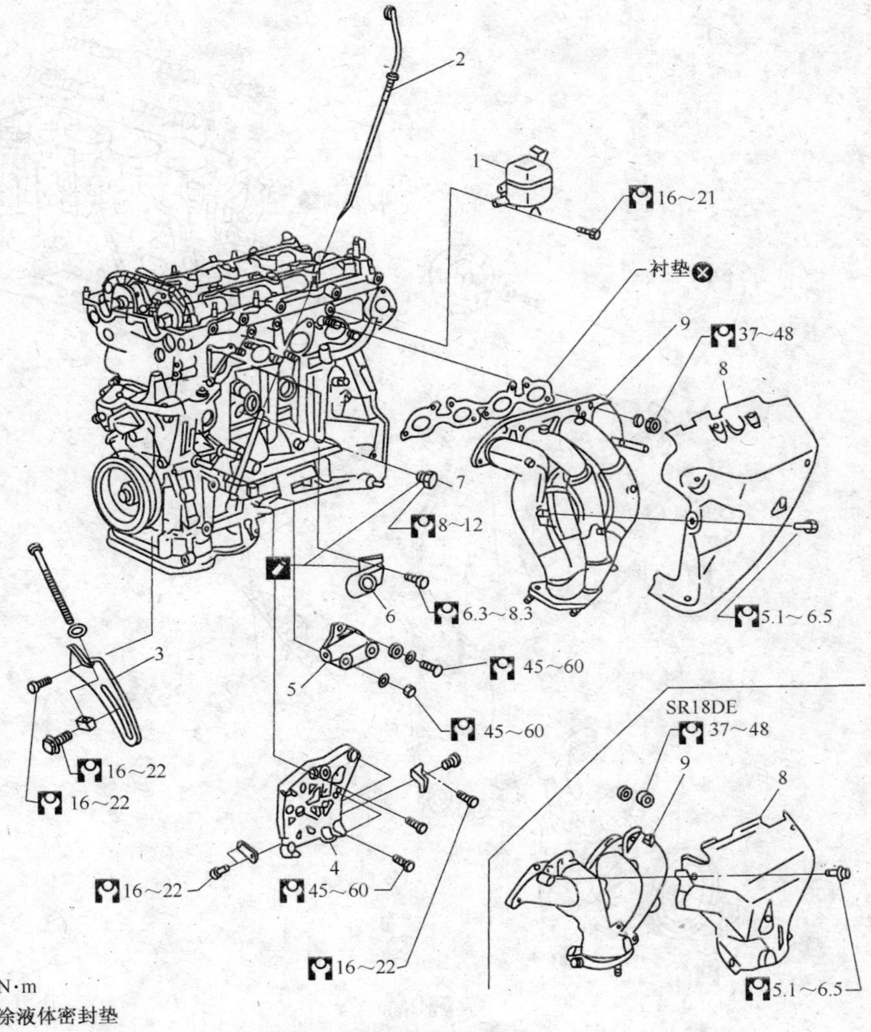

图 1-214　发动机附件拆装(3)

1. 润滑油分离装置　2. 润滑油尺　3. 交流发电机调整杆　4. 压缩机支架
5. 交流发电机支架　6. 出水管　7. 排水塞　8. 排气支管罩　9. 排气支管

50. 如何拆装正时链?

风神蓝鸟轿车发动机正时链及相关零件如图 1-215 所示。

(1)正时链的拆卸

正时链的拆卸顺序如下:

①释放燃油压力。拆下发动机下罩、右前轮和发动机侧罩。放出冷却液,拆下散热器。拆下进气管。拆下 V 带、水泵带轮、交流发电机和动力转向油泵。拆下火花塞。

②如图 1-216 所示,拆下摇臂罩和润滑油分离装置(按数字顺序拧松螺栓)。

③拆下进气支管支承、润滑油滤清器支架和动力转向油泵支架。

④转动曲轴,使 1 缸处于压缩机上止点,并使凸轮轴链轮上的正时标记与正时链的正时标记对准,如图 1-217 所示。

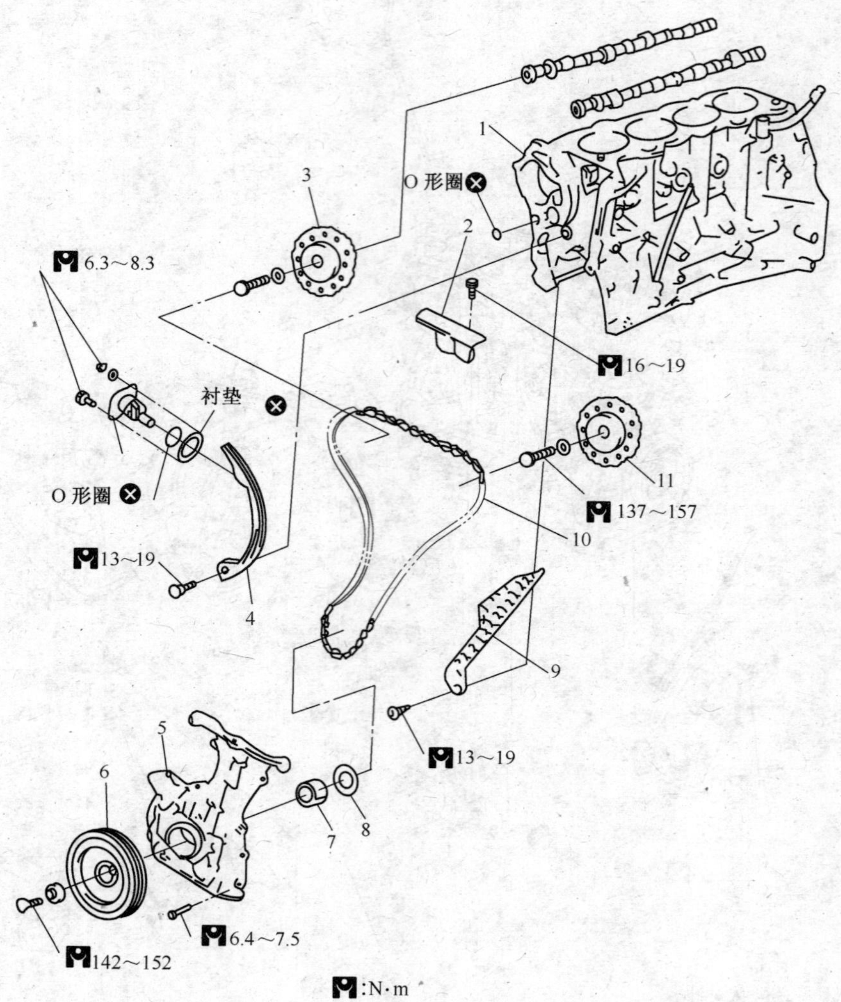

图 1-215 发动机正时链及相关零件

1. 气缸体 2、4、9. 正时链导向器 3. 右凸轮轴链轮 5. 前罩 6. 曲轴 V 带轮 7. 润滑油泵隔离套 8. 曲轴链轮 10. 正时链 11. 左凸轮轴链轮

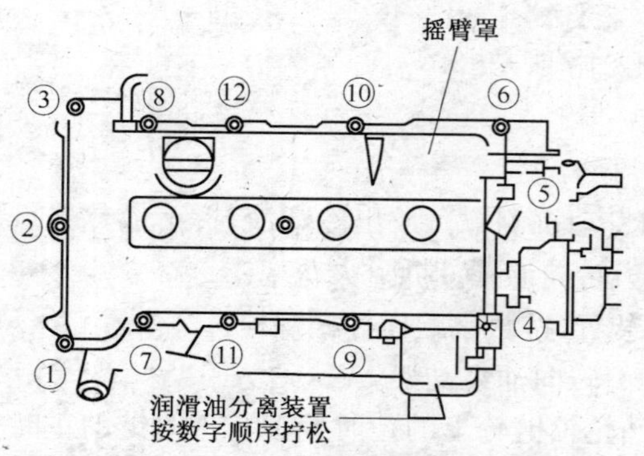

图 1-216 拆下摇臂罩和润滑油分离装置

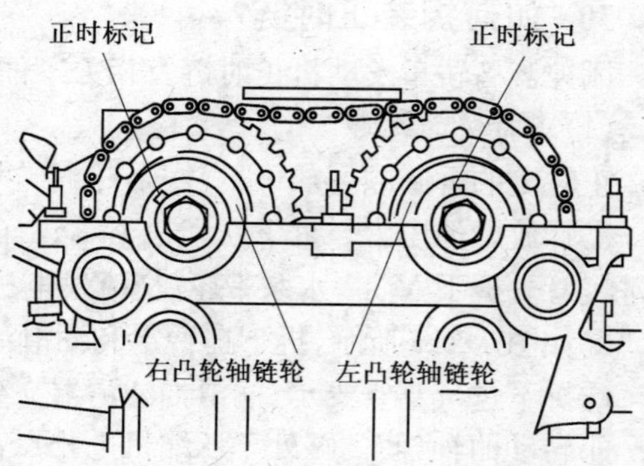

图 1-217 凸轮轴链轮上的正时标记位置

⑤拆下链张紧器。拆下分电器。拆下正时链条导向器、凸轮轴链轮、凸轮轴、凸轮轴支架、润滑油管和缓冲板。

⑥拆下气缸体水管、加热器水管。拆下起动机。

⑦分 2～3 次拧松拆下缸盖螺栓,将气缸盖与进排气支管一起拆下。

⑧拆下油底壳。拆下集滤器和缓冲板。

⑨拆下曲轴 V 带轮。在变速器下面放置千斤顶。拆下发动机前支架。

⑩拆下前罩。拆下正时链条导向器和正时链。

(2)正时链的安装

按与拆卸相反的顺序安装正时链。安装正时链时应注意:

①当安装摇臂、凸轮轴、正时链张紧器和油封等零件时,一定要在其滑动表面涂上发动机润滑油。

②使 1 缸处于压缩上止点。

③将正时链装到曲轴链轮上,并使正时链的正时标记与曲轴链轮上的正时标记对准,如图 1-218 所示。

正时链上的正时标记的颜色如图 1-219 所示,数字①为金色,数字②与③为银白色。

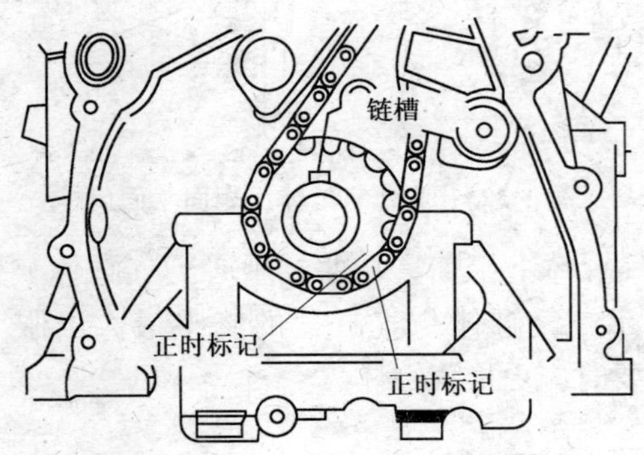

图 1-218 对准正时链与曲轴链轮正时标记

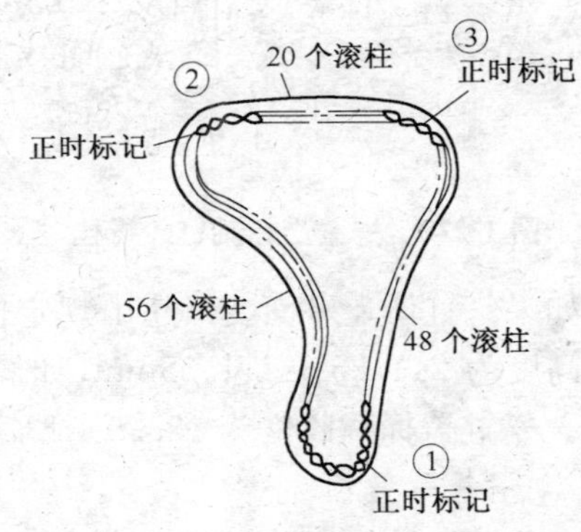

图 1-219 正时链条上的正时标记

④放置凸轮轴时,左凸轮轴定位销大约在 12 点位置,右凸轮轴定位销大约在 10 点位置。

⑤凸轮轴螺栓拧紧顺序如图 1-220 所示。对于右凸轮轴,按数字顺序拧紧螺栓 9、10,再按数字顺序拧紧螺栓 1～8,拧紧力矩 2N·m。对于左凸轮轴,按数字顺序拧紧螺栓 11、12,再按数字顺序拧紧螺栓 1～10,拧紧力矩 2N·m。按规定顺序以 6N·m 力矩拧紧螺栓。

⑥凸轮轴螺栓型号如图 1-221 所示。A、B、C 型号螺栓的拧紧力矩为 9.0～11.8N·m。D 型号螺栓的拧紧力矩 18～25N·m。按规定顺序拧紧螺栓。

⑦如图 1-222 所示,以 137～157N·m 力矩拧紧凸轮轴链轮螺栓。

51. 如何检修气缸体?

(1)检查气缸体变形

①清洁气缸体上表面并测量平面度,如图 1-223 所示。其平面度标准值小于 0.03mm,极限值为 0.10mm。

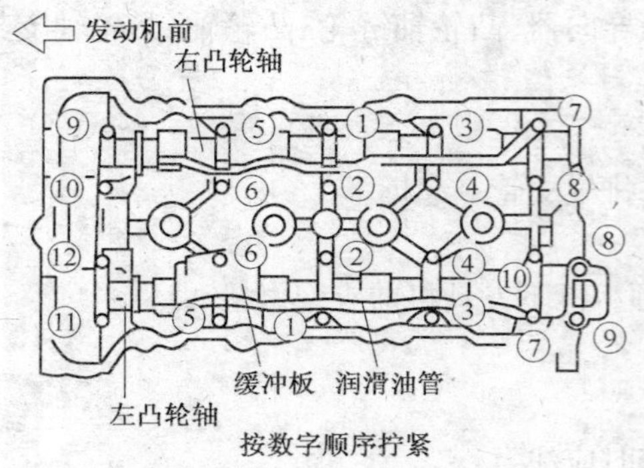

图 1-220 凸轮轴螺栓拧紧顺序

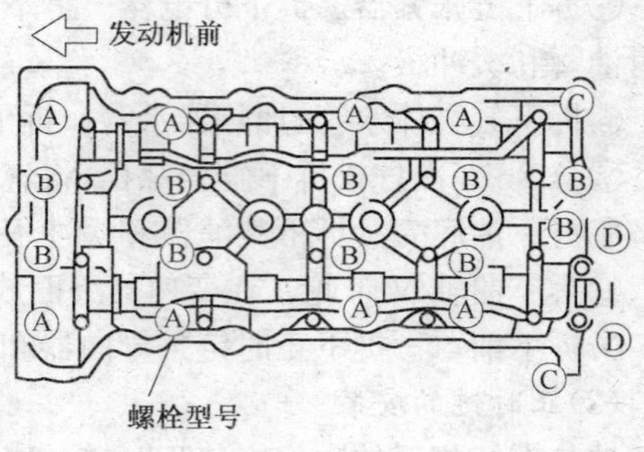

图 1-221 凸轮轴螺栓型号

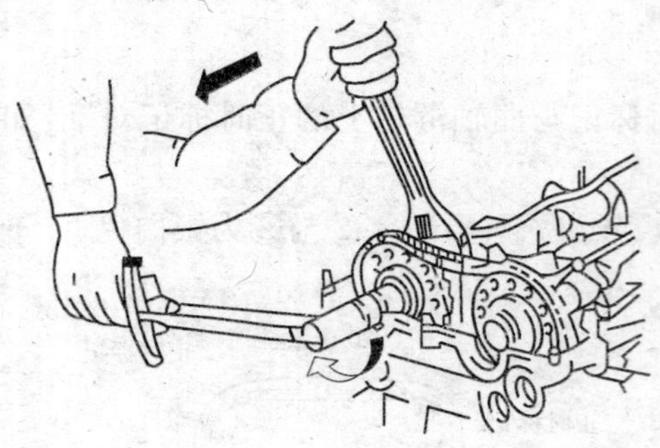

图 1-222 拧紧凸轮轴链轮螺栓

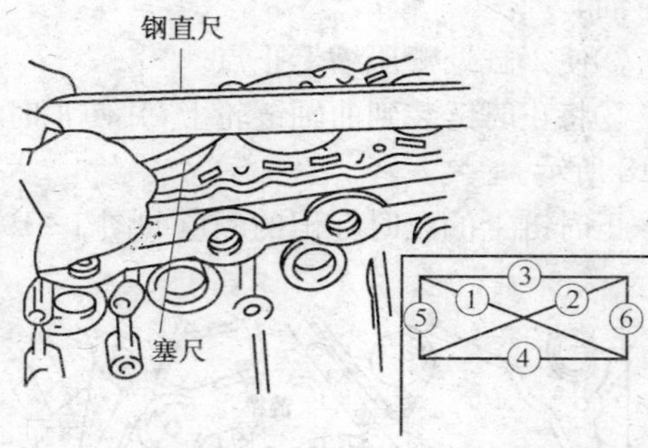

图 1-223 测量气缸体上表面平面度

②如果气缸体上平面变形超出规定值，应修整气缸体上平面。从曲轴中心到气缸体上平面标称高度为 211.25～211.35mm，如图 1-224 所示。气缸体与气缸盖的修整最大极限为 0.2mm。气缸盖标称高度为 136.9～137.1mm。必要时应更换气缸体。

(2)测量气缸磨损

如图 1-225 所示，用量缸表测量气缸的磨损程度，并测量其圆度和圆柱度。气缸标准直径为 86.000～86.010mm，加大一级为 86.010～86.020mm，加大二级为 86.020～86.030mm。磨损极限值为 0.20mm，圆度极限为 0.015mm，圆柱度极限为 0.010mm。如果超过使用极限，则应镗磨所有气缸，或更换气缸体。

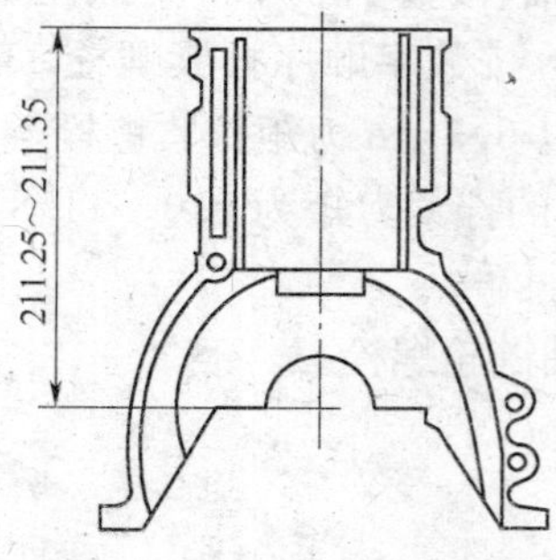

图 1-224 气缸体标称高度

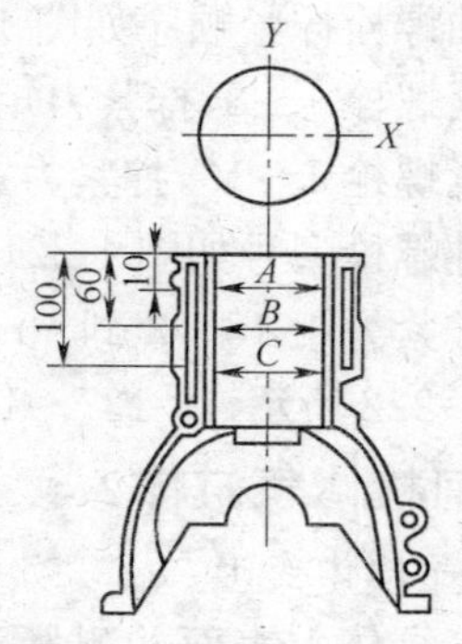

图 1-225 测量气缸的磨损

52. 如何拆装曲柄连杆机构零件？

(1)曲柄连杆机构的拆卸

风神蓝鸟轿车发动机曲柄连杆机构的零件如图 1-226 所示。

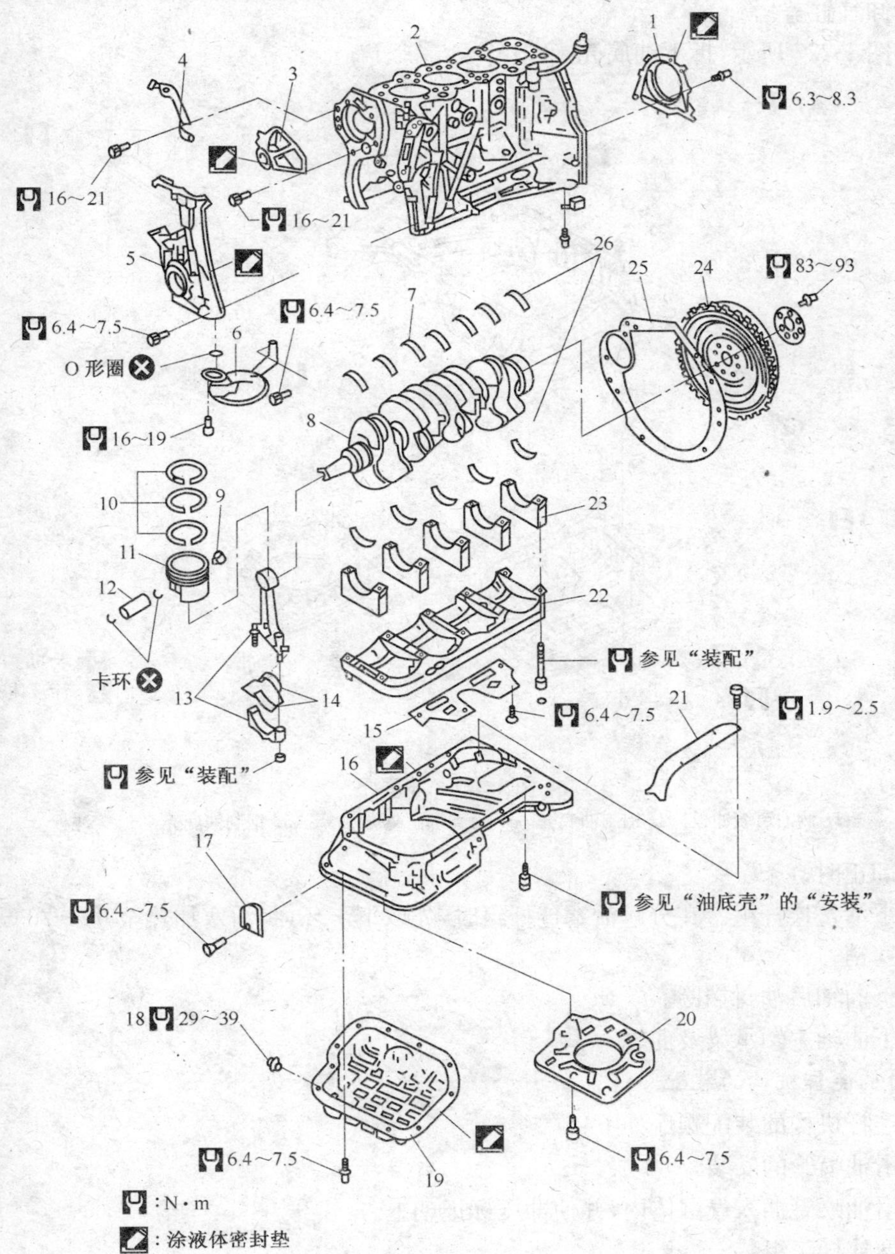

图 1-226　发动机曲柄连杆机构分解图

1. 后油封挡圈　2. 气缸体　3. 水泵　4. 动力转向油泵调整杆　5. 带润滑油泵的前罩　6. 集滤器　7. 止推轴承　8. 曲轴　9. 连杆衬套　10. 活塞环　11. 活塞　12. 活塞销　13. 连杆　14. 连杆轴承　15. 缓冲板　16. 铝制油底壳　17. 后盖板　18. 放油塞　19. 钢制油底壳　20. 缓冲板　21. 侧油道缓冲板　22. 主轴承梁　23. 主轴承盖　24. 飞轮　25. 后盘　26. 主轴承

曲柄连杆机构的拆卸顺序如下：

①拆卸发动机总成。

②拆下发动机附件。

③拆卸气缸盖。

④如图 1-227 所示，拆下油底壳。

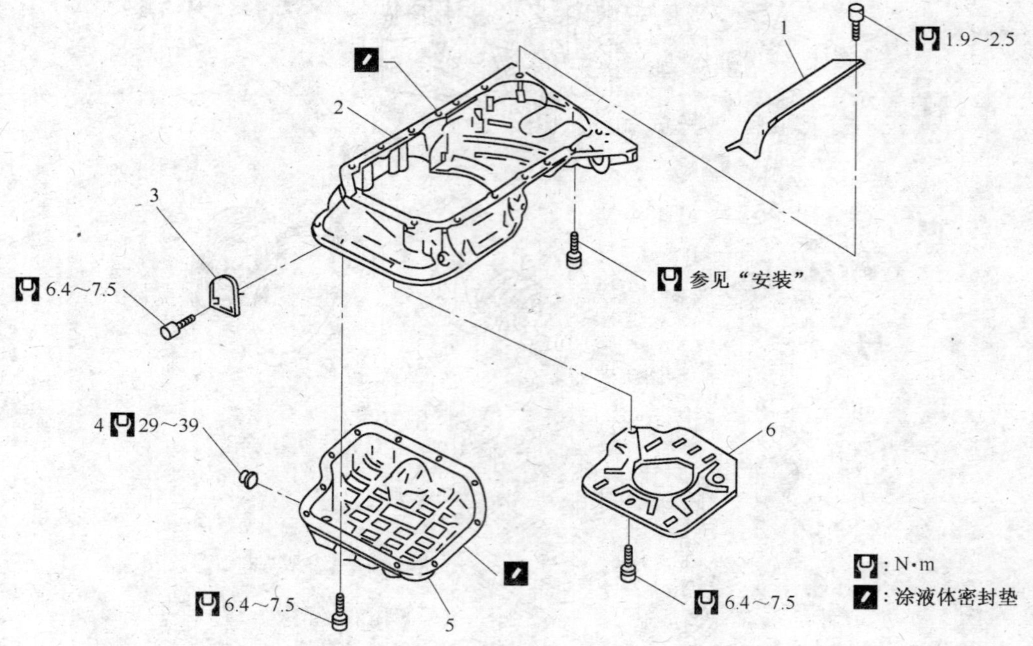

图 1-227 油底壳

1. 侧油道缓冲板 2. 铝制油底壳 3. 后盖板 4. 放油塞 5. 钢制油底壳 6. 缓冲板

⑤拆卸正时链条。

⑥拆下活塞连杆组。在分解活塞连杆组时，先取下卡环，将活塞加热至 60～70℃或在室温下压出活塞销。

⑦拆下曲轴后油封挡圈。

⑧拆下曲轴主轴承梁及曲轴。

(2)曲柄连杆机构的装配

曲柄连杆机构的装配顺序如下：

1)润滑油喷管的安装

将润滑油喷管插入气缸体内，并使冲压标记朝上。

2)活塞连杆组组装

①在活塞销孔的一侧装上新卡环。

②将活塞加热至 60～70℃。

③将活塞与连杆的方向对正，且冲压在连杆及连杆盖上的号码与缸号对应，压入活塞销。

④在活塞销孔另一侧装上新卡环。

⑤如图 1-228 所示,装上活塞环。

3)曲轴安装

①将主轴承安放到气缸体主轴承座及主轴承盖上。

②装上曲轴、主轴承盖及主轴承梁,并按顺序分级拧紧主轴承盖螺栓,如图 1-229 所示。先拧紧主轴承盖螺栓至 32～38N·m,再顺时针拧紧主轴承盖螺栓 45°～50°,或将螺栓拧紧至 73～82N·m。主轴承盖螺栓拧紧后,用手能平稳转动曲轴。

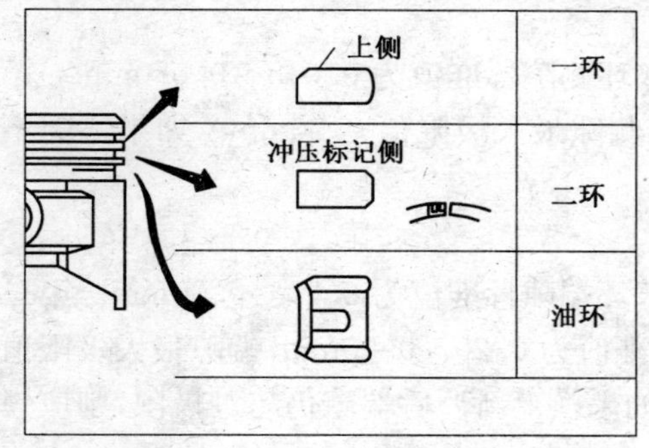

图 1-228　活塞环安装位置

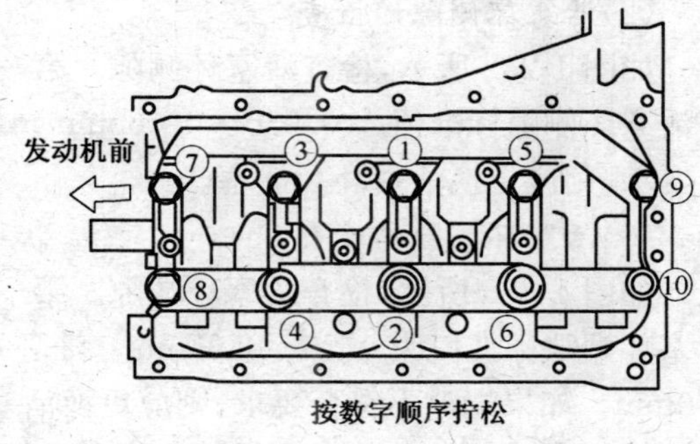

图 1-229　主轴承盖螺栓拧紧顺序

③检查曲轴轴向间隙。曲轴轴向间隙标准值为 0.10～0.26mm,极限值为 0.30mm。

4)活塞连杆组安装

①将连杆轴承装到连杆及连杆盖上,连杆油孔与连杆轴承油孔应对齐。

②如图 1-230 所示,将活塞环开口错开。

③使活塞顶上的朝前记号朝向发动机的前端,装入活塞连杆组。

④分级拧紧连杆轴承盖,先拧紧连杆螺母至 14～16N·m,再顺时针将连杆螺母拧紧 60°～65°,或拧紧连杆螺母至 38～44N·m。

⑤检查连杆轴向间隙。连杆轴向间隙标准值为 0.20～0.35mm,极限值为 0.50mm。

5)后油封挡圈安装

①用刮刀刮净后油封挡圈及与其配合表面上的密封胶残留痕迹。

②如图 1-231 所示,将密封胶连续地涂在后油封挡圈的配合表面上。

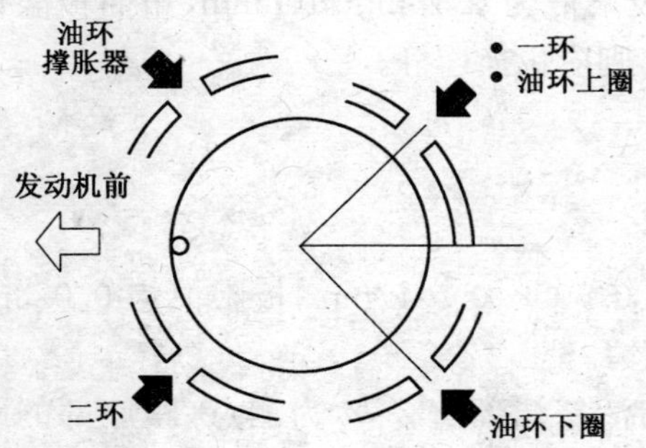

图 1-230　活塞环开口位置

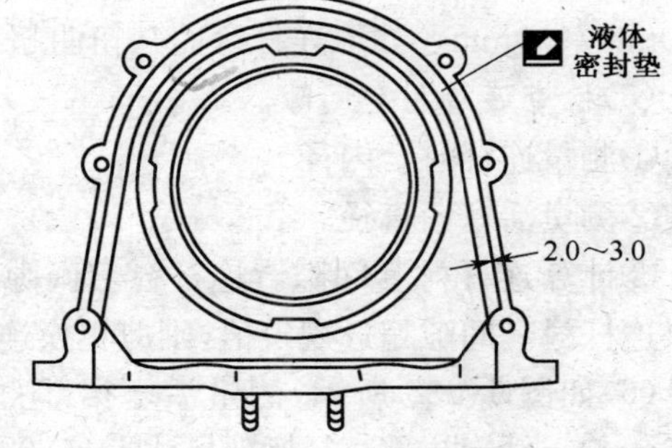

图 1-231　在后油封挡圈的配合表面涂上密封胶

③装上后油封挡圈。

53. 如何检修活塞连杆组零件？

(1)活塞与活塞销间隙的测量

①测量活塞销孔内径。活塞销孔内径标准尺寸为21.987～21.999mm。

②测量活塞销外径。活塞销外径标准尺寸为21.989～22.001mm。

③计算出活塞与活塞销的间隙。其间隙标准值为−0.004～0mm。如果不符合要求，则应更换活塞及活塞销。

(2)活塞环侧隙的检查

如图1-232所示，检查活塞环侧隙。第一道活塞环侧隙标准值为0.045～0.080mm。第二道活塞环侧隙标准值为0.030～0.065mm。活塞环侧隙最大极限值0.20mm。如果侧隙不符合要求，则应更换活塞环及活塞。

(3)活塞环端隙的检查

如图1-233所示，检查活塞环端隙。第一道活塞环端隙标准值为0.20～0.30mm。第二道活塞环端隙标准值为0.50～0.65mm。油环端隙标准值为0.20～0.60mm，端隙最大极限值为1.0mm。如果端隙不符合要求，则应更换活塞环。如果换上新环后端隙仍超过极限，则应镗磨气缸并加大活塞及活塞环。

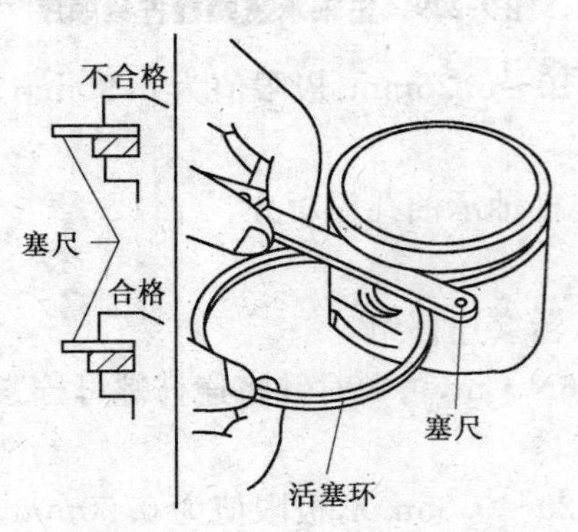

图1-232　检查活塞环侧隙

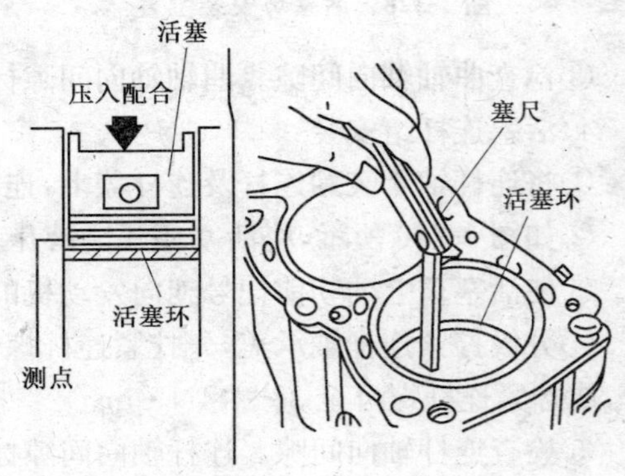

图1-233　检查活塞环端隙

(4)连杆弯曲与扭曲的检查

如图1-234所示，检查连杆弯曲及扭曲。弯曲极限值为0.15mm/100mm，扭曲极限值为0.30mm/100mm。如果连杆弯曲与扭曲超过极限值，则应更换连杆。

(5)检查连杆衬套间隙。

①测量连杆衬套内径。

②测量活塞销直径。

③计算连杆衬套间隙。连杆衬套间隙标准值为0.005～0 .017mm，极限值为0.023mm。如果连杆衬套间隙超过规定值，则应更换连杆或活塞销。

(6)如图1-235所示，测量活塞裙部直径。A为活塞裙部直径，a为测点(距底部的距离14.0mm)。活塞裙部直径标准尺寸为85.980～85.990mm。活塞加大一级裙部直径为85.990～86.000mm。活塞加大二级裙部直径为86.000～86.010mm。大号活塞(备用)裙部直径为86.180～86.210mm。

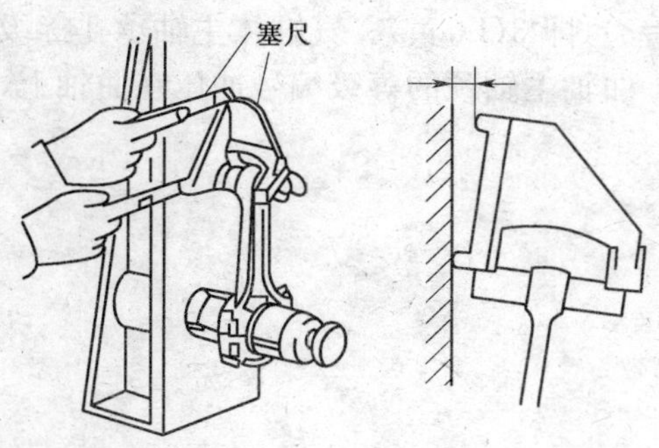

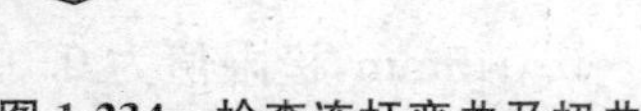

图 1-234　检查连杆弯曲及扭曲

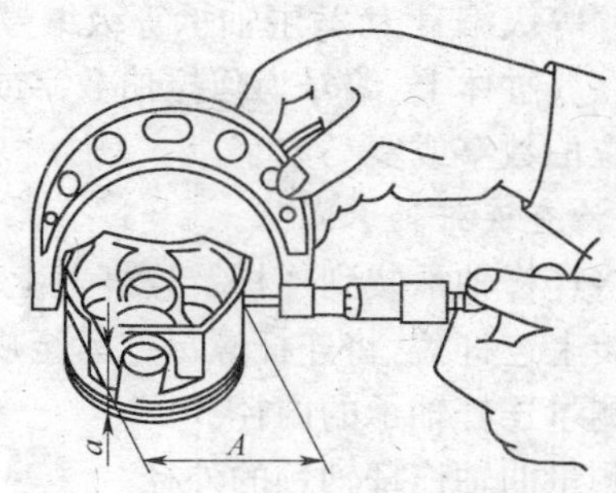

图 1-235　测量活塞裙部直径

(6)检查活塞与气缸的配合间隙，其间隙为 0.010～0.030mm。

54. 如何检修曲轴?

1)检查曲轴主轴颈与连杆轴颈是否损伤、磨损、或有裂纹。

2)如图 1-236 所示，用千分尺测量曲轴主轴颈与连杆轴颈的圆度及圆柱度，圆度应小于 0.005mm，圆柱度应小于 0.005mm。

3)如图 1-237 所示，用百分表测量曲轴径向跳动，曲轴径向跳动为 0.025mm，极限值为 0.05mm。

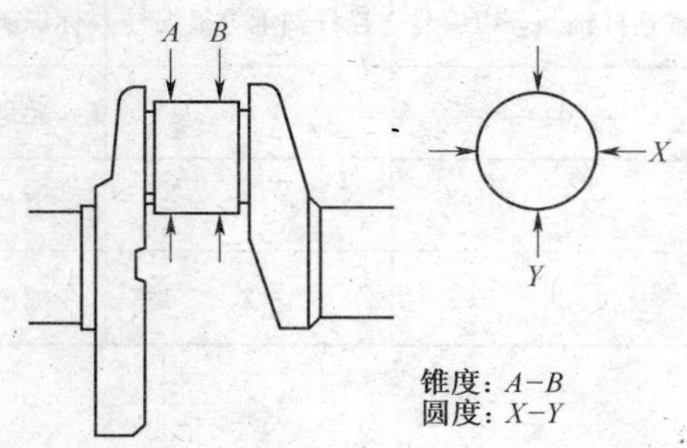

图 1-236　测量曲轴主轴颈与连杆轴颈的圆度及圆柱度

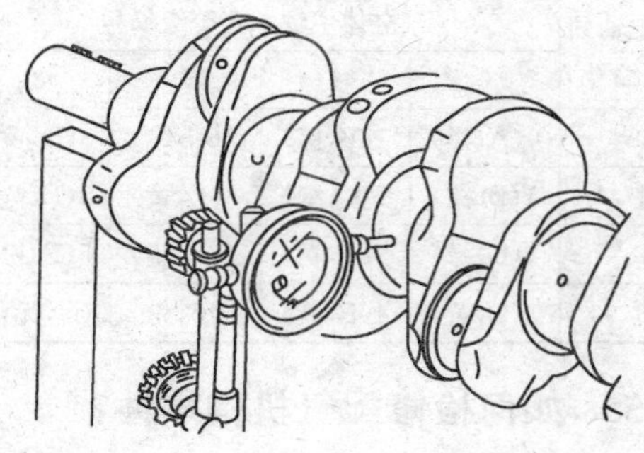

图 1-237　测量曲轴径向跳动

4)检查曲轴主轴承间隙。

①将主轴承按正确位置装在气缸体及主轴承盖上。

②分 2～3 次按顺序拧紧所有主轴承盖螺栓。

③测量每个主轴承的内径。

④测量每个曲轴主轴颈的外径。

⑤计算主轴承间隙。主轴承间隙标准值为 0.004～0.022mm，极限值为 0.050mm。

⑥如果主轴承间隙超过极限，则应更换主轴承。

⑦如果更换主轴承后，主轴承间隙仍不符合要求，则应磨削曲轴主轴颈。曲轴主轴颈直径标准尺寸为 54.974～54.980mm，主轴颈减小一级直径为 54.968～54.974mm，主轴颈减小二级直径为 54.962～54.966mm，主轴颈减小三级直径为 54.956～54.962mm。

⑧如果换上新曲轴，则应按表 1-5 选择主轴承厚度。如气缸体主轴承孔等级编号为 1，曲

轴主轴颈等级编号为 2，主轴承等级编号为 3(1+2=3)，即 3(D，黄)。气缸体主轴承孔等级编号冲压在气缸体上，编号为阿拉伯数字或罗马数字。曲轴主轴颈的等级编号冲压在曲轴上，编号为阿拉伯数字或罗马数字。

(5)检查连杆轴承间隙。

①将连杆轴承装到连杆及连杆盖上。

②装上连杆盖，将连杆螺母拧紧至规定力矩。

③测量连杆轴承的内径。

④测量曲轴连杆轴颈的外径。

⑤计算连杆轴承间隙。连杆轴承间隙标准值为 0.020～0.045mm，极限值为 0.090mm。

⑥如果连杆轴承间隙超过极限，则应更换连杆轴承。

⑦如果更换主轴承后，主轴承间隙仍不不符合要求，则应磨削曲轴连杆轴颈。曲柄连杆轴颈直径标准尺寸为 47.968～47.974mm。连杆轴颈减小一级直径为 47.962～47.968mm，连杆轴颈减小二级直径为 47.956～54.962mm。

⑧如果换上新曲轴，根据表 1-6 选择连杆轴承。连杆轴承的等级编号冲压在连杆上，编号为阿拉伯数字或罗马数字。曲轴连杆轴颈的等级编号冲压在曲轴上，编号为阿拉伯数字或罗马数字。

表 1-5　主轴承厚度选择

曲轴主轴颈等级编号	气缸体主轴承孔等级编号			
	0	1	2	3
0	0(A,黑)	1(B,棕)	2(C,绿)	3(D,黄)
1	1(B,棕)	2(C,绿)	3(D,黄)	4(E,蓝)
2	2(C,绿)	3(D,黄)	4(E,蓝)	5(F,粉)
3	3(D,黄)	4(E,蓝)	5(F,粉)	6(G,无色)

表 1-6　选择连杆轴承

曲轴连杆轴颈等级编号	连杆轴承等级编号	标识颜色
0	0	无色
1	1	黑色
2	2	棕色

55. 如何检修配气机构零件？

(1)配气机构的分解

风神蓝鸟轿车发动机配气机构的零件如图 1-238 所示。

(2) 凸轮轴的检查

1)凸轮轴弯曲的检查

如图 1-239 所示，测量凸轮轴中间轴颈的径向跳动。径向跳动标准值小于 0.02mm，极限值为 0.1mm 。如果超过极限，则应更换凸轮轴。

2)凸轮轴凸轮高度的检查

如图 1-240 所示，测量凸轮轴凸轮的高度。进气凸轮标准高度为 38.408～38.598mm。排气凸轮标准高度为 37.920～38.110mm。进、排气凸轮磨损极限值为 0.2mm。如果磨损超过极限值，则应更换凸轮轴。

3)凸轮轴径向间隙的检查

①安装凸轮轴，并拧紧螺栓至规定力矩。

②测量凸轮轴轴承的内径。凸轮轴轴承内径标准尺寸为 28.000～28.021mm。

③测量凸轮轴轴颈的外径。凸轮轴轴颈外径标准尺寸为 27.935～27.955mm。

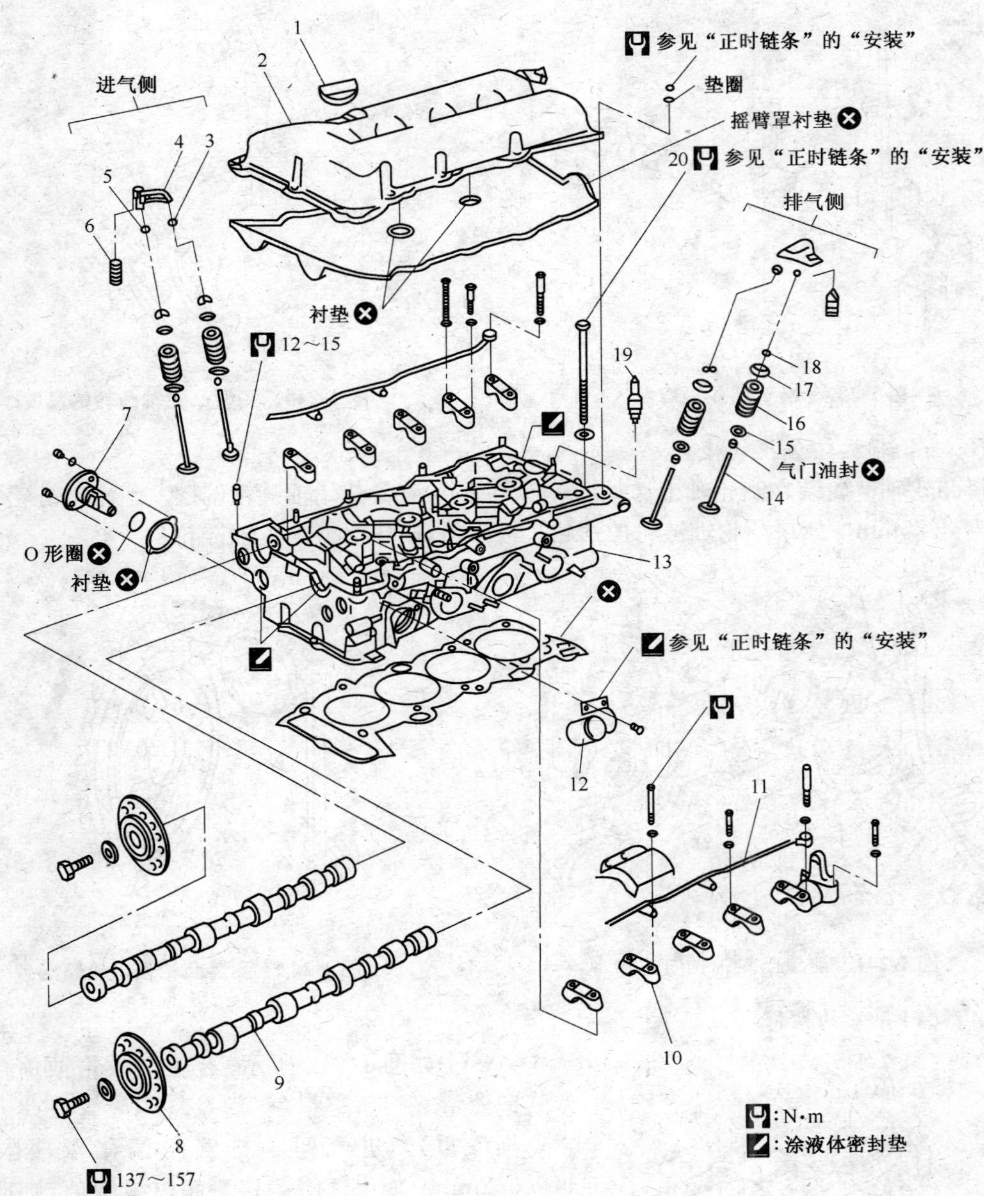

图 1-238　发动机配气机构分解图

1. 润滑油滤清器盖　2. 摇臂罩　3. 摇臂导向块　4. 摇臂　5. 垫片　6. 液压挺杆　7. 链条张紧器　8. 凸轮轴链轮　9. 凸轮轴　10. 凸轮轴支架　11. 润滑油管　12. 出水管　13. 气缸盖　14. 气门　15. 气门弹簧座　16. 气门弹簧　17. 气门弹簧挡圈　18. 气门锁块　19. 火花塞　20. 气缸盖螺栓

④计算凸轮轴径向间隙。凸轮轴径向间隙标准值为 0.045～0.086mm，极限值为 0.12mm。如果凸轮轴径向间隙超过极限，则应更换凸轮轴或气缸盖。

4)凸轮轴轴向间隙的检查

安装凸轮轴，并拧紧螺栓至规定力矩。如图 1-241 所示，测量凸轮轴轴向间隙。凸轮轴轴向间隙标准值为 0.055～0.139mm，极限值为 0.20mm。

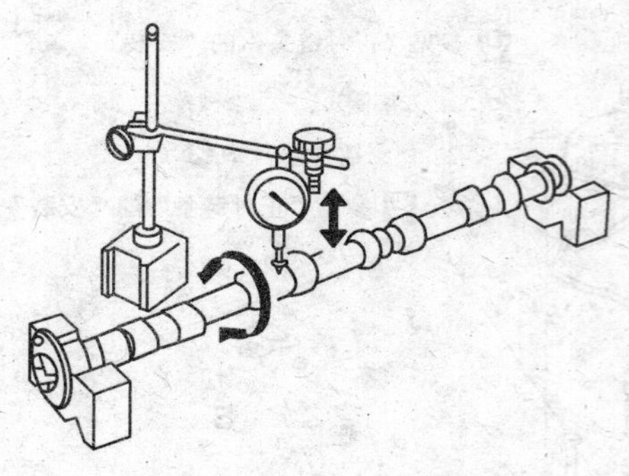

图 1-239　检查凸轮轴弯曲

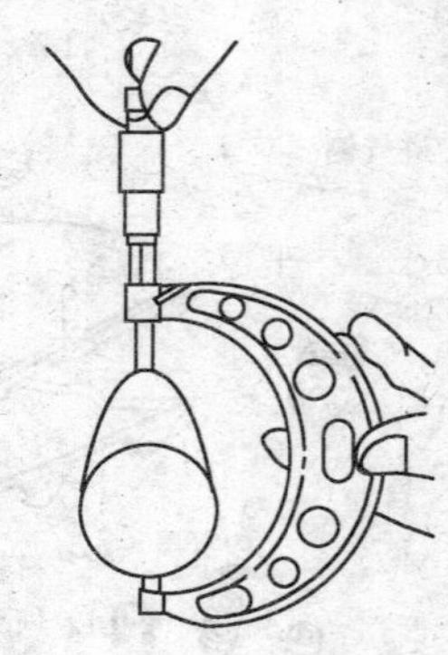

图 1-240　测量凸轮轴凸轮的高度

(3)凸轮轴链轮偏摆的检查

将凸轮轴链轮装在凸轮轴上。如图 1-242 所示，测量凸轮轴链轮偏摆。凸轮轴链轮偏摆极限值为 0.25mm。如果凸轮轴链轮偏摆超过极限值，则应更换凸轮轴链轮。

图 1-241　测量凸轮轴轴向间隙

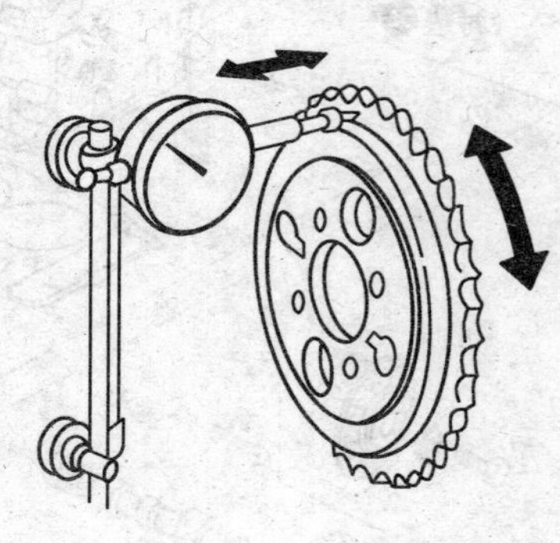

图 1-242　测量凸轮轴链轮偏摆

(4)气门导管的检修

图 1-243　检查气门偏移量

①如图 1-243 所示，沿着与凸轮轴垂直的方向测量气门偏移量(气门及气门导管在此方向磨损严重)。进气门和排气门偏移量极限值为 0.2mm。如果气门偏移量超过极限值，则应检查气门与气门导管的间隙。

②测量气门杆直径及气门导管内径，计算气门杆与气门导管间隙。进气门与气门导管标准间隙为 0.020～0.053mm。排气门与气门导管标准间隙为 0.040～0.073mm。上述两者间隙极限值均为 0.1mm。如果气门与气门导管间隙超过极限值，则应更换气门与气门导管。

③更换气门导管时，将气缸盖加热到 110～130℃，敲出气门导管，再将新气门导管压入气门导管孔。气门导管凸出部分长度 L 为 14.0～14.2mm，如图 1-244 所示。

(5)气门座的检修

①检查气门座与气门接触面是否磨损。如果磨损严重,则应铰修气门座或更换气门座。

②更换气门座时,镗下旧气门座,将气缸盖加热到 110～130℃,压入新气门座。

③铰削与研磨气门座。如图 1-245 所示,气门座锥角 α 为 44°53′～45°07′,进气门宽度 W 为 1.4～1.7mm,排气门宽度 W 为 1.7～2.0mm。

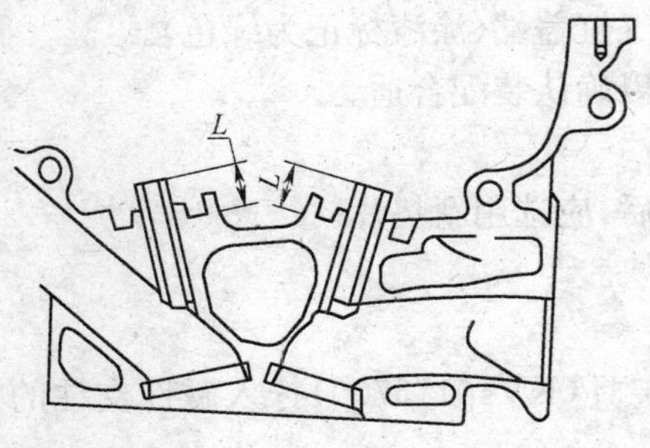

图 1-244　气门导管凸出部分长度

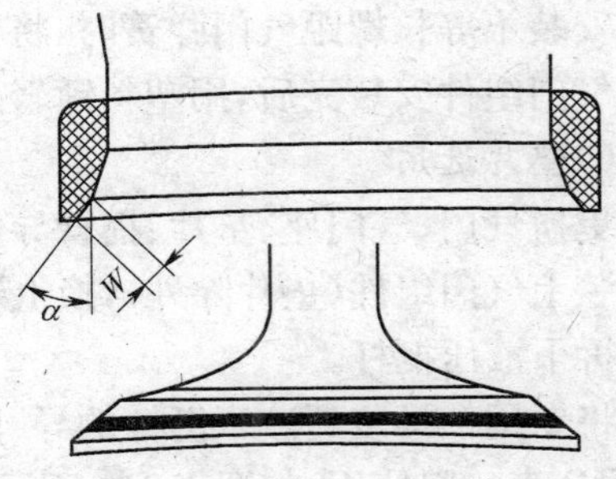

图 1-245　气门座修复尺寸

(6)气门的检查

①检查气门头部边缘厚度。如果气门头部边缘磨损到 0.5mm,则应更换气门。

②检查气门杆端部磨损。气门杆端部磨损不超过 0.2mm,否则,应更换气门。

(7)气门弹簧的检查

①如图 1-246 所示,检查气门弹簧垂直度 S。气门弹簧垂直度小于 2.2mm。如果超过极限,则应更换气门弹簧。

②如图 1-247 所示,检查气门弹簧弹力。气门弹簧自由长度为 49.36mm。当气门弹簧压缩高度为 30mm 时,气门弹簧弹力标准值为 569.00～641.57N,极限值为 549.2N。如果气门弹簧弹力小于极限,则应更换气门弹簧。

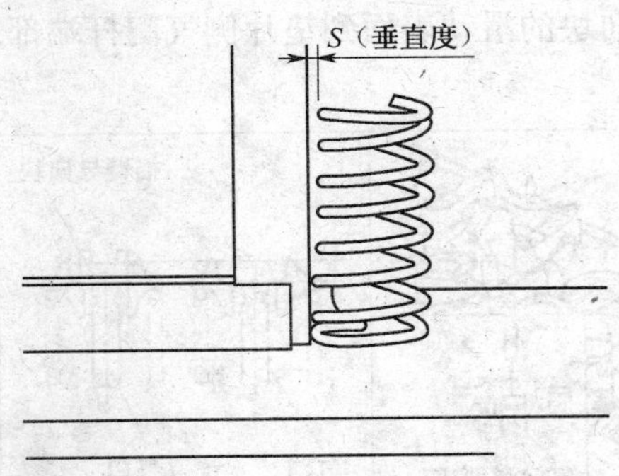

图 1-246　检查气门弹簧垂直度

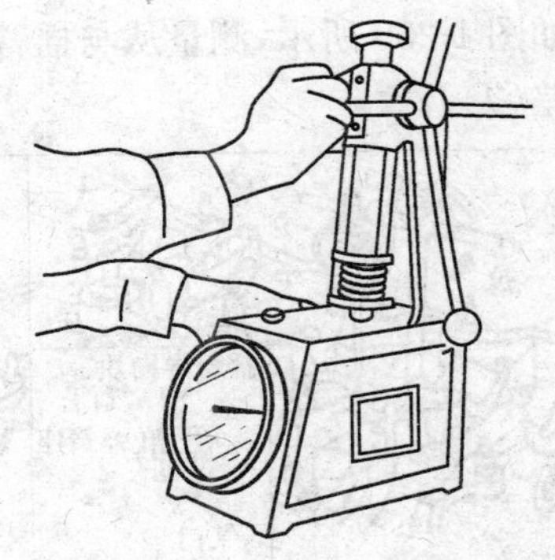

图 1-247　检查气门弹簧弹力

(8)液压挺杆的检查与排气

①检查液压挺杆接触和滑动表面是否磨损或划伤。

②检查液压挺杆与导孔的间隙。测量液压挺杆外径,液压挺杆外径应为 16.980～16.993mm。测量液压挺杆导孔内径,液压挺杆导孔内径应为 17.000～17.020mm。液压挺杆与导孔的标准间隙为 0.007～0.040mm。如果间隙不符合要求,则应更换液压挺杆。

③如图 1-248 所示，将液压挺杆浸入装有发动机润滑油的容器内，在按住柱塞的同时，用一细杆轻轻推动单向球阀，如柱塞不再移动，则气体已放干净。

(9)气门组件安装要点

①注意气门的标识记号。进气门标识为 53J，排气门标识为 5J。

②换上新的气门油封。

③安装不等长螺距气门弹簧时，将窄螺距端朝向气缸盖端(涂漆标记为绿色)。

④气门组件安装完后，用塑料锤轻敲气门杆头部以确认装配合适。

(10)垫片选用

在更换气门、气门座、垫片、摇臂导向块或气缸盖后，应选用新垫片。

①装上气门组件(垫片除外)，换上新的摇臂导向块。

②拆下液压挺杆。

③将专用工具装到液压挺杆的导孔内。将专用工具(KV10115700)拧入磁性支柱的螺纹内，与千分表一起使用，如图 1-249 所示。

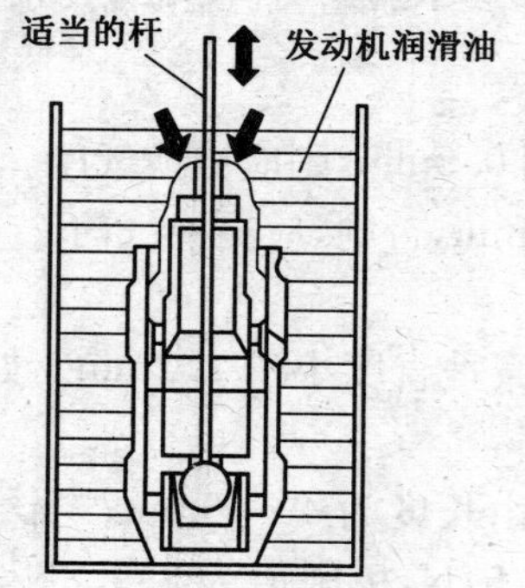

图 1-248　液压挺杆排气

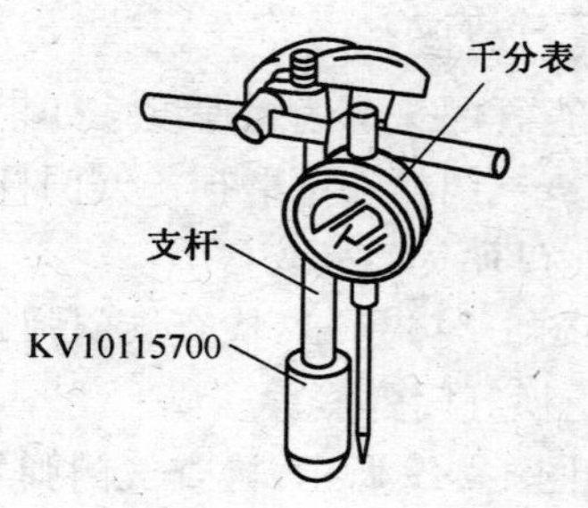

图 1-249　测量工具

④如图 1-250 所示，测量从与摇臂接触的摇臂导向块的滑动表面到垫片侧气门杆端部之间的高度差(T_1)。

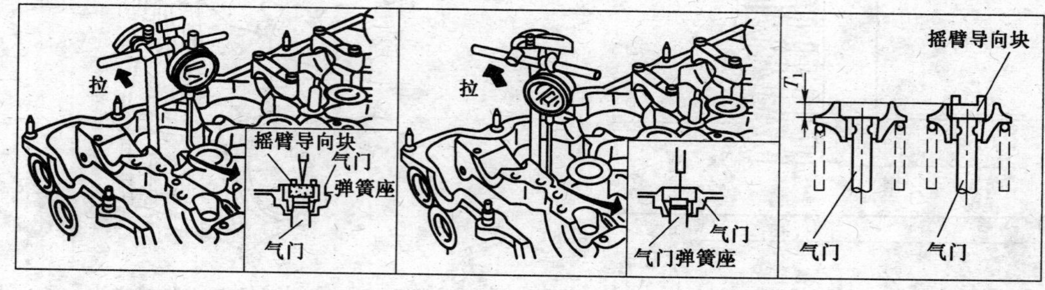

图 1-250　测量高度差 T_1

⑤选择厚度为 T 的垫片，使其满足 $-0.025\text{mm} \leqslant (T-T_1) \leqslant 0.025\text{mm}$。可供选择的垫片有 17 种，其厚度从 2.800～3.200mm，增量为 0.025mm。

56. 如何检修润滑系统部件？

(1)润滑系统油路

风神蓝鸟轿车发动机润滑系统油路如图 1-251 所示。

(2)润滑油压力的检查

①检查润滑油油面高度。

②取下润滑油压力开关。发动机和润滑油可能很热,应防止被润滑油烫伤。

③安装油压表。

④起动发动机并暖机至正常工作温度。

⑤在发动机空载运转时检查油压。发动机怠速运转时,润滑油压力应大于78kPa。发动机转速为3200r/min时,润滑油压力应为314～392kPa。如果油压过低,应检查润滑系统油路及润滑油泵是否泄漏。

⑥卸下油压表。

⑦装上润滑油压力开关。

(3)润滑油泵的检修

①拆下传动V形带。

②拆下气缸盖。

③拆下油底壳。

④拆下集滤器和缓冲板。

⑤拆下前罩总成。

⑥分解润滑油泵,如图1-252所示。

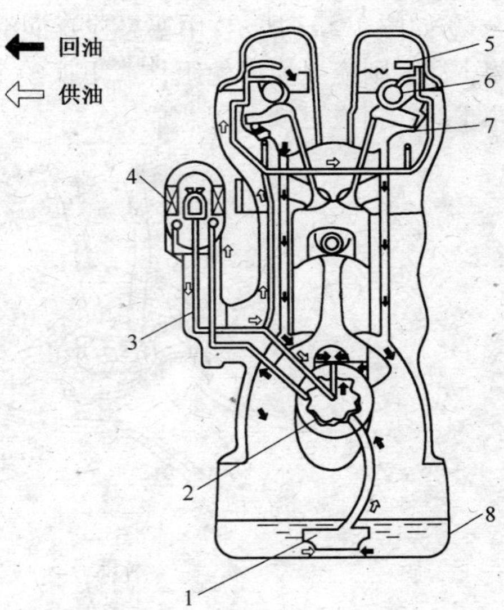

图1-251　润滑系统油路示意图

1. 集滤器　2. 润滑油泵　3. 润滑油滤清器支架　4. 润滑油滤清器　5. 润滑油管　6. 凸轮轴　7. 液压冲击调整器　8. 油底壳

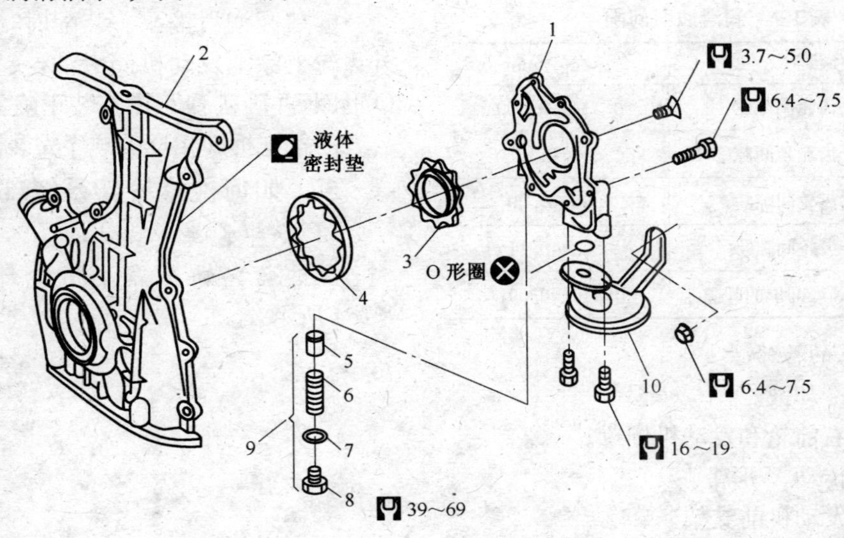

图1-252　润滑油泵分解图

1. 润滑油泵盖　2. 前罩　3. 内齿轮　4. 外齿轮　5. 调压阀　6. 弹簧　7. 垫圈　8. 螺塞　9. 调压阀组件　10. 集滤器

⑦如图 1-253 所示，用塞尺检查润滑油泵间隙。其标准间隙见表 1-7。如果顶部间隙②超出极限值，则应更换齿轮组件或更换整个润滑油泵总成。如果泵体与齿轮间隙①、③、④、⑤超出极限值，则应更换前罩总成。

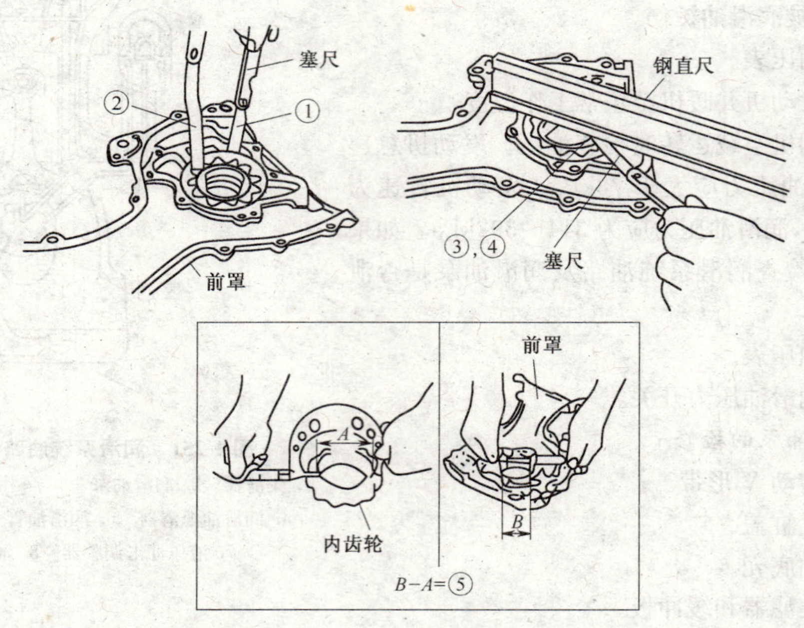

图 1-253　检查润滑油泵间隙

表 1-7　润滑油泵间隙

项目	标准值/mm
泵体与外齿轮间隙①	0.114～0.200
内齿轮与外齿轮顶间隙②	小于 0.18
泵体与内齿轮间隙③	0.05～0.09
泵体与外齿轮间隙④	0.05～0.11
内齿轮与泵壳铜焊部位的间隙⑤	0.045～0.091

⑧装配润滑油泵。装配时，在内齿轮和外齿轮上涂上发动机润滑油，换上新油封及 O 形圈，并确认 O 形圈安装正确。

⑨按与拆卸相反的顺序安装润滑油泵。

57. 如何检修冷却系统部件?

(1)冷却水路

风神蓝鸟轿车发动机冷却水路如图 1-254 所示。

(2)水泵的检修

①放出冷却液。

②拆下右前轮和发动机侧罩。

③拆下传动 V 形带。

④拆下发动机前支架。

⑤如图 1-255 所示，拆下水泵总成。

⑥检查水泵泵体是否严重生锈或腐蚀，检查端隙是否过大。检查时，不能分解水泵总成。如果水泵损坏，则应更换水泵总成。

⑦用刮刀刮净配合表面上密封胶残留痕迹。将密封胶连续地涂在水泵的配合表面上，如图 1-256 所示。

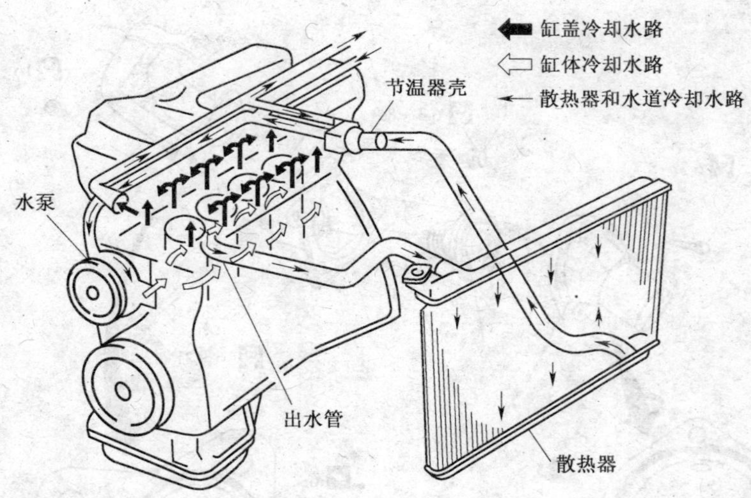

图 1-254　冷却水路

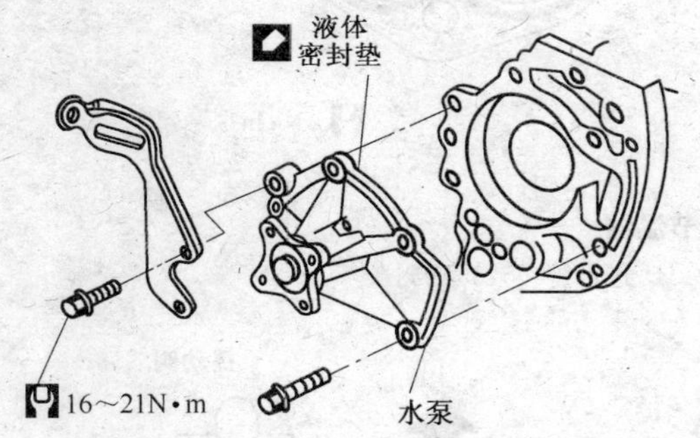

图 1-255　拆下水泵总成

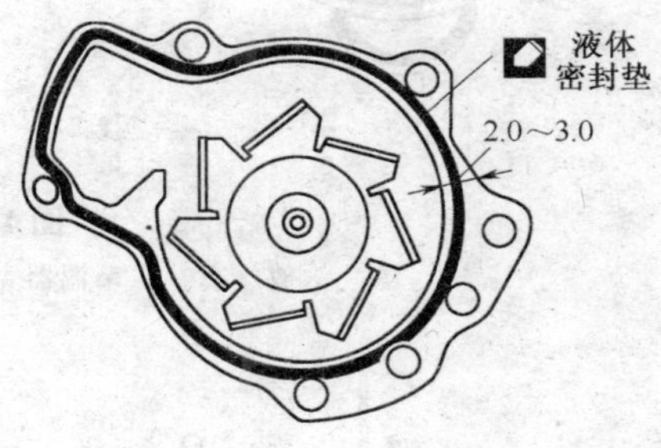

图 1-256　在水泵的配合表面上涂密封胶

⑧按与拆卸相反的顺序安装水泵。

⑨水泵安装后，用卡箍卡紧水管，加注冷却液。

⑩用散热器测试器检查是否泄漏，如图 1-257 所示。

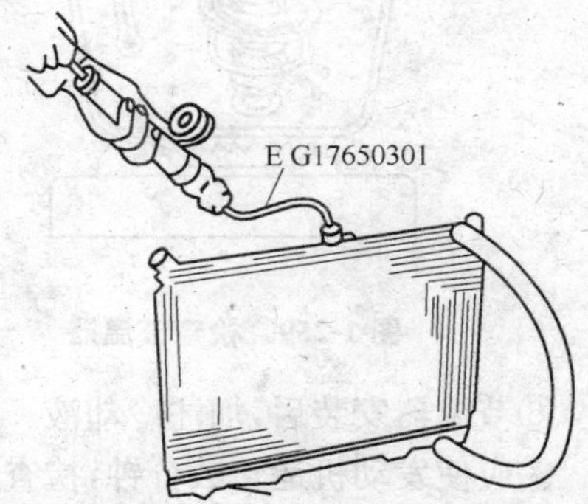

图 1-257　用散热器测试器检查泄漏

(3) 节温器的检修

①放出发动机冷却液。

②拆下散热器下水管、进水管。

③拆下节温器，如图 1-258 所示。

④在常温下检查阀门落座状况，应紧密落座。如图 1-259 所示，检查阀门开启温度及最大升程。阀门开启温度为 76.5℃，在 90℃时阀门最大升程为 8mm。检查阀门是否在低于开启温度 5℃时关闭。

⑤按与拆卸相反顺序安装节温器。安装节温器时，应使摇动阀（或放气阀）向上，如图 1-260 所示。

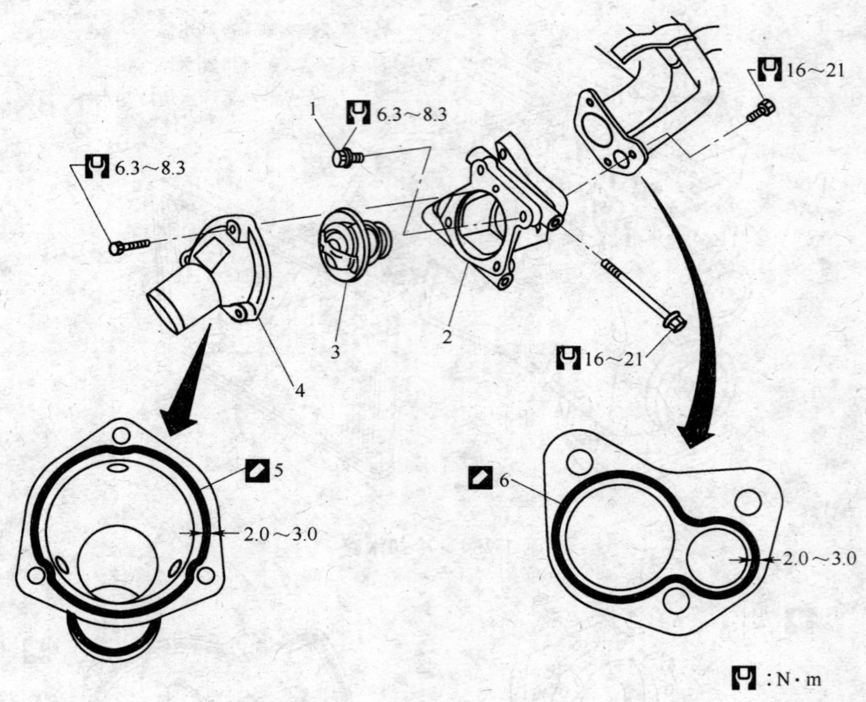

图 1-258　拆下节温器

1. 放气塞　2. 节温器壳　3. 节温器　4. 进水管　5、6. 密封胶

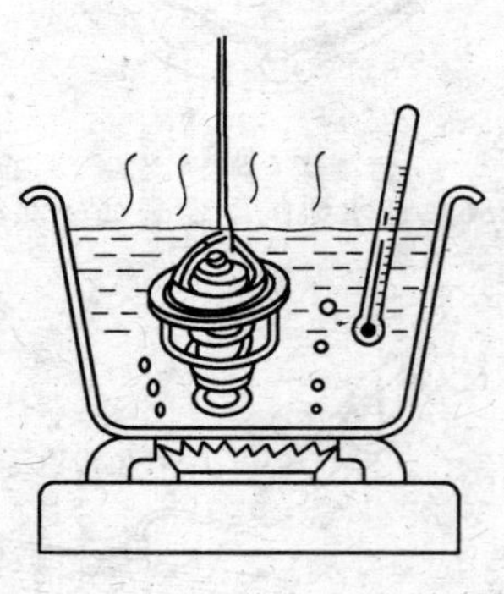

图 1-259　检查节温器

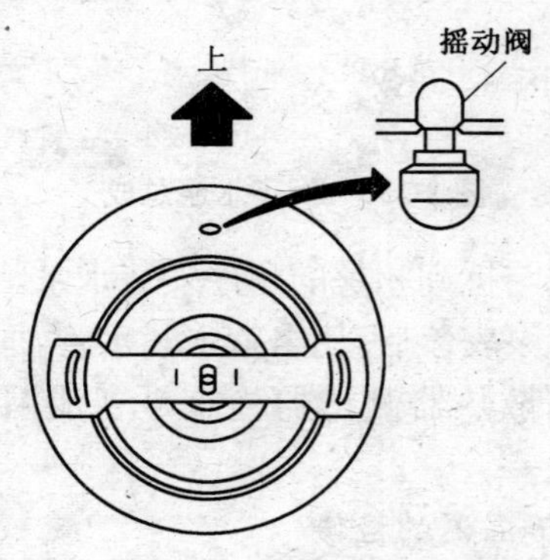

图 1-260　摇动阀向上

⑥节温器安装后，加注冷却液。

⑦应使发动机运转数分钟，检查是否有泄漏。

第二章　轿车离合器、变速器与传动轴的检修

第一节　东风雪铁龙爱丽舍轿车离合器、变速器与传动轴的检修

58. 如何检查与调整离合器踏板行程?

爱丽舍轿车离合器操纵机构为拉索式,如图 2-1 所示。其结构简单、成本低、故障少。离合器踏板行程是离合器操纵机构的一个重要参数。为使离合器彻底分离与可靠地接合,应对离合器踏板行程进行检查与调整。

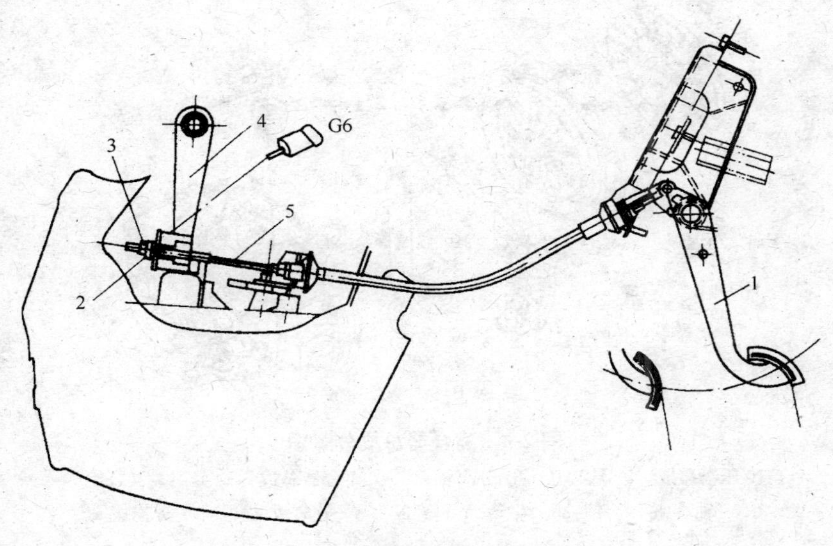

图 2-1　离合器操纵机构

1. 离合器踏板　2. 调整螺母　3. 锁紧螺母　4. 分离叉臂　5. 拉索

(1)离合器踏板行程的检查

离合器踏板行程是指离合器踏板处于自由的最高位置至离合器踏板踩下处于最低位置时的位移 L,如图 2-2 所示。检查离合器踏板行程时,先在离合器踏板处于自由的最高位置,沿转向盘方向量取离合器踏板脚踏点至转向盘边缘的距离 L_1,将离合器踏板踩到底时,量取距离 L_2,则 $L=L_2-L_1$ 即为测得的离合器踏板行程。离合器踏板行程的标准值 L 为 145mm±5mm。

(2)离合器踏板行程的调整

如果是新的离合器操纵拉索,在调整之前,应连续踩下离合器踏板至少 30 次,以使离合器操纵拉索套管沿轴向压紧。

离合器踏板行程的调整顺序如下:

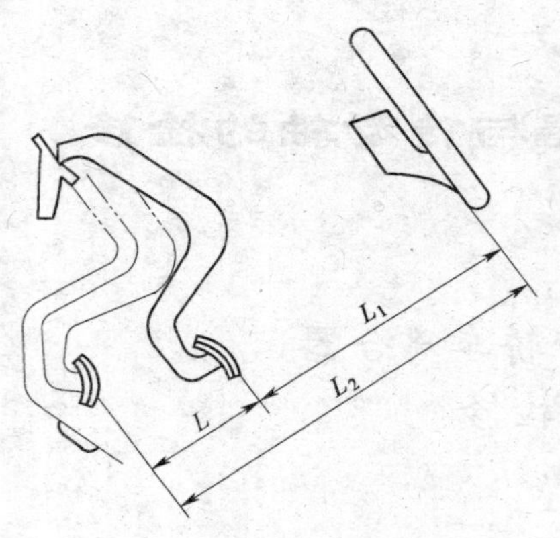

图 2-2　检查离合器踏板行程

L—离合器踏板行程　L_1、L_2—测量值

①松开锁紧螺母。

②按需要拧紧或拧松调整螺母，将离合器踏板行程调到规定值。

③当离合器踏板行程调整合适后，拧紧锁紧螺母，对调整螺母涂以防松胶，以防松动。

59. 如何拆装离合器总成？

(1)离合器总成的拆卸

爱丽舍轿车离合器总成的零部件如图 2-3 所示。

拆卸离合器总成时，不用拆下发动机，需要先拆卸变速器。

离合器总成的拆卸顺序如下：

①拆卸变速器总成。

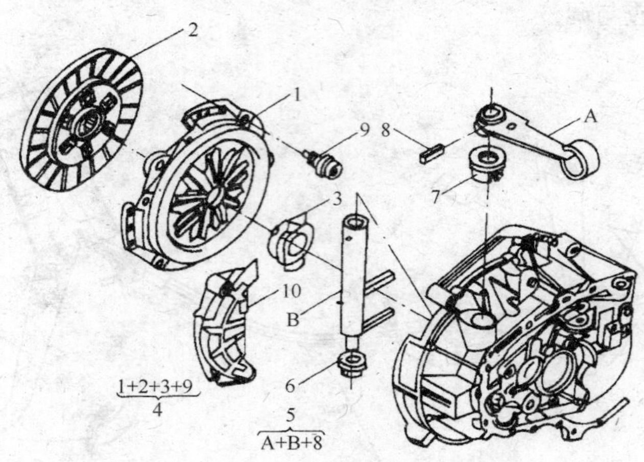

图 2-3　离合器总成分解图

1. 压盘总成　2. 从动盘　3. 分离轴承　4. 离合器总成　5. 分离拨叉杆组

6、7. 轴承座　8. 销　9. 螺栓　10. 盖板　A—分离拨叉臂　B—分离拨叉

②可用粉笔等标明压盘总成与飞轮的连接位置，以便重新安装时保持原来的旋转平衡状态。

③将专用的定位心轴插入离合器从动盘花键孔，托住离合器从动盘，以免拆卸离合器时从动盘坠地而损坏。

④按对角采取每次拧松半圈的方式拆下压盘总成与发动机飞轮的连接螺栓，拆下离合器压盘总成和从动盘。

⑤从变速器上拆下分离轴承和分离拨叉。

(2)离合器总成的安装

按与拆卸相反的顺序安装离合器总成。安装离合器总成时应注意：

①从动盘上的减振弹簧面应与压盘相对。

②用定位心轴 7011-T(专用工具)安装离合器总成，对准压盘总成与飞轮的标记和定位销孔，按对角逐渐拧紧飞轮与压盘总成的 6 个固定螺栓，如图 2-4 所示。

③安装变速器总成时，应注意检查是否装上两个定位环，应确保定位环在发动机与变速器总成之间的定位作用，使变速器总成正确就位。

④应在分离轴承导向套、从动盘花键、变速器第一轴承盖、分离拨叉轴承等处涂 2 号锂基脂，使之运动灵活、工作可靠。

⑤按规定的力矩拧紧螺栓、螺母。离合器盖与飞轮连接螺栓拧紧力矩为 15N·m。离合器拉索末端锁紧螺母拧紧力矩为 20N·m。变速器总成与发动机连接螺栓拧紧力矩为 35N·m。

60. 如何检修离合器部件？

(1)从动盘的检修

从动盘是离合器中最易损坏的部件。从动盘的摩擦片如严重磨损、破裂、烧蚀，从动盘花键轴套与变速器第一轴花键轴配合松旷，从动盘整体严重翘曲变形，应更换新的摩擦片或从动盘。

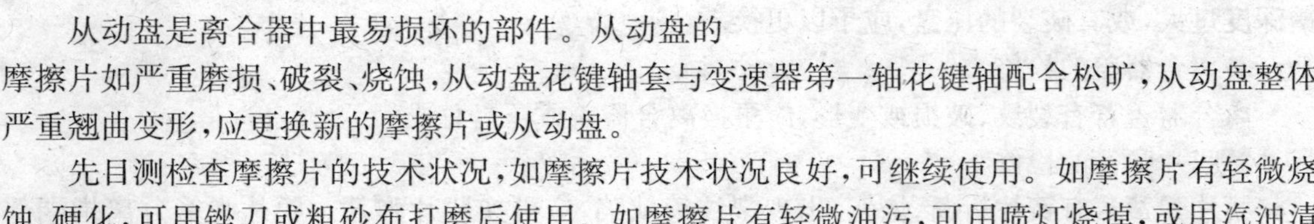

图 2-4　安装离合器总成

先目测检查摩擦片的技术状况，如摩擦片技术状况良好，可继续使用。如摩擦片有轻微烧蚀、硬化，可用锉刀或粗砂布打磨后使用。如摩擦片有轻微油污，可用喷灯烧掉，或用汽油清洁。

1)从动盘摩擦片磨损的检查。

用游标卡尺测量从动盘铆钉孔的深度，如图 2-5 所示，以检查摩擦片的磨损程度。如果测量深度小于 0.3mm，则表明从动盘摩擦片磨损严重，应更换摩擦片。

2)从动盘变形量的检查

从动盘的变形量可用百分表检查其端面跳动来测定，如图 2-6 所示。用百分表在从动盘外周边缘上测量，其端面跳动应不大于 0.4mm。如果跳动超过 0.4mm，应用扳钳矫正从动盘，或更换从动盘总成。从动盘的变形会引起汽车起步时离合器发抖、离合器分离不彻底、换档困难等故障。

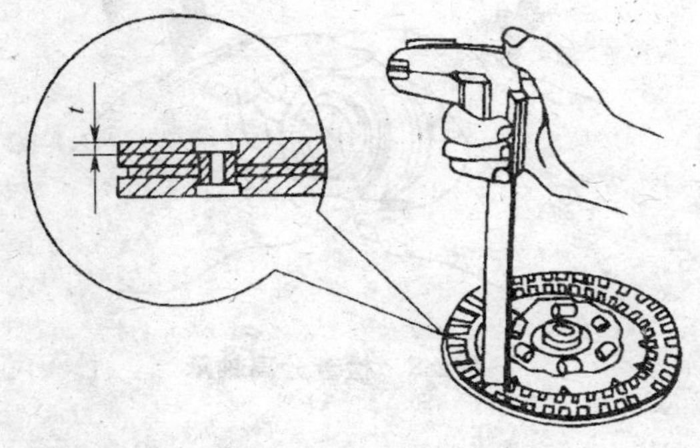
图 2-5　检查从动盘摩擦片磨损

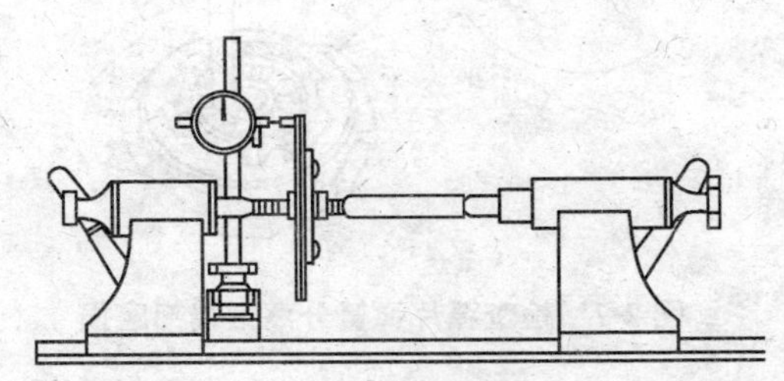
图 2-6　检查从动盘的变形

3)从动盘钢片与从动盘毂连接状况的检查

可用铁锤敲击检查。如果铆钉有松动或断裂，应予以更换。

4)从动盘花键轴套与变速器第一轴花键轴的配合间隙的检查

检查时，将从动盘花键套在变速器第一轴花键轴上，用手来回转动从动盘，不得有明显的松旷。如果花键齿侧间隙超过 0.16mm，应更换从动盘毂或变速器第一轴。该间隙若过大，会导致汽车起步或车速突然改变时发响。

(2)压盘总成的检修

1)压盘的检修

压盘的损伤有工作面磨损、擦伤、破裂和翘曲变形等。离合器打滑和分离不彻底容易使压盘受热产生翘曲变形。

将压盘工作面放在平板上进行检查，用塞尺测量压盘工作面与平板之间的缝隙。压盘工作面的平面度误差不得超过规定值。

摩擦片铆钉头外露可擦伤压盘表面，使压盘表面磨出沟槽，其槽深不得超过 0.3 mm。

压盘若有翘曲变形或沟槽，可在平面磨床上磨平或在车床上车平。但对于严重变形或沟槽深度过大，或有破裂的压盘，应予以更换。

2)离合器盖的检修

离合器盖若有裂纹、破损或变形，应更换离合器盖或压盘总成。

3)膜片弹簧的检修

膜片弹簧若有簧片折断、烧伤、出现裂纹等缺陷，应更换膜片弹簧。膜片弹簧分离指端部的磨损情况可用游标卡尺检测，如图 2-7 所示。其深度应小于 0.6mm，宽度应小于 5mm。否则，应予以更换。

(3)分离轴承的检查

如图 2-8 所示，在对分离轴承施加一定轴向力的同时，用手转动分离轴承，分离轴承应灵活无响声。如果轴承发卡或转动阻力大，则应更换分离轴承。当轴承的轴向、径向间隙过大，或轴承滑动表面有损伤时，也应更换分离轴承。分离轴承是自润滑免维护部件，使用中要防尘、防水。

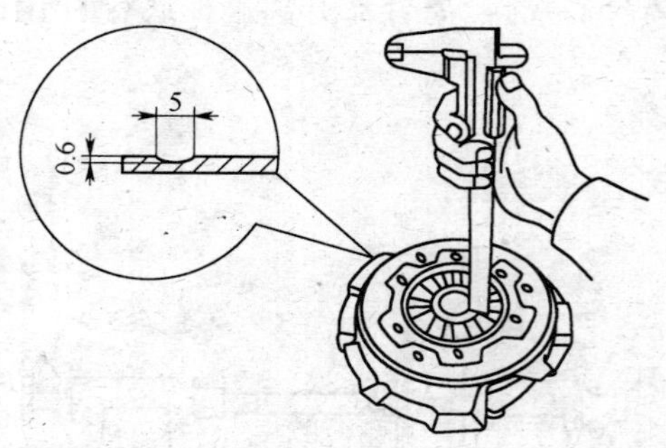

图 2-7　检查膜片弹簧分离指端部磨损

图 2-8　检查分离轴承

61. MA5 型变速器有哪些结构特点?

爱丽舍轿车 MA5 型变速器结构如图 2-9 所示，其结构特点如下：

①采用两轴结构，布置紧凑，传动效率高。

②前进档带有锁环式惯性同步器，工作可靠。

③挡位速比选择设计合理，保证了整车行驶的经济性和动力性。

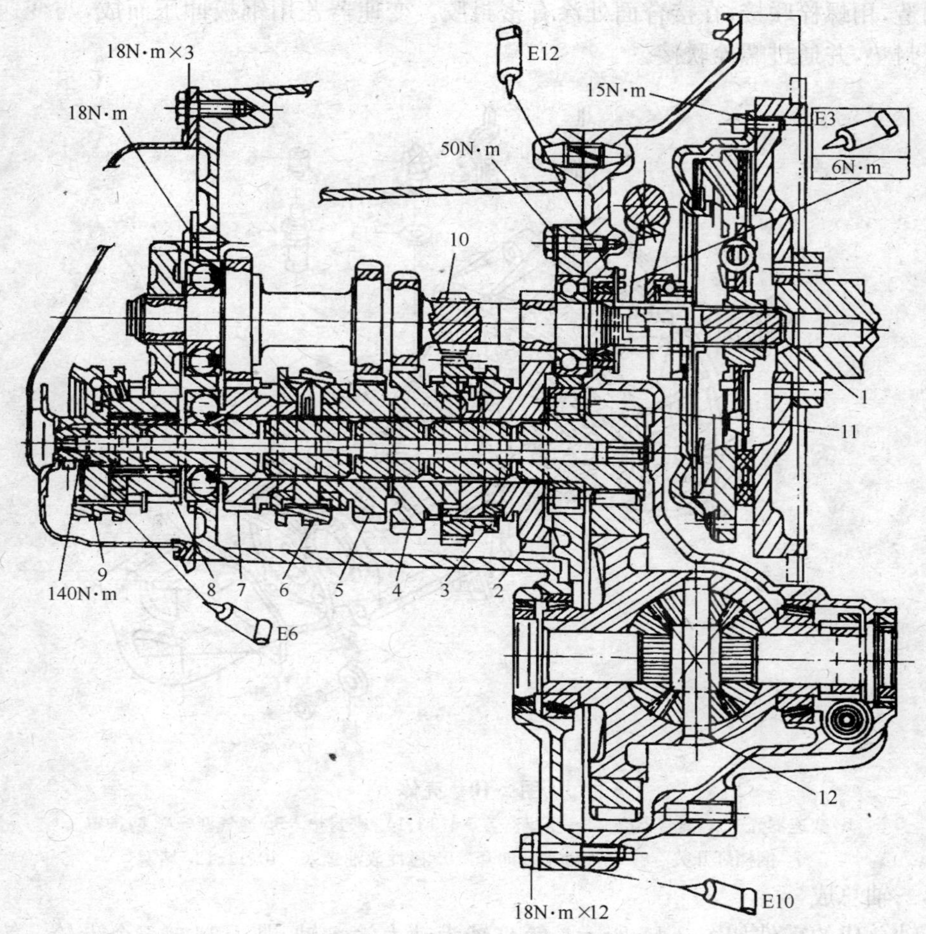

图 2-9　MA5 型变速器结构

1. 输入轴　2. 1 档齿轮　3. 1 档/2 档同步器　4. 2 档齿轮　5. 3 档齿轮　6. 3 档/4 档同步器　7. 4 档齿轮　8. 5 档齿轮　9. 5 档同步器　10. 倒档齿轮　11. 主减速器主动齿轮　12. 差速器

④5 档为“超速”挡，其速比选择采用“低速设计”原则，即车辆在 5 档以最高车速行驶时，对应发动机的转速低于发动机最大功率转速，降低了发动机高速行驶的负荷，油耗相应降低。结合 4 档的“高挡设计”，即车辆在 4 档以最高车速运行，对应发动机的转速高于发动机最大功率转速，保证了车辆在高速行驶时有较大的后备功率，加速、逆风和爬坡行驶性能较好。

⑤润滑方式以飞溅润滑为主。第二轴上的轴与齿轮配合面则采用类似压力润滑方式，由壳体上集油槽收集的润滑油进入第二轴中间油道，借第二轴旋转离心力形成一定压力进入轴、齿轮配合面，保证润滑。

⑥采用 TOTAL75W/80 专用润滑油，不需定期强制换油，但要注意检查油面，如缺少，应及时添加。如果因车辆涉水而导致变速器进水，则要及时更换油液。

62. 如何分解与组装 MA5 型变速器总成？

(1)变速器的主要零件

1)壳体

变速器壳体如图 2-10 所示，包括离合器壳、变速器壳和变速器盖。离合器壳与变速器壳用铝合金制造，用螺栓联接，在接合面处涂有密封胶。变速器盖用钢板冲压而成，与变速器壳之间装有密封垫，并通过螺栓联接。

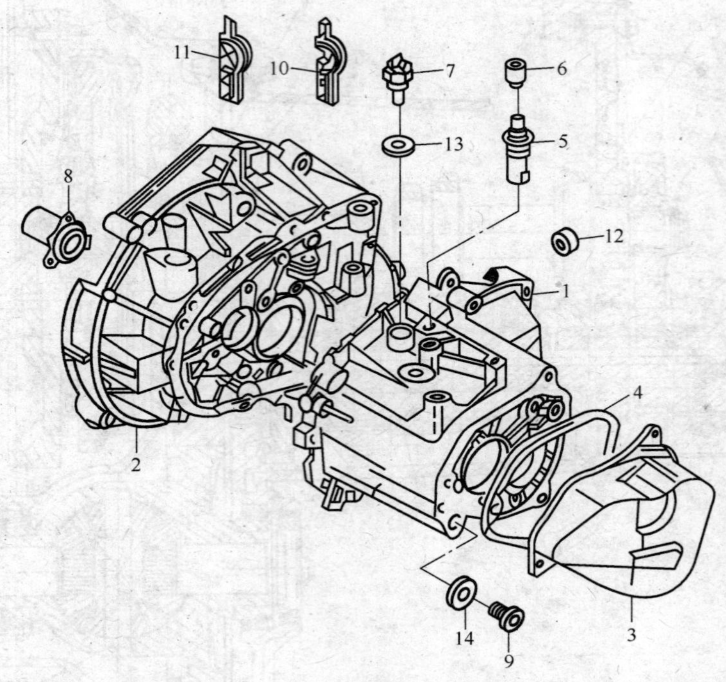

图 2-10 壳体

1. 变速器壳 2. 离合器壳 3. 变速器盖 4、13、14. 密封垫 5. 通气塞 6. 防护罩 7. 倒档灯开关 8. 分离轴承导向套 9. 磁性放油螺塞 10、11、12. 堵塞

2)第一轴总成

第一轴总成的零件如图 2-11 所示。第一轴为动力输入轴，其上制有 5 个齿轮。第一轴通过两个滚动轴承支承在变速器壳上。第 5 档主动齿轮位于支承轴承外端，并通过第一轴花键及卡环定位。

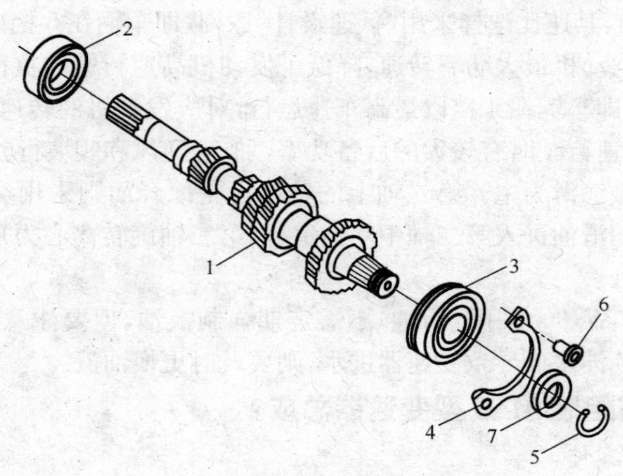

图 2-11 第一轴总成分解图

1. 第一轴 2、3. 滚动轴承 4. 止推板 5. 卡环 6. 螺栓 7. 弹性挡圈

3)第二轴总成

变速器第二轴总成的零件如图 2-12 所示。第二轴为动力输出轴，与主减速器主动齿轮制成一体。第二轴上的各档齿轮与第二轴滑动装配，由卡环轴向定位。1/2 档、3/4 档和 5 档同步器均装在第二轴上。第二轴由一个滚珠轴承和一个滚柱轴承安装在变速器壳上。

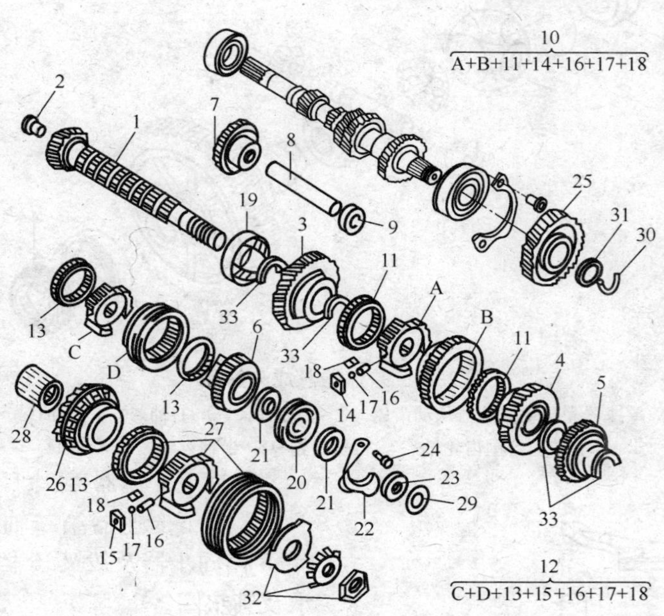

图 2-12　第二轴总成分解图

1. 第二轴　2. 轴套管　3. 1 档从动齿轮　4. 2 档从动齿轮　5. 3 档从动齿轮　6. 4 档从动齿轮　7. 倒档滑动齿轮　8. 倒档轴　9. 限位套　10. 1 档/2 档同步器　11. 1 档/2 档同步环　12. 3 档/4 档同步器　13. 3 档/4 档同步环　14、15. 滑块　16. 弹簧　17. 定位球　18. 球座　19、20. 滚动轴承　21. 隔圈　22. 止推板　23. 垫圈　24. 螺栓　25. 5 档主动齿轮　26. 5 档从动齿轮　27. 5 档同步器　28. 滚针轴承　29、30、33. 卡环　31. 弹性挡圈　32. 螺母止推垫片　A—1 档/2 档同步器齿毂　B—1 档/2 档同步器接合套　C—3 档/4 档同步器齿毂　D—3 档/4 档同步器接合套

4)差速器总成

差速器总成通过两滚动轴承支承在变速器壳内。差速器总成的零件如图 2-13 所示。

5)换档操纵机构

换档操纵机构包括外部操纵机构和内部换档机构。外部操纵机构采用非直接式操纵机构，变速杆与变速叉之间装有辅助的操纵连接杆件。

内部换档机构如图 2-14 所示。为保证变速器不自行脱档和不同时挂上两个档位，操纵机构内设置有自锁和互锁装置。互锁由互锁套来完成。当拨爪选择某一档位时，其他两个拨叉的槽口被互锁套挡住，由自锁销实现自锁。

(2)变速器的分解

变速器的分解顺序如下：

①拆下车速里程表驱动机构的从动齿轮。

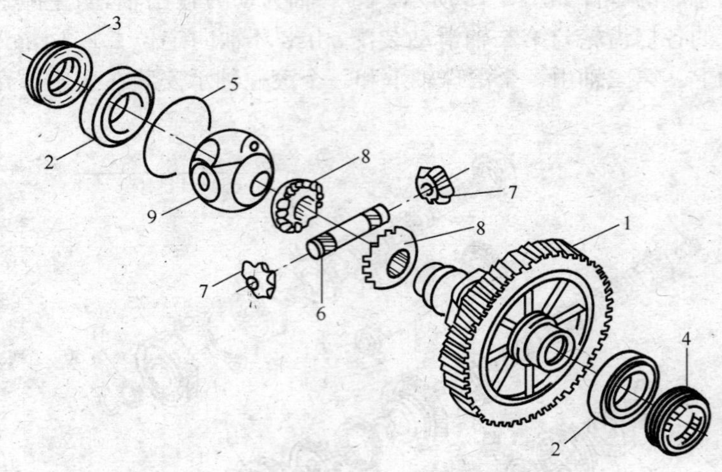

图 2-13　差速器总成分解图

1. 差速器壳与主减速器从动齿轮　2. 滚动轴承　3. 右油封　4. 左油封
5. 卡环　6. 行星齿轮轴　7. 行星齿轮　8. 半轴齿轮　9. 摩擦壳

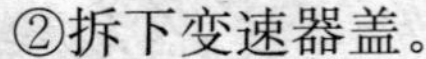
②拆下变速器盖。

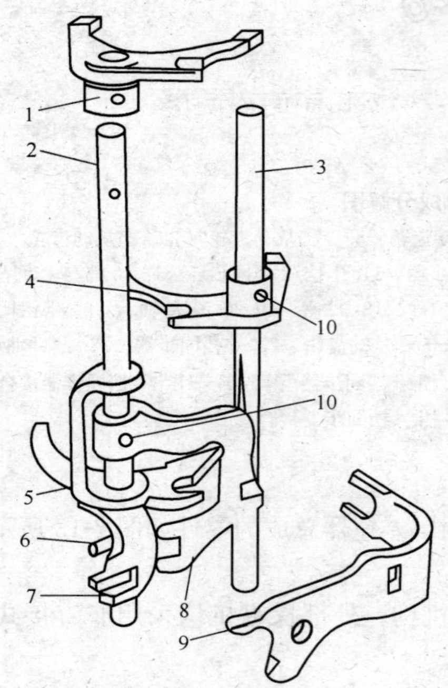

图 2-14　各挡位拨叉的位置关系

1. 5 档拨叉　2、3. 拨叉轴　4. 3 档/4 档拨叉
5. 1 档/2 档拨叉　6、7、8. 推动杆　9. 倒档拨叉　10. 弹性销

③拆下变速器第二轴端部螺母、止动垫片、5 档同步器及拨叉、5 档从动齿轮、滚针轴承及其垫圈。

④拆下 5 档主动齿轮的轴向定位卡环、挡圈，用拉器拉下第一轴上 5 档主动齿轮。

⑤拆下第一轴、第二轴末端轴承外圈止动板螺栓及其止动板。

⑥拆下变速器壳。

⑦拆下倒档齿轮轴限位套、倒档轴及倒档滑动齿轮。

⑧拆下变速器内部的换档机构。

⑨拆下并分解变速器第二轴总成。

⑩拆下组合式轴承座的固定螺栓，取下组合式轴承座。

(3) 变速器的组装

按与分解相反的顺序组装变速器。组装变速器时应注意：

①应先检查各零部件是否合乎规定要求，若有损坏，应及时维修或更换。

②更换全部密封件及锁紧垫片。

③更换零部件时，应注意部分零件更改前后的互换性。

④组装前，应将所有零件彻底清洗，并用压缩空气吹净。

⑤各轴承及键槽、叉轴、齿轮安装时应涂以齿轮油。

⑥应注意有些零部件安装时的相关位置及安装方向。

⑦安装时，必须保证内部换档机构的正确位置。

⑧在组装过程中，应按照零件相互配合和技术标准进行装配，严禁用手锤在零件表面上直接敲击，以防损坏零件。

⑨变速器壳体接合面应涂薄层密封胶，以防漏油。

⑩按规定的力矩拧紧螺栓、螺母。变速器前端组合式轴承座螺栓拧紧力矩为50N·m。变速器后轴承定位片螺栓拧紧力矩为18N·m。变速器盖连接螺栓拧紧力矩为18N·m。变速器第二轴末端螺母拧紧力矩为140N·m。差速器壳体连接螺栓拧紧力矩为18N·m。变速器放油螺塞拧紧力矩为25N·m。变速操纵机构各机件连接螺栓拧紧力矩为17N·m。

63. 如何检修MA5型变速器零件?

(1)壳体的检修

壳体的主要损伤为壳体变形、裂纹、轴承座孔磨损、螺纹孔损坏等。

壳体的检修要点如下：

①变速器壳体的裂纹可用检视法和敲击法检查。对于裂纹较小且在非重要工作面上，可用环氧树脂胶粘结，也可用焊接法修复。当轴承座孔等重要部位出现裂纹时，必须更换变速器壳体。

②变速器壳体上的轴承座孔磨损将破坏轴承的正确配合，从而影响轴和齿轮的正确工作位置。当座孔径向磨损量达0.05mm时，应更换变速器壳体。

③变速器壳体出现严重变形时，应予以更换。

(2)轴的检修

轴的主要损伤为花键齿的磨损、轴颈的磨损和轴的弯曲变形。

轴的检修要点如下：

①轴颈磨损过大，不但会使齿轮轴线偏移，引起齿轮啮合间隙改变，传动噪声大，而且会使轴颈在轴承孔内转动而引起烧蚀。使用千分尺检查各轴颈的磨损情况。如磨损严重，应予以更换。

②花键齿的磨损在受力一侧较为严重，一般可用与之相配的齿套进行配合检查。当花键齿与齿套间隙过大时，应更换轴或齿套。

③检查轴的弯曲变形时，用百分表检查变速器第一轴、第二轴的径向圆跳动。如果最大径向圆跳动超过0.06mm，则可采用冷压矫正或更换。

(3)齿轮的检修

齿轮的主要损伤为齿面、齿端、齿轮内孔表面、花键齿的磨损，以及齿面疲劳剥落、腐蚀斑点及轮齿断裂。由于齿轮的结构和使用条件不同，它们的损坏情况也不一样。一般规律是直齿轮易于斜齿轮，滑动齿轮易于常啮合齿轮，且轮齿的断裂、齿端的磨损、齿面磨成锥形，多发生于接合套和接合齿。

对于齿轮损伤的检查，除外部检视外，还可用样板、测齿卡或与新齿轮对比检查。

齿轮的检修要点如下：

①对于齿面有轻微斑点，或齿顶有很小的剥落，在不影响质量的情况下，可用油石修磨。而当齿轮磨损厚度超过0.2mm，或齿长磨损超过原齿长的30%，或者细小斑点占齿面25%以

上时，则必须更换齿轮。

②对于可与轴相对运动的滑动齿轮(如第二轴上的5档从动齿轮)，其内孔表面松旷，通常使用百分表测量齿轮和安装在齿轮内的滚针轴承、齿轮和内座圈或齿轮和轴之间的间隙来检查。当间隙超过标准值时，则表明齿轮内孔表面、轴颈表面或轴承严重磨损，需判明原因，予以修复或更换。

③齿轮若出现任何形式的裂纹，则应更换。

(4)滚动轴承的检验

滚动轴承的主要损伤为滚动体与内、外圈滚道的疲劳磨损，内、外圈配合表面的磨损，保持架的磨损、松动和断裂。当滚动轴承疲劳磨损使轴承径向间隙过大时，轴承运转有噪声，严重时还会引起振动。

滚动轴承的检验要点如下：

①检视轴承的滚动体和内、外圈滚道的状况。滚动体和内、外圈滚道应无裂纹、斑点、凹陷、鳞片状金属脱落及烧损变色等现象。否则，应更换滚动轴承。

②检查轴承的运转情况。用手指转动轴承，轴承应运转平稳，转动时响声均匀，无卡住、摆动和杂音等现象，否则，应更换轴承。

③检查轴承的径向和轴向间隙。检查时，可用带架百分表在平板上进行测量。轴承的径向间隙应为0.30mm，轴向间隙应为0.50mm。否则，应更换轴承。

④测量滚动轴承内圈内径、外圈外径及相应的轴颈和轴承座孔的尺寸，其滚动轴承与轴颈及轴承座孔的配合应符合规定，否则，应更换轴承或修理轴颈及轴承座孔。

(5)同步器的检修

锁环式惯性同步器的结构如图2-15所示，包括锁环(同步环)、齿毂、接合套、滑块等。

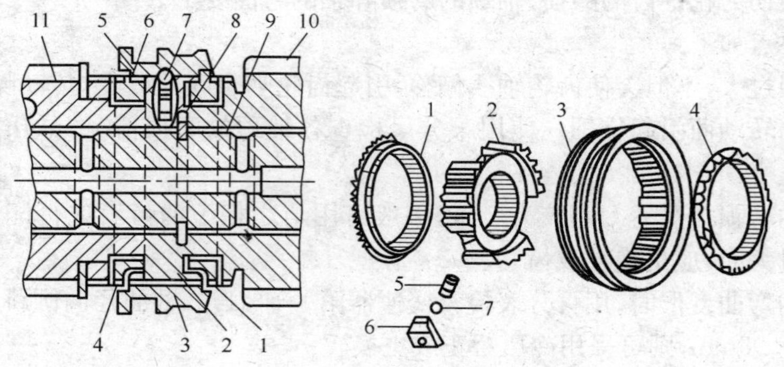

图2-15　锁环式惯性同步器结构

1、4. 同步环　2. 同步器齿毂　3. 接合套　5. 弹簧　6. 滑块　7. 定位球　8. 卡环　9. 输出轴　10、11. 齿轮

同步器的主要损伤为锁环的磨损以及个别环齿的断裂。

同步器的检修要点如下：

①检查锁环内锥面螺旋槽磨损。锁环内锥面螺旋槽磨损严重时，将造成齿轮外锥面与锁环内锥面配合间隙增大，内外锥面摩擦作用减弱，致使同步器的同步作用失效。检查同步器的磨损情况时，首先将锁环套在相应齿轮的锥面上，用力压紧并转动锁环，应有明显的摩擦阻力。如果锁环能很轻松地转动，则表明锁环内锥面螺旋槽磨损严重。再用塞尺测量锁环与齿轮之

间的间隙(称齿轮背隙)。标准间隙为0.7～1.5mm。若间隙不符合要求,表明锁环内锥面磨损严重,则予以更换。

②检查锁环牙齿的磨损。锁环牙齿磨损后,沿轴向方向牙齿磨薄,牙齿尖端角发生改变,使同步器性能大为降低,应予以更换。若牙齿角度改变不大,可用小锉刀修磨至标准角度。

③检查锁环上三个缺口的磨损。长期使用及滑块摩擦会导致锁环上三个缺口的磨损。检查时,可将锁环、齿毂、齿轮及接合套等均装在轴上,并将接合套置入空档位置,使轴固定,让滑块处于缺口的中间位置,轻轻地拨动同步器锁环。当滑块的一侧与锁环缺口侧壁接触时,锁环上的牙齿顶端与齿环上牙齿的一侧平齐。若拨动接合套,则接合面的齿端倒角与锁环相应的齿端倒角正好相抵,而不能进入啮合,这就表明锁环上的缺口符合要求,滑块与锁环缺口另一侧壁的间隙正常。若缺口磨损变大,则锁环与缺口的间隙过大,锁环顶端位置发生了变化,会使换档困难。如遇操作不当、换档过猛或用力扳动变速杆时,就有可能将牙齿打坏。因此,通过检查发现锁环上的缺口磨损过大时,则应更换锁环。

④若锁环个别环齿断裂,则应更换锁环。

(6)差速器的检修

差速器的主要损伤为行星齿轮、半轴齿轮及主减速器齿轮齿面的磨损、裂纹、腐蚀斑点和微小脱落。

①检查行星齿轮与半轴齿轮的啮合侧隙。其侧隙标准值为0.05～0.15mm。如侧隙过大,则应更换差速器摩擦壳或摩擦垫片,或更换磨损严重的齿轮。

②检查圆锥滚子轴承是否磨损,运转是否平滑顺畅,轴承外圈是否磨损或损坏。如果轴承运转不正常或磨损严重,则应更换轴承。

(7)操纵机构的检修

操纵机构的主要损坏是磨损和弯曲变形。

①检查变速叉轴有无弯曲变形。变速叉轴弯曲变形,会导致换档困难、换档不到位、自动脱档等。可用百分表或平板检查。还应检查变速叉轴的滑动性能,若发现弯曲变形,则应进行矫正或更换变速叉轴。

②检查变速叉轴磨损。变速叉轴磨损过大时,滑动松旷,应更换。

③检查变速叉下端面的磨损情况。用塞尺检测变速叉下端面与接合套环形槽面之间的间隙。若此间隙超过1mm时,则应更换磨损严重的变速叉或接合套。

④检查变速叉弯曲、扭曲变形。变速叉若有弯曲、扭曲变形,可用敲击法或冷压法进行矫正。

⑤检查操纵机构外部机件的状况。球形支座、轴销铰接处会产生磨损,导致挡位感觉不明显,出现变速操纵定位不准、松旷。应检查操纵机构外部各机件,对磨损严重或损坏的球形支座、球销及铰接件应予以更换。变速器操纵机构应操纵灵活自如。否则,应对操纵机构的轴销铰接处进行润滑。

64. 如何检修传动轴?

(1)传动轴的结构

爱丽舍轿车传动轴的结构如图2-16所示。传动轴总成用于连接变速器中差速器与左、右转向驱动轮。其左、右传动轴的内端通过花键与半轴齿轮相连,外端花键伸入轮毂的花键孔内,轴端头用螺母锁住。由于发动机与变速器布置的原因,右边的传动轴较左边的传动轴长,且右传动轴在发动机缸体后面装有铝制的传动轴中间支承，支承右传动轴。左、右传动轴均采用两个等速万向节。其中，靠变速器端为三销轴式万向节。工作时，其轴向有一定的移动量，以适应运行中传动轴长度变化的需要，省去了其他万向节传动装置的滑动花键。靠轮毂端采用球笼式万向节。

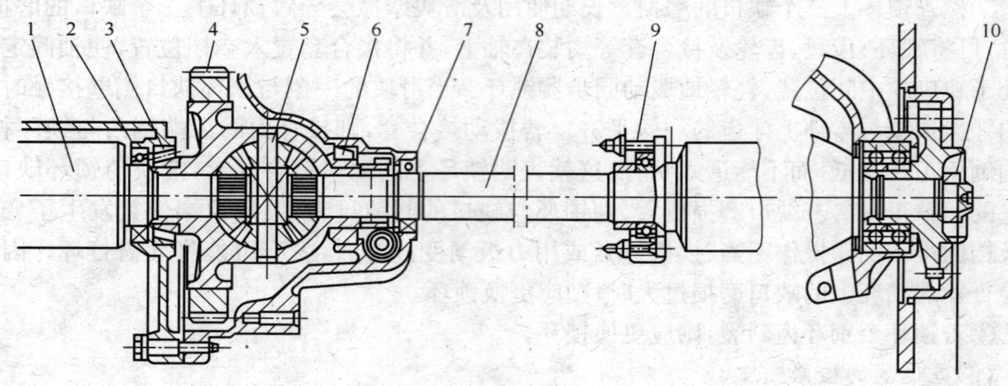

图 2-16　传动轴结构

1. 左传动轴　2. 左油封　3、6. 圆锥滚子轴承　4. 主减速器从动齿轮　5. 差速器　7. 右油封　8. 右传动轴　9. 右传动轴中间支承　10. 传动轴端头螺母

(2)传动轴的拆卸

传动轴是动平衡件，在出厂时已经过严格的动平衡试验。使用中，除非需要，一般不分解传动轴总成。如果需要拆开，可用油漆做装配标记，不能用冲打方法做标记。

传动轴总成的拆卸顺序如下：

①支起车辆前部，使前轮悬空。

②拧下前轮的轮胎紧固螺栓，拆下两前轮。

③拧下变速器放油螺塞，放尽变速器润滑油。

④拆下传动轴端头螺母止动件，拧下端头螺母。

⑤拆下三角臂球形接头的三个固定螺母，从三角臂上拆下球形接头。

⑥将轮毂与左、右传动轴分离。必要时，用小木槌轻敲传动轴，以便使轮毂与传动轴容易分离。

⑦拆下左传动轴。

⑧拧下右传动轴中间支承的两个固定螺母，将偏头螺栓旋转 90°取下，拆下右传动轴，取下防护套。

(3)传动轴部件的检修

1)传动轴的检查

①检查传动轴是否弯曲时，可将传动轴夹在车床上，用百分表抵在传动轴中间处测量。若摆差超过 2mm 时，应进行冷压矫正或更换传动轴。

②传动轴有裂纹、断裂现象，或出现明显的扭曲时，应更换传动轴。若传动轴上油封颈磨损过度，或出现明显沟槽，应更换传动轴。该车传动轴属免修件，如果传动轴工作不良，则应更换传动轴总成。

2)万向节的检查

①就车检查。车辆慢行并将转向盘打到底，如果出现金属撞击声，则可能是传动轴外侧万向节磨损。如果车辆在加速时，感到明显振动，则可能是传动轴内侧万向节磨损。停车后，将车辆举起固定，在车底下用手晃动传动轴及转动车轮，如果感觉有松旷及撞击现象，则表明万向节磨损松旷。

②拆下检查。将传动轴总成夹在台虎钳上，按前、后、上、下的方向来回转动传动轴两端，如果在万向节的径向方向有明显的间隙，则说明该万向节磨损严重。磨损严重的万向节应予以更换。差速器一侧的万向节在轴向应能自由平滑地滑动，否则，应更换传动轴总成。

3）中间支承轴承的检查

中间支承轴承应转动顺畅，无明显间隙，无异响。如果中间支承轴承内、外滚道损伤、卡滞和游隙过大，应予以更换。

4）防护套的检查与更换

检查传动轴防护套是否破裂，若破裂，应更换防护套。检查防护套卡箍是否断裂或变形，若断裂或变形，应予以更换。否则，有可能因为润滑脂泄漏殆尽导致万向节异常磨损，而使传动轴工作不正常，甚至使传动轴报废。

更换防护套的方法如下（以更换变速器侧防护套为例）：

①用一字旋具及专用工具拆下防护套。

②做好传动轴与万向节的装配标记，从万向节套中拔出传动轴及三销总成。

③做好三销总成与传动轴的装配标记，拆下传动轴端头弹性卡环，从三销总成中拔出传动轴。

④换上新的带有1709润滑脂的防护套。

⑤将润滑脂涂到万向节运动件工作表面。

⑥按装配标记及拆防护套相反顺序装上传动轴、万向节三销总成及防护套。

⑦装上防护套卡箍，卡牢防护套。

（4）传动轴的安装

按与拆卸相反顺序装上左、右传动轴总成。安装传动轴总成时应注意：

①安装前应先检查传动轴上的油封有无损伤。若有任何一点伤痕，应换上新油封。

②安装更换的传动轴、防护套、万向节等零部件时，应注意零部件的通用性。

③安装时不要损坏油封。

④应更换传动轴端头带锁止片的螺母或锁紧螺母、卡销。

⑤按规定的力矩拧紧各螺栓、螺母。轮胎螺栓拧紧力矩为45N·m。传动轴端头螺母拧紧力矩为325N·m。传动轴中间支承螺母拧紧力矩为10N·m。万向节臂球头螺母拧紧力矩为45N·m。

第二节　广州本田飞度轿车离合器、变速器与传动轴的检修

65. 离合器由哪些部件组成？

飞度轿车采用液压操纵式单摩擦片离合器，如图2-17所示，主要部件包括离合器踏板、主缸、辅助缸、分离轴承、压板、离合器盘、飞轮等。

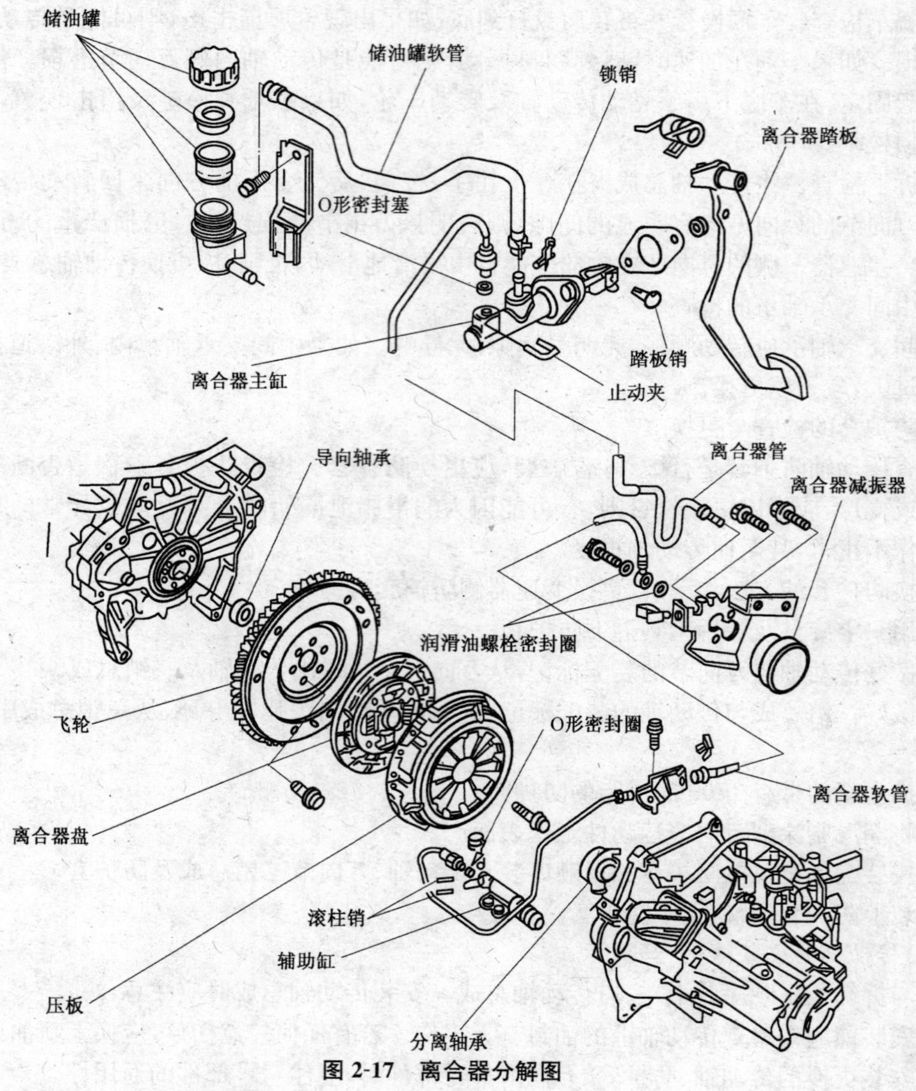

图 2-17　离合器分解图

66. 如何调整离合器踏板高度与自由行程?

在调整离合器踏板之前,先拆除驾驶员侧地板垫。

飞度轿车离合器踏板的调整顺序如下:

①如图 2-18 所示,松开离合器踏板调整螺栓的锁紧螺母,将离合器踏板调整螺栓旋出,直到不与离合器踏板接触为止。

②松开推杆的锁紧螺母,转动推杆,使离合器踏板的高度、行程、自由行程、分离高度均符合规定。离合器踏板高度为 163mm。离合器踏板行程为 130～140mm。离合器踏板自由行程为 6～20mm。离合器踏板分离高度(至地板的最小值)为 72mm。

③拧紧推杆的锁紧螺母。

④放松离合器踏板,将离合器踏板调整螺栓旋进,直到与离合器踏板接触为止,再将离合器踏板调整螺栓旋进 3/4～1 圈。

⑤拧紧离合器踏板调整螺栓的锁紧螺母。

67. 如何拆装离合器主缸与辅助缸?

(1)主缸的拆装

离合器主缸零件如图 2-19 所示。

1)主缸的拆卸

离合器主缸的拆卸顺序如下:

①使用吸管将储油罐中的油液吸出。

②拆下离合器主缸的油管,用布将油管口塞住,以避免油液溢出。

③拆下离合器踏板与推杆连接叉销,拆开离合器踏板与推杆的连接。

④如图 2-20 所示,拧下离合器主缸固定螺母,取下离合器主缸。

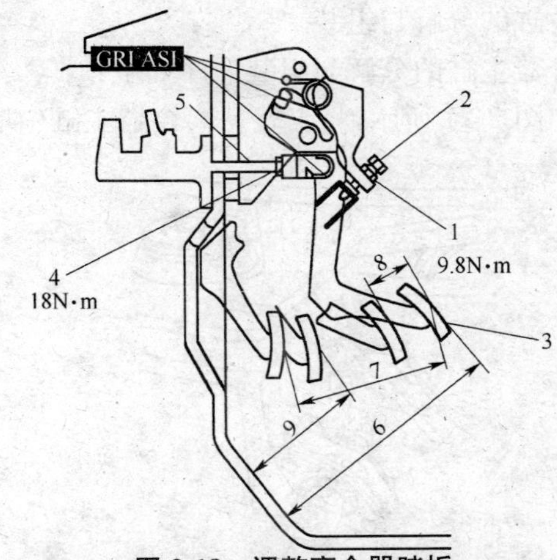

图 2-18　调整离合器踏板

1. 螺母　2. 离合器踏板调整螺栓　3. 踏板　4. 锁紧螺母　5. 推杆　6. 踏板高度　7. 踏板行程　8. 自由行程　9. 分离高度

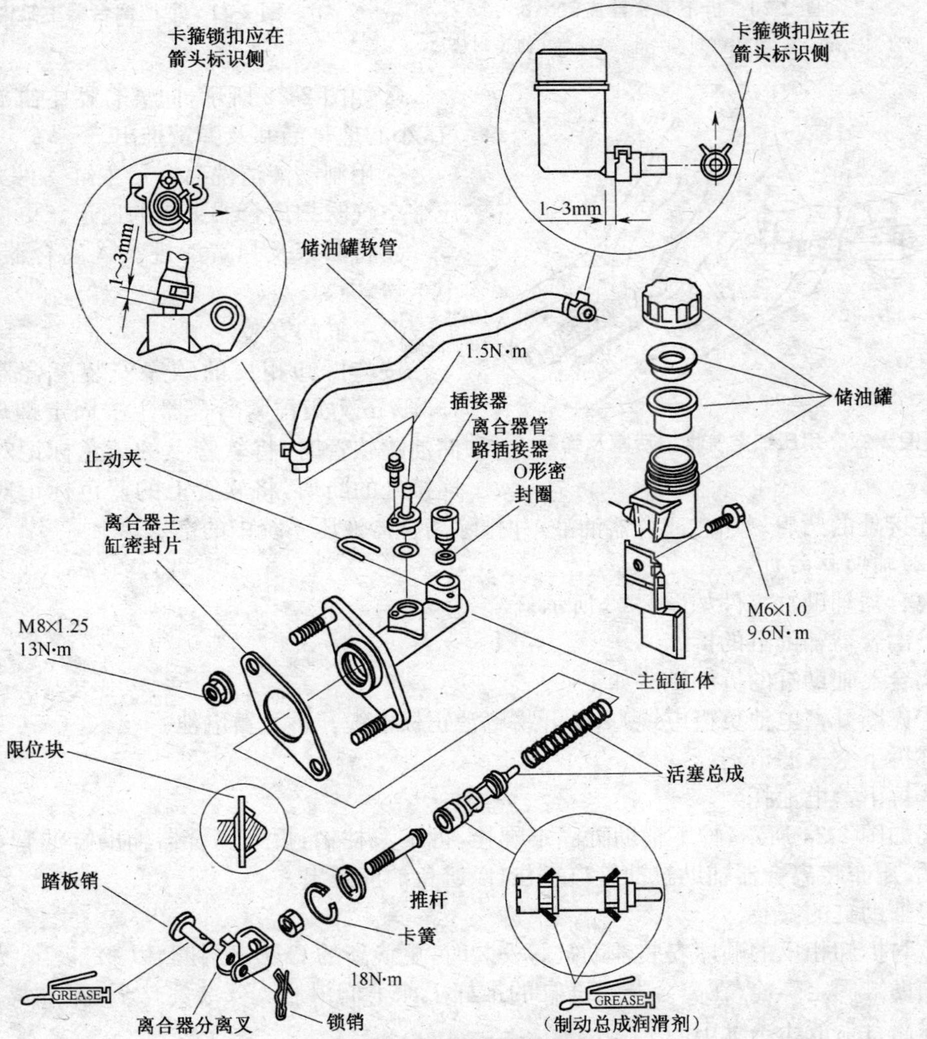

图 2-19　离合器主缸分解图

2)主缸的分解与组装

离合器主缸的分解与组装顺序如下：

①如图 2-21 所示，将卡簧从离合器主缸中取出。

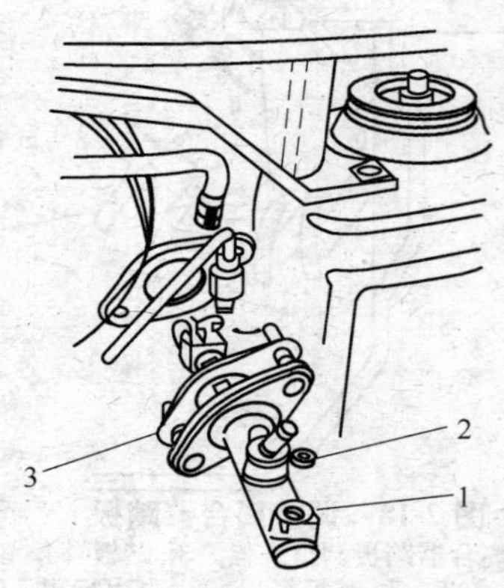

图 2-20　拆下离合器主缸

1. 离合器主缸　2. O形密封圈　3. 离合器主缸密封垫片

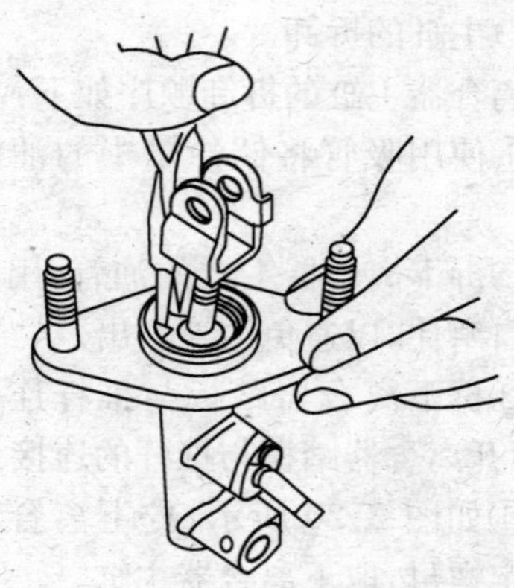

图 2-21　取出离合器主缸内卡簧

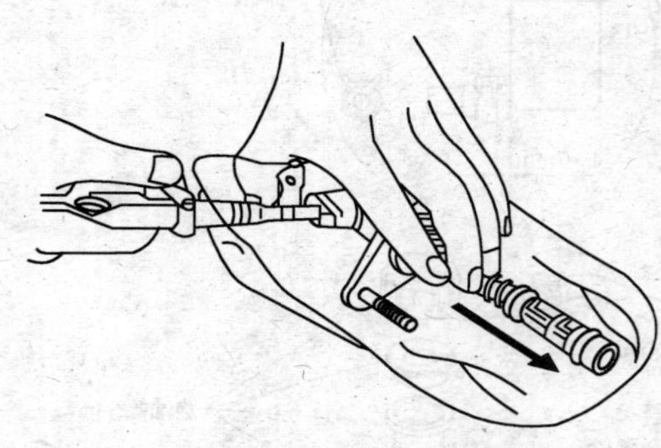

图 2-22　用压缩空气推出活塞及弹簧

②如图 2-22 所示，向离合器主缸施加压缩空气，小心地将活塞及弹簧推出。

③用制动液清洗离合器主缸零件并风干。用压缩空气吹扫离合器主缸的通道。更换密封件。

④将活塞及弹簧滑进装入离合器主缸内，装上卡簧。

3)主缸的安装

按与拆卸相反的顺序安装离合器主缸。以 13N·m 力矩拧紧离合器主缸固定螺母。在连接储油罐软管时，将软管上的黄色标记对准储油罐连接处的凸肩，将软管上的蓝色标记对准离合器主缸连接处的凸肩。加注离合器油液，并排除离合器液压系统中的空气。

(2)辅助缸的拆装

离合器辅助缸零件如图 2-23 所示。

1)离合器辅助缸的拆卸

离合器辅助缸的拆卸顺序如下：

①先断开蓄电池负极电缆，再断开蓄电池正极电缆。拆下蓄电池。

②拆下空气滤清器。

③拆下蓄电池托架。

④如图 2-24 所示，拧下辅助缸固定螺栓，拆下滚柱销，拆开离合器辅助缸油管，取下 O 形密封圈，用布将离合器辅助缸油管口塞住，以避免油液溢出。

2)辅助缸的安装

按与拆卸相反的顺序安装辅助缸。安装时，更换新的 O 形密封圈，以 22N·m 力矩拧紧离合器辅助缸固定螺栓，在离合器辅助缸的推杆上涂上润滑脂。安装完毕后，添加离合器油液，并排除离合器液压系统中的空气。

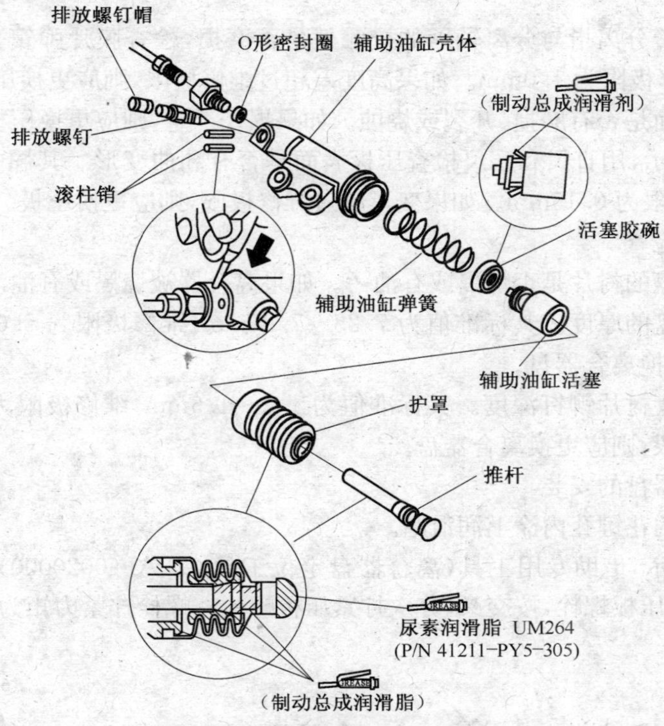

图 2-23　离合器辅助缸分解图

68. 如何检修离合器部件?

(1)压板和离合器盘的检修

1)压板和离合器盘的拆卸

如图 2-25 所示，装上专用工具(07LAB-PV00100 或 07924-PD20003、07PAF-0020000)，按交叉、多步方式拧下压板螺栓，拆下压板、离合器盘。

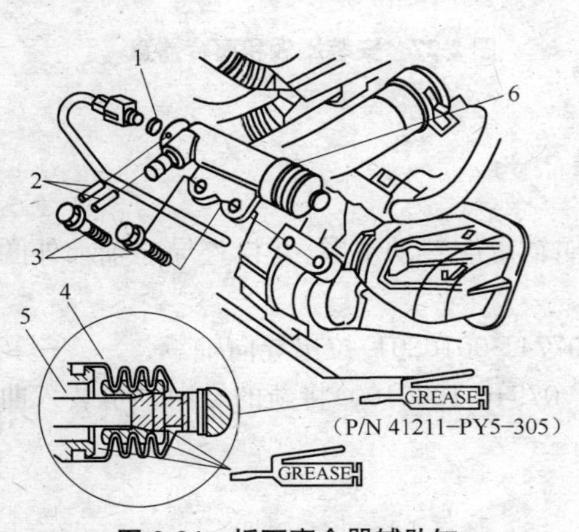

图 2-24　拆下离合器辅助缸

1. O形密封圈　2. 滚柱销　3. 辅助缸装配螺栓　4. 护罩　5. 辅助缸连杆　6. 辅助缸

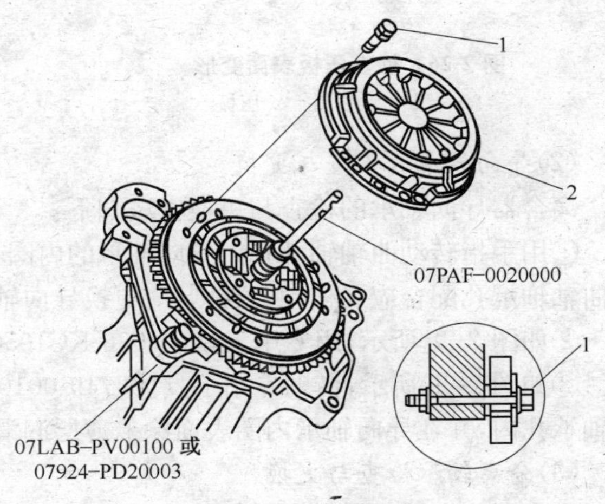

图 2-25　拆下压板

1. 压板装配螺栓　2. 压板

2)压板的检查

①检查膜片弹簧分离指与分离轴承的接触处是否磨损,检查膜片弹簧分离指的高度。其最大为0.8mm,维修极限为1.0mm。如果高度差超过维修极限,则应更换压板。

②检查压板表面是否有磨损、开裂或烧蚀。如果损伤严重,则应更换压板。

③如图2-26所示,用直尺和塞尺检查压板表面是否有翘曲变形。其翘曲变形最大允许值为0.03mm,维修极限为0.15mm。如果变形超过维修极限,则应更换压板。

3)离合器盘的检查

①检查离合器盘的衬片是否烧黑或有油污。如果离合器被烧黑或有油污,则应予以更换。

②测量离合器盘的厚度。其标准值为7.25～7.95mm,维修极限为5.0mm。如果厚度小于维修极限,则应更换离合器盘。

③测量离合器盘衬片铆钉深度。其标准值为1.1～1.6mm,维修极限为0.2mm。如果铆钉深度小于维修极限,则应更换离合器盘。

4)压板和离合器盘的安装

①在离合器盘的花键孔内涂上润滑脂。

②如图2-27所示,借助专用工具(离合器盘定位工具07PAF-0020000)将离合器盘定位,装上压板,用手带紧压板螺栓,按交叉、分次拧紧压板螺栓。螺栓拧紧力矩为25N·m。

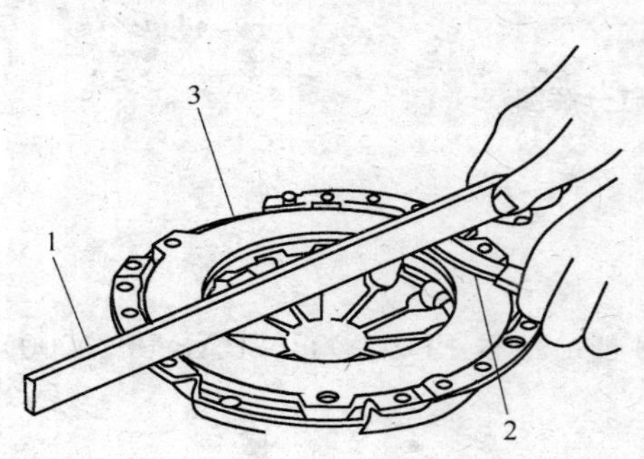

图2-26 检查压板表面变形

1. 直尺 2. 塞尺 3. 压板

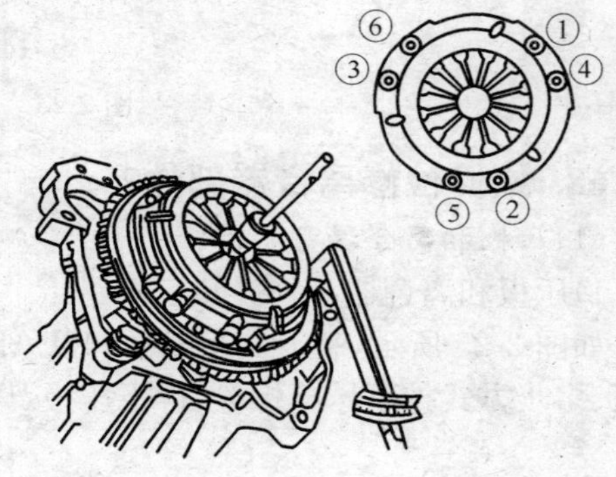

图2-27 安装压板和离合器盘

(2)导向轴承的检查与更换

离合器导向轴承的检查与更换方法如下:

①用手指转动曲轴轴承孔内导向轴承的内圈,导向轴承应转动平顺,并检查导向轴承外圈与曲轴轴承孔配合应无松动。否则,应更换导向轴承。

②如图2-28所示,用专用工具(07936-KC10500、07741-0010201)拉出导向轴承。

③如图2-29所示,借助专用工具(07749-0010000、07946-1870100)将新的导向轴承装入曲轴轴承孔内,并在导向轴承内圈表面涂上薄层润滑油。

(3)分离轴承检查与更换

离合器分离轴承的检查与更换方法如下:

①如图2-30所示,用手钳挤压分离叉弹簧,将分离叉从离合器壳体上拆下来,取下分离轴承。分离轴承含有润滑脂,不要用溶剂清洗。

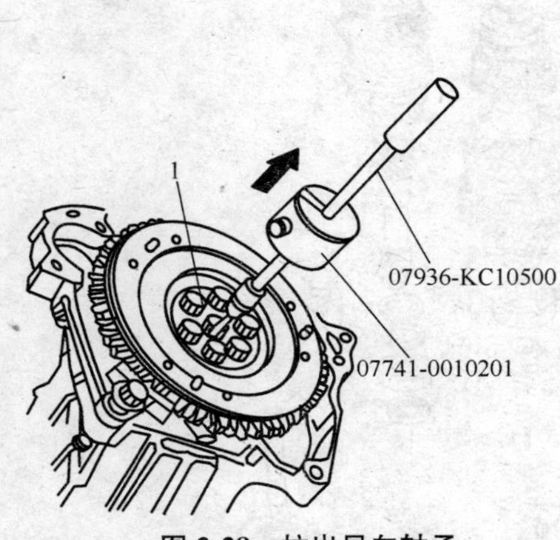

图 2-28　拉出导向轴承

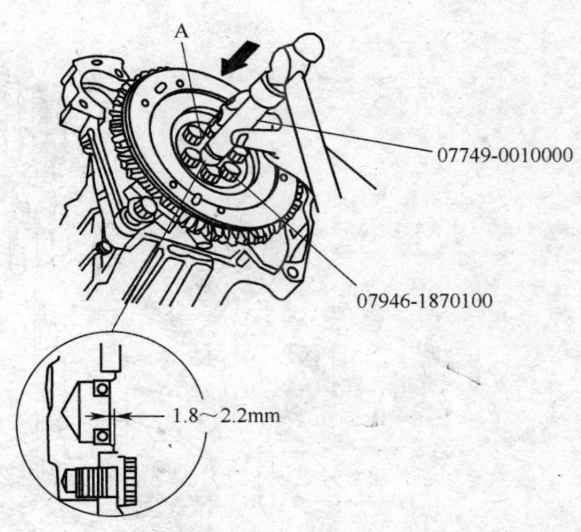

图 2-29　装入导向轴承

②用手旋转分离轴承，检查分离轴承间隙。如果间隙过大，则应更换分离轴承。

③如图 2-31 所示，在分离叉、分离叉螺栓、分离轴承导柱（变速器主轴）处涂上润滑脂。

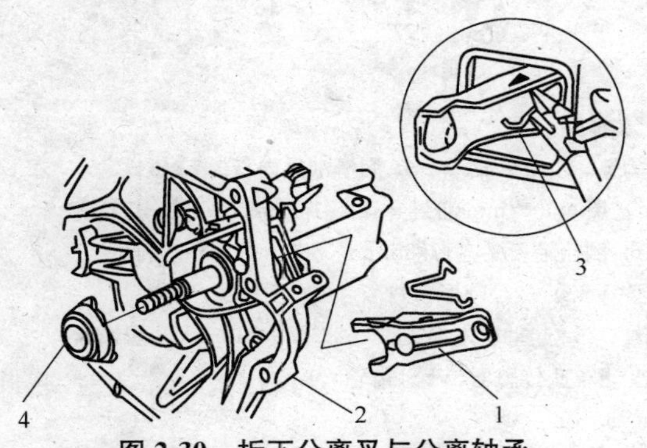

图 2-30　拆下分离叉与分离轴承

1. 分离叉　2. 离合器壳体

3. 分离叉离合杆簧　4. 分离轴承

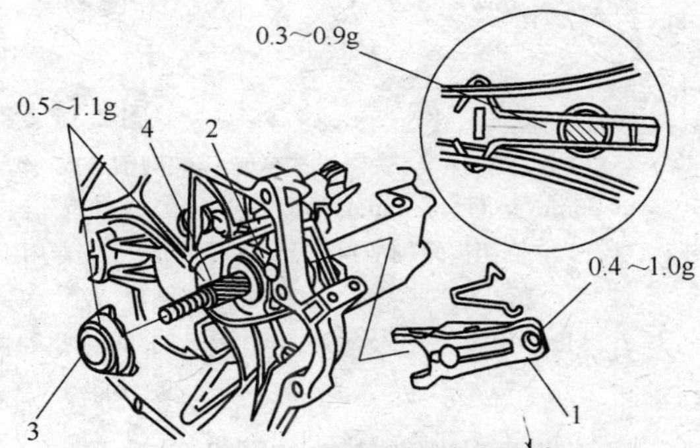

图 2-31　在阴影区域涂润滑脂

1. 分离叉　2. 分离叉螺栓

3. 分离轴承　4. 分离轴承导柱

④将分离轴承套装在分离轴承导柱（变速器主轴）上，将分离叉装到离合器壳体上，并与分离轴承正确连接。

⑤如图 2-32 所示，检查分离轴承应能顺畅滑动。

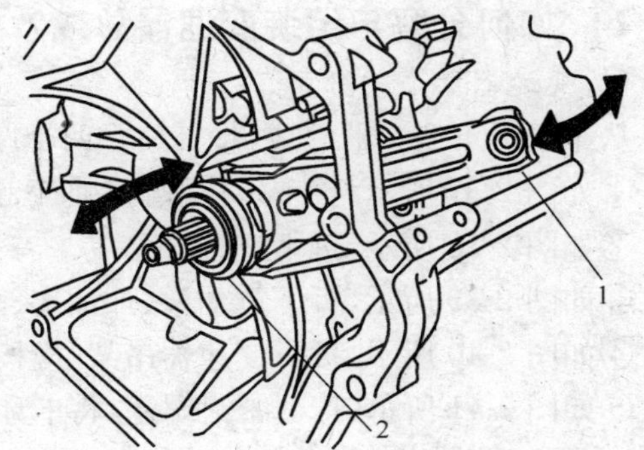

图 2-32　检查分离轴承滑动

1. 分离叉　2. 分离轴承

69. 变速器由哪几部分组成？

飞度轿车变速器由主轴总成、副轴总成、换档拨叉总成、主减速器与差速器、选档杆总成、操纵机构、壳体等组成。

变速器主轴总成、副轴总成、换档拨叉总成、主减速器与差速器、离合器壳如图 2-33

所示。

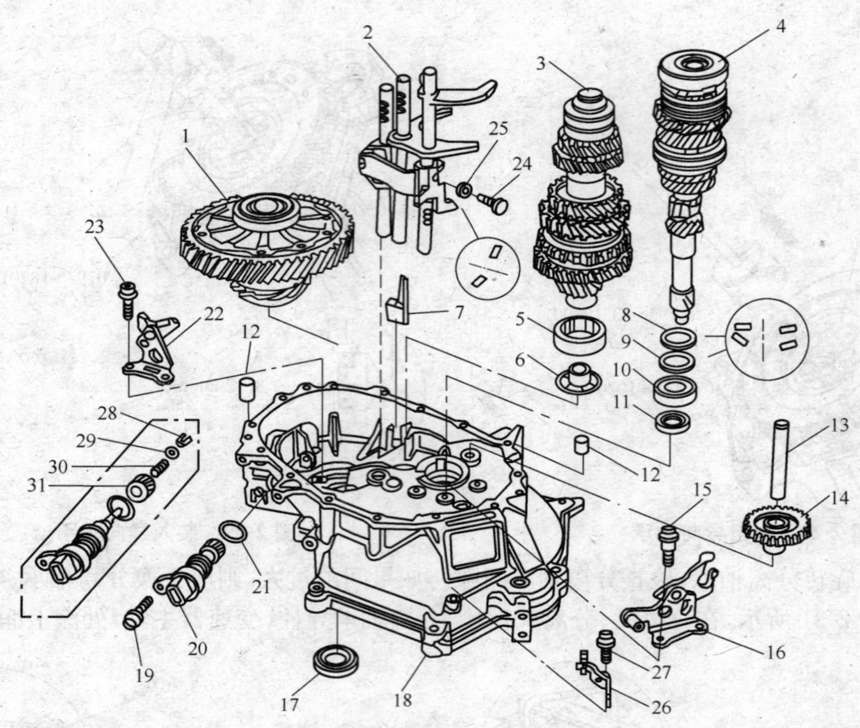

图 2-33 变速器分解图(1)

1. 差速器 2. 换档拨叉总成 3. 副轴总成 4. 主轴总成 5. 滚针轴承 6. 润滑油导向板 7. 磁铁 8. 26mm 垫圈 9. 36mm 弹簧垫圈 10. 球轴承 11. 26mm×40mm×7mm 油封 12. ϕ14 mm×20mm 定位销 13. 倒档齿轮轴 14. 反向惰轮 15. M6 专用螺栓 16. 倒档轴拨叉 17. 35mm×55mm×8mm 油封 18. 离合器壳体 19. M8 凸缘螺栓 20. 车速传感器(VSS) 21. O 形密封圈 22. 倒档锁凸轮 23. M6 专用螺栓 24. M8 专用螺栓 25. 8mm 垫圈弹簧垫圈 26. 起动机电缆支架 27. M6×10mm 凸缘螺栓 28. E 形环 29. 垫圈 30. 弹簧 31. 车速传感器(VSS)齿轮

变速器壳及相关零件如图 2-34 所示。

变速器选档杆总成如图 2-35 所示。

变速器操纵机构如图 2-36 所示。

70. 如何分解与组装变速器总成?

(1)变速器总成的分解

从车上拆下变速器总成,将其放在两个厚木块上,以免主轴碰撞工作台。

①如图 2-37 所示,拆下定位螺钉、弹簧、钢珠及倒车灯开关。

②如图 2-38 所示,拆下选档杆总成。

③如图 2-39 所示,拆下放油塞、加油塞、车速表传动齿轮。

④如图 2-40 所示,拆下变速器吊架,应按交叉、分步拧下变速器壳体连接螺栓。

⑤如图 2-41 所示,拧下密封螺塞,将卡环张开,装到副轴轴承上,再用卡环钳将其从凹槽内取出,取下变速器壳体。

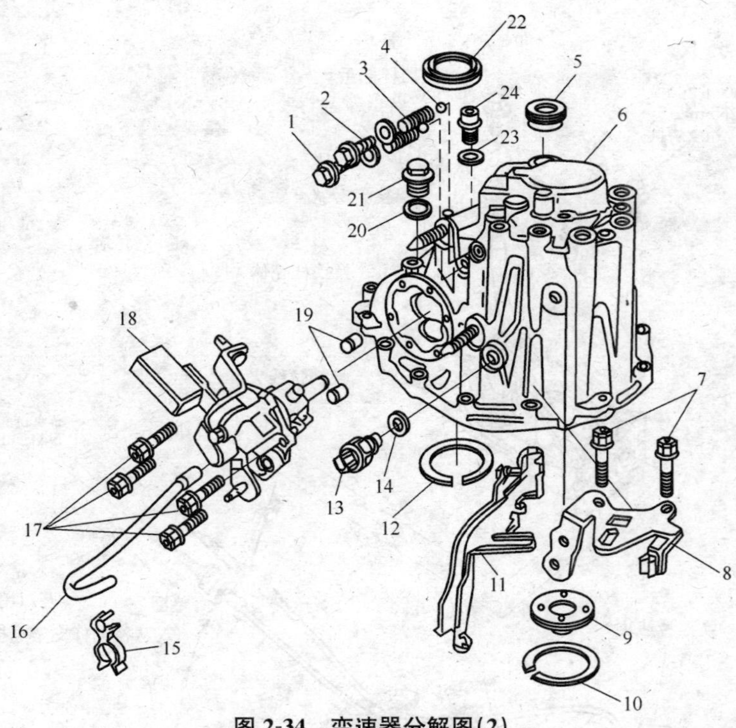

图 2-34　变速器分解图(2)

1. 定位销　2. 12mm 垫圈　3. 弹簧　4. 钢球　5. 32mm 密封螺塞　6. 变速器壳体　7. 8mm 凸缘螺栓　8. 变速器吊架　9. 润滑油导向板　10. 72mm 垫片　11. 排油槽板　12. 72mm 垫片(1. 2L、1. 3L 发动机),80mm(1. 5L 发动机)　13. 倒车灯开关　14. 18mm 垫圈　15. 通气管夹　16. 通气管　17. 6mm 凸缘螺栓　18. 换档杆总成　19. ϕ8mm×10mm 定位销　20. 20mm 垫圈　21. 注油塞　22. 35mm×56mm×8mm 油封　23. 14mm 垫圈　24. 排放塞

GREASE
(P/N 41211-PY5-305)
M6×1.0
9.8N·m
变速杆
防尘罩
滚柱
GREASE
(P/N 41211-PY5-305)
油封
通气管
防尘密封件
选挡件
换档臂盖
GREASE
(P/N 41211-PY5-305)
变速杆盖
选挡弹簧套环
GREASE
(P/N 41211-PY5-305)
选挡弹簧
换挡臂
选挡弹簧板
联锁机构
弹簧垫圈
M8×1.25

图 2-35　变速器分解图(3)

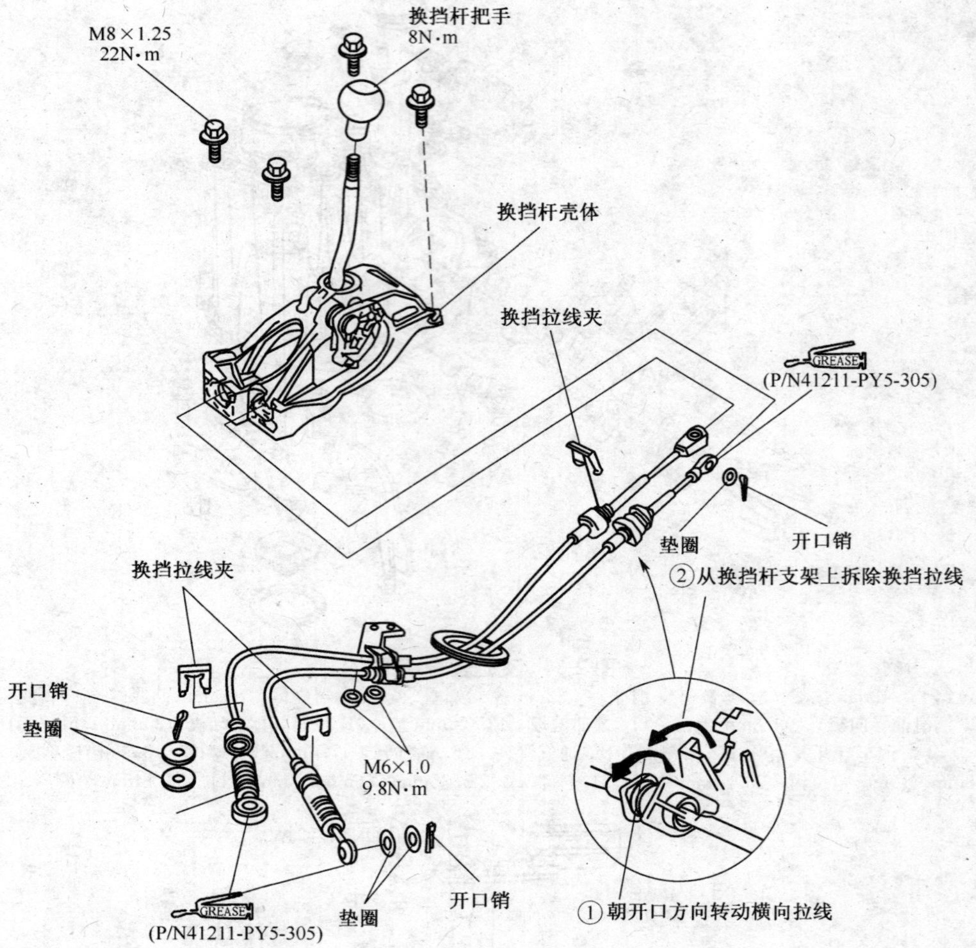

图 2-36　变速器分解图(4)

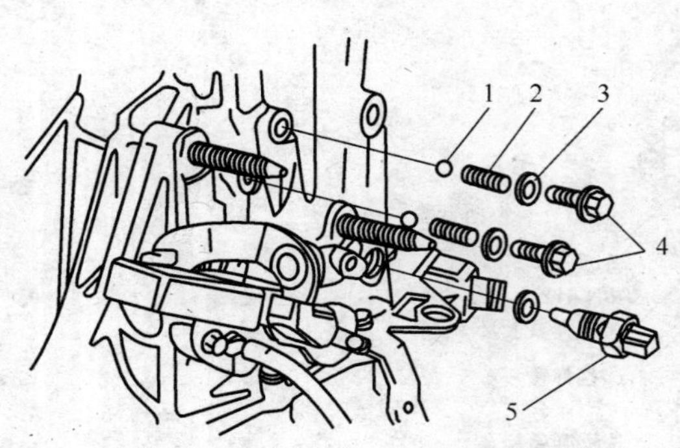

图 2-37　拆下定位螺钉、弹簧、钢珠及倒车灯开关

1. 钢珠　2. 弹簧　3. 垫圈　4. 定位螺钉　5. 倒车灯开关

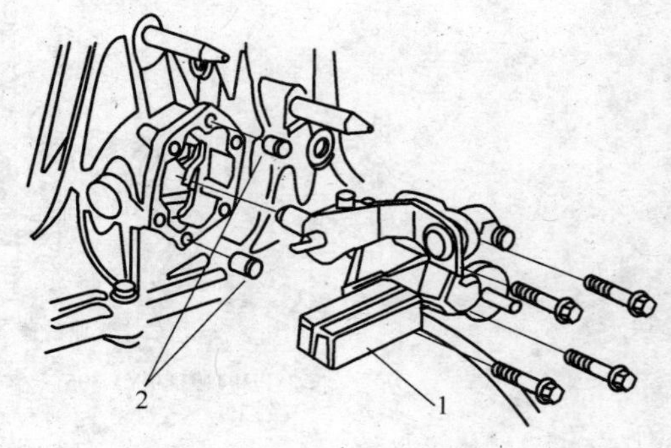

图 2-38　拆下换档杆总成

1. 换档杆总成　2. 定位销

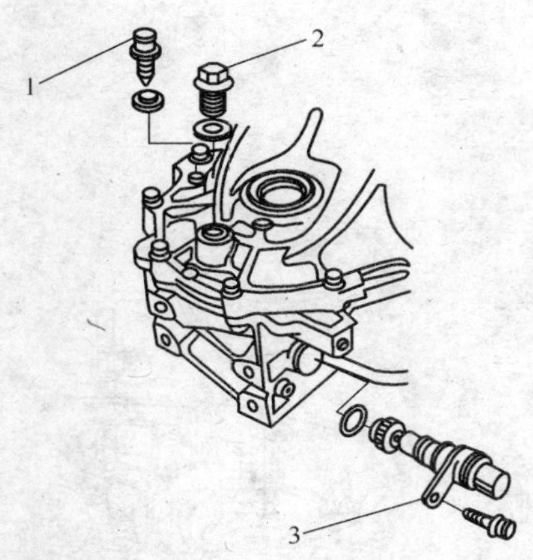

图 2-39　拆下放油塞、加油塞及车速表传动齿轮

1. 放油塞　2. 加油塞　3. 车速传感器(VSS)

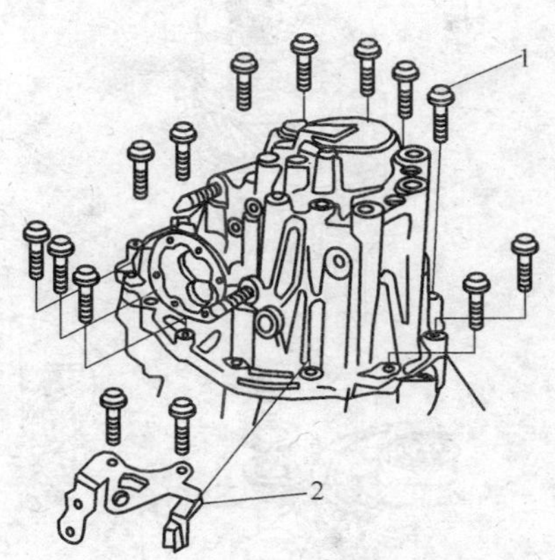

图 2-40　拧下变速器壳体连接螺栓

1. 凸缘螺栓　2. 变速器吊架

⑥如图 2-42 所示，拆下倒档惰轮和倒档惰轮轴。

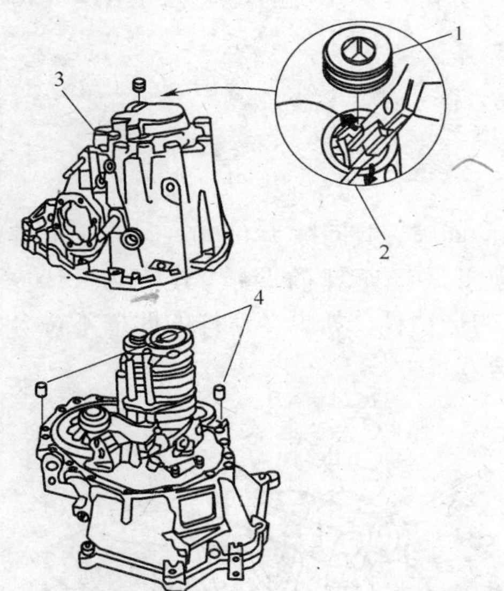

图 2-41　拆下密封螺塞、卡环及变速器壳体

1. 32mm 密封螺塞　2. 卡环
3. 变速器壳体　4. 定位销

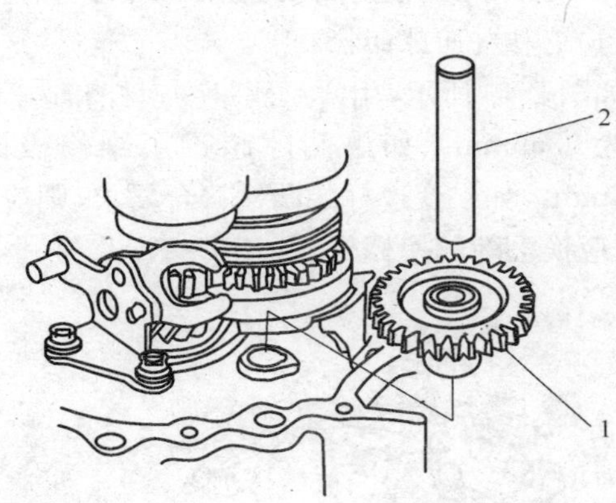

图 2-42　拆下倒档惰轮和倒档惰轮轴

1. 惰轮　2. 惰轮轴

⑦如图 2-43 所示，将换档拨叉总成、主轴总成和副轴总成一起从离合器壳体上取下。

⑧如图 2-44 所示，取下差速器总成，拆下磁铁、排油板、润滑油导向板。

(2)变速器总成的组装

按与分解相反的顺序组装变速器总成。组装时，壳体接合面应涂上液体密封胶。涂抹液体密封胶后，如果超过 5min 未安装，则必须重新涂胶。如图 2-45 所示，按顺序交叉、分步拧紧变速器壳体连接螺栓。拧紧力矩为 27N·m 。

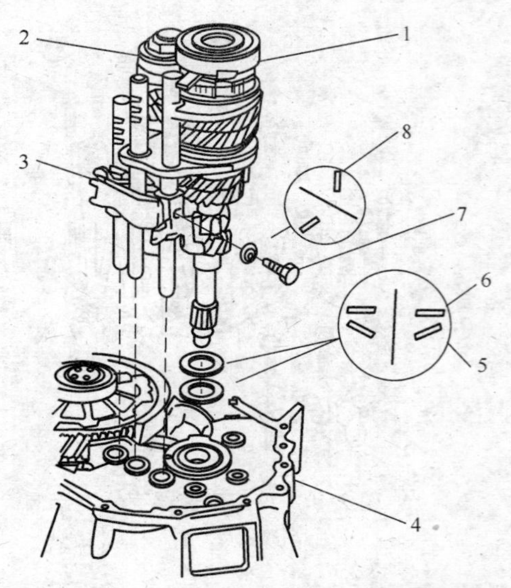

图 2-43　取下换档拨叉总成、主轴总成和副轴总成

1. 主轴总成　2. 副轴总成　3. 换档拨叉
4. 离合器壳体　5. 36mm 弹簧垫圈　6. 26mm 垫圈
7. 8mm 专用螺栓　8. 磁铁

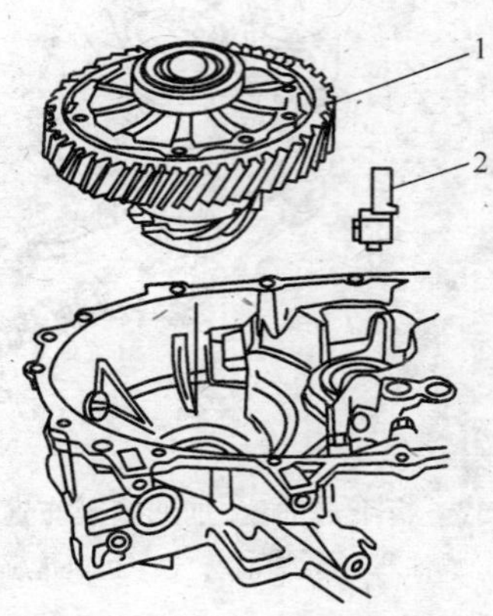

图 2-44　取下差速器总成

1. 差速器总成　2. 磁铁

71. 如何检测换档装置的间隙?

(1)选档杆间隙的检测

如图 2-46 所示,用塞尺测量变速杆和选档杆之间的间隙。其间隙为 0.05～0.35mm,维修极限为 0.55mm。如果间隙超过了维修极限,则应测量变速杆的凹槽,其值为 13.00～13.15mm。如果变速杆的凹槽符合要求,则应换上新的选档杆。如果变速杆的凹槽不符合要求,则应换上新的换档杆。

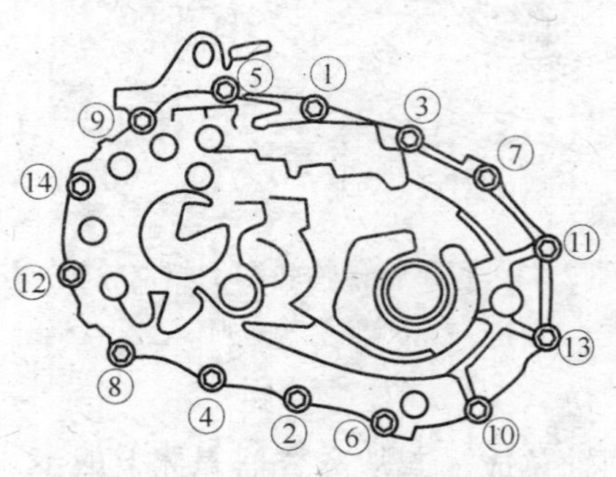

图 2-45　变速器壳体连接螺栓拧紧顺序

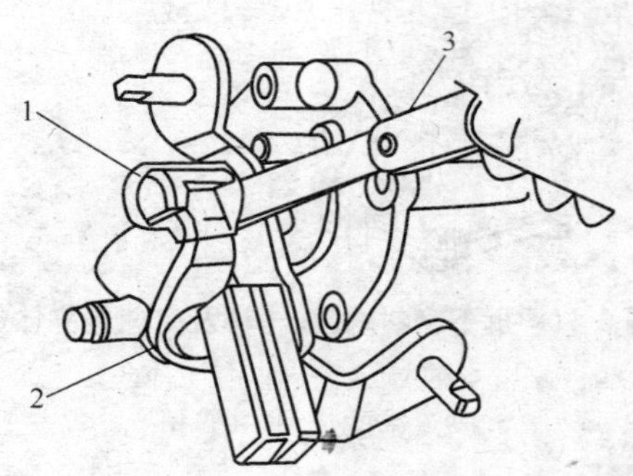

图 2-46 测量变速杆与选档杆之间的间隙

1. 变速杆　2. 选档杆　3. 塞尺

(2)倒档拨叉间隙的检测

如图 2-47 所示,用塞尺测量倒档惰轮和倒档轴拨叉之间的间隙。其间隙为 1.30～1.90mm,维修极限为 2.5mm。如果间隙超过了维修极限,则应检测倒档轴拨叉的宽度。其宽度为 13.5～13.8mm。如果宽度符合要求,则应换上新的倒档齿轮。如果宽度不符合要求,则

应换上新的倒档拨叉。

(3)换档拨叉间隙的检测

①如图 2-48 所示,测量每个换档拨叉和与其配合的同步齿套之间的间隙。其间隙为 0.35～0.65mm,维修极限为 1.0mm。如果间隙超过维修极限,则应测量换档拨叉的厚度。1/2、3/4 档拨叉的厚度为 7.4～7.6mm,5 档拨叉的厚度为 6.7～6.9mm。如果换档拨叉的厚度不符合要求,则应换上新的换档拨叉。如果换档拨叉的厚度符合要求,则应换上新的同步齿套。

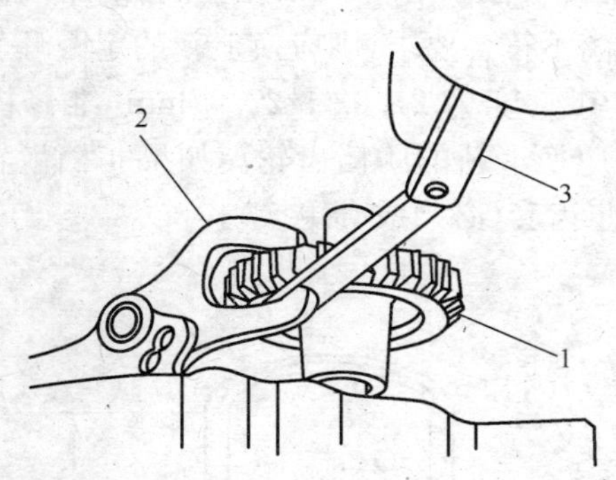

图 2-47　测量倒档惰轮与倒档轴拨叉之间的间隙

1. 倒档惰轮　2. 倒档轴拨叉　3. 塞尺

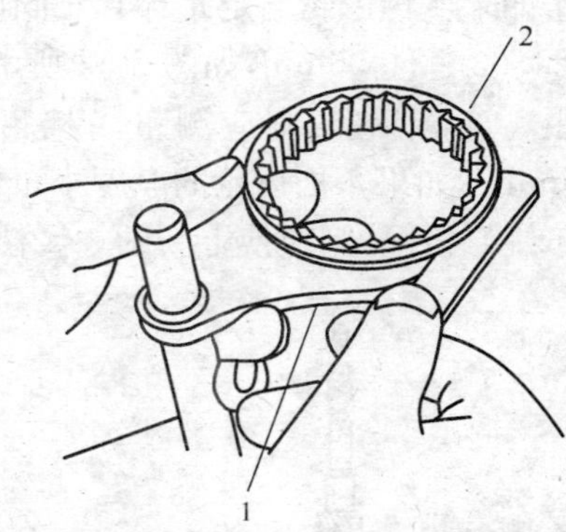

图 2-48　测量换档拨叉与同步齿套之间的间隙

1. 换档拨叉　2. 同步齿套

②如图 2-49 所示,用塞尺测量换档拨叉和换档臂之间的间隙。其间隙为 0.2～0.5mm,维修极限为 0.62mm。如果间隙超过维修极限,则应测量换档臂的宽度。其宽度为 12.9～13.0mm。如果换档臂的宽度不符合要求,则应换上新的换档臂。如果换档臂的宽度符合要求,则应换上新的换档拨叉或换档片。

72. 如何检修主轴总成?

(1)主轴总成间隙的检测

测量主轴总成间隙时,用合适的管座与轴承内圈配合,将主轴竖立起来。

①如图 2-50 所示,用塞尺测量 2 档与 3 档齿轮之间的间隙。其间隙为 0.06～0.21mm,维修极限为 0.33mm。

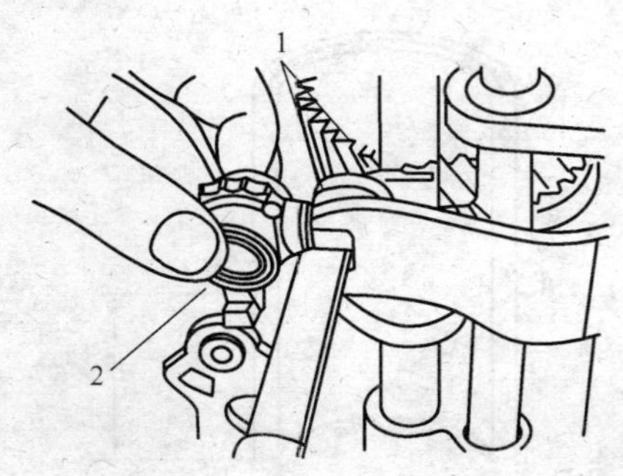

图 2-49　测量换档拨叉和换档臂之间的间隙

1. 换档拨叉　2. 换档臂

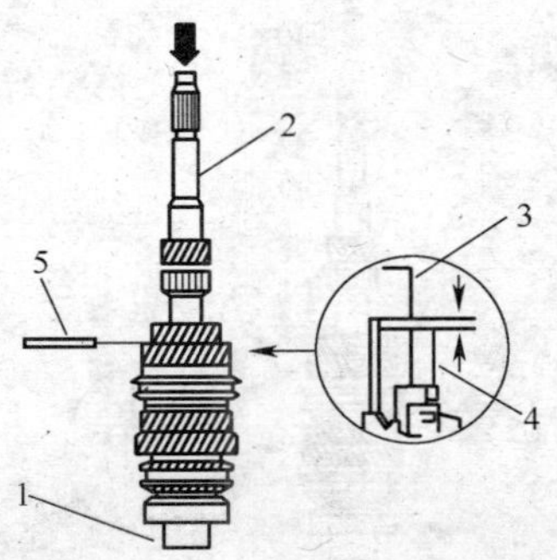

图 2-50　测量 2 档与 3 档齿轮之间的间隙

1. 管座　2. 主轴　3. 2 档齿轮　4. 3 档齿轮　5. 塞尺

②如果 2 档与 3 档齿轮之间的间隙大于维修极限，则测量 3 档齿轮的厚度。其厚度为 27.92～27.97mm，维修极限为 27.85mm。如果 3 档齿轮的厚度小于维修极限，则应换上新的 3 档齿轮。如果 3 档齿轮的厚度大于维修极限，则应换上新的 3 档/4 档同步毂和同步齿套（必须成套更换）。

③如果 2 档与 3 档齿轮之间的间隙小于维修极限，则应用百分表测量 4 档齿轮与定距环套之间的间隙。其间隙为 0.06～0.19mm，维修极限为 0.31mm，如图 2-51 所示。

④如果 4 档齿轮与定距环套之间的间隙超过维修极限，则应测量定距环套的距离。其距离为 24.03～24.06mm，如图 2-52 所示。如果其距离不符合要求，则应换上新的定距环套。如果其距离符合要求，则应测量 4 档齿轮的厚度。其厚度为 27.02～27.07mm，维修极限为 26.95mm。如果 4 档齿轮的厚度小于维修极限，则应换上新的 4 档齿轮。如果 4 档齿轮的厚度小于维修极限，则应换上新的 3/4 档同步毂和同步齿套（必须成套更换）。

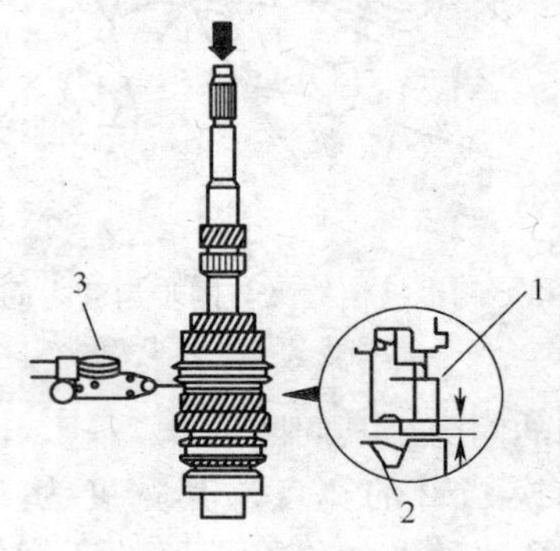

图 2-51　测量 4 档齿轮与定距环套之间的间隙

1. 4 档齿轮　2. 定距环套　3. 百分表

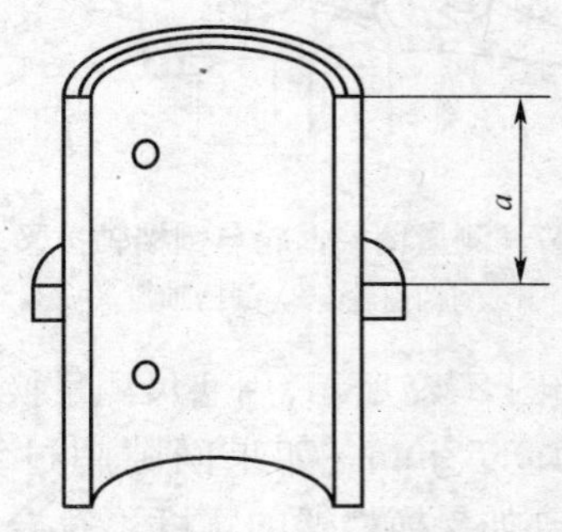

图 2-52　测量定距环套的距离

a—定距环套距离

⑤如图 2-53 所示，用百分表测量定距环套与 5 档齿轮之间的间隙。其间隙为 0.06～0.19mm，维修极限为 0.31mm。

⑥如果定距环套与 5 档齿轮之间的间隙超过维修极限，则应测量定距环套的距离。其距离为 24.03～24.06mm，如图 2-54 所示。如果其距离不符合要求，则应换上新的定距环套。

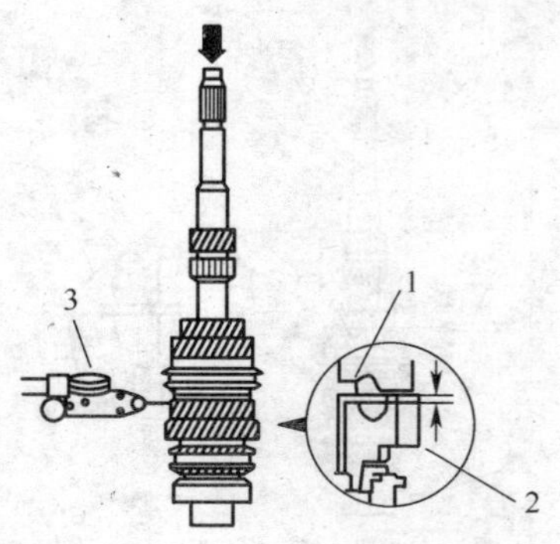

图 2-53　测量定距环套与 5 档齿轮之间的间隙

1. 定距环套　2. 5 档齿轮　3. 百分表

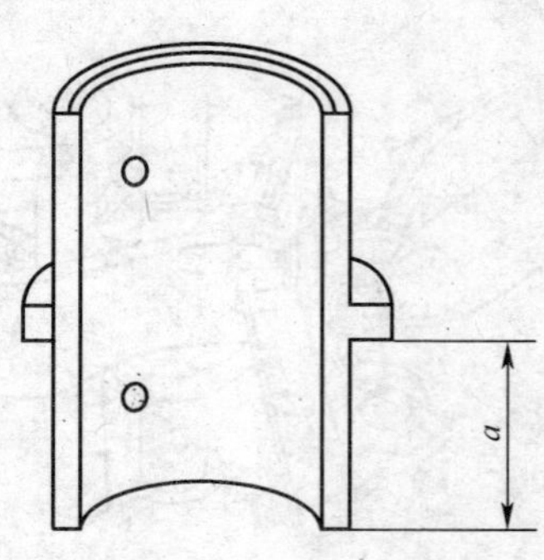

图 2-54　测量定距环套的距离

a—定距环套距离

⑦如果定距环套的距离符合要求，则应测量5档齿轮的厚度。其厚度为28.92～28.97mm，维修极限为28.85mm。如果5档齿轮的厚度小于维修极限，则应换上新的5档齿轮。如果5档齿轮的厚度大于维修极限，则应换上新的5档同步毂和同步齿套（必须成套更换）。

（2）主轴总成的分解

主轴总成的零件如图2-55所示。

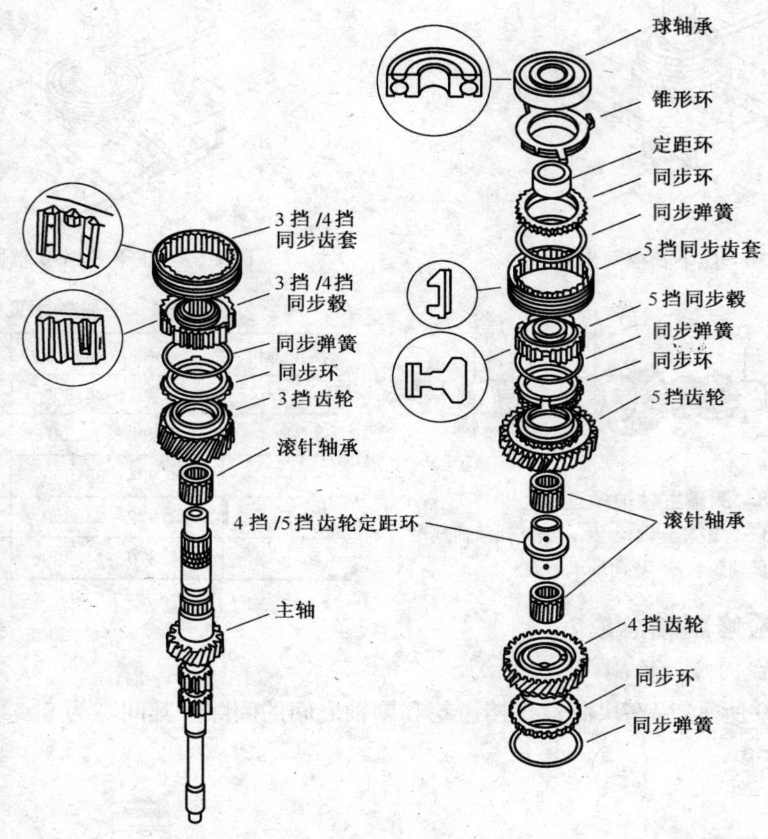

图2-55 主轴总成分解图

①拆下主轴轴承、锥形环、定距环套、同步环和5档齿套。

②如图2-56所示，从主轴上压下5档同步毂。

③如图2-57所示，从主轴上压下3档/4档同步毂。

（3）主轴的检测

①如图2-58所示，分别在A、B、C、D、E点测量主轴轴颈直径，其值见表2-1。如果主轴任何轴颈直径小于维修极限（E除外），则应换上新的主轴。

②如图2-59所示，将主轴旋转两周，检查主轴的圆跳动量。其最大圆跳动量为0.02mm，维修极限为0.05mm。如果主轴圆跳动量超过维修极限，则应换上新的主轴。

（4）主轴的组装

按与分解相反的顺序组装主轴总成。组装时，除3档/4档、5档同步毂以外，应在其他配合面涂上润滑油。

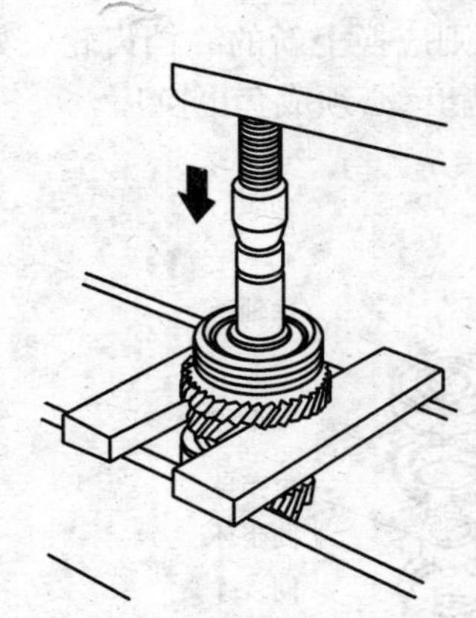

图 2-56 压下 5 档同步毂

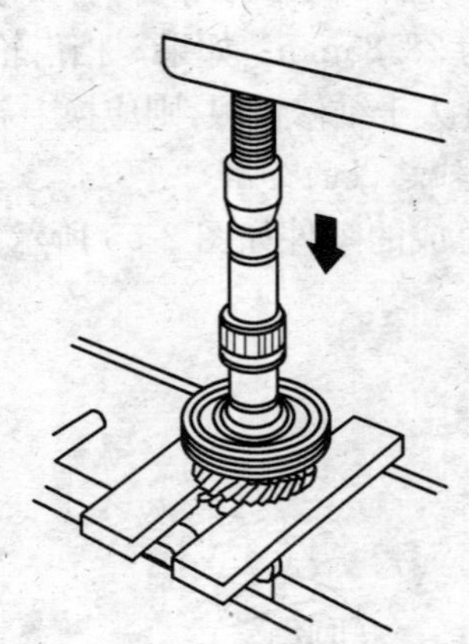

图 2-57 压下 3 档/4 档同步毂

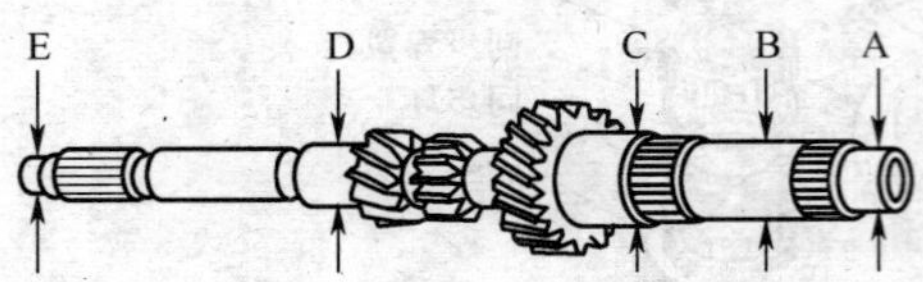

图 2-58 测量主轴轴颈直径

A—球轴承轴颈 B—定距环套轴颈 C—滚针轴承轴颈 D—球轴承轴颈 E—导向轴承轴颈

表 2-1 主轴轴颈直径

测量部位	标准值/mm	维修极限/mm
A	25.987～26.000	25.93
B	25.992～29.00	25.93
C	34.984～35.000	34.93
D	25.977～25.990	25.92
E	14.870～14.890	—

73. 如何检修副轴总成?

(1)副轴总成间隙的检测

①如图 2-60 所示,用塞尺测量 1 档齿轮和副轴之间的间隙。其间隙为 0.03～0.12mm,维修极限为 0.24mm。

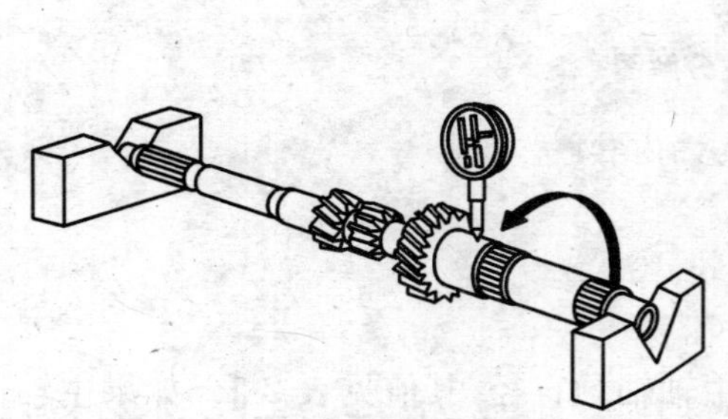

图 2-59 测量主轴圆跳动量

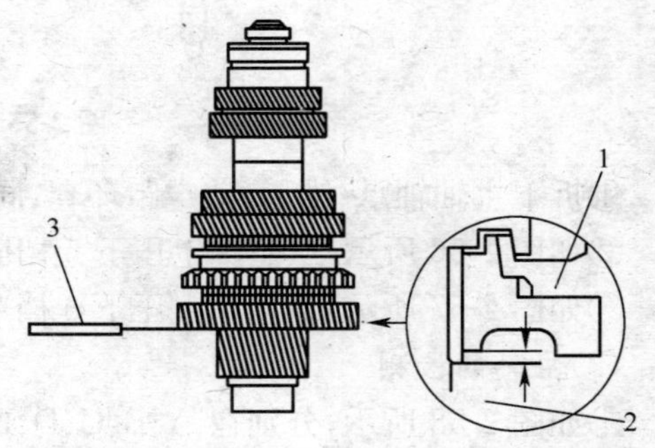

图 2-60 测量 1 档齿轮和副轴之间的间隙

1. 1 档齿轮 2. 副轴 3. 塞尺

②如果 1 档齿轮和副轴之间的间隙超过维修极限,则应测量 1 档齿轮厚度。其厚度为 26.89～26.94mm,维修极限为 26.86mm。如果 1 档齿轮的厚度小于维修极限,则应换上新的 1 档齿轮。如果 1 档齿轮的厚度符合要求,则应换上新的 1 档/2 档同步毂和同步齿套(必须成套更换)。

③如图 2-61 所示,用塞尺测量 2 档齿轮和 3 档齿轮之间的间隙。其间隙为 0.04～

0.12mm，维修极限为0.24mm。

④如果2档齿轮和3档齿轮之间的间隙超过维修极限，则应测量定距环套的厚度，如图2-62所示。其厚度为27.53～27.56mm，维修极限为27.51mm。如果厚度小于维修极限，则应换上新的定距环套。

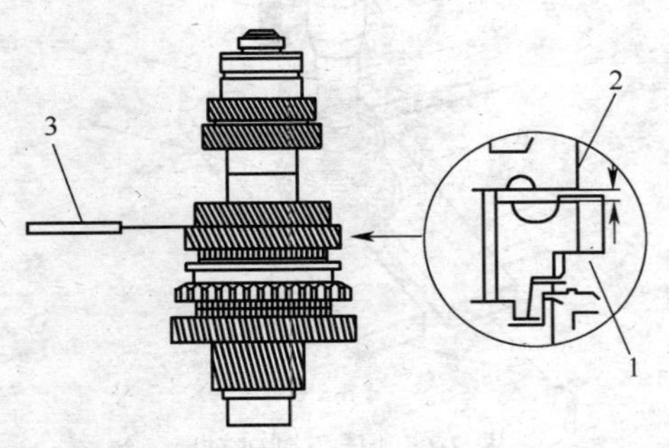

图2-61　测量2档齿轮和3档齿轮之间的间隙

1. 2档齿轮　2. 3档齿轮　3. 塞尺

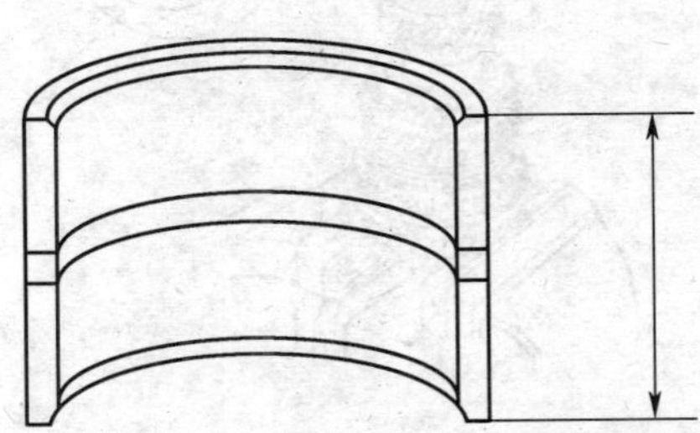

图2-62　测量定距环套的厚度

⑤如果定距环套厚度符合要求，则应测量2档齿轮的厚度。其厚度为27.41～27.46mm，维修极限为27.36mm。如果2档齿轮的厚度小于维修极限，则应换上新的2档齿轮。如果2档齿轮厚度符合要求，则应换上新的1档/2档同步毂和同步齿套（必须成套更换）。

(2)副轴总成的分解

副轴总成的零件如图2-63所示。

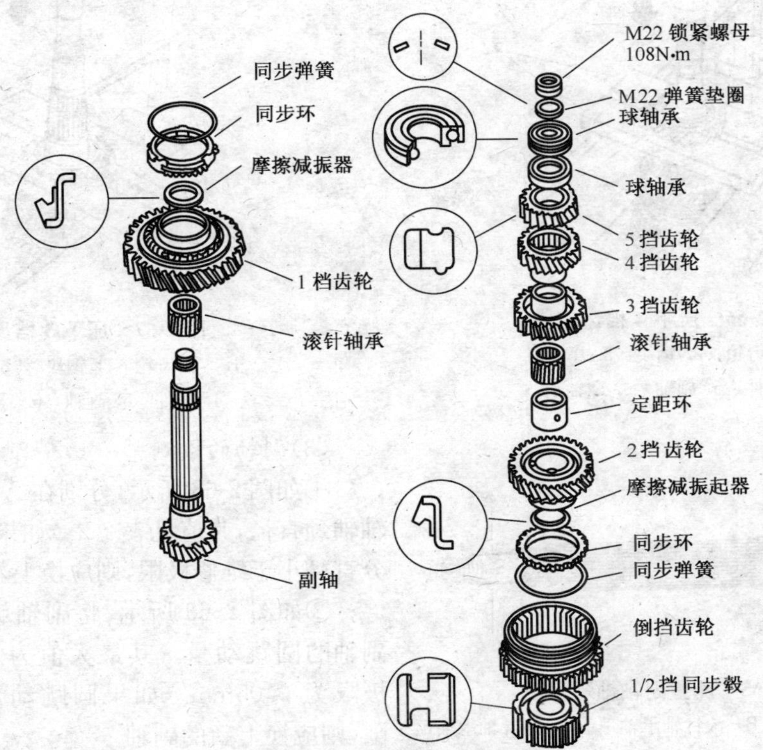

图2-63　副轴总成分解图

①如图 2-64 所示，使用木块将副轴总成牢固地夹在台虎钳上。使用凿子将锁紧螺母凸耳从副轴槽中撬起，拧下锁紧螺母(左旋螺纹)。

②如图 2-65 所示，压下副轴轴承。

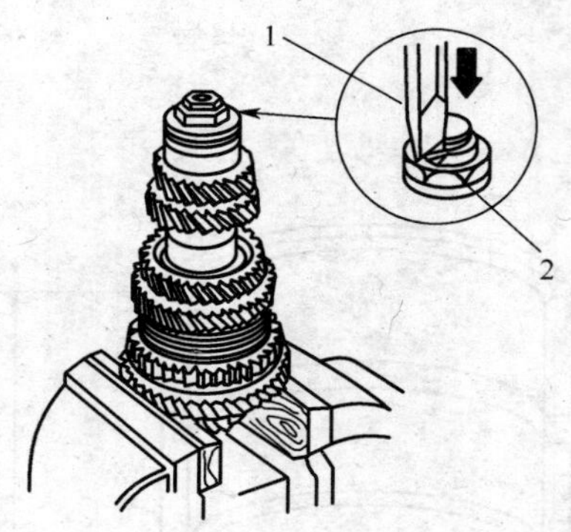

图 2-64　将副轴总成夹在台虎钳上

1. 凿子　2. 螺母凸耳

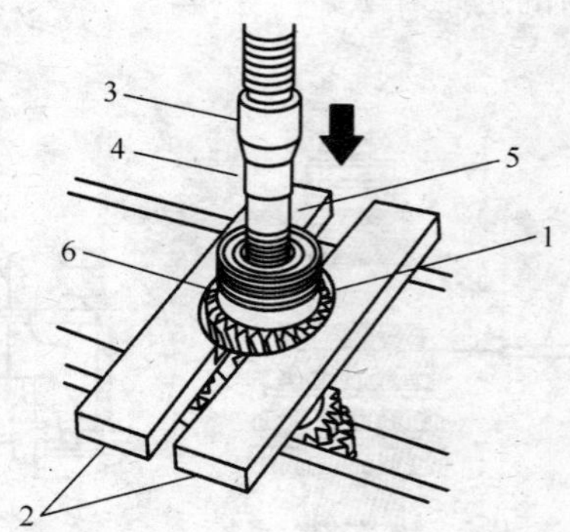

图 2-65　压下副轴轴承

1. 5 档齿轮　2. 钢块　3. 压力机　4. 附件　5. 副轴　6. 球轴承

③如图 2-66 所示，压下 4 档齿轮。

④如图 2-67 所示，压下 3 档齿轮。

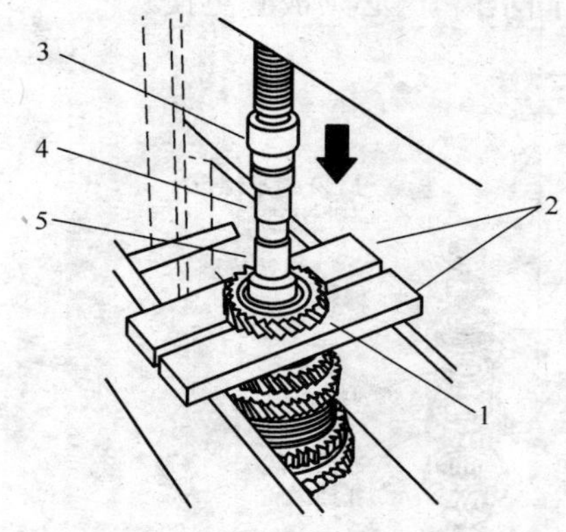

图 2-66　压下 4 档齿轮

1. 4 档齿轮　2. 钢块　3. 压力机　4. 附件　5. 副轴　6. 球轴承

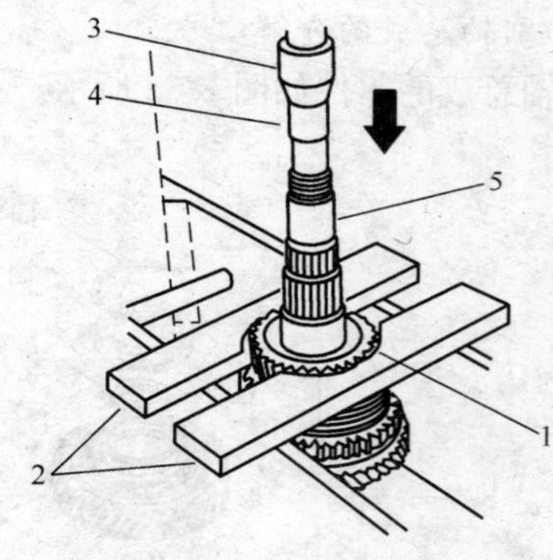

图 2-67　压下 3 档齿轮

1. 3 档齿轮　2. 钢块　3. 压力机　4. 附件　5. 副轴　6. 球轴承

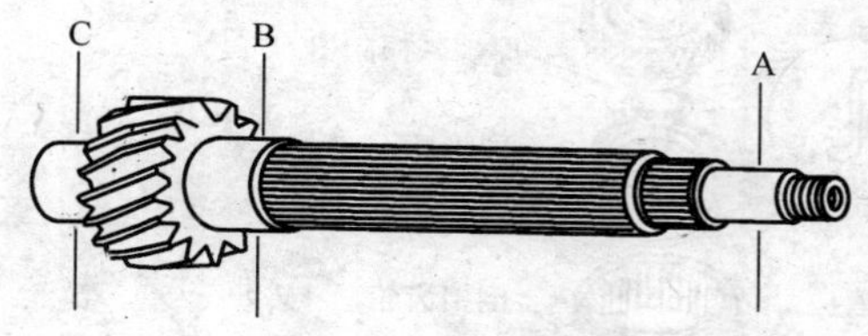

图 2-68　测量副轴轴颈直径

A—球轴承轴颈　B—滚针轴承轴颈　C—滚针轴承轴颈

(3)副轴的检测

①如图 2-68 所示，分别在 A、B、C 点测量副轴轴颈直径，其值见表 2-2。如果副轴的任何部分直径小于维修极限，则应换上新的副轴。

②如图 2-69 所示，将副轴旋转两周，检查副轴的圆跳动量。其最大值为 0.02mm，维修极限为 0.05mm。如果圆跳动量超过维修极限，则应换上新的副轴。

表 2-2 副轴轴颈直径

测量部位	标准值/mm	维修极限/mm
A	24.980～24.993	24.930
B	37.984～38.000	37.934
C	34.000～34.015	33.950

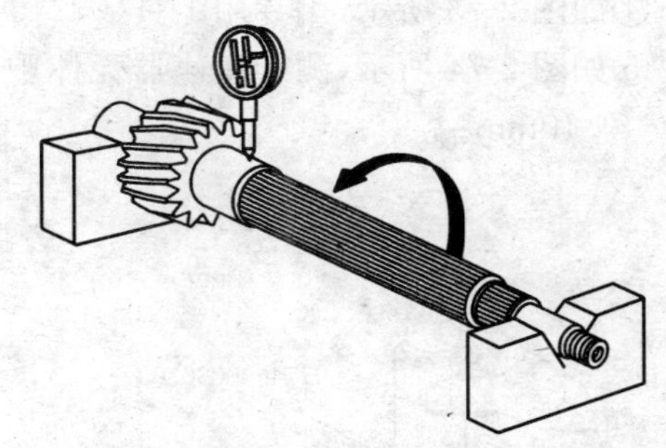

图 2.69 检查副轴的圆跳动量

(4)副轴总成的组装

按与分解相反的顺序组装副轴总成。组装时，在所有配合面涂上润滑油，将新的锁紧螺母拧紧至 108N·m，再将其拧松，再次拧紧到相同的力矩。

74. 如何检修差速器总成?

(1) 差速器总成的组成

差速器总成的零件如图 2-70 所示。

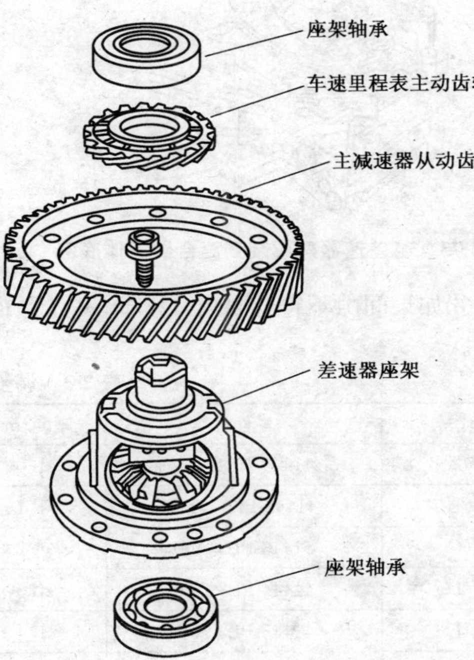

图 2-70 差速器总成分解图

(2)齿隙的检测

如图 2-71 所示，将差速器总成放在 V 形块上，装上传动轴，用百分表测量 2 个小齿轮的齿隙。其值为 0.05～0.15mm。如果齿隙不符合要求，则应更换差速器。

(3)差速器啮合间隙的调整

①如图 2-72 所示，安装调整垫片(72mm)。

②将差速器总成安装到离合器壳体上。

③将变速器壳体安装到离合器壳体上，并拧紧连接螺栓。

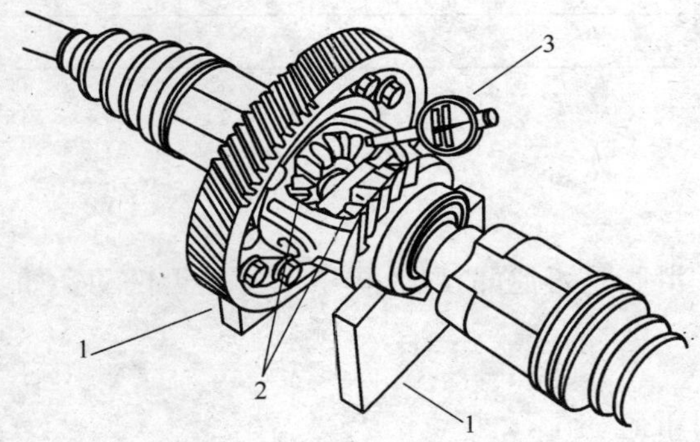

图 2-71 检测齿隙

1. V形块 2. 半轴齿轮 3. 百分表

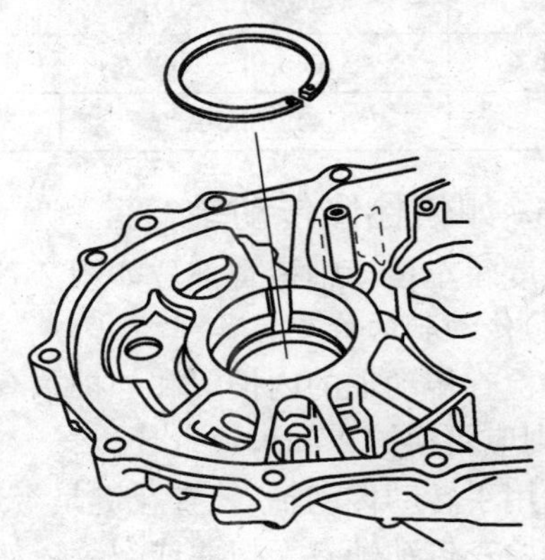

图 2-72 安装调整垫片

④如图 2-73 所示，用专用工具(07746-0030100)将差速器总成装到离合器壳体底部。

⑤如图 2-74 所示，测量变速器壳体中调整垫片(72mm)与轴承外圈之间的间隙。其间隙为 0～0.10mm。

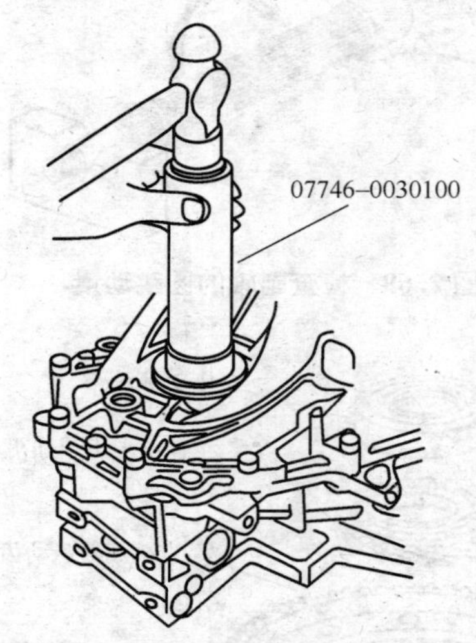

图 2-73　将差速器总成装到离合器壳体底部

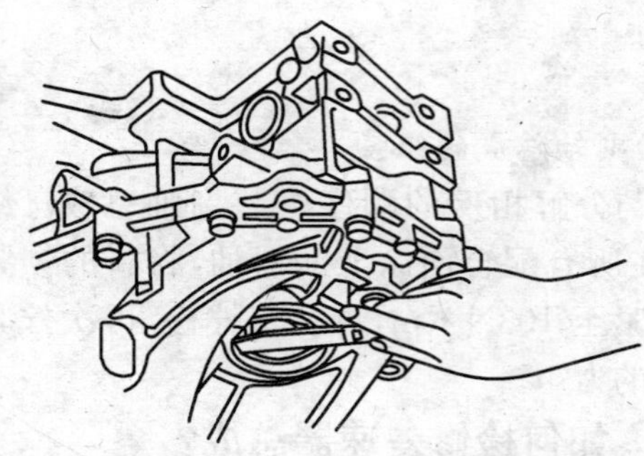

图 2-74　测量调整垫片(72mm)与轴承外圈之间的间隙

⑥如果间隙不符合要求，应选择一个新的调整垫片，见表 2-3。更换调整垫片后，重新检查间隙。

表 2-3　调整垫片(72mm)规格

代号	零件号	厚度/mm	代号	零件号	厚度/mm
A	41441-PL3-A00	1.0	K	41450-PL3-A00	1.05
B	41442-PL3- A00	1.1	L	41451-PL3-A00	1.15
C	41443-PL3-A00	1.2	M	41452-PL3-A00	1.25
D	41444-PL3-A00	1.3	N	41453-PL3-A00	1.35
E	41445-PL3-A00	1.4	P	41454-PL3-A00	1.45
F	41446-PL3-A00	1.5	Q	41455-PL3-A00	1.55
G	41447-PL3-A00	1.6	R	41456-PL3-A00	1.65
H	41448-PL3-A00	1.7	S	41457-PL3-A00	1.75
J	41449-PL3-A00	1.8			

75. 如何检修传动轴？

飞度轿车传动轴检查部位如图 2-75 所示。

(1)传动轴的检查

①检查传动轴的内护罩和外护罩有无破坏，润滑脂是否泄漏，以及护罩卡环是否松动。如果有，则应更换护罩和护罩卡环。

②用手转动传动轴，检查花键是否过松。

③检查传动轴有无扭曲或裂纹。如有，应予以更换。

(2)传动轴的拆卸

传动轴的拆卸顺序如下：

①拧松前轮螺母,举升车辆前部,拆下前轮。

②放净变速器油。

③拧下传动轴端螺母。

④拆下隔热盖。

⑤拆开转向节与下臂球头销连接。

⑥如图 2-76 所示,从前轮毂上拆下外球笼。

⑦如图 2-77 所示,从差速器上撬出内球笼。

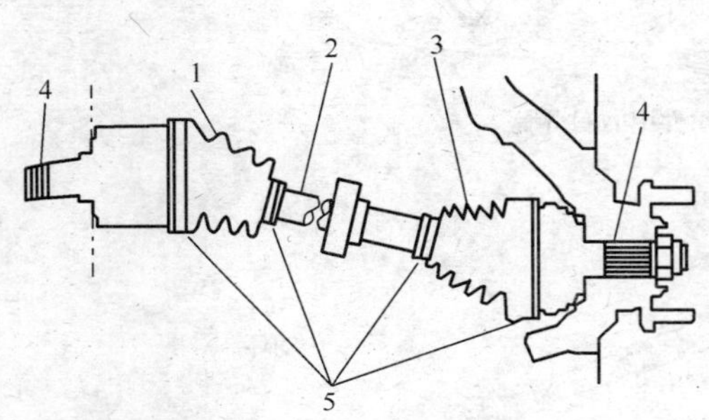

图 2-75 传动轴检查部位

1. 内护罩 2. 轴 3. 外护罩 4. 轴 5. 卡环

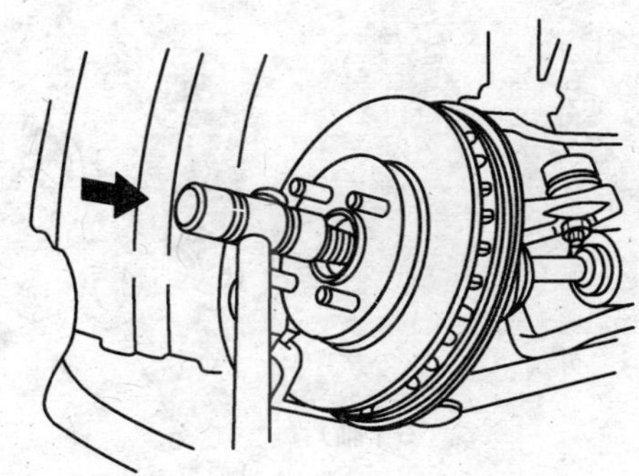

图 2-76 拆下外球笼

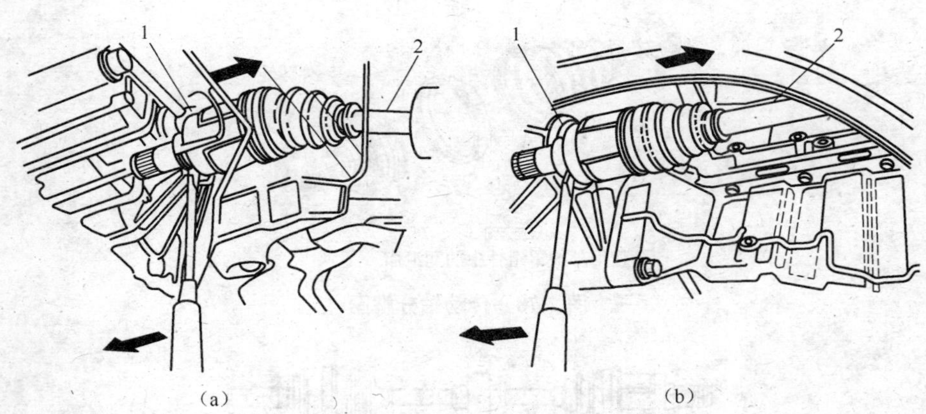

图 2-77 拆下内球笼

(a)左传动轴 (b)右传动轴

1. 内球笼 2. 传动轴

(3)传动轴的分解与组装

飞度轿车传动轴的零件如图 2-78 所示。

组装传动轴时,应检查与调整传动轴长度,如图 2-79 所示。左传动轴长度为 501~506mm,传动轴长度为 787~792mm。

(4)传动轴的安装

按与拆卸相反的顺序安装传动轴。安装完毕后,加注变速器油,检查前轮定位,必要时,进行调整。

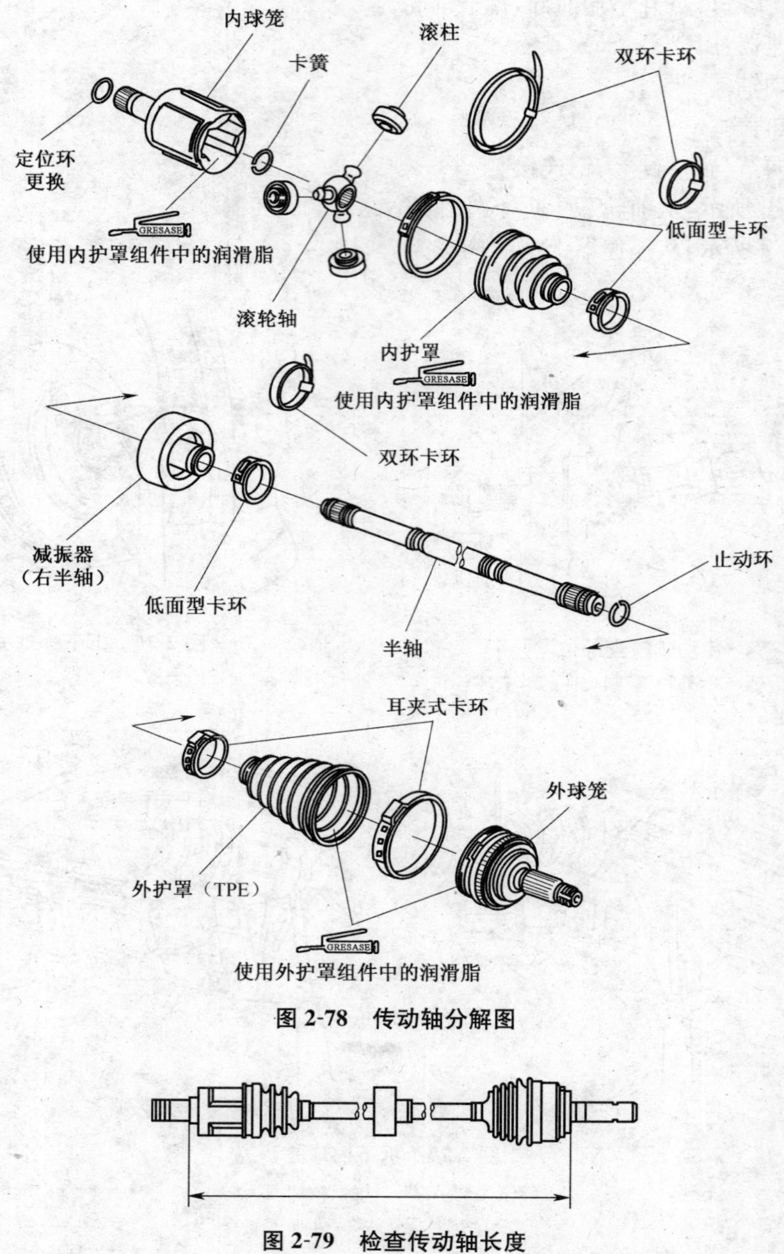

图 2-78　传动轴分解图

图 2-79　检查传动轴长度

第三节　上海别克凯越轿车离合器、变速器与传动轴的检修

76. 离合器由哪些部件组成？

凯越轿车采用液压操纵膜片弹簧式离合器，由离合器踏板、液压传动系统和离合器总成组成。

离合器踏板及离合器总泵如图 2-80 所示。

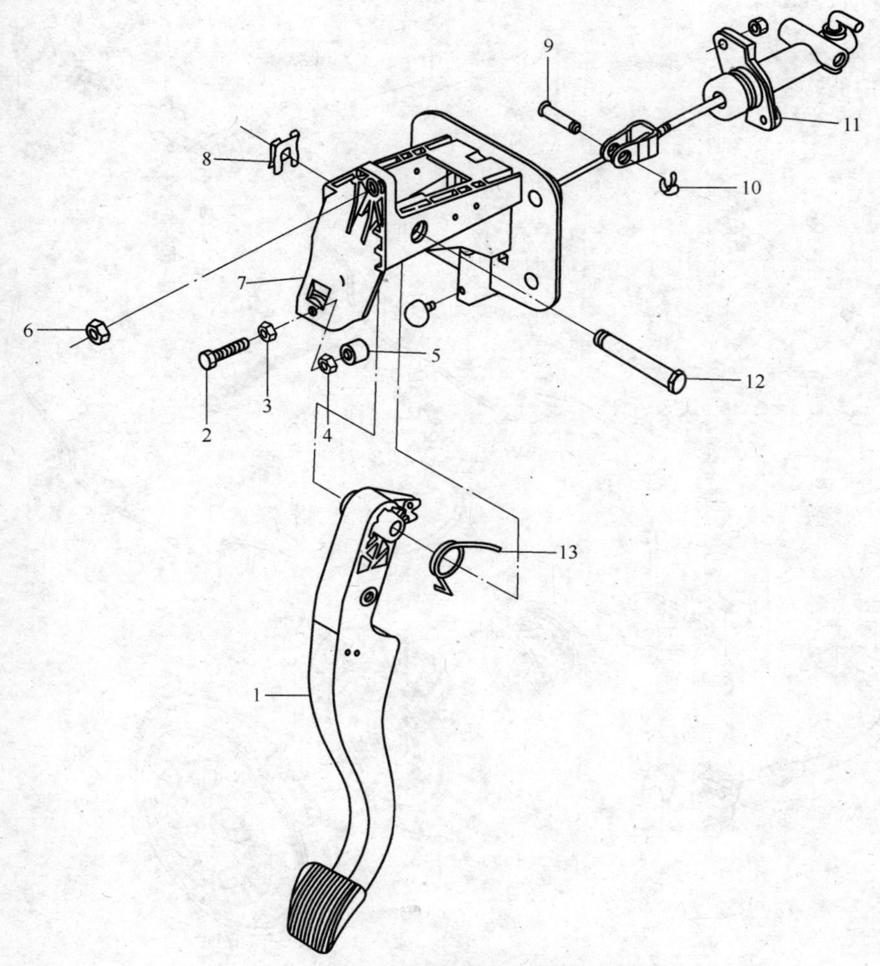

图 2-80 离合器踏板及离合器总泵

1. 离合器踏板 2. 螺栓 3、6. 螺母 4. 锁止螺母 5. 离合器踏板挡块 7. 支架 8. 固定卡片 9. 固定销 10. 固定卡环 11. 离合器总泵 12. 离合器踏板固定销 13. 回位弹簧

液压传动系统和离合器总成如图 2-81 所示。

77. 如何检查离合器工作状况?

离合器工作状况检查的内容主要是针对离合器接合、分离、打滑、异响的检查。

(1)离合器接合状况的检查

使发动机运转,踩下离合器踏板,将变速器挂上 1 档,缓慢抬起离合器踏板,如车辆能平稳起步,则表明离合器的接合状况良好。

(2)离合器分离状况的检查

变速器处于空档,发动机高速运转,踩下离合器踏板,挂 1 档或倒档,若各档能平稳接合,而汽车保持静止不动,则表明离合器可以彻底分离。否则,需要对离合器进行调整。

(3)离合器打滑的检查

拉紧驻车制动,踩下离合器踏板,将变速器挂入 1 档,一边提高发动机的转速,一边慢慢放松离合器踏板,若发动机停转,则表明离合器不打滑。

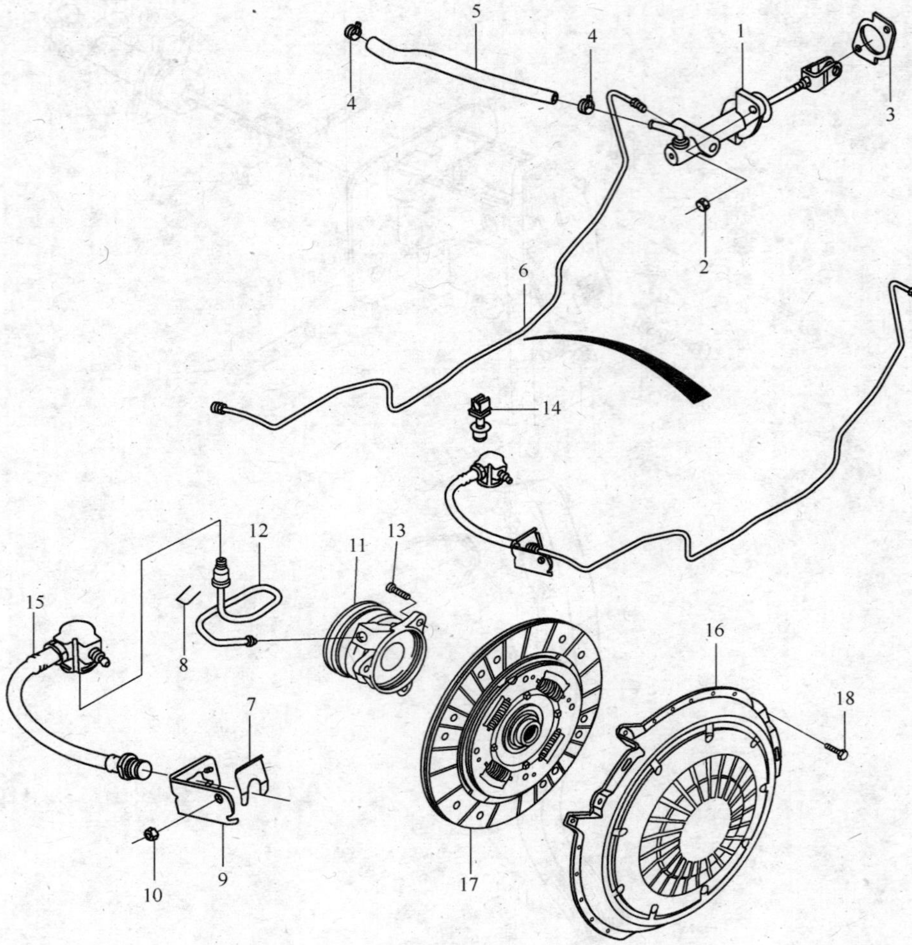

图 2-81 液压传动系统和离合器总成

1. 离合器总泵 2. 螺母 3. 垫片 4、7、8、14. 固定夹 5、6、12、15. 油管
9. 支架 10、13、18. 螺栓 11. 离合器分泵 16. 离合器压盘 17. 离合器片

(4)离合器异响的检查

在车辆行驶过程中，当踩下或松开离合器踏板时，离合器均没有异响出现，则表明离合器工作正常。若有异响，应立即检查，及时排除故障。

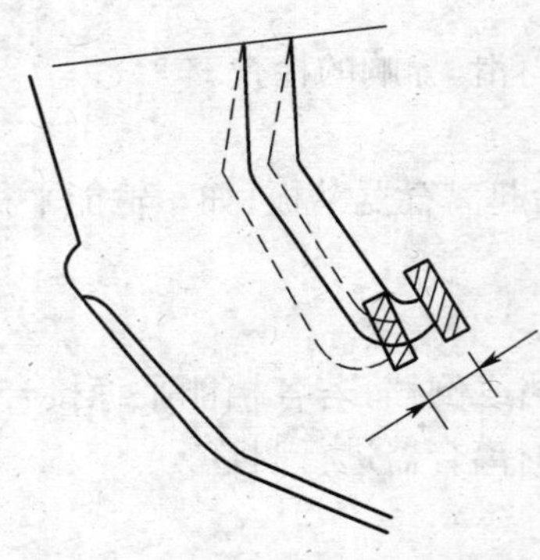

图 2-82 检查离合器踏板自由行程

78. 如何检查与调整离合器踏板?

(1)离合器踏板自由行程的检查与调整

1)离合器踏板自由行程的检查

如图 2-82 所示，测量离合器踏板完全释放的位置与用手轻轻按压离合器踏板感觉到有阻力时的位置之间的自由行程。离合器踏板自由行程应为 6～12mm。如果离合器踏板自由行程不符合要求，则应予以调整。

2)离合器踏板自由行程的调整

如图 2-83 所示,松开推杆锁止螺母,转动推杆,使离合器踏板自由行程为 6～12mm。然后,拧紧锁止螺母。

(2)离合器踏板行程的检查与调整

1)离合器踏板行程的检查

如图 2-84 所示,测量离合器踏板完全释放的位置与用脚将离合器踏板完全踩到底时的位置之间的行程。离合器踏板行程应为 130～140mm。如果离合器踏板行程不符合要求,则应予以调整。

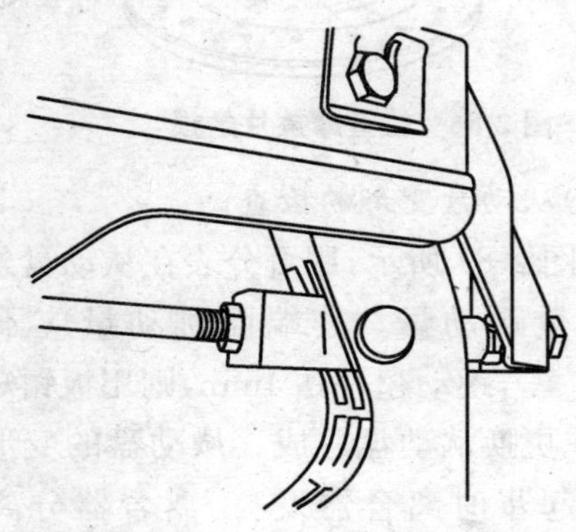

图 2-83　离合器踏板自由行程调整部位

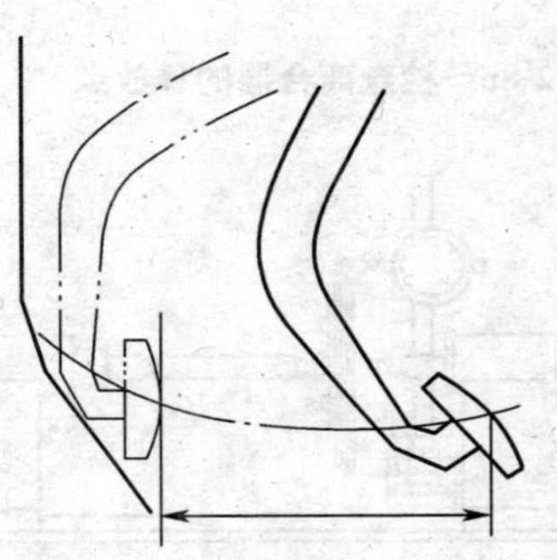

图 2-84　检查离合器踏板行程

2)离合器踏板行程的调整

松开踏板限位螺栓的锁止螺母,转动螺栓,使离合器踏板行程为 130～140mm,然后拧紧锁止螺母。

(3)离合器释放点的检查

踩下驻车制动。起动发动机并怠速运转。变速杆挂入倒档的同时,慢慢踩下离合器踏板,测量齿轮声听不到时离合器踏板的位置与离合器踏板被完全踩下时离合器踏板的位置之间的行程,如图 2-85 所示。该行程应为 30～40mm。若测量的行程不在规格值内,则应检查离合器踏板自由行程、离合器踏板高度、离合器压盘,或排出液压系统中的空气。

79. 如何检查离合器从动盘?

从动盘是离合器中最易损坏的部件。从动盘的摩擦片如严重磨损、破裂、烧蚀、从动盘花键轴套与变速器第一轴花键轴配合松旷、从动盘严重翘曲变形,应更换新的摩擦片或从动盘。

(1)摩擦片的目测检查

先目测检查摩擦片的技术状况。如摩擦片技术状况良好,可继续使用。如摩擦片有轻微烧蚀、硬化,可用锉刀或粗砂布打磨后使用。如摩擦片有轻微油污,可用喷灯烧掉,或用汽油清洁。

(2)摩擦片磨损的检查

如图 2-86 所示,用游标卡尺测量从动盘铆钉孔的深度,以检查摩擦片的磨损程度。若测量深度小于 0.3mm,则表明从动盘摩擦片磨损严重,应更换摩擦片。

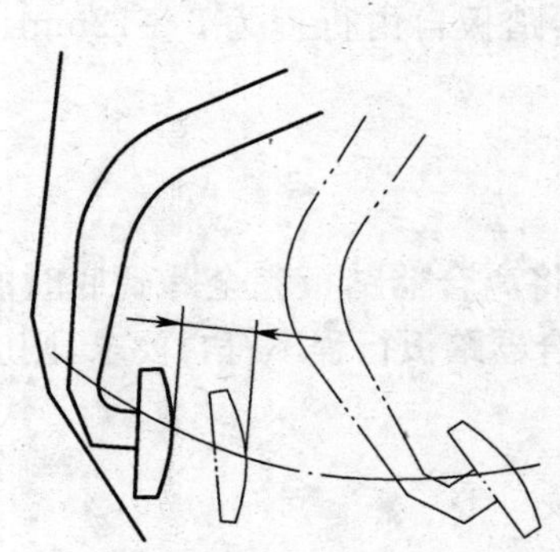

图 2-85　检查离合器的释放点

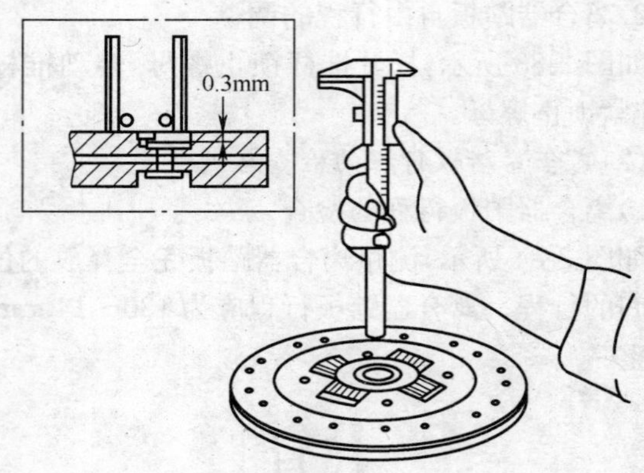

图 2-86　检查摩擦片磨损

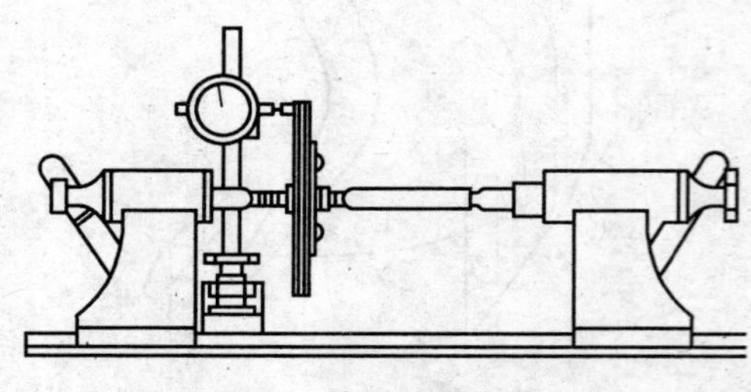

图 2-87　检查从动盘的变形

(3)从动盘变形的检查

如图 2-87 所示，用百分表在从动盘外周边缘上测量跳动量。其端面跳动量应不大于 0.4mm。若跳动超过 0.4mm，则用扳钳矫正从动盘，或更换从动盘总成。从动盘的变形会引起汽车起步时离合器发抖、离合器分离不彻底、换档困难等故障。

(4)从动盘毂的检查

检查从动盘钢片与从动盘毂的连接状况，用铁锤敲击检查，如铆钉有松动或断裂，应予以更换。

检查从动盘毂花键轴套与变速器第一轴花键轴的配合间隙。若间隙过大，会导致汽车起步或车速突然改变时发响。将从动盘毂花键套在变速器主动轴上，用手来回转动从动盘，不得有明显的松旷。否则，应更换从动盘或变速器主动轴。

80. D16 变速器由哪几部分组成？

凯越轿车装备 D16 变速器。D16 变速器具有 5 个前进档和 1 个倒档。前进档均通过同步器来换档，而倒档则通过倒档惰性齿轮的啮合来实现。

D16 变速器由传动机构、换档操纵机构、主减速器与差速器、壳体等组成。

(1)传动机构

传动机构的零件及位置关系如图 2-88 所示。

(2)换档操纵机构

换档操纵机构的零件及位置关系如图 2-89 所示。

(3)主减速器与差速器

主减速器与差速器的零件及位置关系如图 2-90 所示。

(4)轴承盘与端盖

轴承盘与端盖如图 2-91 所示。

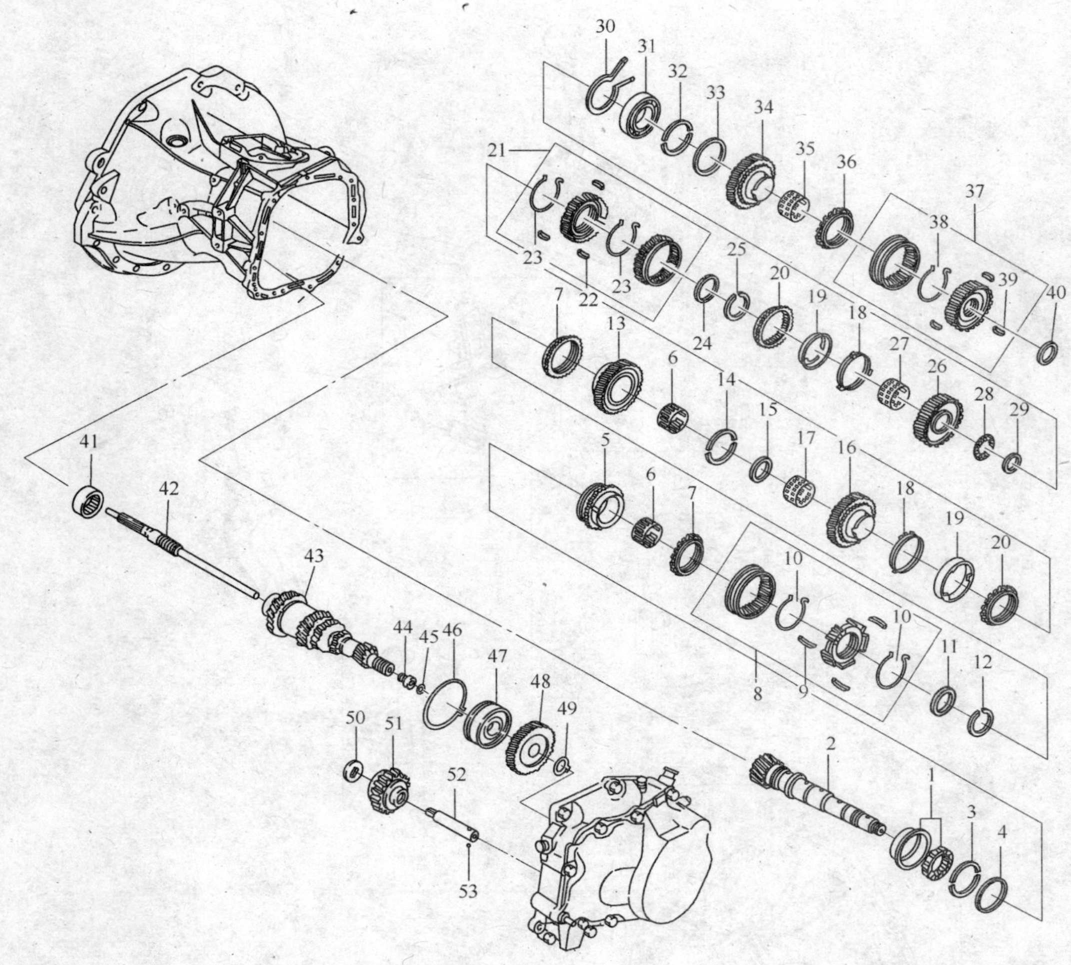

图 2-88　传动机构分解图

1、27、28、31、35、41、47. 轴承　2. 主轴　3、11、14、24、29、32、50. 垫片　4. 垫片固定卡环　5. 4档齿轮　6、17. 滚针轴承　7、18、19、20、36. 同步环　8、37. 同步器　9、22、39. 锁块　10. 同步器卡环　12、23、25、40、45、46、49. 卡环　13. 3档齿轮　15. 垫片固定环　16. 2档齿轮　21. 滑动齿轮　26. 1档齿轮　30、33、38. 固定卡环　34、48. 5档齿轮　42. 主动轴　43. 副轴及齿轮　44. 螺栓　51. 倒档惰性齿轮　52. 倒档惰性齿轮轴　53. 钢球

81. 如何拆装 D16 变速器总成？

(1)变速器总成的拆卸

变速器总成的拆卸顺序如下：

①安装发动机支架(J-28467-B)，将发动机吊住。

②拆卸蓄电池及其托架。

③拆开变速器的换档拉杆。

④拆卸传动轴。

⑤拔下倒档灯开关插头、车速传感器插头。

⑥如图 2-92 所示，拆下离合器分泵的油管。

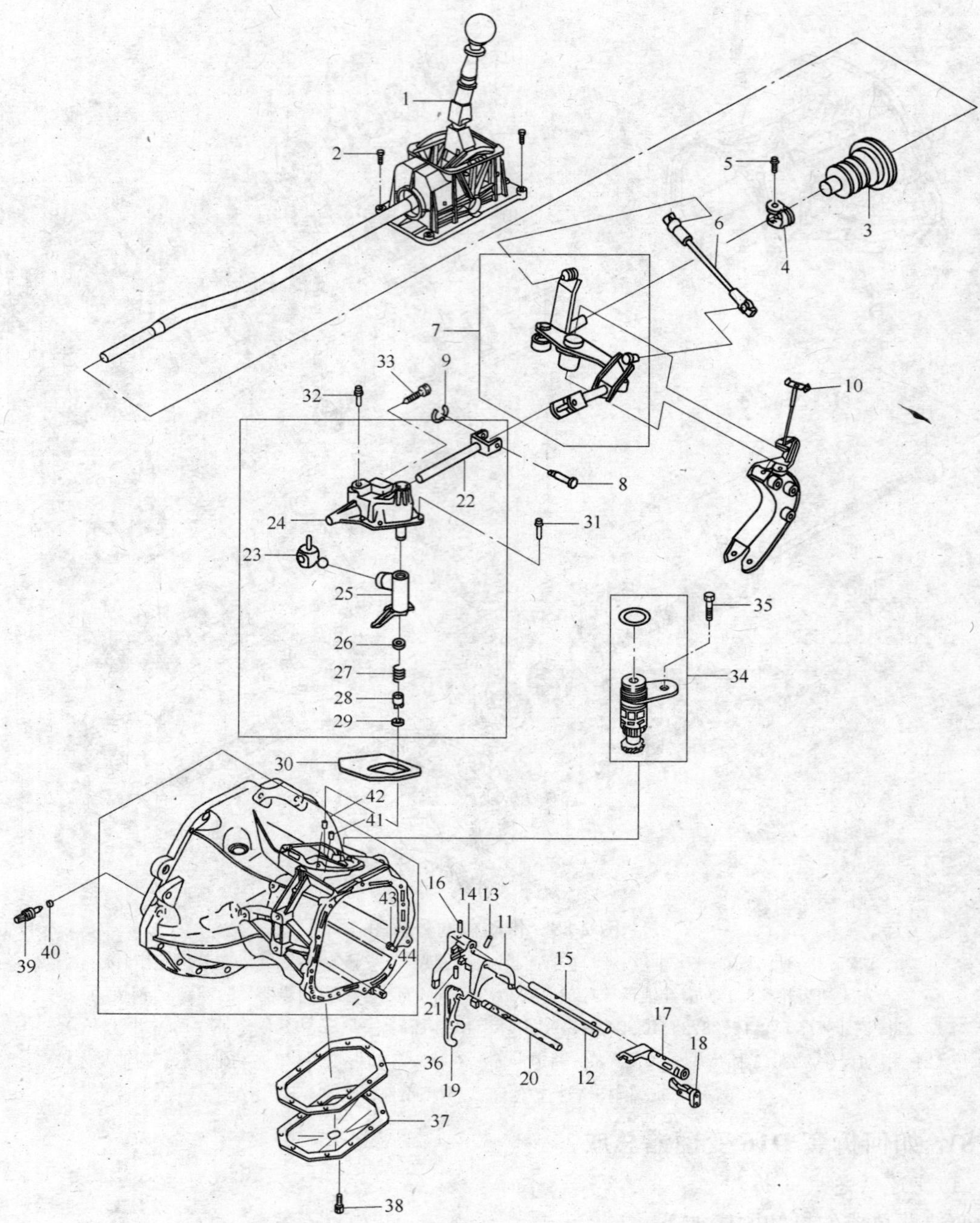

图 2-89　换档操纵机构分解图

1. 换档机构　2、31、35. 固定螺栓　3. 橡胶套　4. 固定夹　5. 固定夹紧固螺栓　6、7、22. 换档拉杆　8. 换档拉杆固定销　9. 固定销卡环　10、38. 螺栓　11、14、19、25. 换档拨叉　12、15、17、20. 换档拨叉轴　13、16、21. 换档拨叉固定销　18. 止档块　23. 换档限位机构　24. 换档机构盖　26. 垫片　27. 回位弹簧　28. 回位弹簧套　29. 固定卡环　30、36. 密封垫　32、33. 塞子　34. 车速表驱动齿轮　37. 油底壳　39. 倒档灯开关　40. 密封圈　41、42. 固定销　43. 定位套　44. 定位销

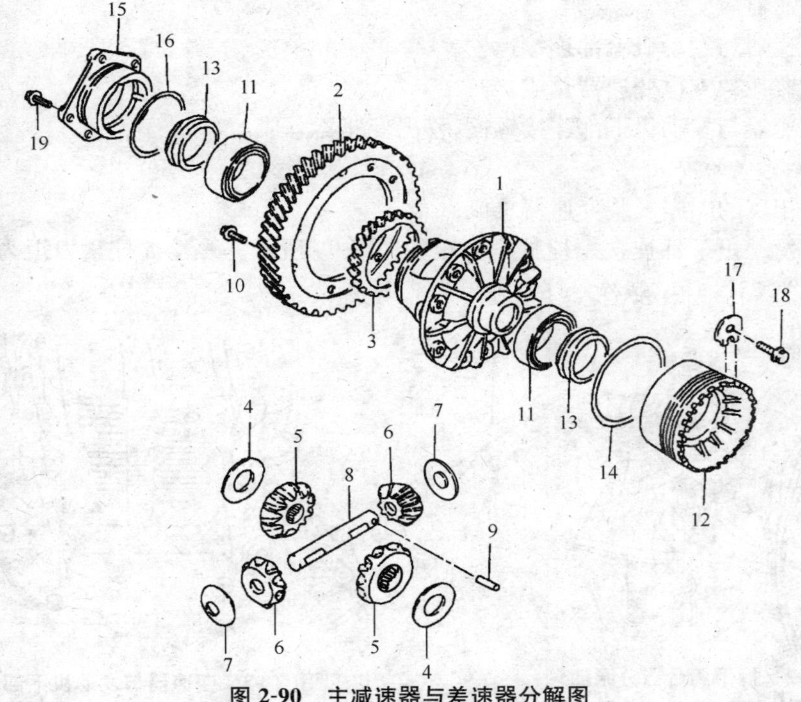

图 2-90　主减速器与差速器分解图

1. 差速器壳　2. 差速器　3. 车速表驱动齿轮　4、7. 垫片　5. 侧齿轮　6. 差速齿轮　8. 差速齿轮轴　9. 锁止销　10、18、19. 螺栓　11. 轴承　12. 轴承座　13. 油封　14、16. O形圈　15. 法兰　17. 锁片

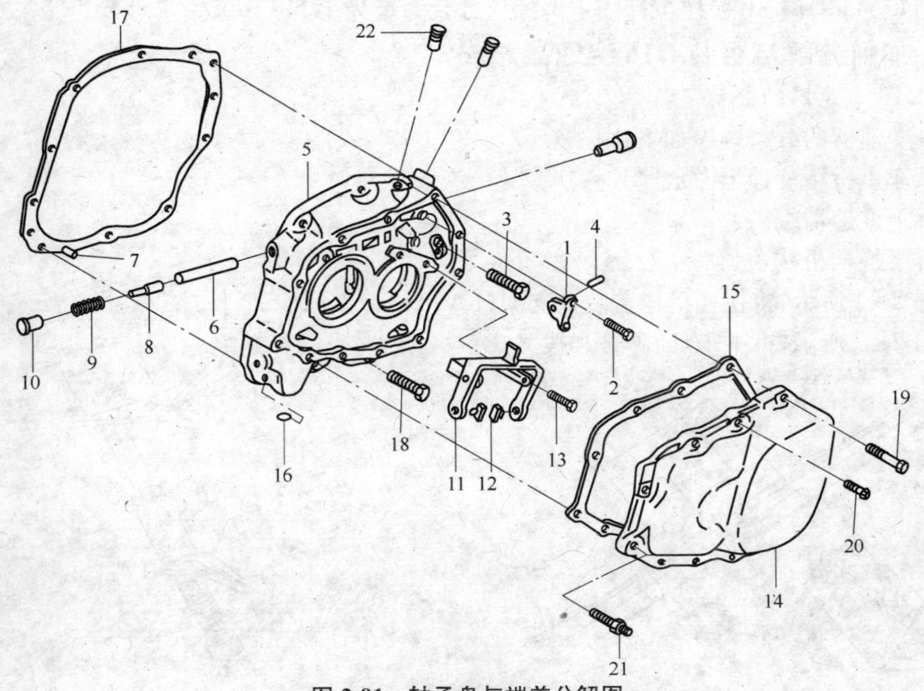

图 2-91　轴承盘与端盖分解图

1. 止档块　2、3、4、6、13、18、19、20、21. 螺栓　5. 轴承盘　7. 定位销　8. 止档销　9. 弹簧　10. 塞子　11. 拨叉　12. 换档蹄　14. 变速器端盖　15. 密封垫　16. 磁铁　17. 轴承盘垫片　22. 锁止销

⑦拆卸变速器后支架、上支架。

⑧拧下变速器与发动机上部连接螺栓。

⑨用变速器托架支撑变速器总成。

⑩拧下变速器与发动机下部连接螺栓，移出变速器总成。

(2)变速器总成的安装

按与拆卸相反的顺序安装变速器总成。

变速器与发动机下部连接螺栓拧紧力矩如图 2-93 所示。螺栓 a 拧紧力矩为 73N·m，螺栓 b 拧紧力矩为 31N·m，螺栓 c 拧紧力矩为 21N·m。

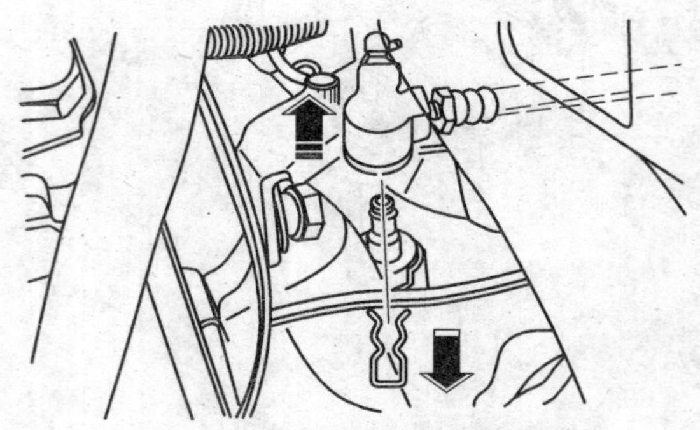

图 2-92　拆下离合器分泵油管

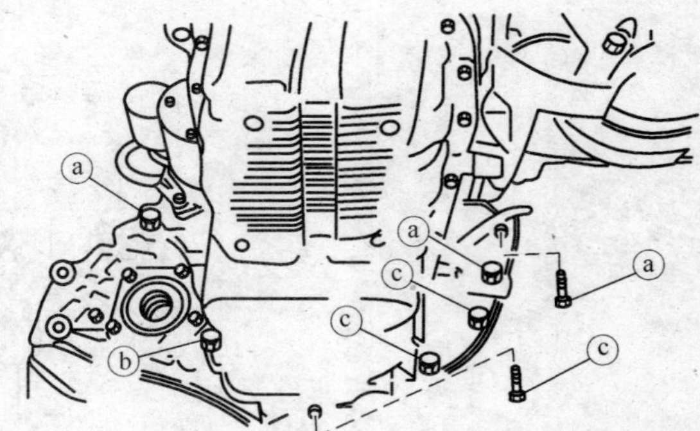

图 2-93　变速器与发动机下部连接螺栓

以规定力矩拧紧其他螺栓。变速器与发动机下部连接螺栓拧紧力矩为 73N·m，变速器后支架螺栓拧紧力矩为 90N·m，变速器上支架螺栓拧紧力矩为 48N·m，变速器后部减振块螺栓拧紧力矩为 68N·m，换档拉杆固定夹螺栓拧紧力矩为 14N·m。

82. 如何分解与组装 D16 变速器总成？

(1)D16 变速器的分解

D16 变速器的分解顺序如下：

①从车上拆下变速器总成。

②拆下变速器端盖。

③拆下换档机构盖。

如图 2-94 所示，将换档机构盖装到支架(KM-113-2、KM-552)上。

如图 2-95 所示，拆下卡环、弹簧和拨叉。

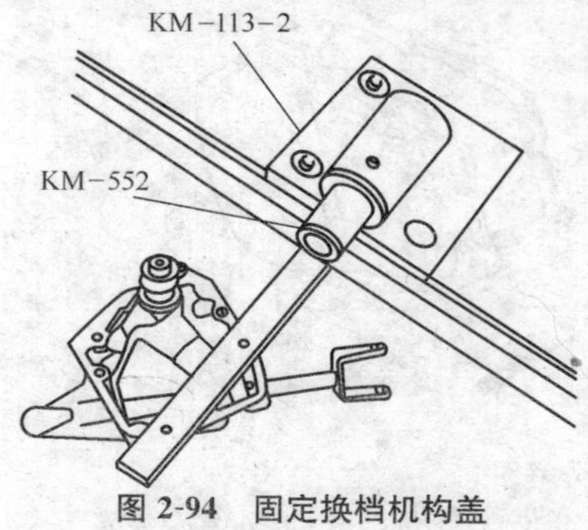

图 2-94　固定换档机构盖

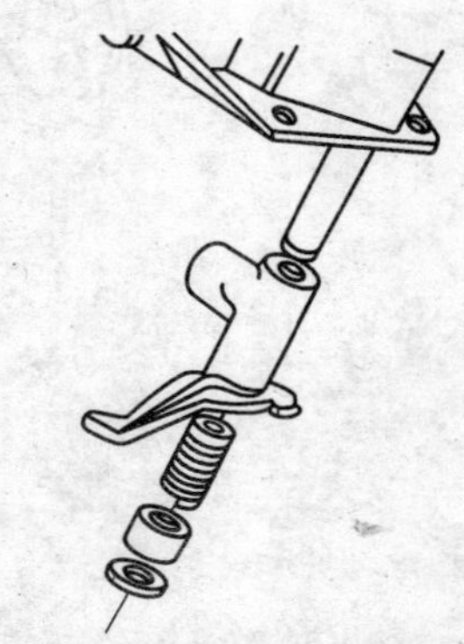

图 2-95　拆下卡环、弹簧和拨叉

如图 2-96 拆下固定销。

④拆下车速表驱动齿轮、变速器端盖。

⑤将变速器置于 2 档。如图 2-97 所示，拧下轴承盘与变速器壳连接螺栓，取下轴承盘、传动机构及拨叉机构。

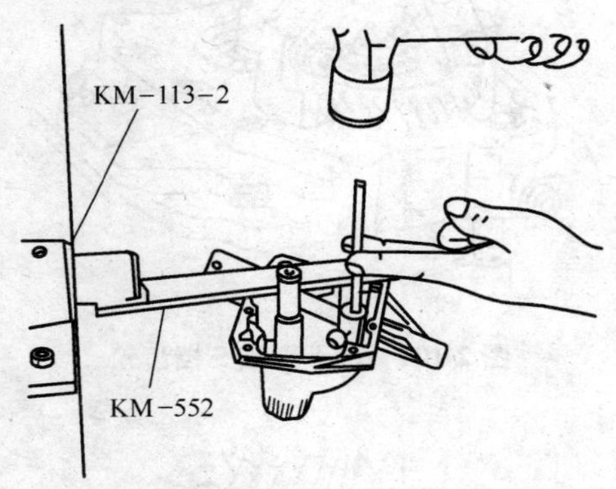

图 2-96　拆下固定销

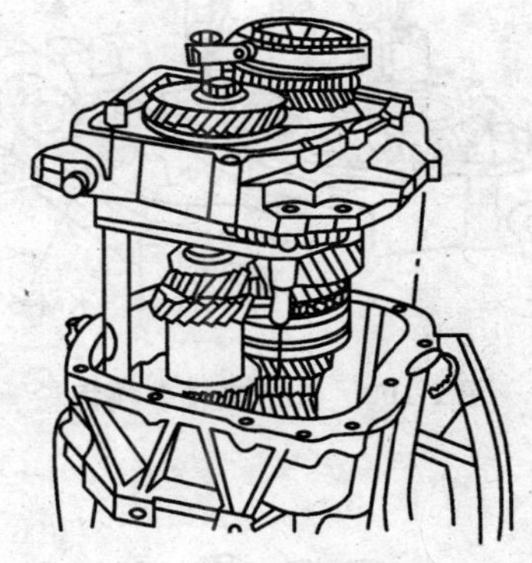
图 2-97　拆下轴承盘

⑥如图 2-98 所示，将轴承盘装到支架(固定工具 KM-113-2、KM-552)上。将变速器置于倒档。

⑦拆下 5 档同步器与 5 档齿轮。

如图 2-99 所示，用拉拔器(J-22888-20-A、J-22888-35)拆下 5 档同步器。

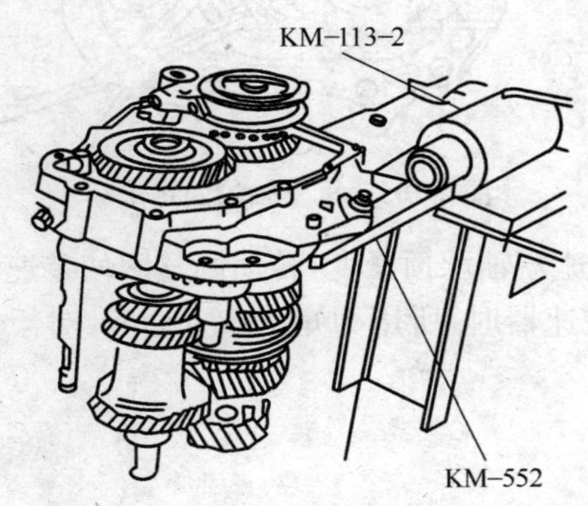

图 2-98　固定轴承盘

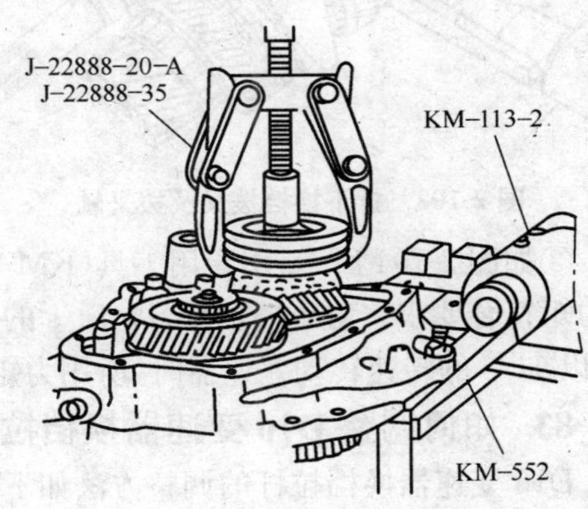

图 2-99　拆下 5 档同步器

如图 2-100 所示，用拉拔器(J-22888-20-A、J-22888-35)拆下主轴 5 档齿轮。

如图 2-101 所示，用拉拔器(KM-553-A)拆下副轴 5 档齿轮。

⑧如图 2-102 所示，拆下换档拨叉及拨叉轴。

⑨如图 2-103 所示，拆下轴的固定卡环，取出主轴总成、副轴总成。

⑩分解主轴总成。

(2)变速器的组装

按与分解相反的顺序组装变速器。组装变速器时应注意以下两方面。

①以规定的力矩拧紧各螺栓。换档机构盖螺栓拧紧力矩为 22N·m，变速器端盖螺栓拧紧力矩为 8N·m，车速表驱动齿螺栓拧紧力矩为 5N·m，轴承盘与变速器壳连接螺栓拧紧力矩为 22N·m，倒车灯开关拧紧力矩为 18N·m。

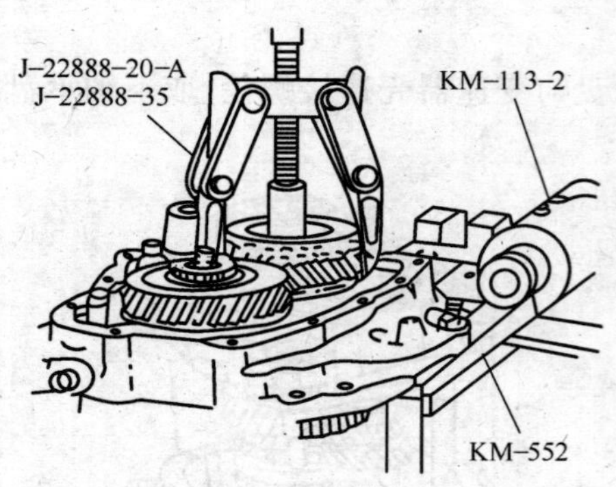

图 2-100　拆下主轴 5 档齿轮

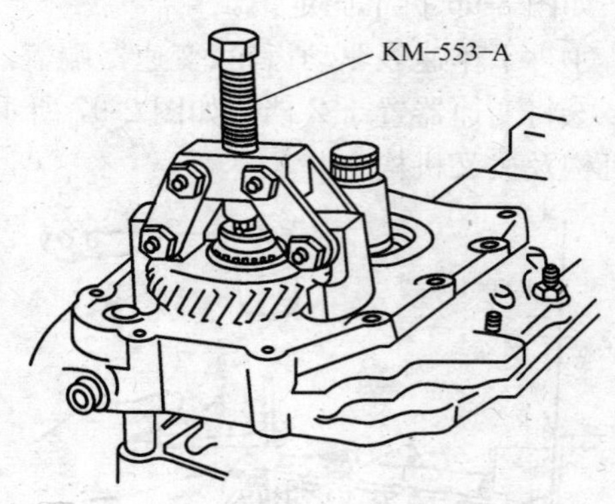

图 2-101　拆下副轴 5 档齿轮

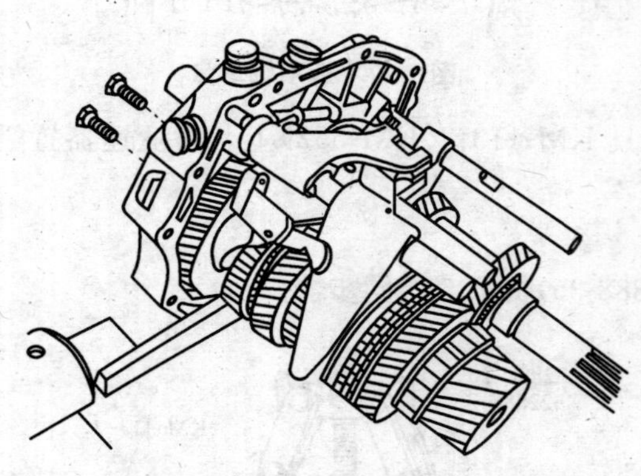

图 2-102　拆下换档拨叉及拨叉轴

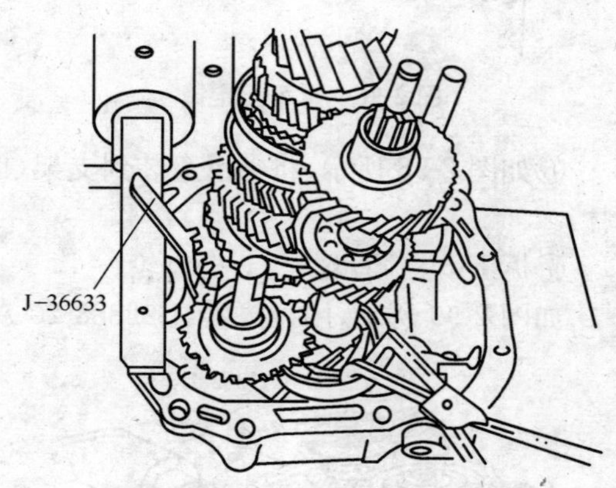

图 2-103　拆下轴的固定卡环

②如图 2-104 所示，用专用工具(KM-520)调整差速器轴承预紧度，转动调整圈使差速器转动力矩符合要求。对于旧轴承，以 1r/s 的转速转动差速器时，所用力矩为 1N · m。对于新轴承，以 1r/s 的转速转动差速器时，所用力矩为 2N · m。

83. 如何调整 D16 变速器换档拉杆？

D16 变速器换档拉杆的调整方法如下：

①断开蓄电池负极电缆。

②将换档杆置于空档。应注意，当车辆静止、发动机运转且离合器分离时，所有挡位应能顺利接合。

③如图 2-105 所示，松开换档拉杆固定夹螺栓。

④如图 2-106 所示，取出调整孔塞子，转动换档杆，把直径 5mm 的销子插入调整孔内。

⑤如图 2-107 所示，移开换档杆防尘罩，使换档杆处于空挡位置最左端，用直径 5mm 的销子将换档杆固定。

⑥拧紧换档拉杆固定夹螺栓，拧紧力矩为 14N · m。

⑦从调整孔取出销子，并装回调整孔塞子。

⑧将固定换档杆的销子取下，并装回换档杆防尘罩。

⑨连接蓄电池负极电缆。

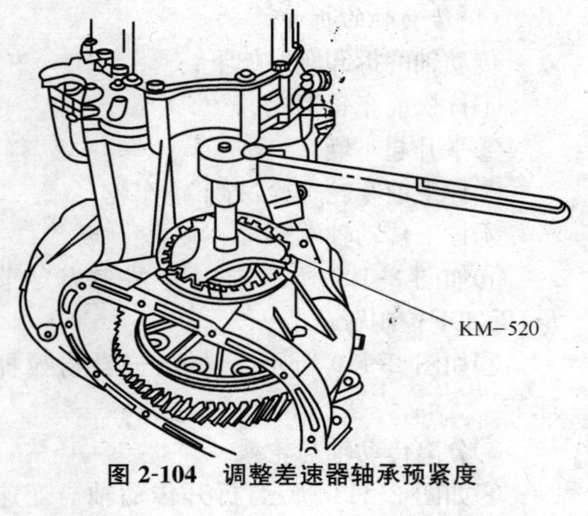

图 2-104　调整差速器轴承预紧度

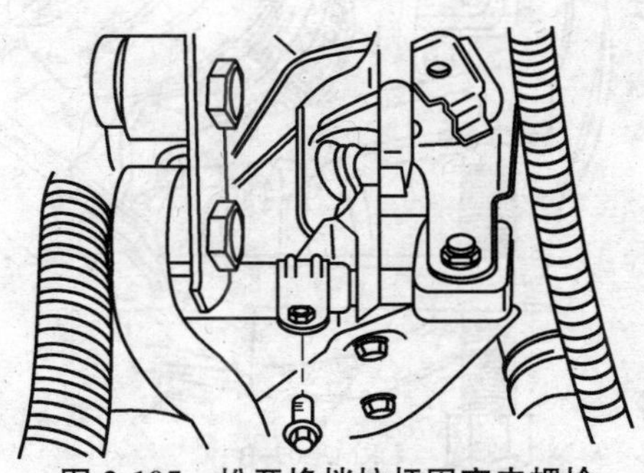

图 2-105　松开换档拉杆固定夹螺栓

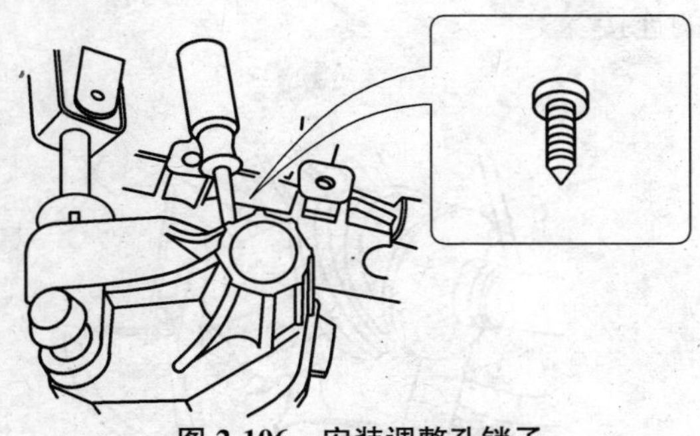

图 2-106　安装调整孔销子

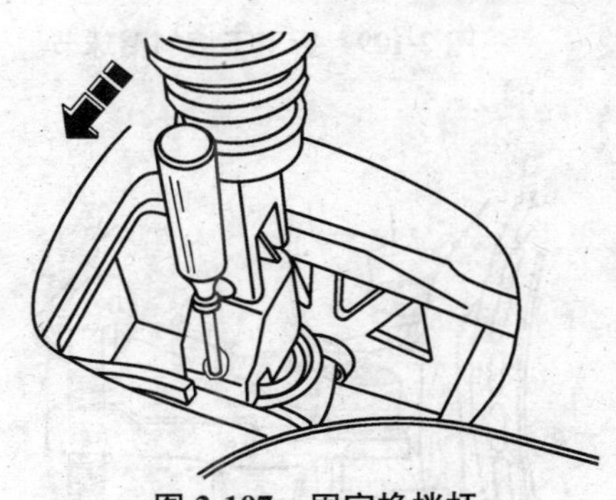

图 2-107　固定换档杆

84. 如何拆装传动轴?

凯越轿车传动轴零部件如图 2-108 所示。

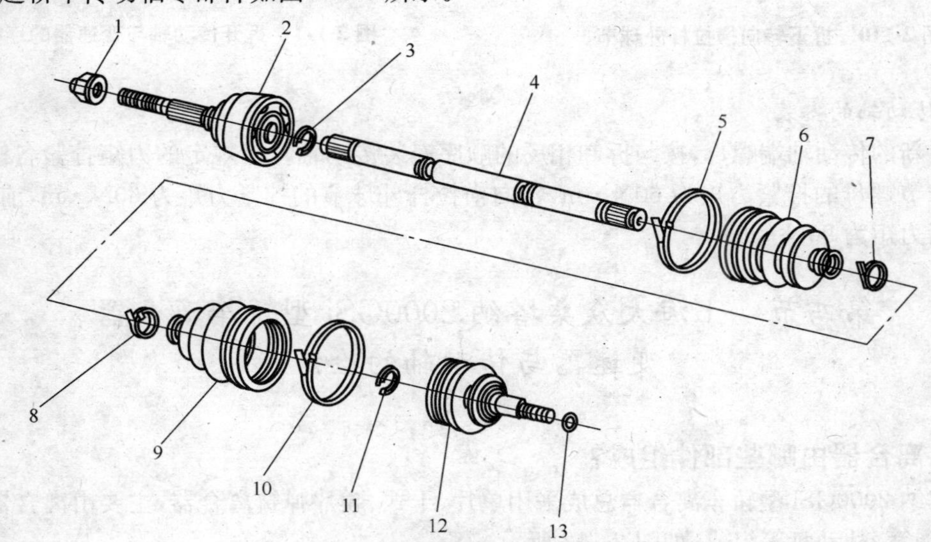

图 2-108　传动轴总成分解图

1. 固定螺母　2. 轮毂侧万向节　3. 卡环　4. 传动轴　5、7、8、10. 防尘罩固定夹
6、9. 防尘罩　11. 卡环　12. 差速器侧万向节　13. 固定环

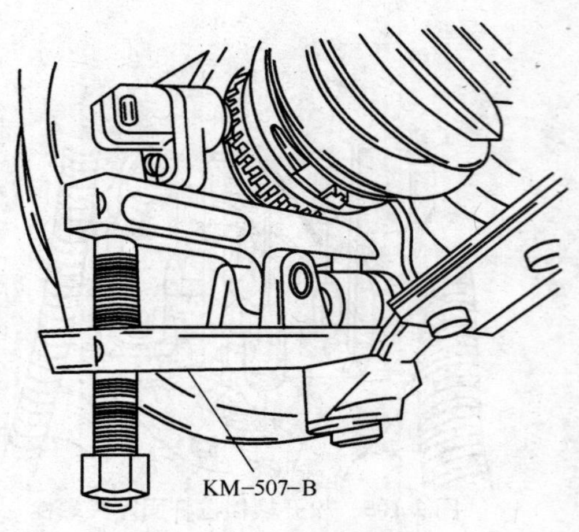

图 2-109 拆下下控制臂球节

(1)传动轴的拆卸

传动轴的拆卸顺序如下：

①拧松前车轮螺栓。

②举升起车辆。

③拧下前车轮螺栓，拆下前车轮。

④拧下传动轴端螺母。

⑤如图 2-109 所示，拧下下控制臂球节螺母，拆卸下控制臂球节。

⑥如图 2-110 所示，拆卸转向器横拉杆外球节。

⑦分离传动轴与轮毂。

⑧如图 2-111 所示，拆开传动轴与变速器的连接。

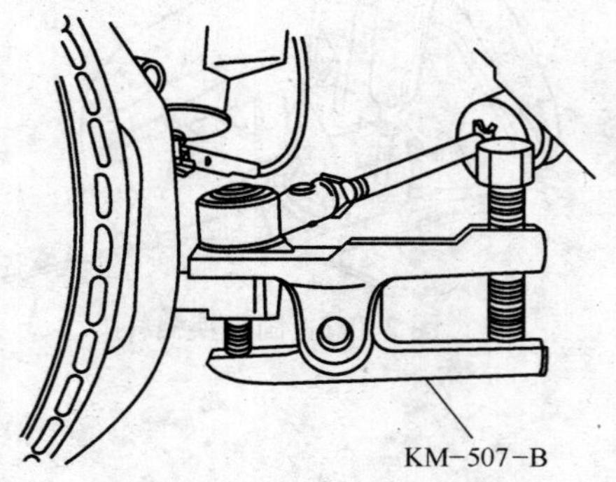

图 2-110 拆下转向横拉杆外球节

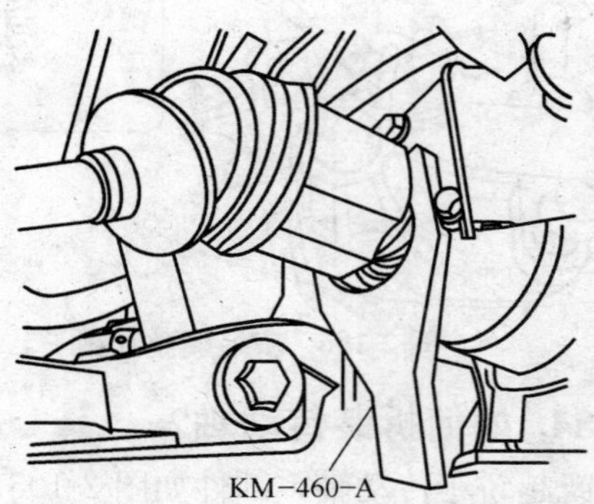

图 2-111 拆开传动轴与变速器的连接

(2)传动轴的安装

换上新的传动轴端螺母，按与拆卸相反的顺序安装传动轴。以规定的力矩拧紧各螺母，下控制臂球节螺母的拧紧力矩为 60N·m，转向横拉杆外球节的拧紧力矩为 60N·m，前车轮螺栓的拧紧力矩为 90N·m。

第四节 上海大众桑塔纳 2000GSi 型轿车离合器、变速器与传动轴的检修

85. 离合器由哪些部件组成？

桑塔纳 2000GSi 型轿车离合器总成采用单片、干式、膜片弹簧离合器，主要由离合器盖、压盘、膜片弹簧、从动盘等组成，如图 2-112 所示。

离合器操纵机构采用液压操纵机构，主要由离合器踏板、储液罐、进油软管、离合器主缸、离合器工作缸、油管总成、分离叉、分离轴承等组成，如图 2-113 所示。

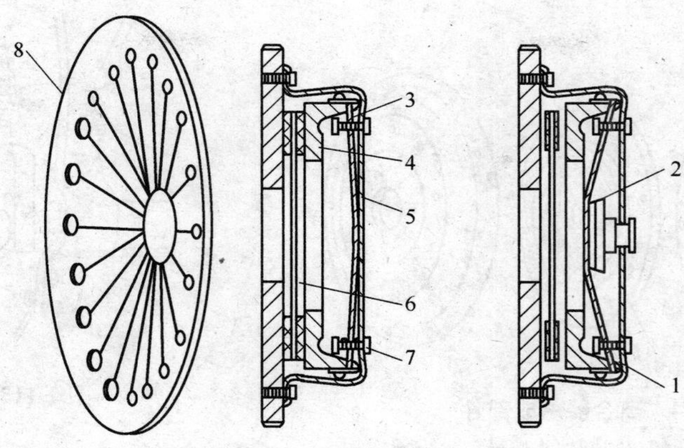

图 2-112　离合器总成

1. 分离钩(回位弹簧片)　2. 分离轴承　3. 支承环　4. 压盘　5. 膜片弹簧　6. 从动盘　7. 支承环定位铆钉　8. 膜片弹簧

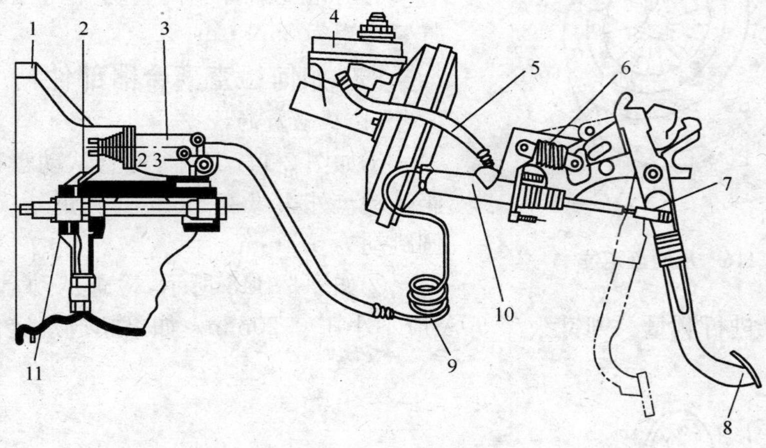

图 2-113　离合器操纵机构

1. 变速器壳体　2. 分离板　3. 工作缸　4. 储液罐　5. 进油软管　6. 助力弹簧　7. 推杆接头　8. 离合器踏板　9. 油管总成　10. 离合器主缸　11. 分离轴承

86. 如何拆卸与安装离合器总成？

(1)离合器总成的拆卸

桑塔纳2000GSi型轿车离合器总成部件如图2-114所示。

①拆下变速器总成。

②如图2-115所示，用专用工具10-201将飞轮固定，逐渐将离合器盖的固定螺栓对角拧松，取下离合器盖，并取下离合器从动盘。

(2)离合器总成的安装

按与拆卸相反的顺序安装离合器总成。安装时应注意：

①用专用工具10-201将飞轮固定。

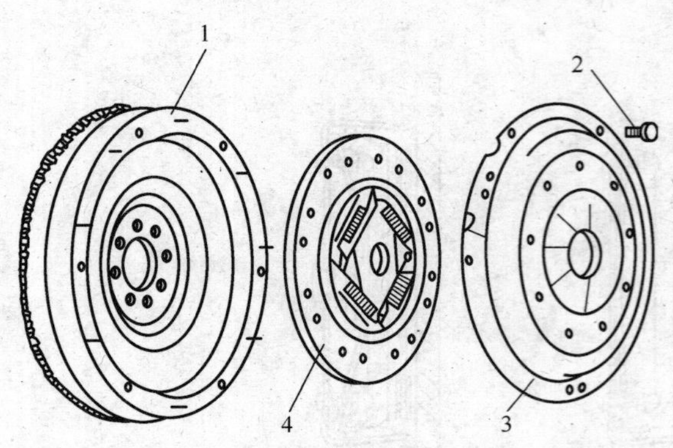

图 2-114　离合器总成部件

1. 飞轮　2. 六角螺栓或圆柱头螺栓(25N·m)
3. 压盘(最大翘曲度 0.2mm)　4. 从动盘(弹簧保持架朝向压盘)

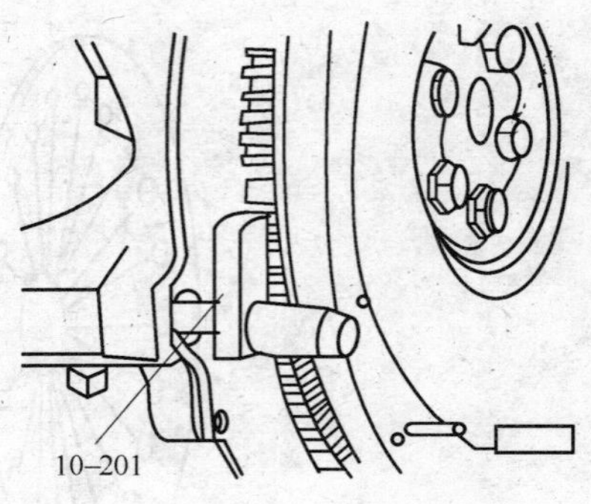

图 2-115　固定飞轮

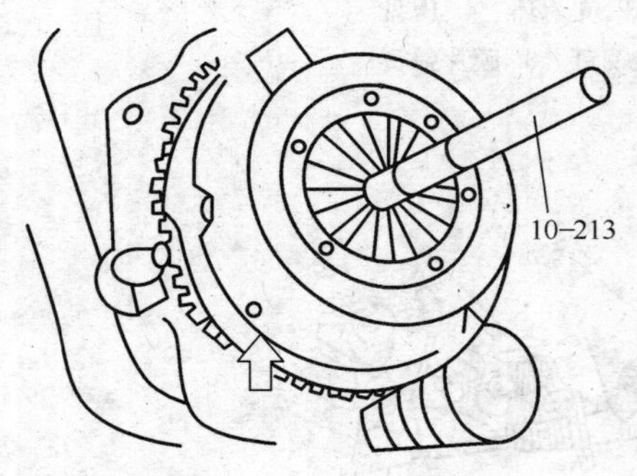

图 2-116　从动盘定位

②如图 2-116 所示,用专用工具 10-213 将离合器从动盘定位于飞轮和压盘中心。

③对角逐渐拧紧离合器盖与飞轮的紧固螺栓。拧紧力矩为 25N·m。

87. 如何检查离合器部件?

(1)从动盘的检查

①如图 2-117 所示,检查从动盘径向圆跳动,在距从动盘外边缘 2.5mm 处测量。从动盘最大径向圆跳动为 0.4mm。

②如图 2-118 所示,检查从动盘摩擦片磨损程度,用游标卡尺进行测量。铆钉头深度 A 应不小于 0.20mm。如果超过规定值,应更换从动盘。

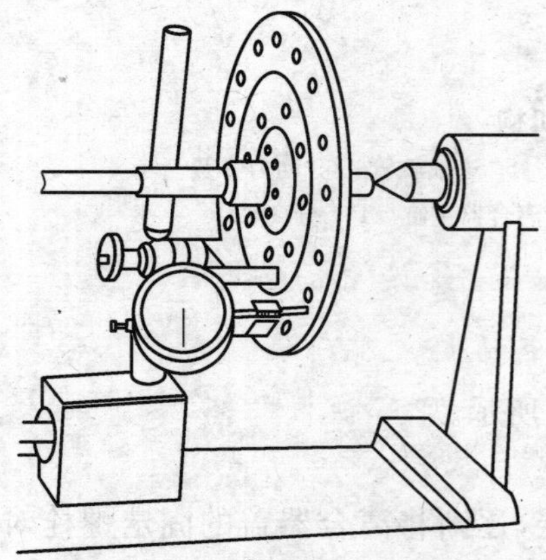

图 2-117　检查从动盘径向圆跳动

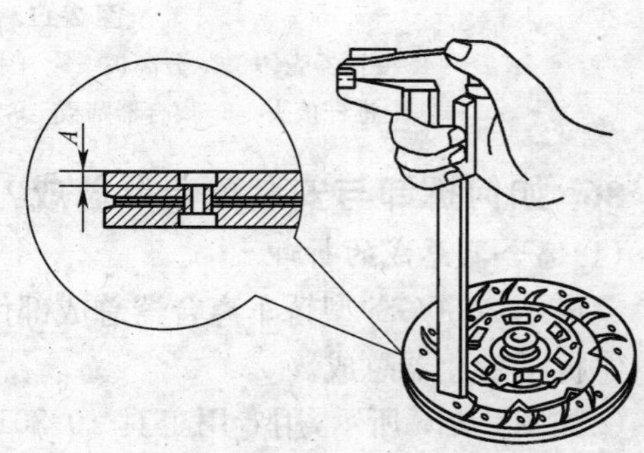

图 2-118　检查从动盘摩擦片磨损程度

(2)压盘的检查

如图 2-119 所示,检查压盘平面度。压盘平面度不应超过 0.2mm。如果超过规定值,应更换压盘。

更换压盘时,用台钻除掉传动片与离合器盖连接的铆钉头,然后用冲子冲出铆钉,使离合器盖与压盘分离。在离合器盖与压盘的接触面上涂上一薄层润滑脂,用专用螺栓将离合器盖与压盘组装起来。螺栓的拧紧力矩为14.7～21.6N·m。拧紧后铆住螺母。

(3)膜片弹簧的检查

①如图2-120所示,用游标卡尺测量膜片弹簧内端磨损的深度和宽度。磨损的深度h极限值为0.6mm,宽度b为5.0mm。如果超过极限值,应更换离合器盖总成或膜片弹簧。

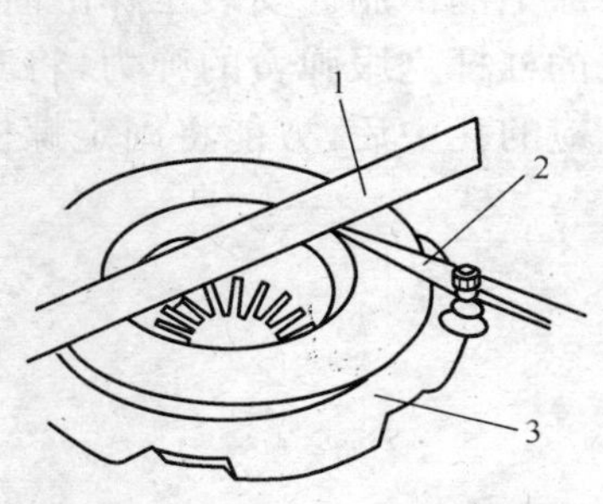

图2-119　检查压盘平面度

1.钢直尺　2.塞尺　3.压盘

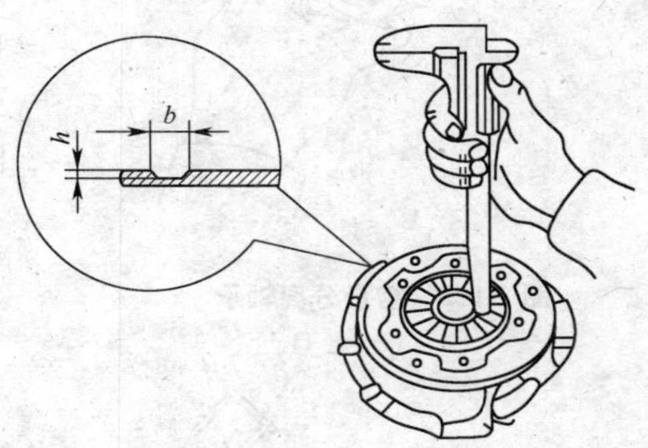

图2-120　检查膜片弹簧内端磨损

②如图2-121所示,用塞尺和专用工具测量膜片弹簧的弯曲变形。膜片弹簧内端应在同一平面内,膜片弹簧内端和专用工具之间的间隙不能超过0.5mm。如果间隙过大,则必须调整。

③如图2-122所示,调整时,用专用工具将弹簧弯曲到正确的对准位置,调整后再测量一次,直到符合要求为止。

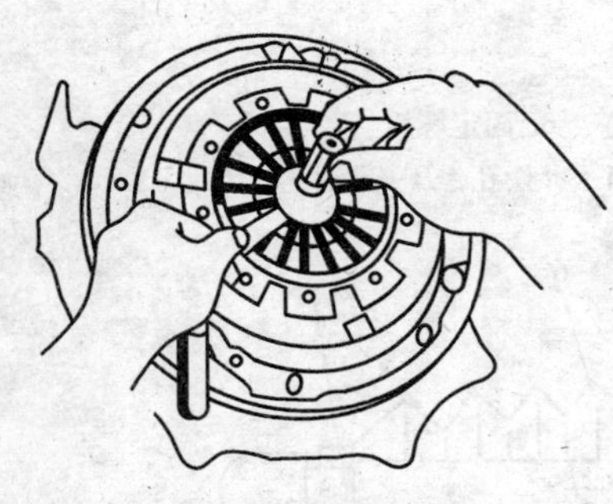

图2-121　检查膜片弹簧弯曲变形

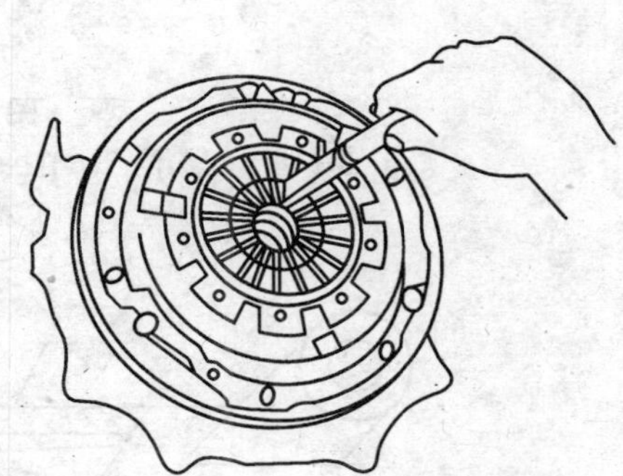

图2-122　调整膜片弹簧弯曲变形

(4)分离轴承的检查

如图2-123所示,检查分离轴承时,固定分离轴承内缘转动外缘,同时在轴向施加压力,如有卡滞或明显间隙,应更换分离轴承。由于分离轴承是永久润滑而不需要加注润滑油,当出现脏污时,用干净抹布擦净即可。分离轴承出现异响无法消除时,必须更换。

(5)主缸与工作缸的检查

主缸的结构如图2-124所示。

当主缸与工作缸缸筒内壁磨损超过0.125mm,活塞与缸筒的间隙超过0.20mm,皮圈老化及回位弹簧失效等情况时,应更换相应零件。

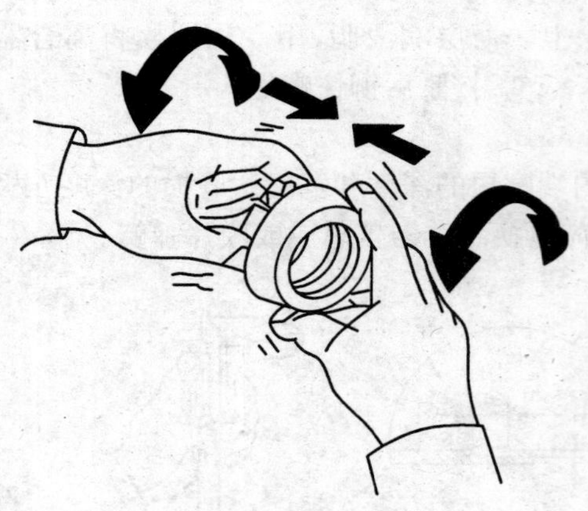

图 2-123　检查分离轴承

主缸与工作缸零件在装配前要用非腐蚀性液体清洗干净，并在活塞、皮碗、皮圈、缸筒等零件上涂一层制动液。装合后，推杆在缸筒内运动应灵活。在放松（不工作）位置时，主缸皮碗和活塞部应位于进油孔和补偿孔之间，两孔都开放。工作缸上带有塑料支承环，安装时，外表面要涂上一层薄薄的润滑油。工作缸推杆末端也要涂上润滑脂。安装工作缸时，需要用一个适应的杠杆克服弹簧的弹力，将其压向变速器壳相应的孔中后，方能将固定螺栓旋入。

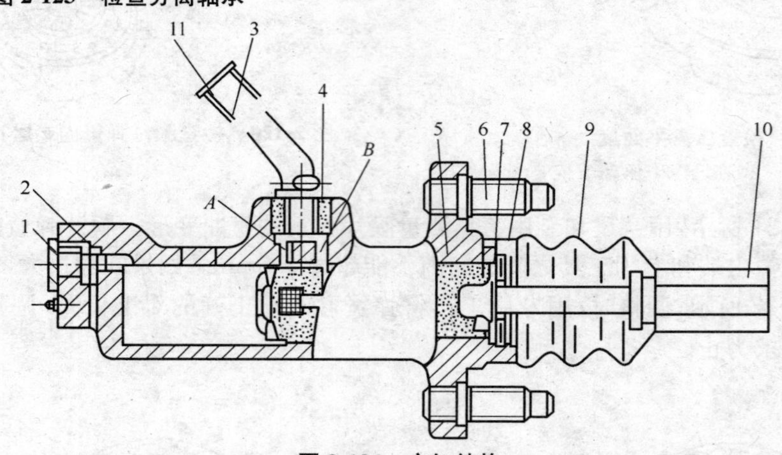

图 2-124　主缸结构

1. 保护塞　2. 壳体　3. 管接头　4. 皮碗　5. 阀芯　6. 固定螺栓　7. 卡簧　8. 挡圈　9. 防尘罩　10. 推杆　11. 保护套　A—补偿孔　B—进油孔

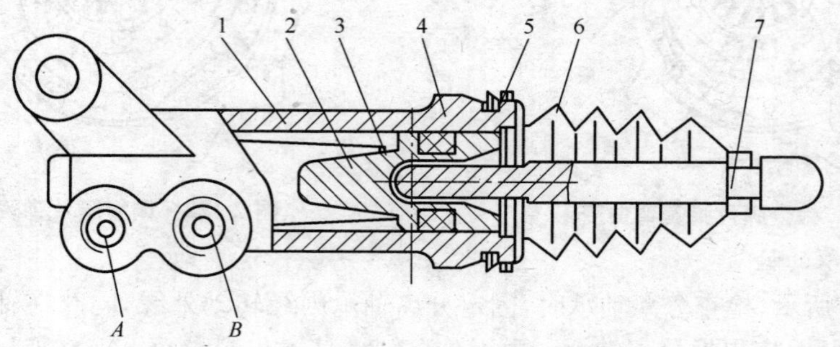

图 2-125　工作缸结构

1. 壳体　2. 活塞　3. 管接头　4. 皮碗　5. 挡圈　6. 防护罩　7. 推杆　A—放气孔　B—进油孔

88. 如何对离合器液压操纵系统排气?

离合器液压操纵系统在经过检修之后，管路内可能进入空气，在添加制动液时也可能使液压系统中进入空气。空气进入后，将使离合器分离不彻底。

①用千斤顶顶起车辆，用支架将车辆支住。

②将主缸储液罐中的油液加至规定高度。

③如图 2-126 所示，在工作缸的放气阀上安装一软管，接到一个容器内。

④如图 2-127 所示，一人慢慢地踩离合器踏板数次，感到有阻力时踩住不动。另一人拧松工作缸的放气阀，直至油液开始流出，再拧紧放气阀。

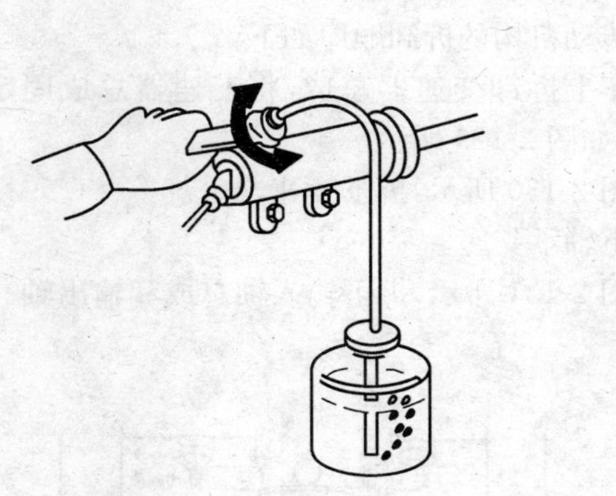

图 2-126　安装软管

图 2-127　踩离合器踏板

⑤连续按④操作几次，直到流出的油液中无气泡为止。

⑥在空气排除干净之后，需要检查与调整离合器踏板自由行程。

89. 变速器由哪几部分组成？

桑塔纳 2000GSi 型轿车采用发动机前置、前轮驱动方式。变速器、主减速器及差速器安装在同一壳体中，构成变速器总成，其型号为 013 300 043B，如图 2-128 所示。变速器为五档式，由变速传动机构、壳体、操纵机构和换档机构组成。

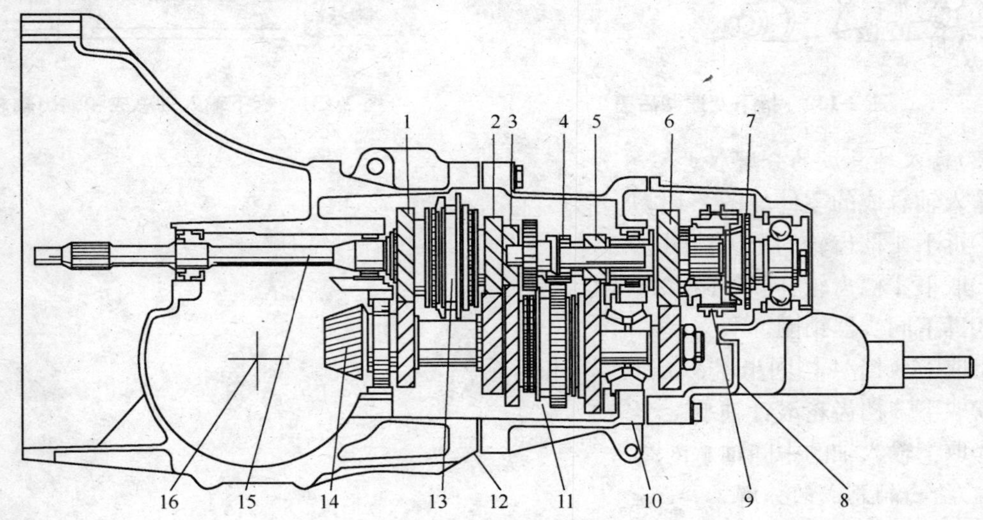

图 2-128　变速器总成结构

1. 4 档齿轮　2. 3 档齿轮　3. 2 档齿轮　4. 倒档齿轮　5. 1 档齿轮　6. 5 档齿轮　7. 5 档齿轮　8. 换档机构壳体　9. 5 档同步器　10. 齿轮箱体　11. 1 档/2 档同步器　12. 变速器壳体　13. 3 档/4 档同步器　14. 输入轴　15. 输出轴　16. 主减速器和差速器

90. 如何检修变速传动机构?

(1)变速传动机构的结构

变速传动机构为两轴布置形式，包括输入轴总成和输出轴总成。各前进档均采用惯性锁环式同步器。

(2)变速传动机构的拆卸

变速传动机构的拆卸顺序如下：

①从车上拆卸变速器总成，将变速器总成固定在支架上，如图 2-129 所示。

②如图 2-130 所示，拆下变速器后盖。

③拆下轴承支座。

④如图 2-131 所示，拆下输入轴总成和输出轴总成。

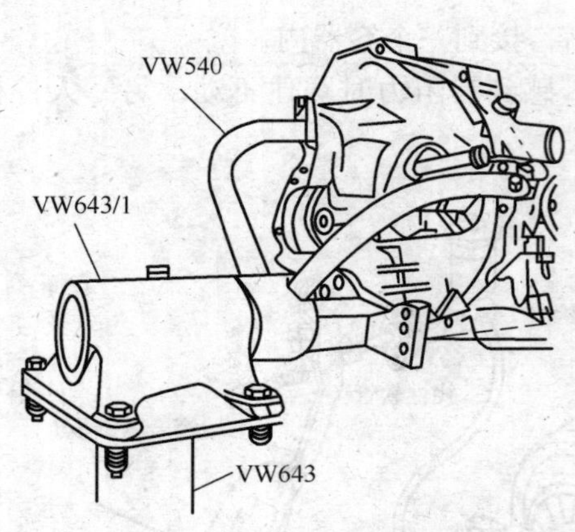

图 2-129　将变速器总成固定在支架上

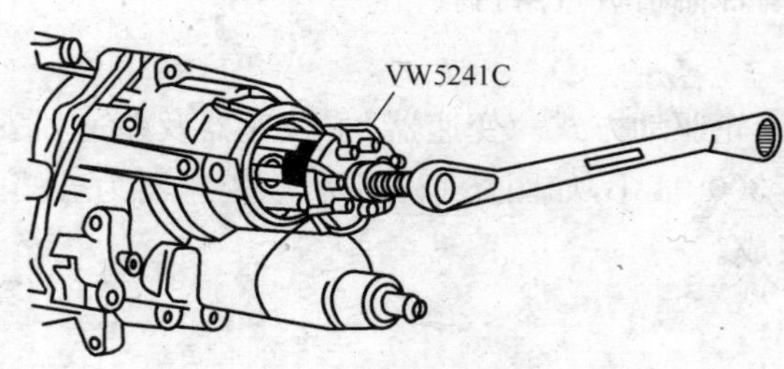

图 2-130　拆下变速器后盖

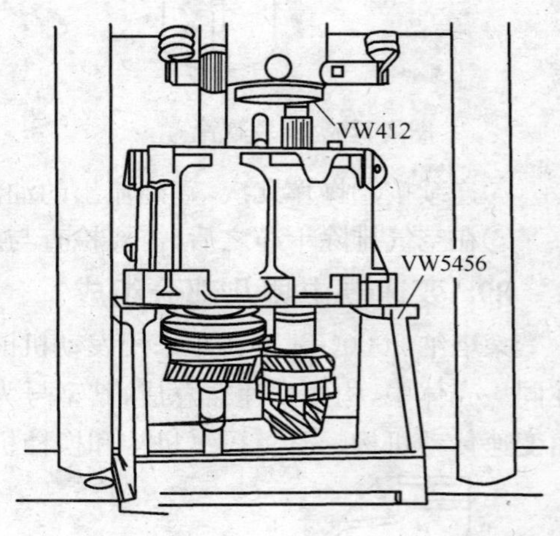

图 2-131　拆下输入轴总成和输出轴总成

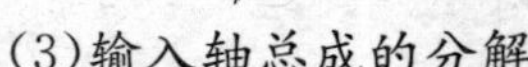

(3)输入轴总成的分解

输入轴总成的零件如图 2-132 所示。

①拆下 4 档齿轮的有齿锁圈。

②取下 4 档齿轮、同步环和滚针轴承。

③拆下同步器锁圈。

④取下 3 档/4 档同步器、3 档同步环和齿轮。

⑤取下 3 档齿轮滚针轴承。

⑥取下输入轴的中间轴承内圈。

(4)输出轴总成的分解

输出轴总成的零件如图 2-133 所示。

①拆下输出轴内后轴承和 1 档齿轮。

②取下滚针轴承和 1 档同步环。

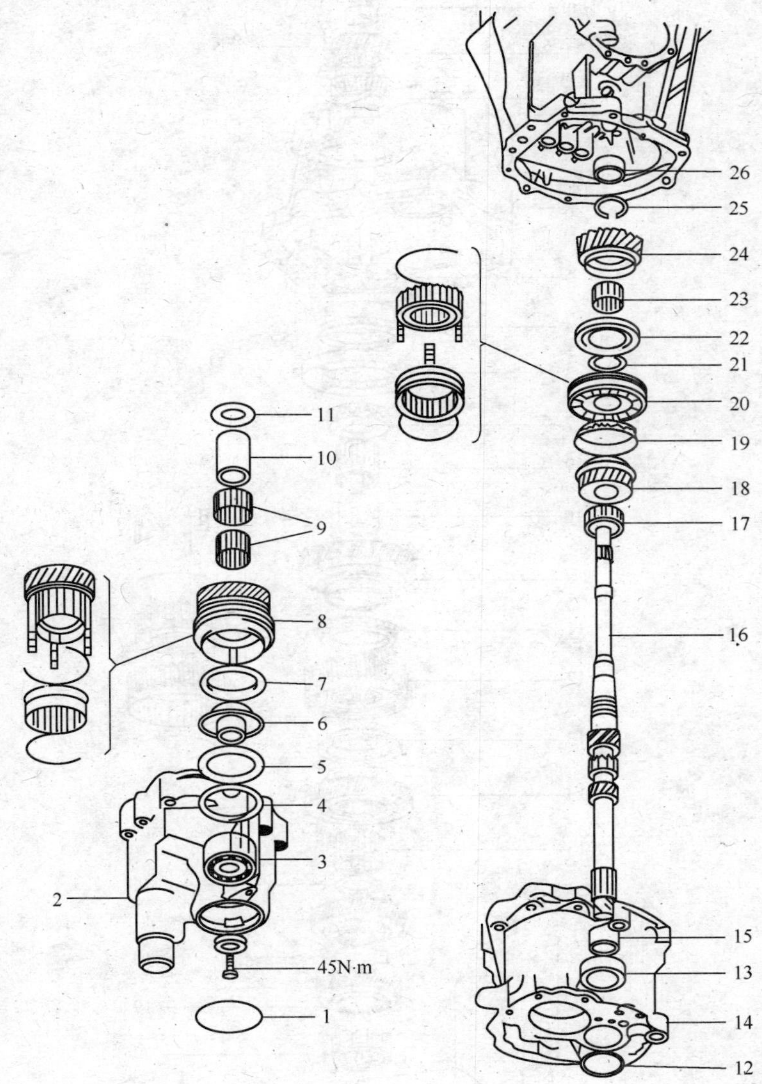

图 2-132　输入轴总成分解图

1. 后轴承罩盖　2. 变速器后盖　3. 输入轴后轴承　4、12、21. 锁圈　5. 档油圈　6. 5档同步器套管　7. 5档同步环　8. 5档同步器和齿轮　9. 5档齿轮滚针轴承　10. 5档齿轮滚针轴承内圈　11. 固定垫圈　13. 轴承支座　14. 中间轴承　15. 中间轴承内圈　16. 输入轴　17. 3档齿轮滚针轴承　18. 3档齿轮　19. 3档同步环　20. 3档/4档同步器　22. 4档同步环　23. 4档齿轮滚针轴承　24. 4档齿轮　25. 有齿锁圈　26. 输入轴滚针轴承

③取下滚针轴承的内圈、同步器和2档齿轮。

④取下2档齿轮的滚针轴承。

⑤拆下3档齿轮的锁圈和3档齿轮。

⑥拆下4档齿轮的锁圈和4档齿轮。

⑦拆下输出轴的前轴承。

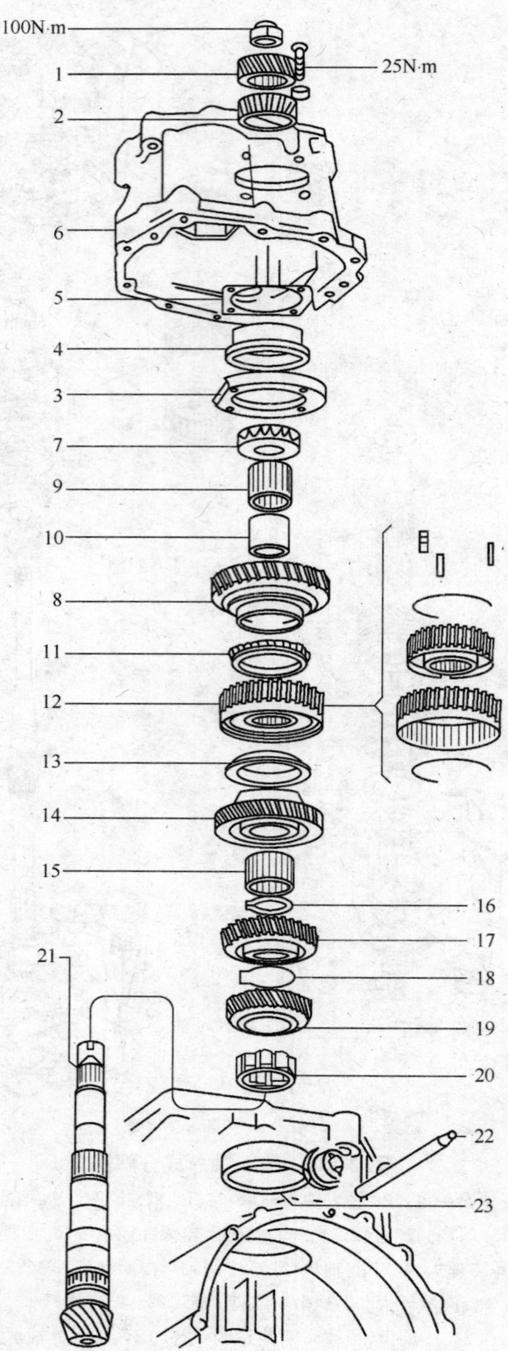

图 2-133　输出轴总成分解图

1. 5档齿轮　2. 输出轴外后轴承　3. 轴承保持架　4. 后轴承外圈　5. 调整垫片　6. 轴承支座　7. 输出轴内后轴承　8. 1档齿轮　9. 1档齿轮滚针轴承　10. 1档齿轮滚针轴承内圈　11. 1档同步环　12. 1档/2档同步器　13. 2档同步环　14. 2档齿轮　15. 2档齿轮滚针轴承　16. 挡圈(厚度为1.5mm和1.6mm)　17. 3档齿轮　18. 挡圈　19. 4档齿轮　20. 输出轴前轴承　21. 输出轴　22. 圆柱销　23. 输出轴前轴承外圈

(5)变速传动机构的检查

①检查主减速器主动锥齿轮。如果损坏,应与从动锥齿轮一起更换,并确定主减速器从动锥齿轮和主动锥齿轮调整垫片厚度。

②检查所有齿轮和轴承。如需要更换,除更换所损坏的零件外,还应将其他轴上的相应齿轮更换。

③更换 1 档齿轮的滚针轴承内圈或输出轴的后轴承时,应确定输出轴调整垫片的厚度。

④检查同步器。

如图 2-134 所示,将同步环压在各自齿轮的锥面上,检查间隙 A 值。间隙 A 的规定值见表 2-4。

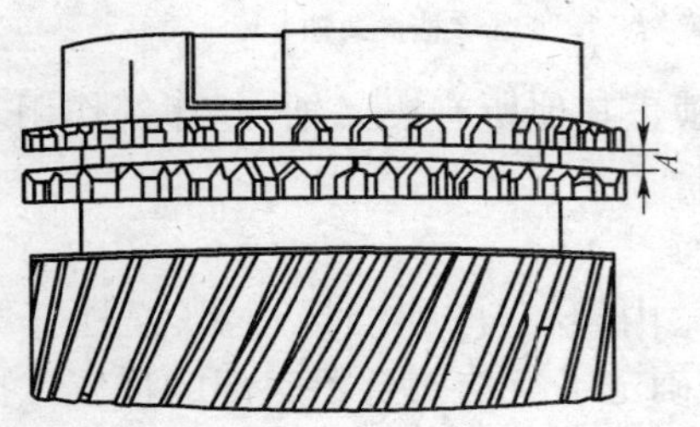

图 2-134　检查同步环间隙 A

表 2-4　同步环间隙 A　(单位:mm)

同步环	间隙 A	
	新零件	磨损极限
1 档和 2 档	1.10～1.17	0.05
3 档和 4 档	1.35～1.90	0.05
5 档	1.10～	0.05

将同步环贴在平滑的表面上(如平板,玻璃等),检查同步环的扭曲。

如图 2-135 所示,用轻度的压力将同步环装在各自齿轮的锥面上,移动齿轮的锥面,检查同步环侧面间隙(成椭圆形)。

如果上述任何一项不符合要求,则应更换同步环。

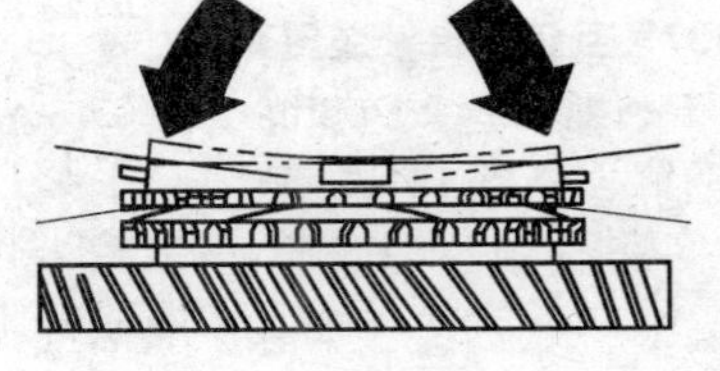

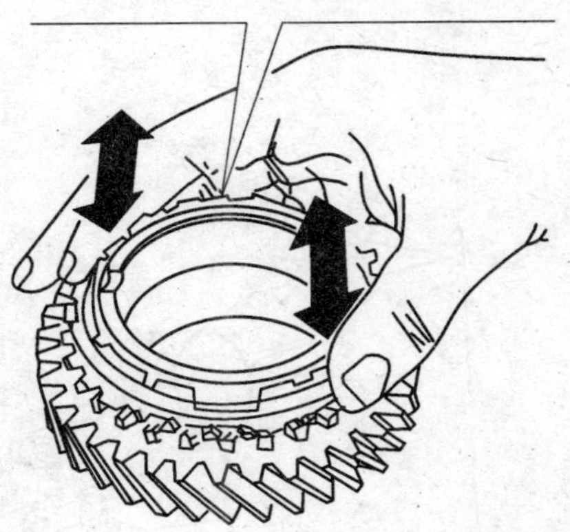

图 2-135　检查同步环侧面间隙

(6)变速传动机构的装配

按与拆卸相反的顺序安装变速传动机构。

91. 如何检修换档机构与操纵机构?

(1)换档机构的结构

换档机构由 1 档/2 档拨叉轴、3 档/4 档拨叉轴、5 档/倒档拨叉轴、定位拨叉、定位弹簧、倒档保险挡块以及内换档杆组成,如图 2-136 所示。

变速器处于空档时,在定位弹簧和定位拨销的作用下,内换档杆被定位在 3 档/4 档位置上。当换入 3 档和 4 档以外的任何挡位时,因为定位拨销的转动,增加了定位弹簧的弹力。

倒档保险块安装在内换档杆上,并且能在内换档杆上移动。换入倒档时,倒档保险块必须位于倒档保险锁销上面。

如图 2-137 所示,拨叉轴互锁和自锁装置由互锁销、互锁顶销以及自锁销组成。当某一拨

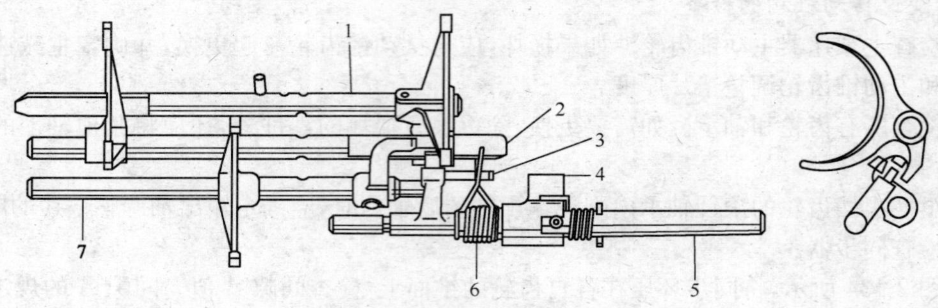

图 2-136　换档机构结构

1. 5 档/倒档拨叉轴　2. 3 档/4 档拨叉轴　3. 定位拨叉
4. 倒档保险挡块　5. 内换档杆　6. 定位弹簧　7. 1 档/2 档拨叉轴

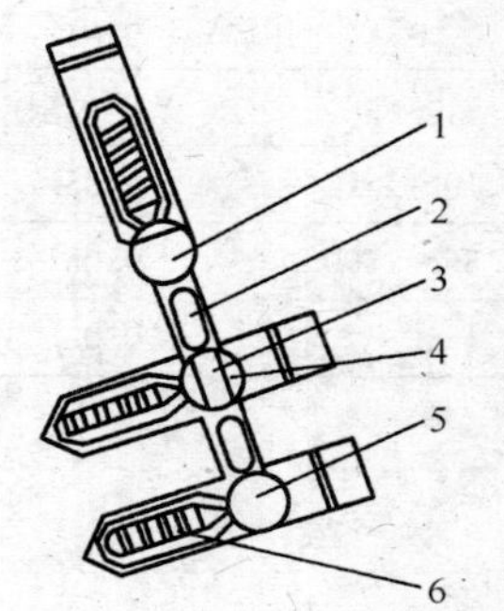

图 2-137　互锁与自锁装置

1. 5 档/倒档拨叉轴　2. 互锁销
3. 互锁顶销　4. 3 档/4 档拨叉轴
5. 1 档/2 档拨叉轴　6. 自锁销

叉轴移动挂档时，自动锁止其他所有拨叉轴，起互锁作用。而自锁装置可防止自动脱档。

(2)操纵机构的结构

操纵机构由支撑杆、内换档杆、换档接合器、换档杆罩壳和换档杆等组成。支撑杆确定了换档接合器底部的位置。换档接合器起杠杆作用，使内换档杆换档时移动的距离变小，如图 2-138 所示。

(3)操纵机构的拆装

操纵机构的零件如图 2-139 所示。

(4)操纵机构的检查与调整

1)操纵机构的检查

①将变速器挂入 1 档。将上换档杆向左推至缓冲垫处。慢慢松开上换档杆，上换档杆朝右返回 5～10mm。

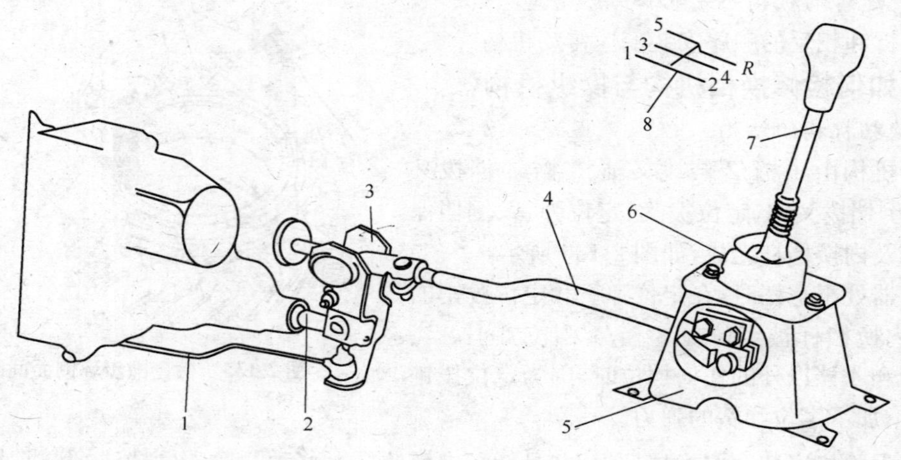

图 2-138　操纵机构结构

1. 支撑杆　2. 内换档杆　3. 换档接合器　4. 外换档杆　5. 换档杆罩壳　6. 换档杆支架　7. 上换档杆　8. 换档标记

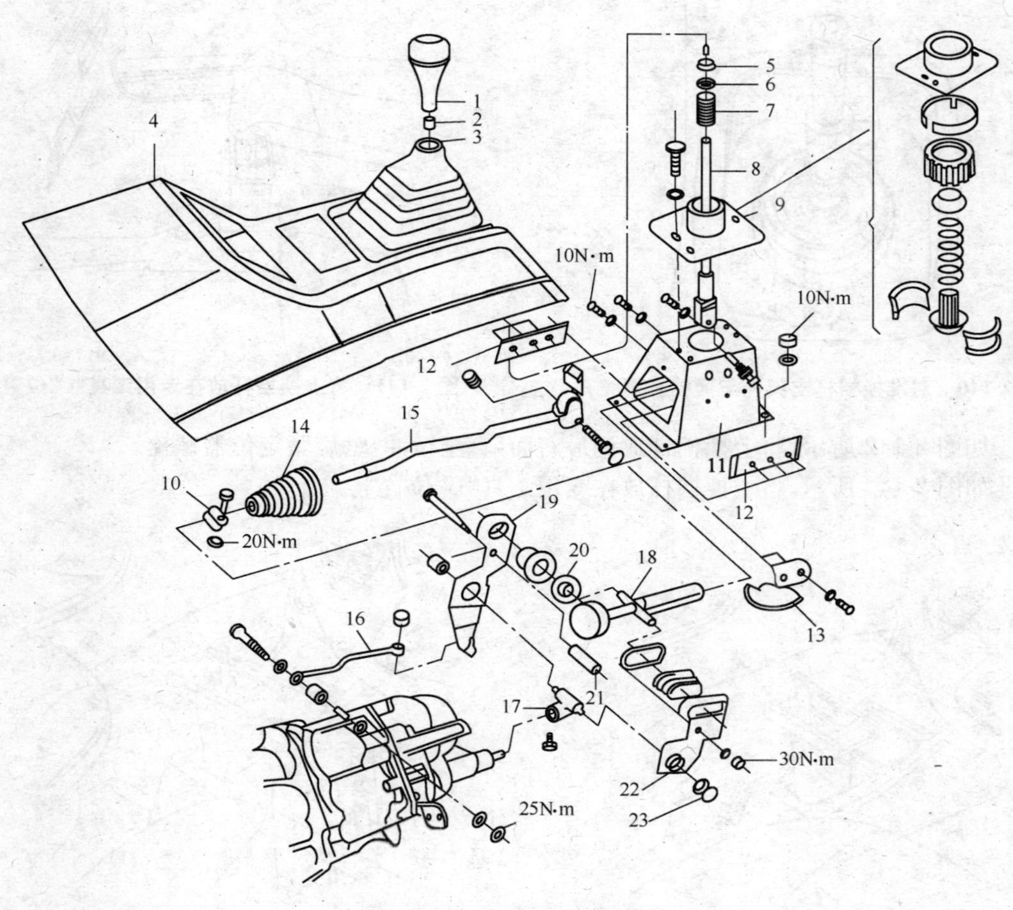

图 2-139 操纵机构分解图

1. 换档手柄 2. 防尘罩衬套 3. 防尘罩 4. 仪表板 5. 锁圈 6. 挡圈 7. 弹簧 8. 上换档杆 9. 换档杆支架 10. 夹箍 11. 换档杆罩壳 12. 缓冲垫 13. 倒档缓冲垫 14. 密封罩 15. 外换档杆 16. 支撑杆 17. 离合块 18. 换档离合器 19. 轴承右侧压板 20. 罩盖 21. 支撑轴 22. 轴承左侧压板 23. 塑料衬套

②将变速器挂入5档。将上换档杆向右推至缓冲垫处。慢慢松开上换档杆，上换档杆朝左返回5～10mm。

③当上换档杆朝1档和5档压去时，上换档杆大致返回同样的距离。否则，可通过移动换档杆支架的椭圆形孔进行调整。

④检查各档齿轮啮合是否平滑。如果啮合困难，则需要调整。

2)操纵机构的调整

①将上换档杆置于极限位置上。拧松夹箍的螺母，移动上换档杆，要求外换档杆在连接时能自由滑动。

②取下换档手柄和防尘罩。如图2-140所示，将换档杆支架孔与换档杆罩壳的孔对准，并拧紧螺栓。

③如图2-141所示，安装专用工具VW5305/7，使其嵌入换档杆支架前孔中，将上换档杆放在专用工具“C”位置上。轻轻地旋紧下面的螺栓，将专用工具VW5305/7固定好。

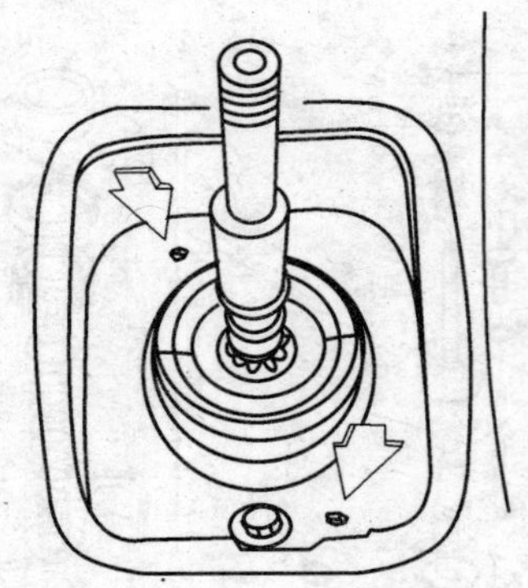

图 2-140　对准换档杆支架孔与换档杆罩壳孔

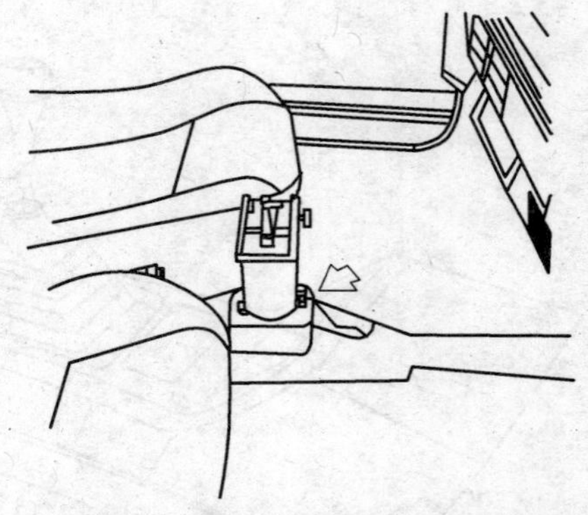

图 2-141　将上换档杆放在专用工具“C”位置上

④如图 2-142 所示，将上换档杆放到最右面，直至缓冲垫，旋紧定位器螺栓。

⑤如图 2-143 所示，将上换档杆放在专用工具“B”位置上。

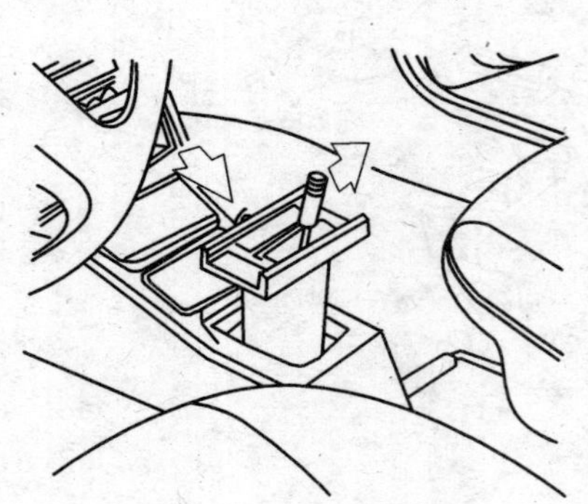

图 2-142　旋紧定位器螺栓

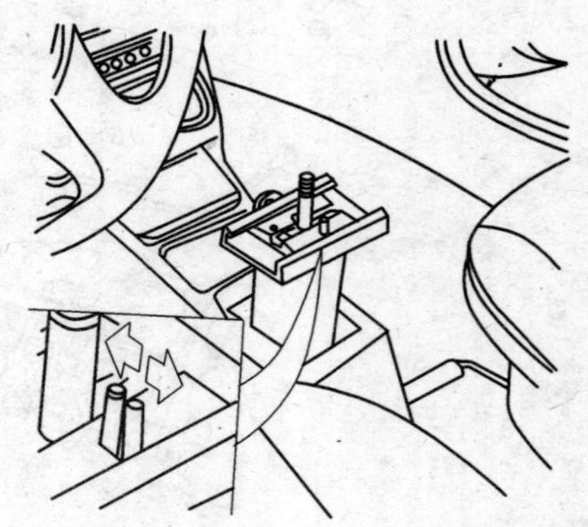

图 2-143　将上换档杆放在专用工具“B”位置上

⑥用 20N·m 的力矩拧紧夹箍螺母。

⑦取下专用工具 VW5305/7。

⑧挂入 1 档，将上换档杆向左压到底。松开上换档杆，由于弹簧的作用，上换档杆将返回到右边。挂入 5 档，将上换档杆向右压到底。松开上换档杆，由于弹簧的作用，上换档杆将返回到左边。在挂入 1 档和 5 档时，上换档杆大致返回相同的距离。否则，可移动换档杆支架上的椭圆形孔来修正。

⑨先后挂入所有的档位，特别要注意倒档的锁止功能。

⑩装上仪表板、防尘罩和换档手柄。

92. 如何检修主减速器及差速器？

(1)主减速器及差速器的拆装

主减速器及差速器的零件如图 2-144 所示。

(2)主减速器的调整

1)主动锥齿轮的调整

只要更换轴承支座、主动锥齿轮的后轴承、1 档齿轮的滚针轴承外圈、输出轴的后轴承外圈中的任何一个零部件，就必须通过调整垫片 S_3 对主动锥齿轮进行调整。

①如图 2-145 所示，装上输出轴后轴承外圈（无调整垫片）。装上轴承的保持架，用 25N·m 的力矩拧紧螺栓。装上输出轴和外后轴承。

②如图 2-146 所示，将输出轴用铝质的夹具固定在台虎钳上，装上螺母，并用 100N·m 的力矩拧紧。将变速器后盖装在轴承支座上，装上新的衬垫，用 4 个螺栓将其固定。应注意后轴承应往里放至挡块处。

③如图 2-147 所示，将专用工具 VW385/1 支撑在 VW406 上，通过调节环测量 A 的尺寸。

④如图 2-148 所示，装上专用工具 VW385/2。

⑤如图 2-149 所示，将专用工具 VW5385/D 和 VW5385/C 安装在 VW385/1 上，放上无调整垫片的主减速器盖。装上百分表，将百分表调到零，起始压力与距离 2.0mm 相一致。应注意百分表的表盘和 VW5385/D 应为同一方向。转动螺母，将活动调节环移至中心。

⑥将专用磁板 VW385/17 装在主动锥齿轮上，上面的缝隙朝向放油螺塞一边。将专用工具 VW385/1 放入变速器的内部并装配好。

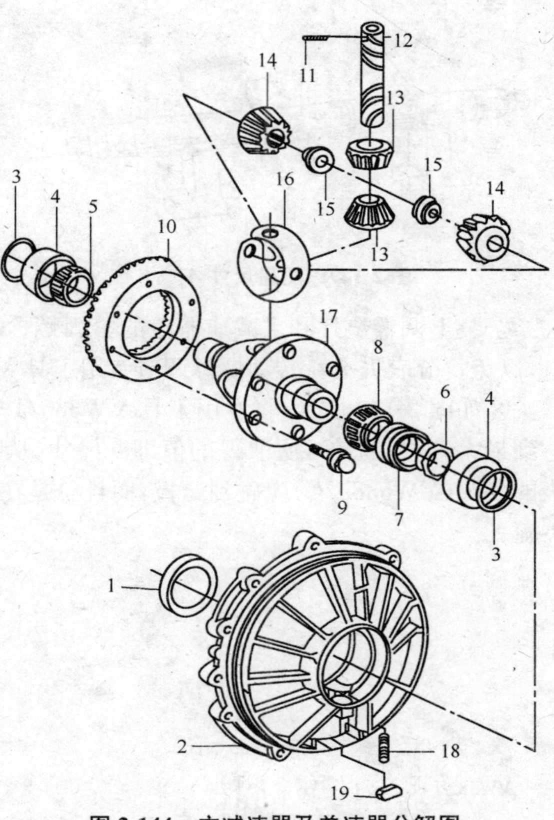

图 2-144　主减速器及差速器分解图

1. 油封　2. 主减速器盖　3. 从动锥齿轮的调整垫片　4. 轴承外圈　5、8. 差速器轴承　6. 锁紧套筒　7. 车速表主动齿轮　9. 螺栓（70N·m）　10. 从动锥齿轮　11. 夹紧销　12. 行星齿轮轴　13. 行星齿轮　14. 半轴齿轮　15. 螺纹管　16. 复合式止锥垫片　17. 差速器壳　18. 磁铁固定销　19. 磁铁

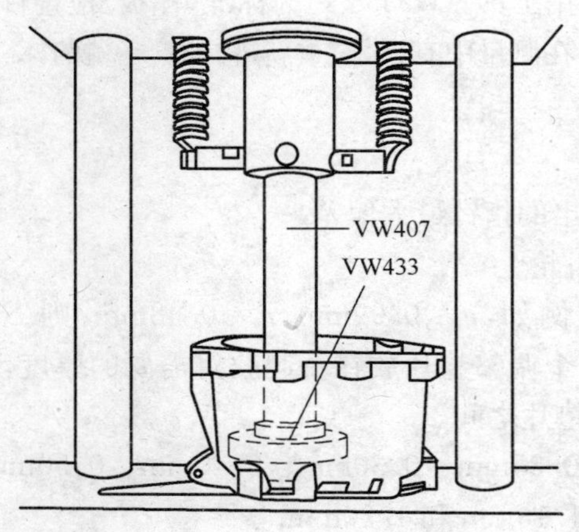

图 2-145　装上输出轴后轴承外圈

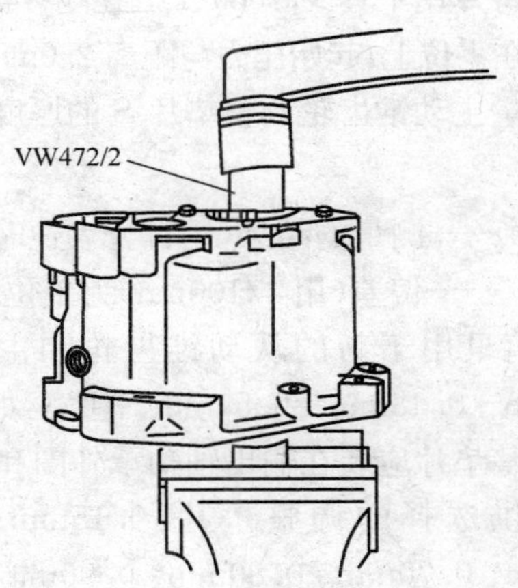

图 2-146　在台虎钳上用夹具固定输出轴

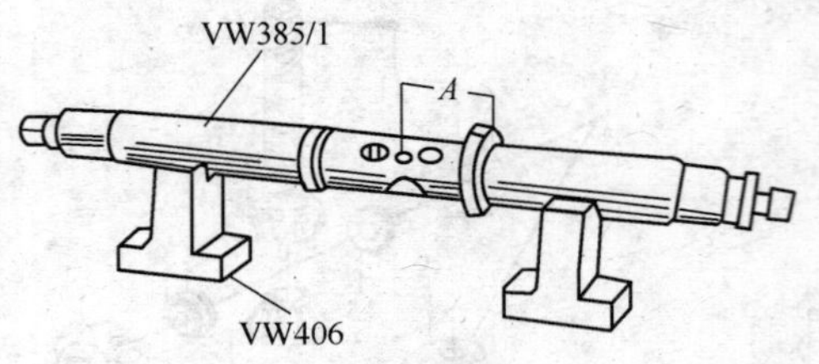

图 2-147　测量尺寸 A

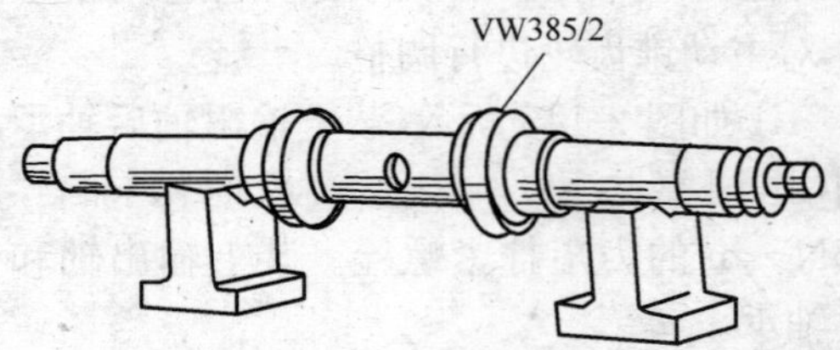

图 2-148　安装专用工具 VW385/2

⑦装上调整垫片和主减速器盖的紧固螺栓，用 25N・m 的力矩拧紧螺栓。不要在盖上敲打，以免百分表失灵。转动螺母调节专用工具 VW385/1，保证装配正确。

⑧如图 2-150 所示，将专用工具 VW385/1 转至百分表的尖头碰到磁板，并使百分表指针达到最大偏差(倒转)，所取得的值即 e 尺寸(从逆时针方向读取)。当转动 VW385/1 时，百分表的尖头(VW5385/C)应碰到磁板，而且总是在缝隙相对的一侧。取得 e 尺寸后，取下主减速器盖。

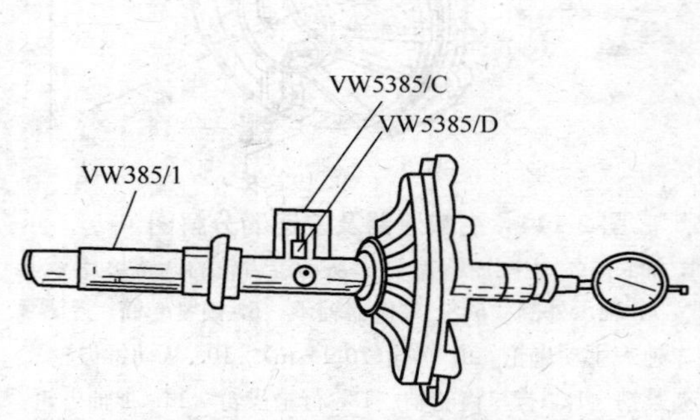

图 2-149　安装专用工具与百分表

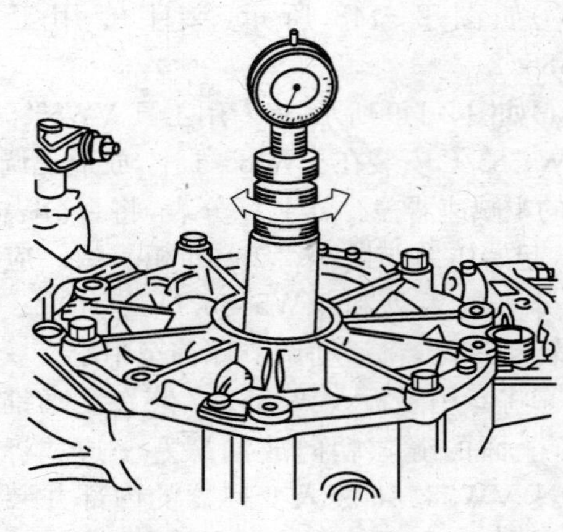

图 2-150　测量 e 尺寸

⑨将专用工具 VW385/1 放在 VW406 之上，以专用工具 VW5358/C 为标准(样板)检查百分表是否在零位上，起始压力与距离 2.0mm 一致。如果在测量中有误，应重新进行③～⑦操作。

测量主动锥齿轮调整垫片 S 的厚度：

$$S=e-r$$

式中　e——测量的结果(用百分表逆时针刻度检验出的指针最大偏差)；

　　　r——偏差(用 1/100mm 为单位刻在从动锥齿轮上)。

r 值只用于新的从动锥齿轮和主动锥齿轮。例如，$e=0.99$mm，$r=0.48$mm，则 $S=0.99$mm-0.48mm$=0.51$mm。注意：如果需要将两个调整垫片放在一起获得需要的厚度，较薄的调整垫片应装在输出轴轴承外圈和较厚的调整垫片之间。

可供选择的调整垫片：0.15mm、0.20mm、0.25mm、0.30mm、0.40mm、0.50mm、0.60mm、0.70mm、0.80mm、0.90mm、1.00mm、1.10mm 和 1.20mm。

⑩装上输出轴和计算好厚度的调整垫片 S。根据③～⑦项进行调节测量。如果调整垫片的厚度计算正确，百分表应指在偏差 r(刻在从动锥齿轮上)的值上，公差为±0.04mm。如果测

量结果在规定的公差范围内，则表示已完成主动锥齿轮的安装。否则，应检查所有零件，更换已损坏的零件，重新安装主动锥齿轮。

2)从动锥齿轮的调整

在拆卸主减速器之前，测量齿面的平均间隙，记下这个值，用于从动锥齿轮调整垫片的计算。当更换主动、从动锥齿轮总成、变速器壳体、主减速器盖、差速器壳、轴承等任何一个零部件时，必须用调整垫片调整从动锥齿轮。

①拆下主减速器盖，拆下油封和差速器轴承的外圈，取出调整垫片。

②确定从动锥齿轮调整垫片总厚度。

将轴承的外圈装在变速器壳体上，同时，装上厚度为1.20mm的标准(样板)垫片。轴承的外圈应装入到挡块处。将另一侧轴承的外圈装在主减速器盖上，不用调整垫片。轴承的外圈应装入到挡块处。

将没有安装车速里程表主动齿轮的差速器装在变速器壳体中。将主减速器盖装在变速器壳体上，用25N·m的力矩拧紧螺栓。

如图2-151所示，装上专用工具，调节百分表，使压力与距离1.0mm相一致。

如图2-152所示，将专用工具VW521/8装在与从动锥齿轮相对的一侧。其中，A为1.20mm厚度的调整垫片。

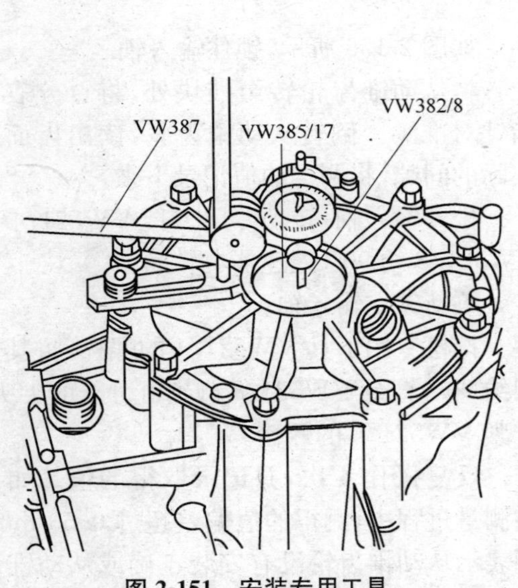

图2-151　安装专用工具

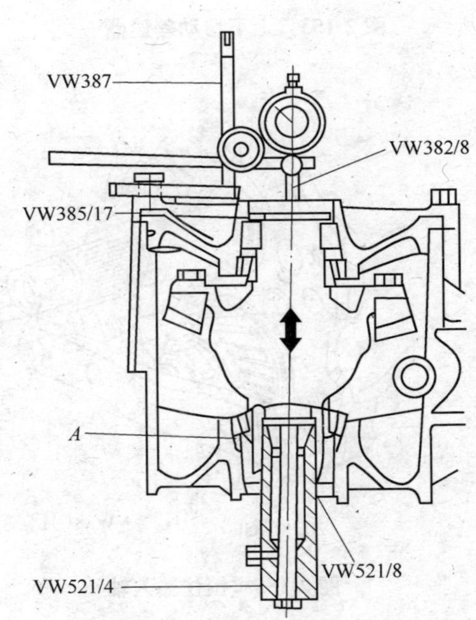

图2-152　安装专用工具

如图2-153所示，用专用工具VW521/4将差速器向上和向下移动，记下百分表上刻度的变化值。测量时，不要转动差速器。否则，可能会影响测量的结果。

将测量的结果加上0.04mm的安装压力(稳定值)，再加上标准(样板)调整垫片的厚度(1.20mm)，就是从动锥齿轮调整垫片的总厚度。

③拆下主减速器盖和专用工具。拆下主减速器盖上的差速器轴承外圈。

④将与测量结果和安装压力之和一致的调整垫片连同轴承外圈装在主减速器盖上。将主减速器盖装在变速器壳上。将装配好的输入轴装入变速器壳体内，用4个螺栓固定。拧紧力

矩为 20N·m。

⑤测量从动锥齿轮和主动锥齿轮的啮合间隙。

如图 2-154 所示，装上专用工具。尺寸 A 为 71mm，角 α 约为 90°。

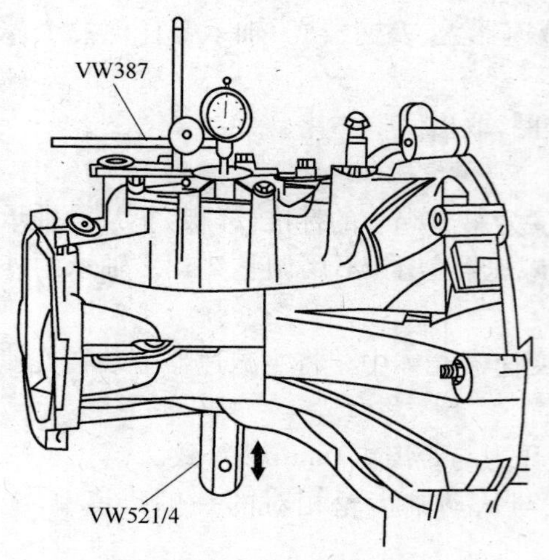

图 2-153　上下移动差速器

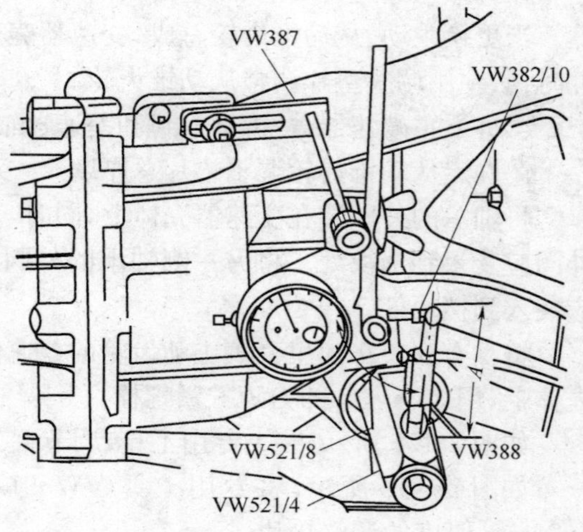

图 2-154　安装专用工具

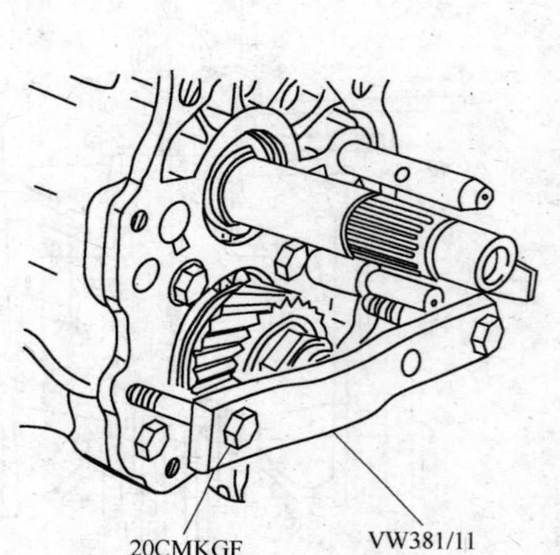

图 2-155　锁住输入轴

如图 2-155 所示，锁住输入轴。

将从动锥齿轮转至挡块处，将百分表的指针对准零。倒转从动锥齿轮，读出齿面间实际的间隙，将测得的值记录下来。

松开输入轴，转动专用工具 VW521/4 和 VW521/8 约 90°(差速器也转动 90°)。

重新锁住输入轴。

拧松专用工具 VW521/4 的螺栓，将其退回约 90°，直至 VW521/8 碰到百分表的尖头，拧紧 VW521/4 的螺栓。

反复操作 4 次，并记录取得的值。如果在测量过程中，测得的值偏差超过 0.50 mm，则表示从动锥齿轮没有安装正确或从动锥齿轮和主动锥齿轮啮合不良。如需要，应更换主、从动锥齿轮总成。

⑥计算齿面间的平均间隙，即 4 次测量结果的平均值。

⑦计算调整垫片的厚度(与从动锥齿轮相对的一侧)，即标准(样板)调整垫片－平均间隙＋抬起值(稳定值 0.15mm)。如果不更换主、从动锥齿轮总成，应使用在拆下前测得的平均间隙值。

可供选择的调整垫片：0.15mm、0.20mm、0.25mm、0.30mm、0.40mm、0.50mm、0.60mm、0.70mm、0.80mm、0.90mm、1.00mm、1.10mm、1.20mm。

⑧拆下差速器和差速器轴承的外圈。将调整垫片装在主减速器盖及差速器壳上。将油封

装在主减速器盖和变速器壳体上。

⑨装上差速器，重新测量齿面间的啮合间隙。按⑤检查 4 个不同位置上的间隙。各次测量的间隙应不超过 0.05mm 。如果调整垫片装配正确，齿面间的平均间隙应在 0.10～0.20mm 之间。

93. 如何检修万向节？

(1)万向节的拆卸

万向节拆卸顺序如下：

①用钢锯将万向节防尘罩上的夹箍锯开，拆下防尘罩。

②用锤子从传动轴上敲下外万向节(RF)。

③拆卸弹簧锁圈。

④压出内万向节。

拆散之前，用电蚀笔或油石在钢球球笼和外星轮上标出内星轮的位置。

(2)万向节的分解

1)外万向节(RF)的分解

①在分解之前，用油石在球笼和外星轮上标出内星轮的位置。

②如图 2-156 所示，旋转内星轮与球笼，依次取出钢球。

③用力转动钢球球笼直至两个方孔与外星轮对直，连同外星轮一起拆下球笼。

④把内星轮上扇形齿旋入球笼的方孔，然后从球笼中取下内星轮。

2)内万向节(VL)的分解

①如图 2-157 所示，转动内星轮与球笼，压出球笼里的钢球。内星轮与壳体是一起选配的，不能互换。

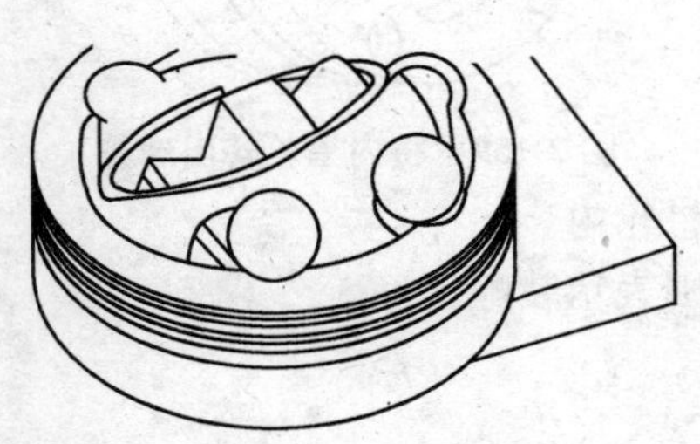

图 2-156　取出钢球

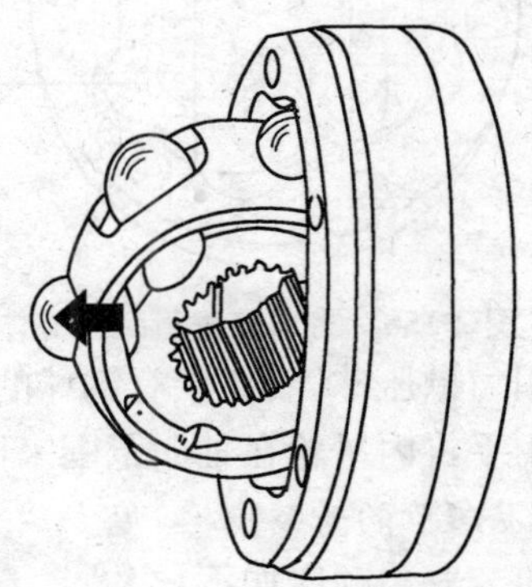

图 2-157　压出钢球

②从球槽上面取出球笼里的内星轮。

(3)万向节零件的检查

①检查外星轮、内星轮、球笼及钢球有无凹陷与磨损。

②各万向节处的 6 颗钢球要求一定的配合公差，并与内星轮一起成为一组配合件。

③如果万向节间隙明显过大，必须更换万向节。

④检查防尘罩是否破裂、挡圈和座圈是否失效。若失效，应予以更换。

(4)万向节的装配

1)外万向节(RF)的装配

①用汽油清洗各零件。

②将 45g 润滑脂 G6 注入万向节内。

③将球笼连同内星轮一起装入外星轮中。

④对角交替地压入钢球,必须保持内星轮在球笼以及外星轮内的原先位置。

⑤将弹簧锁圈装入内星轮。

⑥将 45g 润滑脂 G6 注入万向节。

⑦用手将内星轮在轴向范围内来回推动,检查安装是否正确。

2)内万向节(VL)的装配

①对准凹槽,将内星轮嵌入球笼。内星轮在球笼内的位置无关紧要。

②将钢球压入球笼,并注入 90g 润滑脂 G6。

③如图 2-158 所示,将带钢球与球笼的外星轮垂直装入壳体。应注意旋转之后,外星轮上的宽间隔 a 应对准内星轮上的窄间隔 b,转动球笼以便嵌入到位。内星轮内径(花键齿)上的倒角必须对准外星轮的大直径端。

④如图 2-159 所示,扭转内星轮,使内星轮转出球笼。钢球与外星轮中的球槽相配合,应有足够的间隙。

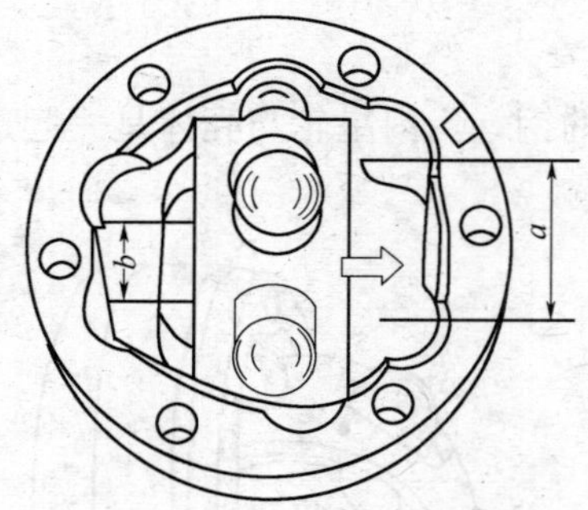

图 2-158　将球笼垂直装入壳体

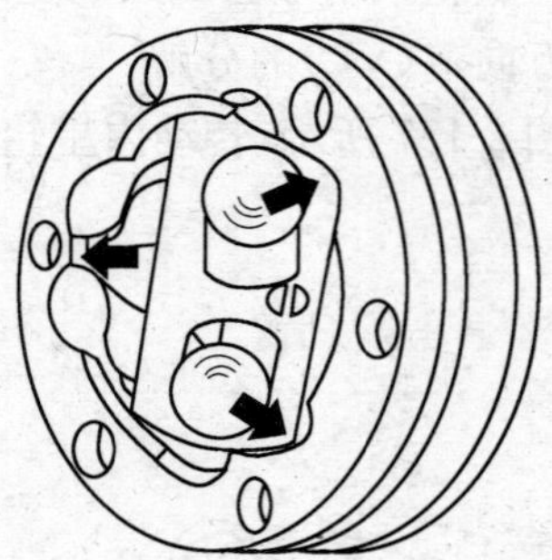

图 2-159　将内星轮转出球笼

⑤用力揿压球笼,使装有钢球的内星轮完全转入外星轮内。

⑥用手将内星轮在轴向范围来回推动。如果灵活,则表示装配正确。

(5)万向节的安装

万向节安装顺序如下:

①将防护罩安装在传动轴上。

②如图 2-160 所示,正确安装碟形座圈。

③如图 2-161 所示,把内万向节压入传动轴,使碟形座圈贴合。内星轮内径(花键齿)上的倒角必须面向传动轴轴肩。

④安装弹簧锁圈。

⑤装上外万向节。

⑥在万向节上安装防尘罩,为防止防尘罩产生皱褶,安装防尘罩小口径之后,要稍微充点气,使压力平衡。用夹箍夹住防尘罩。

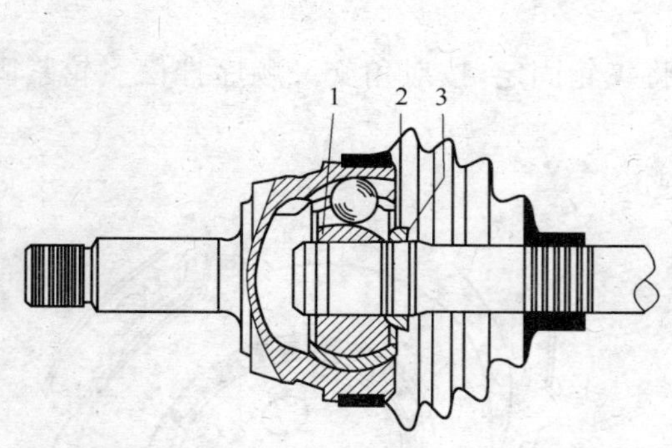

图 2-160　碟形座圈的安装位置

1. 弹簧锁圈　2. 中间挡圈　3. 碟形座圈

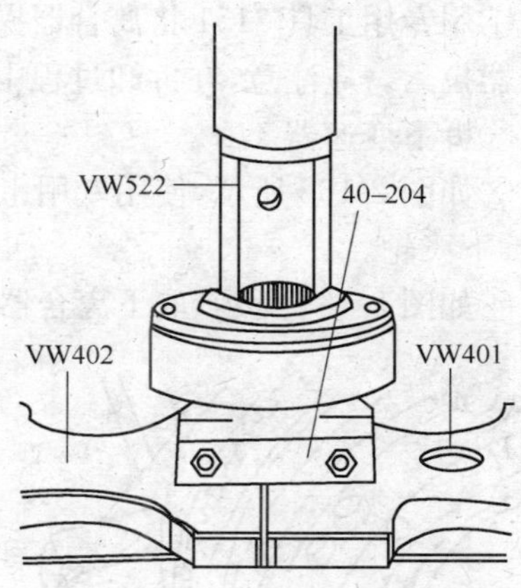

图 2-161　把内万向节压入传动轴

第五节　一汽大众捷达 Ci 型轿车离合器、变速器与传动轴的检修

94. 离合器总成由哪些部件组成？

捷达 Ci 型轿采用单片、干式、膜片弹簧式离合器总成。离合器总成的组成如图 2-162 所示。主动部分包括带有膜片弹簧的压盘、飞轮、中间盘、分离盘等。从动部分由从动盘本体、摩擦片、波形弹簧片、扭转减振器等组成。

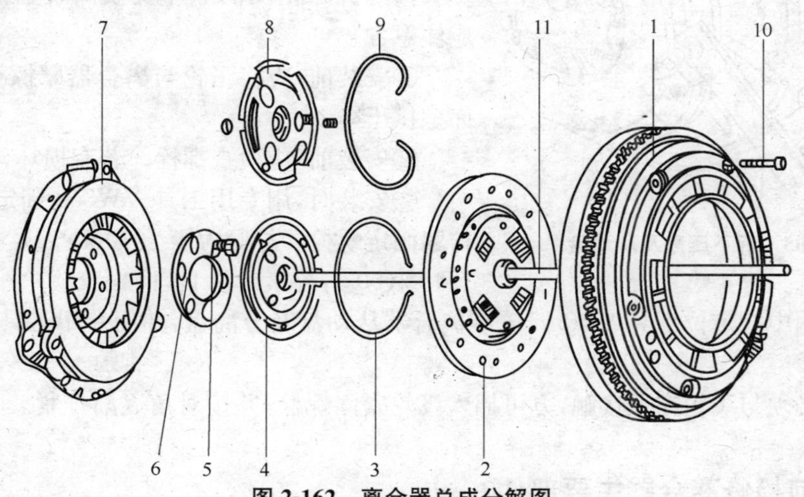

图 2-162　离合器总成分解图

1. 飞轮　2. 从动盘　3、9. 卡环　4. 分离盘(直径 190mm)　5. 螺栓　6. 中间盘　7. 压盘　8. 分离盘(直径 200mm)　10. 螺栓　11. 离合器压杆

95. 如何拆装离合器总成？

(1) 离合器总成的拆卸

离合器总成的拆卸顺序如下：

①用专用工具3151将离合器操纵拉索调整机构压缩并固定，拆下分离杠杆紧固件，拆下离合器拉索。应注意，在拆卸过程中不得弯曲、拉伸离合器操纵拉索。

②拆下变速器。

③如图2-163所示，使用专用工具VW558将飞轮固定，按对角交叉顺序拧松飞轮紧固螺栓，拆下飞轮。

④如图2-164所示，取下离合器总成上的卡环。

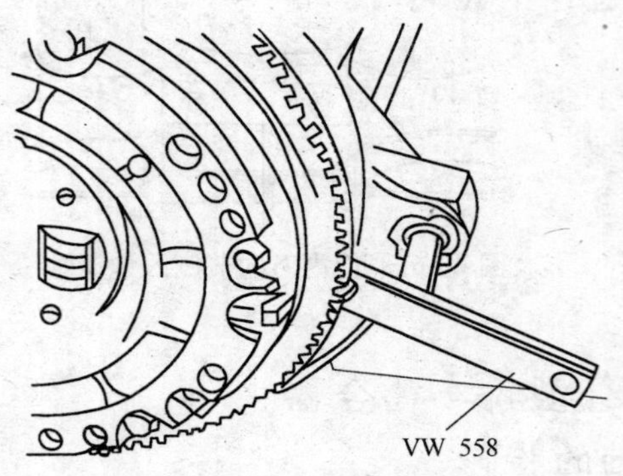

图2-163　拆下飞轮

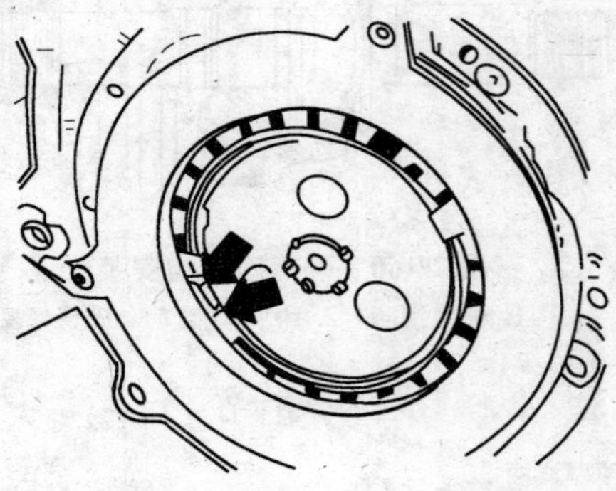

图2-164　取下卡环

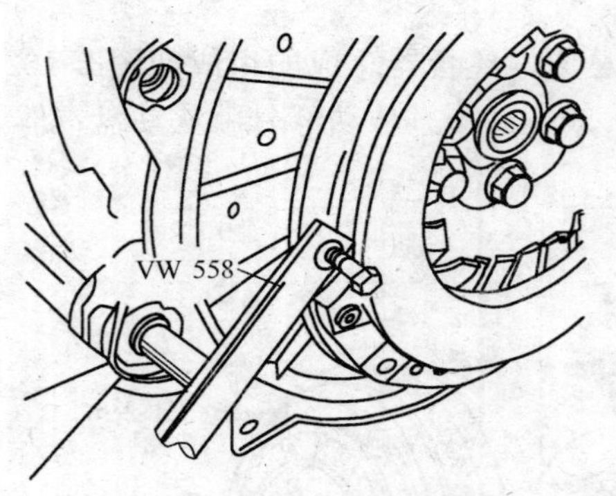

图2-165　拆下压盘及从动盘

⑤如图2-165所示，用专用工具VW558按对角交叉顺序拧松压盘螺栓，取下压盘及从动盘。

(2)离合器总成的安装

按与拆卸相反的顺序安装离合器总成。安装时应注意：

①安装前，应将飞轮与离合器摩擦衬片的接触表面擦拭干净。

②安装前，应检查螺栓。若有损坏，应予以更换。

③安装时，用专用工具VW558固定压盘，按对角拧紧固定螺栓。拧紧力矩为30N·m。拧紧后继续转1/4圈(90°)，拧紧后涂D6防松胶。

④用专用中心定位工具VW547安装离合器从动盘及分离盘，并用专用工具VW558固定从动盘。

⑤压盘必须与飞轮完全接触，方可插入飞轮紧固螺栓，并按对角逐渐拧紧。其拧紧力矩为20N·m。

96. 如何检修离合器主要部件?

(1)从动盘的检修

①如图2-166所示，用游标卡尺测量从动盘铆钉头的深度。铆钉头的最小深度为0.3mm。如果超过该极限，则应更换离合器从动盘。

②如图2-167所示，测量从动盘距外边缘2.5mm处端面跳动量。端面跳动量应不大于0.5mm。如果摆差过大，则应更换离合器从动盘。

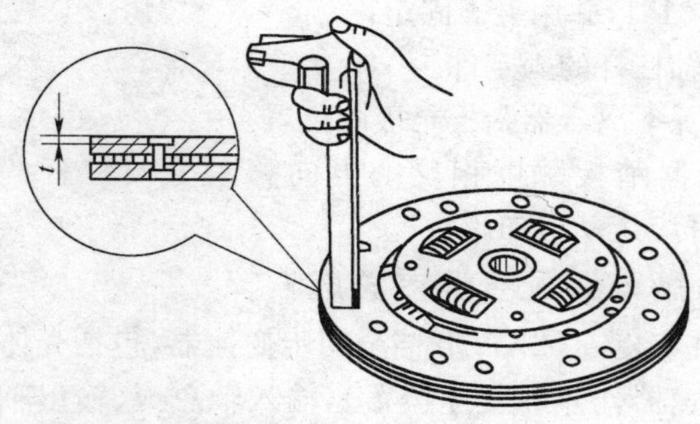

图 2-166　测量从动盘铆钉头深度

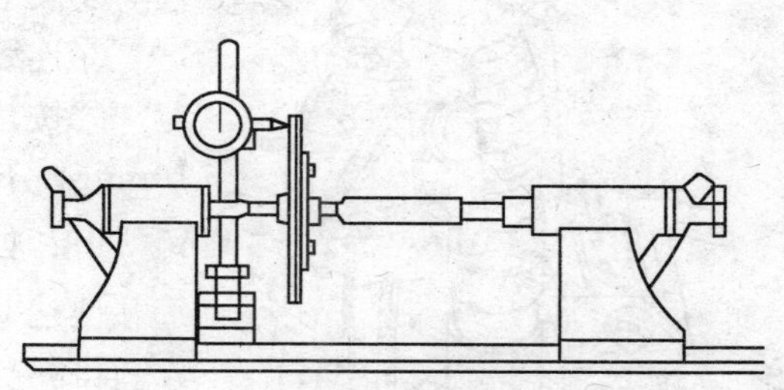

图 2-167　测量从动盘端面跳动量

③安装离合器从动盘时，应清洁离合器从动盘花键孔及变速器输入轴花键，并涂上一层G000 100润滑脂。

(2)压盘的检修

①检查离合器压盘是否磨损严重、破裂及翘曲。若有，应更换离合器压盘。

②如图2-168所示，检查压盘翘曲度。其向内扭曲量最大应不超过0.2mm。

③检查压盘铆接点是否开铆或损坏。若有，应更换离合器压盘。

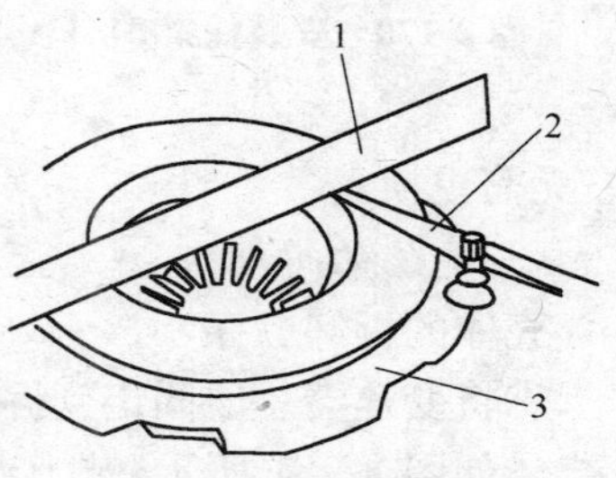

图 2-168　检查压盘翘曲度

1. 钢直尺　2. 塞尺　3. 压盘

97. 如何检修离合器操纵机构?

(1)操纵机构的结构

捷达Ci型轿车采用拉索式操纵机构，如图2-169所示。该机构为自动调整拉索，具有自动补偿离合器踏板自由行程的功能。当离合器摩擦片磨损后，通过拉索的自动调整机构的调节作用，可使拉线向下伸出一定量，以补偿自由行程，不需要人工调整。

(2)拉索的更换

1)拉索的拆卸

①连续数次踩下离合器踏板至极限位置。

②压紧拉索防护套内的自动调整机构，装上托架3151，并用夹子固定，如图2-170所示。

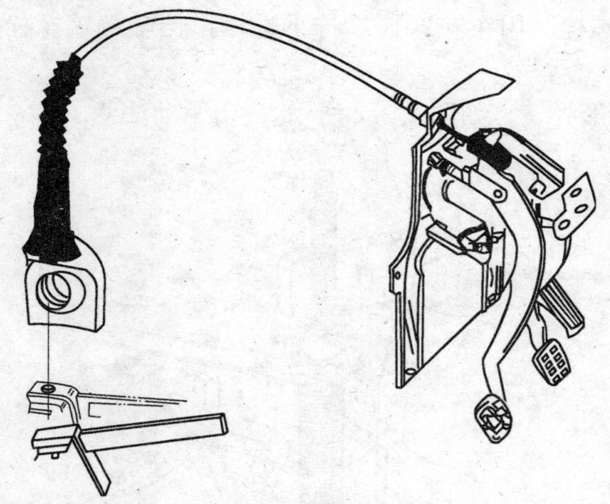

图 2-169　离合器操纵机构

③拆下分离轴杠杆上的紧固件。

④脱开离合器踏板上的吊耳。

⑤拆下离合器拉索。

2)拉索的安装

①将拉索穿过前围板并钩在离合器踏板上。

②用手压下离合器踏板，同时在前面拉紧拉索，压紧防护套内的自动调整机构。

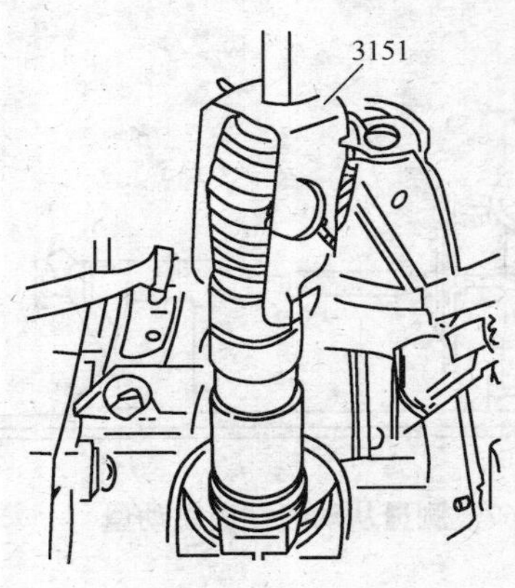

图 2-170　安装托架 3151

③装上托架 3151，并用夹子固定。

④装上分离轴杠杆的固定件。

⑤连续数次踩下离合器踏板至极限位置。

⑥按与离合器踏板踩下相反的方向移动分离杠杆约 10mm。分离杠杆应运动自如。

98. 如何分解与装配变速器总成？

捷达 Ci 型轿车装备 02KA 五档全同步变速器，包括壳体（离合器壳体、变速器壳体和变速器盖）、输入轴总成、输出轴总成、换档机构、主减速器与差速器等。变速器的五个前进档均装有同步器，使换档迅速，操纵轻便，同时减少了接合时的冲击和噪声，提高了变速器的使用寿命。变速器总成的齿轮及轴承采用飞溅润滑，使用 GL4 或 G50 牌号的润滑油，免维护，无需更换。

（1）壳体的拆卸

壳体的拆卸顺序：

①将变速器总成固定到拆装台上。放出变速器油。拉出离合器压杆。

②如图 2-171 所示，装上专用工具支承架 30-211A 和专用工具 VW295a，拧紧螺栓，直到 VW295a 靠在输入轴上，拧紧锁紧螺母。

③拧下变速器盖螺栓，并取下变速器盖。

④拧下五档锁止螺栓和选档换档轴止动螺栓。用火花塞扳手拧下选档换档轴端盖螺栓。拧下倒档轴的六角锁止螺栓。

⑤从驱动法兰上拆下端盖、弹性挡圈和碟形弹簧。如图 2-172 所示，拉出驱动法兰。

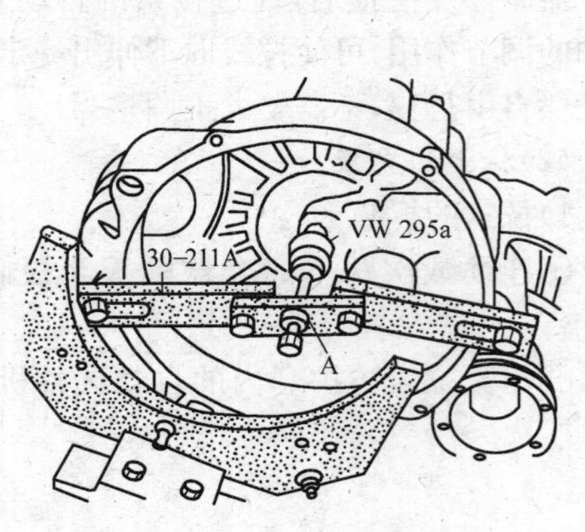

图 2-171　固定输入轴

A—锁紧螺母 M12

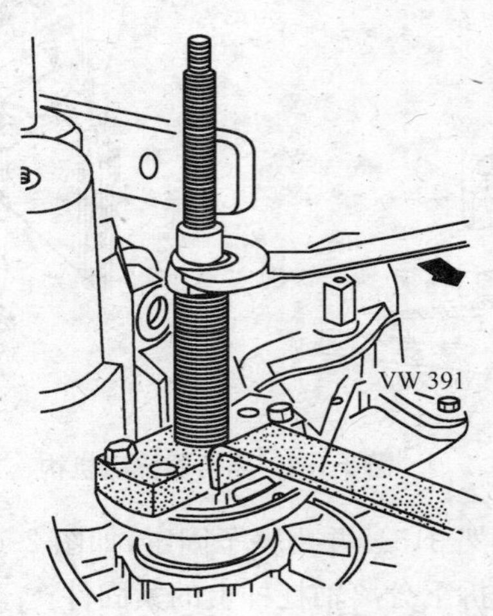

图 2-172　拉出驱动法兰

⑥用 M12 套筒扳手拧下同步器齿毂螺栓，使 5 档齿轮和倒档齿轮分别啮合（前面的换档拨叉开口朝下）。

⑦撬下连接管的止动垫圈。如图 2-173 所示，向左转动连接管，将其从换档拨叉上拧下。不要将换档拉杆从连接管上拔下。

⑧将 5 档同步器总成、输出轴的 5 档齿轮及换档拨叉一同拆下。拆下 5 档齿轮的弹性挡圈和调整垫圈。用拉力器拉下输入轴的 5 档齿轮。

⑨用 M6 套筒扳手拧下张紧板螺栓。

⑩拧下变速器壳体上的六角紧固螺栓。如图 2-174 所示，用专用工具 3042 拆下变速器壳体。

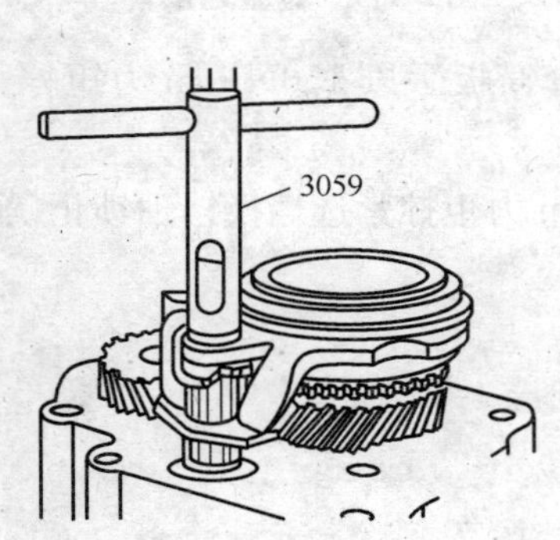

图 2-173 拆下换档拨叉连接管

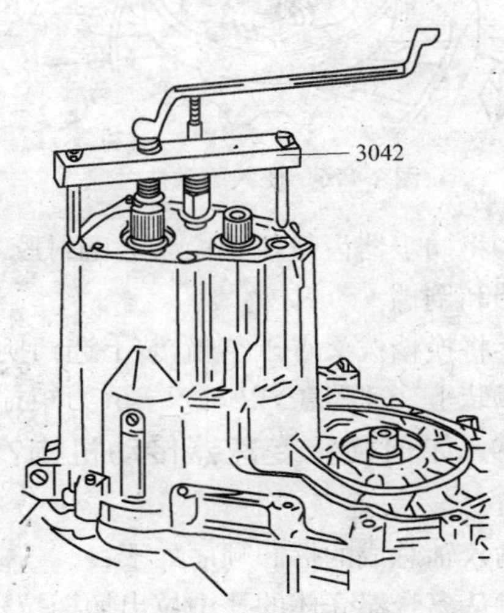

图 2-174 拆下变速器壳体

(2)壳体的安装

壳体的安装顺序如下：

①将倒档齿轮轴定位，保证距离 x 相等，如图 2-175 所示。

②用专用工具 30-211A 和 VW295a 正确支承输入轴，装上变速器壳体。

③拧紧倒档齿轮轴的六角固定螺栓。拧紧变速器壳体的六角固定螺栓。用 15N·m 的拧紧力矩拧紧向心球轴承张紧板上螺栓。

④装上碟形弹簧和弹性挡圈。如图 2-176 所示，用专用工具 VW201 压入驱动法兰。装入弹性挡圈，并将其压入槽内。压上新端盖。

⑤将输入轴的 5 档齿轮加热到约 100℃并装上。装上止推垫圈和弹性挡圈。

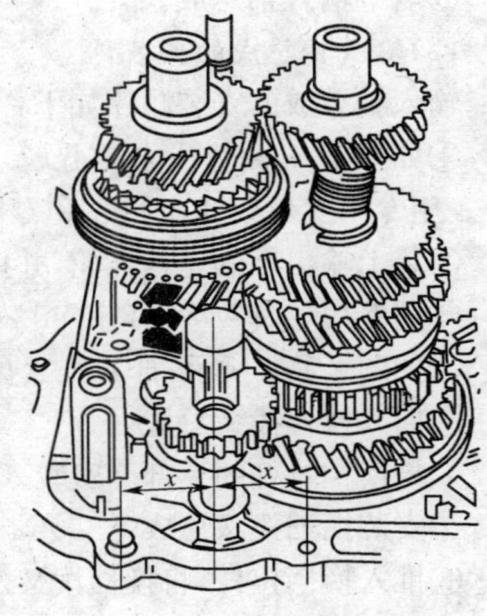

图 2-175 倒档齿轮轴定位

⑥将 5 档同步器总成、输出轴的 5 档齿轮及拨叉一同装入。装上新的轴承止推垫圈。

⑦用专用扳手 3095 向右转动连接管并将其拧入换档拨叉。如图 2-177 所示，拧松连接管，直至距离 x 为 5.0mm。应注意，不要从连接管上拔下换档拉杆，否则，换档拨叉会在变速器内

散开。取下专用扳手 3095 时，可用一旋具从侧面的槽压住换档拉杆。

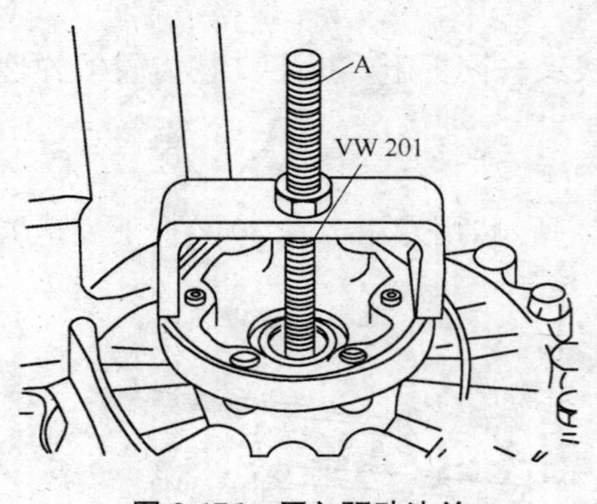

图 2-176　压入驱动法兰

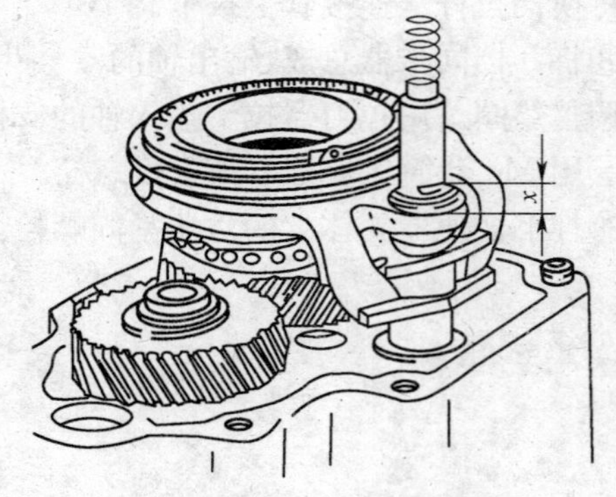

图 2-177　调整连接管

⑧将同步器齿毂新螺栓涂上密封胶 D6，并用 12mm 套筒扳手以 150N·m 力矩拧紧。挂上 5 档和倒档。

⑨将换档拨叉置于空档，装上选档换档轴。以 20N·m 力矩拧紧选档换档轴锁止螺栓。

⑩装上变速器盖，以 50N·m 力矩拧紧螺栓。

99. 如何检修变速器传动机构?

(1)输入轴总成的拆卸

输入轴总成的拆卸顺序如下：

①从离合器壳体的孔中拉出换档拉杆，摆动并取下换档拨叉。

②拆下输出轴的 4 档齿轮的弹性挡圈，拆下输出轴的 4 档齿轮，如拆卸困难可用拉力器拉出。

③取下输入轴总成。

(2)输入轴总成的安装

输入轴总成的安装顺序如下：

①如果输入轴总成未被分解，压出输入轴向心球轴承。装上输入轴总成(不含向心球轴承)。用专用支承架 30-211A 和专用工具 VW295a 支承输入轴。

②装上输出轴的 4 档齿轮，并用弹性挡圈固定。

③用专用工具 VW407 和 40-20 将输入轴向心球轴承连同调整垫圈压入变速器壳体。

④如图 2-178 所示，拧紧张紧盘(箭头所指)螺栓。

⑤插入换档拨叉总成。

⑥将换档拉杆的下部弹簧装入离合器壳体内。

⑦安装换档拨叉总成。

⑧推入换档拉杆，将换档拨叉定位。

(3)输出轴总成的拆卸

输出轴总成的拆卸顺序如下：

①拆下输出轴上的 3 档齿轮弹性挡圈。

②拆下输出轴上的 3 档齿轮、2 档同步器齿轮、同步环和滚针轴承。

③拆下倒档齿轮。

④如图2-179所示，用拉力器拉出滑动齿套及1档同步器齿轮。

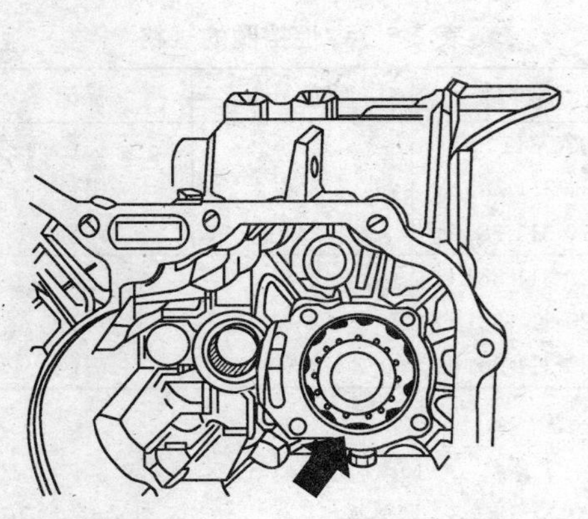

图2-178　拧紧张紧盘螺栓

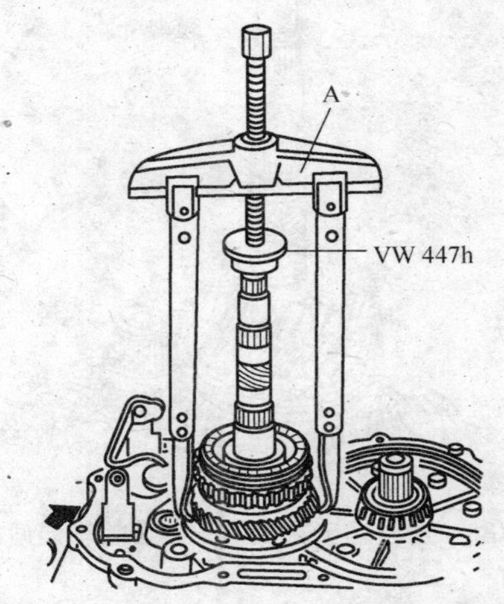

图2-179　拉出滑动齿套及1档同步器齿轮

⑤拧下输出轴轴承盖螺栓。

⑥拆下输出轴。

(4)输出轴总成的安装

输出轴总成的安装顺序如下：

①装上输出轴。

②拧紧输出轴轴承盖螺栓。

③装上调整垫圈、滚针轴承、2档同步器齿轮及同步环。

④将滑动齿套及同步器齿毂加热到120℃，并放在安装位置上，用专用工具VW244b和VW455将其压至台肩处。

⑤转动同步环，使槽与锁止块对齐。

⑥安装倒档齿轮。

⑦用专用工具VW244b和VW455将滚针轴承内圈压至台肩处。

⑧装上滚针轴承、同步环、2档同步器齿轮和输出轴上3档齿轮。

⑨如图2-180所示，调整输出轴上的3档齿轮轴向间隙，选择合适厚度的弹性挡圈并装入，弹性挡圈的厚度见表2-5。

(5)零件的检查与更换

1)轴承

检查轴承是否有损坏，必要时更换。选用轴承时，应选用原车规定使用的轴承。在安装轴承时，应在轴与轴承之间涂一层润滑油。将有标志一面的滚针轴承(壁厚较大)朝向安装工具。

2)调整垫片

检查调整垫片是否有损坏，必要时更换。用千分尺检测调整垫片不同的公差，并可用此方法精确地测出所选用垫片的厚度。

3)同步环

将同步环压在各自齿轮的锥面上，检查间隙 a 值，如图2-181所示。间隙 a 的规定值见表2-6。

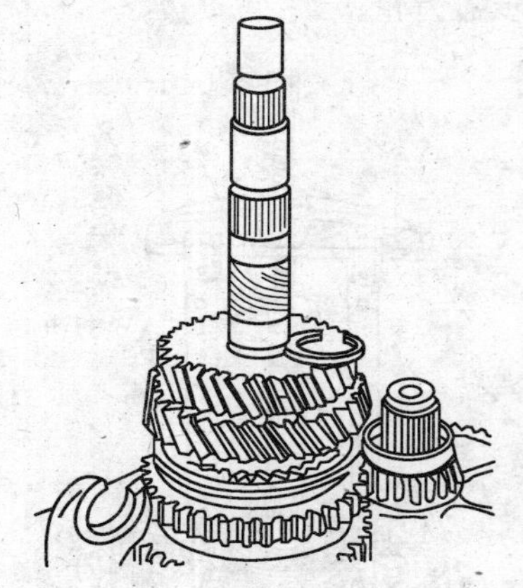

图 2-180　调整输出轴上的 3 档齿轮轴向间隙

表 2-5　弹性挡圈的规格

零件号	厚度/mm	标记
020 311 381	2.5	棕色
020 311 381 A	2.6	黑色
020 311 381 B	2.7	有光泽
020 311 381 C	2.8	紫铜色
020 311 381 D	2.9	黄铜色
020 311 381 E	3.0	蓝色

图 2-181　检查间隙 *a*

表 2-6　间隙 *a* 值　　（单位：mm）

同步环	间隙 *a*	
	新同步环	磨损极限
1 档和 2 档	1.1～1.7	0.5
3 档	1.15～1.75	0.5
4 档和 5 档	1.3～1.9	0.5

将同步环放在极其平滑的表面上（如平板、玻璃）进行检查，如果存在扭曲变形或侧面间隙成椭圆形，应更换同步环。

（6）输出轴的调整

如果更换壳体、主减速器或圆锥滚子轴承及输出轴，则必须对输出轴进行调整。

①如图 2-182 所示，将带有 0.65mm 调整垫片的小圆锥滚子轴承外圈压入离合器壳体内的齿肩处。

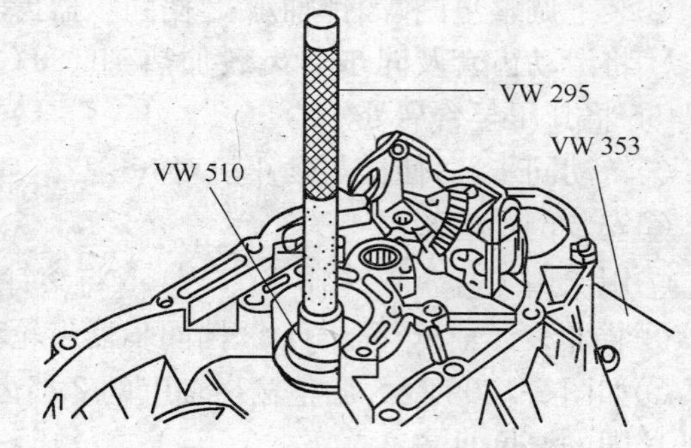

图 2-182　压入小圆锥滚子轴承外圈

②安装输出轴并以 40N・m 力矩将轴承盖上的六角螺栓拧紧。

③如图 2-183 所示，安装测量工具，插入量程为 3mm 的百分表，并在零位有 1mm 的预紧度。

④在输出轴的一端加上厚度为 0.65mm 的垫片。上下移动输出轴，记录百分表读数。测量时，不得转动输出轴，否则，轴承会下落，使测量值不准确。

⑤为达到轴承的预紧度，应在表读数及垫片厚度（0.65mm）基础上加一常数 0.30mm，确定调整垫片的厚度。调整垫片的规格见表 2-7。

⑦拆下输出轴，并拉出小圆锥滚柱轴承外圈。

⑧将选择的调整垫片压入小圆锥滚柱轴承的外圈，并安装输出轴，以 40N・m 的拧紧力矩拧紧轴承端盖的六角螺栓。

⑨如图 2-184 所示，用变速器油润滑轴承，使用量程为 0～600N・m 的扭力计检查摩擦力

矩。新圆锥滚子轴承的力矩为 50～150N・m；使用过的圆锥滚子轴承的力矩最少为 30N・m。

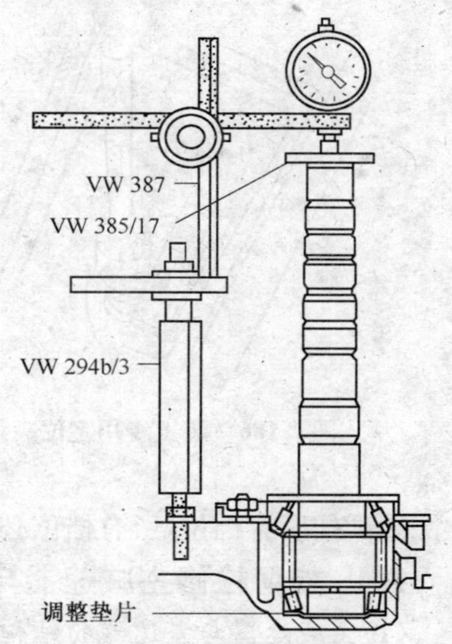

图 2-183　安装测量工具

100. 如何检修变速器操纵机构？

捷达 Ci 型轿车变速器操纵机构的调整过程如下：

①将变速器置于空档位置。

②如图 2-185 所示，松开夹箍（箭头所指）。

③拆下换档手柄及防尘罩。

④如图 2-186 所示，装上专用定位夹具（U-40026）。应注意，定位夹具不要夹得太紧。

⑤拧紧夹箍螺栓，试挂所有档位，换档时必须轻便。

⑥取下专用定位工具（U-40026）。

⑦如图 2-187 所示，松开螺栓 B，将变速器置于 1 档位置，转动调整偏心环 A，使 a 为 1.5 mm，拧紧螺栓 B。

表 2-7　调整垫片的规格

厚度/mm	零件号	厚度/mm	零件号
0.65	020 311 391 P	0.75	020 311 391
0.70	020 311 391 Q	0.80	020 311 391 A
		0.85	020 311 391 B
0.90	020 311 391 C	12.0	020 311 391 I
0.95	020 311 391 D	1.25	020 311 391 K
1.00	020 311 391 E	1.30	020 311 391 L
1.05	020 311 391 F	1.35	020 311 391 M
1.10	020 311 391 G	1.40	020 311 392 N
1.15	020 311 391 H		

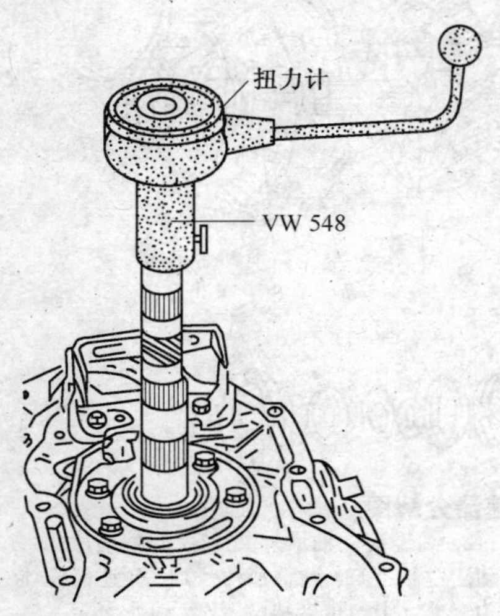

图 2-184　使用扭力计检查摩擦力矩

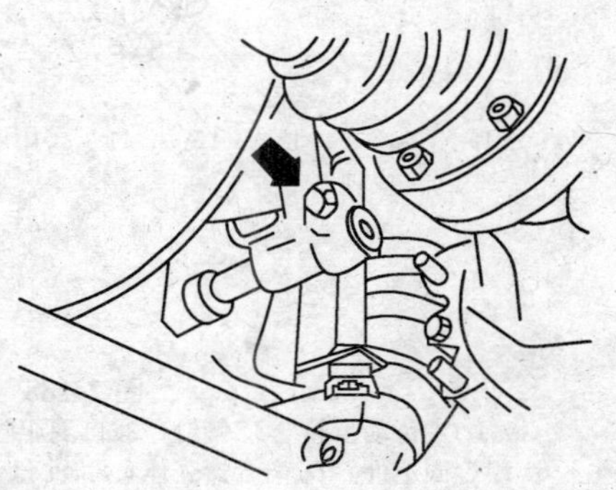
图 2-185　松开夹箍

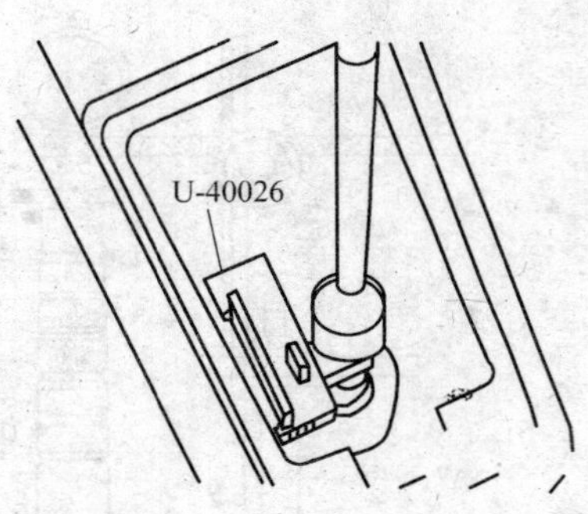

图 2-186　装上专用定位夹具

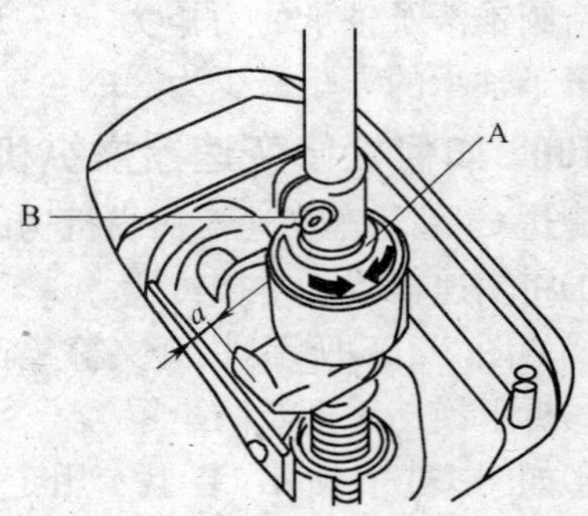

图 2-187　确定 1 档位置

A—调整偏心环　B—螺栓

⑧试挂所有档位，所有档位必须轻便、自如，不能出现卡滞现象，并且倒档锁止机构有效。

101. 如何检修主减速器与差速器？

(1)主减速器与差速器的结构

主减速器和差速器的零件如图 2-188 所示。主减速器由一对斜齿圆柱齿轮构成，小齿轮与输出轴制成一体，大齿轮由铆钉与差速器外壳连在一起，与差速器同装于离合器壳体内。

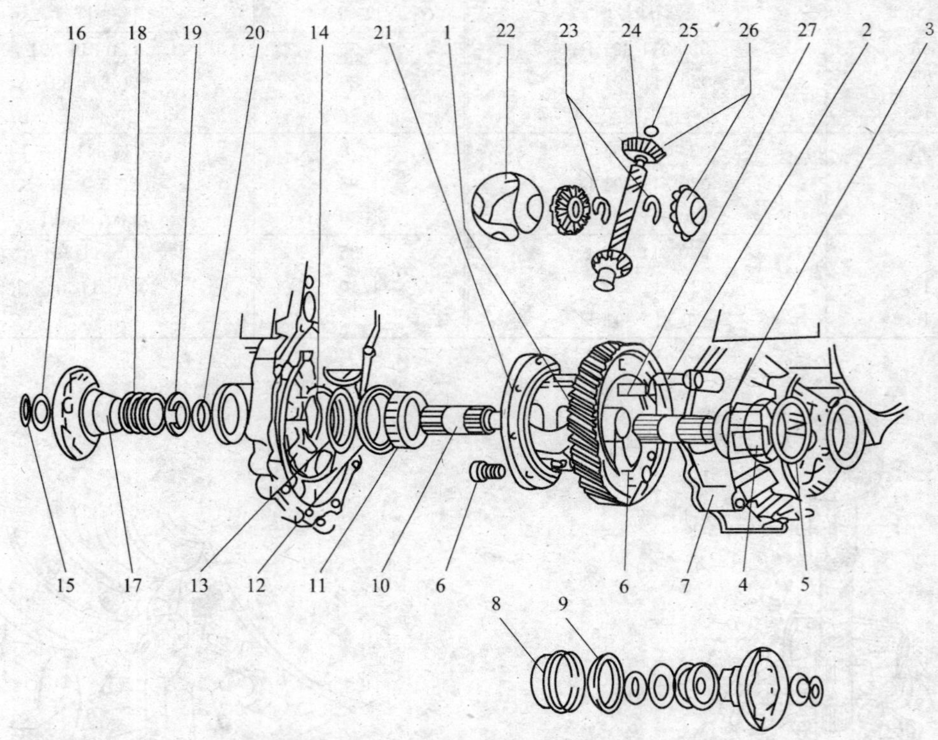

图 2-188　主减速器和差速器分解图

1. 主传动齿轮　2. 铆钉　3、11. 圆锥滚柱轴承内圈　4、12. 圆锥滚柱轴承外圈　5. 调整垫片　6. 组合固定件　7. 离合器壳体　8. 轴套　9. 油封　10. 驱动法兰轴　13. 调整垫片　14. 变速器壳体　15. 弹性挡圈　16. 碟形弹簧　17. 驱动法兰　18. 压力弹簧　19. 止推垫圈　20. 锥形环　21. 差速器壳体　22. 整体式止推垫圈　23. 弹性挡圈　24. 差速器行星齿轮轴　25. 弹性挡圈　26. 差速器行星齿轮　27. 铆钉

(2)差速器的调整

如果更换了变速器壳体、离合器壳体、差速器壳体或差速器圆锥滚子轴承，则必须对差速器进行调整。

差速器的调整过程如下：

①如图 2-189 所示。将带有 1mm 厚的调整垫片的圆锥滚子轴承外圈（大齿轮反向）压入离合器壳体。

②如图 2-190 所示，将不带调整垫片的圆锥滚子轴承外圈（大齿轮反向）压入变速器壳体。

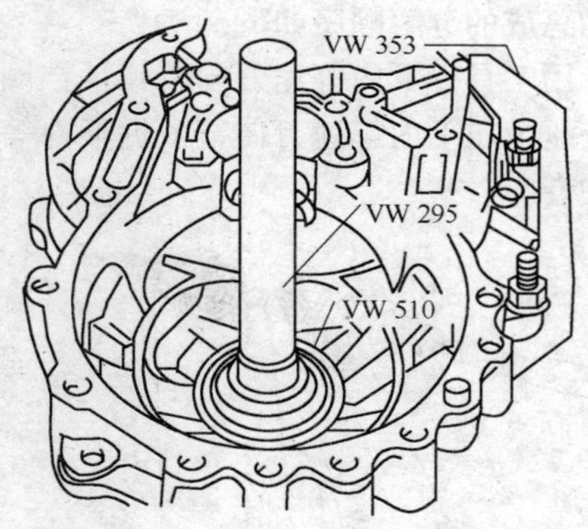

图 2-189　圆锥滚子轴承外圈压入离合器壳体

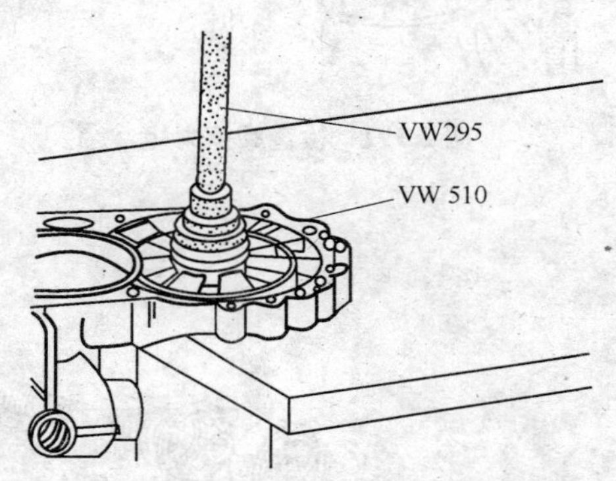

图 2-190　圆锥滚子轴承外圈压入变速器壳体

③将差速器装在支承壳内，将密封垫放在变速器壳体上，用 25N·m 的拧紧力矩拧紧 5 个螺栓。

④如图 2-191 所示，安装专用工具（VW387、VW385/17）和百分表。在百分表零位时，加 1mm 的预紧度。上、下移动差速器，读出并记录百分表的读数。

⑤为达到轴承的规定预紧度，应在测量读数上加上一常数 0.4mm，两者之和即为调整垫片的厚度。

⑥拆下变速器壳体，并拉出圆锥滚子轴承外圈。

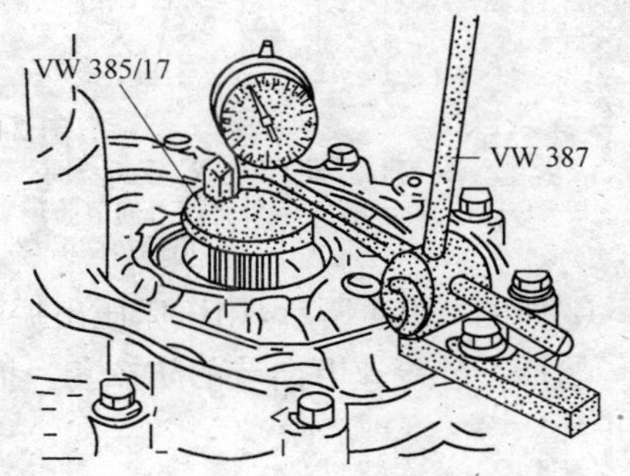

图 2-191　安装专用工具（VW387、VW385/17）和百分表

⑦选用厚度合适的调整垫片，调整垫片的规格见表 2-8。

表 2-8　调整垫片的规格

厚度/mm	零件号	厚度/mm	零件号
0.15	020 409 231	0.70	020 409 231 E
0.30	020 409 231 A	0.80	020 409 231 F
0.60	020 409 231 D	1.00	020 409 298

⑧装入已选择的调整垫片，压入圆锥滚子轴承外圈，并安装带有密封圈的变速器壳体，拧紧螺栓。

⑨如图 2-192 所示，用双曲线齿轮油润滑轴承。使用量程为 0～600N·m 的扭力计检查摩

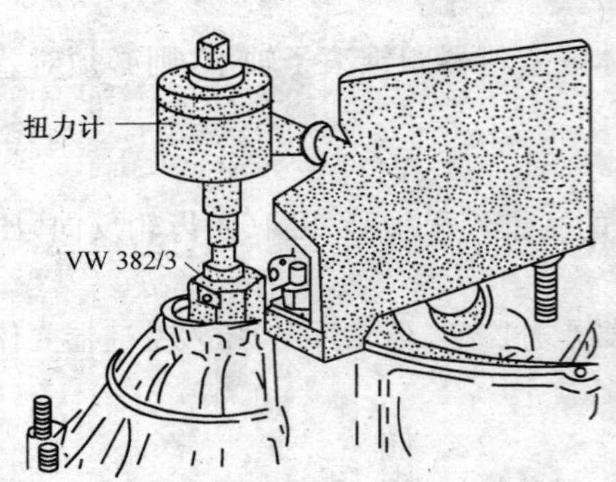

图 2-192　检查摩擦力矩

擦力矩，新的圆锥滚子轴承的摩擦力矩为 120～350N・m；使用过的圆锥滚子轴承的摩擦力矩至少为 30 N・m。

102. 如何检修传动轴？

(1)传动轴总成的分解

捷达 Ci 型轿车传动轴总成包括传动轴、内外等速万向节，如图 2-193 所示。

传动轴总成的分解顺序如下：

①用专用工具拆下内等速万向节弹性挡圈。用专用工具及压床压下内等速万向节。拆下内等速万向节的防护套。

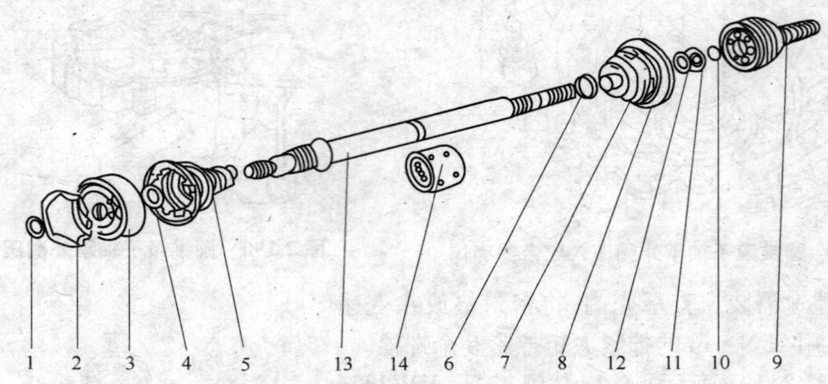

图 2-193　传动轴总成分解图

1. 开口弹性挡圈　2. 密封垫圈　3. 内等速万向节　4. 碟形垫圈　5. 内等速万向节防护套　6. 卡箍　7. 外等速万向节防护套　8. 软管卡箍　9. 外等速万向节　10. 开口弹性挡圈　11. 止推垫圈　12. 碟形垫圈　13. 传动轴　14. 振动缓冲器

②如图 2-194 所示，用压床压出振动缓冲器。

③拆下外等速万向节的防护套。拆下外等速万向节弹性挡圈。将外等速万向节与传动轴分开。

(2)传动轴总成的装配

按与分解相反的顺序装配传动轴总成。装配时应注意：

①振动缓冲器必须装在规定位置上，使得 a 为 478mm，如图 2-195 所示。

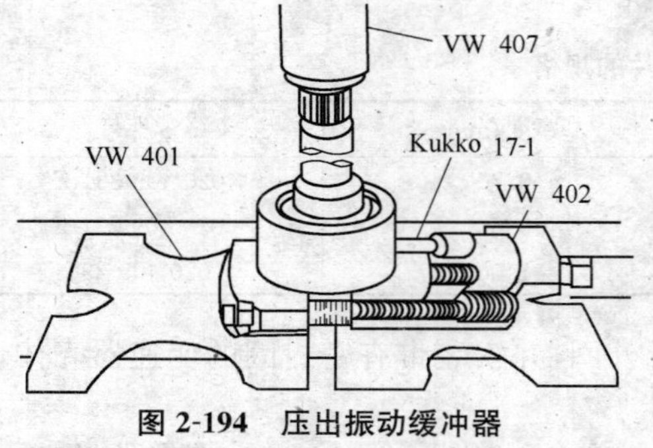

图 2-194　压出振动缓冲器

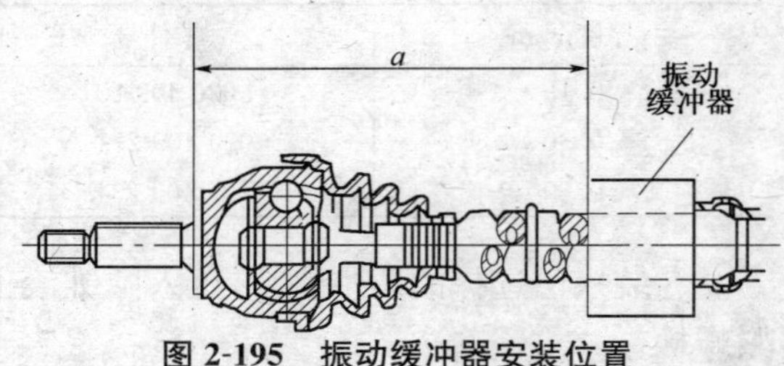

图 2-195　振动缓冲器安装位置

②在安装万向节防护套前，需用水彩笔或胶带在传动轴上作标记，使得 a 为 17mm，如图 2-196 所示。不允许用尖锐工具作标记，以免损坏传动轴表面油漆涂层。

③万向节防护套在传动轴总成运转时经常被压缩，在防护套内易形成真空，使得万向节防护套内拉出一个皱褶。万向节防护套安装后，应将防护套小直径端拉开通气，使内、外气压平衡。

④如图 2-197 所示，用专用工具(V. A. G1275)夹紧卡箍。

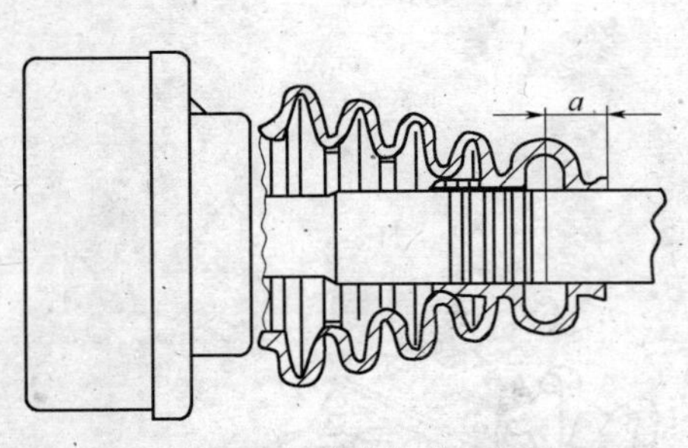

图 2-196　万向节防护套安装位置

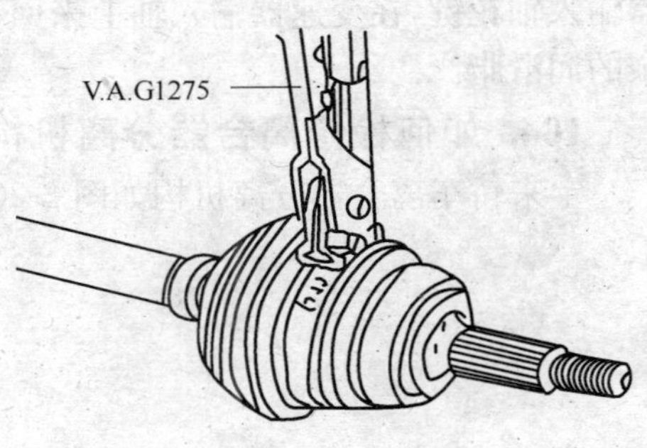

图 2-197　夹紧卡箍

(3)传动轴总成的维修要点

①对传动轴总成进行维护时，需将 90g G-6. 3 润滑脂压入外等速万向节内，将 120g G-6. 3 润滑脂压入内等速万向节两侧。

②更换万向节防护套时，如有必要，可向万向节加注润滑脂。

③如果内、外等速万向节出现磨损严重、发卡或间隙过大，如需更换时，只能整体更换传动轴总成。

④左、右传动轴总成的长度不一致，安装传动轴总成时应注意区别。

第六节　一汽大众宝来轿车离合器、变速器与传动轴的检修

103. 如何检修离合器总成？

宝来轿车离合器总成如图 2-198 所示。

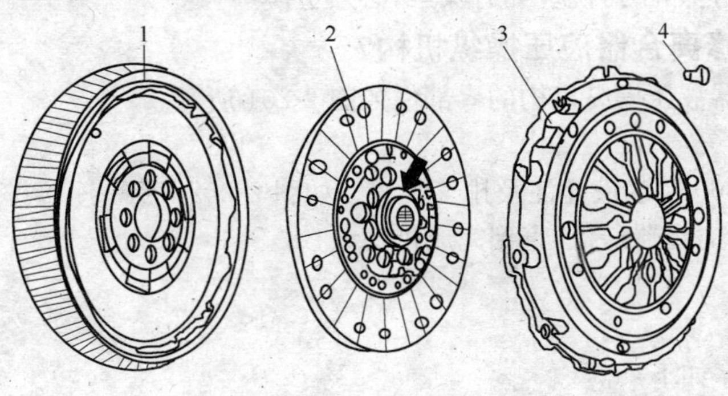

图 2-198　离合器总成

1. 飞轮　2. 从动盘　3. 压盘　4. 螺栓

如图 2-199 所示，用专用工具 3190A 使离合器从动盘中心定位。按对角线分步松开和拧紧压盘与飞轮连接螺栓。

离合器总成检修时应注意：

①允许膜片弹簧厚度磨损到不小于原厚度的一半。

②离合器从动盘摩擦片上不能有润滑油及润滑脂。

③清洁离合器从动盘花键，在离合器从动盘花键上轻涂一层 G 000 100 润滑脂。清洁变速器输入轴花键，在变速器输入轴上来回移动离合器从动盘，使之可以在轴上运动自由，去掉多余的润滑脂。

104. 如何检修离合器分离机构?

宝来轿车离合器分离机构如图 2-200 所示。

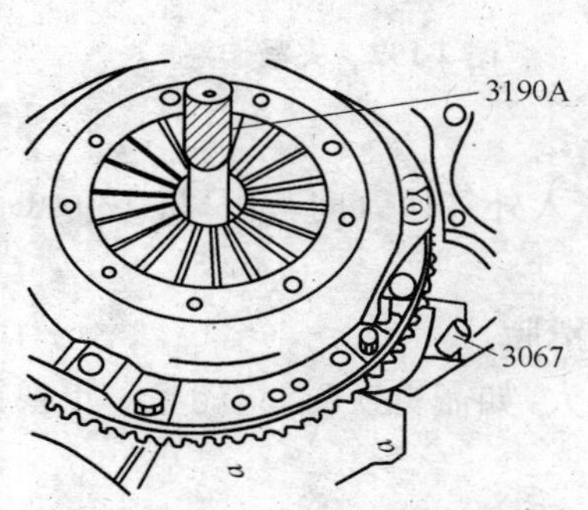

图 2-199　离合器从动盘中心定位

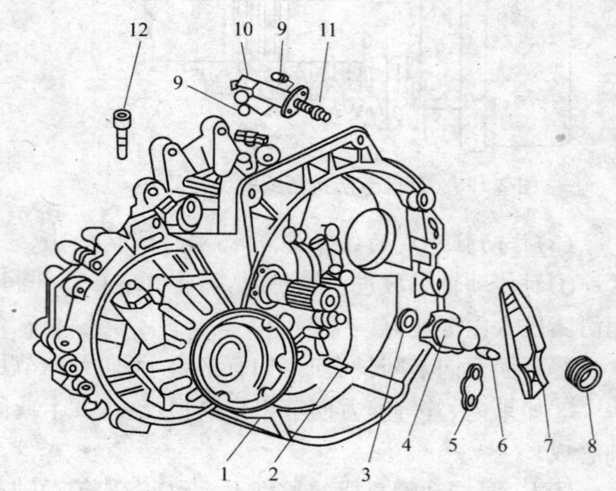

图 2-200　离合器分离机构分解图

1. 离合器壳　2. 球销(25N・m)　3. 输入轴油封　4. 导套　5. 卡簧　6、9. 螺栓(20N・m)　7. 分离杠杆　8. 分离轴承　10. 分泵　11. 推杆　12. 螺栓

离合器分离机构检修时应注意：

①用 MoS_2 润滑球销、轴承导套、分离杠杆接触表面。

②分离轴承只可擦，不可洗。如有噪声，必须更换。

105. 如何检修离合器液压操纵机构?

宝来轿车离合器液压操纵机构的零部件如图 2-201 所示。

(1)液压系统排气

使用 V. A. G1869 制动液充注及排气装置。如图 2-202 所示，连接排气软管与分泵 B。打开排气阀，反复踩下离合器踏板，直到完成排气。

(2)总泵的拆装

1)总泵的拆卸

总泵的拆卸顺序如下：

①从空气流量计上拆下进气软管，拆下空气滤清器壳体。

②如图 2-203 所示，拔下总泵上储液罐的供液软管 A，撬下总泵上的管路/软管总成的卡簧

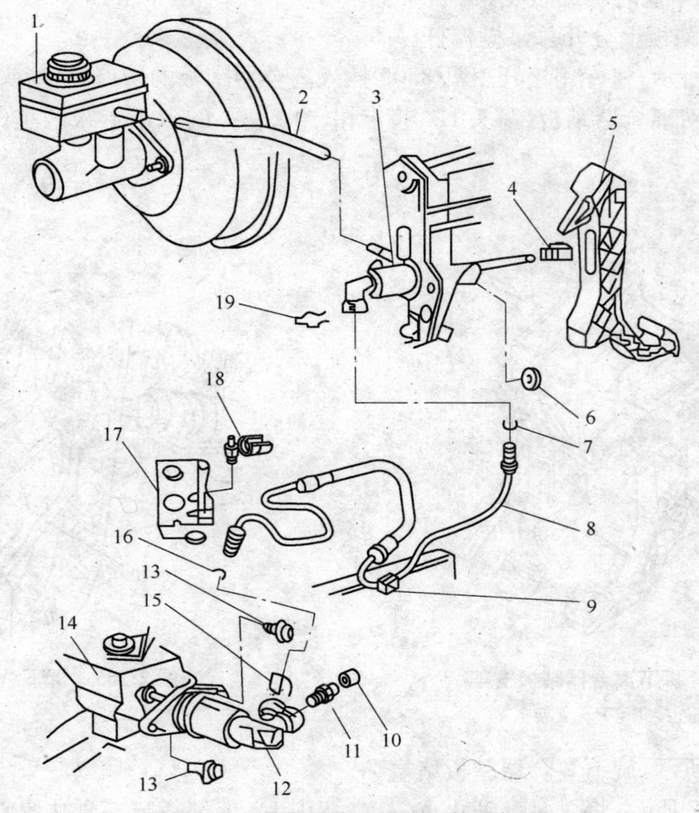

图 2-201 离合器液压操纵机构分解图

1. 储液罐 2. 软管 3. 总泵 4. 固定件 5. 离合器踏板 6. 自锁螺母(25N·m) 7、16. O形环 8. 软管总成 9. 支架 10. 防尘盖 11. 排气阀 12. 分泵 13. 螺栓(25N·m) 14. 支架 15、19. 卡簧 17. 支架 18. 软管支架

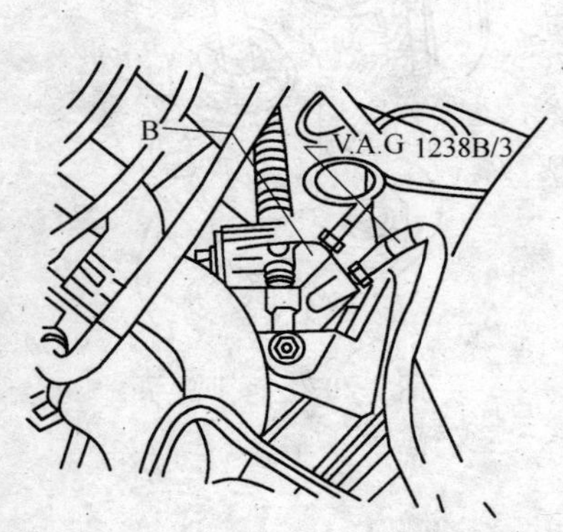

图 2-202 连接排气软管与分泵

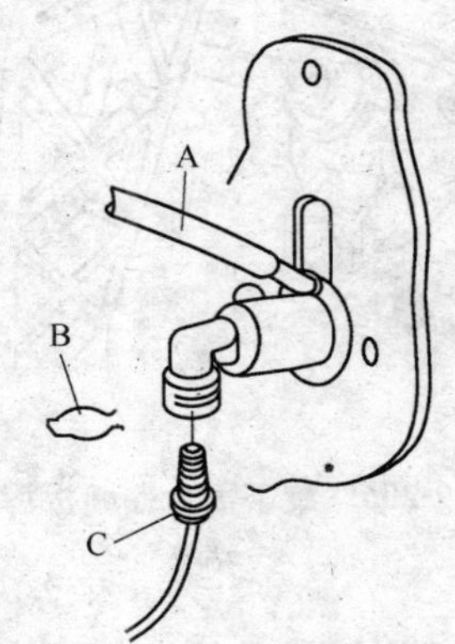

图 2-203 拔下总泵上软管

A—供液软管 B—卡簧 C—软管总成

B,拔下总泵的软管总成 C。

③拆下驾驶员侧仪表板下部的护板。

④拆下离合器踏板支架。如图 2-204 所示,拆下连接板 A(箭头 1),松开支架 B 上的紧固

螺母(箭头 2),取下离合器踏板支架。

⑤从离合器踏板上分开总泵操作杆。

如图 2-205 所示,将专用松开工具 3309 插入离合器踏板的切口处(箭头 A),专用工具上的"top/open"应背对离合器踏板(箭头 B),将卡钳 10-208A 的卡爪卡入凹坑(箭头 C),压紧松开工具。

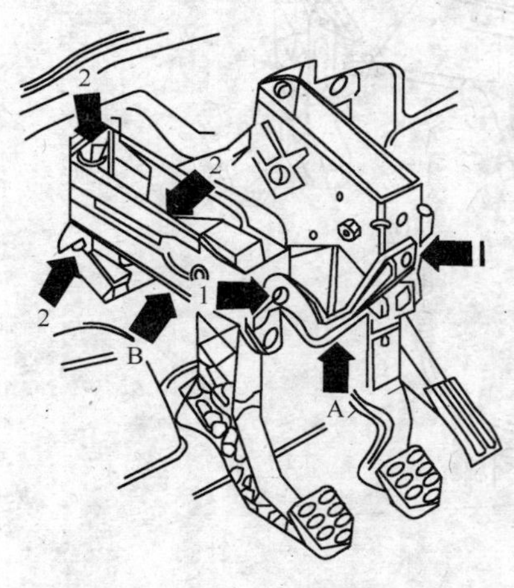

图 2-204　拆下离合器踏板支架

A—连接板　B—支架

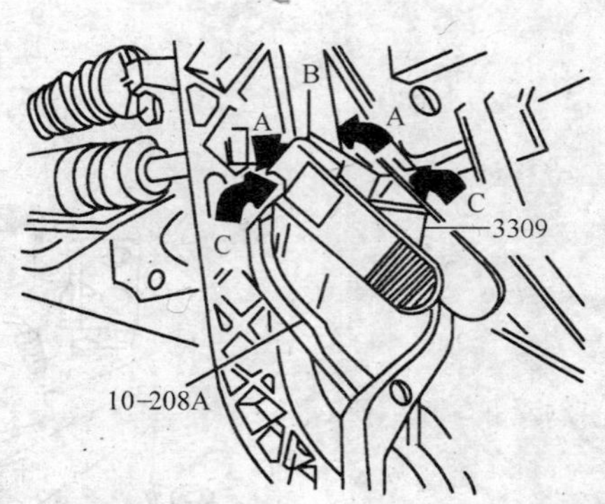

图 2-205　拆下总泵操作杆

如图 2-206 所示,旋下离合器踏板堵塞 A。

⑥如图 2-207 所示,将总泵推到止点位置(箭头 1),上部一定不要被偏心弹簧支架(箭头 2)盖上,摆动总泵(箭头 3),从支架上取下总泵。

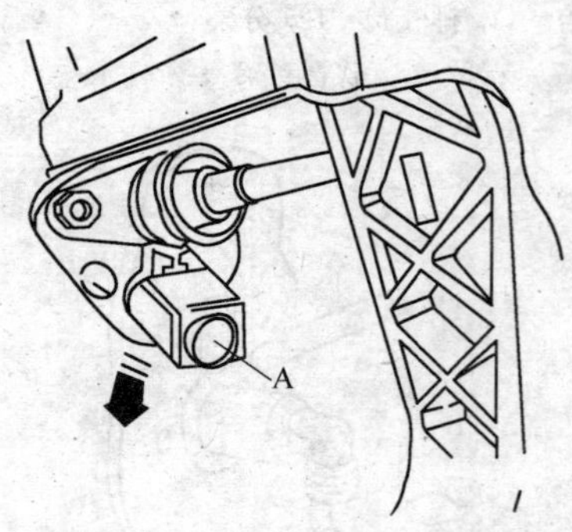

图 2-206　旋下离合器踏板堵塞

A—堵塞

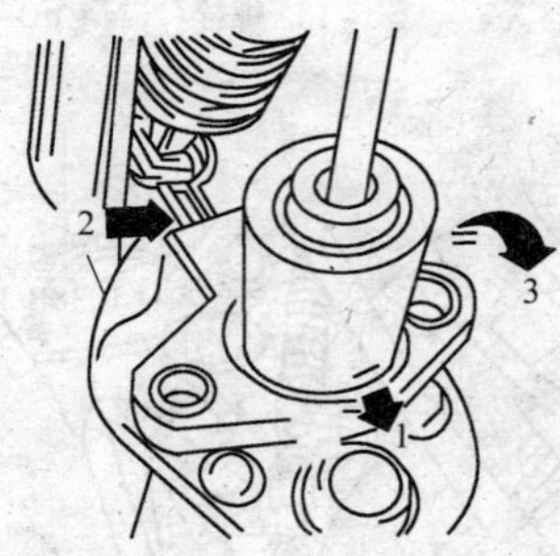

图 2-207　拆下总泵

2)总泵的安装

按与拆卸相反的顺序安装总泵。安装时应注意:

①如图 2-208 所示,离合器踏板固定件 A 必须安装到总泵操作杆 B 上,按箭头方向压离合器踏板,使之接合,确保位置正确。

②如图 2-209 所示,安装离合器踏板堵塞 A,凸出台肩(箭头)处朝向总泵 B。

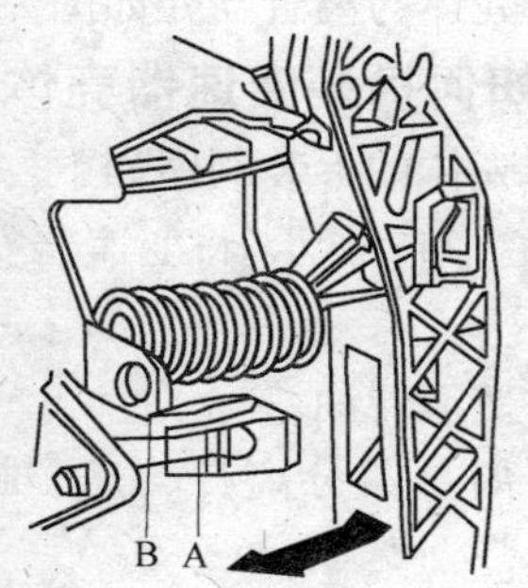

图 2-208　离合器踏板固定件的安装

A—离合器踏板固定件　B—总泵操作杆

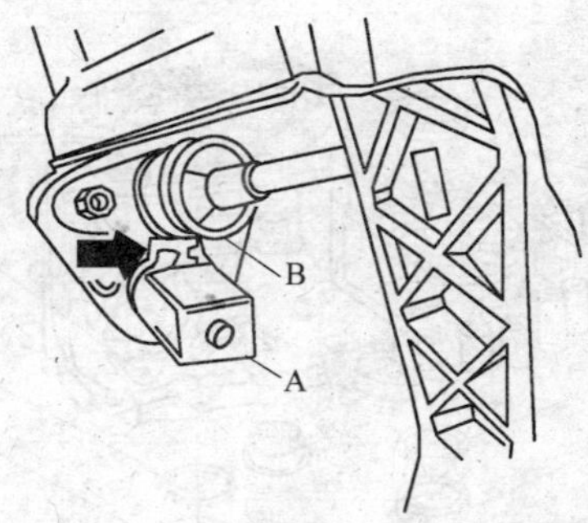

图 2-209　安装离合器踏板堵塞

A—堵塞　B—总泵

③安装总泵完毕后，对离合器液压系统排气。

106. 02J型变速器总成由哪几部分组成？

宝来轿车 02J 变速器总成的结构如图 2-210 所示，由输入轴总成、输出轴总成、选档及换档机构、主减速器与差速器、变速器壳体、离合器壳等组成。

输入轴总成、输出轴总成、主减速器与差速器、换档机构等如图 2-211 所示。

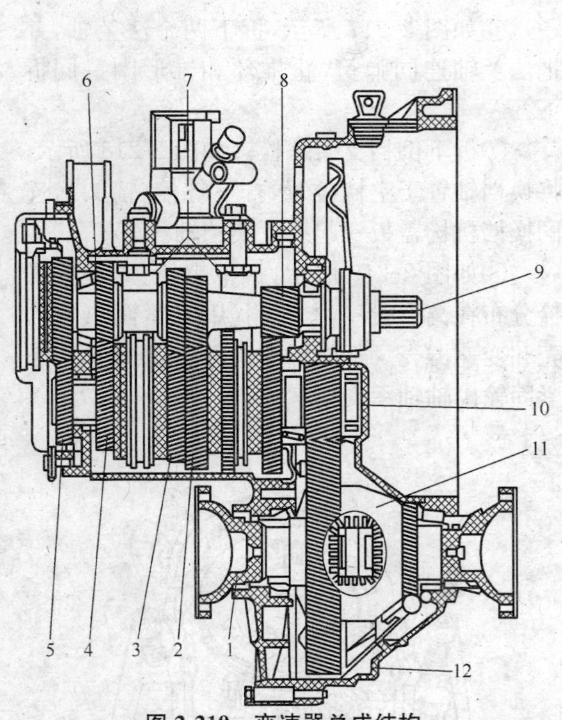

图 2-210　变速器总成结构

1. 1档齿轮　2. 2档齿轮　3. 3档齿轮　4. 4档齿轮　5. 5档齿轮　6. 变速器壳体　7. 换档机构　8. 1档主动齿轮和倒档齿轮　9. 输入轴　10. 输出轴　11. 差速器　12. 离合器壳

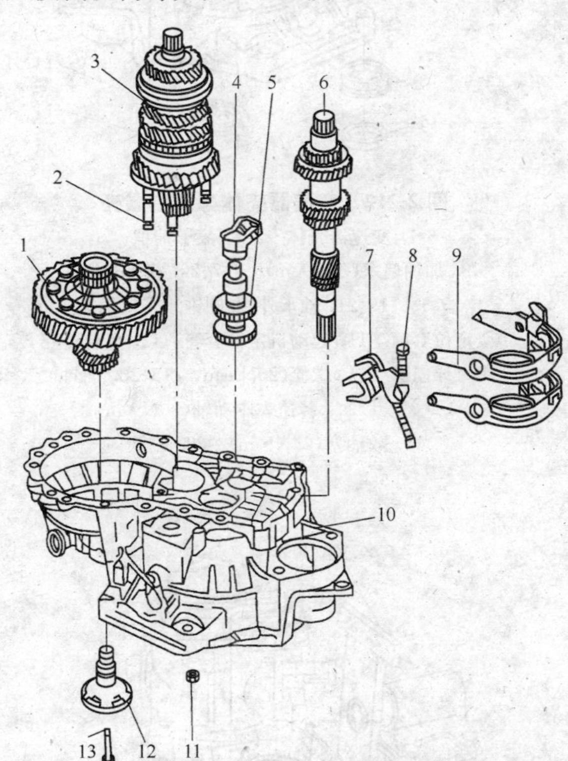

图 2-211　变速器传动机构与换档拨叉机构

1. 差速器　2. 油封　3. 输出轴　4. 倒档轴支架　5. 倒档轴　6. 输入轴　7. 倒档齿轮拨叉　8. 螺栓(25N·m)　9. 换档机构　10. 离合器壳　11. 螺母(25N·m+90°)　12. 法兰轴　13. 螺栓(22N·m)

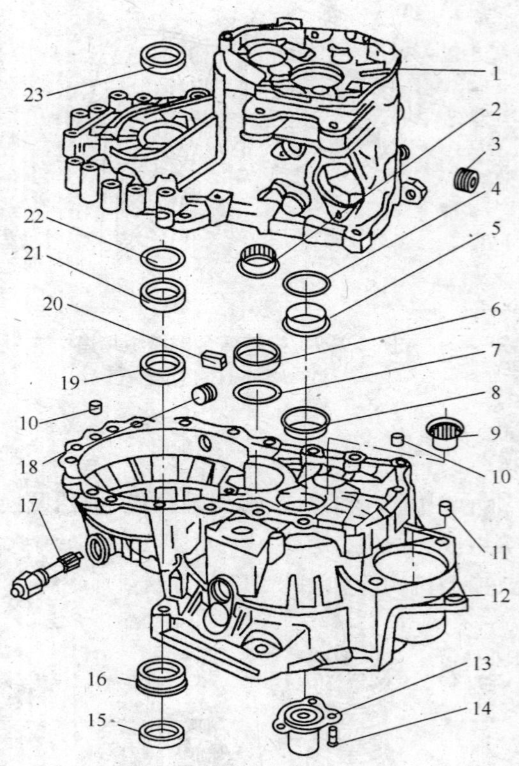

图 2-212　变速器壳体与离合器壳

1. 变速器壳体　2、9. 滚子轴承
3. 加油堵塞(25N·m)　4、7、22. 楔形垫圈
5、6、8、19、21. 轴承外圈/圆锥滚子轴承
10. 定位套筒　11. 起动机定位套筒　12. 离合器壳
13. 导向套　14. 螺栓(20N·m)　15、23. 油封
16. 衬套　17. 转速表驱动轴(30N·m)
18. 放油塞(25N·m)　20. 磁铁

变速器壳体与离合器壳如图 2-212 所示。

107. 如何拆装变速器壳体?

变速器壳体的拆装顺序如下:

①如图 2-213 所示,将变速器安装到台架上。

②放净变速器油。

③拆下离合器分离杆、分离轴承及导向套。

④拆下变速器盖。如图 2-214 所示,拆下 5 档齿轮拨叉。

⑤挂上 5 档和 1 档,输入轴和输出轴都被锁死。拧下输入轴和输出轴的螺栓。如图 2-215 所示,用拉拔器拉出 5 档同步衬套和 5 档大齿轮,并把滚子轴承一起拆下。拉出 5 档齿轮。

变速器盖、5 档齿轮及 5 档同步器如图 2-216 所示。

⑥如图 2-217 所示,拆下两个法兰轴,并把法兰轴连同弹簧、止推环和锥形圈一同拆下。

⑦拆下倒档支架螺栓。如图 2-218 所示,将换档轴置于空档位置,拧下螺栓(箭头),连同换档机构盖板一起拆下换档轴。

⑧如图 2-219 所示,拆下螺栓 A,这些螺栓分布在离合器壳体内侧,用于紧固离合器壳和变速器壳。不能拆下螺母 B,该螺母用于紧固输出轴轴承支架。

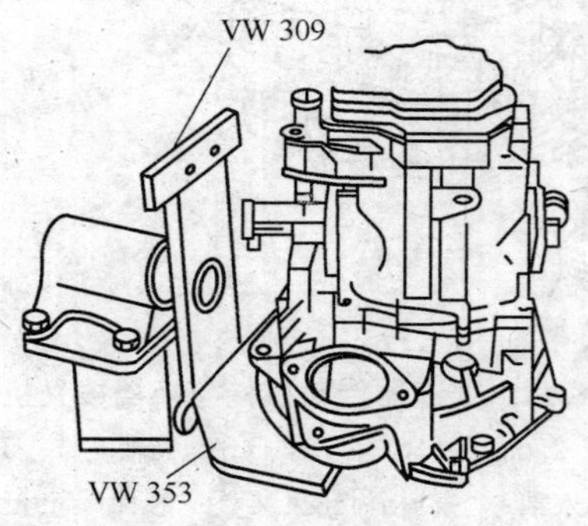

图 2-213　将变速器安装到台架上

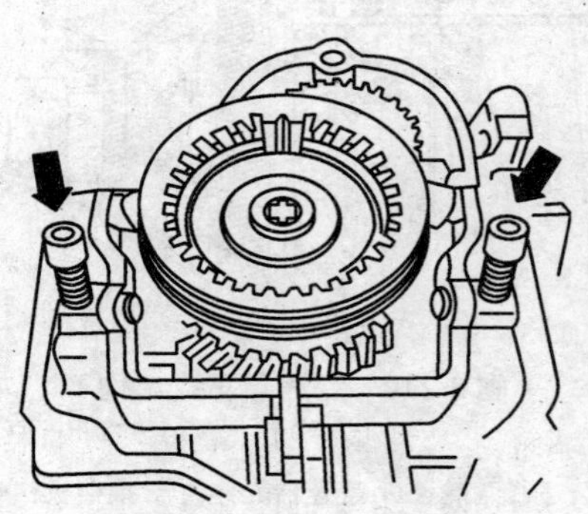

图 2-214　拆下 5 档齿轮拨叉

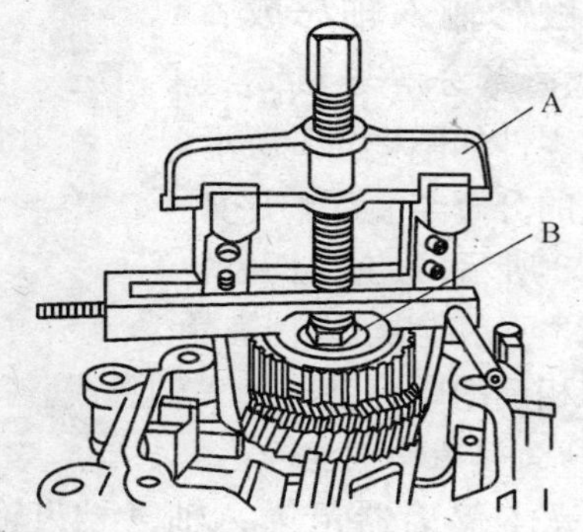

图 2-215　拉出 5 档同步衬套和 5 档大齿轮

A—拉拔器　B—螺栓

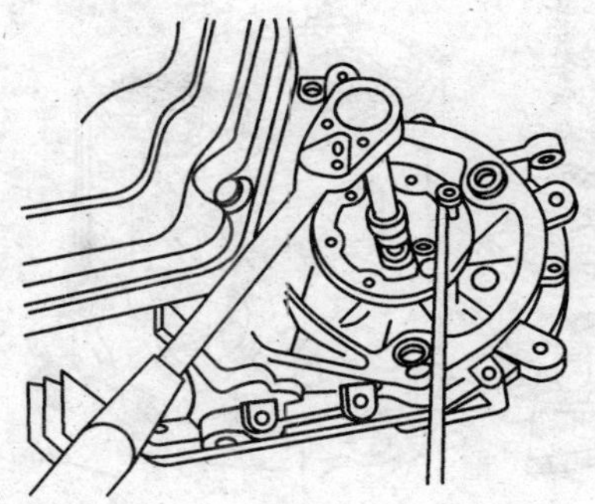

图 2-217　拆下法兰轴

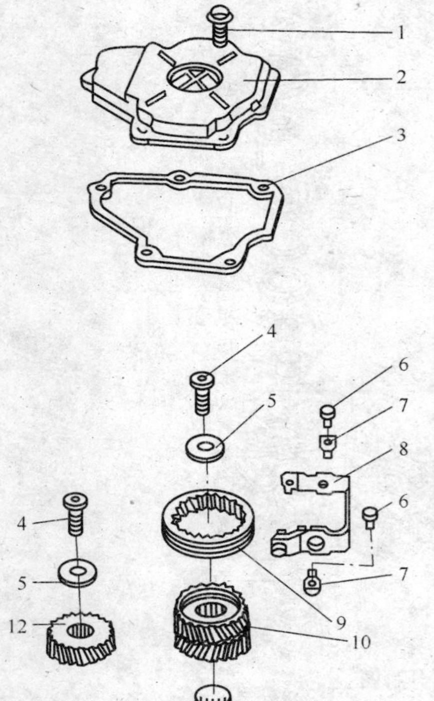

图 2-216　变速器盖、5 档齿轮及 5 档同步器分解图

1. 螺栓(10N·m)　2. 变速器壳盖　3. 垫片　4. 螺栓(80N·m)　5. 碟形弹簧　6. 螺栓(25N·m)　7. 枢轴销　8. 5 档齿轮拨叉　9. 5 档齿轮锁圈　10. 5 档齿轮与同步衬套及同步环　11. 滚子轴承　12. 5 档齿轮

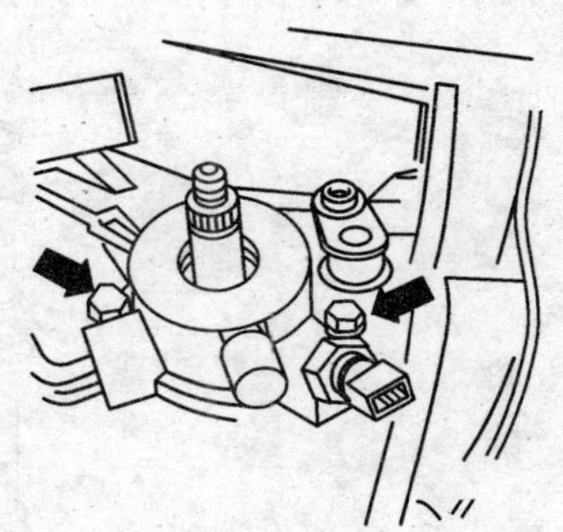

图 2-218　拆下换档轴

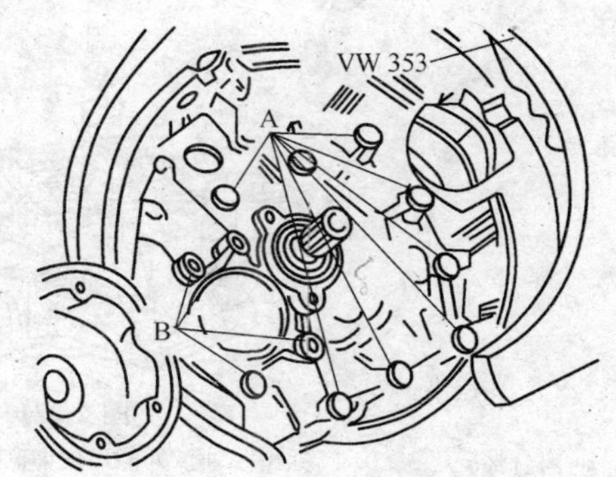

图 2-219　拧下离合器壳和变速器壳连接螺栓

A—螺栓　B—螺母

⑨如图 2-220 所示，取下变速器壳体。如有必要，利用合适的工具沿变速器壳体凸缘周边小心向上撬起，应注意不要损坏密封表面。

⑩按与拆卸相反的顺序安装变速器壳体。

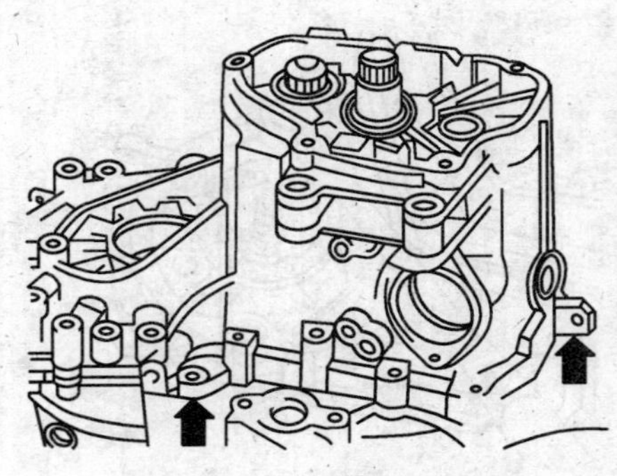

图 2-220 取下变速器壳体

108. 如何检修输入轴总成？

(1)输入轴总成的分解与装配

输入轴总成零件如图 2-221 所示。

输入轴总成的分解与装配顺序如下：

①如图 2-222 所示，压出 4 档齿轮。

②如图 2-223 所示，压出 3 档齿轮。

③按与拆卸相反的顺序装配输入轴总成。

(2)输入轴轴向间隙的调整

更换变速器壳体、离合器壳、输入轴、4 档齿轮、圆锥滚子轴承等部件时，必须对输入轴轴向间隙进行调整。

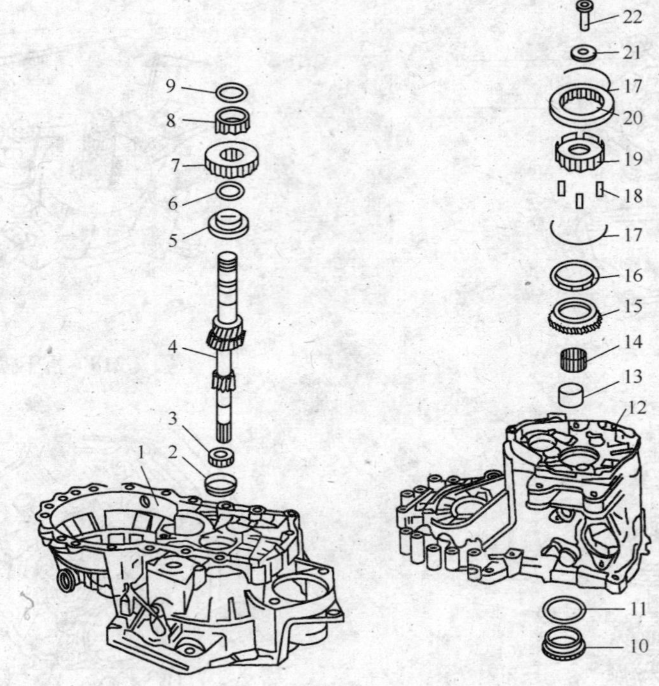

图 2-221 输入轴总成分解图

1. 离合器壳 2、10. 圆锥滚子轴承外圈 3. 圆锥滚子轴承 4. 输入轴 5. 3 档齿轮 6. 卡簧 7. 4 档齿轮 8. 圆锥滚子轴承内圈 9. 推力垫片 11. 垫片 12. 变速器壳体 13. 轴套 14. 滚子轴承 15. 5 档齿轮 16. 5 档同步环 17. 弹簧 18. 锁块(3 个) 19. 5 档同步齿毂 20. 5 档滑动齿套 21. 碟形垫片 22. 螺栓

①用专用工具 VW510 将不带垫片的圆锥滚子轴承圈压入变速器壳体，并压到位。

②将输入轴装在离合器壳上，并装上变速器壳体，以 25N·m+90°力矩拧紧螺栓。

③将测量设备和 D. T. I 装在离合器壳上(大的圆锥滚子轴承位于变速器壳体内)。

④测量前，旋转输入轴，以便使轴承到位。以 1mm 预紧量将刻度仪置“0”。

⑤按 D. T. I 方向压输入轴。

⑥读出并记录 D. T. I 指示的间隙值，D. T. I 不能回到原始位置。

⑦确定垫片厚度。

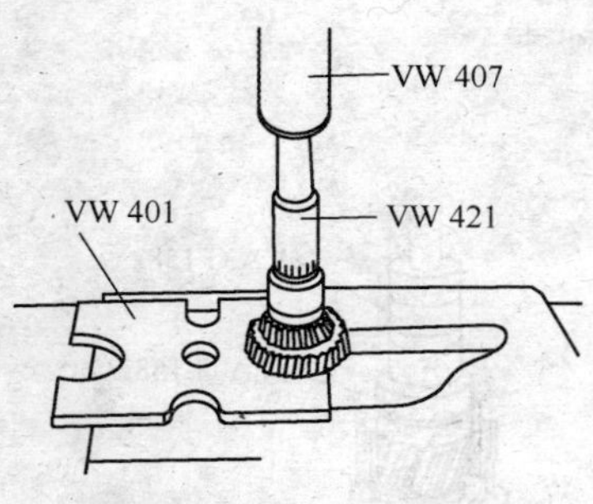

图 2-222　压出 4 档齿轮

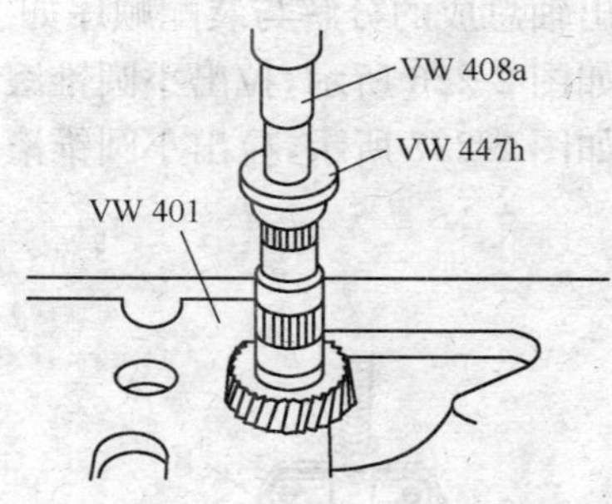

图 2-223　压出 3 档齿轮

⑧ 拆下输入轴，并将圆锥滚子轴承压出变速器壳体。

⑨用专用工具 VW510 将厚度为 1.175mm 的垫片和圆锥滚子轴承一起压入变速器壳体。

⑩如图 2-224 所示，安装测量工具和刻度仪，旋转输入轴，使圆锥滚子轴承入位，按箭头方向压输入轴。轴向间隙最小值为 0.01mm，最大值为 0.09mm。

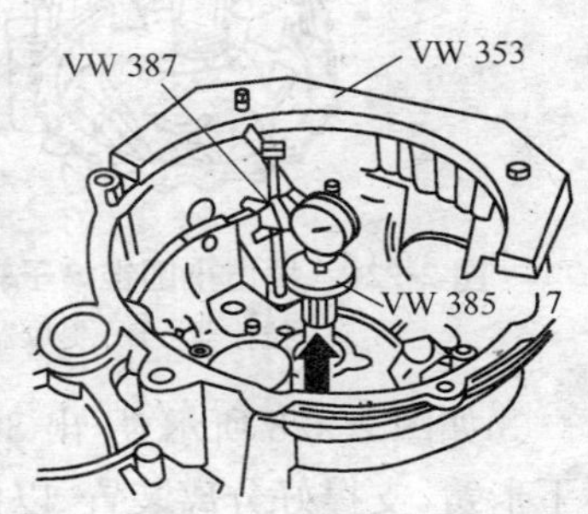

图 2-224　测量输入轴轴向间隙

109. 如何检修输出轴总成?

(1)输出轴总成的分解与装配

输出轴总成零件如图 2-225 所示。

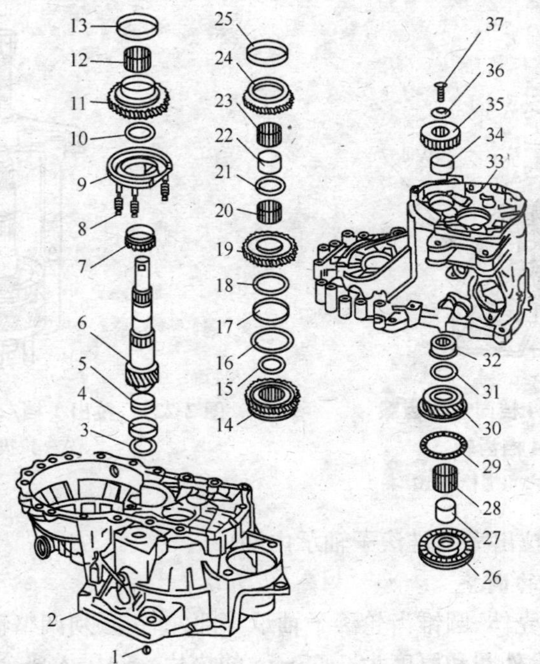

图 2-225　输出轴总成分解图

1. 螺母(25N·m+90°)　2. 离合器壳　3. 垫片　4. 小圆锥滚子轴承外圈　5. 小圆锥滚子轴承内圈　6. 输出轴　7. 大圆锥滚子轴承内圈　8. 密封环　9. 轴承支撑　10、21、31. 止推垫片　11. 1 档齿轮　12、20、23、28. 滚子轴承　13. 1 档同步环　14. 带同步器齿毂的 1 档/2 档滑动齿套　15. 固定卡簧　16. 2 档齿轮同步环　17. 外环　18. 同步环　19. 2 档齿轮　22. 3 档滚子轴承轴套　24. 3 档齿轮　25. 3 档同步环　26. 带 3 档/4 档同步器齿毂的滑动齿套　27. 轴套　29. 4 档同步环　30. 4 档齿轮　32. 滚子轴承(用于 5 档)　33. 变速器壳体　34. 轴套　35. 5 档齿轮　36. 碟形弹簧　37. 螺栓(80N·m)

输出轴总成的分解与装配顺序如下：

①如图 2-226 所示，拉出小圆锥滚子轴承外圈。

②如图 2-227 所示，拉出小圆锥滚子轴承内圈。

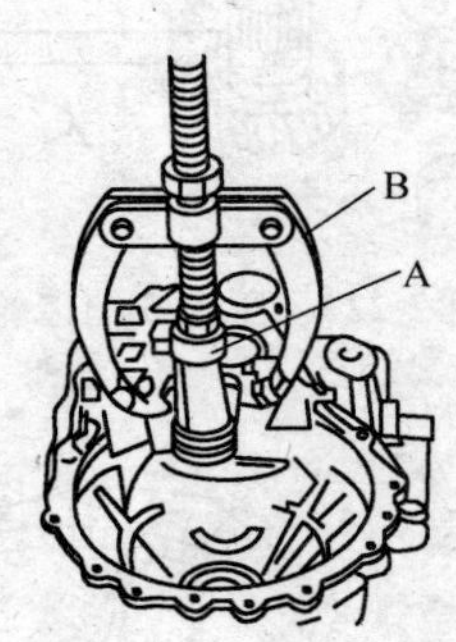

图 2-226　拉出小圆锥滚子轴承外圈

A—拉拔器　B—提取器

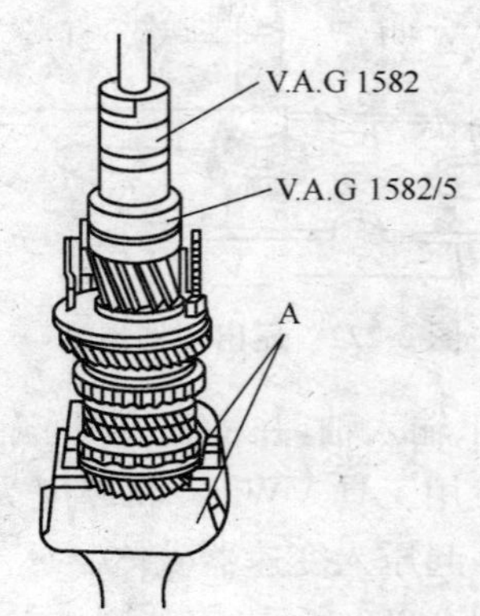

图 2-227　拉出小圆锥滚子轴承内圈

A—台虎钳

③如图 2-228 所示，压出 3 档/4 档同步器齿毂与滑动齿套、2 档齿轮、3 档齿轮、4 档齿轮。拆下卡簧，支撑好分离装置，以使 1 档/2 档滑动齿套不被同时拉出。

④如图 2-229 所示，拉出 1 档/2 档同步器齿毂与滑动齿套。

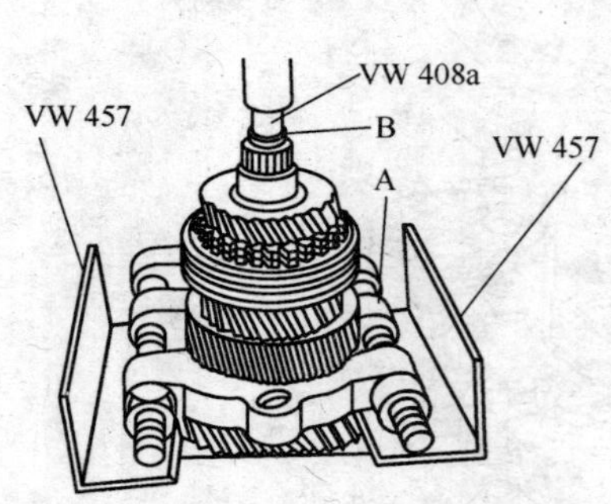

图 2-228　压下 3 档/4 档同步器齿毂及 2 档、3 档、4 档齿轮

A—分离装置　B—六角螺栓 M10

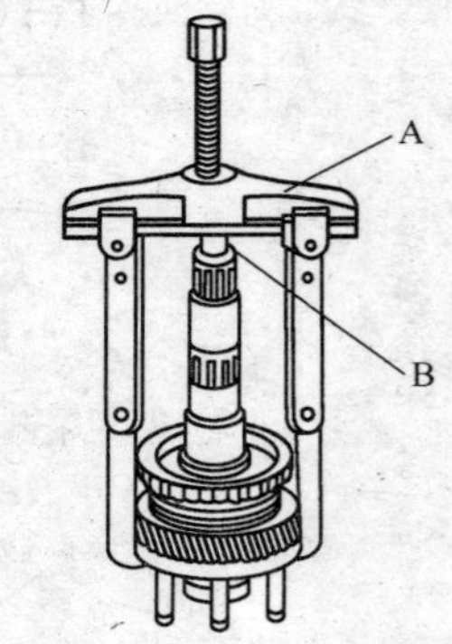

图 2-229　拉出 1 档/2 档同步器齿毂与滑动齿套

A—拉拔器　B—螺栓

⑤如图 2-230 所示，拉出大圆锥滚子轴承内圈。

(2)输出轴轴向间隙的调整

更换差速器、离合器壳体、圆锥齿轮滚子轴承等部件时，必须调整输出轴轴向间隙。

①将小圆锥滚子轴承外圈和厚度为 0.65mm 的垫片一起压入离合器壳，并压到位。

②装入输出轴，并以力矩 25N·m＋90°拧紧轴承支撑。

③如图 2-231 所示，安装刻度仪(3mm 量程)，并以 1mm 预紧置“0”，上下移动输出轴，并观察刻度仪读数。

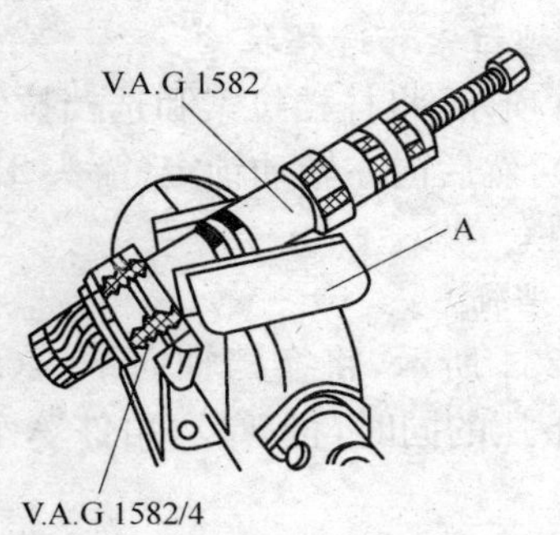

图 2-230　拉出大圆锥滚子轴承内圈

A—台虎钳

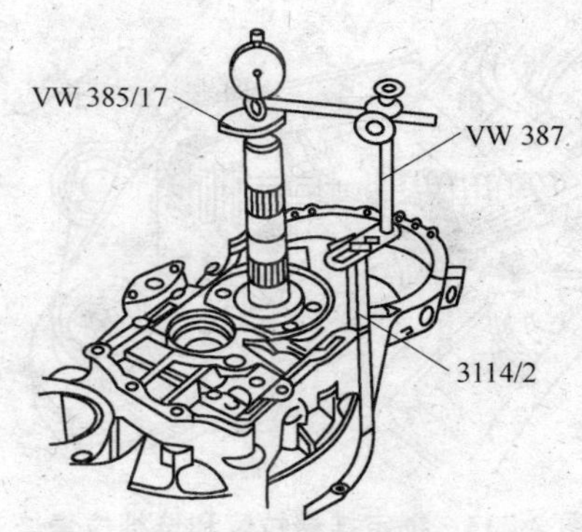

图 2-231　测量输出轴轴向间隙

④确定垫片厚度。

⑤拆下输出轴，拉出小圆锥滚子轴承外圈。

110. 如何检修变速器操纵机构？

换档操纵机构零件如图 2-232 所示。

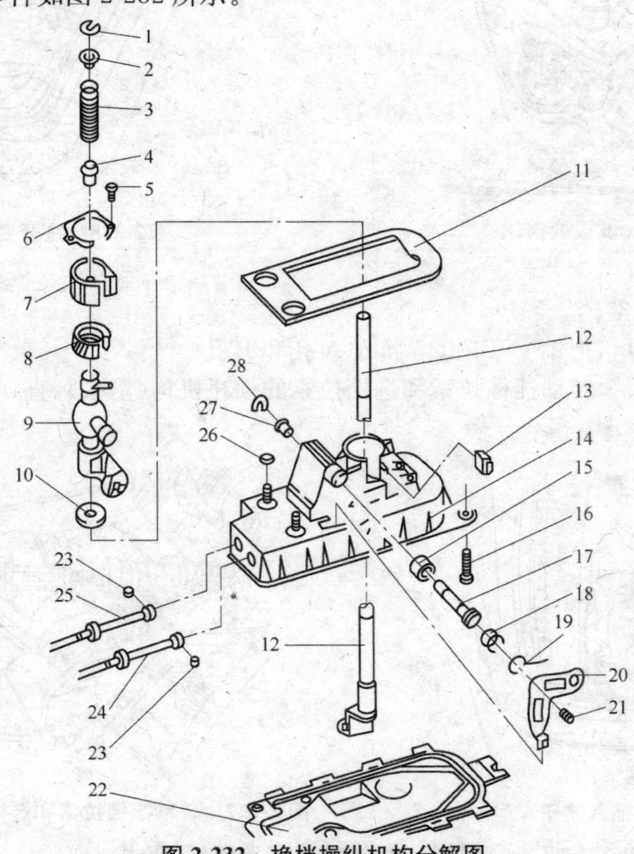

图 2-232　换挡操纵机构分解图

1. 卡簧　2、4、15、27. 隔套　3、19. 弹簧　5. 螺钉(5N・m)　6. 密封垫　7. 减振套　8. 轴承外套　9. 变速杆导向套　10. 减振垫圈　11. 垫片　12. 变速器变速杆　13. 减振块　14. 换档机构壳体　16. 螺栓(25N・m)　17. 支撑销　18. 导向套　20. 选档拉索支架　21. 螺钉(5N・m)　22. 底板　23、28. 自锁垫圈　24. 选档拉索　25. 换档拉索　26. 螺母(25N・m)

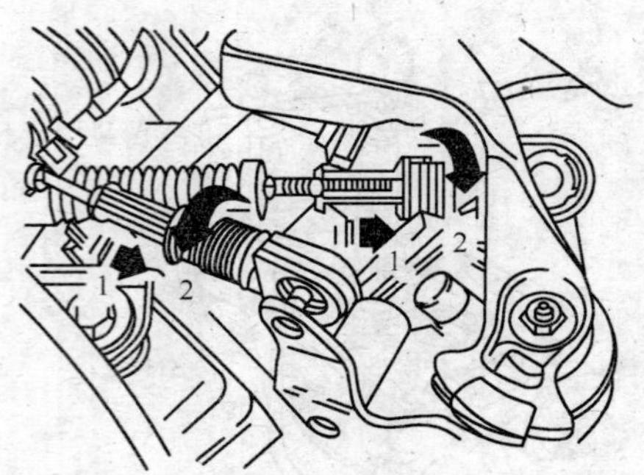

图 2-233　锁定挂档拉索和选档拉索

换档操纵机构的调整如下：

(1)锁定挂档拉索和选档拉索

如图 2-233 所示，将挂档拉索和选档拉索向前拉到止点(箭头 1)，然后向左转动锁定(箭头 2)，确保锁止机构的可靠性。

(2)设置换档轴

①如图 2-234 所示，将换档轴向下压(箭头 1)，当将换档轴向下压的同时，将 90°弯角件 A 转动一适当角度(箭头 2)。

②如图 2-235 所示，拉开变速杆防尘套。

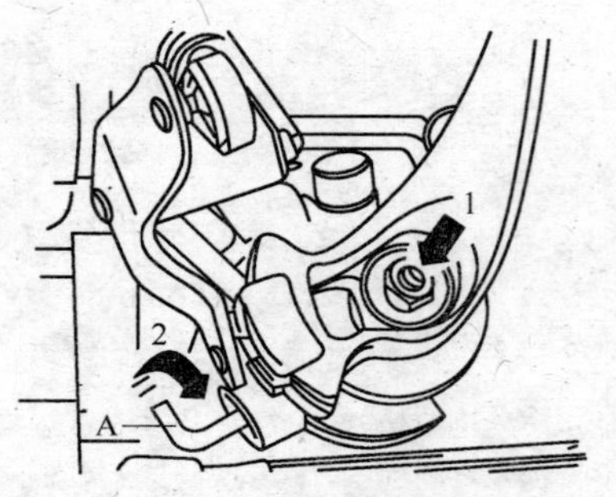

图 2-234　设置换档轴

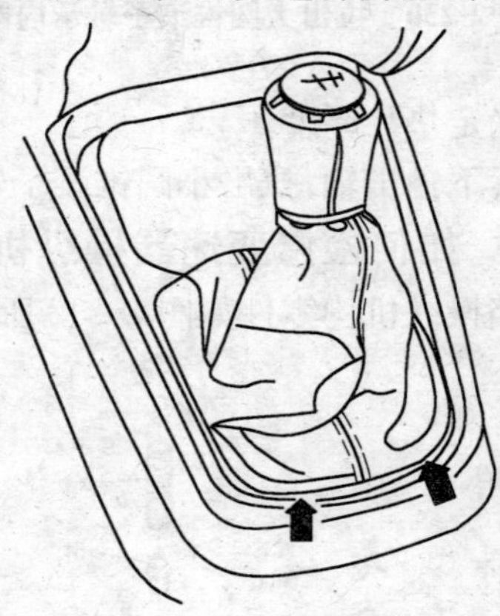
图 2-235　拉开变速杆防尘套

(3)设置变速杆

①用变速杆选择空档。

②如图 2-236 所示，把销子 T10027 插入 A 孔和 B 孔。

③如图 2-237 所示，转动挂档拉索和选档拉索的锁止机构(箭头)，直到停止位置，弹簧将锁止机构压向原位。

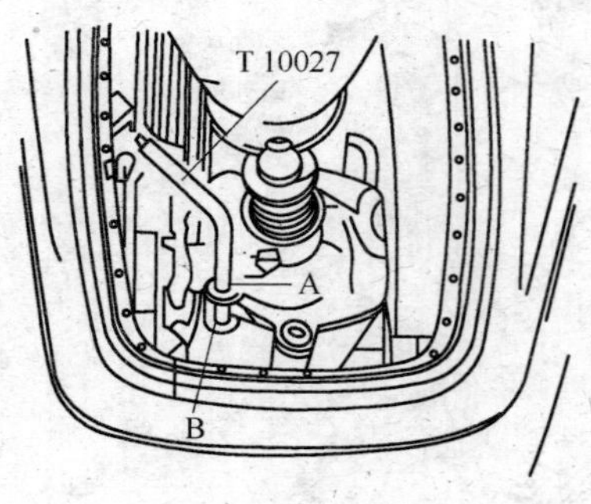

图 2-236　插入销子

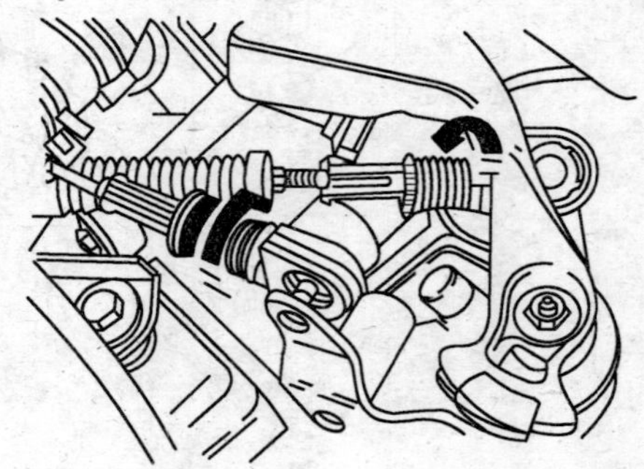
图 2-237　转动挂档拉索和选档拉索的锁止机构

④如图 2-238 所示，转动 90°弯角件 A 返回到原来的位置(箭头)。

⑤如图 2-239 所示，换档轴此时能够移动(箭头)。

⑥将 T10027 销从 A 孔与 B 孔中取出(图 2-236)。

⑦装上变速杆防尘套。

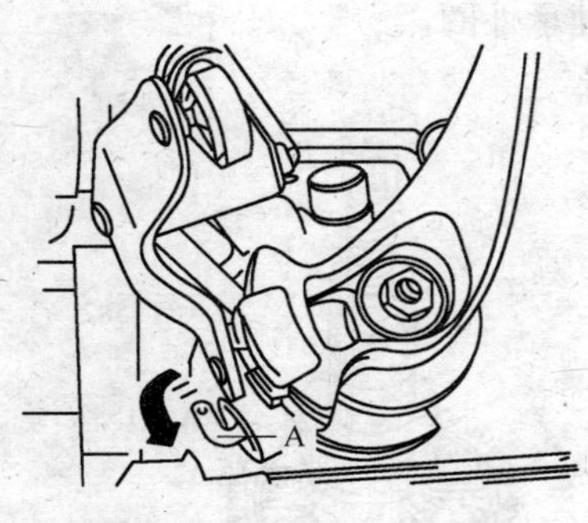

图 2-238　转动 90°弯角件

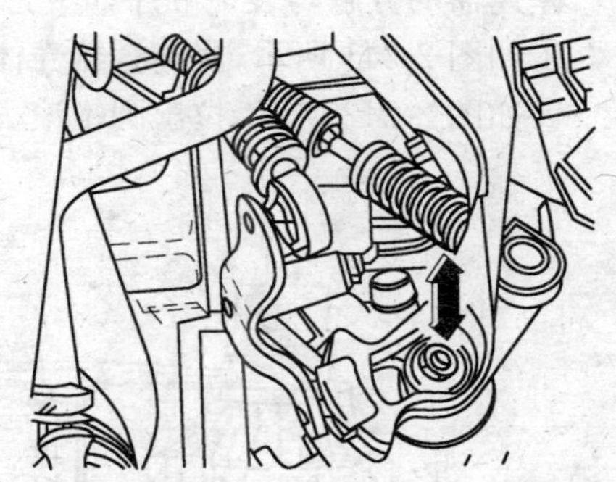

图 2-239　移动换档轴

(4)功能检查

连续选择所有档位，尤其注意倒档锁的操作。如果重复几次换档后，挂档不能顺利进行，则应检查换档轴间隙。

111. 如何检修差速器？

(1)差速器的分解与装配

宝来轿车差速器的零件如图 2-240 所示。

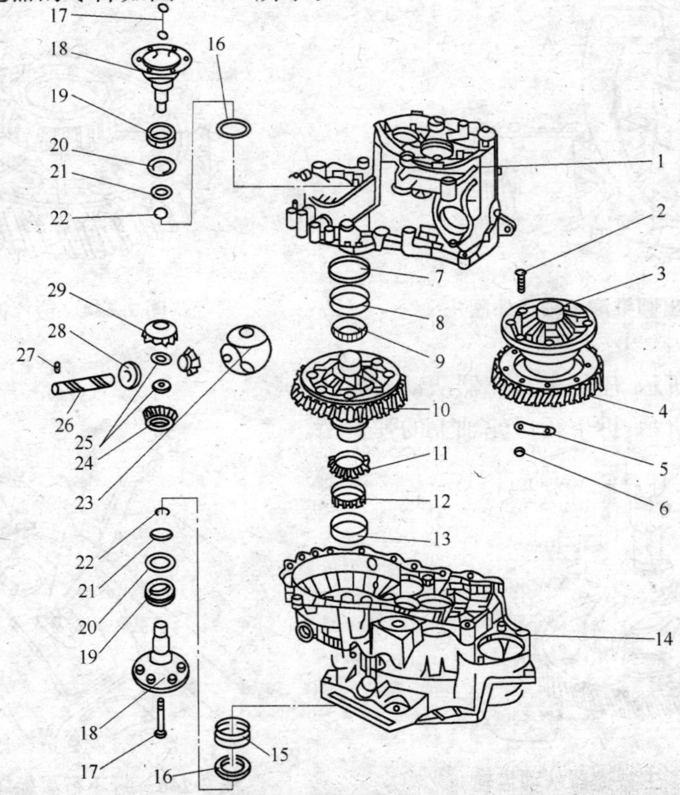

图 2-240　差速器分解图

1. 变速器壳体　2. 螺栓　3、10. 差速器壳体　4. 主传动齿轮　5. 支撑板　6. 螺母(70N·m)　7. 垫片　8、13. 圆锥滚子轴承外圈　9、12. 圆锥滚子轴承内圈　11. 转速表驱动齿轮　14. 离合器壳　15. 衬套　16. 油封　17. 螺栓(25N·m)　18. 法兰轴　19. 弹簧　20. 止推垫圈　21. 锥形环　22. 保险卡箍　23. 整体式止推垫圈　24、29. 太阳轮　25. 螺纹件　26. 行星小齿轮轴　27. 弹簧销　28. 行星小齿轮

差速器的分解与装配顺序如下：

①如图 2-241 所示，从离合器壳体上压下圆锥滚子轴承外圈。

②如图 2-242 所示，拉出圆锥滚子轴承内圈。

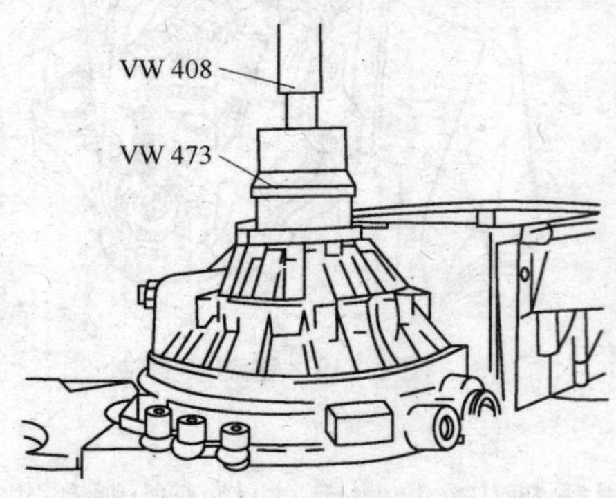

图 2-241　压下圆锥滚子轴承外圈

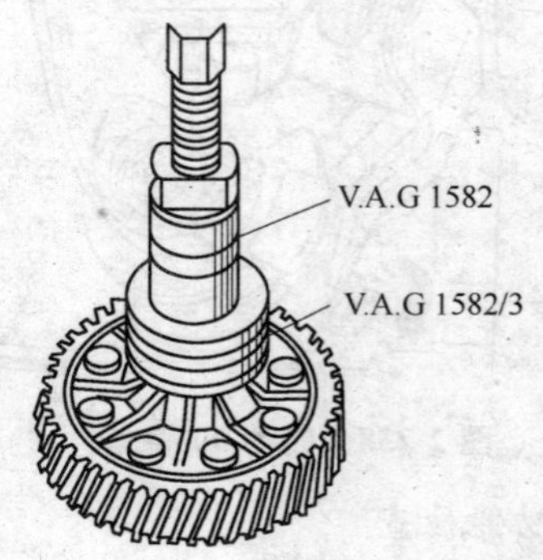

图 2-242　拉出圆锥滚子轴承内圈

③如图 2-243 所示，从变速器壳体上拉出圆锥滚子轴承外圈。

④如图 2-244 所示，钻掉铆钉头，然后用冲头敲出铆钉。

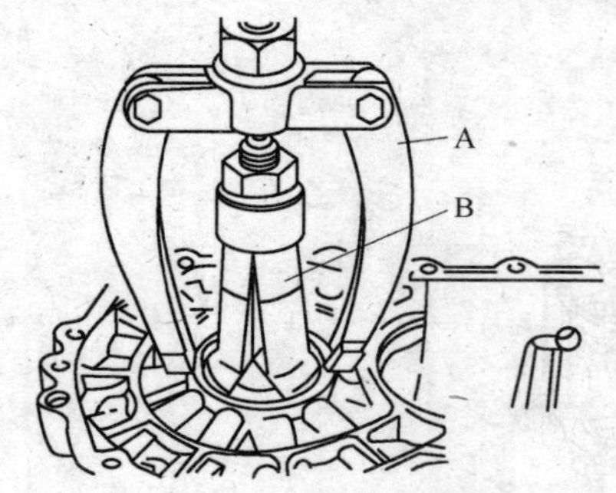

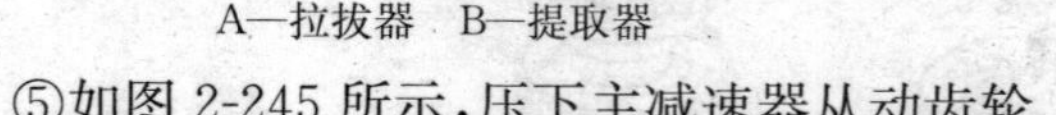
图 2-243　拉出圆锥滚子轴承外圈

A—拉拔器　B—提取器

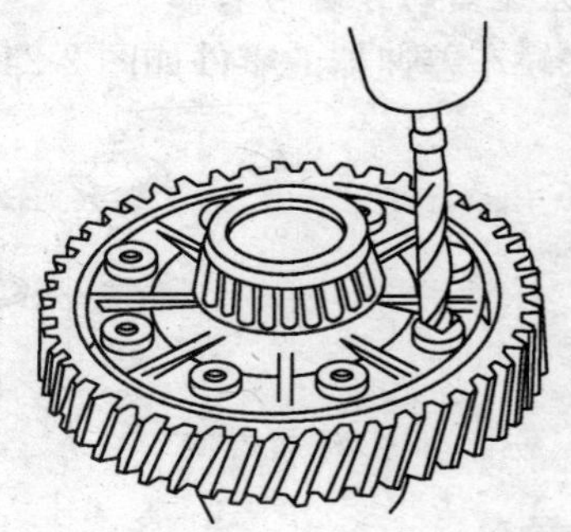

图 2-244　钻掉铆钉头

⑤如图 2-245 所示，压下主减速器从动齿轮。

⑥如图 2-246 所示，拆下行星轮轴上的弹簧销。

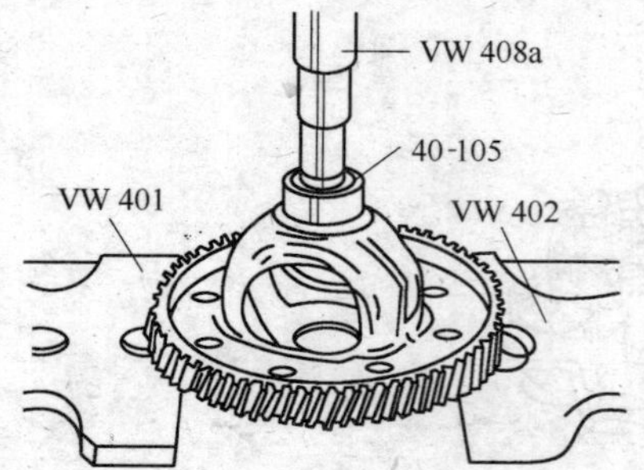

图 2-245　压下主减速器从动齿轮

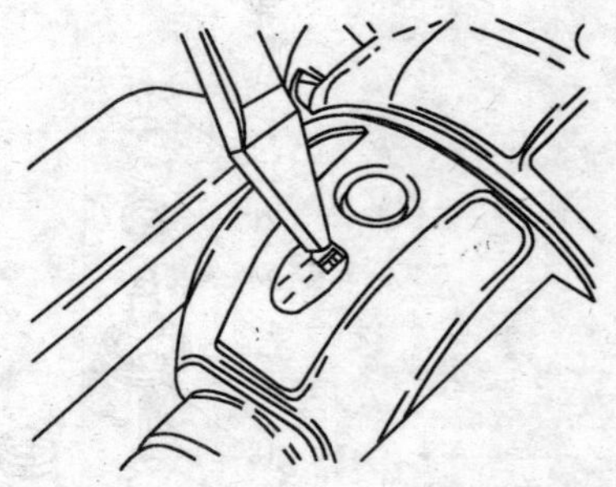

图 2-246　拆下行星轮轴上的弹簧销

⑦取下行星齿轮、行星齿轮轴、太阳轮。

⑧按与拆卸相反的顺序安装差速器。

(2)差速器的调整

当更换变速器壳体、离合器壳、差速器壳体、差速器圆锥滚子轴承等部件时，必须对差速器进行调整。具体方法如下：

①将圆锥滚子轴承的外圈压入离合器壳。

②将不加垫片的圆锥滚子轴承外圈压入变速器壳体。

③将差速器装入离合器壳。

④装上变速器壳体，并以 25N·m 力矩将 5 个螺栓拧紧。

⑤如图 2-247 所示，安装百分表，以 1mm 预紧量将表置于“0”。

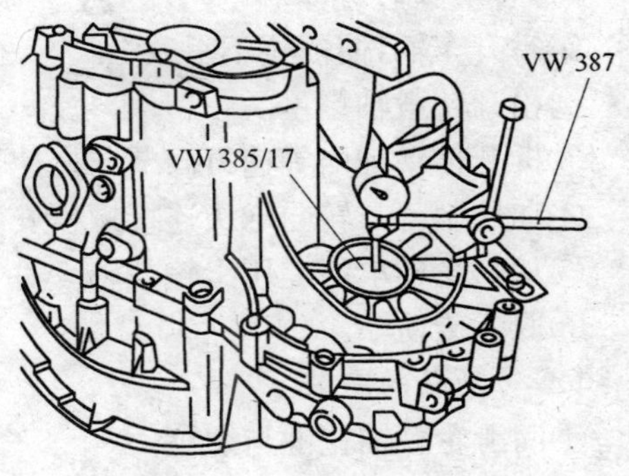

图 2-247　安装百分表

⑥上下移动差速器，记录百分表的指示值。

⑦确定垫片厚度。在达到规定的轴承预紧量，应在测量值上再加上一个常数 0.4mm，即为垫片厚度。

112. 如何检修传动轴?

宝来轿车传动轴的组成如图 2-248 所示。

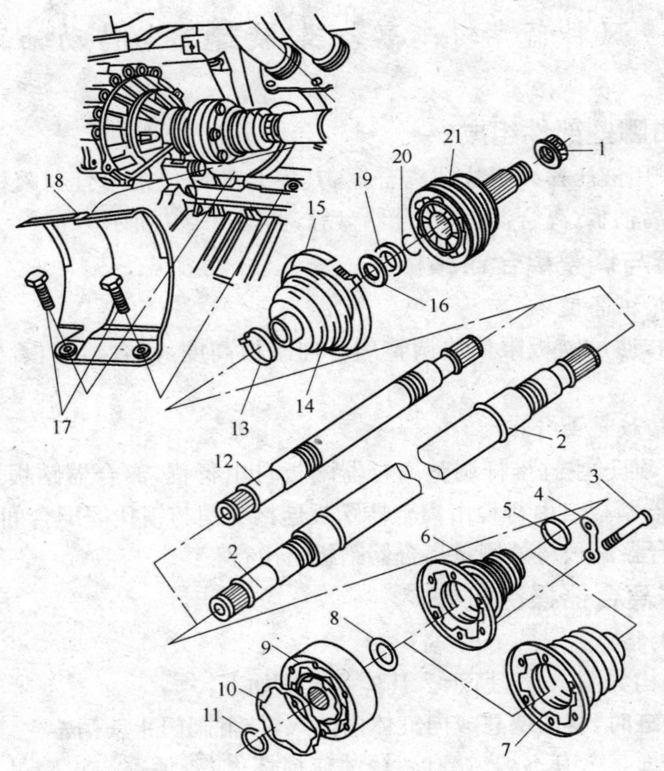

图 2-248　传动轴分解图

1. 自锁螺母　2. 右侧传动轴(管状轴)　3. 螺栓　4. 螺栓盘　5、13、15. 卡箍　6. 外等速万向节防护套　7. 内等速万向节防护套　8、16. 碟形垫片　9. 内等速万向节　10. 垫片　11、20. 卡簧　12. 左侧传动轴(实心轴)　14. 防护套　17. 螺栓(35N·m)　18. 防护罩　19. 止推垫片　21. 外等速万向节

(1)传动轴的拆卸

①举升车辆,使前桥不承载。

②松开轮毂轴螺母。

③拆开传动轴内等速万向节与变速器驱动法兰连接。

④在控制臂与转向球头连接螺栓安装位置做好标记,并拧下螺栓。

⑤从前轮轴承座上压出轮毂轴。

⑥取下传动轴。

(2)传动轴的安装

①润滑轮毂轴花键与螺纹。

②将外等速万向节的轮毂轴导入轮毂花键内。

③按标记位置连接转向球头与控制臂,螺栓拧紧力矩为20N·m+90°。

④安装传动轴内等速万向节,先以10N·m力矩预拧紧螺栓,再将螺栓拧紧到40N·m力矩。

⑤将外等速万向节的轮毂轴推入轮毂花键内,直至到位。

⑥将外等速万向节的轮毂轴头螺母拧到30N·m力矩,再松半圈,然后以50N·m+45°力矩拧紧。

第七节　风神蓝鸟轿车离合器、变速器与传动轴的检修

113. 离合器由哪些部件组成?

风神蓝鸟轿车采用液压操纵膜片式离合器,其主要部件包括离合器踏板、离合器主缸、工作缸、分离拨叉与分离轴承、离合器盖、离合器盘等,如图2-249所示。

114. 如何检查与调整离合器踏板?

(1)调整离合器踏板高度

如图2-250所示,通过踏板限位块调整离合器踏板高度,离合器踏板高度H应为168～178mm。

(2)调整离合器踏板自由行程

如图2-251所示,通过主缸推杆调整离合器踏板自由行程,离合器踏板自由行程A_1应为1.0～3.0mm。离合器踏板自由行程由离合器踏板连接叉销与销孔的配合间隙、主缸活塞与推杆的间隙形成,在离合器踏板垫处测量离合器踏板自由行程。

115. 如何检修离合器操纵机构?

(1)离合器主缸的检修

离合器主缸的结构如图2-252所示。其检修方法如下:

①拆卸离合器主缸时,将活塞总成向缸体内推入,拧下阀门止动销。

②检查缸体内表面是否有不均匀磨损、锈蚀或损坏;检查活塞与皮碗是否磨损或损坏;检查回位弹簧是否磨损或损坏;检查防尘罩是否有裂缝、变形或损坏;检查储液罐是否变形或损坏。必要时应更换。

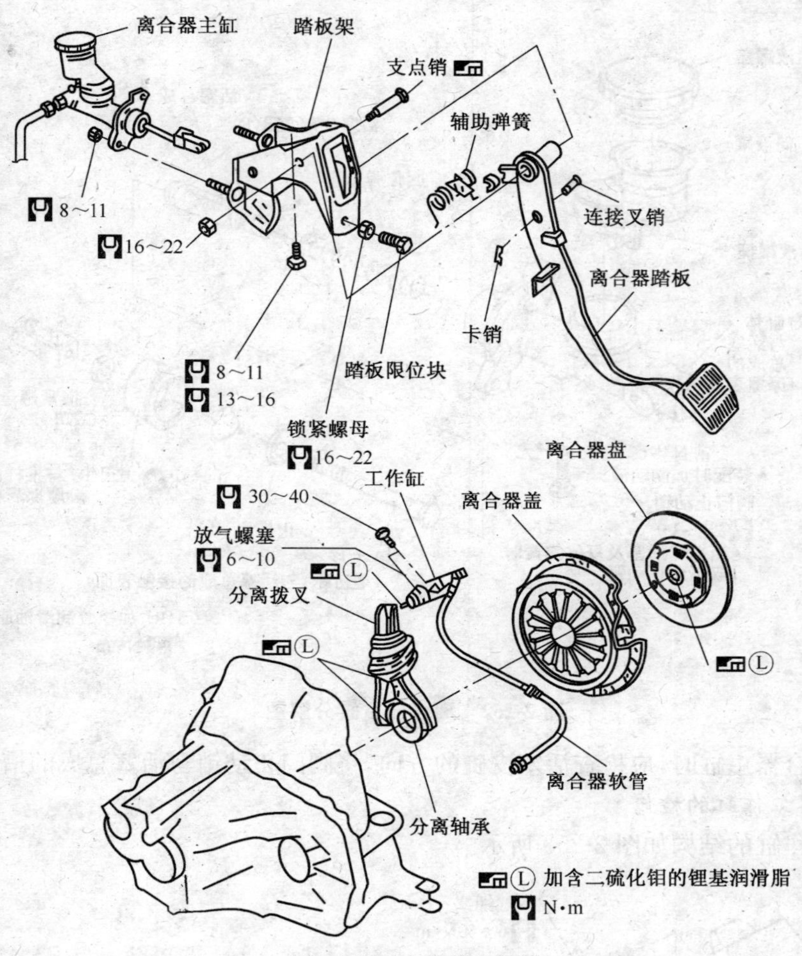

图 2-249　离合器分解图

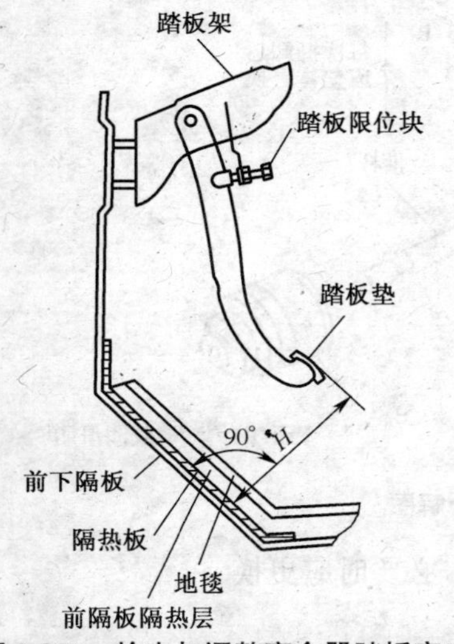

图 2-250　检查与调整离合器踏板高度

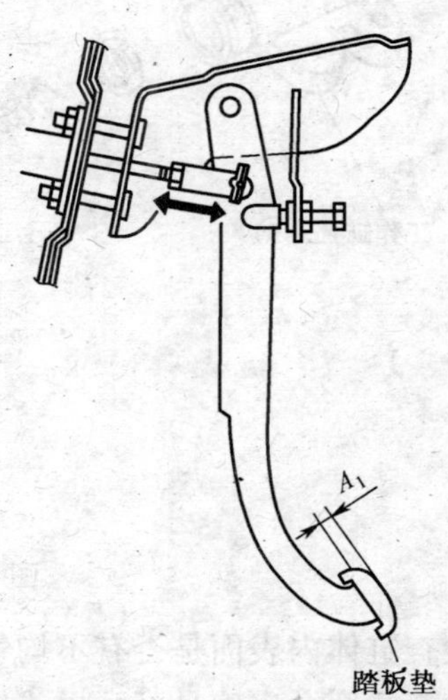

图 2-251　检查与调整离合器踏板自由行程

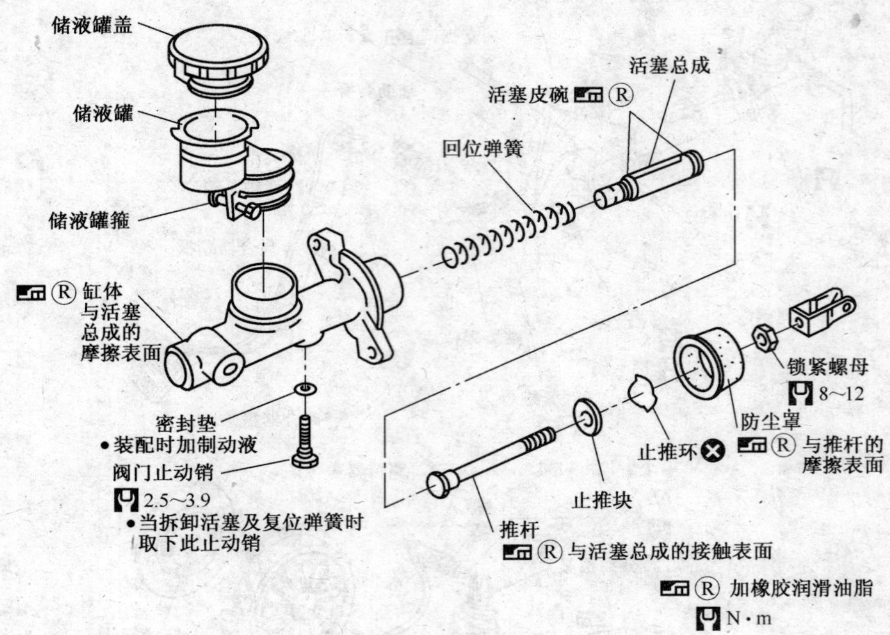

图 2-252　离合器主缸分解图

③安装离合器主缸时，应检查活塞皮碗的方向，将阀门止动销与活塞总成的槽口对齐。

(2)离合器工作缸的检修

离合器工作缸的结构如图 2-253 所示。

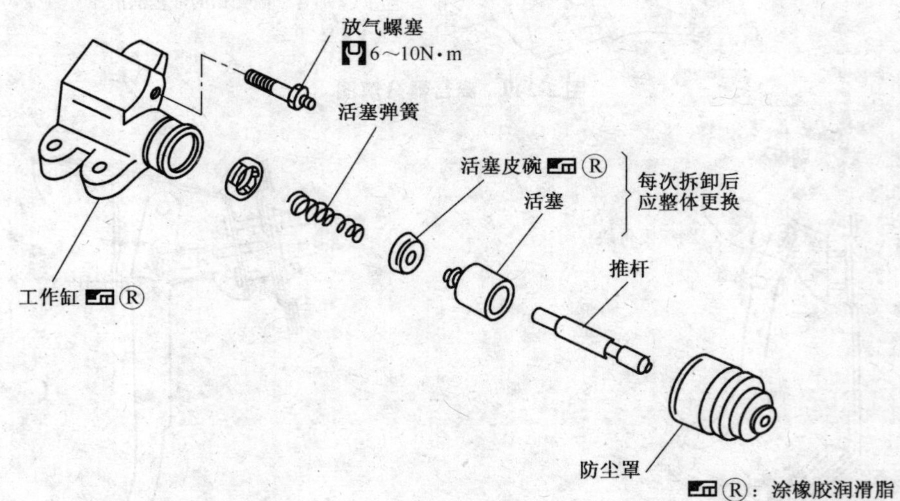

图 2-253　离合器工作缸分解图

①检查缸体内表面是否有不均匀磨损、锈蚀或损坏。必要时应更换。

②检查活塞及皮碗是否磨损或损坏。必要时应更换。

③检查活塞弹簧是否磨损或损坏。必要时应更换。

④检查防尘罩是否有裂缝、变形或损坏。必要时应更换。

(3)离合器分离机构的检修

离合器分离机构的结构如图 2-254 所示。

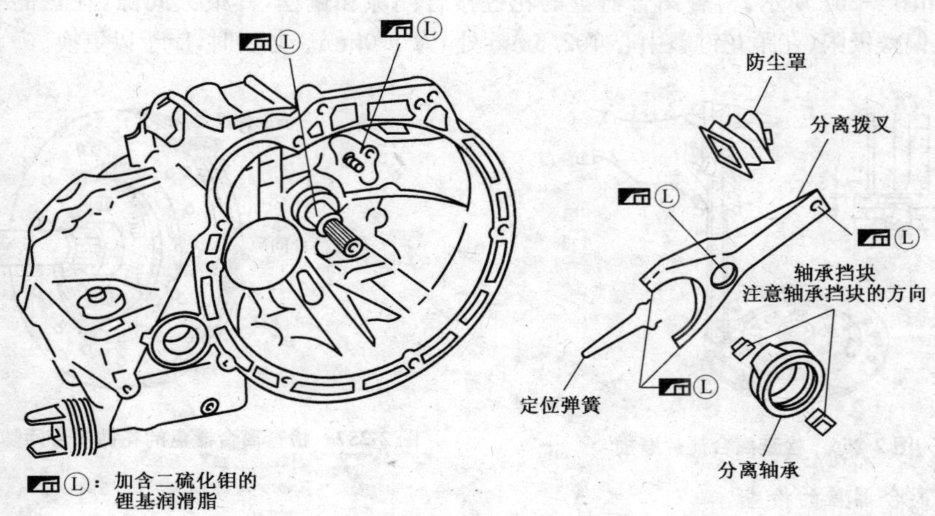

图 2-254　离合器分离机构分解图

①检查分离轴承是否滚动自由，以及是否有噪声、裂缝、凹痕及磨损。必要时应更换。

②检查分离套筒及分离拨叉摩擦表面是否磨损、锈蚀或损坏。必要时应更换。

116. 如何检修离合器总成？

风神蓝鸟轿车离合器总成包括离合器盖、离合器盘和飞轮等，如图 2-255 所示。

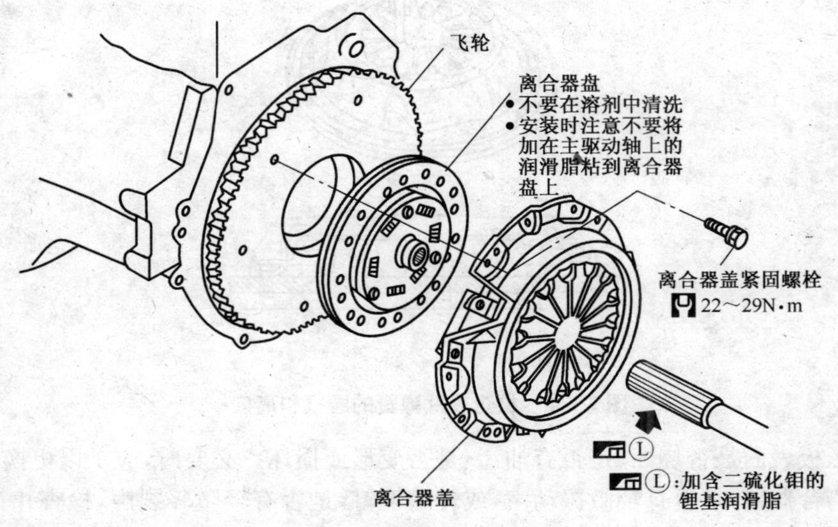

图 2-255　离合器总成

(1)离合器盘的检查

①检查离合器盘是否烧蚀,是否有油污。

②如图 2-256 所示,检查离合器片是否磨损,铆钉头深度极限为 0.3mm。

③如图 2-257 所示,检查离合器盘的花键接合间隙和偏摆,其最大间隙(在盘的外缘)为 0.9mm;偏摆极限(在距花键毂中心 102.5mm 处)为 1.0mm。必要时,应予以更换。

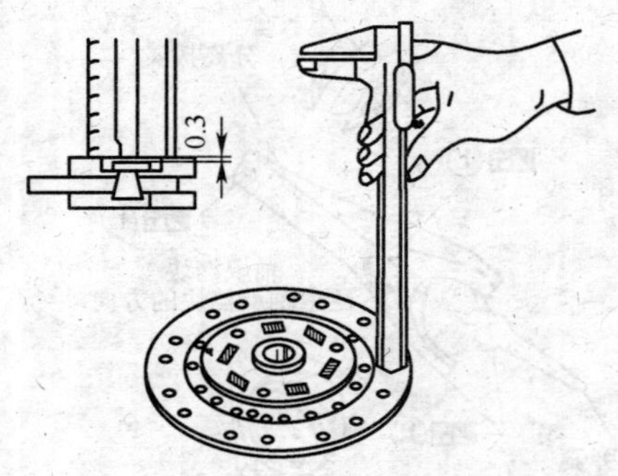

图 2-256　检查离合器片磨损

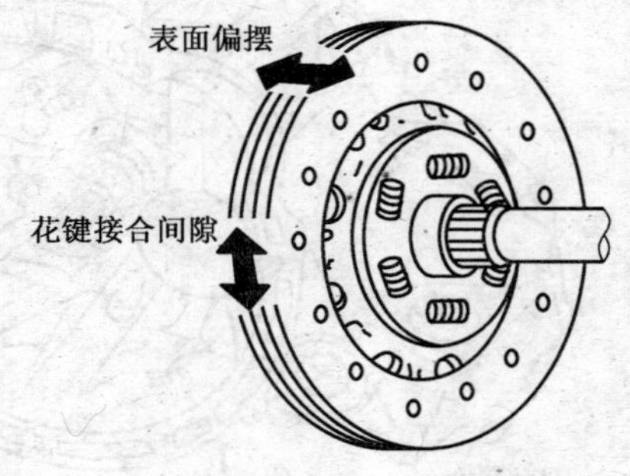

图 2-257　检查离合器盘的花键接合间隙和偏摆

(2)离合器盖的检查

①如图 2-258 所示,检查膜片弹簧的磨损和高度,膜片弹簧高度 A 为 30.5～32.5mm。必要时,应予以更换。

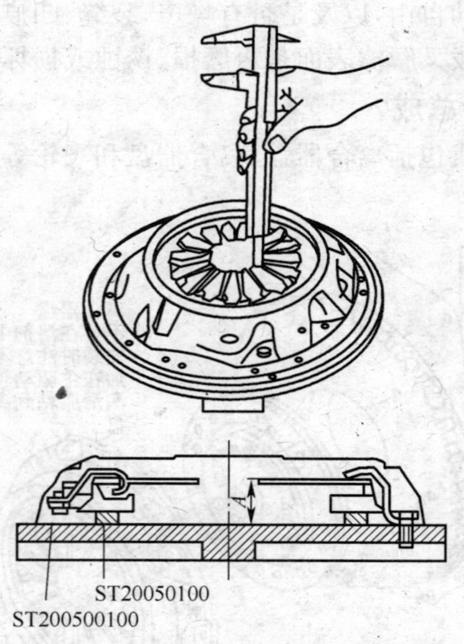

图 2-258　检查膜片弹簧的磨损和高度

②检查压板表面是否烧蚀、是否有油污、是否变形或损坏。必要时,应予以更换。

③晃动离合器盖,是否有轻微振动声,或轻敲铆钉,是否有轻微碎裂声,检查止推环是否磨损或损坏。必要时,应予以更换。

117. 变速器由哪几部分组成?

风神蓝鸟轿车变速器的型号为 RS5F50A 和 ARS5F50V。包括换档操纵机构、传动机构

(输入轴总成、主轴总成、主减速器与差速器)、换档拨叉机构、壳体等。

(1)换档操纵机构

换档操纵机构,采用杆式机构,结构如图 2-259 所示。

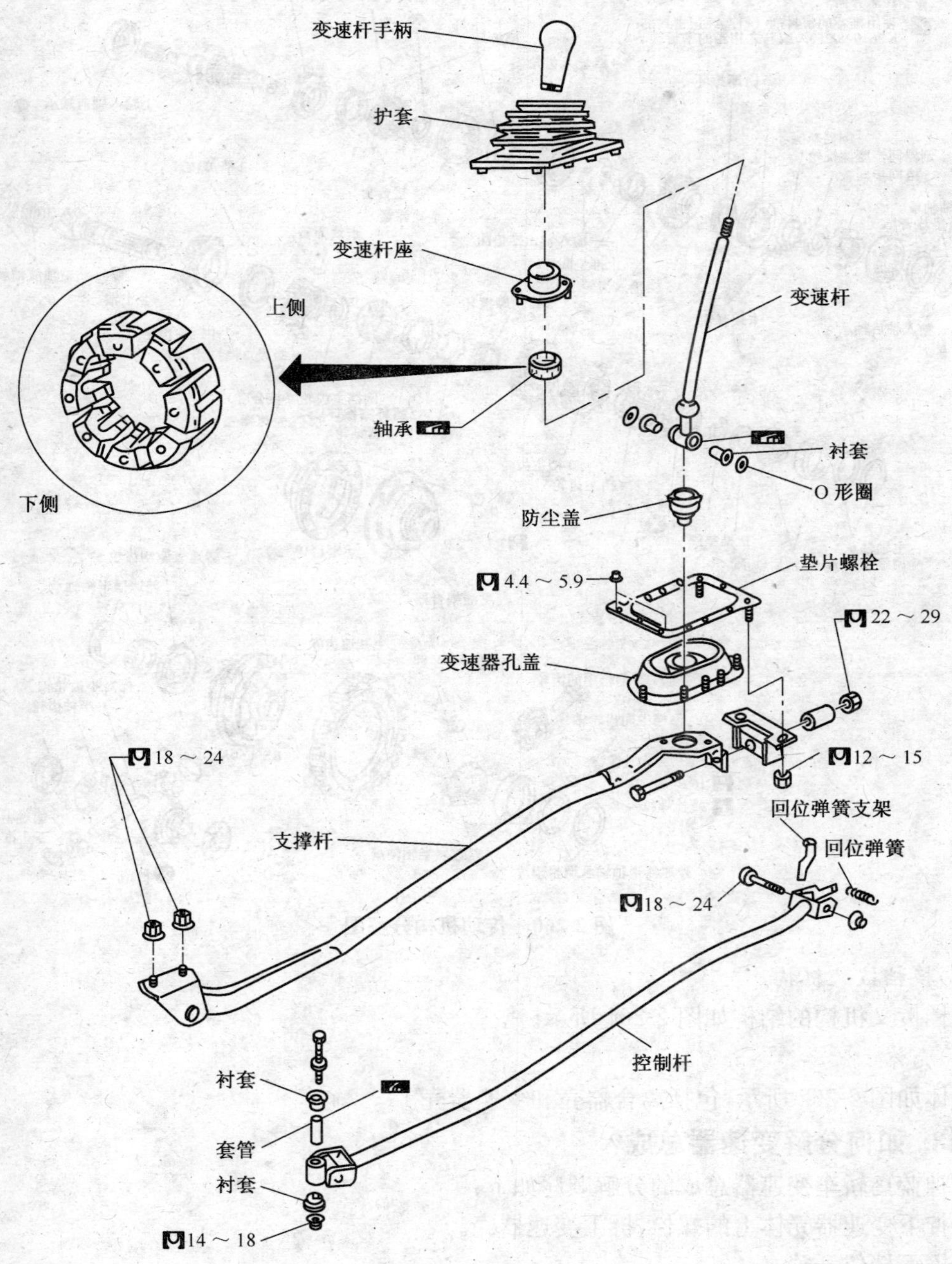

图 2-259　换档操纵机构分解图

(2)传动机构

传动机构的结构如图 2-230 所示,包括输入轴总成、主轴总成、主减速器与差速器等。

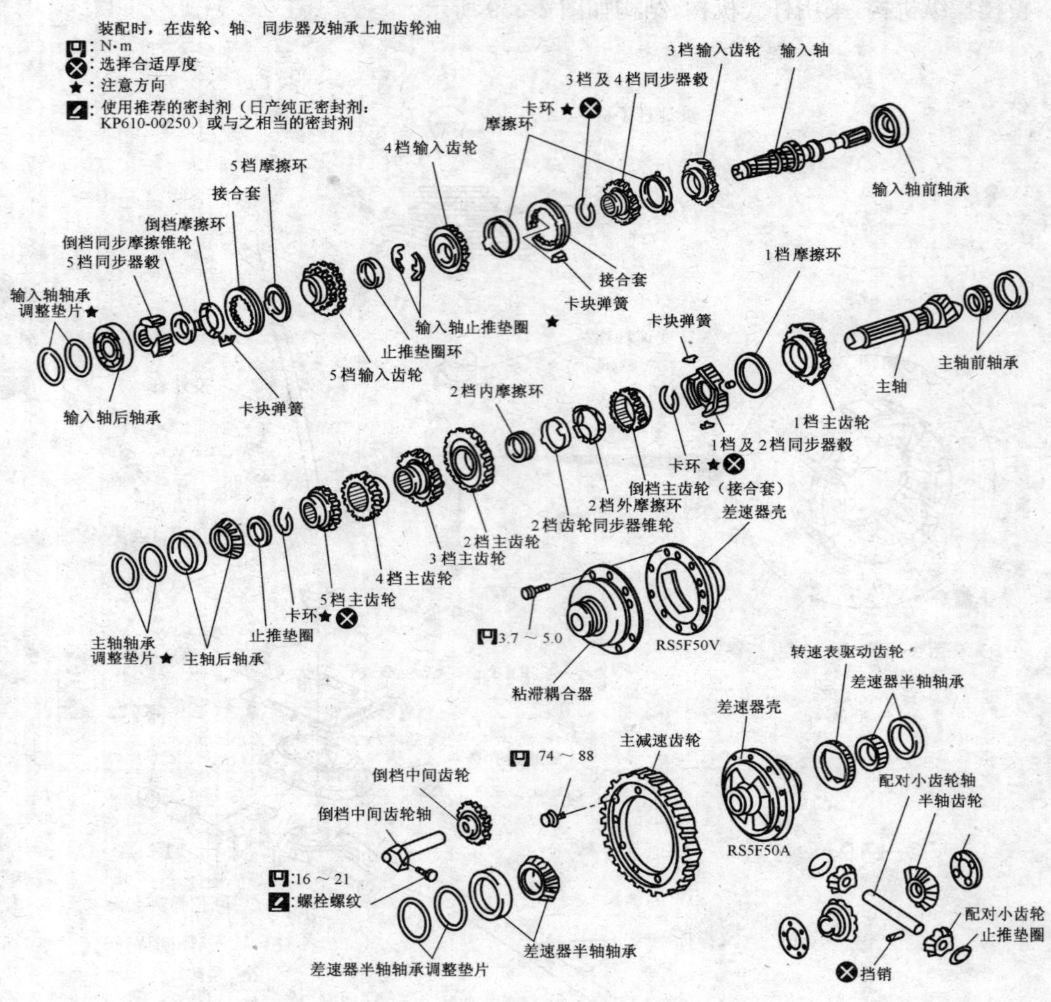

图 2-260　传动机构分解图

(3)换档拨叉机构

换档拨叉机构的结构如图 2-261 所示。

(4)壳体

壳体如图 2-262 所示,包括离合器壳和变速器壳。

118. 如何分解变速器总成?

风神蓝鸟轿车变速器总成的分解顺序如下:

①拧下变速器壳体上的螺栓,拆下变速器壳。

②拆下档位开关。

③挂上 4 档,取下倒档齿轮轴及倒档齿轮。

④抽出离合器壳上挡销。

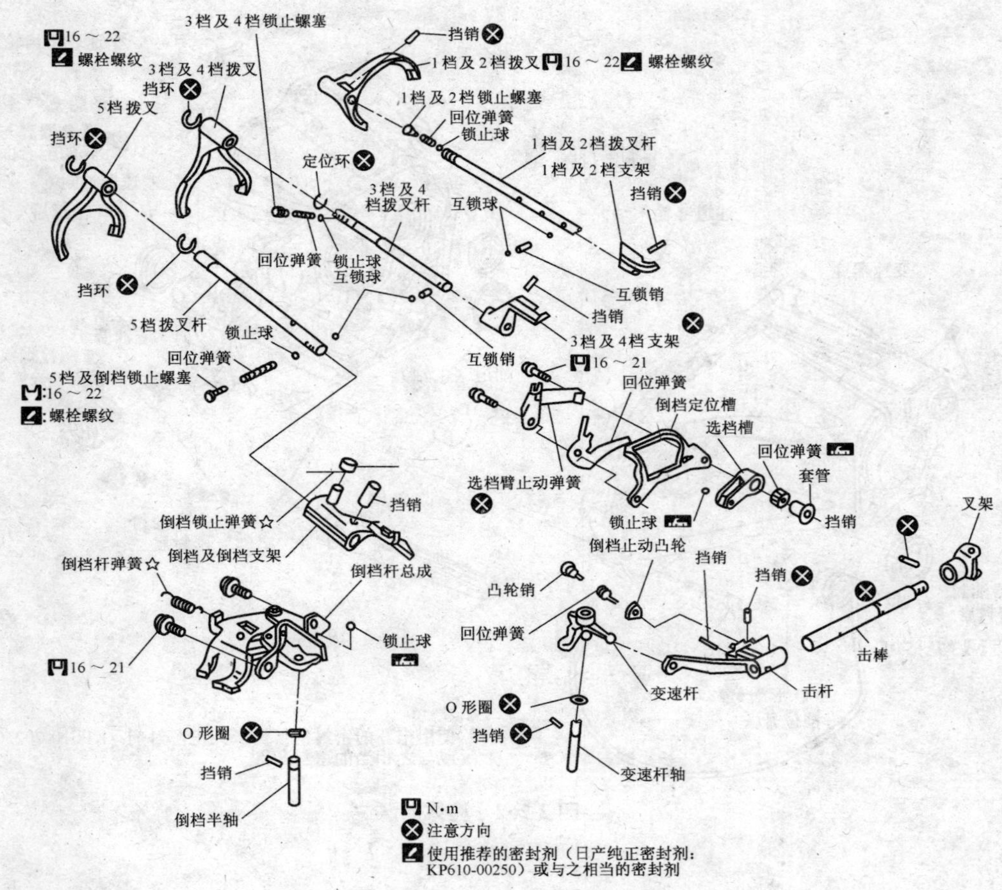

图 2-261 换档拨叉机构分解图

⑤从倒档杆总成上取下倒档杆弹簧及倒档锁止弹簧。边旋转边将倒档半轴拆下。拆下倒档杆总成。

⑥拆下 5 档及倒档的锁止螺塞、锁止弹簧及锁止球。

⑦从 5 档/倒档、3 档/4 档的拨叉杆上取下定位环及挡销。取下 5 档/倒档、3 档/4 档的拨叉杆,再取下拨叉及其支架。

⑧将输入轴总成、主轴总成连同 1 档/2 档的拨叉与拨叉杆一起取下。

⑨拆下差速器总成。

⑩拆下倒档锁定装置总成。取下挡销,并拆下变速杆。拆下击杆及击棒。

119. 如何检修输入轴总成?

(1)输入齿轮轴向间隙的检查

①如图 2-263 所示,检查 3 档及 4 档输入齿轮轴向间隙。3 档输入齿轮轴向间隙为 0.23~0.43mm;4 档输入齿轮轴向间隙为 0.25~0.55mm。

②如图 2-264 所示,检查 5 档输入齿轮轴向间隙。5 档输入齿轮轴向间隙为 0.23~0.48mm。

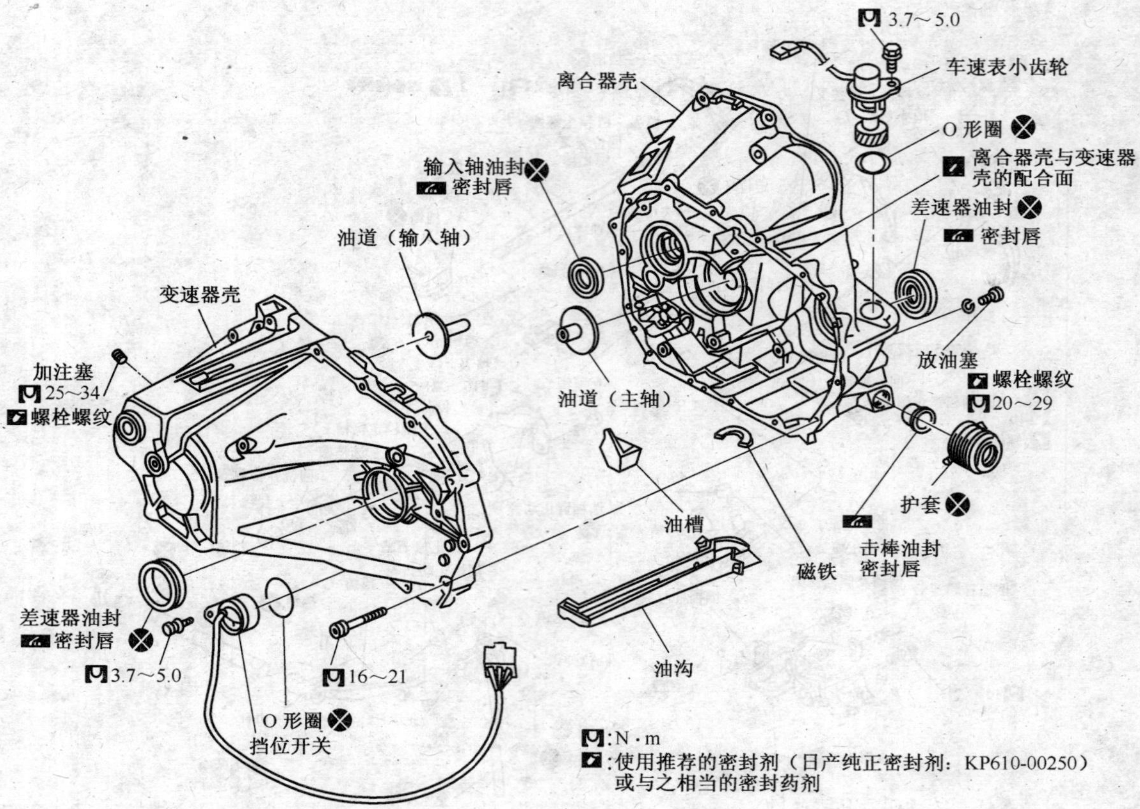

3.7～5.0
车速表小齿轮
离合器壳
O 形圈
离合器壳与变速器壳的配合面
输入轴油封
密封唇
差速器油封
密封唇
油道（输入轴）
变速器壳
放油塞
螺栓螺纹
20～29
加注塞
25～34
螺栓螺纹
油道（主轴）
护套
油槽
击棒油封
密封唇
磁铁
差速器油封
密封唇
3.7～5.0
16～21
油沟
O 形圈
挡位开关
:N · m
:使用推荐的密封剂（日产纯正密封剂：KP610-00250）或与之相当的密封药剂

图 2-262 壳体

3 档及 4 档输入齿轮端隙
测量 3 档输入齿轮端隙
齿轮
测量 4 档输入齿轮端隙

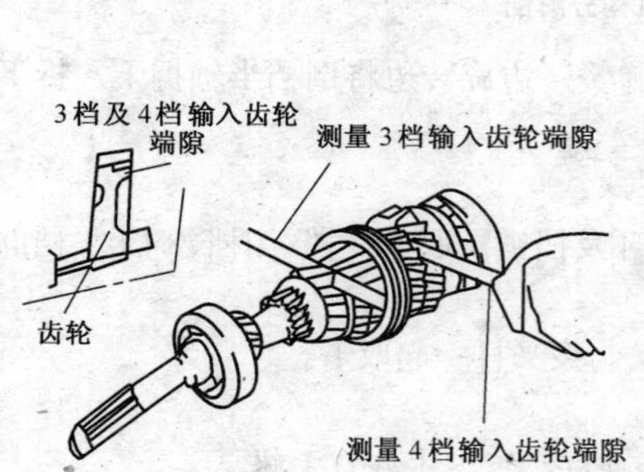

图 2-263 检查 3 档及 4 档输入齿轮轴向间隙

5 档输入齿轮

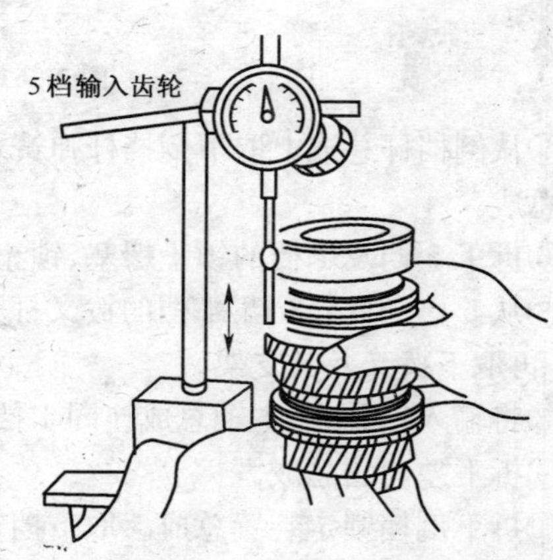

图 2-264 检查 5 档输入齿轮轴向间隙

③如果输入齿轮轴向间隙不符合要求，应分解并检查齿轮、轴及同步器毂的接触面，检查卡环及止推垫圈间隙。

(2)输入轴总成的分解

输入轴总成的分解顺序如下：

①取下输入轴后轴承。

②取下5档/倒档同步器、5档输入齿轮。

③取下止推垫圈环、止推垫圈及4档输入齿轮。

④取下卡环。

⑤拆下3档/4档同步器、3档输入齿轮。

⑥拆下输入轴前轴承。

(3)输入轴总成零件的检查

①检查输入轴是否有裂纹、磨损或弯曲。

②检查输入齿轮是否有严重磨损、缺口或裂纹。

③检查同步器的接合套、毂及齿轮的齿槽是否磨损或有裂缝。检查摩擦环是否有裂纹或变形。检查卡块弹簧是否有裂纹或变形。

④如图2-265所示，检查摩擦环与齿轮的间隙，其间隙标准值为1.00～1.35mm。

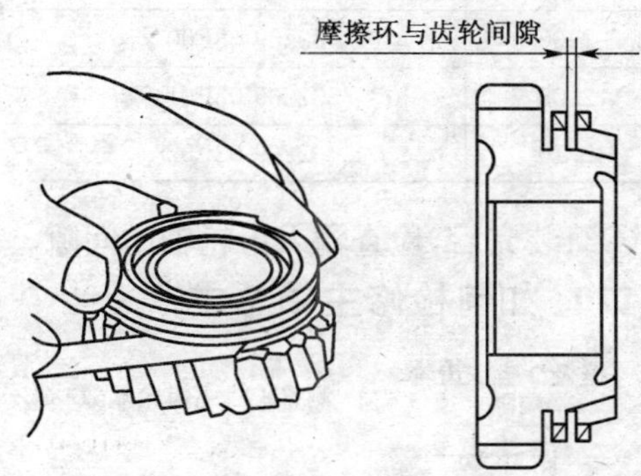

图2-265　检查摩擦环与齿轮的间隙

⑤如图2-266所示，将倒档摩擦环放在专用工具上，再将倒档同步器摩擦锥轮放在倒档摩擦环上。应注意将同步器摩擦锥轮的凸出部分放在专用工具的凹口上，将倒档同步器的摩擦锥轮与倒档摩擦环尽可能压紧，用百分表测量倒档摩擦环的磨损量A，其磨损极限为1.2mm。

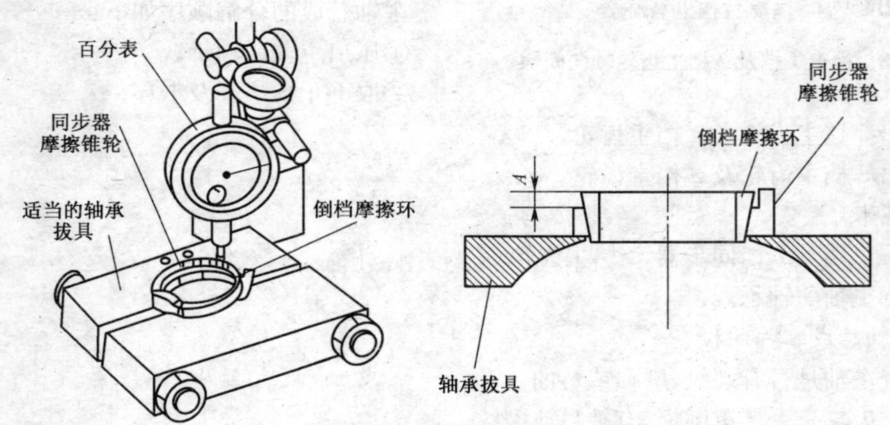

图2-266　检查倒档摩擦环的磨损

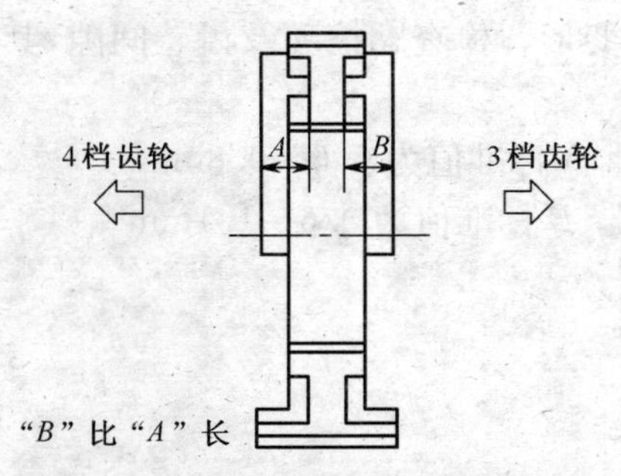

图2-267　3档/4档同步器毂的安装方向

⑥轴承应转动自如，且没有噪声、裂纹、凹痕及磨损。

(4)输入轴总成的组装

按与分解相反的顺序组装输入轴总成。组装时应注意：

①3档/4档同步器毂的安装方向如图2-267所示。

②选择合适的3档/4档同步器毂卡环，卡环尺寸见表2-9，槽口允许间隙为0～0.1mm。

③选择合适的止推垫圈，止推垫圈尺寸见表2-10，

以减小槽口间隙，槽口允许间隙为 0～0.06mm。

表 2-9　3 档/4 档同步器毂卡环尺寸

厚度/mm	零件号
1.95	32269-03E03
2.00	32269-03E00
2.05	32269-03E01
2.10	32269-03E02

表 2-10　止推垫圈尺寸

厚度/mm	零件号
4.500	32278-03E01
4.525	32278-03E02
4.550	32278-03E03
4.575	32278-03E04

④组装完后，检查输入齿轮轴向间隙。

120. 如何检修主轴总成？

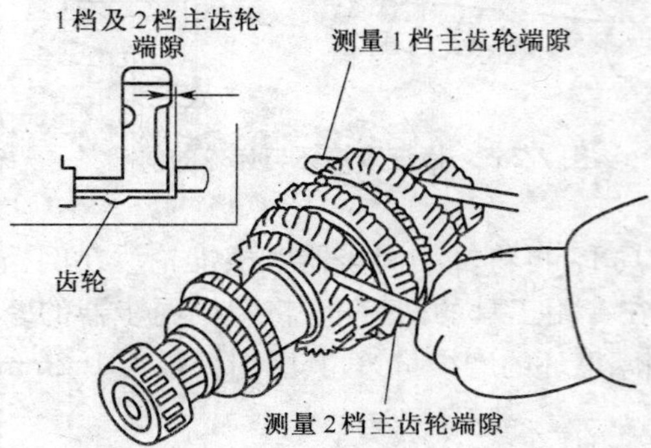

图 2-268　检查 1 档及 2 档主齿轮轴向间隙

(1)1 档及 2 档主齿轮轴向间隙的检查

如图 2-268 所示，检查 1 档及 2 档主齿轮轴向间隙。1 档主齿轮轴向间隙为 0.23～0.43mm；2 档主齿轮轴向间隙为 0.23～0.58mm。如果主齿轮轴向间隙不符合要求，则应分解并检查齿轮、轴及同步器毂的接触面，检查卡环间隙。

(2)主轴总成的分解

主轴总成的分解顺序如下：

①压出主轴后轴承。

②取下止推垫圈及卡环。

③压出 5 档主齿轮及 4 档主齿轮。

④压出 3 档主齿轮及 2 档主齿轮。

⑤取下卡环。

⑥取下 1 档及 2 档同步器、1 档主齿轮。

⑦拆下主轴前轴承。

(3)主轴总成零件的检查

①检查主轴是否有裂纹、磨损或弯曲。

②检查齿轮是否严重磨损、有缺口或裂纹。

③检查同步器接合套、毂及齿轮的齿槽部分是否磨损或有裂纹。

检查摩擦环是否有裂纹或变形。检查卡块弹簧是否变形。检查摩擦环及齿轮间隙，其间隙标准值为 1.0～1.35mm。

如图 2-269 所示，检查 1 档/2 档同步器摩擦环的磨损，A 标准值为 0.6～0.8mm。

如图 2-270 所示，检查 1 档/2 档同步器摩擦环的磨损，B 标准值为 0.6～1.1mm。

④轴承应转动自如，且无噪声、裂纹、凹痕及磨损。

(4)主轴总成的组装

按与分解相反的顺序组装主轴总成。组装时应注意：

①1 档/2 档同步器毂的安装方向如图 2-271 所示。

②选择合适的 1 档/2 档同步器毂卡环，卡环尺寸见表 2-11。槽口允许间隙为 0～0.1mm。

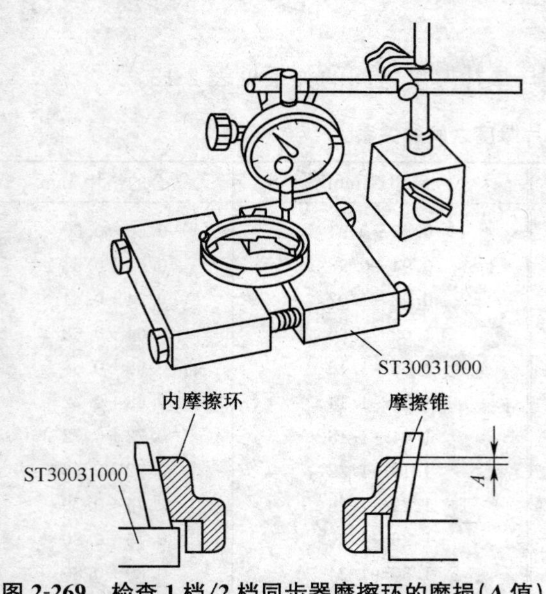

图 2-269　检查 1 档/2 档同步器摩擦环的磨损(A 值)

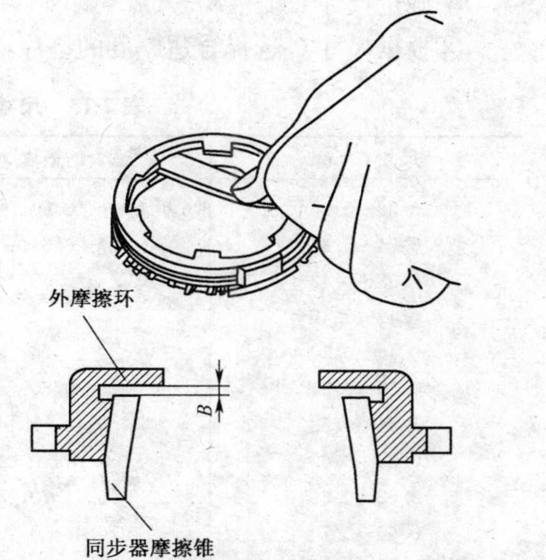

图 2-270　检查 1 档/2 档同步器摩擦环的磨损(B 值)

③选择适合的 5 档主齿轮卡环，卡环尺寸见表 2-12，槽口允许间隙为 0～0.15mm。

④组装完后，检查主齿轮轴向间隙。

121. 如何检查与调整主轴轴承预紧度?

更换主轴、主轴轴承、离合器壳、变速器壳等，应检查与调整主轴轴承预紧度。

①拆下主轴后轴承外圈及垫片。

②再装上主轴后轴承外圈，但不装垫片。

③清洁离合器壳与变速器壳的接合面。

④将主轴及主轴前轴承外圈装到变速器壳上。保持轴承外圈不动，旋转主轴，使轴承落座。

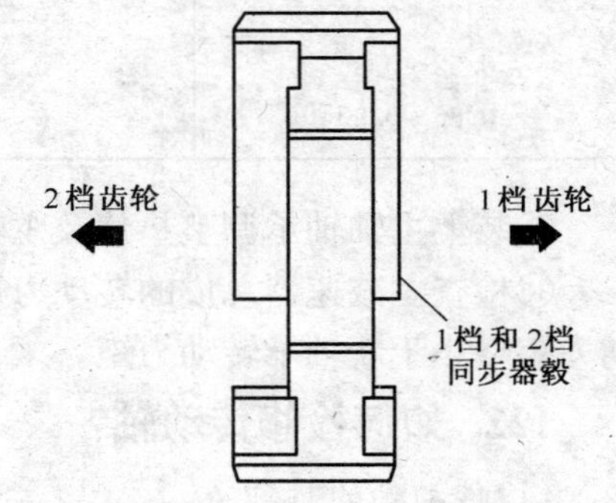

图 2-271　1 档/2 档同步器毂的安装方向

表 2-11　1 档/2 档同步器毂卡环尺寸

厚度/mm	零件号
1.95	32269-03E03
2.00	32269-03E00
2.05	32269-03E01
2.10	32269-03E02

表 2-12　5 档主齿轮卡环尺寸

厚度/mm	零件号
1.95	32348-05E00
2.05	32348-05E01
2.15	32348-05E02
2.55	32348-05E03

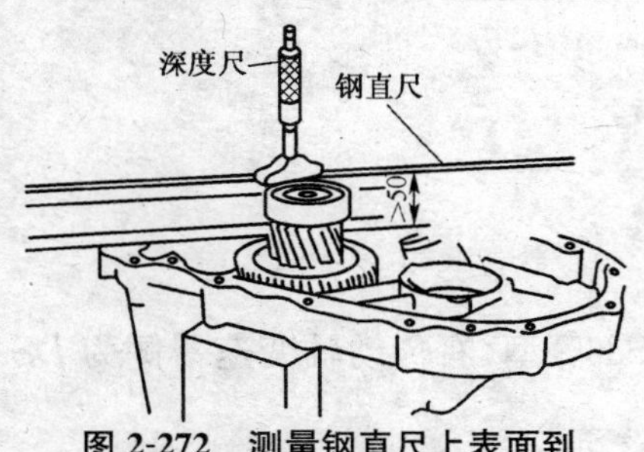

图 2-272　测量钢直尺上表面到主轴前轴承外圈表面的距离

⑤如图 2-272 所示，将钢直尺(宽度必须大于 50mm)放在变速器壳上，用深度尺测量钢直尺上表面到主轴前轴承外圈表面的距离，在轴承外圈的三个位置进行测量，取平均值。确定尺寸 A(尺寸 A＝钢直尺宽度－测量距离)。

⑥测量从离合器壳的接合面到主轴前轴承外圈相配合部分的距离，在此部分的三个位置进行测量，取平均值。确定尺寸 B(尺寸 B＝测量距离)。

⑦确定尺寸 $C(C=B-A)$。

⑧根据尺寸 C 选择合适厚度的垫片，尺寸 C 与垫片厚度之间的关系见表 2-13。

表 2-13　尺寸 C 与垫片厚度之间的关系

尺寸 C/mm	适合的垫片/mm	尺寸 C/mm	适合的垫片/mm
0.30～0.34	0.60	0.90～0.94	0.60+0.60
0.34～0.38	0.64	0.94～0.98	0.60+0.64
0.38～0.42	0.68	0.98～1.02	0.64+0.64
0.42～0.46	0.72	1.02～1.06	0.64+0.68
0.46～0.50	0.76	1.06～1.10	0.68+0.68
0.50～0.54	0.80	1.10～1.14	0.68+0.72
0.54～0.58	0.40+0.44	1.14～1.18	0.72+0.72
0.58～0.62	0.44+0.44	1.18～1.22	0.72+0.76
0.62～0.66	0.44+0.48	1.22～1.26	0.76+0.76
0.66～0.70	0.48+0.48	1.26～1.30	0.76+0.80
0.70～0.74	0.48+0.52	1.30～1.34	0.80+0.80
0.74～0.78	0.52+0.52	1.34～1.38	0.44+1.20
0.78～0.82	0.52+0.56	1.38～1.42	0.48+1.20
0.82～0.86	0.56+0.56	1.42～1.46	0.52+1.20
0.86～0.90	0.56+0.60	1.46～1.50	0.56+1.20

⑨装上主轴轴承调整垫片及主轴轴承。

⑩检查主减速器总成的转动力矩。新轴承转动力矩为 4.9～7.8N·m，使用过的轴承的转动力矩略小于新轴承转动力矩。

122. 如何检修传动轴？

(1)传动轴的拆卸

传动轴的拆卸顺序如下：

①举升车辆，拆下前轮，拧下车轮轴承锁紧螺母。

②拆下前减振器下部螺栓。

③拆下制动管卡箍。

④使传动轴与转向节分开。

⑤从变速器上拆下左传动轴。拆下右传动轴支承，从变速器上拆下右传动轴。

(2)传动轴的分解

风神蓝鸟轿车左传动轴的分解如图 2-273 所示。

风神蓝鸟轿车右传动轴的分解如图 2-274 所示。

(3)传动轴的检查

①检查传动轴是否扭曲或有裂纹。

②检查防护套是否破损。

③检查接头总成(左传动轴变速器侧为 TS79C 和 TS86C 型，右传动轴变速器侧为 DS90 型；车轮侧为 ZF90 型和 ZF100 型)是否变形或损坏。

④检查支承轴承是否能自由转动，有无噪声及磨损。

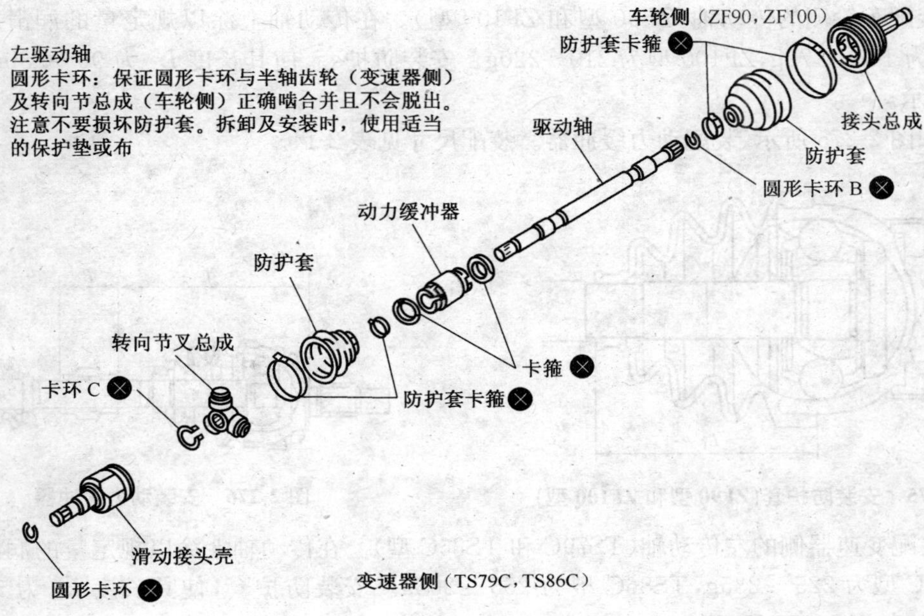

图 2-273　左传动轴分解图

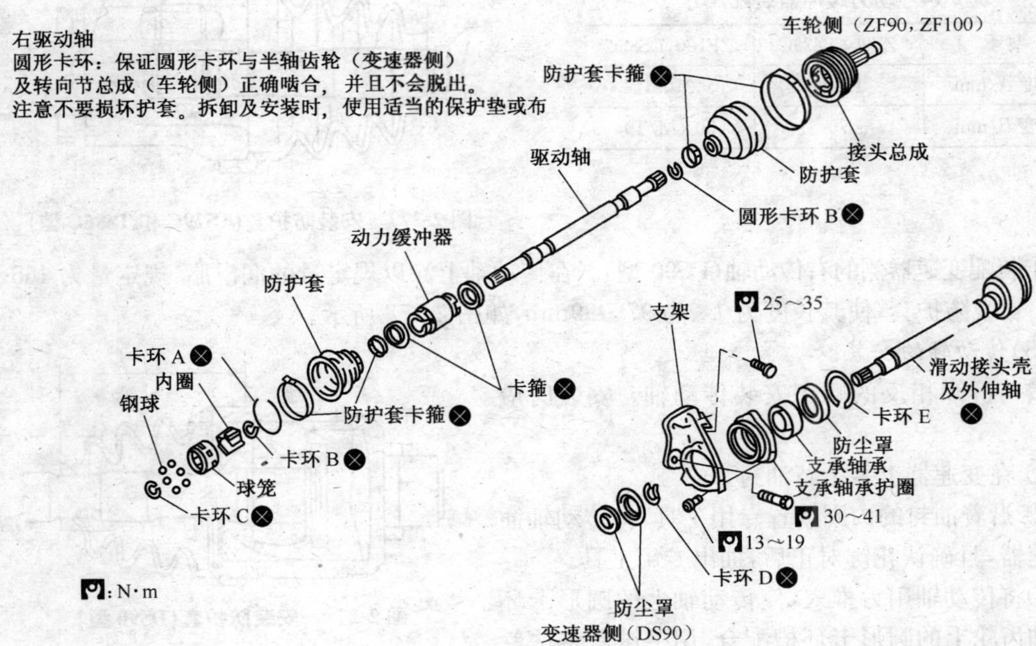

图 2-274　右传动轴分解图

(4)传动轴的装配

①装配车轮侧的传动轴(ZF90 型和 ZF100 型)。在传动轴上涂以规定量的润滑脂,其中 ZF90 型为 160～170g,ZF100 型为 210～220g。安装防护套,使其长度 L_1 为 96～98mm,如图 2-275 所示。

②如图 2-275 所示,装配动力缓冲器。装配尺寸见表 2-14。

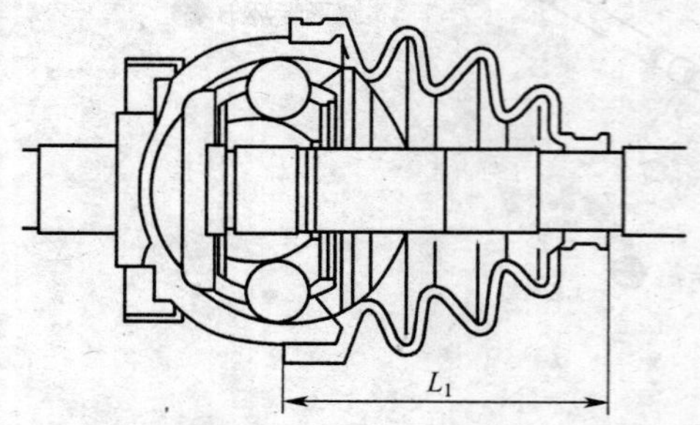

图 2-275　安装防护套(ZF90 型和 ZF100 型)

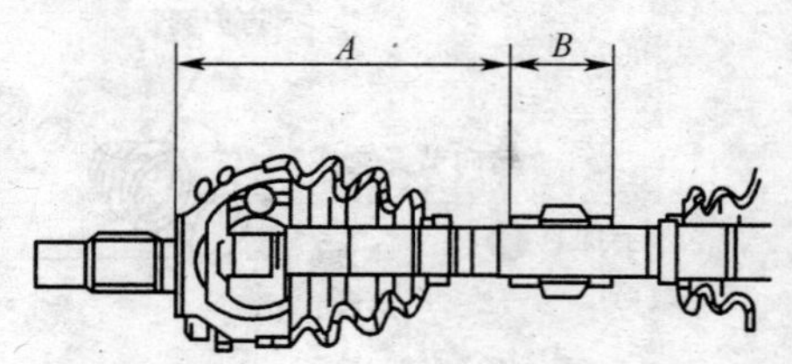

图 2-276　安装动力缓冲器

③装配变速器侧的左传动轴(TS79C 和 TS86C 型)。在传动轴上涂以规定量的润滑脂,其中,TS79C 型为 225～235g,TS86C 型为 255～265g。安装防护套,使其长度 L_2 为 101.5～103.5mm,如图 2-277 所示。

表 2-14　动力缓冲器装配尺寸

型号	ZF90,TS79C	ZF100,DS86C
长度 A/mm	181.3	210.1
长度 B/mm	70	50 (M/T)

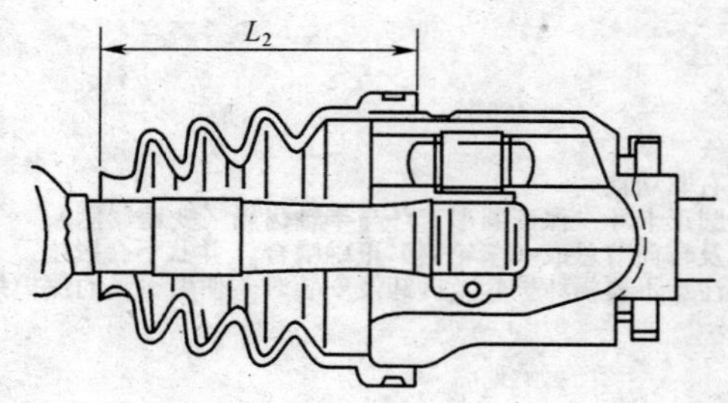

图 2-277　安装防护套(TS79C 和 TS86C 型)

④装配变速器侧的右传动轴(DS90 型)。在传动轴上涂以规定量的润滑脂,规定量为 165～175g。安装防护套,使其长度为 L_2 为 97～99mm,如图 2-278 所示。

(5)传动轴的安装

按与拆卸相反的顺序安装传动轴。安装时应注意:

① 在变速器上装上新油封。

② 沿着油封的内圈放置专用工具,将传动轴插入变速器,且确认花键对正后,抽出专用工具。

③将传动轴用力推入,使传动轴上的圆形卡环与半轴齿轮上的圆形卡环槽配合,用手试着将法兰盘从滑动接头中拉出。如果不能拉出,则表明卡环与半轴齿轮已配合。

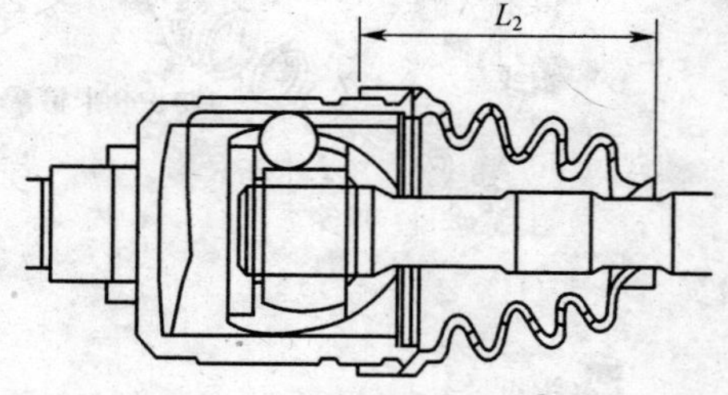

图 2-278　安装防护套(DS90 型)

④以 235～314N·m 的力矩拧紧车轮轴承锁紧螺母。

第三章　轿车车桥与悬架的检修

第一节　东风雪铁龙爱丽舍轿车车桥与悬架的检修

123. 前桥与前悬架由哪些部件组成?

爱丽舍轿车前桥为断开式转向驱动桥，前桥与前悬架的结构如图 3-1 所示，主要由转向节、三角臂、前托架、横向稳定杆、连接杆、双向作用筒式液压减振器、螺旋弹簧等组成。

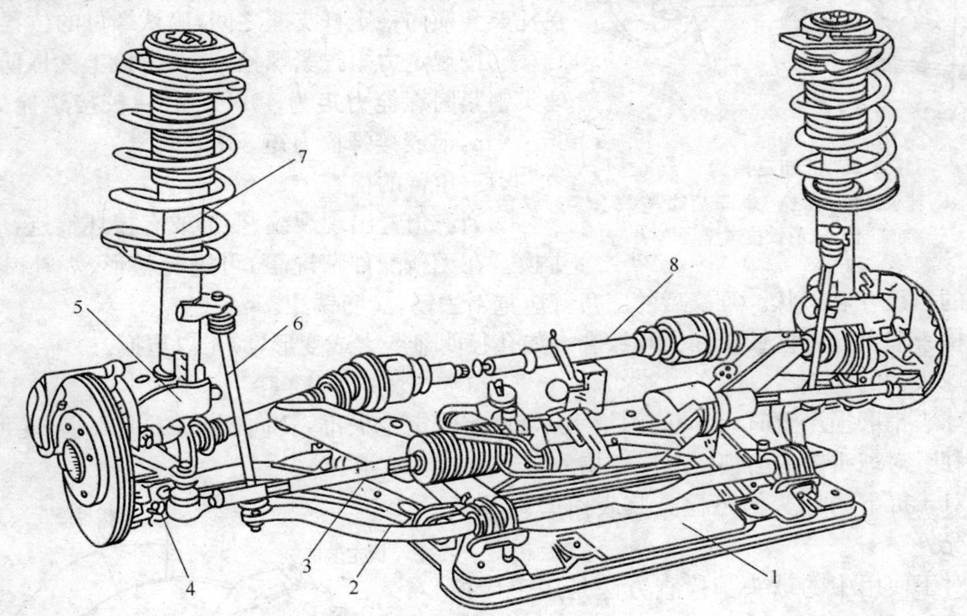

图 3-1　前桥与前悬架结构

1. 前托架　2. 横向稳定杆　3. 三角臂　4. 球头销　5. 转向节　6. 连接杆　7. 前减振器　8. 传动轴

前悬架采用麦弗逊式独立悬架，其结构特点如下：

①结构紧凑，体积小、占用空间少，有利于前置发动机前驱动的布置。

②主销轴线与减振器活塞杆中心线不重合，且主销内倾角大于减振器活塞杆的内倾角。

③悬架弹性变形时，虽然车轮主销的定位参数发生变化，但转向轮各定位参数具有补偿功能，从而可改善车辆的行驶稳定性。

④避免了滑柱式独立悬架在变形过程中转向轮的横向位移，减轻了转向轮的磨损。

⑤在使用期内，前轮定位变化较小，不需调整主销的内倾角和后倾角。

⑥非簧载质量较小，有助于减小悬架受到的冲击载荷，有利于改善车辆的行驶平顺性。

124. 如何检修前桥主要零件?

(1)三角臂及球头销的检修

1)三角臂的拆装

三角臂的拆卸顺序如下：

①将车辆举起，使前轮悬空。

②拆下前车轮。

③如图 3-2 所示，拧下球头销紧固螺栓，拆下球头销，使三角臂与转向节分离，拧下三角臂后铰接螺栓，拧下三角臂前铰接螺栓，拆下三角臂。

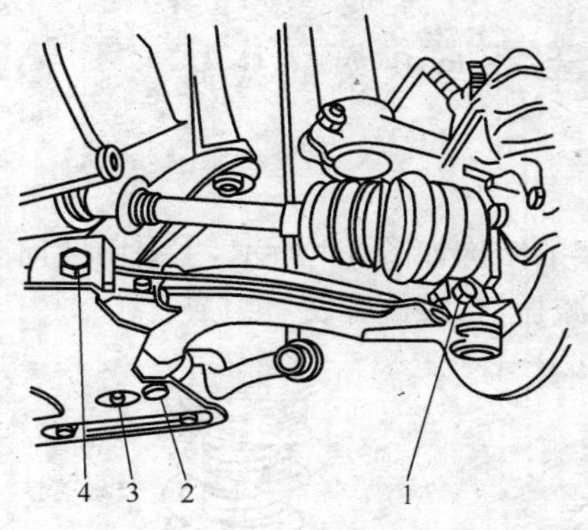

图 3-2 拆卸三角臂

1. 球头销紧固螺栓 2、3. 后铰接螺栓 4. 前铰接螺栓

按与拆卸相反的顺序安装三角臂。安装三角臂时应注意：

①应清洁所有零件。

②必须更换拆下的紧固螺栓。

③更换所有损坏的零件。

④将带有弹性铰接的三角臂装上，确认弹性铰接在托架和横向稳定杆支座之间，确认螺母的位置到位。

⑤按规定力矩拧紧螺栓，并在螺栓上涂以防松胶。球头销紧固螺栓力矩为 40N·m，后铰接螺栓力矩为 65N·m，前铰接螺栓力矩 85N·m。

2)三角臂的检查

①当三角臂出现裂纹、变形或有损坏痕迹，应予以更换。在无新配件情况下，可进行整形、焊补，以恢复三角臂的原尺寸和形状。维修后的三角臂应重新去锈，涂防锈漆。

②检查三角臂弹性铰接和吊耳铰套。如孔径明显变大或变形，应予以更换。

3)球头销的检查

当球头销磨损严重时，会使间隙增大，导致前轮定位失准，转向困难，方向不稳，轮胎异常磨损，因此，对球头销的磨损情况应严格检查。

①对于拆下的球头销可检查其表面磨损及其配合情况。

②对于使用中的球头销检查方法是用千斤顶将车辆顶起，使车轮离开地面，使球头销处于卸载状态，扳动车轮使其上下移动。若间隙超过规定值，而轮毂轴承间隙合适，则应更换球头销。

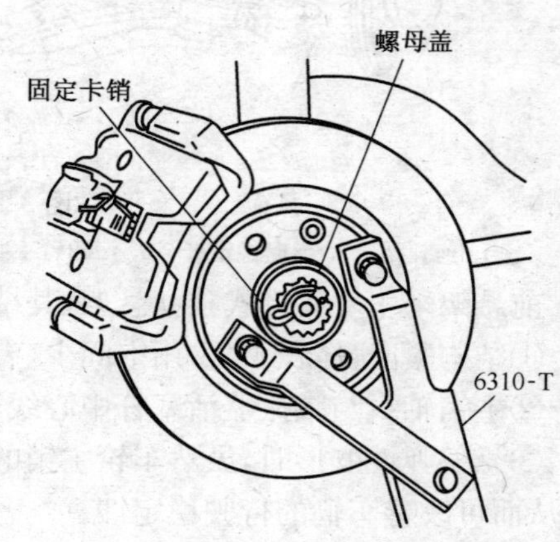

图 3-3 拆下传动轴端头螺母

(2)转向节的检修

1)转向节的拆装

转向节的拆卸顺序如下：

①拧松前轮胎螺栓。

②顶起车辆。

③拆下前轮。

④如图 3-3 所示，拆下固定卡销和螺母盖，用专用工具 6310-T 固定轮毂，拧下传动轴端头螺母。

⑤拆下制动钳及其管路固定支架和制动盘。

⑥如图 3-4 所示，拧下球头销锁紧螺母，用专用工具 1892-T 拆下球头销。

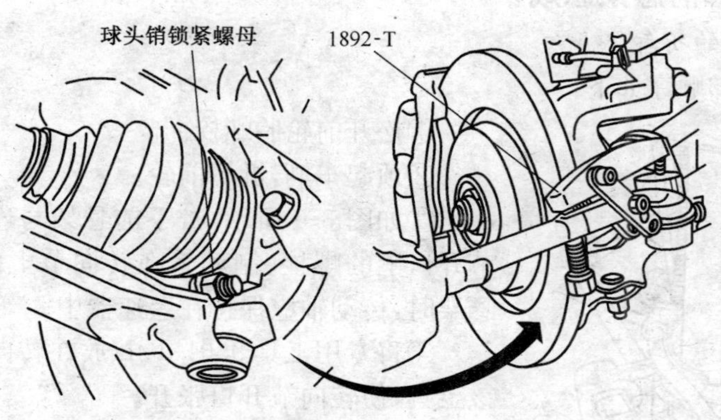

图 3-4 拆下球头销

⑦拧下转向节开口锁紧螺栓，从轮毂中抽出传动轴。

⑧如图 3-5 所示，将专用工具 9501-T. L 放在转向节开口处，转动 1/4 圈以扩张开口，拆下转向节。

按拆卸相反的顺序安装转向节。安装转向节时应注意：

①转向节与减振器的相对位置要正确。

②用新的尼龙自锁螺母。

③按规定力矩拧紧螺栓、螺母，并在螺栓上涂以防松胶。转向节开口锁紧螺栓力矩为 45N·m，制动钳的固定螺栓力矩为 120N·m，传动轴端头螺母拧紧力矩为 325N·m。

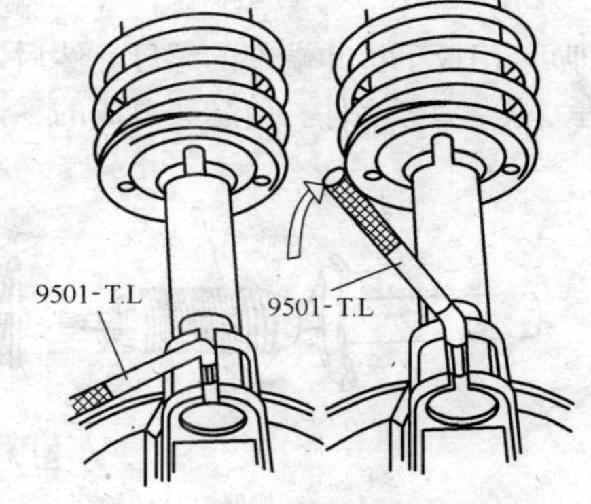

图 3-5 扩张转向节开口

2）转向节的检查

通常用电磁探伤仪或浸油敲击法检查裂纹。浸油敲击法是一种探测隐蔽裂纹缺陷的简单而行之有效的方法。检验时，先将转向节浸入煤油或柴油中片刻，取出后将外表面擦干，撒上一层白粉，然后用小锤轻轻敲击转向节非工作表面。如果有裂纹，则浸入裂纹的煤油或柴油因振动而溅出，使裂纹处的白粉呈黄色线痕，根据线痕可判断裂纹位置。

转向节如出现裂纹、变形、轴承座孔严重磨损及刮伤，转向节球头销连接孔的孔径失圆及损伤等缺陷，应立即更换转向节。

3）轮毂的检查

检查轮毂是否有裂纹、变形、内花键齿损伤、折断、花键齿面疲劳剥落、腐蚀斑点，车轮轴承的轴颈刮伤及严重磨损等缺陷。如有，应更换轮毂。

4）轮毂轴承的检查

轮毂轴承严重磨损，将会使其径向间隙和轴向间隙过大，轴承轴向间隙的标准值为 0～0.05mm。前轮毂轴承为免维护自润滑轴承，无需添加润滑脂。相反，若添加润滑脂，则可能由于不同成分的润滑脂之间发生化学变化而导致润滑失效，加快轴承的磨损。而磨损过度的轴承不能维修，应予以更换。

125. 如何检修前悬架总成?

(1)前悬架总成的拆卸

前悬架总成拆卸顺序如下:

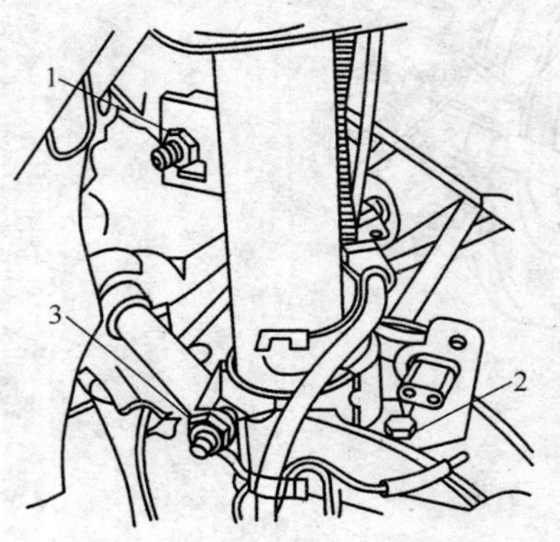

图 3-6　拆卸前悬架总成

1. 螺母　2、3. 固定螺栓

①松开前轮胎螺栓。

②顶起车辆,拆下前轮。

③如图 3-6 所示,拧下前悬架与连接杆的螺母、转向节开口上的螺栓、制动管在转向节上的固定螺栓。拆卸悬架时,传动轴应保持在差速器中。

④将专用工具 9501-T. L 放在转向节开口位置,转动该工具,使转向节开口张开。

⑤拧下悬架顶端上的 4 个固定螺栓,取下前悬架总成。

(2)前悬架总成的分解

应使用弹簧压具来分解前悬架总成。分解时,用弹簧压具压缩悬架弹簧,弹簧压缩到可卸下端部螺母的程度即可,用扳手拆卸端部的螺母。然后,渐渐松开弹簧压具,取下弹簧上支座、防护套、止推球轴承、防尘套等零件。前悬架总成的零件如图 3-7 所示。

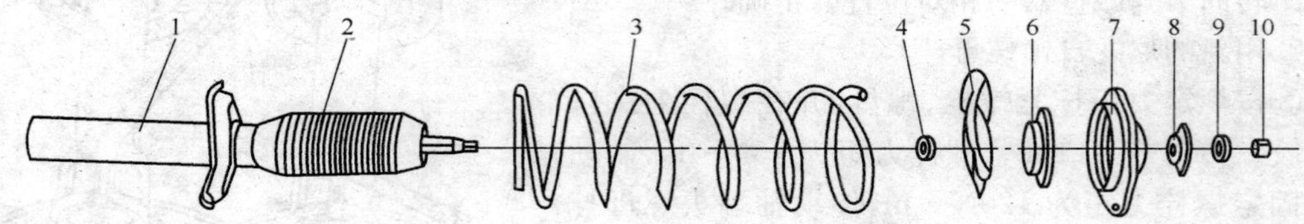

图 3-7　前悬架总成分解图

1. 前减振器　2. 防护套　3. 弹簧　4、9. 垫圈　5. 弹簧上支座　6. 止推球轴承　7. 上支座　8. 上支座盖　10. 锁紧螺母

(3)前悬架总成零部件的检查

1)前减振器的检查

减振器系一次性部件,不可分解。目检时,若减振器弯曲、严重凹陷或刺孔,应予以更换。正常情况下,只有在减振器泄漏严重并在外套能看到减振器油滴,遇到路面冲击而车辆回跳过度时,才需要更换减振器。

①减振器拆下检查。可采用来回推拉减振器的方法来检查整个行程中工作的平滑、压缩和伸张性能。减振器应能在压缩和伸张的全部行程中提供强大的稳定阻力(压缩行程和伸张行程的阻力大小可能不同),且能运动自如而不发卡。如感觉有稳定的阻力,则表明减振器正常;如感到无压缩或无伸张阻力,则表明减振器有泄漏或缺油,应更换减振器。另外,也要检查减振器的活塞杆,看其有无弯曲或运动受阻情况,是否有漏油、异常噪声。若存在这些情况,也需更换减振器。

②就车检查减振器的工作效能。不拆下减振器,通常是用手将车辆前部压下,然后迅速地放开手,若车辆的反弹次数超过两次,则表明减振器工作效能差,应更换减振器。

③就车检验减振器是否缺油。一是目检,看是否有漏油的痕迹。二是在汽车运行后的触

摸检查。车辆运行一段时间停车后，迅速用手触摸减振器筒体，若感到筒体发热、烫手，则表明减振器工作正常，不缺油；若感觉筒体不发热或温度变化不大，则表明减振器缺油或失效。减振器缺油、漏油或失效时，应更换减振器。

④检查减振器异常响声。减振器缺油时，往往导致减振器发响，这是因为减振器是靠其缸内的液压油在小孔中来回流动产生阻力作用而实现减振的。一旦缺油，减振器就失去减振功能。车辆在不平路面行驶时，就会发出"咯噔、咯噔……"的撞击声。因此，减振器有异常响声，应更换减振器。新的减振器如储存了一段时间，应在装车前来回拉动几次减振器活塞杆，使其能正常工作。

2)螺旋弹簧的检查。

外观目测检视，若弹簧有明显的塑性变形、裂纹等缺陷，应予以更换。

检查弹簧的弹力是否下降，若弹力下降，则应更换弹簧。其弹力的检查方法可分为就车检查和拆下检查两种。就车检查时，可将车辆放在平地上，各轮胎气压充至规定值，按规定部位测量车身高度。若车身某一高度低于规定值或左右侧车身高度均低于规定值，表明某一侧弹簧或所有弹簧的弹力下降，应更换失效的弹簧。对于拆下的弹簧可测量弹簧的自由高度来检查其弹力是否合适。

3)其他零件的检查

检查冲击限位块，若有损坏或弹性减弱现象，应予以更换。检查悬架止推球轴承工作状况、运转阻力。若止推球轴承损坏，应予以更换。维修时，还应更换防尘套及悬架密封件。

126. 后桥与后悬架有哪些结构特点？

爱丽舍轿车后桥由后轴管架通过弹性垫块与车身连接。后悬架为单纵摆臂式独立悬架，由两个横置的扭杆弹簧和两个双向作用筒式减振器及横向稳定杆组成。

后桥与后悬架的结构特点如下：

①后悬架及后轴的全部零件均安装在一个支架上，结构紧凑，维修方便。

②后悬架的弹性元件是扭杆弹簧，用于车身与车轮之间的弹性连接。扭杆弹簧比螺旋弹簧、钢板弹簧单位重量所能储存的能量大得多，因而悬架轻，可提高车辆的行驶平顺性。

③扭杆弹簧的扭转刚度虽然是常数，但采用扭杆弹簧的后悬架刚度却是可变的。当载荷变化时，有利于改善汽车行驶的平顺性。另外，采用扭杆弹簧，能够实现车身高度的调节。

④后轴总成与车身之间的连接采用专门设计的前自偏转弹性垫块，使后轴具有随动转向功能。当车辆转向行驶时，在离心力引起的侧向力作用下，弹性垫块产生变形，使后轴总成跟随前轮转动的方向，在水平面上自偏转一个角度。采用随动转向的后轴，有利于提高汽车高速行驶(包括转向及直线行驶)的操纵性和稳定性。

127. 如何检修后桥主要零件？

(1)后摆臂总成的检修

1)后摆臂总成的拆卸

后摆臂总成的拆卸顺序如下：

①拧松后轮胎螺栓。顶起车辆。拧下轮胎螺栓，拆下车轮。

②拆下制动鼓、制动底板。

③拆下后横向稳定杆摇臂。

④先拆卸手制动拉索的固定卡，再拧下减振器上、下部螺栓，取下减振器。

⑤调整好定位工具 9501-T. F1，并装上定位工具，如图 3-8 所示。然后拧紧工具上的锁紧螺母。

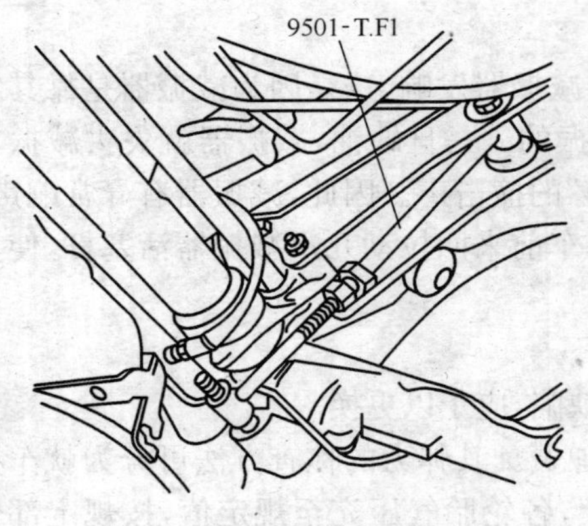

图 3-8　安装定位工具

⑥先拆下扭杆弹簧的螺栓及挡圈，用画线或打印冲点的方法在扭杆弹簧端面与后摆臂端面相对位置做好装配记号，以便于重新安装。再用工具 9501-T. F2 和惯性拉拔器 1671. T，将工具杆部的螺纹旋入扭杆弹簧端的螺孔内，利用惯性冲击力将扭杆弹簧拔出。

⑦拆下定位工具 9501-TF1。

⑧拆下后摆臂总成，

⑨拆下油封。

⑩如固定环错位或损坏时，拆下固定环。

2)后摆臂总成的检查

后摆臂总成如图 3-9 所示，由后摆臂、车轴和轴管组成。后摆臂为基础件，其轴管和车轴分别压装在后摆臂孔内。

①检查后摆臂，若有裂纹或变形，应予以更换。

②检查轴管油封座面有无划痕或碰撞的痕迹，轴颈是否有擦伤或损伤。若轴管轴颈磨损严重，装上有松旷感，应更换轴管。

③检查车轴，车轴损坏或变形后，不能通过焊接或校直的方法修复，只能更换车轴。

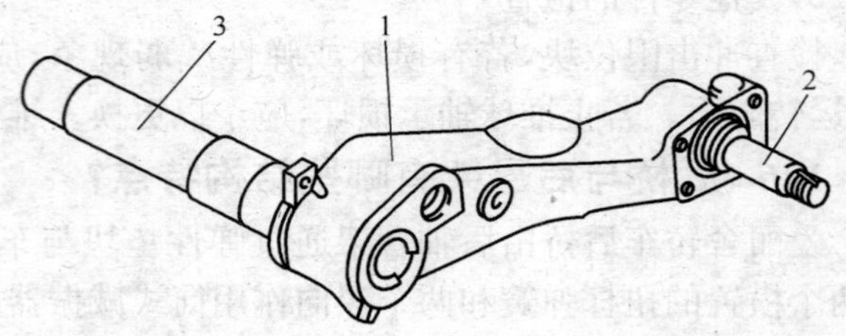

图 3-9　后摆臂总成

1. 后摆臂　2. 车轴　3. 轴管

更换轴管或车轴时，应使用专用工具和压床，将原件压出，将新件压进。

3)后摆臂总成的安装

后摆臂总成的安装顺序如下：

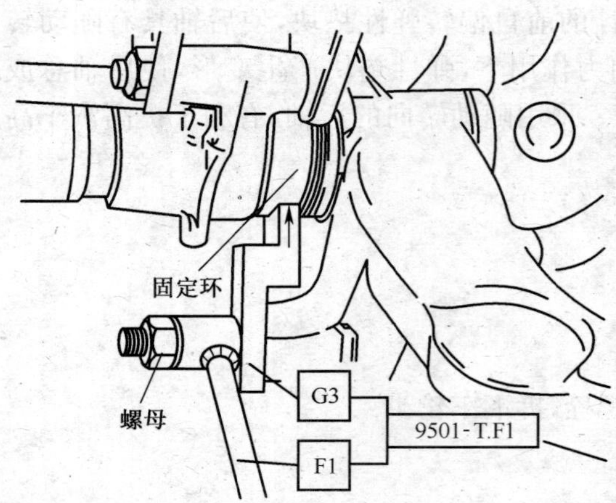

图 3-10　安装定位工具

①将油封座面擦干净，在新油封的刃口处涂抹 G6 润滑脂，将新油封装入摆臂的油封座上，使外刃口与油封座贴合。

②用专用工具 9501-T. G4 和 9501 T. G2 在轴管上装上固定环，应使其安装到位。

③用 G6 润滑脂润滑轴管轴颈及滚针轴承隔离环，将轴管装入后轴管内直到油封与固定环接触为止。

④装上专用工具 9501-T. G3(减振器定位块)和调整好的定位工具 9501-T. F1，如图 3-10 所示，尽量上推减振器定位块，使其与固定环接近，然后拧紧螺母。

⑤在 9501-T. G3 和后轴管之间放入厚度为 0.05mm 塞尺，用木槌敲击摆臂，使轴管在后轴管内就位。

⑥按装配记号装上扭杆弹簧，装上挡圈，拧紧螺栓。

⑦装上制动底板，用 37N·m 的力矩拧紧螺栓，然后装上制动鼓。

⑧取下定位工具 9501-T. G3 和 9501-T. F1，装上减振器，不要拧紧螺栓。

⑨将左侧螺栓装在横向稳定杆上，以固定稳定杆的位置，便于右侧摇臂的安装。安装右侧摇臂，先仔细清洗摇臂和油封内侧，并在油封的外表面上涂以 MOBIL TEMP G6 润滑脂，装上新油封。然后用专用工具 9501-T. H2 装摇臂，如图 3-11 所示。在摇臂和摆臂之间放入 1mm 的塞尺，通过拧紧螺母使摇臂装入到位。取下工具 9501-T. H2，并拧紧摇臂螺栓，拧紧力矩为 35N·m。

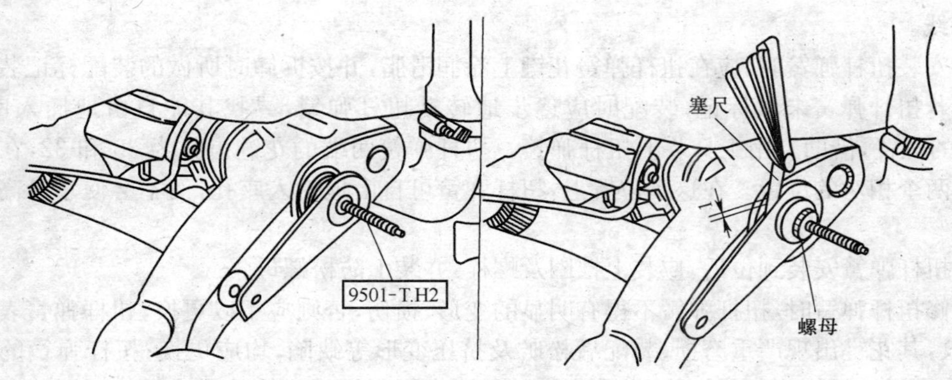

图 3-11　安装摇臂

⑩安装车轮，并将车辆放下。拧紧轮胎螺栓和减振器螺栓。

(2)前自偏转弹性垫块的检修

前自偏转弹性垫块的结构如图 3-12 所示。后桥上的前自偏转弹性垫块使后轴趋向于不足转向，具有一定程度的自动转向作用的后轴大大改善了车辆行驶的稳定性。因此，前自偏转弹性垫块的完好程度，对车辆的操纵稳定性影响极大。但由于前自偏转弹性垫块是车身骨架与后桥的连接件，车辆行驶时，它将承受并传递垂直与水平作用的力和力矩，特别是车辆在不平路面行驶时，它还将衰减水平方向和垂直方向的振动，承受较大的动载荷。前自偏转弹性垫块长期使用后，容易出现损坏，工作性能下降。若发现前自偏转弹性垫块有任何形式的变形和损坏，均应更换。

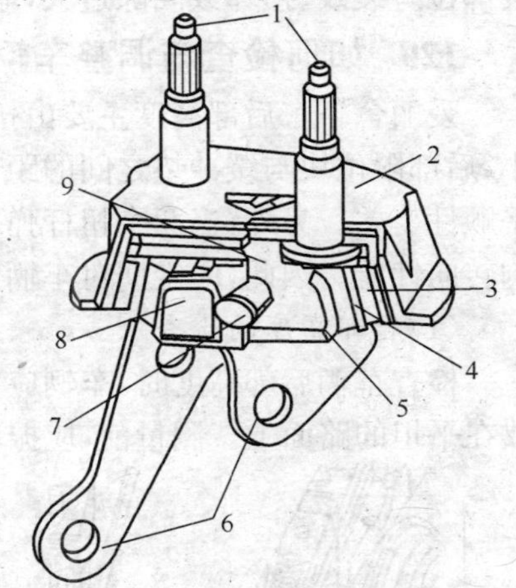

图 3-12　前自偏转弹性垫块结构

1. 与车身固定的螺栓　2. 钢制外壳　3. 钢制内壳　4. 橡胶　5. 内盒　6. 钢制后轴固定支架　7. 定位销　8. 限位挡块　9. 中央橡胶底座

128. 如何检修后悬架主要零件?

(1)扭杆弹簧的检修

扭杆弹簧在使用中，如花键出现严重磨损，则会导致车辆行驶平顺性变差，而且当车辆在不平路面上行驶时，悬架会发出异常噪声。如果扭杆弹簧弹性减弱、变形或固定端磨损，会降低后部车身的高度，改变前轮定位部分参数，将使车辆的操纵稳定性变差及轮胎的过度磨损。

扭杆弹簧的拆装要点：

①在拆扭杆弹簧前，应注意扭杆弹簧与减振器的相互位置关系。在拆减振器时，应将定位工具 9501-T. F1 装在减振器的位置，并调整好长度。

②在拆扭杆弹簧前，应做好扭杆弹簧与摇臂的装配记号，以免装配时改变扭杆弹簧花键与摇臂孔花键的相对位置，而影响车身的离地高度。

③安装扭杆弹簧时，切勿将左、右扭杆弹簧装错，左右扭杆弹簧是不能互换的。因为左、右扭杆弹簧工作时承受的作用力方向相反。扭杆弹簧在热处理时做过不同方向的预应力处理，以保持疲劳强度。如果装错，则扭杆弹簧的性能会下降，且容易折断。为使左右扭杆弹簧不装错，应注意扭杆弹簧上的标记。左扭杆弹簧上有两道漆环标线，右扭杆弹簧上有一道漆环标线。

④安装扭杆弹簧时，应在扭杆弹簧花键上涂润滑脂，并按拆卸时所做的装配标记装上扭杆弹簧。若扭杆弹簧未做标记，装配时应逐步地转动扭杆弹簧，寻找其能自由地插入座孔8～10mm 的位置，借助专用工具装上扭杆弹簧。扭杆弹簧两端的花键齿数为 30 和 32，在直径方向上有两个相对的位置。在这个位置上，扭杆弹簧可自由地插入座孔，而不会使车身高度发生变化。

⑤扭杆弹簧安装到位后，应装上挡圈及螺栓，并装上防松螺母。

检修扭杆弹簧时，扭杆弹簧不得有明显的变形、损伤，否则应予以更换；扭杆弹簧表面有刮伤、裂纹，其花键出现严重磨损、装配后松旷及挤压变形等缺陷，均应更换；扭杆弹簧的弹力减弱时，也应予以更换，可通过后部车身高度的检测来判断扭杆弹簧的弹力是否减弱。若扭杆弹簧的安装位置正常，而后部车身高度小于标准值，则表明弹簧的弹力下降。

(2)后减振器的检修

后减振器的检查方法可参照前减振器。若减振器漏油、损坏或失效，应更换；若减振器安装部位有裂纹、损坏或间隙过大，应更换相应零件或适当修复。

129. 如何检查与调整车辆后部高度？

爱丽舍轿车后部高度主要由扭杆弹簧的状态决定。扭杆弹簧弹性的减弱会使空车高度减小，后部限位块与缓冲垫之间的距离变小，这样会使缓冲垫块频繁地撞击限位块，导致车辆的平顺性变差。另外，当两个扭杆弹簧弹性都减弱时，还会使前轮定位中的主销后倾角过大，影响转向性能。因此，应定期对车辆后部高度进行检查与调整。

(1)后部高度的检查

检查车辆后部高度时，车辆应为装备状态(空载，5L 燃料)，轮胎气压为标准气压，车辆停放在平坦的路面上。测量前，应振动车辆，以消除悬架的应力。

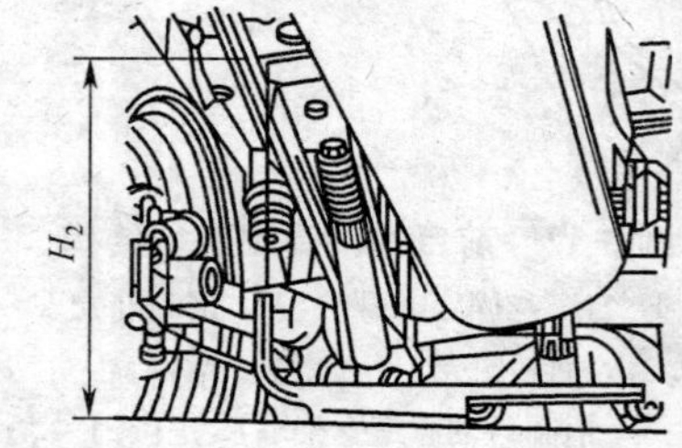

图 3-13　车辆后部高度

车辆后部高度是指后桥前弹性联接块与地面的距离，如图 3-13 所示。其标准值 $H2$ 为 376mm，左、右两边高度不得超过 10mm。

先在车身右边测量 3 个值，计算其平均值，再在车身左边测量 3 个值，计算其平均值，然后将两值之和除以 2，即为车辆后部高度。当后部高度不符合规定值时，应进行调整。当后部左、右两高度之差大于 10mm 时，也应进行调整。

(2)后部高度的调整

后悬架扭杆弹簧两端是通过花键分别与摆臂、后轴管支架相连。当改变扭杆弹簧两端花键啮合位置时，车辆后部高度会发生变化，车辆后部高度由扭杆弹簧的安装位置决定，因此，车辆后部高度可以通过改变扭杆弹簧的花键安装位置进行调整，即转动扭杆弹簧，改变它在后轴管支架的花键孔(30 齿)和摆臂的花键孔(32 齿)的位置，转动一个齿可使后部高度变化 3mm。

调整时，可以利用定位工具 9501-T. F1，如图 3-14 所示。以拆扭杆弹簧前定位工具 9501-T. F1 在车上后减振器两端安装位置量得的长度 X 作为调整起点，通过改变其长度 X 确定扭杆的安装位置来调节高度。定位工具 9501-T. F1 的预调长度为 346mm，螺距为 1mm。定位工具 9501-T. F1 的长度 X 每变化 2mm，则扭杆弹簧的花键与摆臂的花键的啮合位置改变一个齿，而对应的车身高度变化为 3mm。

后部高度调整顺序如下：

①检查后部高度，确定所需调节的高度值和方向。

②在拆扭杆弹簧前，做好装配标记，标明扭杆弹簧在摆臂内的位置。

③测量定位工具 9501-T. F1 的调整起点 X，拆下扭杆弹簧。

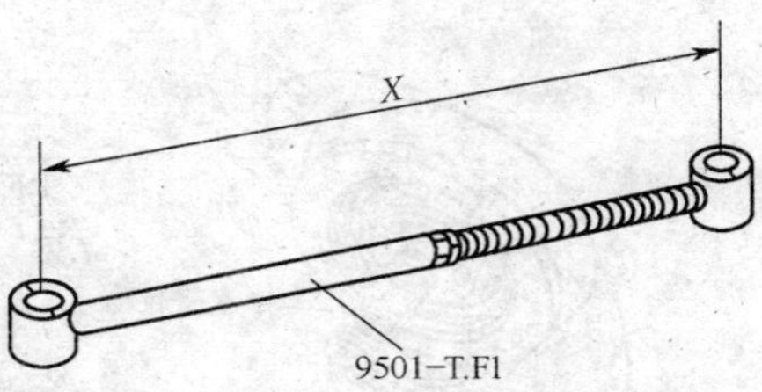

图 3-14　定位工具

④按后部高度需要调整的数值和方向，先将定位工具 9501-T. F1 的 X 调长(后部升高)或缩短(后部降低)适当数值，再将扭杆弹簧按一定方向逐齿地转动，寻找其能自由插入座孔8～10mm 的位置，然后装上扭杆弹簧。例如，若要使后部高度升高 6mm ，则 9501-T. F1 的 X 长度应增加 4mm，原装配标记移动两个花键齿。

⑤扭杆弹簧的一侧高度进行调整后，会引起另一侧的高度变化，因此，另一侧的高度也必须进行调整。

⑥后部高度调整完毕后，应重新检查后部高度是否满足要求，必要时进行重新调整。

130. 如何检查与调整车轮定位？

(1)车轮前束的检查与调整

1)车轮前束的检查

①将车辆停放在水平路面上，将转向盘对中，使转向轮摆正，松开驻车制动器，让车辆向前移动约 5m，以消除转向机构间隙。

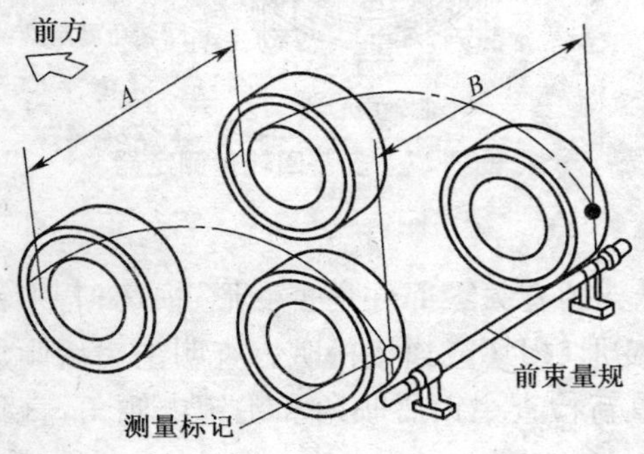

图 3-15　检查车轮前束

②在左右车轮的后部、轮轴中心线高度上胎冠中心线处(胎面上)做“＋”字标记。

③测量两标记间的距离 B，慢慢向前推动车辆，直到标记转到前面，并处于轮轴中心线高度上，再测量两标记的距离 A，如图 3-15 所示。计算前束值，即 $B-A$。分别测出前轮前束和后轮前束值。前轮前束规定值为 1～3mm，后轮前束规定值为－2～2mm。

2)车轮前束的调整

前轮前束可以调整，而后轮前束不可调整。

若前轮前束不符合规定值，应对其进行调整，使之满足要求。

调整前轮前束时，可通过左、右转向横拉杆的调整螺母进行。左右应对称调整，不可单独调整某一边，否则，可能会出现跑偏、转向轮与车身干涉等现象。

在前轮前束调节完成后，转向轮处于直行位置时，应检查转向盘是否居中。若转向盘不居中，则需对前轮前束进行重新调整，以保证转向轮处于直行位置时，前束值符合标准，且转向盘居中。

(2)车轮外倾角的检查

车轮外倾角是由转向节(或后摆臂总成)的设计及悬架系统杆件的安装位置决定的，前、后轮外倾角均不可调整。

①将水平式车轮定位测试仪装到被测车轮的轮毂上，如图 3-16 所示。

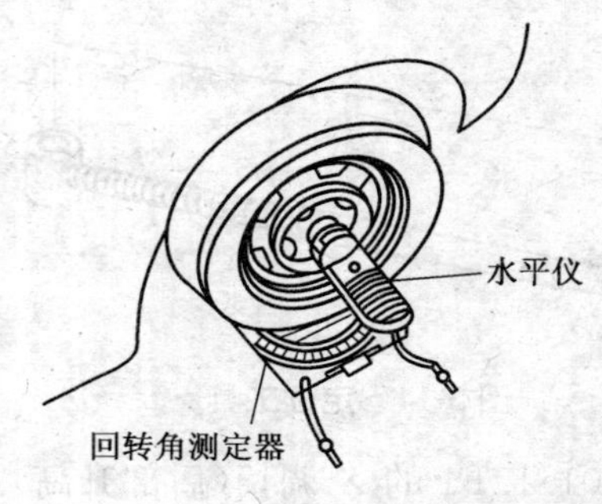

图 3-16　安装水平式车轮定位测试仪

②使车轮处于直线行驶位置。

③观察水平仪的气泡，读出车轮外倾角度值，其前后轮外倾角度值应在规定范围之内。前轮外倾角为 0.032°±30′，后轮外倾角为−1°±30′。

④若车轮外倾角超过规定值，应分别检查前、后悬架系统的有关零部件是否变形或损坏，车身是否变形。应找出车轮外倾角不符合要求的原因，并排除故障后，应重新测量前、后轮外倾角，直到正常为止。

(3)主销后倾角和主销内倾角的检查

前悬架采用麦弗逊式独立悬架，无实际主销。其主销内倾角、主销后倾角是靠悬架的杆件、转向节、球头销等相应的定位尺寸来保证，其角度不可调整。

①将前轮置于回转角测定器上面，使轮胎中心线和芯轴中心线的交点与回转角测定器中心对准，如图 3-17 所示。后轮也要垫放与回转角测定器同高的台架，以保证各车轮都处于同一水平面。

②将水平式车轮定位测试仪装在前轮轮毂上(图 3-16)。

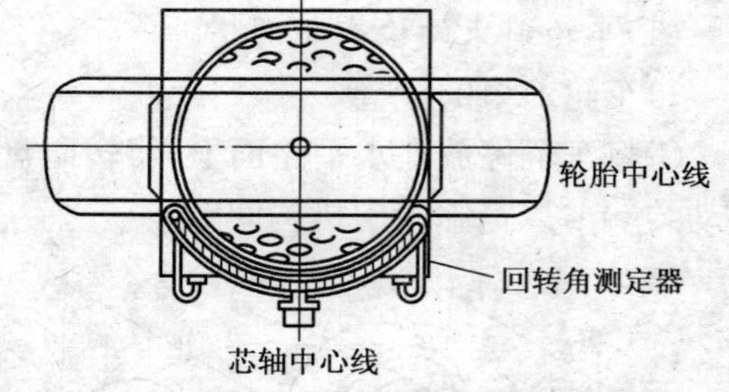

图 3-17　安装回转角测定器

③为防止车轮滚动而影响测量结果，可使用一个制动踏板推杆来压紧制动踏板，不允许操作人员坐在车上踩制动踏板。

④将前轮向左和向右偏转一定角度(通常设定为 20°)，其车轮偏转角度的大小由回转角测定器控制。测量主销内倾角和后倾角，主销后倾角规定为 2.96°±30′，主销内倾角规定为 10.627°±30′。

⑤若主销后倾角超出规定范围，应检查前、后悬架的有关零部件是否变形、损坏；若主销内倾角超出规定范围，应检查前悬架有关零部件是否变形、损坏或连接松旷。查明主销后倾角或主销内倾角不符合要求的原因，并排除故障后，应重新检查主销后倾角和主销内倾角，直到正常为止。

第二节　广州本田飞度轿车车桥与悬架的检修

131. 前桥与前悬架由哪些部件组成?

飞度轿车前桥与前悬架组成如图 3-18 所示。前桥为转向驱动桥,前悬架为麦弗逊式独立悬架。

132. 如何拆装转向节?

转向节的拆卸顺序如下:

①举升车辆前部,拧下车轮螺母,拆下前轮。

②如图 3-19 所示,拧下制动钳托架螺栓,拆下转向节上的制动钳,将制动钳吊起。

③如图 3-20 所示,拧下转向节轴端螺母。

④如图 3-21 所示,拧下制动盘止动平头螺钉,将两个 M8×1.25 螺栓旋进制动盘,使制动盘与轮毂分离。

⑤拆下转向节上凸缘螺栓和车轮转速传感器,不要断开车轮转速传感器插接器。

⑥如图 3-22 所示,用专用工具(07MAC-SL00200)拆下转向节与转向横拉杆球头销。

⑦从转向节上拉出传动轴万向节外球笼。

⑧如图 3-23 所示,拆开转向节与下臂的连接。

⑨如图 3-24 所示,松开减振器下部与转向节连接的夹紧螺栓,取下转向节。

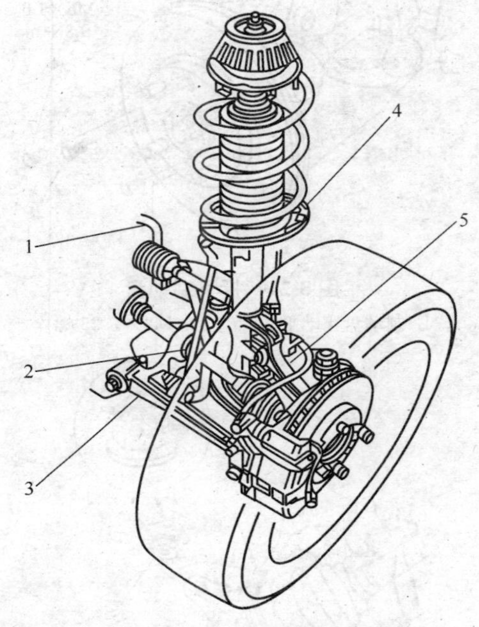

图 3-18　前桥与前悬架结构

1. 稳定器杆　2. 稳定器连接杆　3. 下臂　4. 前悬架支柱　5. 转向节

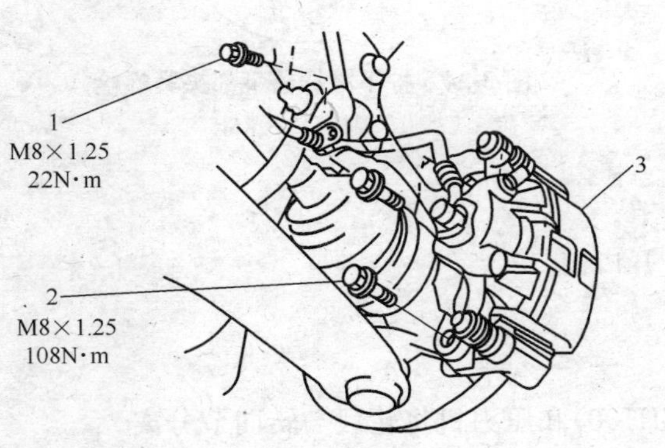

图 3-19　拆下制动钳

1. 制动软管托架螺栓　2. 制动钳托架装配螺栓　3. 制动钳总成

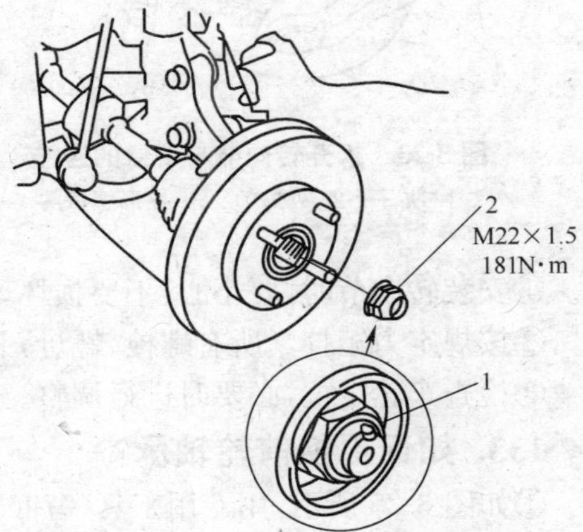

图 3-20　拧下转向节轴端螺母

1. 梯舌　2. 主轴螺母

(2)转向节的安装

按与拆卸相反的顺序安装转向节。安装时应注意:

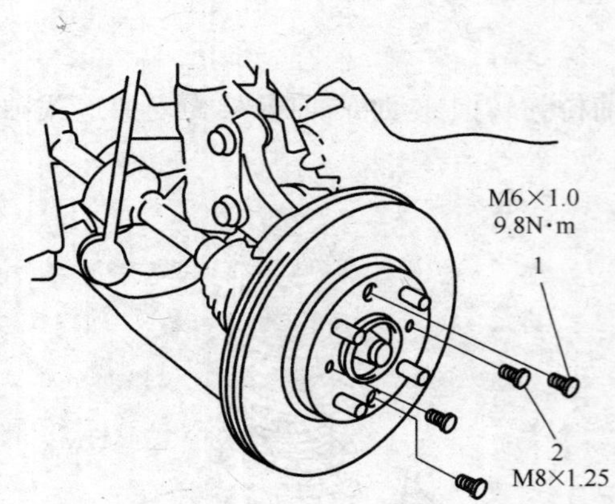

图 3-21　拆下制动盘

1. 制动盘止动平头螺钉　2. M8×1.25 螺栓

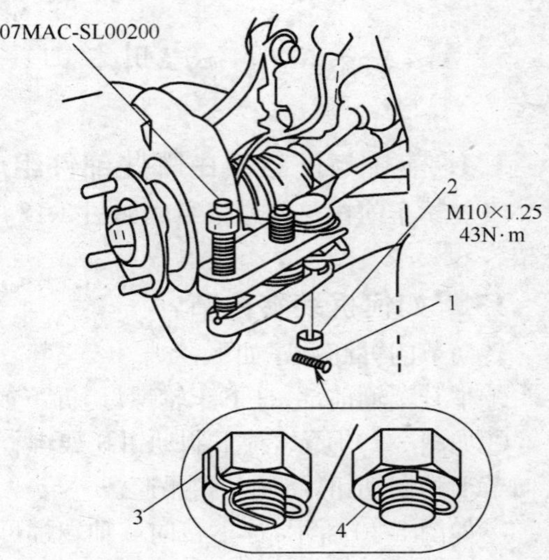

图 3-22　拆下转向节与转向横拉杆球头销

1. 开口销　2. 螺母　3、4. 弯曲开口销

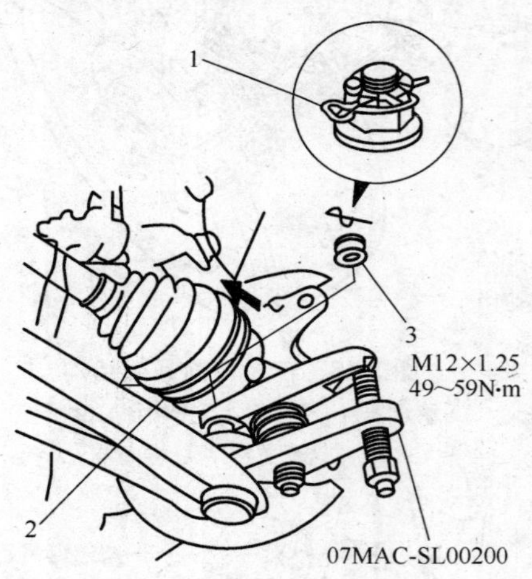

图 3-23　拆开转向节与下臂的连接

1. 夹子　2. 外球笼　3. 槽形螺母

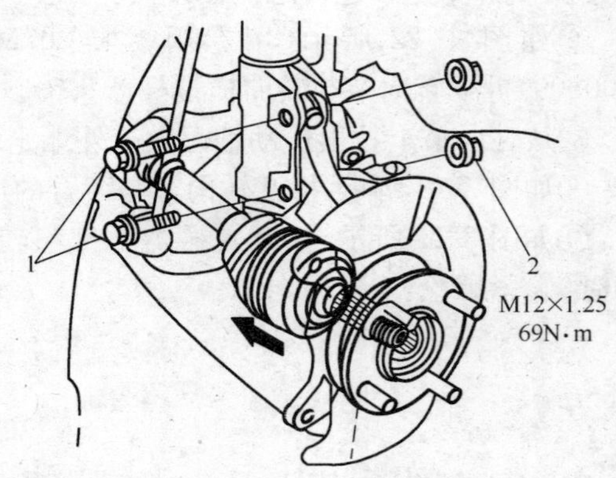

图 3-24　拧下减振器下部夹紧螺栓

1. 螺栓　2. 螺母

①安装转向节时，要小心，不要损坏球头护罩。

②按规定力矩拧紧所有螺栓、螺母，并装上开口销。

③检查车轮定位，必要时进行调整。

133. 如何更换前轮轴承？

①如图 3-25 所示，用专用工具(07965-SA7R100)和压力机将轮毂与转向节分离。

②如图 3-26 所示，用专用工具(07965-SA7R100)和压力机将轴承内圈从轮毂上压出。

③拆下转向节上的卡环和挡泥板。

④如图 3-27 所示，用专用工具(07749-0010000、07947-634R400)和压力机将车轮轴承从转向节上压出。

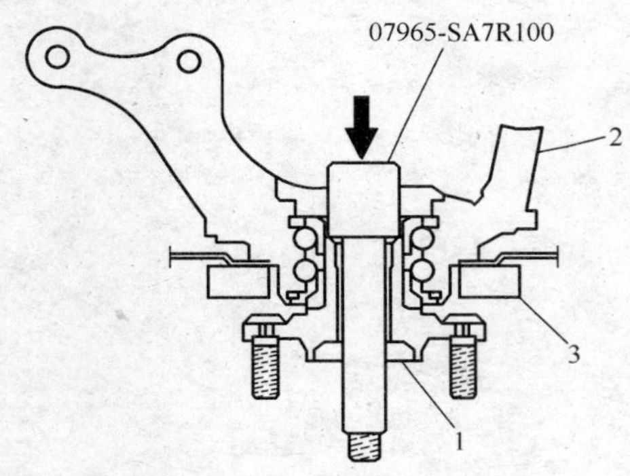

图 3-25　分离轮毂与转向节

1. 轮毂　2. 转向节　3. 液压机或等效附件

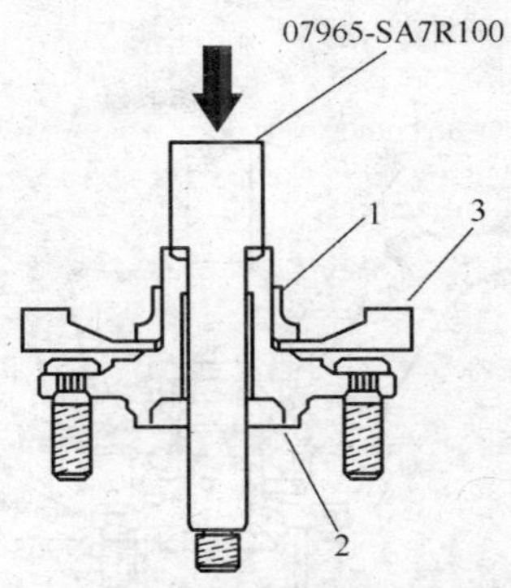

图 3-26　压出车轮轴承内圈

1. 车轮轴承内圈　2. 轮毂　3. 压力机

⑤用溶剂清洗转向节和轮毂。

⑥如图 3-28 所示，用专用工具(07965-SD90100)和压力机将新的车轮轴承压入转向节内。应注意车轮轴承的安装方向。

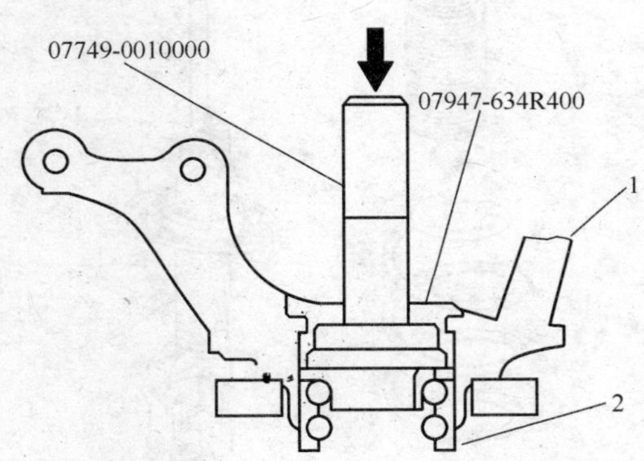

图 3-27　压出车轮轴承

1. 车轮轴承　2. 转向节

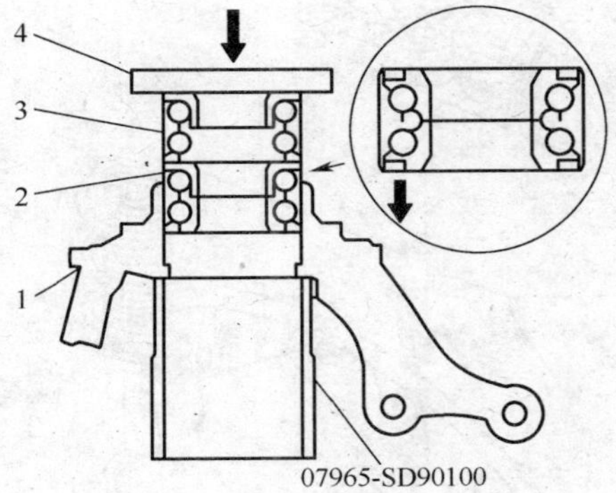

图 3-28　安装车轮轴承

1. 转向节　2. 新车轮轴承　3. 旧轴承　4. 钢板

⑦将卡环安装到转向节上。

⑧安装挡泥板。

⑨如图 3-29 所示，用专用工具(07947-634R400、07749-0010000、07965-SD90100)和压力机，将新的车轮轴承压入轮毂内。

134. 如何检查与更换前减振器?

(1)前减振器的拆卸

①如图 3-30 所示，拆下前悬架支柱。

②用弹簧压缩工具分解前悬架支柱，拆下前减振器。前悬架支柱的零件如图 3-31 所示。

(2)前减振器的检查

①如图 3-32 所示，用手压缩减振器，检查整个压缩及拉伸行程动作是否平稳。释压时，减振器动作应平稳连续，否则，应予以更换。

②检查减振器是否漏油，是否出现噪声。

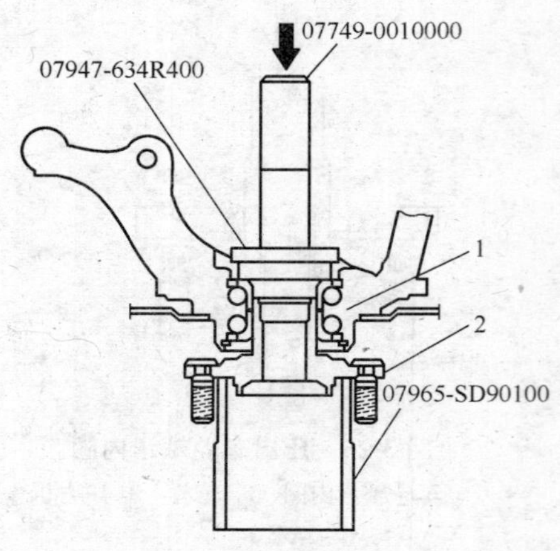

图 3-29　压入车轮轴承

1. 车轮轴承　2. 轮毂

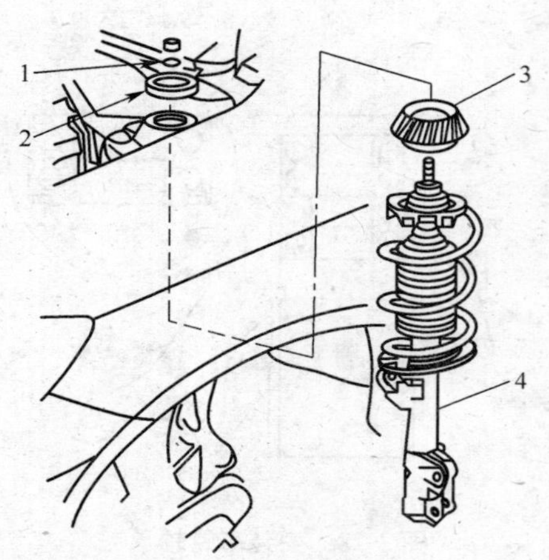

图 3-30　拆下前悬架支柱

1. 波形垫圈　2. 安装座　3. 前减振器固定缓冲垫　4. 前减振器

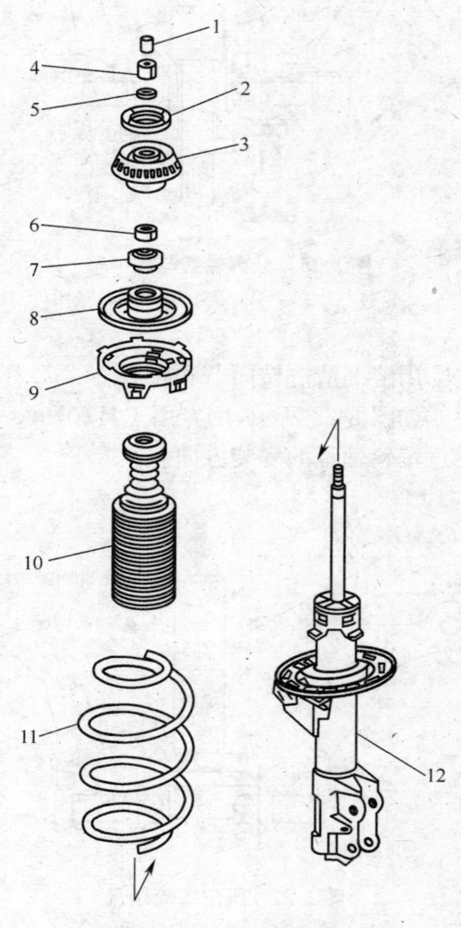

图 3-31　前悬架支柱分解图

1. 防护帽　2. 前减振器安装座　3. 缓冲垫　4. 螺母　5. 波形垫圈　6. 螺母　7. 轴承　8. 上弹簧座　9. 弹簧安装座　10. 限位橡胶　11. 螺旋弹簧　12. 减振器

(3)前减振器的安装

按与分解相反的顺序组装前悬架支柱。安装前悬架支柱，并检查车轮定位，必要时进行调整。

135. 后桥与后悬架由哪些部件组成？

飞度轿车后桥与后悬架组成如图 3-33 所示，后悬架为螺旋弹簧独立悬架。

136. 如何拆装后轮毂？

(1)后轮毂的拆卸

①举升车辆后部。拆下后轮。

②如图 3-34 所示，拆下后轴螺母。

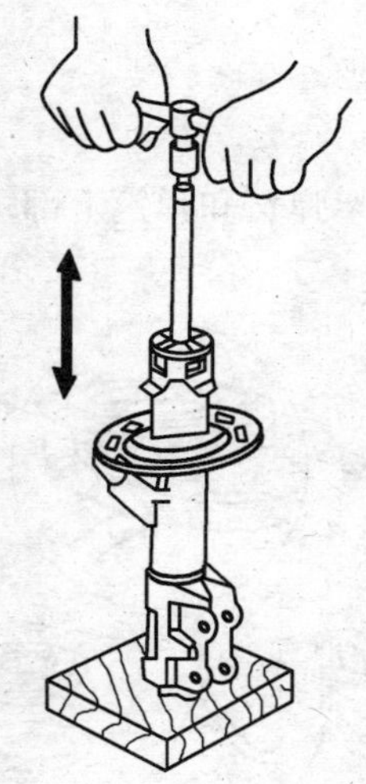

图 3-32　检查前减振器压缩及拉伸

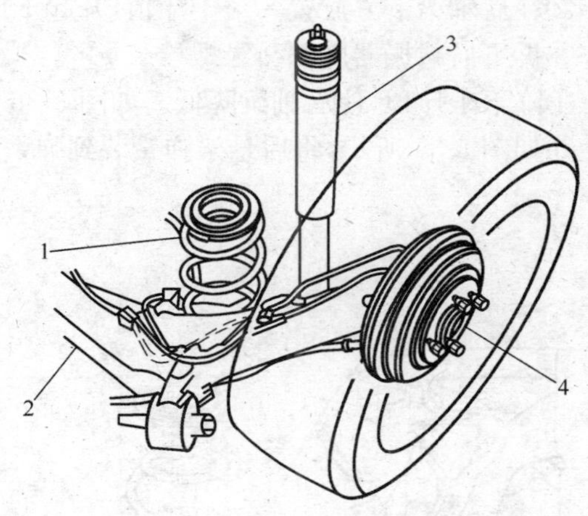

图 3-33　后桥与后悬架结构

1. 螺旋弹簧　2. 后轴梁　3. 减振器　4. 轮毂

③放松驻车制动装置，拆下制动鼓。

④如图 3-35 所示，从后轴上拆下后轮毂。

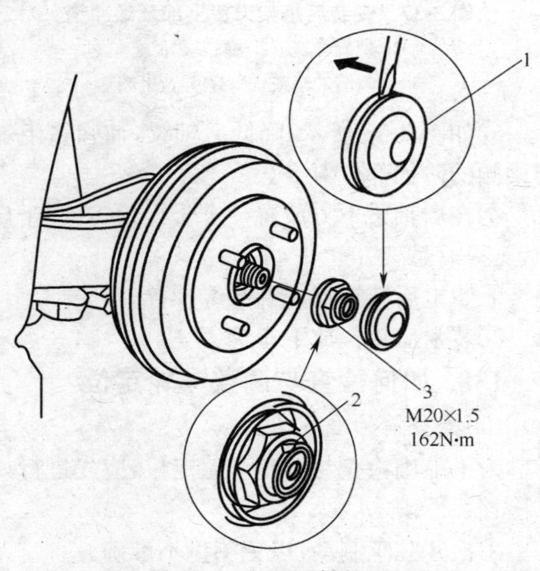

图 3-34　拆下后轴螺母

1. 轮毂帽　2. 后轴螺母砧边　3. 后轴螺母

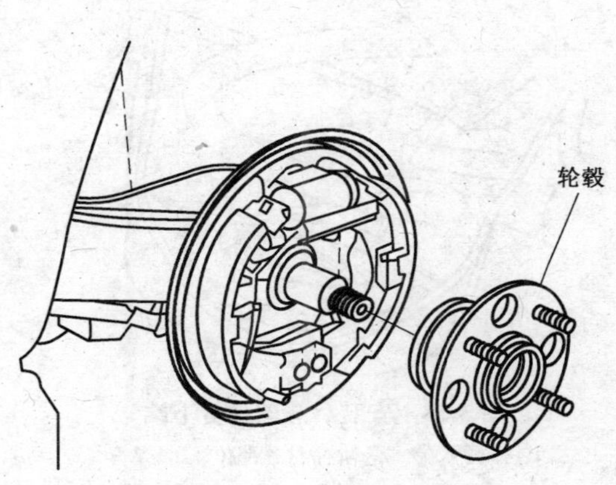

图 3-35　拆下后轮毂

(2)后轮毂的安装

按与拆卸相反的顺序安装后轮毂。安装时，换上新的后轴螺母，并以规定的拧紧力矩拧紧螺母，用冲头砧紧防松装置。

137. 如何更换后悬架弹簧？

后悬架弹簧的更换顺序如下：

①举升车辆后部。拆下后轮。

②在后轴梁下方放置一个千斤顶，升起千斤顶，支撑后悬架。

③拆下后减振器底部凸缘螺栓。

④降下千斤顶，使后轴梁降低。如图 3-36 所示，拆下后悬架弹簧和弹簧上部缓冲垫。

⑤如图 3-37 所示，将后悬架弹簧装到弹簧上部缓冲垫上。

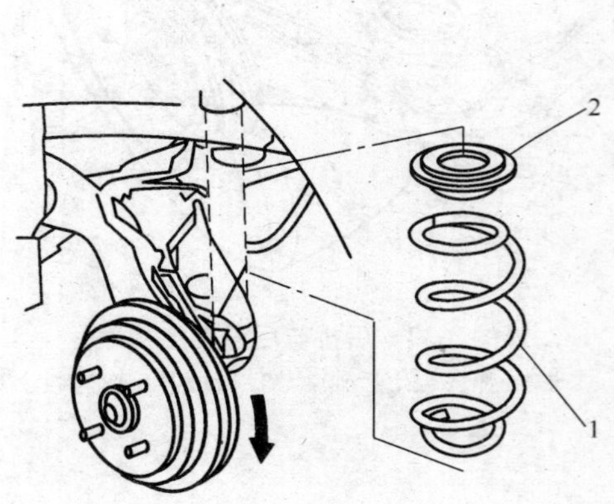

图 3-36　拆下后悬架弹簧和弹簧上部缓冲垫

1. 螺旋弹簧　2. 缓冲垫

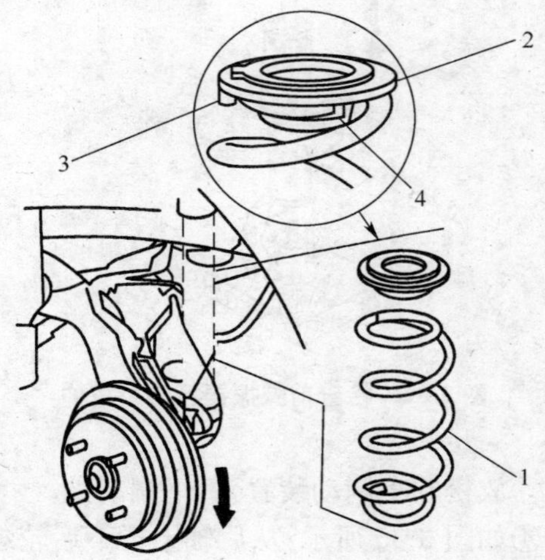

图 3-37　安装后悬架弹簧上部及缓冲垫

1. 螺旋弹簧　2. 弹簧缓冲垫

3. 弹簧缓冲垫夹子　4. 弹簧上端

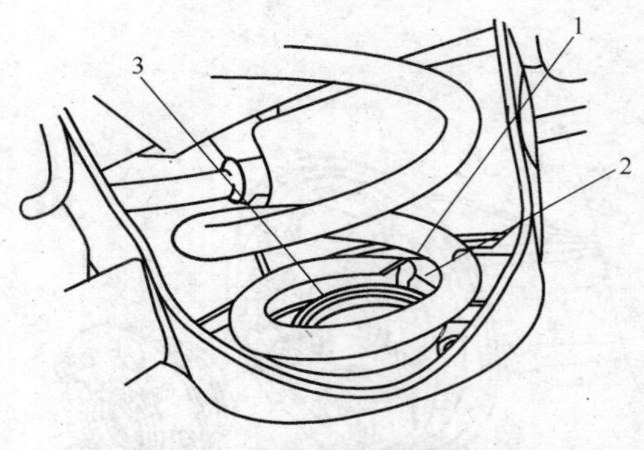

图 3-38　安装后悬架弹簧下端

1. 弹簧下端　2. 阶梯对齐部位　3. 导管

⑥如图 3-38 所示，降低后轴梁，使弹簧下端与梁侧的阶梯部位对齐。

⑦在后轴梁下方放置一个千斤顶，升起千斤顶，支撑后悬架。

⑧装上后减振器底部凸缘螺栓。

⑨装上后轮。放下车辆。

138. 如何检查与调整车轮定位？

(1)检查前的准备工作

为了准确检查与调整车轮定位，应先进行如下检查：

①松开驻车制动，以免测量不准确。

②检查轮胎尺寸和压力。轮胎的规格有(前/后)165/80R 13 83S、175/65R 14 82H、185/60R 14 82H、185/55R 15 82V。前轮胎压力为 220kPa，后轮轮胎压力为 210 kPa。

③检查车轮及轮胎有无振摆。

④检查悬架球头销是否松旷。

(2)主销后倾角的检查

①举升车辆。如图 3-39 所示，将回转角测定仪放置在前轮下部。在后轮下部放置与前轮下部回转角测定仪厚度相同的木块。降低车辆，车身保持水平。

②在前轮轮毂上安装车轮定位仪附件和外倾角/后倾角测量仪。

③将前轮向外旋转 20°，旋转外倾角/后倾角测量仪的调整螺钉，使气泡位于测量仪 0°位置。

④将前轮向里旋转 20°，使气泡处于测量仪中心位置。读取主销后倾角度数，主销后倾角应为 2°05′±1°。如果后倾角不在规定范围，则应检查悬架零件是否弯曲或损坏。

(3)前轮外倾角的检查与调整

①将前轮转到朝正前方。

②在前轮轮毂上安装车轮定位仪附件和外倾角/后倾角测量仪。使气泡处于测量仪中心位置。读取前轮外倾角度数，前轮外倾角应为 0°00′±1°。如果前轮外倾角不在规定范围，则应检查悬架零件是否弯曲或损坏。如悬架零件正常，则应调整前轮外倾角。

③举升车辆前部。拆下前轮。

④如图 3-40 所示，拆下前减振器下部螺母和螺栓，换上新的螺母和螺栓，轻轻地拧紧螺母和螺栓，通过移动减振器下部来调整前轮外倾角，使前轮外倾角符合要求。按规定力矩拧紧螺母和螺栓。

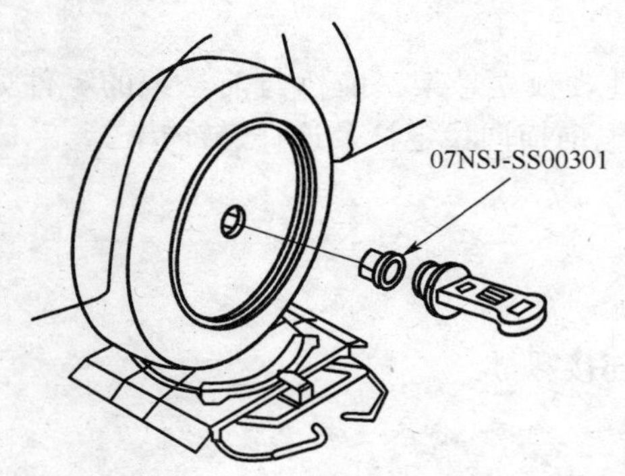

图 3-39　安装回转角测定仪与外倾角/后倾角测量仪

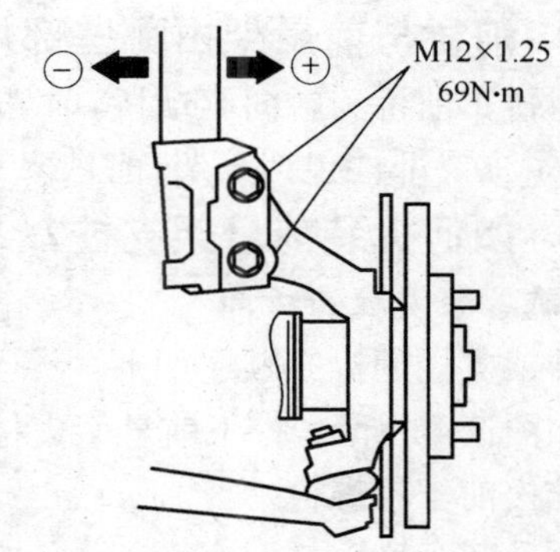

图 3-40　调整前轮外倾角

⑤装上前轮。降低车辆前部，使车辆上下弹跳几次，以稳定悬架。

⑥检查前轮外倾角，如果不符合要求，则应重新调整前轮外倾角。

(4)前轮前束的检查与调整

①使转向盘居中，前轮朝正前方。

②测量前轮前束。其前轮前束应为 1mm±3mm。如果前轮前束不符合要求，则应调整前轮前束。

③如图 3-41 所示，松开锁紧螺母，旋转转向横拉杆，直到前轮前束符合要求为止。拧紧锁紧螺母。

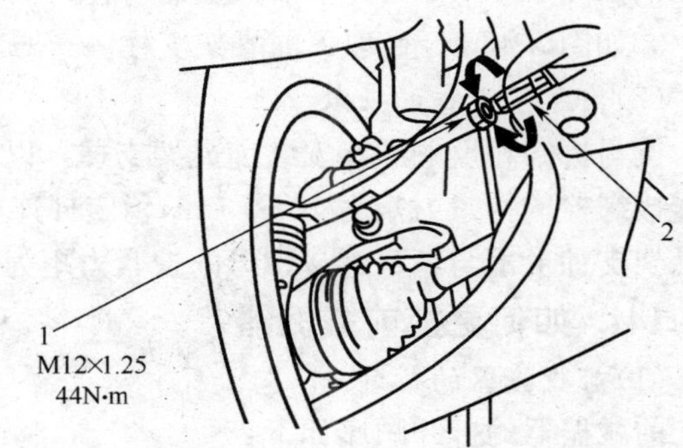

图 3-41　调整前轮前束

(5)后轮外倾角的检查

①在后轮轮毂上安装车轮定位仪附件和外倾角/后倾角测量仪。

②使气泡处于测量仪中心位置，读取后轮外倾角度数，后轮外倾角应为 −1°00′±1°。如果外倾角不符合要求，则应检查悬架零件是否弯曲或损坏。

(6)后轮前束的检查

松开驻车制动，测量后轮前束，后轮前束应为 2mm±2mm。如果后轮前束不符合要求，则应检查悬架零件是否弯曲或损坏。

(7)前轮转向角的检查

①举升车辆。将回转角测定仪放置在前轮下部。在后轮下部放置与前轮下部回转角测定仪厚度相同的木块。降低车辆，车身保持水平。

②踩下制动踏板，旋转转向盘至左右极限位置，检查两个前轮的最大转向角。内侧转向角应为 38°25′±2°，外侧转向角应为 34°00′±2°。

③如果前轮转向角不符合要求，或内侧转向角左右不同，则应检查前轮前束。如果前轮前束正确，但转向角不符合要求，则应检查悬架零件是否弯曲或损坏。

第三节　上海别克凯越轿车车桥与悬架的检修

139. 前桥与前悬架由哪些部件组成？

凯越轿车前桥为转向驱动桥，前悬架采用麦弗逊式独立悬架。前桥与前悬架的零件如图 3-42 所示，主要部件包括车架、前悬架支柱、下控制臂、前横向稳定杆及连杆、转向节等。

140. 如何拆装前悬架支柱？

(1)前悬架支柱的拆卸

前悬架支柱的拆卸顺序如下：

①如图 3-43 所示，拧下前悬架支柱上部与车身连接螺母。

②拧松前车轮螺栓。

③举升起车辆。

④拧下前车轮螺栓，拆下前车轮。

⑤拆下前轮速传感器线束固定夹、制动油管固定夹。

⑥如图 3-44 所示，拆开前稳定杆连杆与前减振器的连接。

⑦如图 3-45 所示，拧下前减振器与转向节的连接螺栓。

⑧如图 3-46 所示，取下前悬架支柱。

(2)前悬架支柱的安装

按与拆卸相反的顺序安装前悬架支柱。以规定的力矩拧紧各螺栓、螺母，转向节与前减振器连接螺栓的拧紧力矩为 100N·m，稳定杆连杆与前减振器连接螺母的拧紧力矩为 47N·m，前悬架支柱上部与车身连接螺母的拧紧力矩为 30N·m。

141. 如何更换前减振器？

(1)前减振器的拆卸

前减振器的拆卸顺序如下：

①拆卸前悬架支柱。

②如图 3-47 所示，将前悬架支柱装到弹簧压缩器(KM-329-A)上，并将前悬架支柱弹簧压缩。

③取下前减振器轴承座上防尘盖。

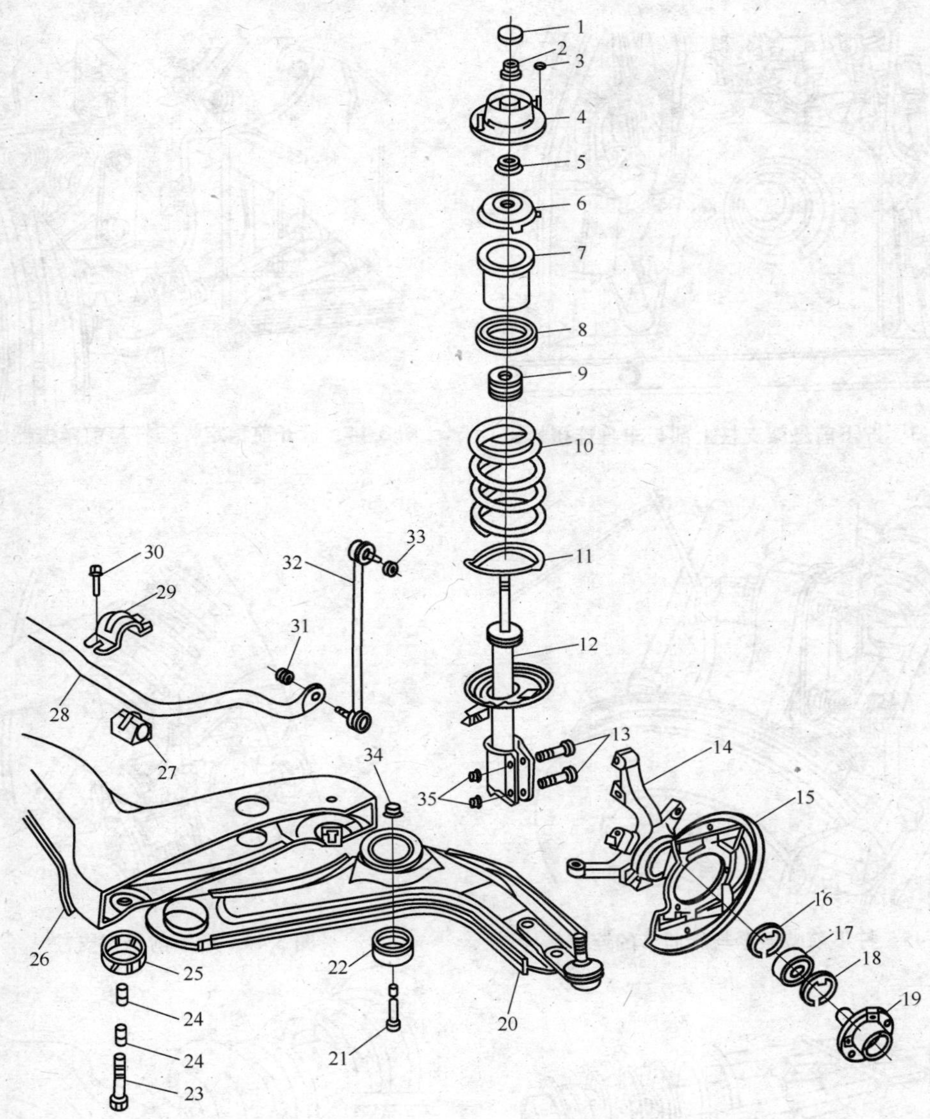

图 3-42　前桥与前悬架分解图

1. 顶盖　2. 固定螺母　3. 前悬架支柱固定螺母　4. 前悬架轴承座　5. 前悬架轴承　6. 弹簧上座　7. 弹簧限位器　8. 弹簧上座圈　9. 缓冲器　10. 弹簧　11. 弹簧下座圈　12. 前减振器　13. 前悬架支柱与转向节固定螺栓　14. 转向节　15. 制动挡板　16. 内卡环　17. 前轮轴承　18. 外卡环　19. 前轮毂　20. 下控制臂　21. 下控制臂固定螺栓　22. 下控制臂衬套　23. 下控制臂固定螺栓　24. 螺栓套管　25. 下控制臂衬套　26. 车架　27. 前稳定杆减振垫　28. 前稳定杆　29. 前稳定杆固定夹　30. 前稳定杆固定螺栓　31. 前稳定杆连杆固定螺母　32. 前稳定杆连杆　33. 前稳定杆连杆固定螺母　34. 下控制臂固定螺母　35. 前悬架支柱与转向节固定螺母

④如图 3-48 所示，拧下前减振器轴承座螺母。

⑤如图 3-49 所示，取下轴承座、轴承、弹簧上座、弹簧限位器等。

⑥如图 3-50 所示，放松弹簧，取下弹簧、前减振器。

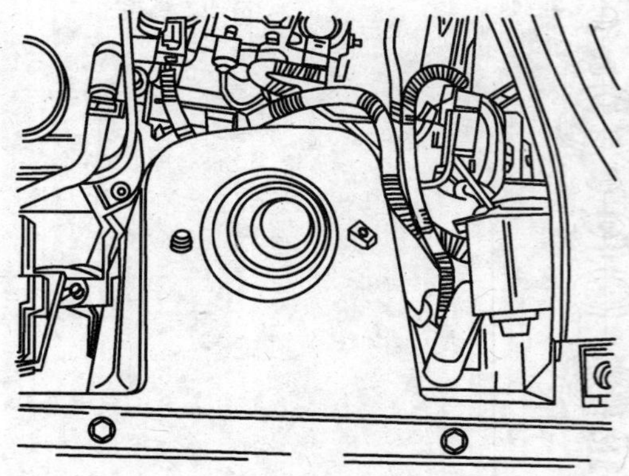
图 3-43　拧下前悬架支柱上部与车身连接螺母

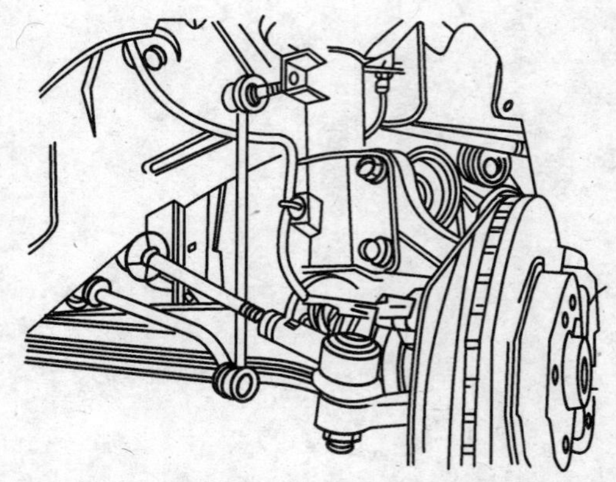
图 3-44　拆开前稳定杆连杆与前减振器的连接

图 3-45　拧下前减振器与转向节的连接螺栓

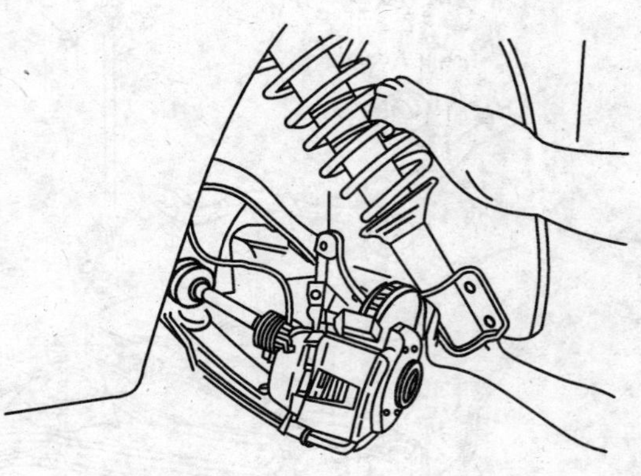
图 3-46　取下前悬架支柱

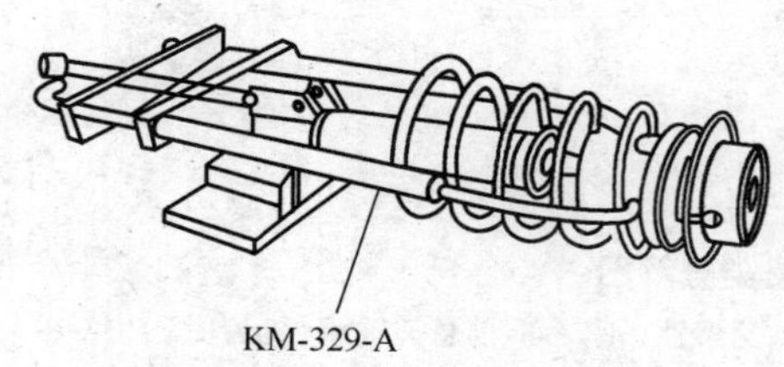

图 3-47　压缩前悬架支柱弹簧

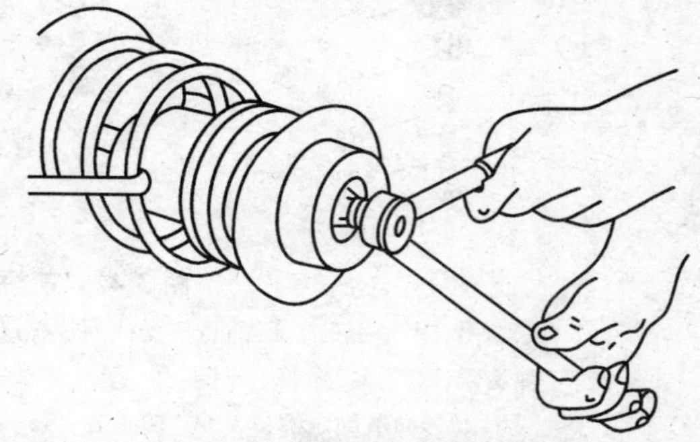
图 3-48　拧下前减振器轴承座螺母

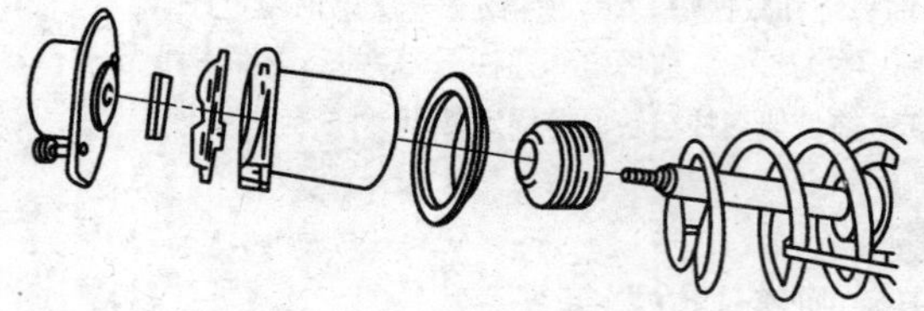
图 3-49　取下前悬架支柱零件

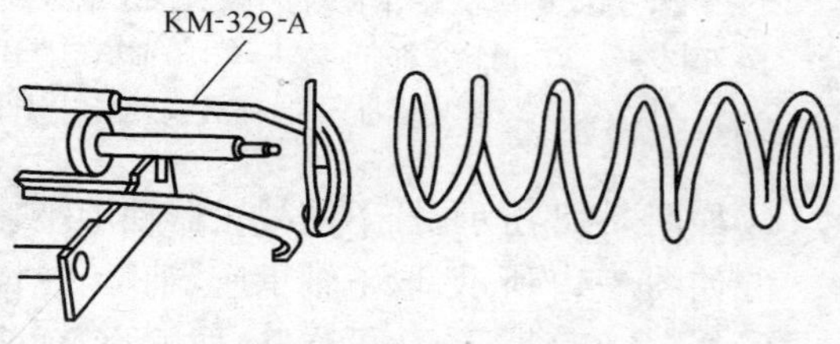

图 3-50　放松弹簧

(2)前减振器的安装

换上新的前减振器，按与拆卸相反的顺序安装前减振器。以规定的力矩拧紧前减振器轴承座螺母，其拧紧力矩为70N·m。

142. 如何拆装转向节总成？

(1)转向节总成的拆卸

转向节总成的拆卸顺序如下：

①拧松前车轮螺栓。

②举升起车辆。

③拧下前车轮螺栓，拆下前车轮。拧下传动轴螺母。

④拆卸制动钳。拆开转向横拉杆与转向节连接的球节。拔下前轮速传感器插头。

⑤拧下下控制臂与转向节连接的球节螺母。如图3-51所示，使用专用工具(KM-507-B)拆下下控制臂的球节。

⑥拧下转向节与前减振器下部连接螺母，取下连接螺栓。

⑦如图3-52所示，将前轮毂与传动轴分离，取下转向节总成。

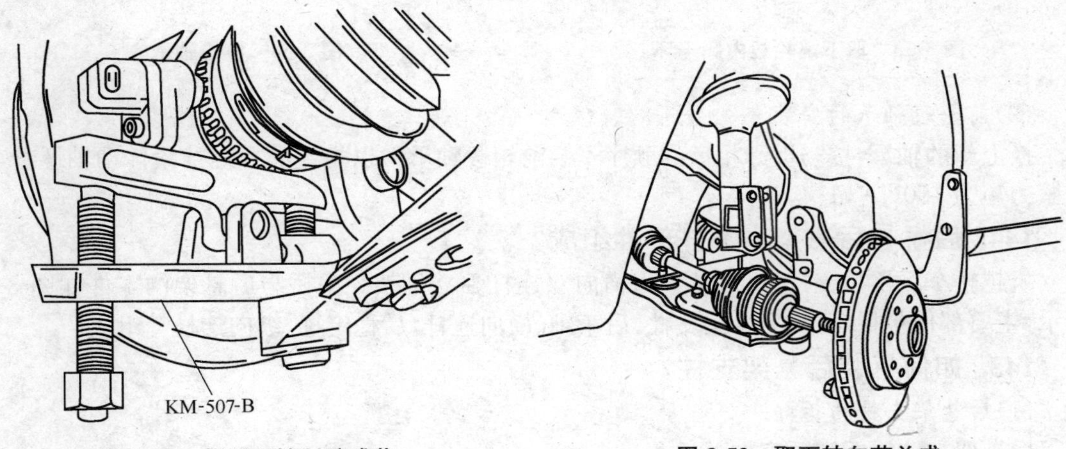

图3-51　拆下下控制臂球节　　图3-52　取下转向节总成

(2)转向节的安装

按与拆卸相反的顺序安装转向节。以规定的力矩拧紧各螺母，转向节与前减振器连接螺母的拧紧力矩为100N·m，转向节与下控制臂球节螺母的拧紧力矩为60N·m，转向横拉杆与转向节连接的球节螺母的拧紧力矩为50N·m，传动轴螺母的拧紧力矩为150N·m。

143. 如何更换前轮毂轴承？

(1)前轮毂轴承的拆卸

前轮毂轴承的拆卸顺序如下：

①拧松前车轮螺栓。

②举升起车辆。

③拆下前车轮。

④拧下传动轴螺母。拆开前轮毂与传动轴的连接。

⑤如图3-53所示，取下前轮毂内侧卡环。

⑥取下前轮毂外卡环。

⑦如图 3-54 所示，用专用工具(支架 J-37105-B-1、轴承适配器 J-37105-B-2、螺栓 J-36661-2、500-20 螺母)拉出轴承。

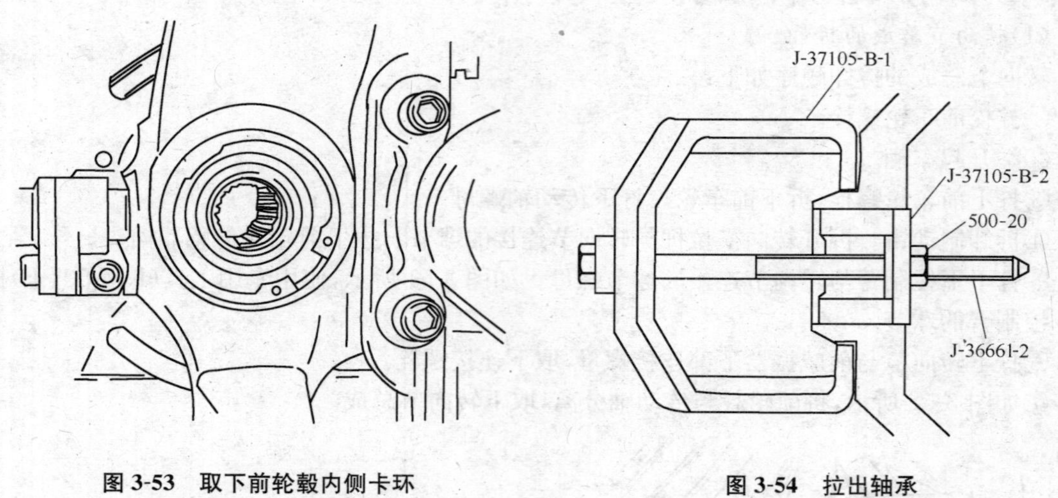

图 3-53　取下前轮毂内侧卡环　　图 3-54　拉出轴承

(2)前轮毂轴承的安装

换上新的轴承，按与拆卸相反的顺序安装前轮毂轴承。以规定的力矩拧紧传动轴螺母，其拧紧力矩为 150N·m。

144. 后桥与后悬架由哪些部件组成？

凯越轿车后桥是支持桥，后悬架为横向双连杆独立悬架。后桥与后悬架的零件如图 3-55 所示，主要部件包括车架、后悬架支柱、后车轴、横向连杆、后稳定杆、纵向连杆等组成。

145. 如何拆装后悬架支柱？

(1)后悬架支柱的拆卸

后悬架支柱的拆卸顺序如下：

①如图 3-56 所示，拧下后悬架支柱上部与车身连接螺母。

②拧松后车轮螺栓。

③举升起车辆。

④拧下后车轮螺栓，拆下后车轮。

⑤拆开驻车制动拉线。

⑥拆下制动管固定夹。

⑦如图 3-57 所示，拆开后稳定杆连杆与后减振器的连接。

⑧如图 3-58 所示，拆开后车轴与后减振器的连接。

⑨如图 3-59 所示，取下后悬架支柱。

(2)后悬架支柱的安装

按与拆卸相反的顺序安装后悬架支柱。以规定的力矩拧紧各螺母，后车轴与后减振器连接螺母的拧紧力矩为 100N·m，后稳定杆连杆与后减振器连接螺母的拧紧力矩为 47N·m，后悬架支柱上部与车身连接螺母的拧紧力矩为 30N·m。

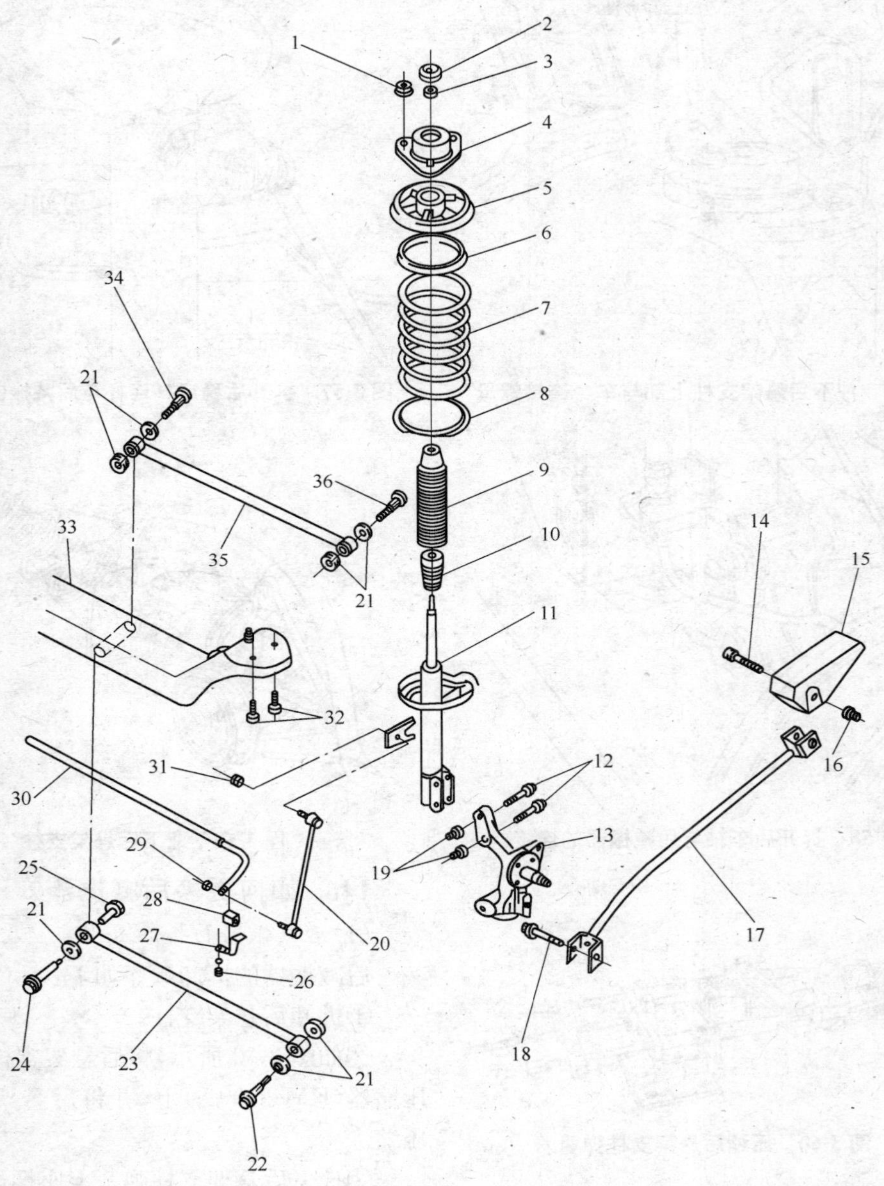

图 3-55　后桥与后悬架分解图

1. 后悬架支柱固定座螺母　2. 防尘罩　3. 后悬架支柱固定螺母　4. 后悬架固定座　5. 后悬架弹簧上座　6. 弹簧上减振圈　7. 弹簧　8. 弹簧下减振圈　9. 减振器防尘罩　10. 缓冲器　11. 减振器　12. 后减振器固定螺栓　13. 后轴节　14、18、22、24、34、36. 后连杆固定螺栓　15. 后连杆固定架　16. 后连杆固定螺母　17、23、35. 后连杆　19. 后减振器固定螺母　20. 后稳定杆连杆　21. 垫圈　25. 调整凸轮　26. 后稳定杆固定夹螺栓　27. 后稳定杆固定夹　28. 后稳定杆连接块　29. 固定螺母　30. 后稳定杆　31. 固定螺母　32. 车架固定螺栓　33. 车架

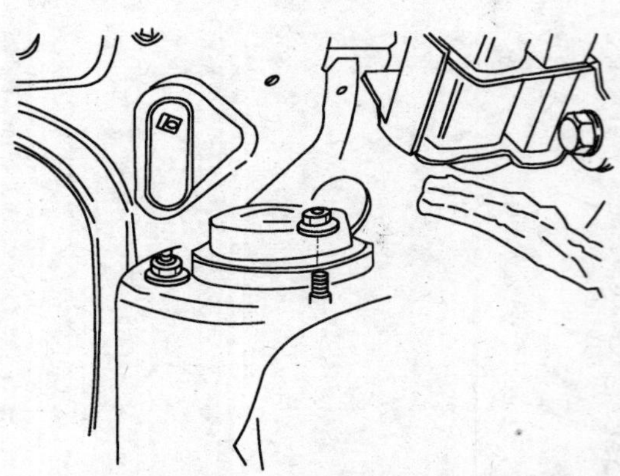

图 3-56　拧下后悬架支柱上部与车身连接螺母

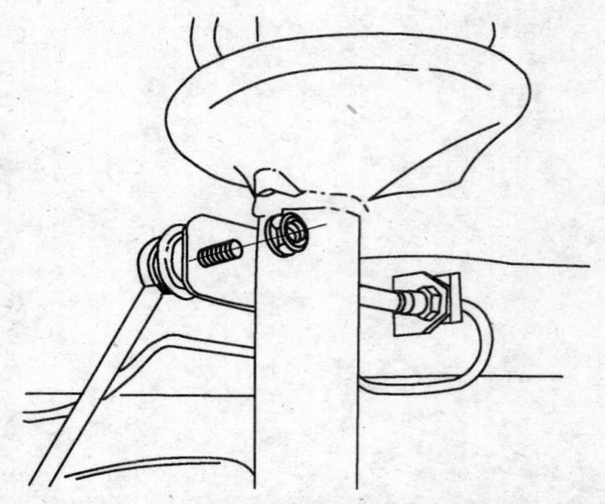

图 3-57　拆开后稳定杆连杆与后减振器的连接

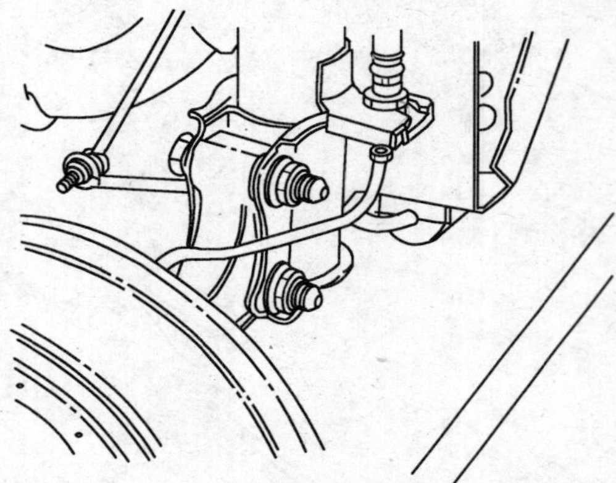

图 3-58　拆开后车轴与后减振器的连接

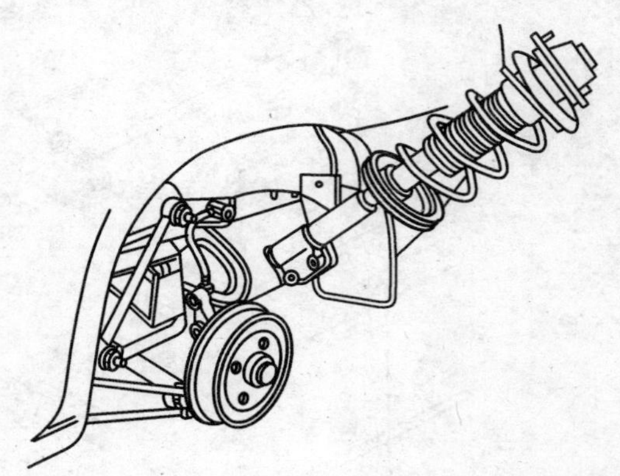

图 3-59　取下后悬架支柱

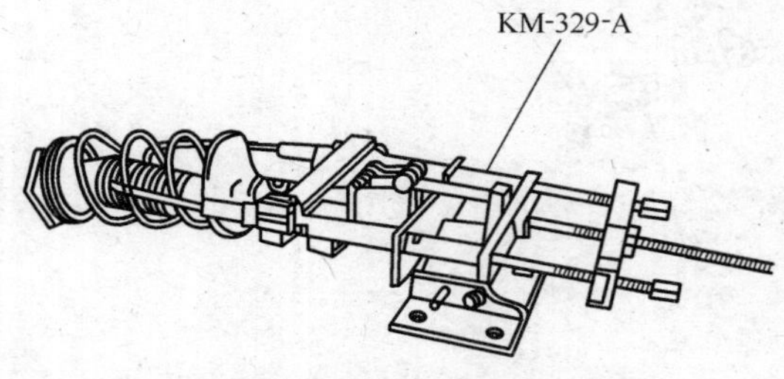

图 3-60　压缩后悬架支柱弹簧

146. 如何更换后减振器？

(1)后减振器的拆卸

后减振器的拆卸顺序如下：

①拆卸后悬架支柱。

②如图 3-60 所示，将后悬架支柱装到弹簧压缩器(KM-329-A)上，并将后悬架支柱弹簧压缩。

③拧下后悬架支柱弹簧上座螺母。

④取下后悬架支柱固定座、弹簧上座等。

⑤如图 3-61 所示，放松弹簧，取下弹簧、后减振器。

(2)后减振器的组装

换上新的后减振器，按与拆卸相反的顺序安装后减振器。以规定的力矩拧紧后悬架支柱弹簧上座螺母，其拧紧力矩为 75N·m。

147. 如何更换后轮毂轴承？

(1)后轮毂轴承的拆卸

后轮毂轴承的拆卸顺序如下：

①拧松后车轮螺栓。

②举升起车辆。

③拧下后车轮螺栓，拆下后车轮。

④拆下后轮制动鼓。

⑤取下防尘盖和锁销，拧下后车轴螺母。如图 3-62 所示，拆下外轴承、后轮毂。

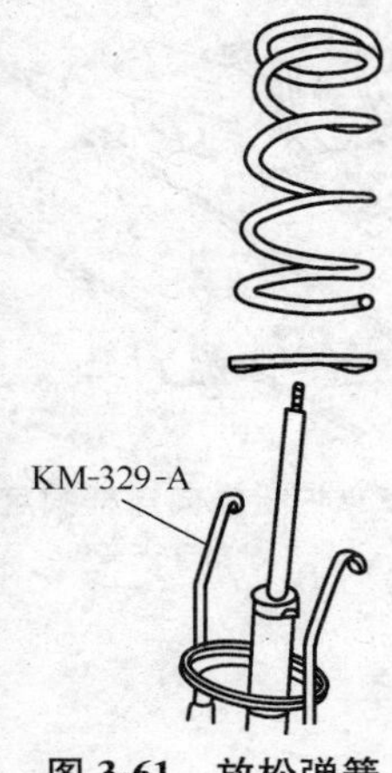

图 3-61　放松弹簧

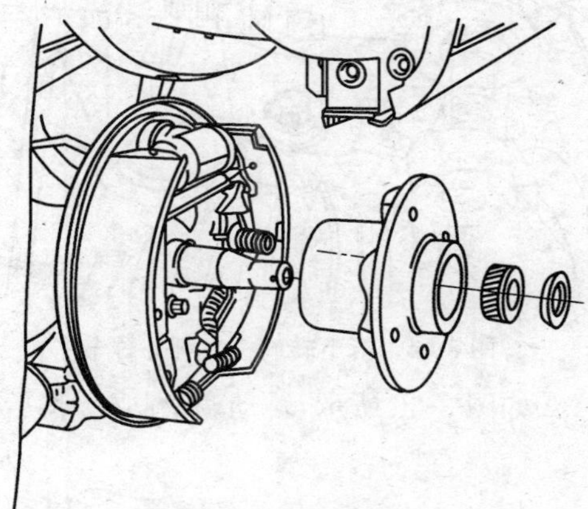

图 3-62　拆下外轴承与后轮毂

⑥如图 3-63 所示，取下油封和内轴承。拉出轮毂内的内、外轴承外圈。

(2)后轮毂轴承的安装

换上新的轴承，按与拆卸相反的顺序安装后轮毂轴承。后轮毂轴承需要调整，调整时，用手顺时针方向转动车轮的同时，将后车轴螺母拧至 25N·m，再反方向拧动后车轴螺母 180°。

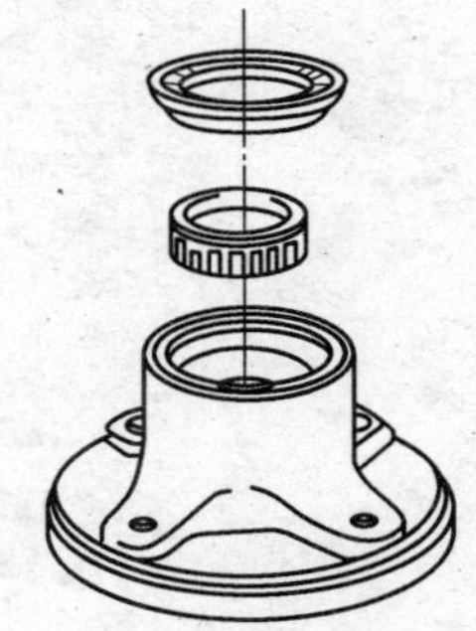

图 3-63　拆下油封和内轴承

148. 如何调整车轮定位？

(1)车轮定位参数

车轮定位参数见表 3-1。

表 3-1　车轮定位参数

项　目		标　准　值
前轮	前束	0°±0.17°
	主销后倾角	3°±0.75°
	外倾角	0.4°±0.75°
后轮	前束	0.12°±0.17°
	外倾角	0.83°±0.75°

(2)前轮前束的调整

前轮前束的调整方法如图 3-64 所示，拆下转向横拉杆外球节。转动左、右转向横拉杆和调整螺母，将前轮前束调整至±0.17°，应注意左、右转向横拉杆长度必须相等。装上转向横拉杆外球节。

(3)后轮前束的调整

①如图 3-65 所示，拧松横向连杆固定螺栓。

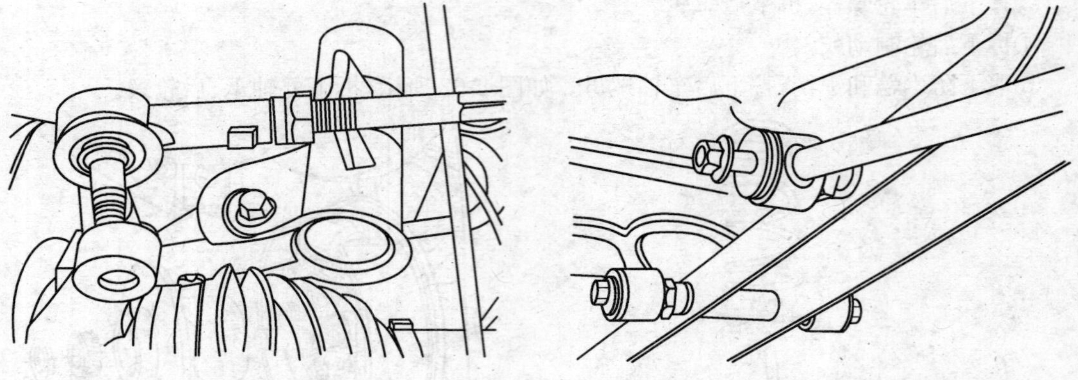

图 3-64　拆下转向横拉杆外球节　　　　图 3-65　拧松横向连杆固定螺栓

②如图 3-66 所示，转动调整凸轮，将后轮前束调整至 0.12°±0.17°。

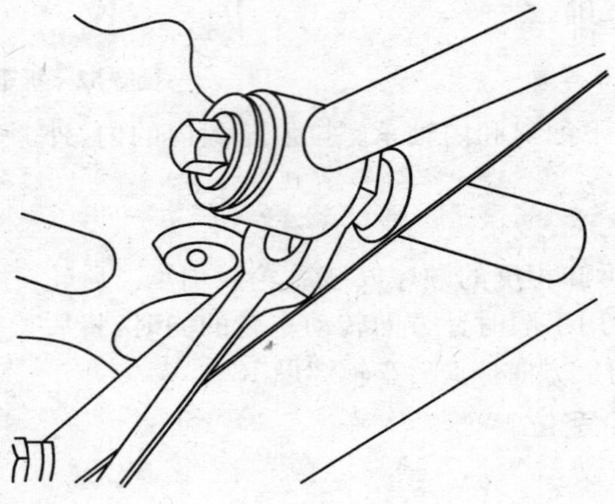

图 3-66　转动调整凸轮

③锁紧调整凸轮，并拧紧横向连杆固定螺栓

第四节　上海大众桑塔纳 2000GSi 型轿车车桥与悬架的检修

149. 前桥与前悬架由哪些部件组成？

桑塔纳 2000GSi 型轿车前桥与前悬架的结构如图 3-67 所示，前悬架包括副车架、横向稳定杆、控制臂、悬架支柱等。

150. 如何检修前轮轮毂总成？

(1)前轮轮毂总成的拆卸

前轮轮毂总成包括车轮轮毂、车轮轴承和弹簧挡圈等，如图 3-68 所示。

前轮轮毂总成的拆卸顺序如下：

①拆下制动盘、挡尘盘。

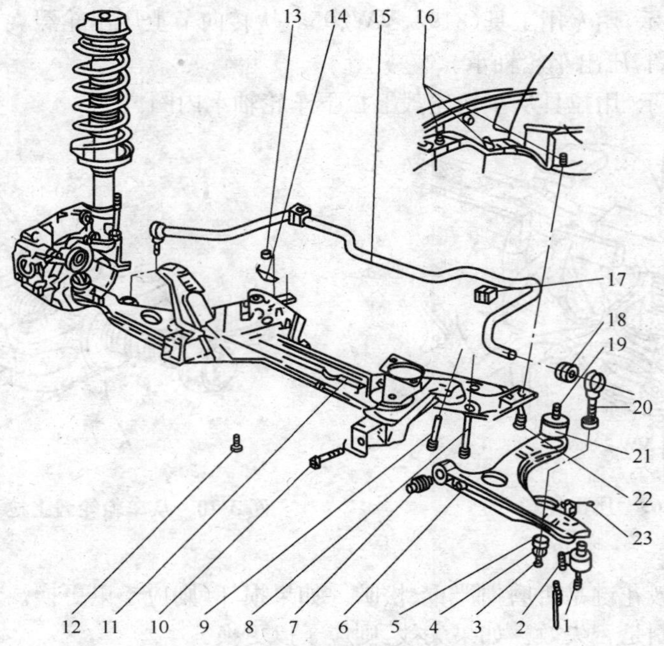

图 3-67　前桥与前悬架结构

1、3、8、9、10、13、22. 螺栓　2. 下球铰　4. 垫圈　5. 连接螺杆轴套　6. 控制臂　7. 控制臂前衬套　11. 副车架　12. 六角头螺栓　14. 钢夹　15. 横向稳定杆　16. 盖形螺母　17. 横向稳定杆支座　18. 橡胶衬套　19. 钢板衬套　20. 连接螺杆　21. 控制臂后衬套　23. 带自锁螺母的锁板

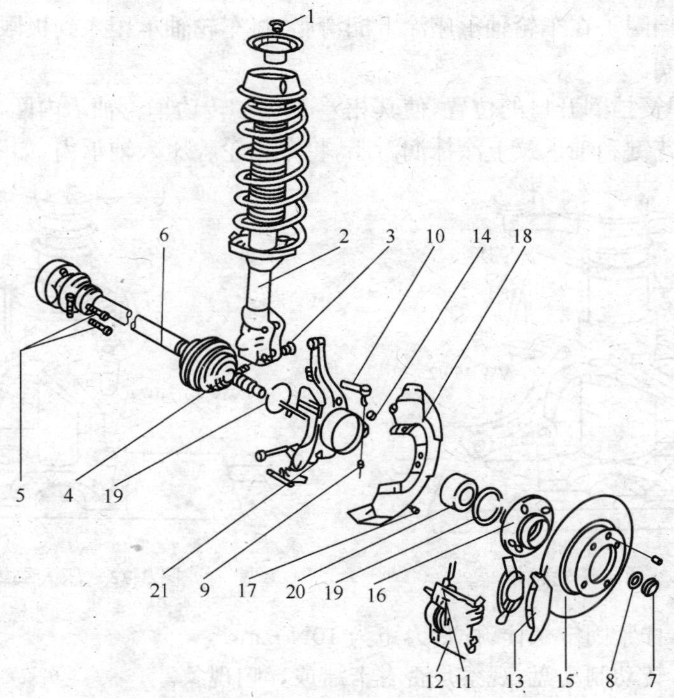

图 3-68　前轮轮毂总成分解图

1. 自锁螺母(60N·m)　2. 减振器　3. 自锁螺母　4. 螺栓　5. 螺栓(45N·m)　6. 传动轴　7. 自锁螺母(265N·m)　8. 垫圈　9. 自锁螺母(35N·m)　10. 转向横拉杆　11. 螺栓(25N·m)　12. 制动钳　13. 摩擦块　14. 螺栓(50N·m)　15. 制动盘　16. 轮毂　17. 螺栓(10N·m)　18. 挡尘盘　19. 开口弹性挡圈　20. 车轮轴承　21. 转向节

②如图 3-69 所示,用专用工具(3194、VW295a)从转向节上压出轮毂。

③拆下弹簧挡圈,压出车轮轴承。

④如图 3-70 所示,用拉具从车轮轮毂上拉下车轮轴承内圈。

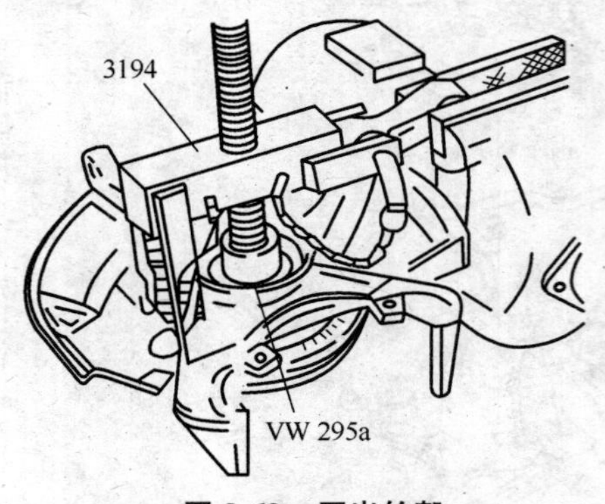

图 3-69　压出轮毂

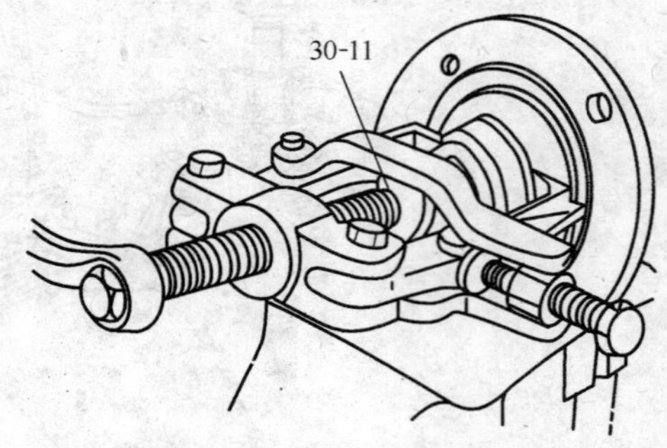

图 3-70　从车轮轮毂上拉下车轮轴承内圈

(2)零件的检查

①检查车轮轮毂花键是否磨损严重、松旷。如果损坏,则应予以更换。

②检查弹簧挡圈是否失效。如果失效,则应予以更换。

③检查车轮轴承是否损坏。如果损坏,则应予以更换。

(3)前轮轮毂总成的安装与调整

前轮轮毂总成的安装顺序如下:

①装上外弹簧挡圈。在车轮轴承座涂上润滑脂,将车轮轴承压入到极限位置,如图 3-71 所示。装上内弹簧挡圈。

②调整内、外弹簧挡圈开口的位置,使其相差 180°。转动车轮轴承内圈,观察是否正常。

③在车轮轮毂花键和轴承颈上涂抹润滑脂,将车轮轮毂压入轴承内,如图 3-72 所示。

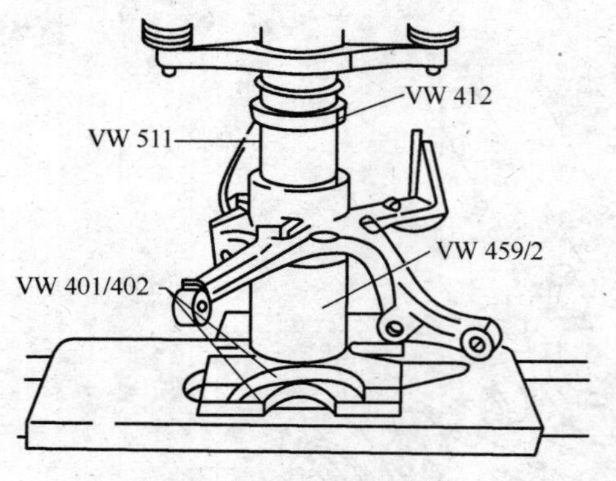

图 3-71　压入车轮轴承

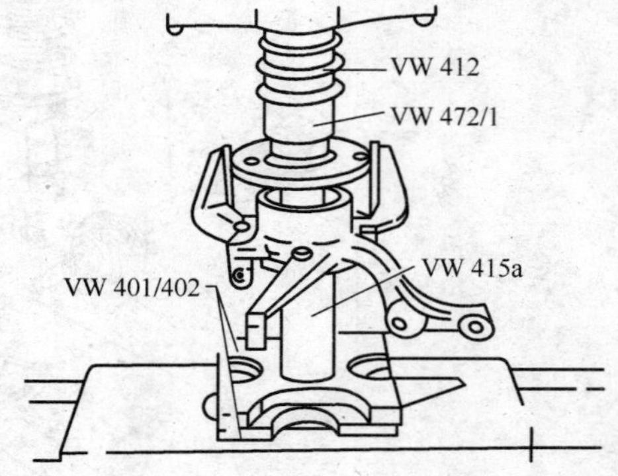

图 3-72　压入车轮轮毂

④装上挡尘盘,拧紧固定螺栓,拧紧力矩为 10N·m。

⑤装上制动盘,转动制动盘,观察是否有卡滞或异响现象。

151. 如何检修前悬架?

(1)副车架的拆装要点

①副车架上的各紧固螺栓拆卸后,重新装配时,必须全部更换新件。

②若副车架上盖形螺母螺纹损坏,则必须重新攻螺纹或钻孔。

③副车架安装在车身上,其连接螺栓的拧紧次序为后左螺栓、后右螺栓、前左螺栓、前右螺栓。

(2)控制臂衬套的更换

1)更换控制臂前衬套

①如图 3-73 所示,用专用工具压出控制臂前衬套。

②如图 3-74 所示,用专用工具压入控制臂前衬套。控制臂前衬套在安装前应抹无酸润滑剂。

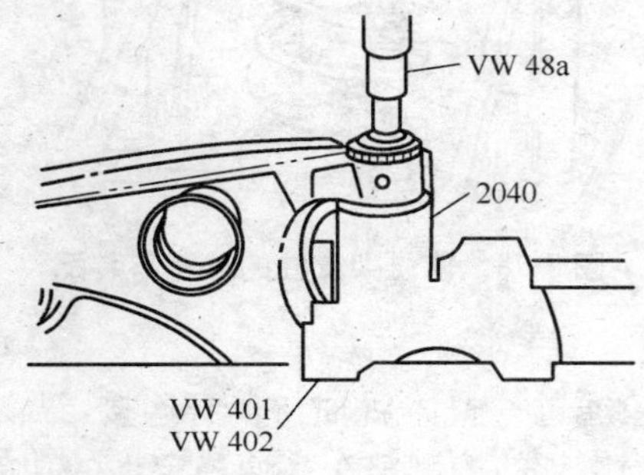

图 3-73　压出控制臂前衬套

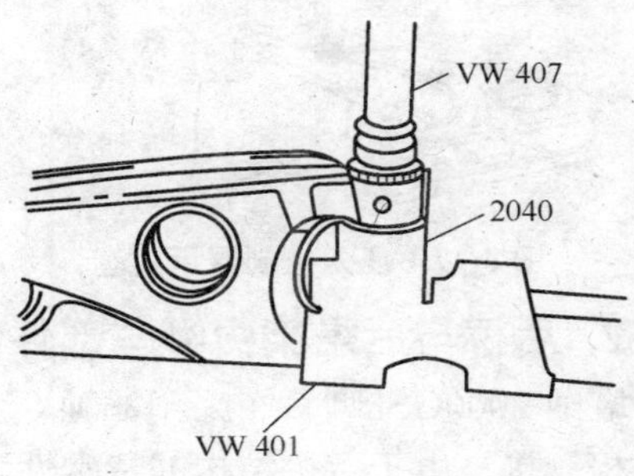

图 3-74　压入控制臂前衬套

2)更换控制臂后衬套

①如图 3-75 所示,用专用工具压出控制臂后衬套。如果控制臂后衬套生锈卡死,应切掉外圈橡胶,锯下钢罩,再压出衬套。

②控制臂后衬套的安装位置如图 3-76 所示,箭头 B 或箭头 C 朝向控制臂上凹坑,衬套上的弧形空隙(箭头 A)朝向车辆中心。

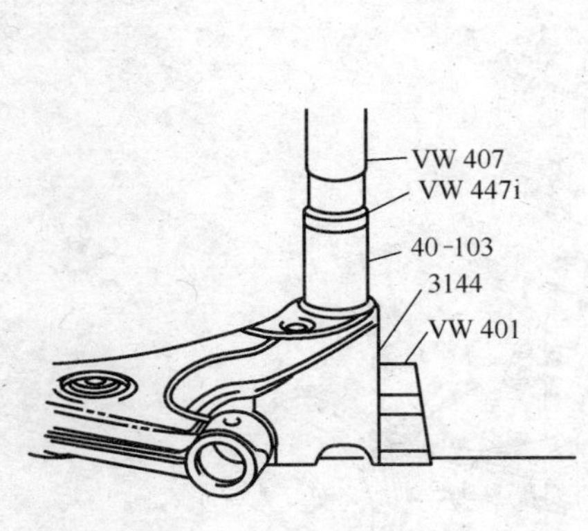

图 3-75　压出控制臂后衬套

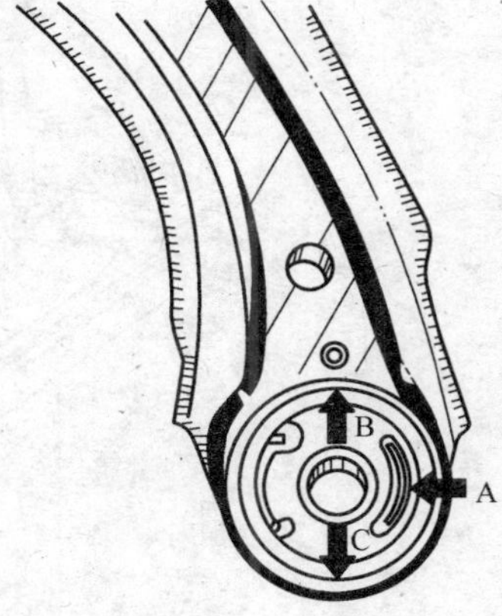

图 3-76　控制臂后衬套的安装位置

③如图 3-77 所示,用专用工具压入控制臂后衬套。

(3)前悬架支柱的分解与装配

如图 3-78 所示,使用专用工具分解与装配前悬架支柱。

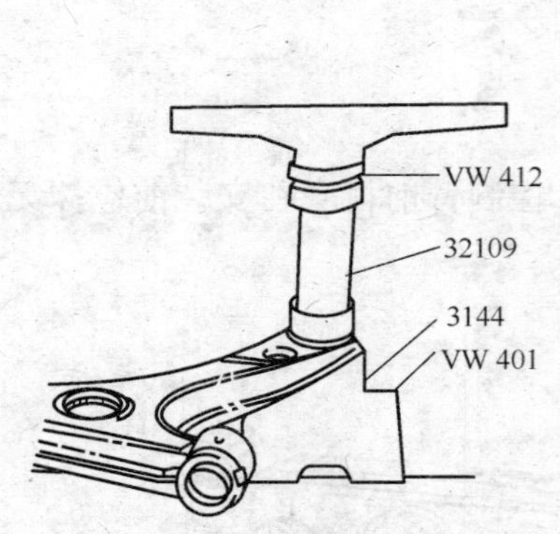

图 3-77　压入控制臂后衬套

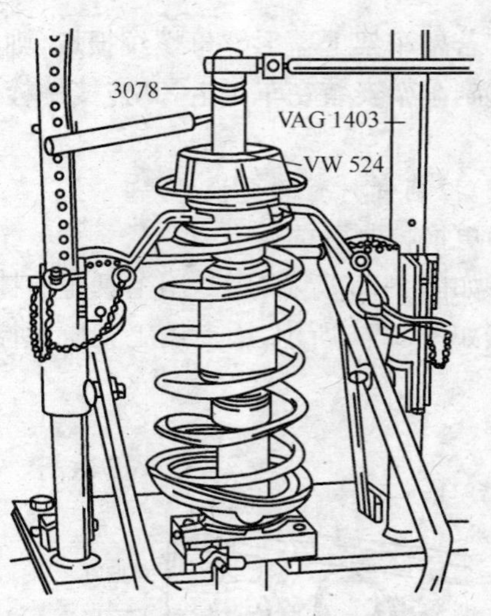

图 3-78　前悬架支柱的分解与装配

152. 后桥与后悬架由哪些部件组成？

桑塔纳 2000GSi 型轿车采用非独立悬架，两端车轮通过一整体后轴与车身连接，纵向拖臂与车身相铰接。由于后桥结构的特殊性，使后桥具有较优越的控制整车高速稳定性的功能。

后桥与后悬架的结构如图 3-79 所示。后桥的纵向拖臂作为纵向推力杆，后桥横梁允许扭转变形，并兼起横向稳定杆的作用。

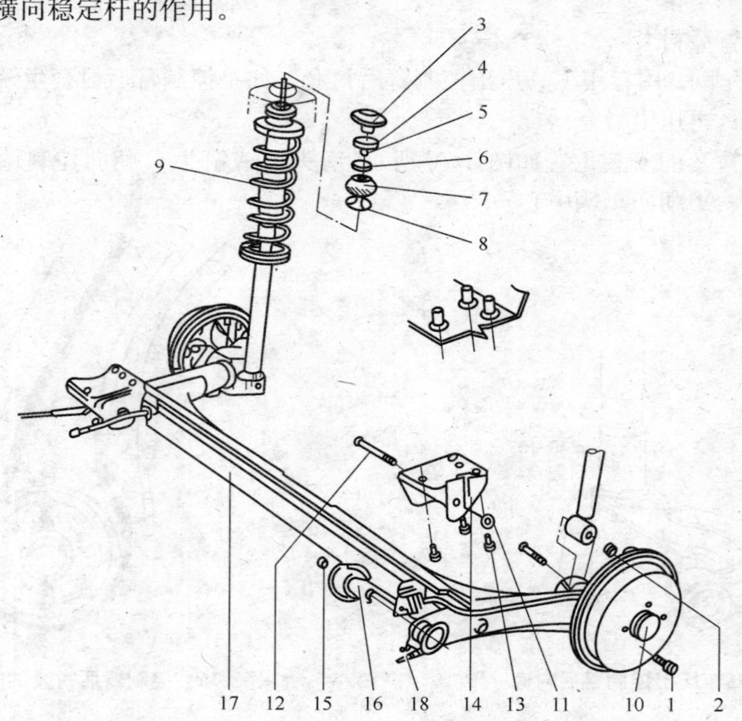

图 3-79　后桥与后悬架结构

1. 轮胎螺栓(110N·m)　2. 螺母(70N·m)　3. 螺母(15N·m)　4. 碟形垫圈　5. 螺母(25N·m)　6. 上盖　7. 上支座　8. 下盖　9. 独立悬架　10. 车轮轴承　11. 螺母(60N·m)　12. 螺栓　13. 螺栓(70N·m)　14. 支架　15. 螺母(35N·m)　16. 金属橡胶支座　17. 后桥总成　18. 驻车制动拉线支架

153. 如何检修后轮轮毂总成?

(1)后轮轮毂总成的拆卸

后轮轮毂总成的拆卸顺序如下:

①举升车辆。

②撬下后轮毂盖,取下开口销及开槽锁盖,拧下六角螺母,取出止推垫圈。

③拧下一个车轮螺栓,先用一字旋具通过车轮螺栓孔将楔形调整块向上推至限位处,使制动蹄片与制动鼓的间隙增大,如图 3-80 所示。

④拉出车轮和制动鼓,并将车轮外轴承带出。

⑤取出车轮轴承内圈和油封,使用专用工具及铜锤拆下轴承外圈。

(2)后轮轮毂总成的安装

按与拆卸相反的顺序安装后轮轮毂总成。安装时应注意:

①更换后轮毂油封时,在后轮毂油封的密封唇间加注通用润滑脂,用专用工具将油封压入。

②更换车轮轴承时,用专用工具压入车轮内轴承外圈和外轴承外圈。

③调整车轮轴承间隙时,用旋具拨动止推垫圈,至刚好不能拨动止推垫圈为止,如图 3-81 所示。

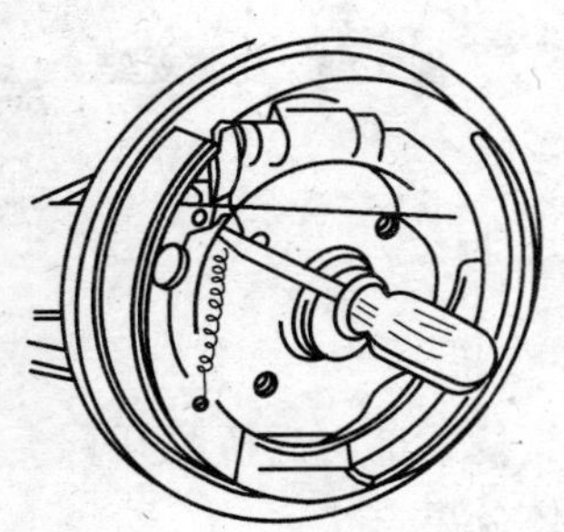

图 3-80　增大制动蹄片与制动鼓的间隙

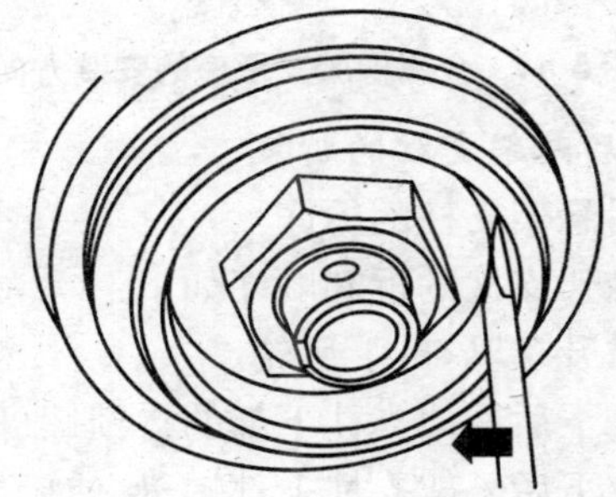

图 3-81　调整车轮轴承间隙

④装上开槽锁盖,换上新的开口销,在轮毂盖内加入适量的润滑脂,用橡胶锤轻轻敲入。

154. 如何检修后悬架?

(1)金属橡胶支承座的拆装

1)金属橡胶支承座的拆卸

去除金属橡胶支承座伸出部分的锈斑。如图 3-82 所示,用专用工具将金属橡胶支承座拉出。

2)金属橡胶支承座的安装

①在装入新的金属橡胶支承座时,应使其圆柱形部分伸出尺寸 a 为 8mm,如图 3-83 所示。

②金属橡胶支承座的圆柱形伸出部分应朝向汽车前进方向,如图 3-84 所示。

③如图 3-85 所示,将支架装到后桥支承座上,使支架相对后桥的倾角为 12°±2°。

④后桥支承放到安装位置后,必须处于张紧状态,拧上所有装配螺栓,对准右支架,装上螺栓,使螺栓处于长孔中间。

⑤用两根撬棒将左支架压紧在粘结橡胶座上,使得内侧只有微小间隙,将螺栓拧紧到规定的拧紧力矩。

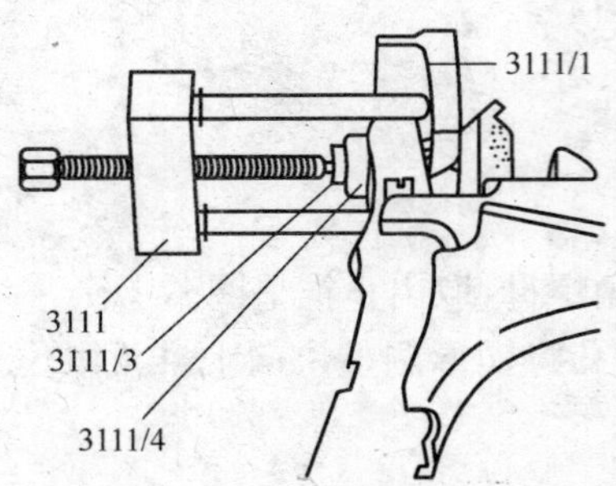

图 3-82 拉出金属橡胶支承座

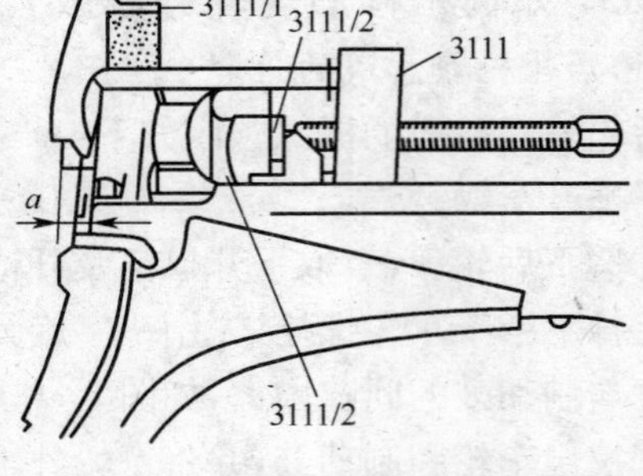

图 3-83 装入金属橡胶支承座

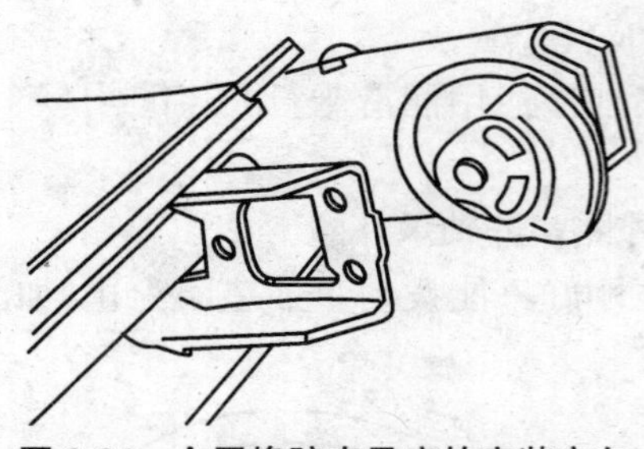

图 3-84 金属橡胶支承座的安装方向

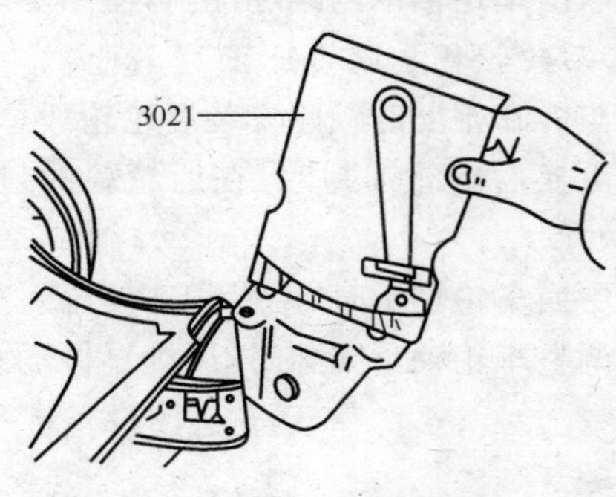

图 3-85 安装支架

(2)后悬架支柱的拆装

1)后悬架支柱的拆卸

后悬架支柱的拆卸顺序如下：

①举升车辆，拆下后轮。

②拧下后悬架支柱下部的自锁螺母和螺栓，使后悬架支柱下部与后桥脱开。

③拧下后悬架支柱上部螺母，使后悬架支柱上部与车体分离。

④取下后悬架支柱。

2)后悬架支柱的分解与装配

①使用悬架专用压具分解后悬架支柱，拆下后减振器及螺旋弹簧。

②在后悬架支柱装配时，螺旋弹簧上座的安装位置如图 3-86 所示。

③安装螺旋弹簧托盘时，必须使孔 a 与吊耳的衬套对准，如图 3-87 所示。否则，在极端行驶的情况下，螺旋弹簧托盘会与轮胎干涉。

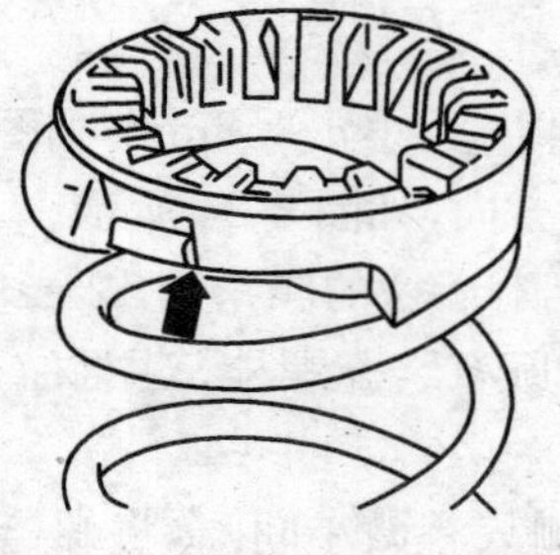

图 3-86 螺旋弹簧座的安装位置

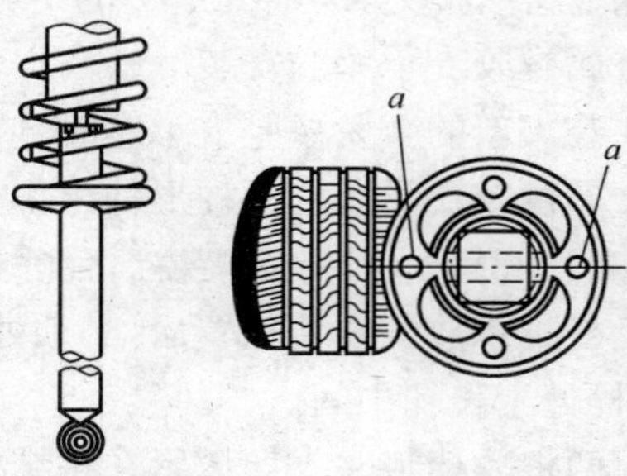

图 3-87 螺旋弹簧托盘的安装位置

3)后悬架支柱的安装

按与拆卸相反的顺序安装后悬架支柱。应注意，自锁螺母为一次性零件，重新装配时，应更换新件。

155. 如何检查与调整前轮定位？

(1)前轮前束的检查与调整

①汽车空载。

②检查轮胎气压，轮胎气压值应符合规定值。

③安装车轮定位仪。

④松开横拉杆左侧锁紧螺母及护套弹性卡环。根据需要调整横拉杆长度，直至满足规定值要求。前轮前束值为 0°±10′。

⑤紧固锁紧螺母，重新安装好护套弹性卡环。

⑥前束调整完成后，检查转向盘应处于水平位置，否则，松开转向盘锁紧螺母，调整转向盘至水平位置，拧紧转向盘锁紧螺母至规定力矩要求。

(2)前轮外倾角的检查与调整

正常情况下，装配后不必调整前轮外倾角。如果发现前轮外倾角因其他原因不符合要求，应使其满足要求。

①汽车空载。

②检查轮胎气压，轮胎气压值应符合规定值。

③安装车轮定位仪。

④检查前桥与前悬架部件有无损坏。

⑤检测前轮外倾角，前轮外倾角为－30′±20′。如果前轮外倾角不符合要求，可松开前悬架支柱下部与转向节的连接螺栓，扳动车轮来校正，如图 3-88 所示。如果需要进一步校正，可采用更换连接螺栓来进行前轮外倾角的调整。

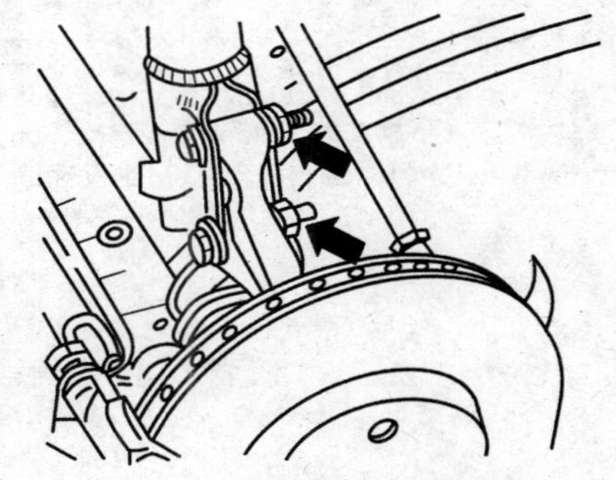

图 3-88　前轮外倾角的调整

第五节　一汽大众捷达 Ci 型轿车车桥与悬架的检修

156. 前桥与前悬架由哪些部件组成？

捷达 Ci 轿车前桥与前悬架的结构如图 3-89 所示，前悬架包括副车架、横向稳定杆、控制臂、悬架支柱等。

157. 如何检修前轮轮毂总成？

(1)前轮轮毂总成的拆卸

前轮轮毂总成包括车轮轮毂、车轮轴承和弹簧挡圈等，如图 3-90 所示。

前轮轮毂总成的拆卸顺序如下：

①拆下制动盘、挡尘盘。

②如图 3-91 所示，用专用工具(3194、VW295a)从转向节上压出轮毂。

③拆下弹簧挡圈，压出车轮轴承。

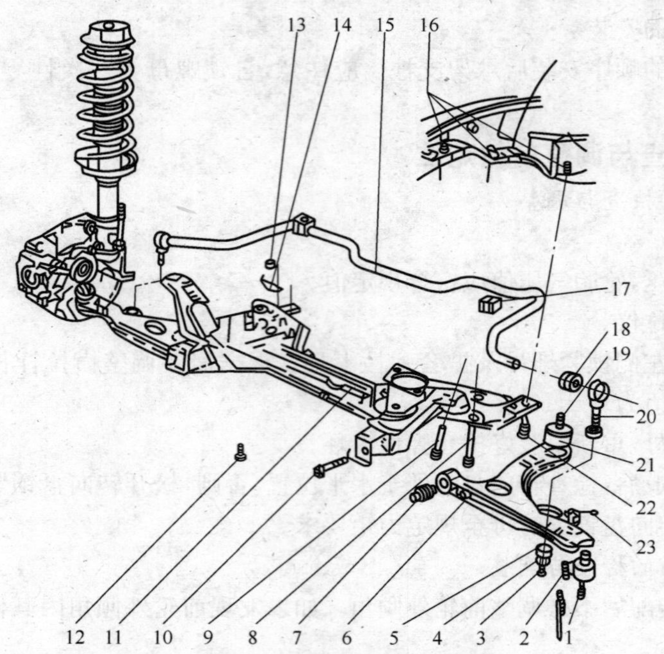

图 3-89　前桥与前悬架结构

1、3、8、9、10、13、22. 螺栓　2. 下球铰　4. 垫圈　5. 连接螺杆轴套　6. 控制臂　7. 控制臂前衬套　11. 副车架　12. 六角头螺栓　14. 钢夹　15. 横向稳定杆　16. 盖形螺母　17. 横向稳定杆支座　18. 橡胶衬套　19. 钢板衬套　20. 连接螺杆　21. 控制臂后衬套　23. 带自锁螺母锁板

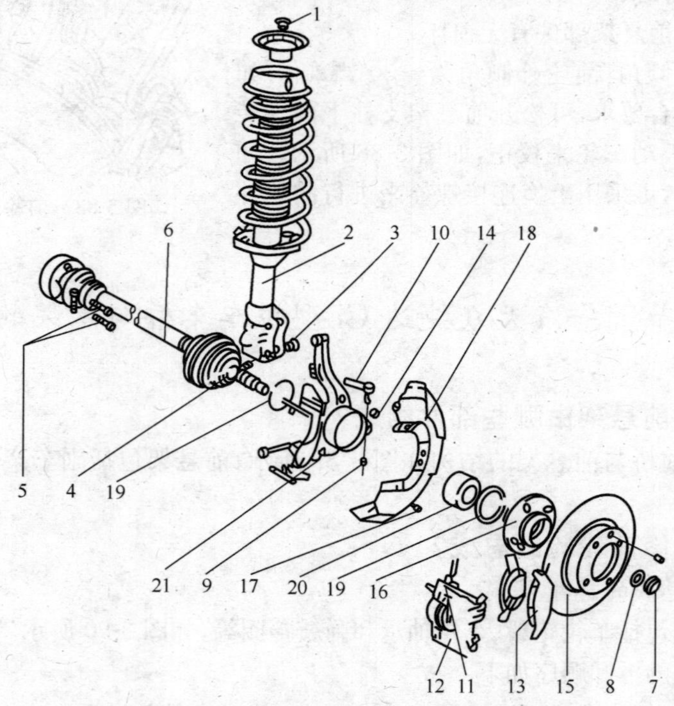

图 3-90　前轮轮毂总成分解图

1. 自锁螺母(60N·m)　2. 独立悬架　3. 自锁螺母　4. 螺栓　5. 螺栓(45N·m)　6. 传动轴　7. 自锁螺母(265N·m)　8. 垫圈　9. 自锁螺母(35N·m)　10. 转向横拉杆　11. 螺栓(25N·m)　12. 制动钳　13. 摩擦块　14. 螺栓(50N·m)　15. 制动盘　16. 轮毂　17. 螺栓(10N·m)　18. 挡尘盘　19. 开口弹性挡圈　20. 车轮轴承　21. 转向节

④如图 3-92 所示，用拉具从车轮轮毂上拉下车轮轴承内圈。

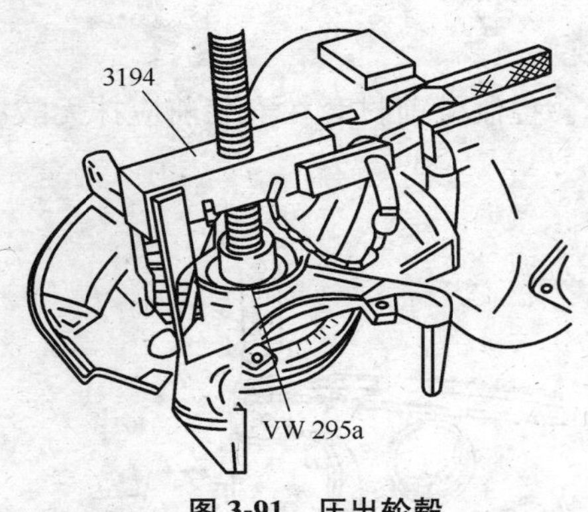

图 3-91　压出轮毂

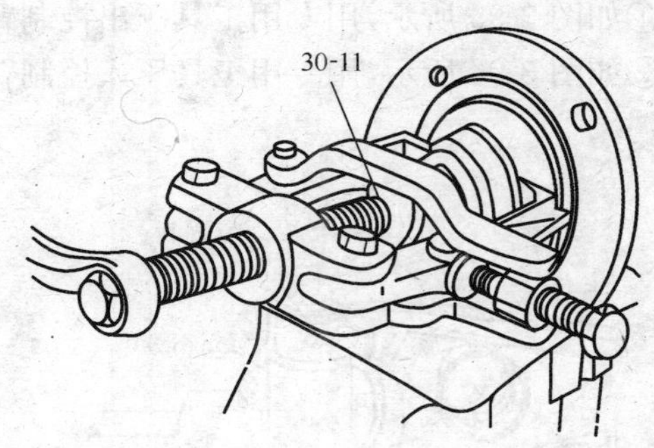

图 3-92　从车轮轮毂上拉下车轮轴承内圈

(2)零件的检查

①检查车轮轮毂花键是否磨损严重、松旷。如果损坏，则应予以更换。

②检查弹簧挡圈是否失效。如果失效，则应予以更换。

③检查车轮轴承是否损坏。如果损坏，则应予以更换。

(3)前轮轮毂总成的安装与调整

前轮轮毂总成的安装顺序如下：

①装上外弹簧挡圈。在车轮轴承座涂上润滑脂，将车轮轴承压入到极限位置，如图 3-93 所示。装上内弹簧挡圈。

②调整内、外弹簧挡圈开口的位置，使其相差 180°。转动车轮轴承内圈，观察是否正常。

③在车轮轮毂花键和轴承颈上涂抹润滑脂，将车轮轮毂压入轴承内，如图 3-94 所示。

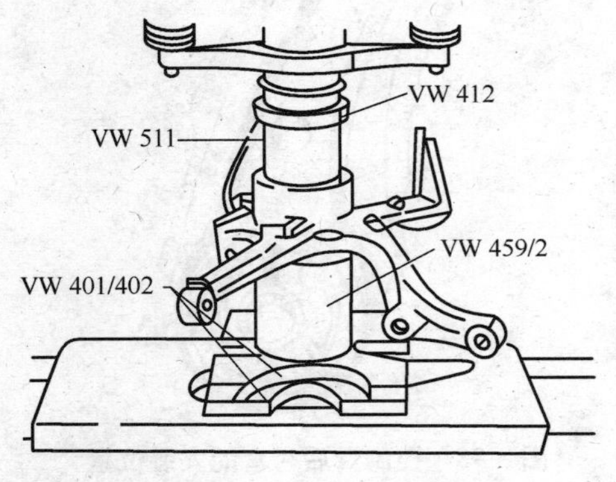

图 3-93　压入车轮轴承

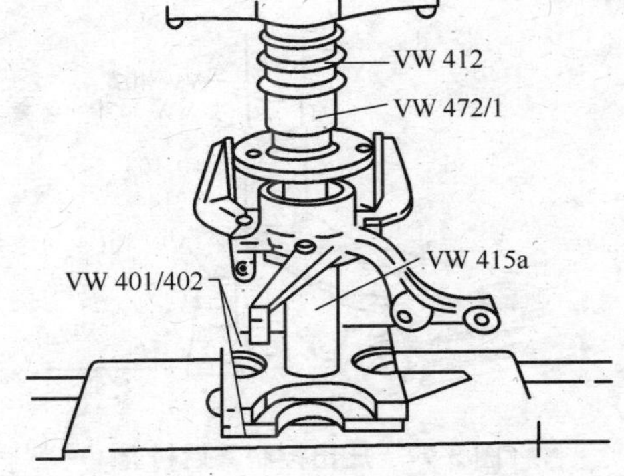

图 3-94　压入车轮轮毂

④装上挡尘盘，拧紧固定螺栓，拧紧力矩为 10N·m。

⑤装上制动盘，转动制动盘，观察是否有卡滞或异响现象。

158. 如何检修前悬架？

(1)副车架的拆装要点

①副车架上的各紧固螺栓拆卸后，重新装配时，必须全部更换新件。

②若副车架上盖形螺母螺纹损坏，则必须重新攻螺纹或钻孔。

③副车架安装在车身上，其连接螺栓的拧紧次序为后左螺栓、后右螺栓、前左螺栓、前右螺栓。

(2)控制臂衬套的更换

1)更换控制臂前衬套

①如图 3-95 所示,用专用工具压出控制臂前衬套。

②如图 3-96 所示,用专用工具压入控制臂前衬套。控制臂前衬套在安装前应抹无酸润滑剂。

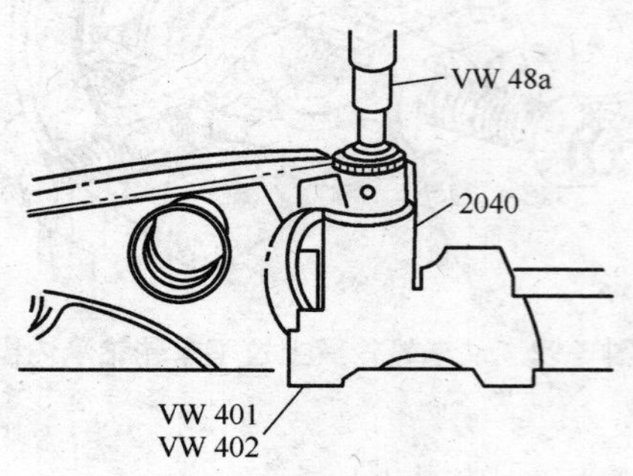

图 3-95　压出控制臂前衬套

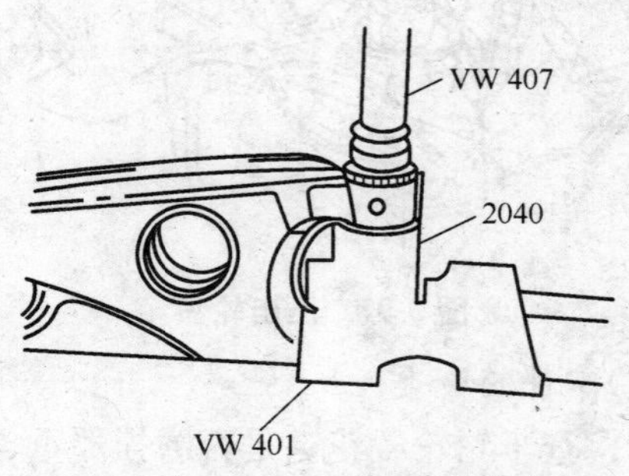

图 3-96　压入控制臂前衬套

2)更换控制臂后衬套

①如图 3-97 所示,用专用工具压出控制臂后衬套。如果控制臂后衬套生锈卡死,应切掉外圈橡胶,锯下钢罩,再压出衬套。

②控制臂后衬套的安装位置如图 3-98 所示。箭头 B 或箭头 C 朝向控制臂上凹坑,衬套上的弧形空隙(箭头 A)朝向车辆中心。

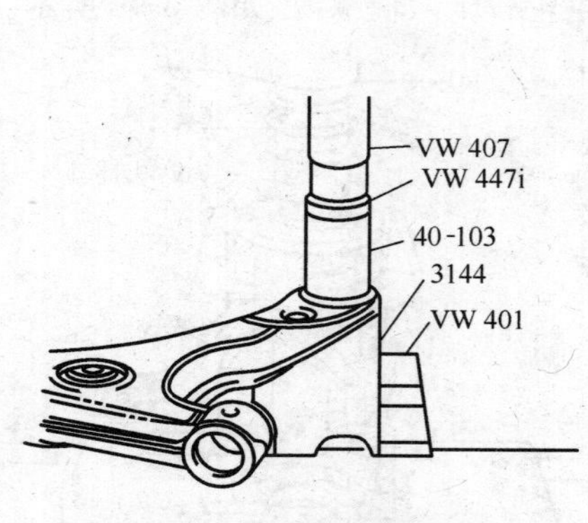

图 3-97　压出控制臂后衬套

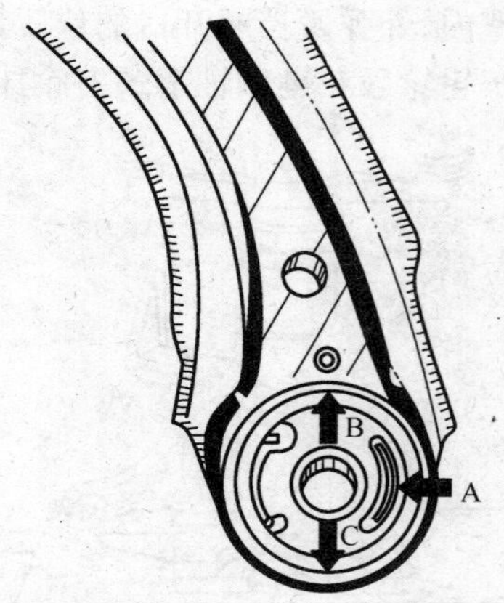

图 3-98　控制臂后衬套的安装位置

③如图 3-99 所示,用专用工具压入控制臂后衬套。

(3)前悬架支柱的分解与装配

如图 3-100 所示,使用专用工具分解与装配前悬架支柱。

159. 后桥与后悬架由哪些部件组成?

捷达 Ci 型轿车后桥与后悬架的结构如图 3-101 所示。后桥的纵向拖臂作为纵向推力杆,后桥横梁允许扭转变形,并兼起横向稳定杆的作用。两端车轮通过一整体后轴与车身连接,纵向拖臂与车身相铰接。由于后桥结构的特殊性,使后桥具有较优越的控制整车高速稳定性的功能。

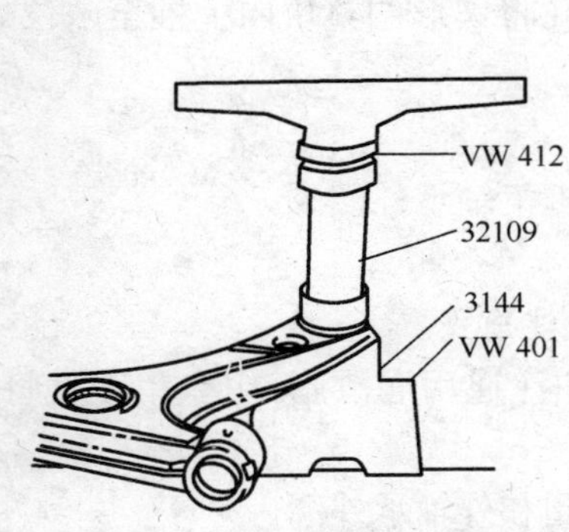

图 3-99 压入控制臂后衬套

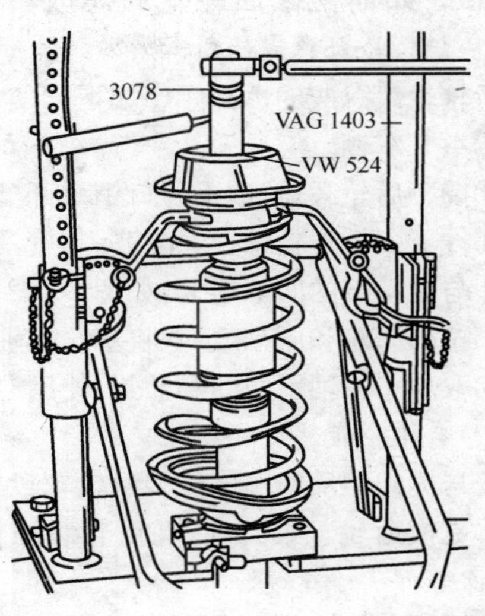

图 3-100 前悬架支柱的分解与装配

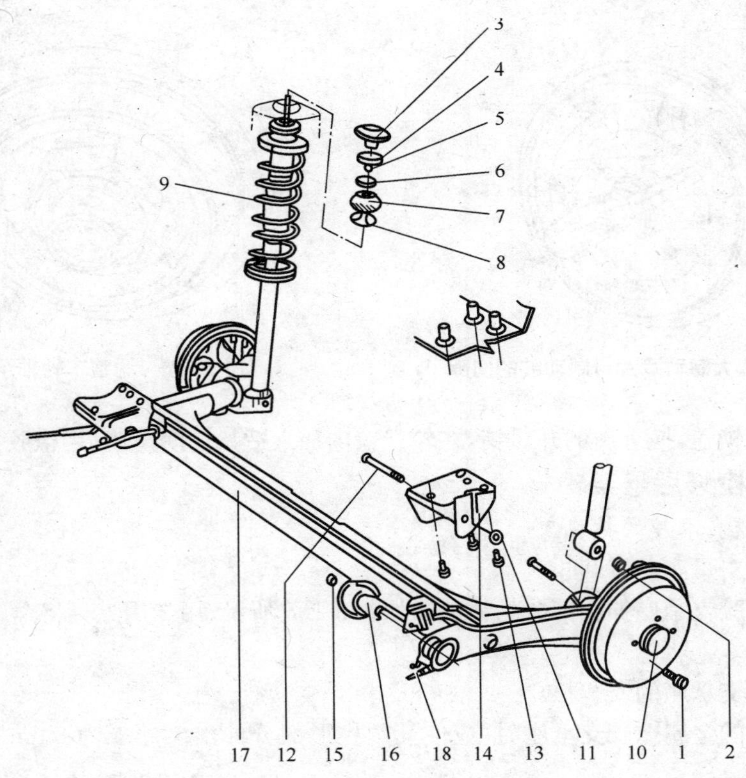

图 3-101 后桥与后悬架结构

1. 轮胎螺栓(110N·m) 2. 螺母(70N·m) 3. 螺母(15N·m) 4. 碟形垫圈 5. 螺母(25N·m) 6. 上盖 7. 上支座 8. 下盖 9. 独立悬架 10. 车轮轴承 11. 螺母(60N·m) 12. 螺栓 13. 螺栓(70N·m) 14. 支架 15. 螺母(35N·m) 16. 金属橡胶支座 17. 后桥总成 18. 驻车制动拉线支架

160. 如何检修后轮轮毂总成?

(1)后轮轮毂总成的拆卸

后轮轮毂总成的拆卸顺序如下:

①举升车辆。

②撬下后轮毂盖,取下开口销及开槽锁盖,拧下六角螺母,取出止推垫圈。

③拧下一个车轮螺栓,先用一字旋具通过车轮螺栓孔将楔形调整块向上推至限位处,使制动蹄片与制动鼓的间隙增大,如图 3-102 所示。

④拉出车轮和制动鼓,并将车轮外轴承带出。

⑤取出车轮轴承内圈和油封,使用专用工具及铜锤拆下轴承外圈。

(2)后轮轮毂总成的安装

按与拆卸相反的顺序安装后轮轮毂总成。安装时应注意:

①更换后轮毂油封时,在后轮毂油封的密封唇间加注通用润滑脂,用专用工具将油封压入。

②更换车轮轴承时,用专用工具压入车轮内轴承外圈和外轴承外圈。

③调整车轮轴承间隙时,用旋具拨动止推垫圈,至刚好不能拨动止推垫圈为止,如图 3-103 所示。

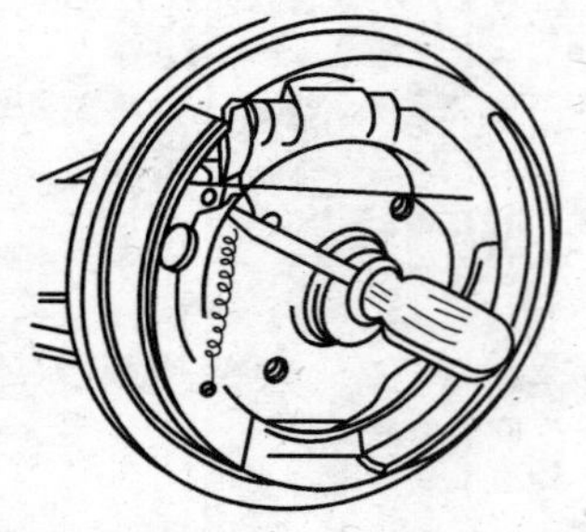

图 3-102　增大制动蹄片与制动鼓的间隙

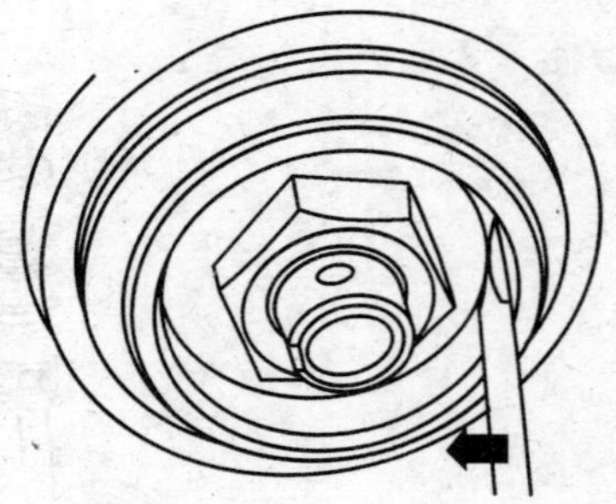

图 3-103　调整车轮轴承间隙

④装上开槽锁盖,换上新的开口销,在轮毂盖内加入适量的润滑脂,用橡胶锤轻轻敲入。

161. 如何检修后悬架?

(1)金属橡胶支承座的拆装

1)金属橡胶支承座的拆卸

去除金属橡胶支承座伸出部分的锈斑。如图 3-104 所示,用专用工具将金属橡胶支承座拉出。

2)金属橡胶支承座的安装

①在装入新的金属橡胶支承座时,应使其圆柱形部分伸出尺寸 a 为 8mm ,如图 3-105 所示。

②金属橡胶支承座的圆柱形伸出部分应朝向汽车前进方向,如图 3-106 所示。

③如图 3-107 所示,将支架装到后桥支承座上,使支架相对后桥的倾角为 12°±2°。

④后桥支承放到安装位置后,必须处于张紧状态。拧上所有装配螺栓,对准右支架,装上螺栓,使螺栓处于长孔中间。

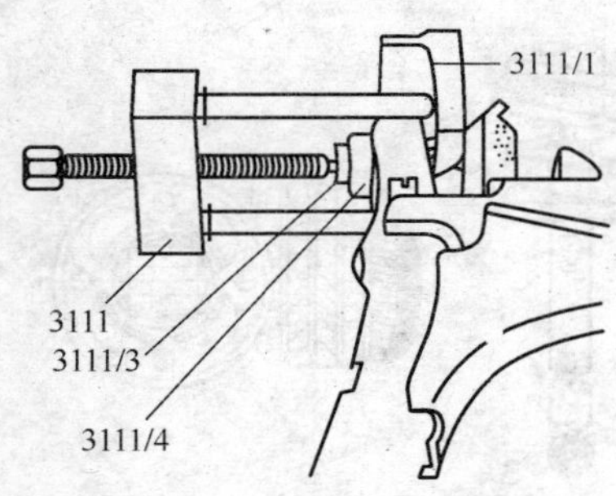

图 3-104　拉出金属橡胶支承座

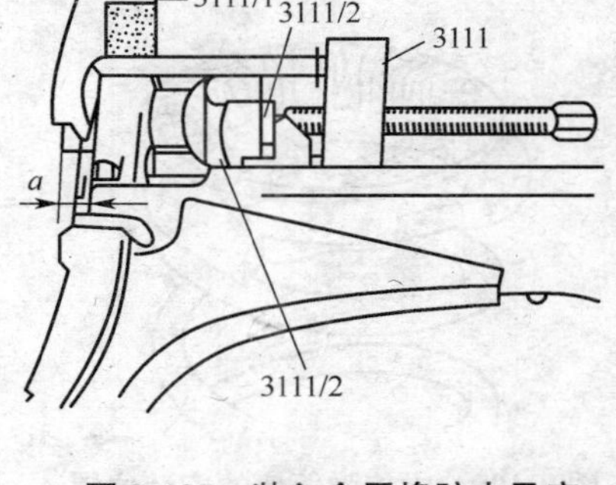

图 3-105　装入金属橡胶支承座

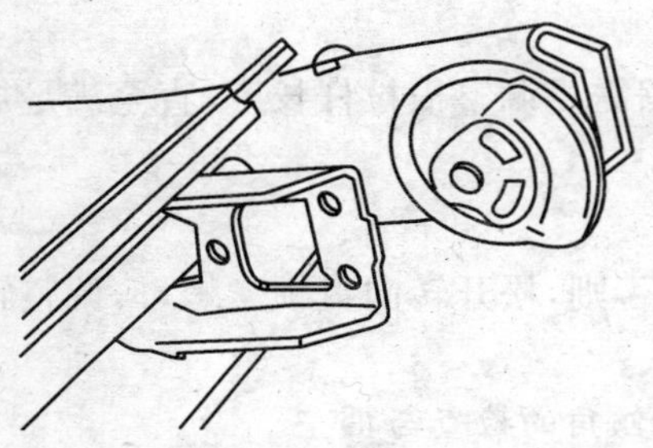
图 3-106　金属橡胶支承座的安装方向

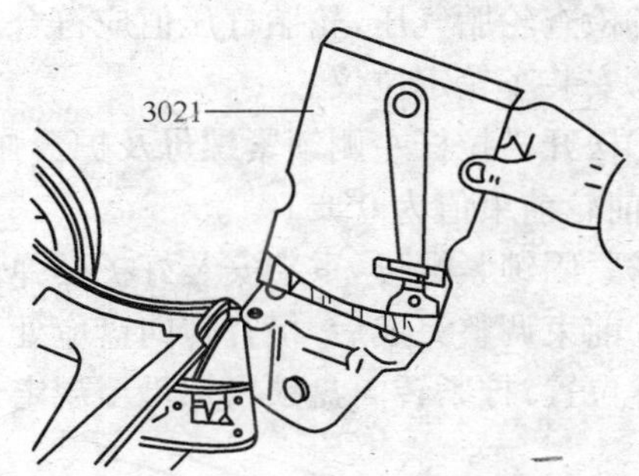

图 3-107　安装支架

⑤用两根撬棒将左支架压紧在粘结橡胶座上，使得内侧只有微小间隙，将螺栓拧紧到规定的拧紧力矩。

(2)后悬架支柱的拆装

1)后悬架支柱的拆卸

后悬架支柱的拆卸顺序如下：

①举升车辆，拆下后轮。

②拧下后悬架支柱下部的自锁螺母和螺栓，使后悬架支柱下部与后桥脱开。

③拧下后悬架支柱上部螺母，使后悬架支柱上部与车体分离。

④取下后悬架支柱。

2)后悬架支柱的分解与装配

①使用悬架专用压具分解后悬架支柱，拆下后减振器及螺旋弹簧。

②在后悬架支柱装配时，螺旋弹簧上座的安装位置如图 3-108 所示。

③安装螺旋弹簧托盘时，必须使孔 a 与吊耳的衬套对准，如图 3-109 所示。否则，在极端行驶的情况下，螺旋弹簧托盘会与轮胎干涉。

3)后悬架支柱的安装

按与拆卸相反的顺序安装后悬架支柱。应注意，自锁螺母为一次性零件，重新装配时，应更换新件。

162. 如何检查与调整前轮定位？

(1)前轮前束的检查与调整

①汽车空载。

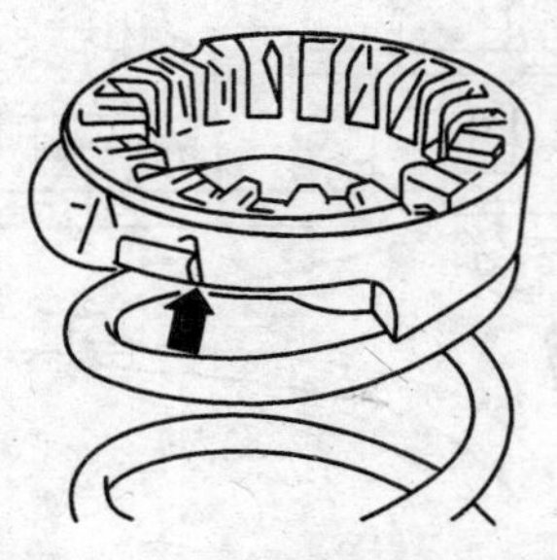

图 3-108 螺旋弹簧座的安装位置

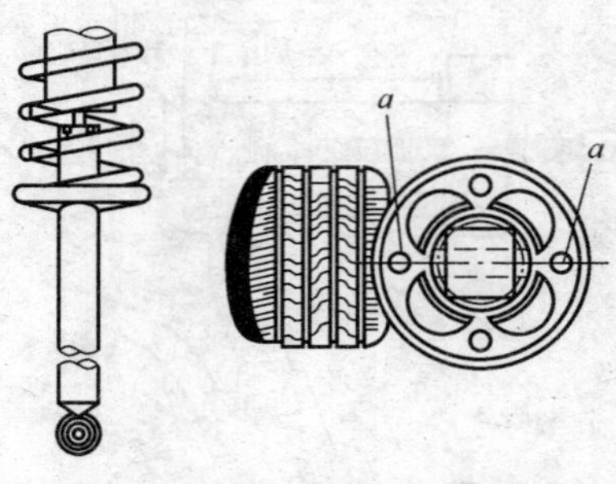

图 3-109 螺旋弹簧托盘的安装位置

②检查轮胎气压，轮胎气压值应符合规定值。

③安装车轮定位仪。

④松开横拉杆左侧锁紧螺母及护套弹性卡环，根据需要调整横拉杆长度，直至满足规定值要求，前轮前束值为 0°±10′。

⑤紧固锁紧螺母，重新安装好护套弹性卡环。

⑥前束调整完成后，检查转向盘应处于水平位置，否则，松开转向盘锁紧螺母，调整转向盘至水平位置，拧紧转向盘锁紧螺母至规定力矩要求。

图 3-110 前轮外倾角的调整

(2)前轮外倾角的检查与调整

正常情况下，装配后不必调整前轮外倾角。如果发现前轮外倾角因其他原因不符合要求，应使其满足要求。

①汽车空载。

②检查轮胎气压，轮胎气压值应符合规定值。

③安装车轮定位仪。

④检查前桥与前悬架部件有无损坏。

⑤检测前轮外倾角，前轮外倾角为－30′±20′。如过前轮外倾角不符合要求，可松开前悬架支柱下部与转向节的连接螺栓，扳动车轮来矫正，如图 3-110 所示。如果需要进一步矫正，可采用更换连接螺栓来进行前轮外倾角的调整。

第六节 一汽大众宝来轿车车桥与悬架的检修

163. 前桥与前悬架由哪些部件组成?

宝来轿车前桥与前悬架的组成如图 3-111 所示，包括副车架、前悬架支柱、前轮毂等。

164. 如何拆装副车架?

副车架及相关零件如图 3-112 所示。

(1)副车架的拆卸

副车架的拆卸顺序如下：

①拆下隔声板。

②拆开变速器驱动法兰与传动轴的连接。

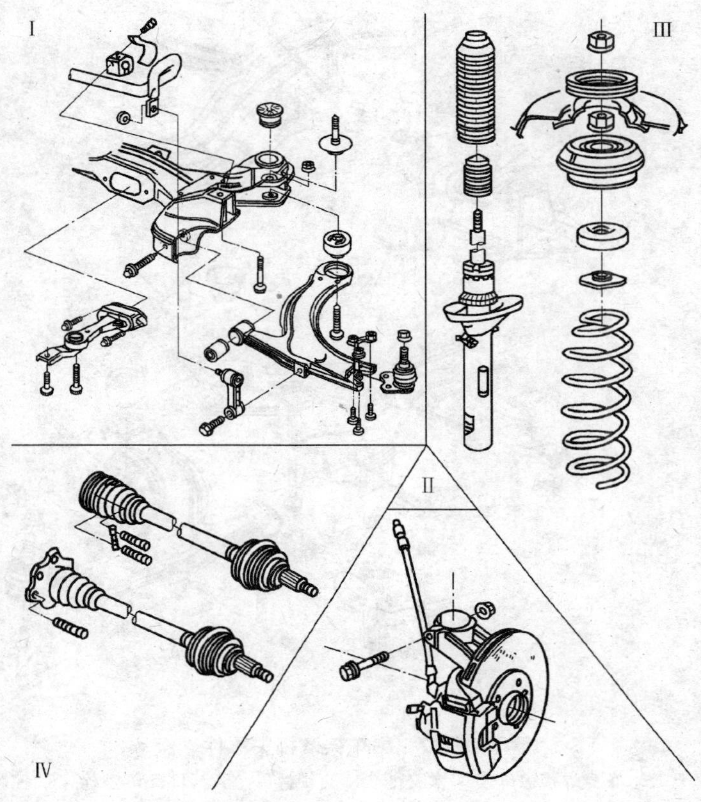

图 3-111 前桥与前悬架组成

Ⅰ. 副车架、稳定杆和控制臂 Ⅱ. 车轮轴承 Ⅲ. 减振器 Ⅳ. 传动轴

③将车轮轴承座连同球头一起从控制臂上拉出。

④将车轮连同减振器一起向外摆并且支撑好。

⑤拆下摆动支架。

⑥拆下转向机螺栓。

⑦从稳定杆上拧下双头连接螺母。

⑧用变速器千斤顶 V. A. G1383A 降下副车架。

(2)副车架的安装

按与拆卸相反的顺序安装副车架。安装副车架时应注意：

①在插入副车架螺栓前，摆正转向机位置。

②以规定力矩拧紧各螺栓螺母，转向球头螺母拧紧力矩为 20N·m+90°，副车架摆动支撑螺栓拧紧力矩为 50N·m，转向机与副车架螺栓拧紧力矩为 20N·m+90°。

③安装完后，试车检查转向盘位置。如果转向盘摆正时车辆不能直线行驶，则检查前桥牵引装置。

165. 如何更换前车轮轴承？

①举升车辆，拆下前车轮。

②如图 3-113 所示，压出传动轴。将传动轴悬吊在车身上。

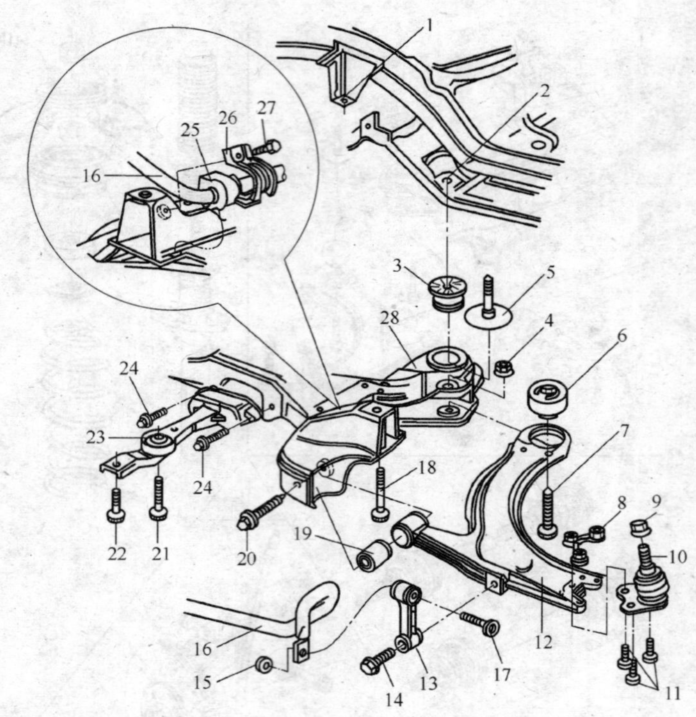

图 3-112 副车架及相关零件

1. 副车架支撑架 2. 车身焊接螺母 3. 橡胶座 4. 自锁螺母 5、7、11、14. 螺栓 6. 控制臂后支撑座 8. 螺母板 9. 自锁螺母 10. 转向球头 12. 控制臂 13. 连接件 15. 自锁螺母(30N·m) 16. 稳定杆 17. 螺栓 18. 螺栓(100N·m) 19. 控制臂前支撑座 20. 螺栓(70N·m) 21、22. 螺栓(50N·m) 23. 摆动支撑 24、27. 螺栓(25N·m) 25. 橡胶座 26. 卡箍 28. 副车架

③拆下制动钳支架,将制动钳悬吊在车身上。

④拆下控制臂连接件。

⑤将车轮轴承座连同转向球头一同从控制臂上拉出。

⑥如图 3-114 所示,用专用工具将轮毂拉出。

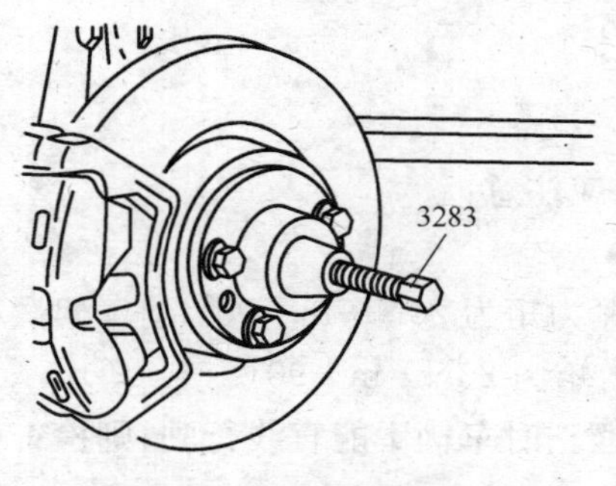

图 3-113 压出传动轴

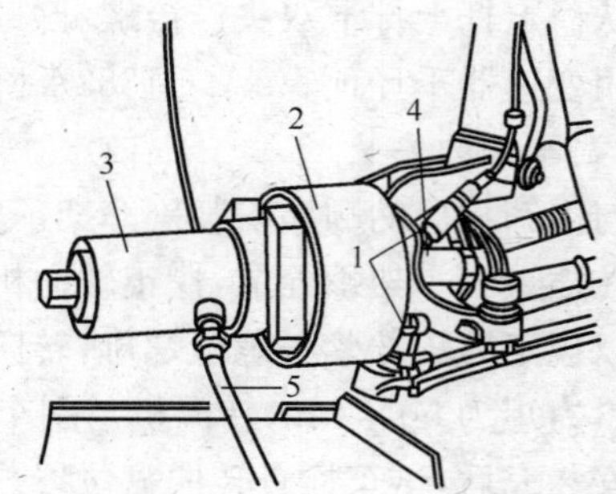

图 3-114 拉出轮毂

1. 螺栓 E-15 2. 套筒 E-40 3. 中空活塞泵 HKZ-15 4. 专用螺母 E-8-214 与拉杆 5. 带快速泄压阀的高压管

⑦如图 3-115 所示,用专用工具将车轮轴承拉出。

⑧如图 3-116 所示，将轮毂上的车轮轴承内圈拉出。

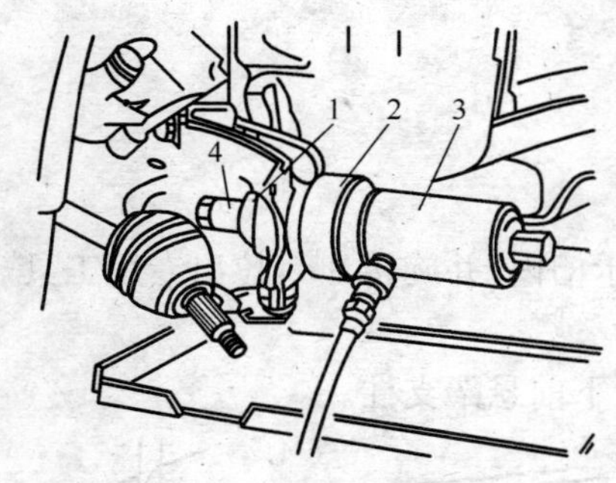

图 3-115　拉出车轮轴承

1. 推块 E-5　2. 压力套筒 E65-1　3. 中空活塞泵 HKZ-15　4. 专用螺母 E-8-214 与拉杆

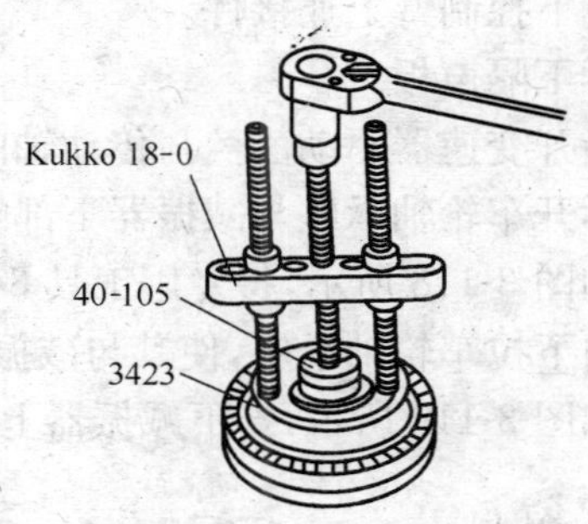

图 3-116　拉出车轮轴承内圈

⑨在车轮轴承座内接触面涂上润滑脂，按与拆卸相反的顺序安装车轮轴承及其他零件。

166. 如何检修前悬架支柱？

前悬架支柱零件如图 3-117 所示。

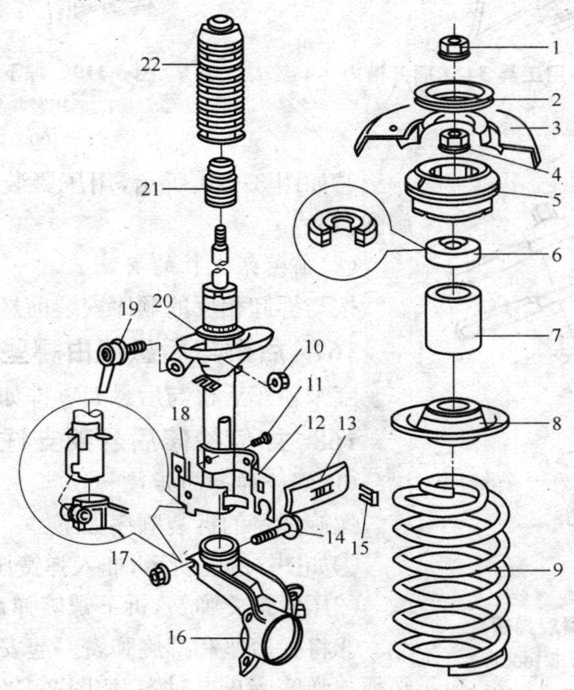

图 3-117　前悬架支柱分解图

1. 自锁螺母(60N·m)　2. 挡块　3. 减振器防尘罩　4. 螺母(60N·m)　5. 减振器支座　6. 轴承　7、22. 防护套　8. 弹簧挡盘　9. 螺旋弹簧　10、14. 自锁螺母　11. 螺栓(10N·m)　12. 支架　13. 隔热罩　15. 卡夹　16. 车轮轴承座　17. 螺栓　18. 紧固夹　19. 连接件　20. 减振器　21. 缓冲块

(1)前悬架支柱的拆卸

前悬架支柱的拆卸顺序如下：

①拆卸前车轮。

②拆下制动钳，并将其挂到车身上。

③拆下控制臂上连接件。

④拆下隔声板。

⑤断开变速器驱动法兰与传动轴的连接。

⑥拆开车轮轴承座与减振器下部螺栓连接。

⑦如图 3-118 所示，将专用工具 3424 插入箭头所示槽内，并旋转 90°，拉出专用工具 3424。

⑧向下拉车轮轴承座，使其与减振器分开。

⑨如图 3-119 所示，拧下减振器上部六角螺母。取下前悬架支柱。

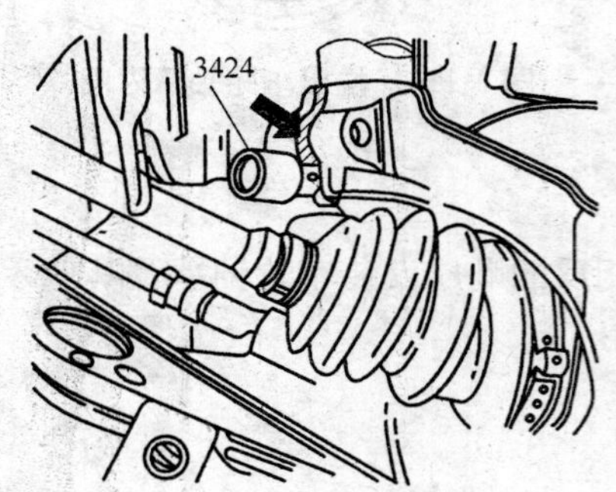

图 3-118 将专用工具 3424 插入槽内

图 3-119 拧下减振器上部六角螺母

1. 通用棘轮扳手 2. T 10001/8
3. T 10001/11 4. T 10001/5

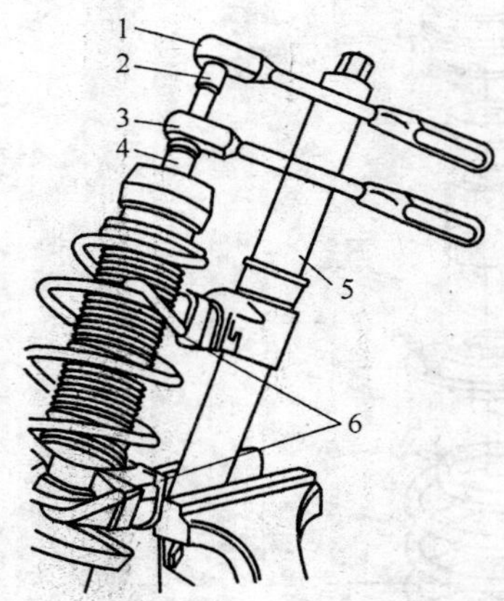

图 3-120 拆卸螺旋弹簧

1. 通用棘轮扳手 2. T 10001/8
3. T 10001/11 4. T 10001/5
5. 弹簧压紧装置 V. A. G1752/1
6. 保持架 V. A. G1752/4

⑩如图 3-120 所示，用压紧装置 V. A. G1752/1 拆卸螺旋弹簧。

(2)前悬架支柱的安装

按与拆卸相反的顺序安装前悬架支柱。

167. 后桥与后悬架由哪些部件组成？

宝来轿车后桥与后悬架零件如图 3-121 所示。

168. 如何检修后悬架支柱？

(1)螺旋弹簧的拆装

螺旋弹簧的拆装顺序如下：

①如图 3-122 所示，插入弹簧压紧装置。

②压紧螺旋弹簧，拆下螺旋弹簧。

③将弹簧座和螺旋弹簧一起安装。螺旋弹簧末端(箭头)必须与弹簧座止点对齐，如图 3-123 所示。

④放开弹簧，取出弹簧压紧装置。

(2)后减振器的拆装

后减振器及相关零件如图 3-124 所示。

后减振器的拆装顺序如下：

①拆下螺旋弹簧。

②如图 3-125 所示，拧下后减振器上支座与车身连接螺栓。

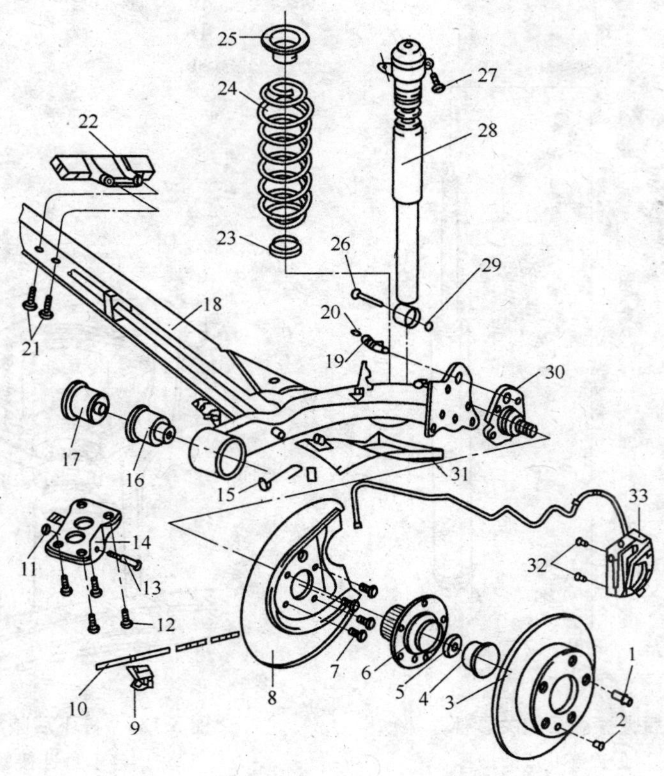

图 3-121 后桥与后悬架分解图

1. 车轮螺栓(120N·m) 2. 螺钉 3. 制动盘 4. 防尘盖 5. 自锁螺母(175N·m) 6. 车轮轴承与轮毂 7. 螺栓(60N·m) 8. 防溅板 9. 驻车制动拉索支架 10. 驻车制动拉索 11. 自锁螺母(80N·m) 12、27. 螺栓(75N·m) 13. 螺栓(80N·m) 14. 后桥轴承支架 15. 驻车制动拉索钩 16. 粘结橡胶座 17. 液压粘结橡胶座 18. 后桥承重梁 19. 车轮转速传感器 20. 内六角螺栓(8N·m) 21. 螺栓(20N·m+45°) 22. 减振块 23. 组合件 24. 螺旋弹簧 25. 弹簧座 26. 六角螺栓(60N·m) 28. 减振器 29. 六角螺母 30. 支承桥 31. 防护板 32. 内六角螺栓(65N·m) 33. 制动钳

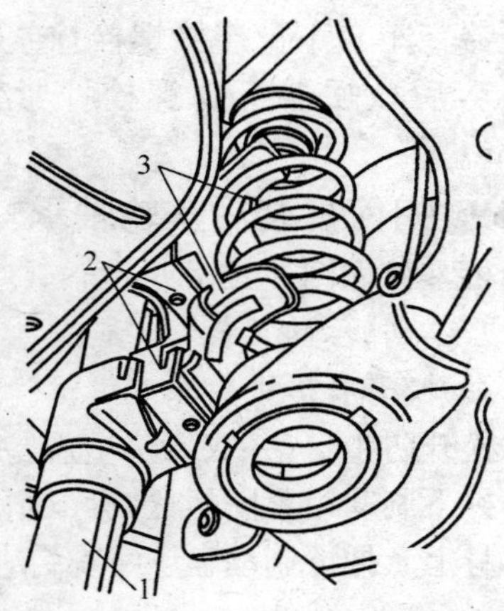

图 3-122 插入弹簧压紧装置

1. 弹簧压紧装置 V. A. G1752/1
2. 调试仪 V. A. G1752/9
3. 支架 V. A. G1752/3

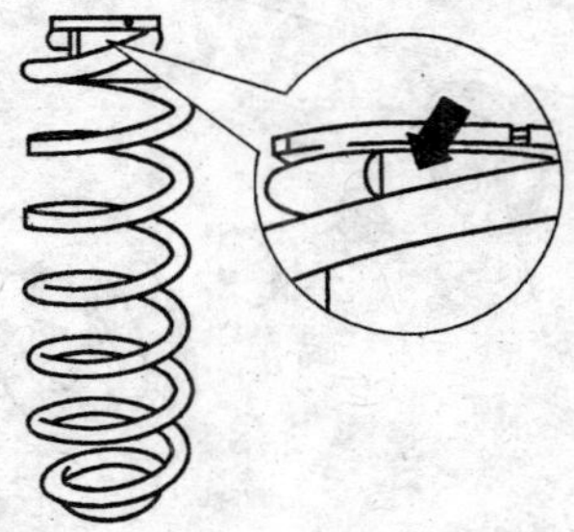

图 3-123 螺旋弹簧末端与弹簧座止点对齐

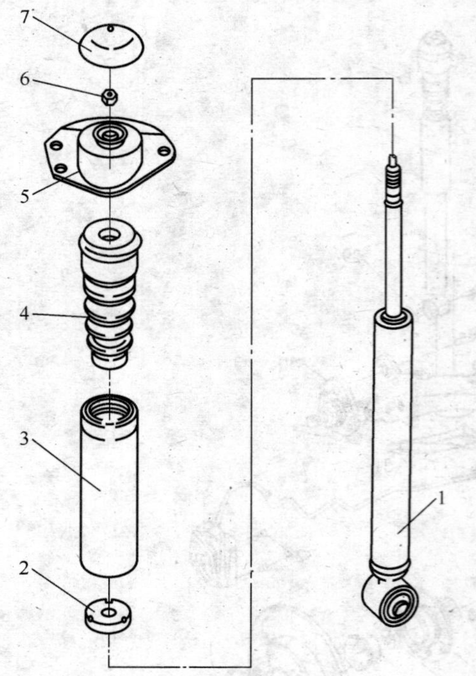

图 3-124 后减振器及相关零件

1. 减振器 2. 保护盖 3. 防护套
4. 缓冲块 5. 减振器支座
6. 自锁螺母(25N·m)

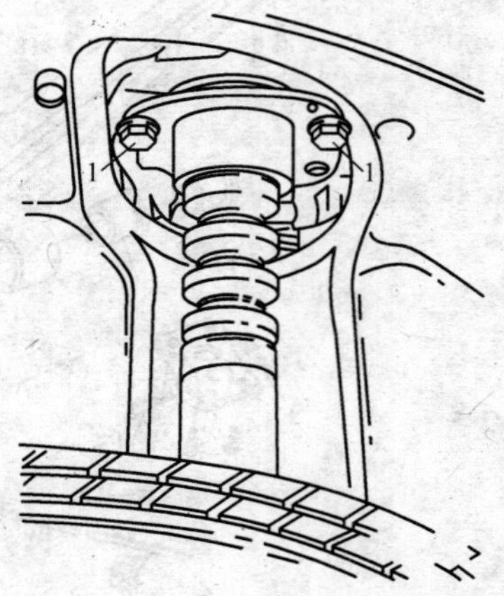

图 3-125 拧下后减振器上支座与车身连接螺栓

1. 螺栓

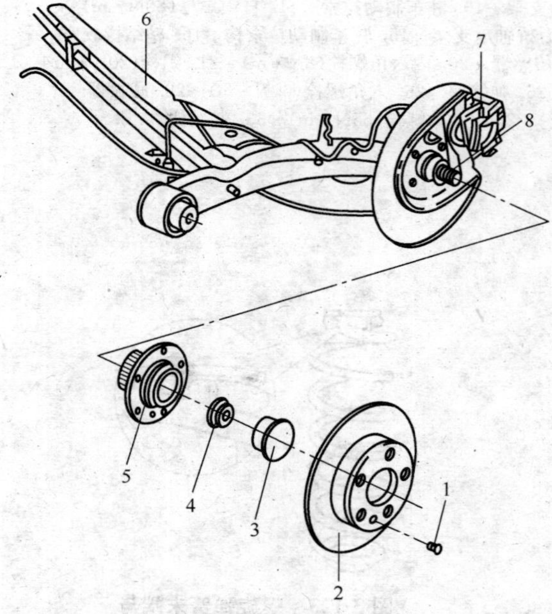

图 3-126 后桥分解图

1. 螺钉 2. 制动盘 3. 防尘盖 4. 自锁螺母(175N·m)
5. 车轮轴承与轮毂 6. 后桥承重梁 7. 制动钳 8. 支撑桥

③举升车辆。

④拧下后减振器下部螺栓,取下减振器。

⑤按与拆卸相反的顺序安装后减振器。后减振器支座与车身连接螺栓拧紧力矩为75N·m,后减振器下部螺栓拧紧力矩为60N·m。

169. 如何拆装后车轮轴承?

后桥零件如图 3-126 所示。

(1)车轮轴承的拆装

①举升车辆,拆下后轮。

②松开防尘盖,并取下防尘盖。

③拧下制动钳紧固螺栓,拆下制动钳并挂到车身上。拧下制动盘十字螺钉,拆下制动盘。

④拧下后桥轴头螺母。如图 3-127 所示,拉出后轮轮毂。

⑤如图 3-128 所示,用带 204-2(通用

型)的拉力器A拉下后桥轴头上车轮轴承内圈。

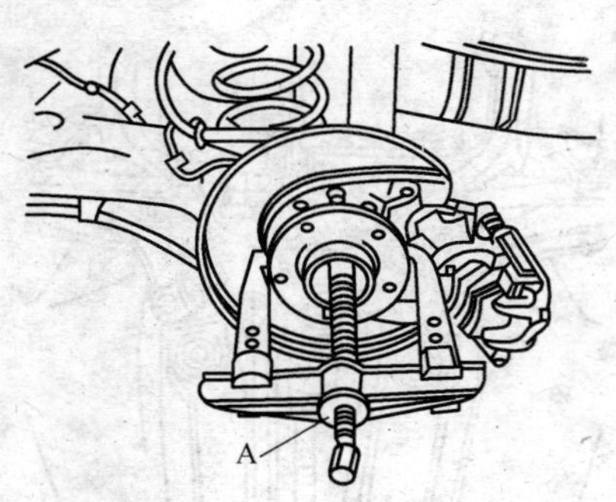

图 3-127　拉出后轮轮毂

A—拉拔器

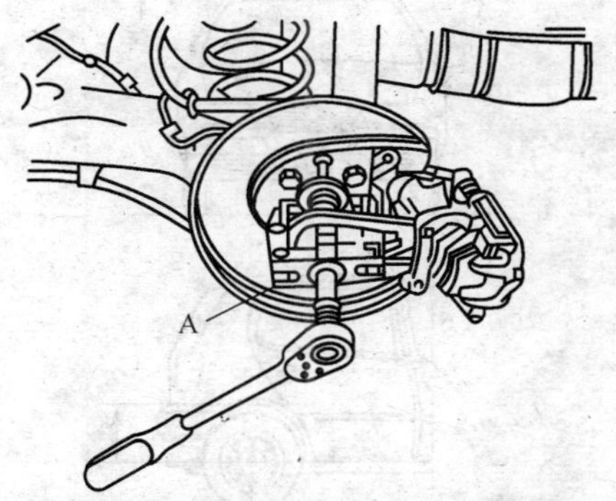

图 3-128　拉下后桥轴头上车轮轴承内圈

A—拉拔器

⑥按与拆卸相反的顺序安装后车轮轴承及其他部件。如图3-129所示，用专用工具3420将轮毂压到止点位置。以65N·m力矩拧紧制动钳螺栓，以175N·m力矩拧紧后桥轴头螺母。

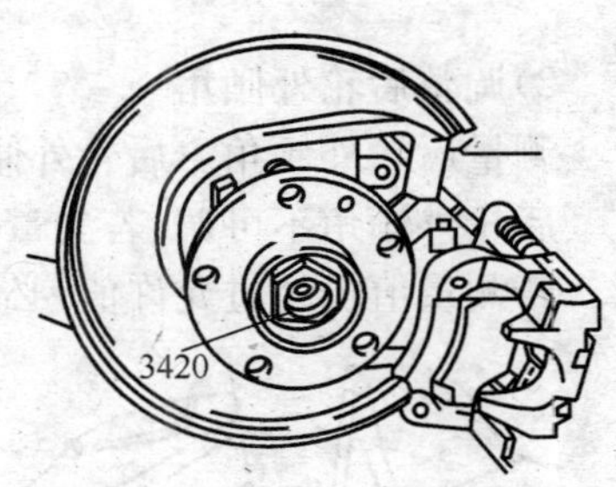

图 3-129　用专用工具 3420 将轮毂压到止点位置

170. 如何检查与调整车轮定位?

(1)检查条件

①悬架、车轮轴承、转向机构间隙正常且无损坏。

②同一车桥上轮胎花纹深度差不超过2mm，轮胎气压正常。

③油箱必须加满燃油，备胎和随车工具已安装在正确位置，风挡玻璃清洗罐已加满清洗液。

④检查车轮定位时，要确保滑动台座和转盘不要碰到止点位置。

⑤必须补偿车轮径向跳动，否则，将影响测量结果的准确性。

⑥车辆定位台和定位仪在保养期间内，每年至少检测一次，若有必要，应进行调整。

(2)车辆横向偏差的补偿

如图3-130所示，相对于"零位置"的车辆横向偏差若测量值超出允许值，是由于车辆位置不正确造成。这是由生产线上装配位置和相应重量转移引起的，属正常现象。测量车辆左右的尺寸a。若有必要，调整横向偏差。对于前桥，通过在相应悬架支柱上部加重来补偿；对于后桥，通过在相应行李舱侧加重来补偿。加重补偿适宜用质量约10kg的沙袋。

(3)外倾角的调整

1)调整前轮外倾角

测量前轮外倾角，前轮外倾角(正前方向)标准值为$-30'\pm30'$，两侧最大允许偏差为Max30′。若数值超过允许值，必须检查车辆横向偏差。若有必要，应进行补偿。通过移动副车架来轻微改变外倾角。

①如图3-131所示，松开螺栓。

②移动副车架直至两侧外倾角相等。

③检查前主销后倾角。后倾角为$7°40'\pm30'$，两侧最大允许偏差为Max30′。

④用新螺栓紧固副车架，拧紧力矩为100N·m+90°。

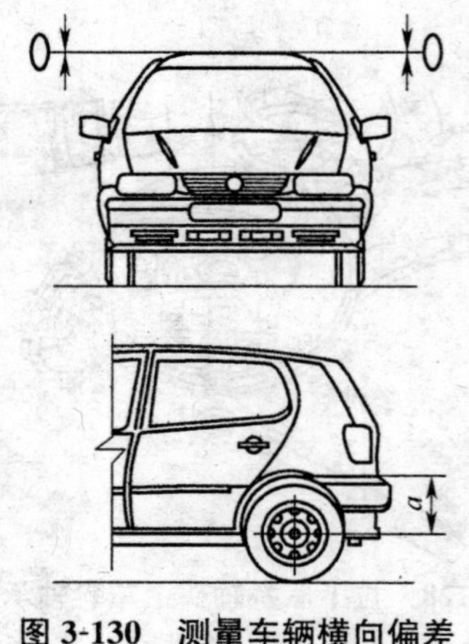

图 3-130　测量车辆横向偏差

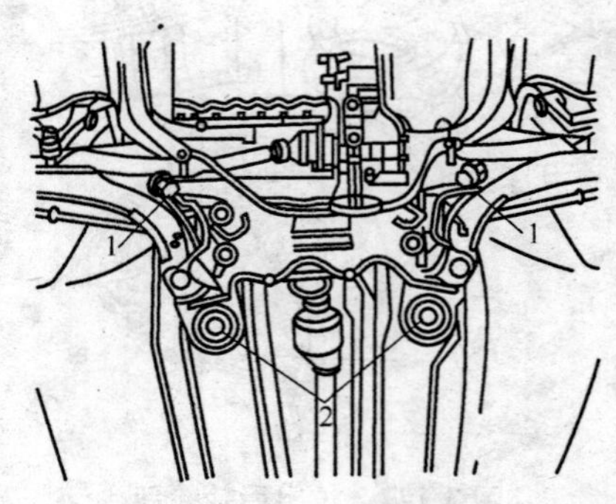

图 3-131　松开螺栓

1,2. 螺栓

2)调整后轮外倾角

测量后轮外倾角。后轮外倾角标准值为－1°27′±10′,两侧最大允许偏差值为 Max30′。

后轮外倾角不可调,若测量值超过允许值,必须检查车辆横向偏差。若有必要,应进行补偿。若测量值仍超过允许值,必须检查车身及后桥的损坏情况。若有必要,予以更换。

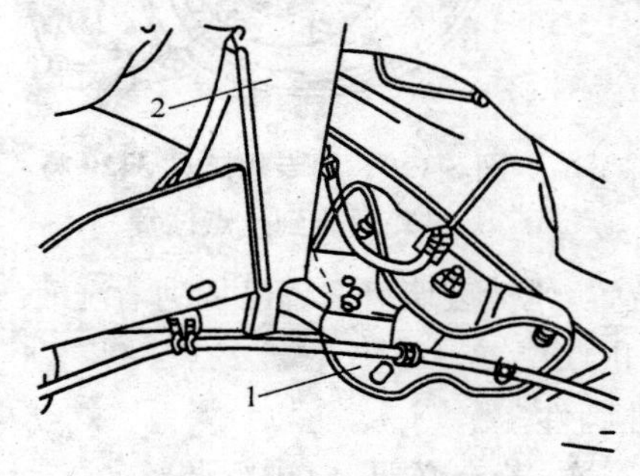

图 3-132　松开锁紧螺母

1. 后桥轴承支架　2. 后桥承重梁

(4)前束值的调整

1)前轮前束的调整

测量前轮总前束,总前束(未受压)标准值为 0°±10′。若测量值超过允许值,必须检查车辆横向偏差。若有必要,应进行补偿。前轮总前束可通过旋转左或右横拉杆进行调整。

①如图 3-132 所示,松开锁紧螺母。

②旋转左或右横拉杆调整前束,将开口扳手置于横拉杆六角螺纹上。

③将锁紧螺母以力矩 50N·m 拧紧。拧紧锁紧螺母后,前轮前束值可能有轻微变化,应重新检查前轮前束。

2)后轮前束的调整

测量后轮总前束,总前束(未受压)标准值为 20′±10′。若测量值超过允许值,必须检查车辆横向偏差。若有必要,应进行补偿。后轮总前束不可调。

第七节　风神蓝鸟轿车车桥与悬架的检修

171. 前桥与前悬架由哪些部件组成?

风神蓝鸟轿车前桥与前悬架的结构如图 3-133 所示。前桥为转向驱动桥,采用麦弗逊式独立悬架。前桥与前悬架主要由转向节、轮毂、传动轴、减振器、螺旋弹簧等部件组成。

172. 如何检修转向节总成?

前桥的零件如图 3-134 所示,转向节总成包括转向节、车轮轮毂及轴承等。

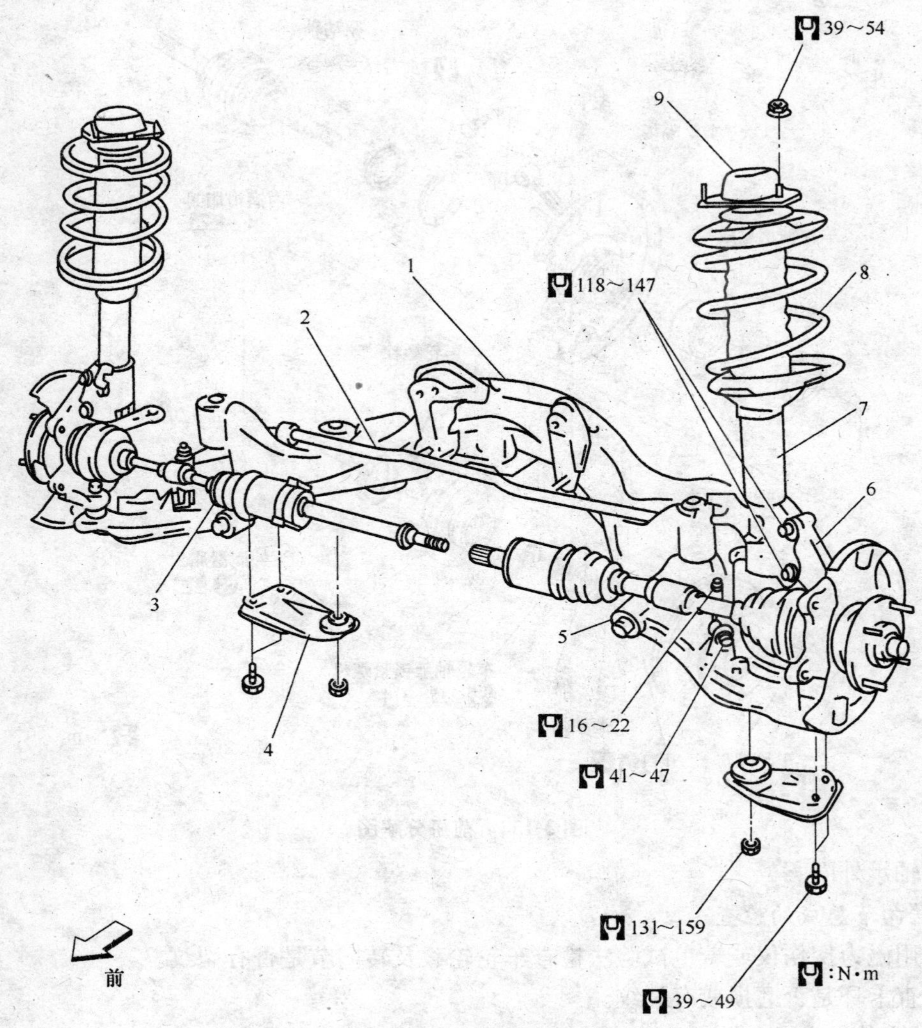

图 3-133　前桥与前悬架的结构

1. 悬架梁　2. 稳定杆　3. 传动轴　4. 弹性挡块　5. 横拉杆　6. 转向节　7. 减振器总成　8. 螺旋弹簧　9. 减振器隔离座总成

(1)转向节总成的拆卸

转向节总成的拆卸顺序如下：

①举升车辆，拆下前轮，拧下车轮轴承锁紧螺母。

②拆下制动钳、制动盘。不要将制动软管从制动钳上拆下，不要踩制动踏板，以免将活塞弹出。

③用专用工具拆开拉杆与转向节的连接。

④拆下前减振器下部与转向节连接螺栓。

⑤将传动轴与转向节分开。

⑥拆开转向节与转向横拉杆的连接，取下转向节总成。

(2)转向节总成的分解

①用适当的工具从转向节上敲出车轮轮毂。

②拆下车轮轴承内圈及外润滑脂封，从转向节上拆下内润滑脂封，拆下内卡环及外卡环，

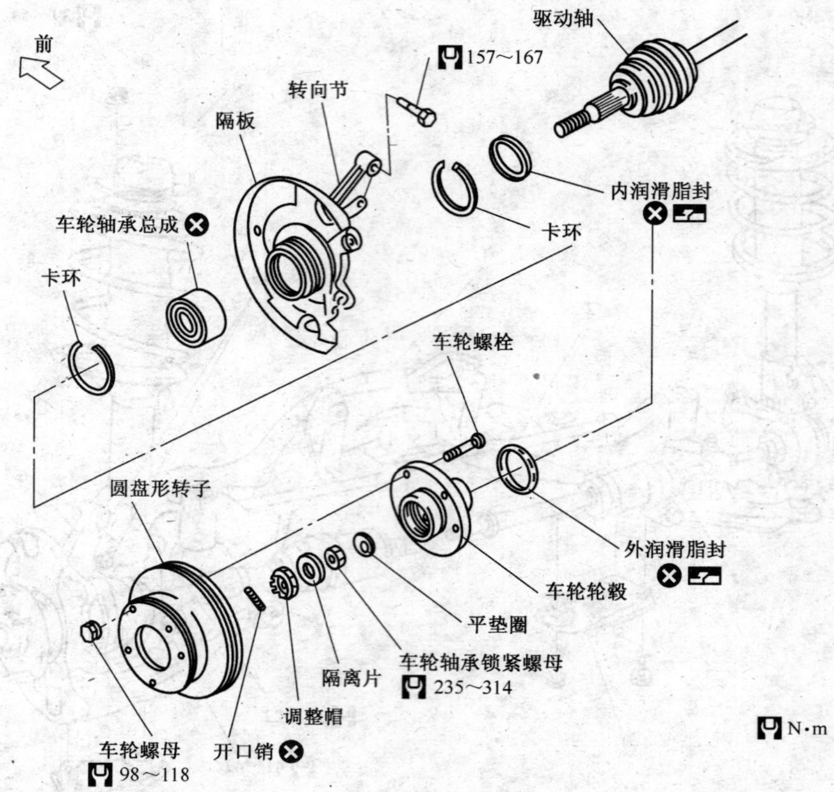

图 3-134 前桥分解图

压出车轮轴承外圈。

(3)转向节总成的检查

①使用磁力探伤仪或着色试验法检查车轮轮毂及转向节是否有裂纹。

②检查卡环是否磨损或有裂纹。

(4)转向节总成的组装

转向节总成的组装顺序如下：

①将内卡环装入转向节的槽内。

②如图 3-135 所示，换上新的车轮轴承，将车轮轴承压入转向节内，最大压力 p 为 29kN。不要压车轮轴承内圈，不要在车轮轴承外圈与转向节的配合面涂润滑油或润滑脂。

③将外卡环装入转向节的槽内。

④在润滑脂封的唇部涂上多用途润滑脂，装上外润滑脂封和内润滑脂封。

⑤如图 3-136 所示，将车轮轮毂压入转向节，最大压力 p 为 29kN。不要损坏润滑脂封。

⑥施加压力 p 为 34.3～49.0kN，朝前后各转动转向节数圈，应转动灵活，确认轴承预紧度合适。

(5)转向节总成的安装

按与拆卸相反的顺序安装转向节总成。安装时应注意：

①以 235～314N・m 力矩拧紧车轮轴承锁紧螺母。

②检查车轮轴承轴向端隙，轴向端隙不超过 0.05mm。

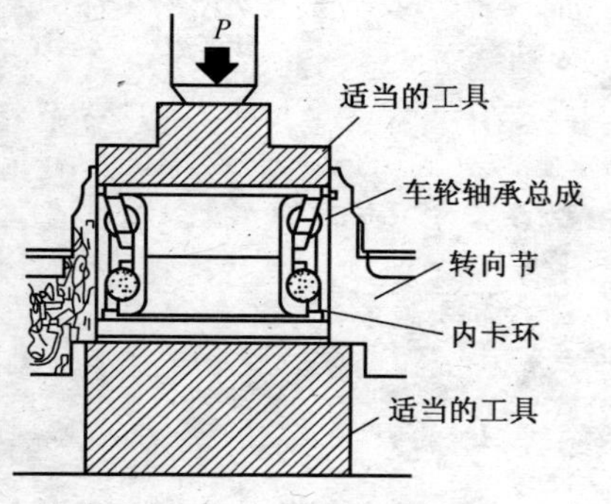

图 3-135　压入车轮轴承

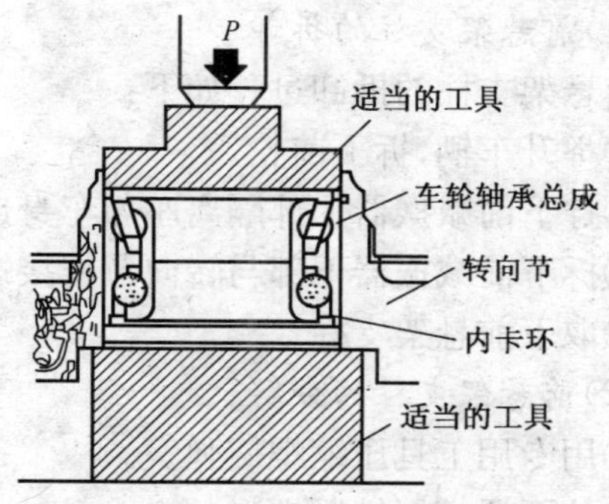

图 3-136　压入车轮轮毂

③检查前轮定位，必要时，予以调整。

173. 如何检修前悬架支柱?

前悬架的零件如图 3-137 所示，前悬架支柱包括螺旋弹簧、前减振器等。

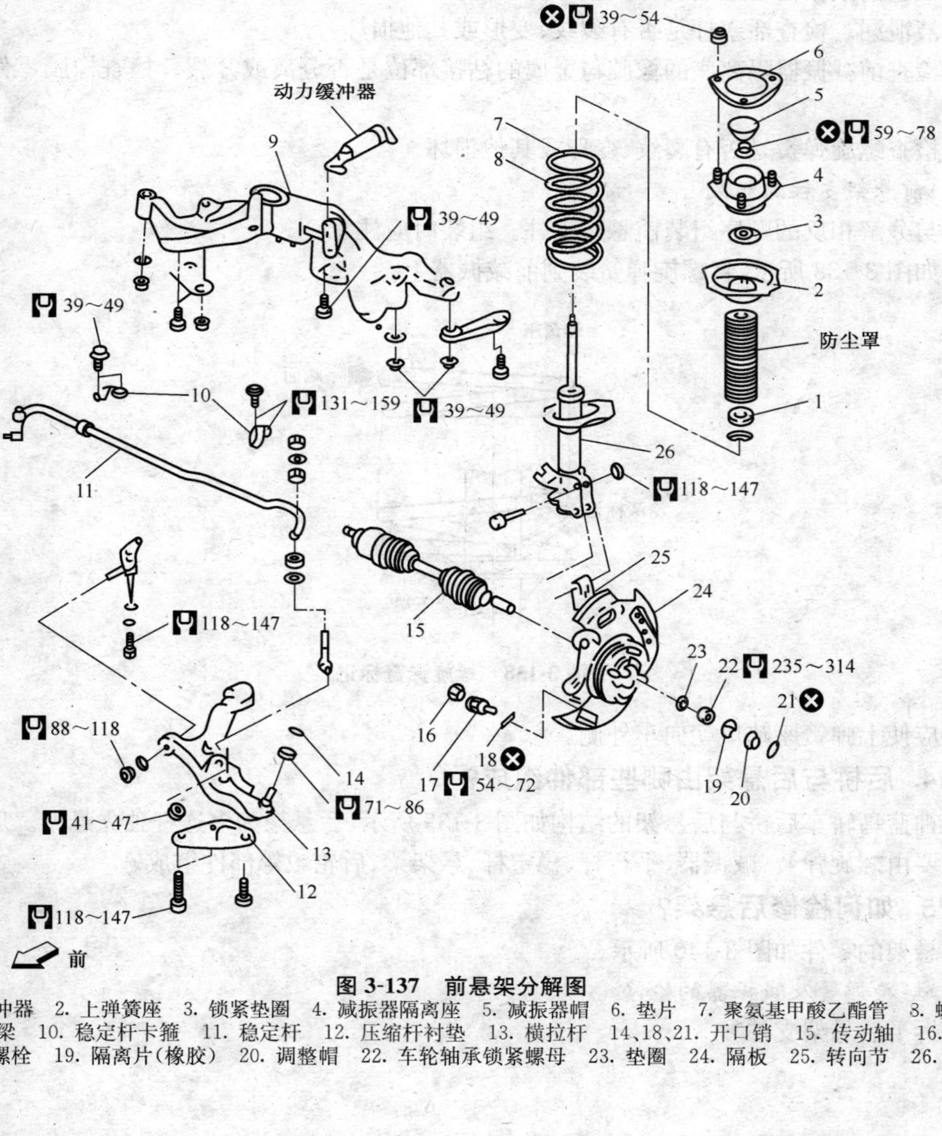

图 3-137　前悬架分解图

1. 弹跳缓冲器　2. 上弹簧座　3. 锁紧垫圈　4. 减振器隔离座　5. 减振器帽　6. 垫片　7. 聚氨基甲酸乙酯管　8. 螺旋弹簧　9. 前悬架梁　10. 稳定杆卡箍　11. 稳定杆　12. 压缩杆衬垫　13. 横拉杆　14、18、21. 开口销　15. 传动轴　16. 螺栓帽　17. 限位螺栓　19. 隔离片(橡胶)　20. 调整帽　22. 车轮轴承锁紧螺母　23. 垫圈　24. 隔板　25. 转向节　26. 减振器

(1)前悬架支柱的拆卸

前悬架支柱的拆卸过程如下:

①举升车辆,拆下前轮。

②拧下前减振器上部隔离座与车身连接螺母。

③拆下前减振器下部与转向节连接螺栓。

④取下前悬架支柱。

(2)前悬架支柱的分解

①用专用工具压缩螺旋弹簧。

②拧下活塞杆锁紧螺母。

③取下减振器隔离座。

④放松螺旋弹簧,从前减振器上取下螺旋弹簧。

(3)前悬架支柱零件的检查

①检查前减振器在压缩及伸长整个行程范围内是否运动灵活。检查焊接或密封压盖处是否有油液泄漏。检查活塞杆是否有裂纹、变形或其他损坏。

②检查前减振器隔离座的橡胶与金属的粘接部位是否分离或开裂。检查橡胶零件是否老化。

③检查螺旋弹簧是否有裂纹、变形或其他损坏。

(4)前悬架支柱的组装

按与分解相反的顺序组装前悬架支柱。组装时应注意:

①如图 3-138 所示,将螺旋弹簧装到前减振器上。

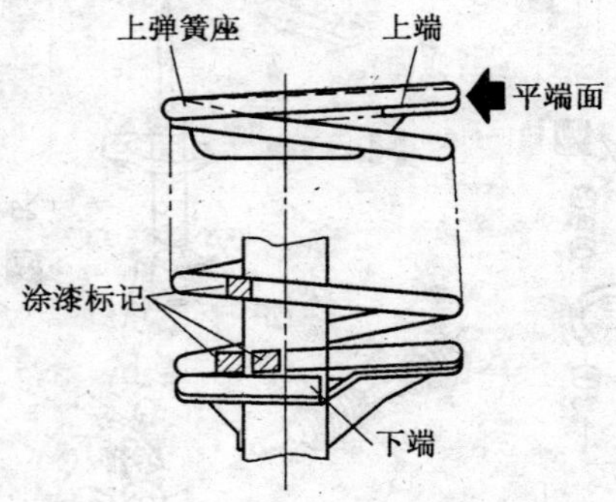

图 3-138 螺旋弹簧标记

②应使上弹簧座缺口朝向车外侧。

174. 后桥与后悬架由哪些部件组成?

风神蓝鸟轿车后桥与后悬架的结构如图 3-139 所示,后悬架为多连杆独立悬架。后桥与后悬架主要由螺旋弹簧、减振器、平行杆、稳定杆、悬架梁、后轮毂等部件组成。

175. 如何检修后悬架?

后悬架的零件如图 3-140 所示。

(1)螺旋弹簧及减振器的检修

①拆下后悬架支柱。

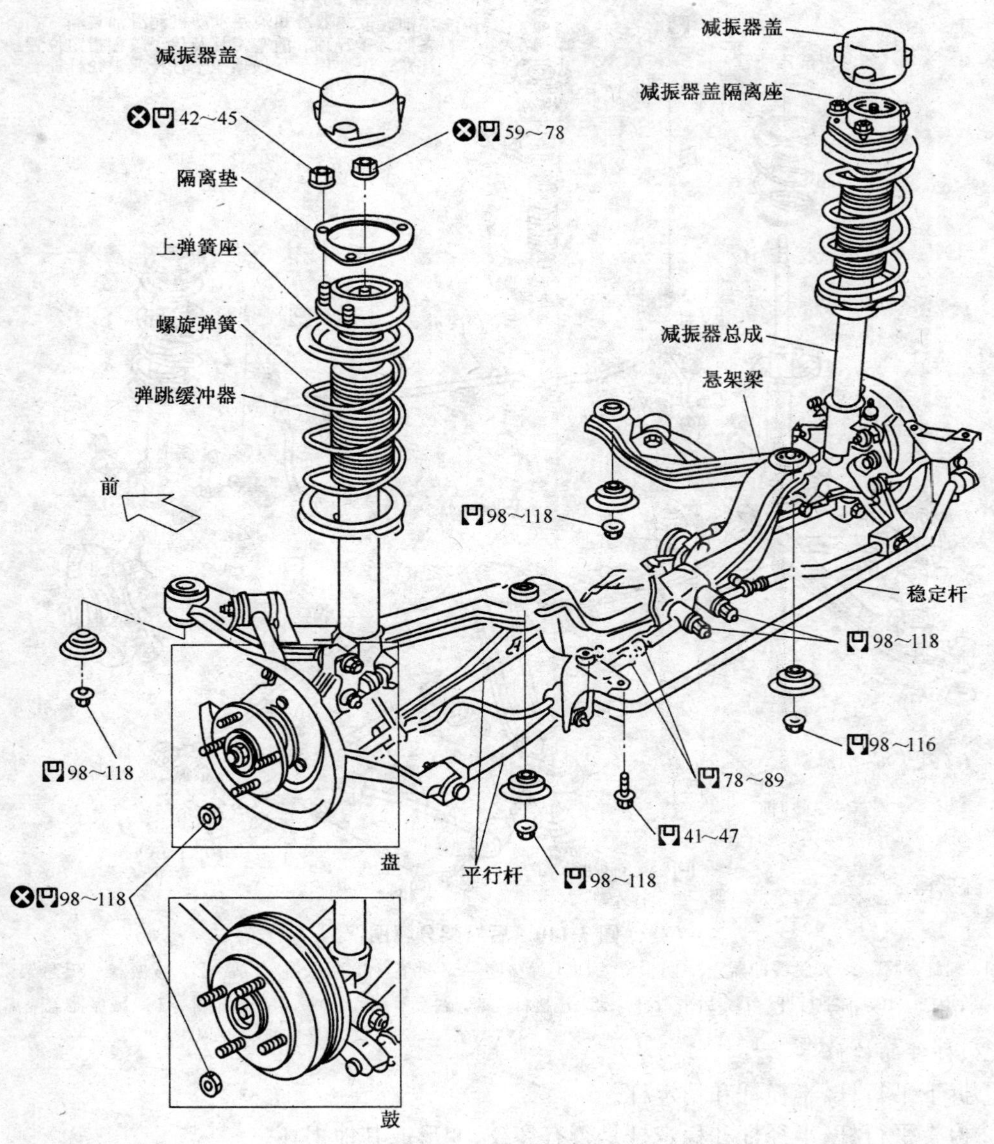

图 3-139　后桥与后悬架结构

②分解后悬架支柱。

③检查压缩及拉伸整个行程内减振器的运动是否平稳。检查减振器是否漏油。检查活塞杆是否有裂纹、变形或其他损坏。

④检查橡胶件是否变质或开裂。检查减振器隔离座的橡胶与金属的粘接部位是否熔化或开裂，橡胶零件是否老化。

⑤检查螺旋弹簧是否有裂纹、变形或其他损坏。

⑥装配后悬架支柱，如图 3-141 所示，放置上弹簧座。

⑦安装后悬架支柱。

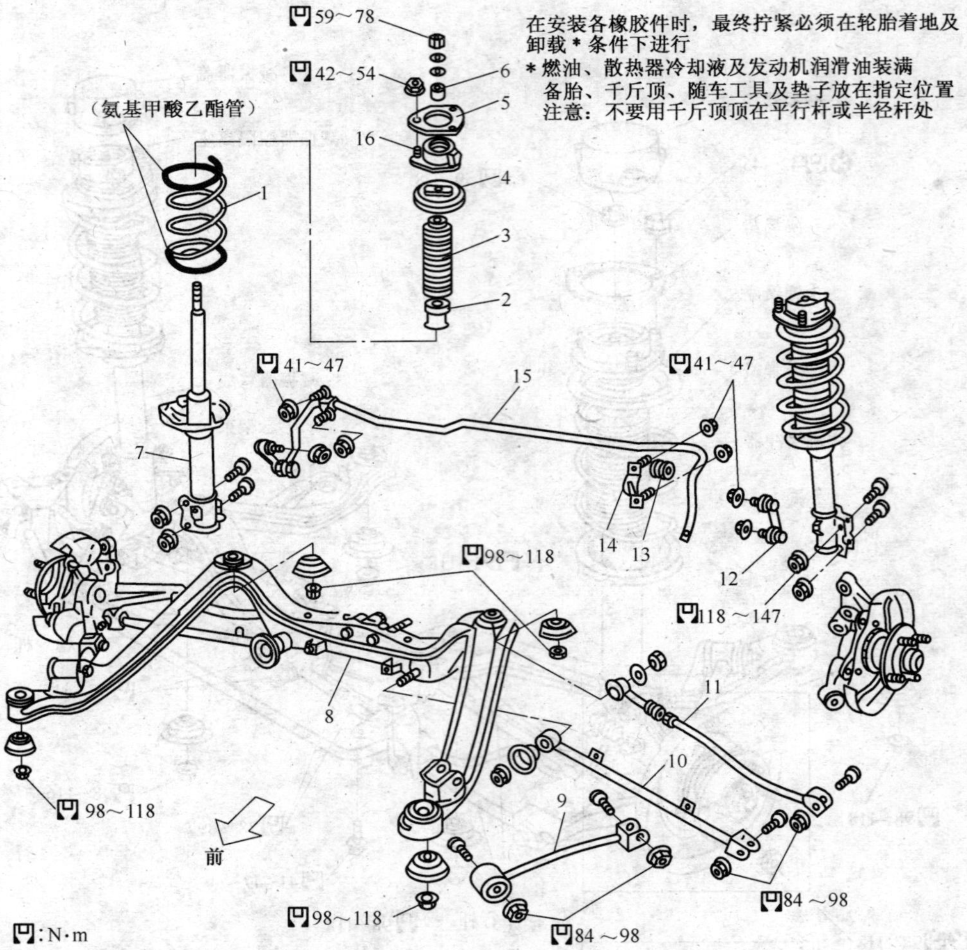

59～78
42～54
6
5
（氨基甲酸乙酯管）
16
4
1
3
2
在安装各橡胶件时，最终拧紧必须在轮胎着地及卸载＊条件下进行
＊燃油、散热器冷却液及发动机润滑油装满
备胎、千斤顶、随车工具及垫子放在指定位置
注意：不要用千斤顶顶在平行杆或半径杆处
41～47
15
41～47
7
14
13
98～118
12
118～147
11
8
10
9
98～118
前
84～98
98～118
84～98
:N·m

图 3-140　后悬架分解图

1. 螺旋弹簧　2. 弹跳缓冲器　3. 防尘罩　4. 上弹簧座　5. 衬垫　6. 减振器定位管　7. 减振器　8. 悬架梁　9. 半径杆　10. 前平行杆　11. 后平行杆　12. 连接杆　13. 衬套　14. 卡箍　15. 稳定杆　16. 减振器盖隔离座

(2)杆件的检修

①拆下平行杆、半径杆和稳定杆。

②检查平行杆、半径杆和稳定杆是否有裂纹、变形或其他损坏。

③安装前平行杆时,应保证涂漆标记的方向正确,如图 3-142 所示。

左侧
右侧
定位孔
前
定位孔
110°
110°
110°
110°
24.5°～29.5°
24.5°～29.5°

图 3-141　上弹簧座的放置

上侧
涂漆标记
下侧

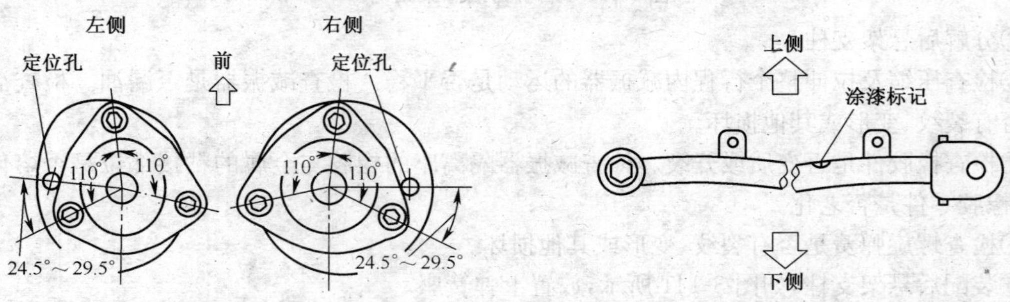

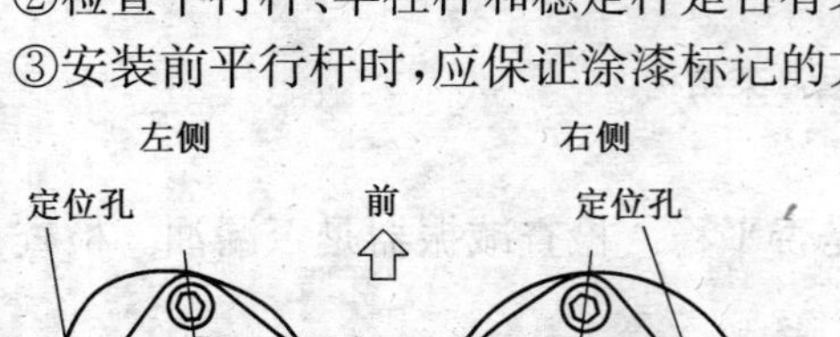

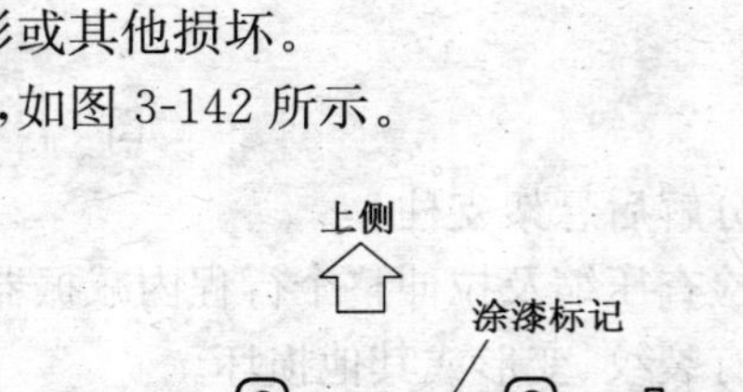

图 3-142　前平行杆安装标记

④安装稳定杆时，参考涂漆标记，以便均匀安装，如图 3-143 所示。应使球形接头位置正确。

⑤在轮胎着地且有外部重量的情况下拧紧各螺栓。

⑥安装完毕后，检查与调整车轮定位。

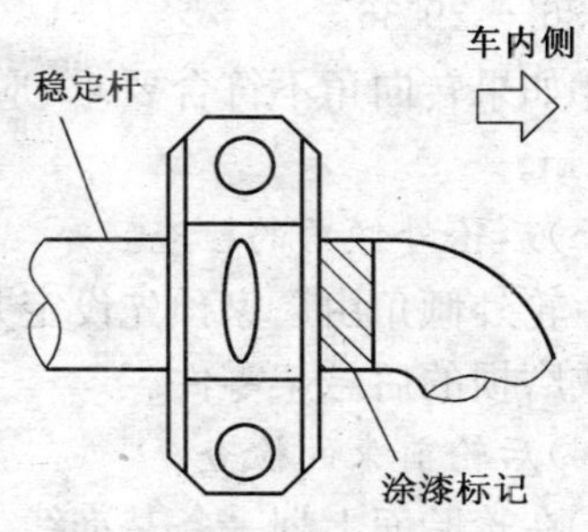

图 3-143 稳定杆安装标记

176. 如何检查前车轮定位？

(1)初步检查

在检查前车轮定位之前，一定要在卸载状态下先进行初步检查。按规定加注燃油、冷却液、发动机润滑油。备胎、千斤顶、随车工具及垫子放在指定位置。

①检查轮胎是否磨损或充气不当。

②如图 3-144 所示，检查车轮跳动情况。铝车轮最大横向跳动极限为 0.3mm，最大径向跳动极限为 0.3mm；钢车轮最大横向跳动极限为 0.5mm，最大径向跳动极限为 0.8mm。

③检查车轮轴承是否松动。

④检查车桥及悬架零件是否松动。

⑤检查转向拉杆是否松动。

⑥用弹跳测试法检查减振器工作是否正常。

⑦检查车辆姿势是否正常(卸载)。

(2)前轮外倾角、主销后倾角及内倾角的检查

用车轮倾角测量仪测量前轮外倾角、主销后倾角及内倾角。前轮外倾角为$-55'\sim35'$，主销后倾角为$1°50'\sim3°20'$，主销内倾角为$13°15'\sim14°45'$。

前轮外倾角、主销后倾角及内倾角不能调整。如果前轮外倾角、主销后倾角及主销内倾角不符合要求，应检查并更换磨损或损坏零件，予以恢复。

(3)前轮前束的检查

①在轮胎面上划一条基准线。并使转向轮朝向正前方。

②如图 3-145 所示，测量车轮中心高度上两前轮的距离 A、B。其前束为 0～2mm。

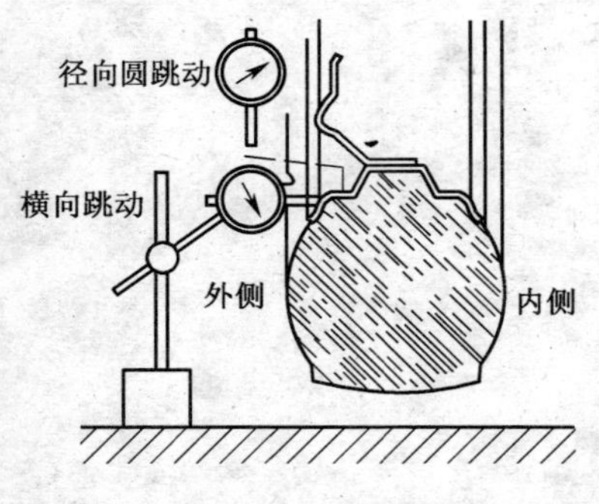

图 3-144 检查车轮径向跳动

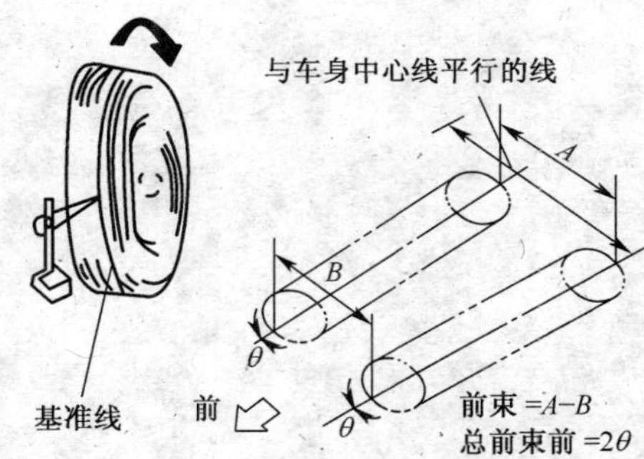

图 3-145 检查前轮前束

③如果前轮前束不符合要求，可调整转向横拉杆长度来调整前轮前束。

(4)前轮转向角的检查

①使前轮朝正前方，并向前推动车辆，直到前轮正好停在转盘测量仪上。

②将前轮向左及向右转到底，并测量转向角。内轮转向角为$31°30'\sim35°30'$，外轮转向角

为 25°36′～29°36′。

③如果转向角不符合要求，应通过限位螺栓调整。限位螺栓锁紧螺母拧紧力矩为 54 ～72N·m。

(5)后轮外倾角的检查

后轮外倾角由厂家预先设定并且不能调整。如果后轮外倾角超出规定值，应检查并更换损坏或磨损的后悬架零件。

(6)后轮前束的检查

①在轮胎面上划一条基准线。

②测量后轮前束。测量车轮中心高度上两后轮的距离，后轮前束为 1～3mm。

③如果后轮前束不符合要求，应通过改变后平行杆的长度调整前束。如图 3-146 所示，将左右后平行杆的长度调整到相同的长度 A，标准长度 A 为 50～55mm。

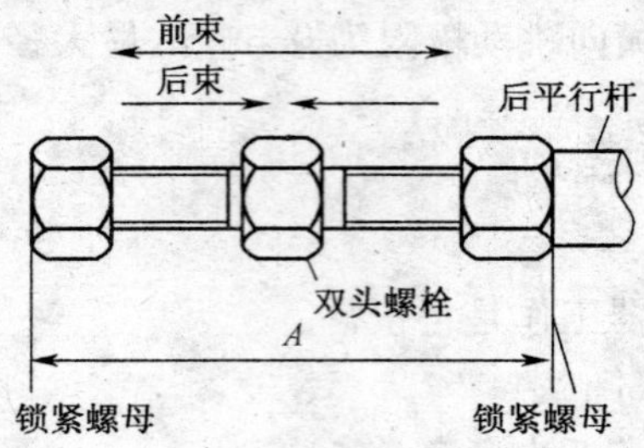

图 3-146 调整后轮前束

第四章　轿车转向系统的检修

第一节　东风雪铁龙爱丽舍轿车转向系统的检修

177. 转向系统由哪些部件组成？

爱丽舍轿车采用可变液压动力转向系统，其布置如图 4-1 所示。转向盘的位置可以调节（包括转向盘的高度和角度调节）。转向轴具有碰撞吸能保护功能。

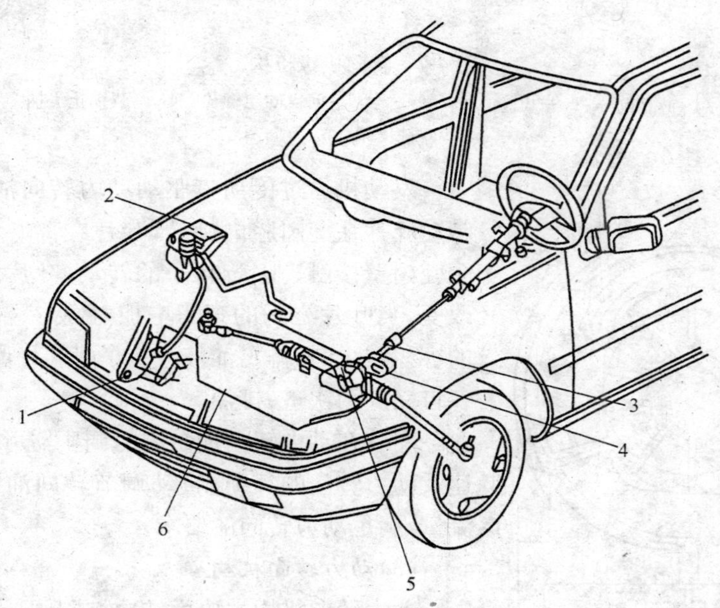

图 4-1　转向系统布置

1. 动力转向油泵　2. 储液罐　3. 转向柱　4. 转向控制阀
5. 动力液压缸　6. 高压油管

（1）转向操纵机构

转向操纵机构如图 4-2 所示。

（2）动力转向油泵

动力转向油泵为叶片式液压泵，主要由转子、叶片、泵体和调压器等组成，如图 4-3 所示。

动力转向油泵的定子内腔为椭圆形，设有两个进油口和两个出油口。转子上装有多片可沿径向滑动的叶片。在进排油通道设有调压器，防止发动机转速较高时输出油量过大、油温过高，以限制油泵的输出油压，防止油压过高损坏机件，破坏油封，导致漏油。

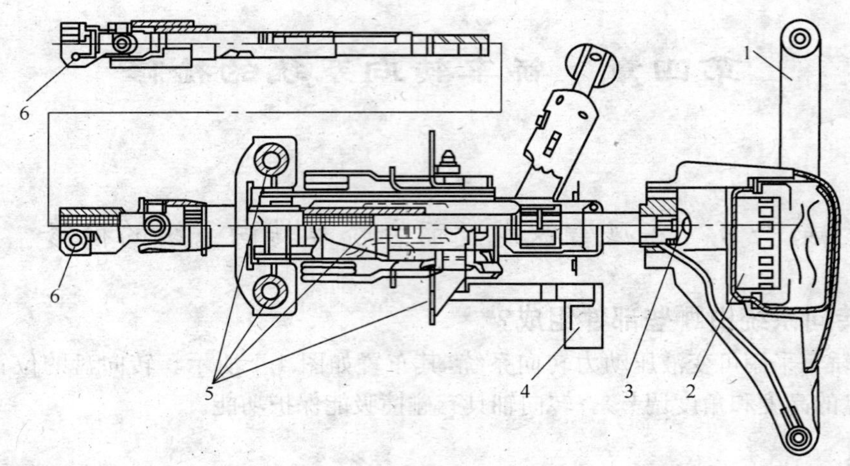

图 4-2　转向操纵机构

1. 转向盘　2. 安全气囊固定螺栓　3. 转向盘固定螺栓　4. 调节锁止手柄　5. 转向柱支架　6. 万向节

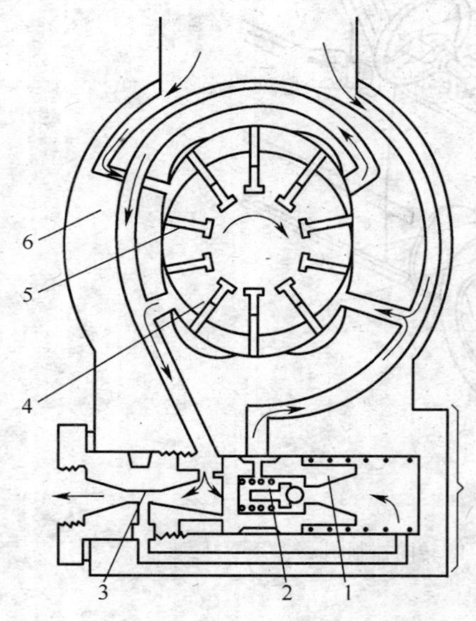

图 4-3　动力转向油泵结构

1. 调压器活塞　2. 限压阀　3. 喉管　4. 转子　5. 叶片　6. 泵体

发动机通过传动带驱动动力转向油泵的转子，转子带动叶片在椭圆腔内旋转，叶片在离心力的作用下与定子腔内壁接触。随着转子的转动，叶片之间的容积发生改变，当叶片之间的容积增加时，吸入油液；当叶片之间的容积减少时，排出油液。转子每转一圈，每个工作腔都各自完成两次进、排油。

安装在动力转向油泵内的调压器可根据发动机的转速及动力转向的负荷，自动调节转向油泵输出的油压及流量，满足动力转向的要求。

(3)动力转向机构

动力转向机构主要由转向控制阀、齿轮齿条转向机、动力液压缸、转向横拉杆等组成。动力液压缸体固定在转向器壳体上，而动力液压缸活塞操纵杆铰接在转向齿条上，转向动力可由此输出。动力转向机构的零件如图 4-4 所示。

1)转向控制阀

旋转式转向控制阀和转向机的齿轮装在一起。转向控制阀主要由阀体、阀套、阀芯、扭力杆及密封圈组成，如图 4-5 所示。

2)动力液压缸

动力液压缸与转向传动机构的连接如图 4-6 所示。它固定在转向机壳上，操纵杆铰接在齿条上，右侧室油液通过通道供应。根据转向盘的转动，通过控制阀来分配油液。动力液压缸活塞一边油压升高，保证齿条的助力。

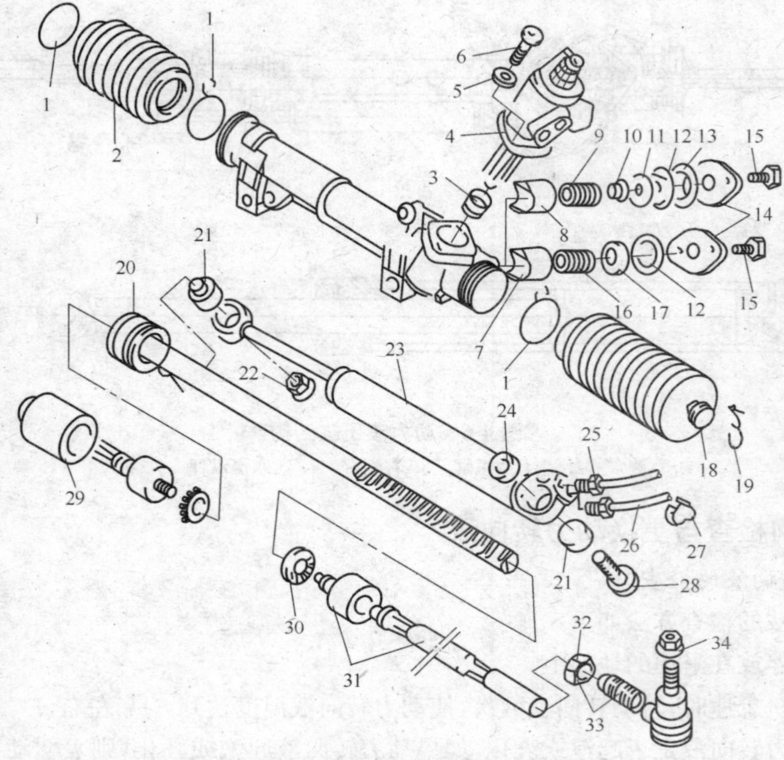

图 4-4　动力转向机构分解图

1、19. 箍圈　2、18. 防尘套　3. 轴承　4. 转向控制阀　5. 波形弹性垫圈　6、28. 螺栓　7、8. 顶块　9、16. 弹簧　10. 弹簧支座　11. 碟形弹性垫圈　12、17. 调整垫圈　13. 密封垫圈　14. 端盖　15. 螺钉　20. 轴承总成　21. 转向齿条弹性节　22、34. 锁紧螺母　23. 动力液压缸　24. 平垫圈　25、26. 油管　27. 油管支架　29. 球头销保护罩　30. 止推垫圈总成　31. 转向横拉杆　32. 调整螺母　33. 横拉杆接头

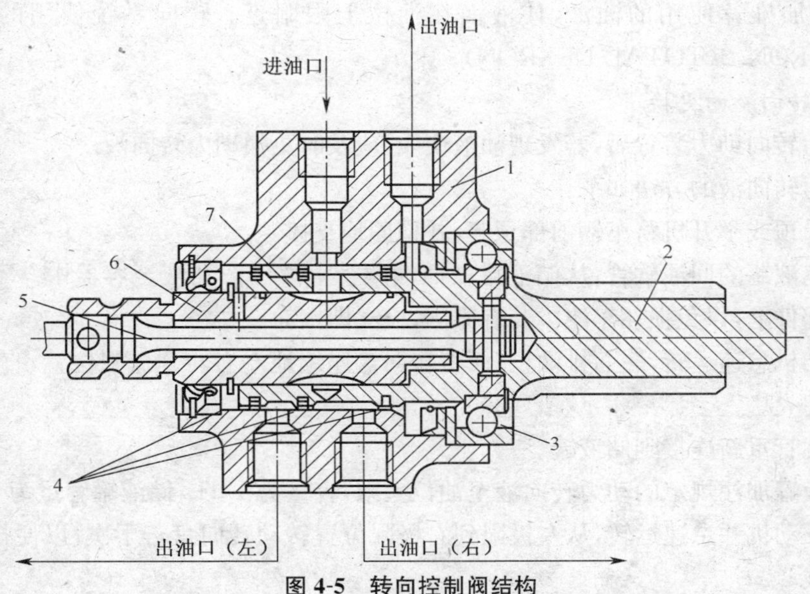

图 4-5　转向控制阀结构

1. 阀体　2. 齿轮　3. 轴承　4. 密封圈　5. 扭力杆　6. 阀芯　7. 阀套

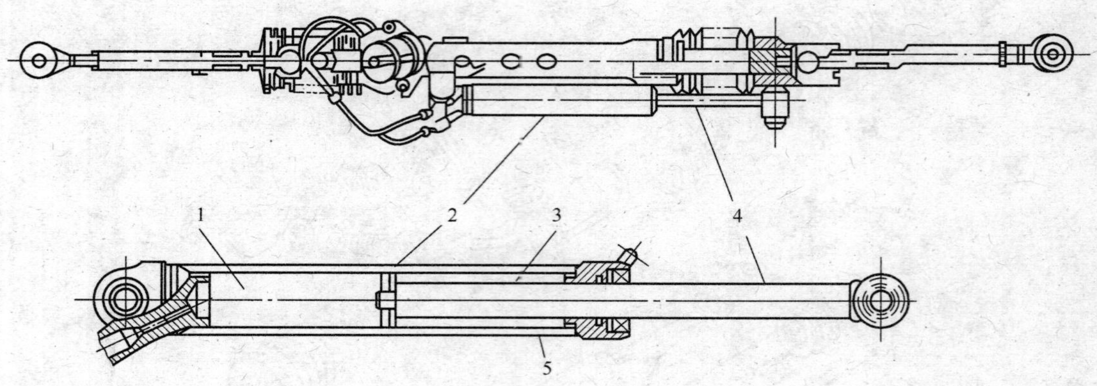

图 4-6　动力液压缸结构

1. 左侧室　2. 动力液压缸　3. 右侧室　4. 活塞操纵杆　5. 通道

178. 如何检查与更换动力转向液?

(1)动力转向液的检查

动力转向液的检查方法如下:

①将车辆停放在平坦的地面上。

②在发动机怠速时,转动转向盘数次,使动力转向液温度达到 80℃左右。

③检查动力转向液是否起泡或乳化,如果动力转向液起泡或乳化,则表明动力转向液内已渗入空气,应进行排气。

④检查动力转向液,若动力转向液变质或已到使用期限,则应更换油液。

⑤检查储液罐油位高度,确保油位在储油罐的油位上限和油位下限之间。当油液没有变质,油液中也没有渗入空气,而只是油面高度低于油位下限,则表示可能有泄漏。应检修泄漏部位,然后添加推荐使用的油液,使液面在油位上限附近。转向系统使用的油液型号为 A. T. F. DEXRON. 2(TOTAL DEXRON)。

(2)动力转向液的更换

拆检动力转向助力装置后,若发现油液变质,应及时更换动力转向液。

更换动力转向液的方法如下:

①用千斤顶或举升机将车辆前部顶起,并稳固地支撑。

②卸下储液罐的回油软管,从储液罐及回油软管上放出旧油液至容器中。不要把油液洒到车体或零部件上,以免损坏车漆。若有溅洒,应立即擦净。

③使发动机怠速运转,一面排油,一面将转向盘连续地左右转到极限位置,直到油液排尽,再使发动机熄火。

④将回油管重新连接到储液罐。

⑤向储液罐加注规定的动力转向液至油位上限,容量为 1.1L,储液罐容量为 0.3L。

⑥起动发动机并怠速运转,从左极限到右极限位置转动转向盘若干次,以便排出转向液压系统中的空气。

⑦重新检查油位。必要时,可加注规定的动力转向液,使油位至储液罐上限。

(3)动力转向液压系统的排气

当动力转向液压系统渗入空气后，由于空气的可压缩性，会造成转向操作不稳，忽轻忽重，影响汽车的转向安全性。液压系统渗入空气的主要原因有油管接头连接不牢或接头损坏；油管破裂或重新连接油管后没有进行排气或排气不干净；在更换转向液时排气不干净；储油罐油面过低等。为保证转向省力，操作平稳安全，应及时排除动力转向液压系统中的空气。

在对动力转向液压系统进行排气前，应先检查储油罐油位高度，并根据需要添加动力转向液，待液面合适后，便可按下述方法排气：

①将车辆前部用千斤顶或举升机顶起，并用支架牢靠固定。

②转动转向盘，从左极限位置转到右极限位置，来回转动 3～5 次。

③起动发动机，使发动机怠速运转，并重复转动转向盘 3～5 次。

④将车辆前部放下，在发动机怠速运转的状态下，再转动转向盘 5～8 次，使油温升高。然后，将转向盘置于中间位置，检查并记录储油罐内油位。

⑤关闭点火开关，使发动机熄火，3～5min 后，再检查储油罐油位，并与原油位进行比较。若无差值或差值小于 5.0mm，而且油液中无气泡或乳化现象，表明系统内空气已排净。否则，仍需重复④与⑤，直至空气被排净为止。

⑥检查油位，根据需要向储液罐中加注油液至规定油位。

179. 如何检查和调整动力转向油泵传动带的松紧度?

若传动带过松，易打滑，将会导致动力转向油泵供油量减少，油压过低，使转向沉重；若传动带过紧，会导致动力转向油泵轴及轴承受力增加，从而加快零件的磨损，降低机件及传动带的使用寿命，同时，也增加发动机功率的消耗。因此，动力转向油泵传动带的松紧度应调整适宜。在使用新传动带时，应先按新传动带的标准挠度调整，然后使发动机运转 5min，再将挠度调节到旧传动带的标准值。

(1)传动带松紧度的检查

1)检查传动带挠度

在动力转向油泵传动带的中部施加 100N 的力，测量传动带的挠度，其挠度值应符合标准，否则，应予以调整。旧传动带的标准挠度为 13～14mm；新传动带的标准挠度为 9～10mm。

2)检查传动带运转

将车辆停在干燥路面上，使发动机运转，待油液升到正常温度后，左右转动转向盘。当转向盘转到极限位置时，动力转向油泵输出油压最大，此时传动带的负荷最大。如果传动带打滑，表明传动带过松或动力转向油泵内有机械损伤。

(2)传动带松紧度的调整

①松开张紧轮固定螺栓。

②压紧张紧轮使传动带张紧，拧紧固定螺钉。

③起动发动机，将转向盘在左右极限位置之间连续转动几次，使发动机熄火。

④重新检查传动带的挠度。若传动带挠度不符合要求，则应重新调整，直至符合要求为

止。

180. 如何检查动力转向系统工作状况?

(1)动力转向油泵输出油压的测量

测量动力转向油泵的输出油压,可以确定动力转向油泵或转向齿轮机构是否有故障。为准确地测量动力转向油泵的输出油压,测量前,应使储液罐油位正常,动力转向油泵传动带的挠度符合标准。

用压力表测量动力转向油泵输出油压。在发动机停转时,从动力转向油泵拆下油管,将压力表(带手动阀)连接在动力转向油泵的排液口与转向控制阀之间。

动力转向油泵输出油压测量方法如下:

①完全开启手动阀。

②起动发动机并使其怠速运转。

③将转向盘在左右极限位置之间连续转动若干次,使转向油液温度升至80℃,并确保液面高度正常。

④在发动机转速为800r/min时测量静态油压。如动力转向油泵良好,则压力表的读数至少应为300kPa(不转向时的最低压力)。

⑤逐渐关闭手动阀,直至压力表指针稳定不动,读取压力值。此时,动力转向油泵的输出标准压力至少应为6.2~6.9MPa(车轮转向受阻时的最大压力),表明动力转向油泵工作良好。若压力表读数低于6.2MPa,则表明动力转向油泵输出压力太低,表明动力转向油泵有故障,不能有效助力。应检修或更换动力转向油泵。

⑥迅速完全开启手动阀,注意手动阀关闭时间每次不要超过5s。否则,动力转向油泵容易过热而损坏。

(2)转向操纵力的检查

在检查车轮开始转动的操纵力时,要将车辆停放在水平干燥、清洁路面上,轮胎保持正常气压,并使储液罐油位正常及转向油泵传动带挠度符合标准值。其检查方法如下:

①起动发动机,使其怠速运转,同时,连续左右转动转向盘至极限位置若干次,以使转向液升温。

②使前轮处于直线行驶位置。

③将弹簧测力计挂到转向盘轮缘上。

④起动发动机,使其怠速运转,拉弹簧测力计。一旦转向轮开始转动时,记下弹簧测力计读数。

⑤弹簧测力计的读数应小于40N。如果此读数过大,表明车轮开始转动所需的转向盘操纵力过大,动力转向系统工作不正常,应检查动力转向油泵和转向机。如动力转向油泵压力正常而转向操纵力过大,应检查转向控制阀、动力液压缸及转向机。

(3)动力转向液压系统外部泄漏的检查

动力转向液压系统外部泄漏主要是因油封及密封圈损坏或老化、壳体或金属件破裂、油管渗漏或油管接头松脱等造成的。动力转向液压系统常见泄漏部位有泵油封泄漏、泵壳体与泵盖端泄漏、转向控制阀体外壳顶部的油封泄漏、动力液压缸泄漏、动力转向油泵与转向控制阀及动力液压缸的各油管接头泄漏。因此,应重点检查上述部位。

检查泄漏时,首先起动发动机,然后左右转动转向盘若干次。每次都转到极限位置(应注意在极限位置停留不得超过 5s)，使转向油泵输出最大压力，从而使整个动力液压管路系统产生最大压力。此时，应在转向油泵管路连接处及动力转向油泵、转向控制阀、动力液压缸的常见泄漏处检查泄漏。

泄漏的具体检查方法如下：

①将车辆顶起，加上安全支承，擦干漏油部位。

②检查储液罐是否油液过多，如过多，应放出过多油液。

③检查并拧紧转向油泵、转向控制阀及动力液压缸上的油管接头。

④起动发动机，左右反复转动转向盘，查找泄漏部位。发现泄漏部位后，关闭发动机，检修并排除故障。

(4)动力转向机构修复装车后的检查与调整

动力转向机构修复装车后应进行检查，必要时还应进行调整，以确保转向性能。

1)密封性检查

动力转向机构装车后的密封性检查必须在热车时进行。因此，首先起动发动机，并怠速运转，将转向盘在左右极限位置之间转动几次，使动力转向液温度升高，再将转向盘转至左右两侧极限位置稍作停留(停留时间应少于 5s)，使管路压力达到最大。然后检查动力转向液压系统的管路及各油管接头、阀体及动力液压缸推杆的密封性。

如某处出现泄漏，则必须查明原因，排除故障，直到消除泄漏现象。

2)转向性能检查

起动发动机，并怠速运转，然后左右转动转向盘。动力转向器总成应在其整个工作范围内工作正常，要求操作轻便，转向盘转向与回正顺畅、噪声小、无振动。此时，要求动力转向油泵工作正常。

3)检查转向盘位置与前轮前束

检查转向轮处于直行位置时转向盘是否居中。如有必要，可通过同等幅度地转动左、右横拉杆来进行调整。检查调整前轮前束，使之恢复正常。

第二节　广州本田飞度轿车转向系统的检修

181. 转向系统由哪些部件组成？

飞度轿车转向系统采用电动助力转向系统(EPS)和机械转向系统两种。

电动助力转向系统(EPS)的组成如图 4-7 所示。

机械转向系统的组成如图 4-8 所示。

182. 如何检查与调整转向盘自由行程？

将前轮转至正前方位置，保持前轮不动，测量转向盘左右转动的最大距离，其值应为 0～10mm。如果超出极限范围，则应调整齿条导轨。如果齿条导轨调整后，其值仍然超出极限范围，则应检查转向横拉杆球头销或转向齿轮齿条机构。

183. 如何检查与调整转向柱及倾斜度调节杆？

(1)转向柱及倾斜度调节杆的检查

转向柱及倾斜度调节杆检查部位如图 4-9 所示。

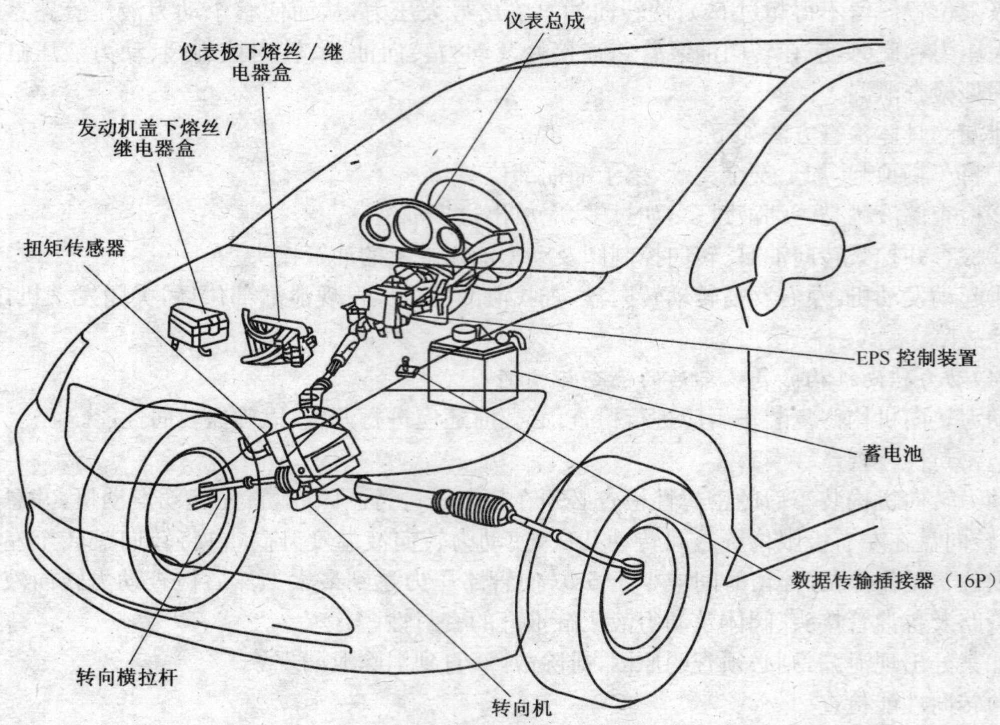

图 4-7 电动助力转向系统(EPS)组成

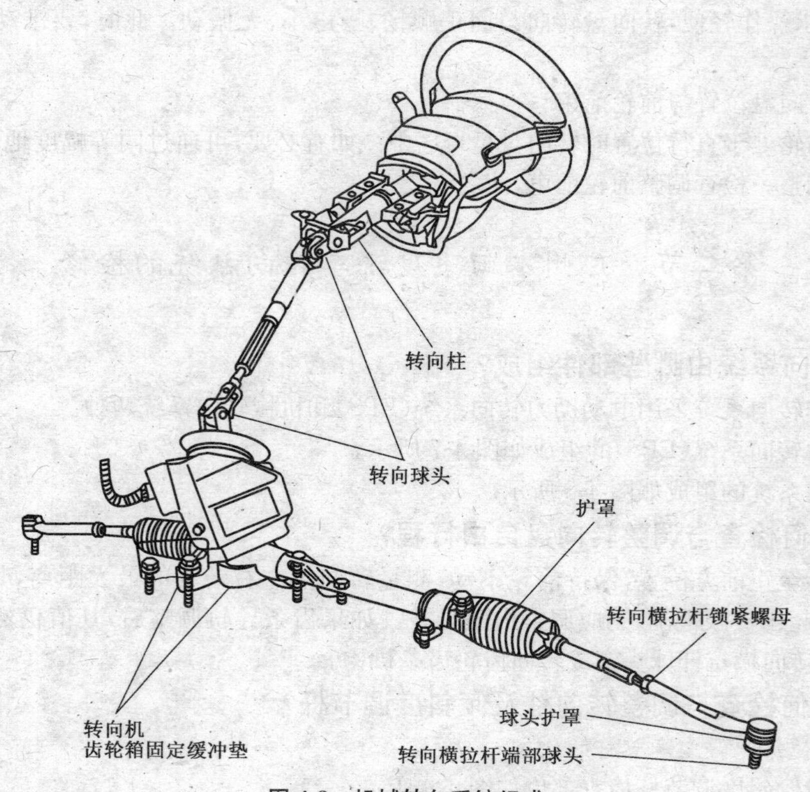

图 4-8 机械转向系统组成

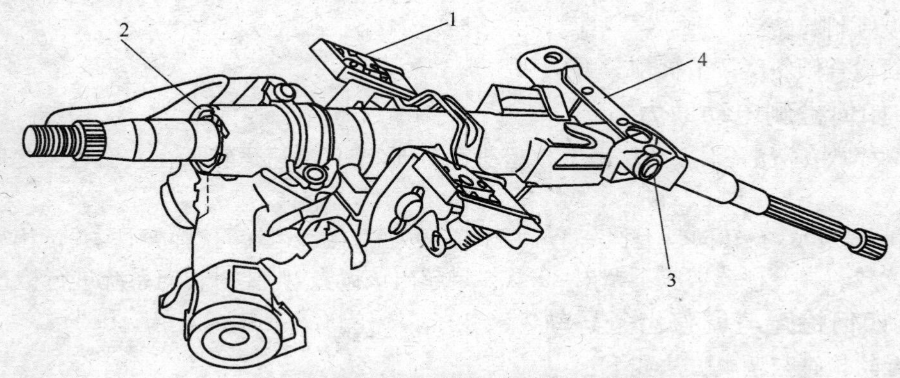

图 4-9　转向柱及倾斜度调节杆检查部位

1. 倾斜托架　2. 转向柱球轴承　3. 转向球头轴承　4. 枢轴支撑托架

①检查滑动倾斜托架是否脱落。

②转动转向柱轴，检查其转动是否顺畅，并检查转向柱轴承和转向节轴承是否正常。如果轴承有噪声或间隙过大，则应更换转向柱。

③检查滑动倾斜托架和转向轴支撑托架有无变形或断裂。如果变形或断裂，则应更换转向柱。

(2)倾斜度调节杆的检查与调整

将倾斜度调节杆从放松位置到锁紧位置移动 2～3 次。如图 4-10 所示，从距离倾斜度调节杆 10mm 处测量其预紧力，预紧力应为 70～90N。如果预紧力不符合要求，则应按以下方法调节预紧力。

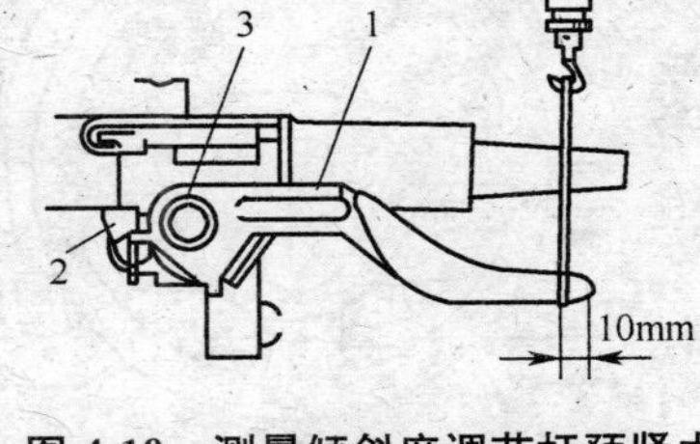

图 4-10　测量倾斜度调节杆预紧力

1. 倾斜度调节杆　2. 倾斜弹簧

3. 锁紧螺栓

①松开倾斜度调节杆，将转向柱置于中间位置。

②拆下倾斜弹簧。

③拧下锁紧螺栓，拆下倾斜度调节杆。

④如图 4-11 所示，按规定力矩向左(松)或向右(紧)转动倾斜锁紧螺母，调节预紧力。

⑤如图 4-12 所示，使倾斜度调节杆上的限位部分与倾斜托架接触，将倾斜度调节杆定位，套上螺栓。用扳手夹住锁紧螺母，将螺栓拧紧至规定力矩。

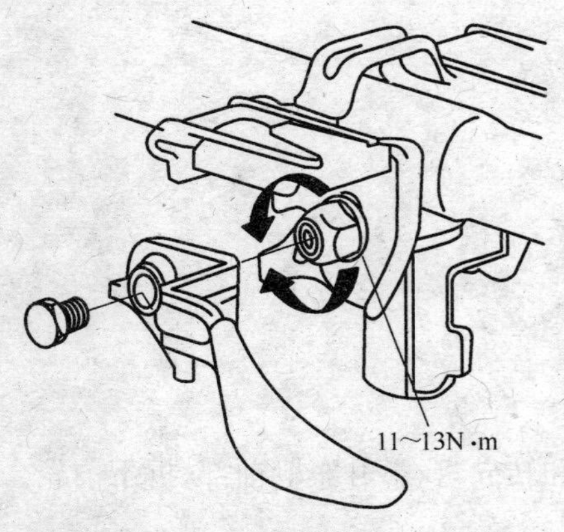

图 4-11　调节预紧力

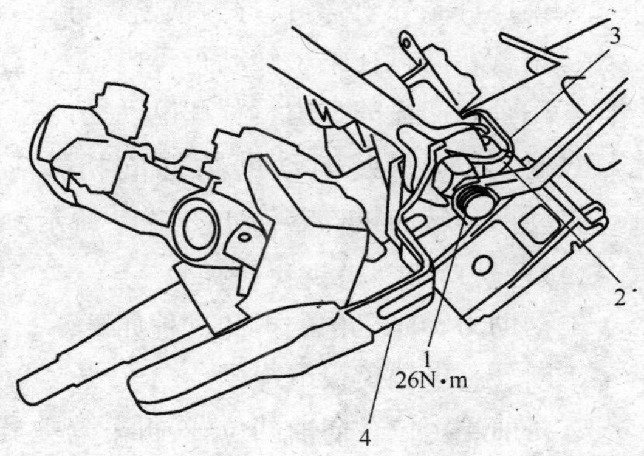

图 4-12　倾斜度调节杆定位

1. 锁紧螺母　2. 限位部分　3. 倾斜托架

4. 倾斜度调节杆

⑥装上倾斜弹簧。

⑦重新检查倾斜度调节杆预紧力。

184. 如何检测电动助力？

将车辆停放在清洁、干燥的路面上。起动发动机，让其怠速运转。在左右极限之间转动转向盘若干次。

如图 4-13 所示，在转向盘上挂一个弹簧秤。发动机怠速运转，拉弹簧秤，并读出轮胎开始转动时的读数。弹簧秤读数应不超出 29N，如果超出该读数；则要对转向系统进行检查。

185. 如何检查与调整齿条导轨？

齿条导轨检查与调整方法如下：

①将前轮转到直线行驶的位置。

②松开齿条导轨螺栓的锁紧螺母，拧下齿条螺钉。

③清除齿条导轨螺钉上的旧密封剂，再在螺纹上涂上新的密封剂。

④将齿条导轨螺钉装到转向机上。

⑤如图 4-14 所示，将齿条导轨螺钉锁紧到 25N · m，然后将其拧松，再将齿条导轨螺钉锁紧到 40N · m，然后退回规定角度(最大角度 9°)。

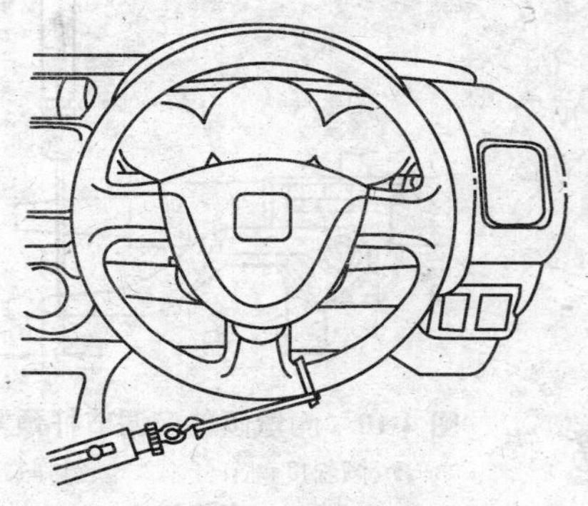

图 4-13 电动助力检测

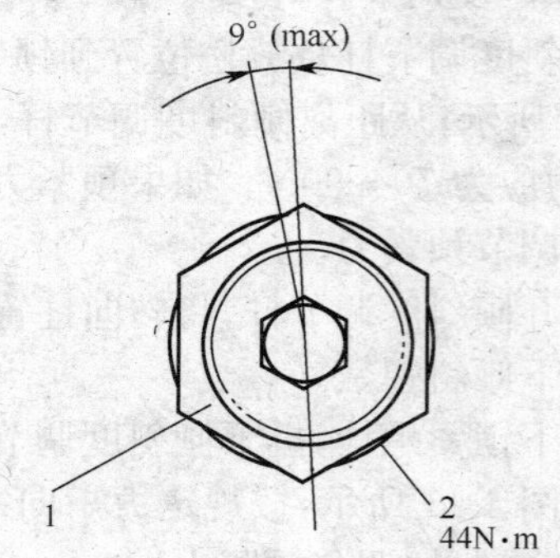

图 4-14 拧紧导轨螺钉

1. 导轨螺钉 2. 拧紧力矩

⑥夹住齿条导轨螺钉，拧紧锁紧螺母。

⑦检查转向盘在整个转动行程内，是否有正常的转向力。

⑧检查转向盘的自由行程和电动助力。

186. 如何拆装电动助力转向机构？

电动助力转向机构零件如图 4-15 所示。

(1)电动助力转向机构的拆卸

电动助力转向机构的拆卸过程如下：

①断开蓄电池负极电缆。

②将前轮定位在向前的位置，拆下驾驶员侧气囊和转向盘，举升车辆前部，拆下前轮。

③拆下转向机上转向万向节，拆下前挡泥板。

④拧下转向节轴端螺母，从转向节上拆下驱动轴。

⑤拆下转向节与转向横拉连接的球头销。

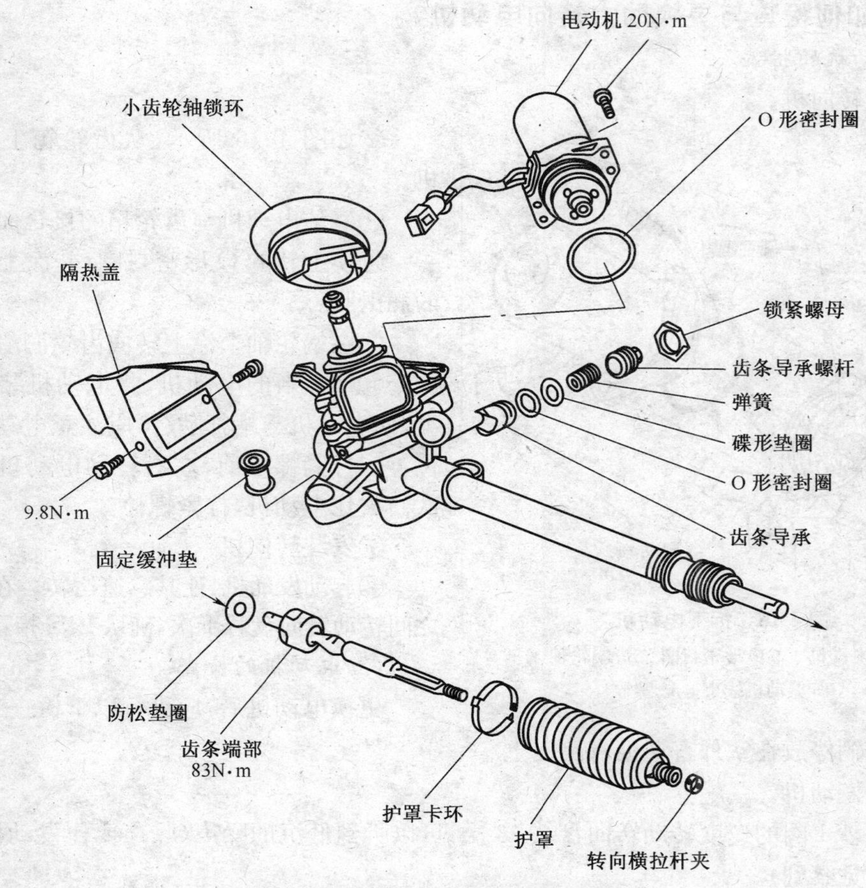

图 4-15　电动助力转向机构分解图

⑥断开横向稳定杆连接件。

⑦拔下电动机插头，拔下 EPS 线束插头。

⑧在后梁的下方放置一个千斤顶，支撑变速器。拆下变速器托架螺栓，慢慢地将后梁和转向机降低，从后梁上拆下转向机。

(2)电动助力转向机构的安装

转向机的安装过程如下：

①将转向齿条定位在其行程的中间位置。安装转向齿轮轴锁环，将转向齿轮轴锁环上的缺口与扭矩传感器顶端的凸起对齐。

②将转向机安装到后梁上。用千斤顶小心举升后梁，确认转向齿轮轴的锁环可靠就位，并检查转向齿轮轴是否能正常转动。装上后梁上变速器托架螺栓。

③插上电动机插头和 EPS 线束插头。

④安装横向稳定杆连接件、转向节与转向横拉连接的球头销、驱动轴、前挡泥板、前轮等。

⑤将车辆降低到地面，连接蓄电池负极电缆。

⑥检查并调整前轮定位。

⑦起动发动机，让其怠速运行。确认 EPS 指示灯熄灭，且在左右极限之间转动转向盘若干次，EPS 指示灯也不会亮。检查是否有正常的电动助力。检查转向盘左右转角是否相等。

187. 如何检查与更换助力转向电动机?

(1)电动机的拆装

①拆卸转向机。

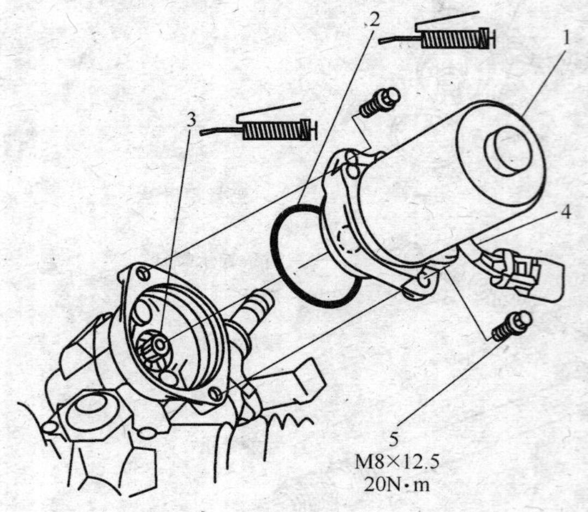

图 4-16 拆下电动机

1. 电动机 2. O形密封圈 3. 蜗轮轴 4. 电动机线束 5. 螺栓

②如图 4-16 所示,从齿轮箱上拆下电动机。

③清洁电动机与齿轮箱的接合面。

④换上新的O形密封圈,并涂上一层薄薄的润滑脂。

⑤在蜗轮轴上涂上转向齿轮润滑脂。

⑥换上新的电动机,将电动机装到齿轮箱上,使电动机与蜗杆啮合,应注意电动机的安装位置。拧紧螺栓前,左右转动电动机 45° 2～3 次。夹住电动机,拧紧螺栓。

⑦安装转向机。

⑧起动发动机,让其怠速运转。在左右极限之间转动转向盘若干次,确认 EPS 指示灯不亮。

(2)电动机的检查

更换电动机后,应进行以下检查:

①将车辆停放在室外普通沥青路面上。

②起动发动机。

③以每秒 1 圈的速度转动转向盘 2～3 次,可以听到低沉的噪声(噪声要比发动机声音低,而且不容易觉察到)。

④从 45°到 90°转动转向盘,并将其保持在此位置,然后,让转向盘慢慢回到直线行驶位置,可以听到“嗞、嗞”声,用手可以感觉到振动(对于正常电动机,声音和振动非常小)。

第三节 上海别克凯越轿车转向系统的检修

188. 转向系统由哪些部件组成?

凯越轿车采用液压动力转向系统,其组成如图 4-17 所示,主要包括转向操纵机构、动力转向油泵、动力转向器等。

(1)动力转向油泵

动力转向油泵为叶片式液压泵,设置了流量控制和减压机构。动力转向油泵由发动机驱动,为动力转向器提供合适的油压和流量。如图 4-18 所示,当发动机处于高转速,使得油压过高时,通过压力释放阀释放油压以保护动力转向液压系统。

(2)动力转向器

动力转向器由动力转向控制阀、动力转向液压缸和齿轮齿条机构组成。当转向盘转动时,动力转向控制阀将按转向要求使动力转向液压缸一侧进油,另一侧回油,通过油压推动活塞以实现动力转向。图 4-19 所示为车辆左转向时动力转向器的工作状态。当转向盘保持不动时,

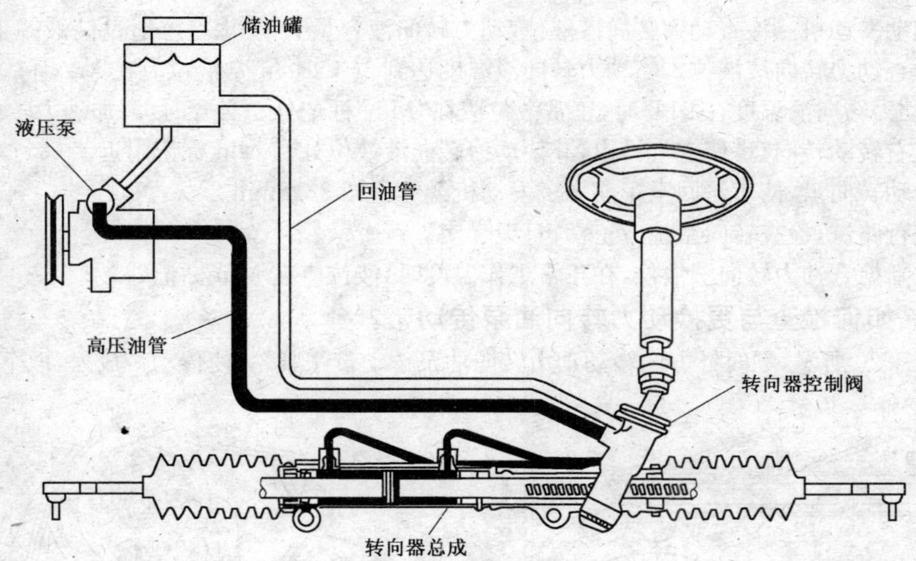

图 4-17　动力转向系统组成

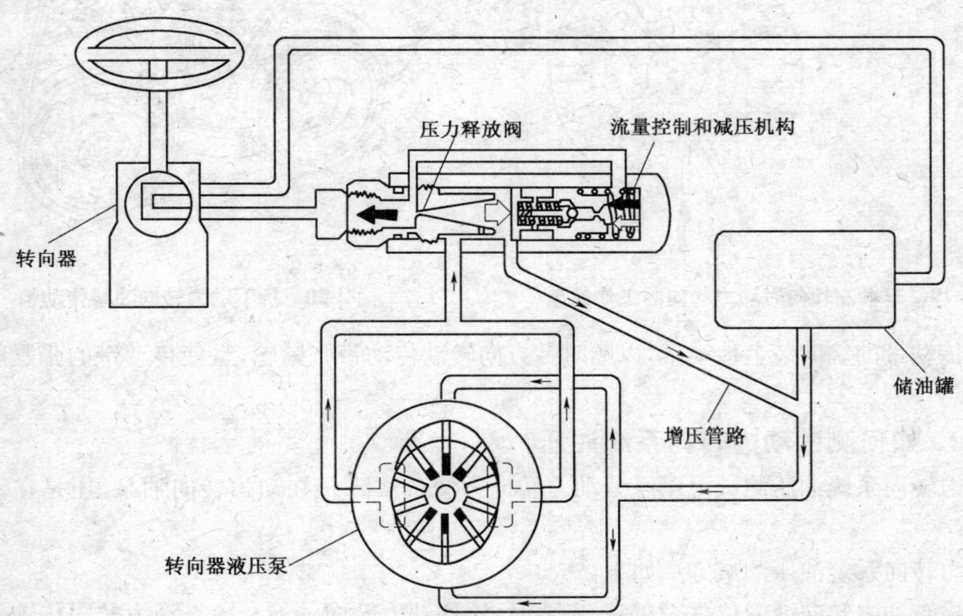

图 4-18　油压过高时压力释放阀状态

动力转向控制阀同时接通动力转向液压缸进油。

189. 如何排除动力转向系统中的空气？

在检修动力转向液压系统后，必须排除动力转向液压系统油液中的空气，否则，油液中的空气将会导致动力转向油泵产生噪声，甚至使动力转向油泵损坏。

动力转向系统排气方法如下：

①将转向盘逆时针转到底后，添加动力转向液至 MIN 标记处。应注意，添加或更换动力转向液时，要使用规定的油液。动力转向液型号为 DEXRON-Ⅲ，若使用不正确的油液，会导致油管、密封件损坏和油液泄漏。

②起动发动机。检查动力转向液液位，动力转向液容量为 1.0L。可通过储液罐上的标记或油尺检查动力转向液液位。当动力转向液温度达到 66℃时，正常液位应在 Max 和 Min 标记之间；当动力转向液温度在 21℃时，正常液位应在“Min”标记处。必要时，添加动力转向液。

③左右转动转向盘，使空气排出，并使动力转向液液位处在 Min 标记附近。

④转动转向盘，使车轮回至正前方。发动机继续运转 2～3min。

⑤进行路试，检查转向系统应正常，且无噪声。

⑥重新检查动力转向液液位，在正常工作温度时，液位应在 Min 标记处。

190. 如何检查与更换动力转向油泵传动带？

如图 4-20 所示，顺时针方向转动动力转向油泵传动带张紧轮，使传动带放松，取下传动带。

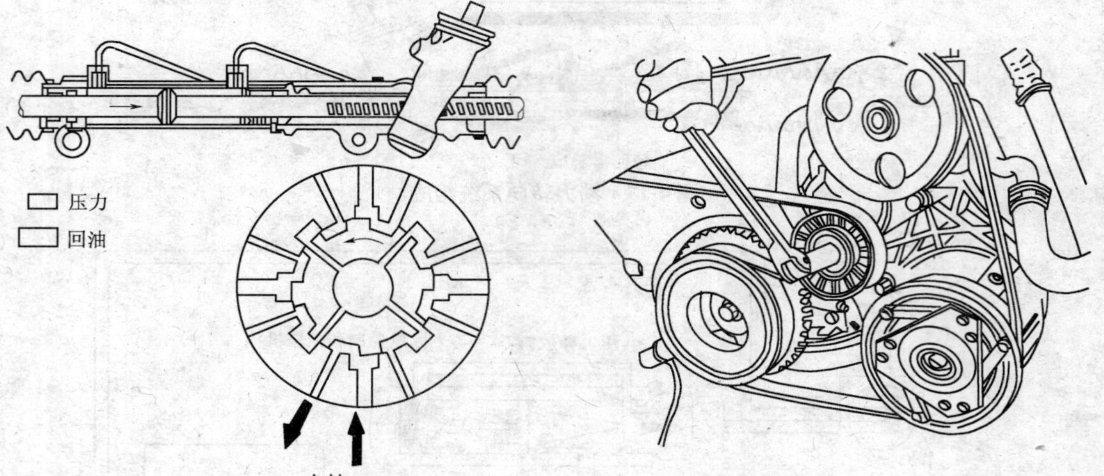

图 4-19 车辆左转向时动力转向器工作状态

图 4-20 拆下动力转向油泵传动带

按传动带的绕向装上传动带，以顺时针方向转动传动带张紧轮，且使传动带的张紧度符合要求。

191. 如何测试动力转向系统油压？

动力转向系统油压测试可以区分动力转向系统的故障是在动力转向油泵，还是在动力转向器。

动力转向系统油压测试方法如下：

①检查动力转向液液位是否正常，必要时，添加动力转向油液。检查动力转向传动带的张紧度是否合适，必要时，调整或更换动力转向传动带。

②拆开动力转向油泵的高压油管。如图 4-21 所示，连接压力测试表。

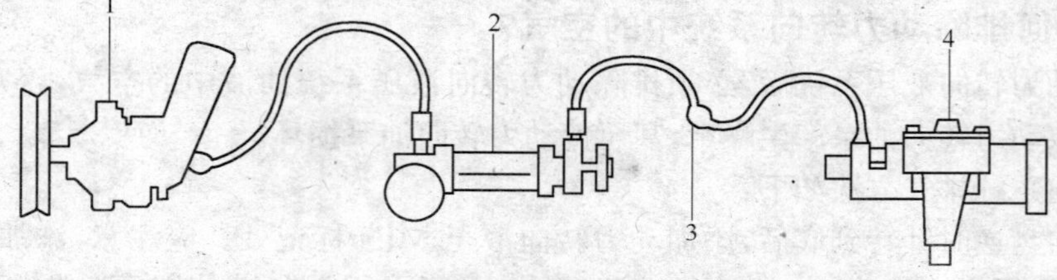

图 4-21 连接动力转向压力测试表

1. 动力转向油泵 2. 压力测试表 3. 油管 4. 转向器

③将换档杆置于空档(手动变速器)或P档(自动变速器)。拉紧驻车制动。

④完全开启动力转向压力测试表的阀门。应注意,动力转向压力测试表阀门全关时,若发动机运转超过5s,则可能导致动力转向油泵损坏。

⑤起动发动机,并使其怠速运转。

⑥顺时针和逆时针转动转向盘几次,使动力转向液温度达到正常工作温度。

⑦使发动机转速升至1500r/min。

⑧关闭动力转向压力测试表的阀门,记录油压后立即开启动力转向压力测试表的阀门。其油压值应为7300～8600kPa,若油压不符合要求,则表明动力转向油泵有故障。顺时针和逆时针转动转向盘时,若油压符合要求,则表明动力转向器有故障。

⑨拆下动力转向压力测试表,连接动力转向油泵高压油管。

192. 如何检查与调整齿轮齿条机构轴承预紧度?

齿轮齿条机构轴承预紧度的检查与调整顺序如下:

①举升起车辆。

②将转向盘置于中心位置,保持前轮朝正前方。

③如图4-22所示,松开调整塞锁止螺母。

④顺时针转动调整塞至力矩为5N·m,再逆时针方向转动调整塞30°～40°。

⑤以70N·m力矩拧紧调整塞锁止螺母。

⑥降下车辆。

⑦路试,检查转向盘的回正性。

193. 如何检查转向轮的转动角度?

转向轮转动角度的检查顺序如下:

①将车辆停放在水平地面上。

②转动转向盘,使前轮处于直行状态。

③检查转向盘是否位于中心位置。若转向盘偏离中心位置超过5°,应重新安装转向万向节。

④转动转向盘,使前轮朝向正前方,并在地面上画出车轮中心线。

⑤将转向盘转到极限位置,使车轮转至最右端,并画出车轮中心线,测量车轮中心线夹角。其中,外角应为31.5°±1.5°,内角应为36.0°±1.5°,如图4-23所示。若两中心线夹角不符合要求,应检查转向横拉杆内外球节是否松旷,或重新装配齿轮齿条机构。

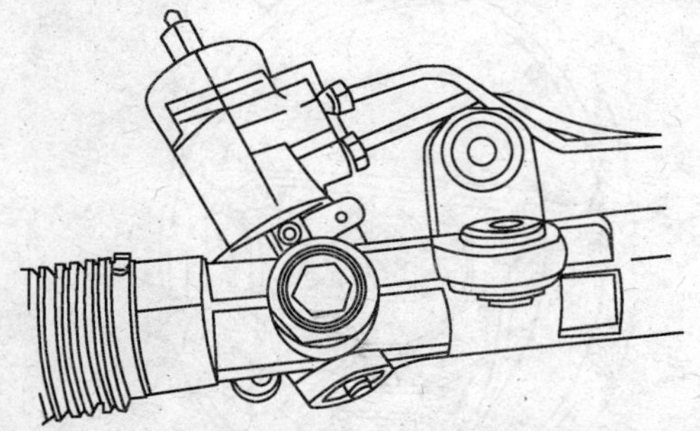

图4-22　齿轮齿条机构轴承预紧度调整塞位置

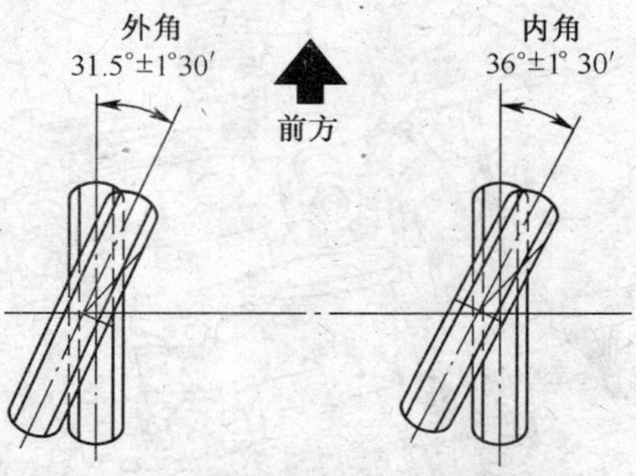

外角
31.5°±1°30′
前方
内角
36°±1° 30′

图4-23　车轮的中心线与转动角度

194. 如何检修转向柱?

(1)转向柱的拆卸

转向柱的拆卸顺序如下:

①断开蓄电池负极电缆。

②拆下组合开关操纵杆。

③拆下仪表板下饰板。

④拔下驾驶员侧气囊模块插头、点火开关插头。

⑤拆下发动机防盗控制模块。

⑥转动转向盘，使前轮朝向正前方。

⑦如图 4-24 所示，拧下转向轴与万向节连接夹紧螺栓。

⑧如图 4-25 所示，拧下转向柱前固定架螺栓。

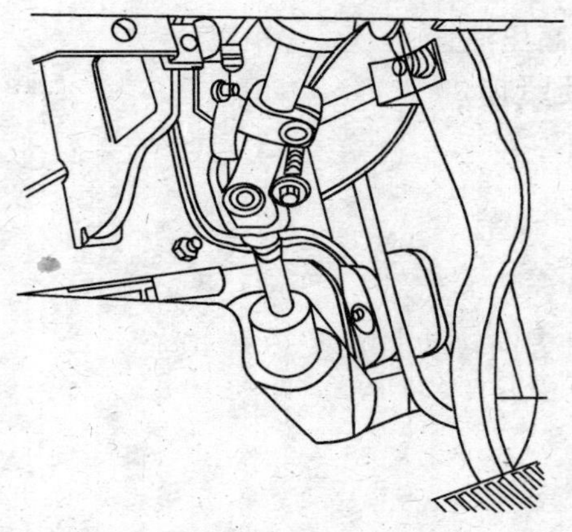

图 4-24　拧下转向轴与万向节连接夹紧螺栓

图 4-25　拧下转向柱前固定架螺栓

⑨如图 4-26 所示，拧下转向柱后固定架螺栓。

⑩取出转向柱。

(2)转向柱的分解与组装

转向柱的分解与组装顺序如下：

①拆下驾驶员侧气囊模块、螺旋连接器。如图 4-27 所示，用专用工具(KM-210-A)拆下转向盘。

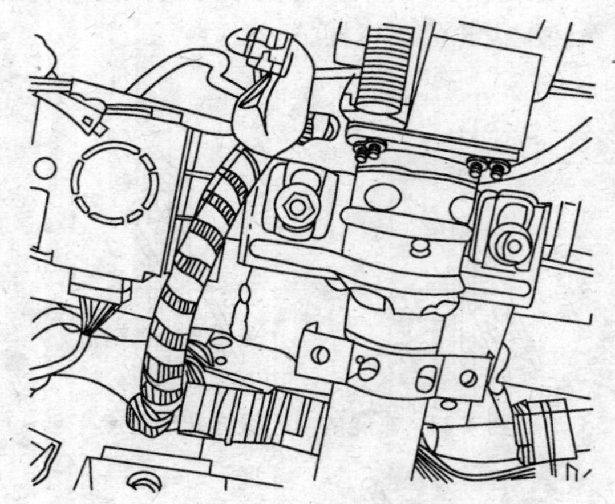

图 4-26　拧下转向柱后固定架螺栓

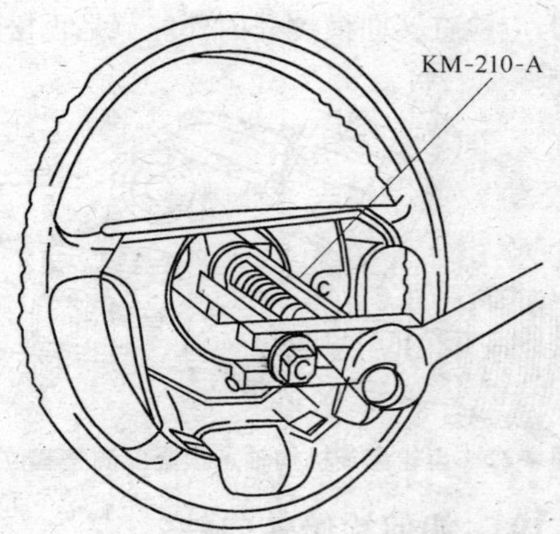

图 4-27　拆下转向盘

②如图 4-28 所示，拆下转向柱上部弹簧和止推垫。

③拆下点火开关壳体、转向开关壳体。

④如图 4-29 所示，用专用工具(J-42460、J-23653-A)拆下固定环。

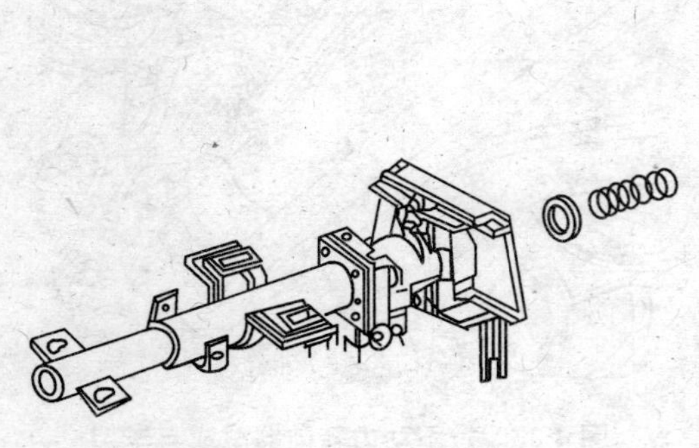
图 4-28　拆下转向柱上部弹簧和止推垫

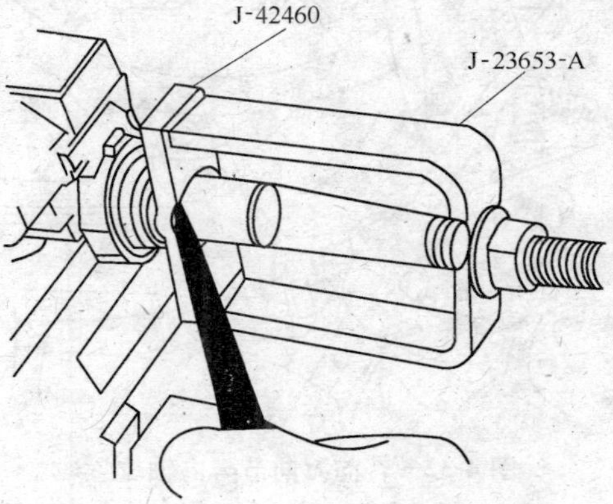

图 4-29　拆下固定环

⑤如图 4-30 所示，拆下转向轴。

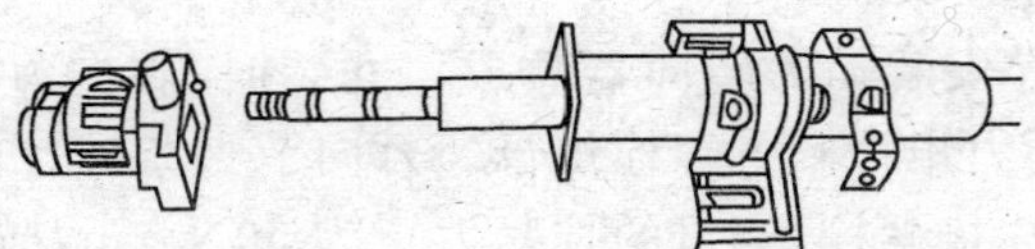
图 4-30　拆下转向轴

⑥拆下垫圈和固定环。

⑦如图 4-31 所示，用专用工具(KM-108)拆下转向柱轴承。

⑧检查转向柱轴承是否磨损，转向轴是否弯曲。必要时，应予以更换。按与分解相反的顺序组装转向柱。

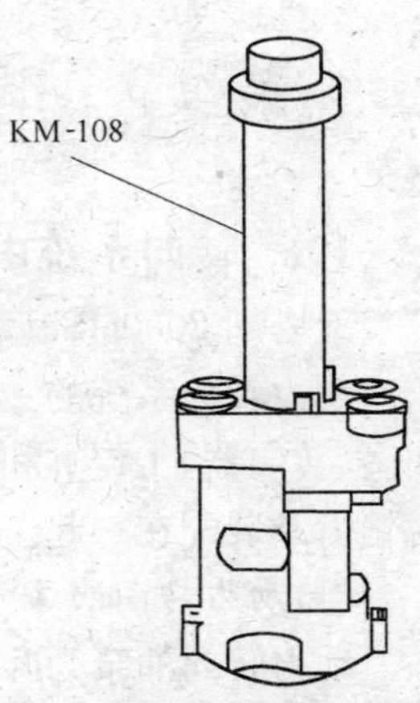

图 4-31　拆下转向柱轴承

(3)转向柱的安装

按与拆卸相反的顺序安装转向柱。以规定的力矩拧紧各螺栓螺母。转向盘固定螺母的拧紧力矩为 38N·m，转向轴与万向节连接夹紧螺栓的拧紧力矩为 26N·m，转向柱前、后固定架螺栓拧紧力矩为 22N·m。检查转向盘应位于中心位置。

195. 如何拆装动力转向器总成？

(1)动力转向器总成的拆卸

动力转向器总成的拆卸顺序如下：

①断开蓄电池负极电缆。

②拆下转向控制阀的高压油管(出油管)、进油管。

③拧松前车轮螺栓，举升车辆，拆下前车轮。

④拆下横拉杆外球节(与转向节连接的球节)。

⑤转动转向盘，使转向轮处于正前方位置。

⑥如图 4-32 所示，在转向万向节与内轴处做标记，拧下万向节与内轴夹紧螺栓。

⑦如图 4-33 所示，拧下动力转向器总成与车架连接的右上部螺栓和下部螺母。

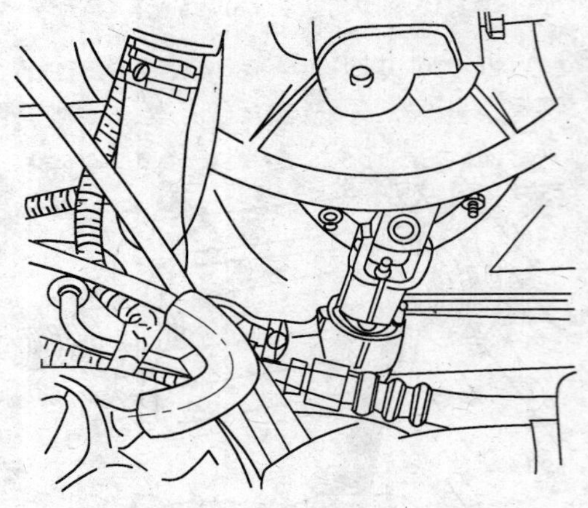

图 4-32 转向万向节与内轴位置

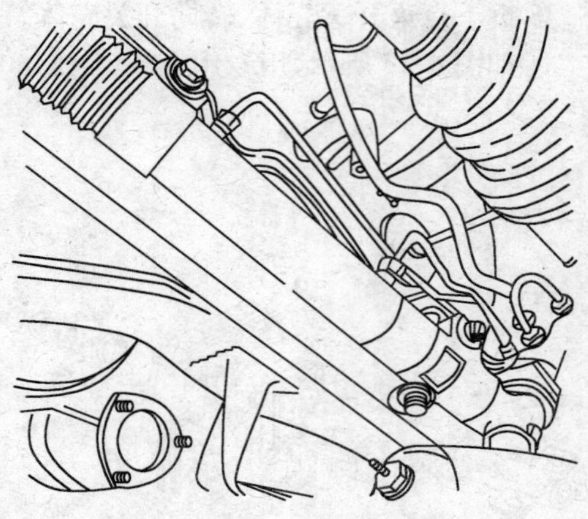

图 4-33 拧下动力转向器总成与车架连接的螺栓、螺母

⑧从车上取下动力转向器总成。

(2)动力转向器总成的安装

按与拆卸相反的顺序安装动力转向器总成。安装时,转向万向节与内轴的连接应对准装配标记,并以规定的力矩拧紧各螺栓螺母。万向节夹紧螺栓的拧紧力矩为 26N·m,动力转向器总成与车架连接螺栓、螺母的拧紧力矩为 60N·m,横拉杆外球节螺母的拧紧力矩为 64N·m。安装完毕后,检查方向盘位置是否合适,添加动力转向液,检查动力转向液压系统是否泄漏。

第四节 上海大众桑塔纳 2000GSi 型轿车转向系统的检修

196. 转向系统由哪些部件组成?

桑塔纳 2000GSi 型轿车动力转向系统的组成如图 4-34 所示。

动力转向系统的主要零部件如图 4-35 所示。它主要由液压泵、分配阀、溢流阀、限压阀、储油罐、转向器、工作缸和软管等组成。其中,转向器与助力装置为整体式,即工作缸、分配阀和齿轮齿条装配在一起。

(1)动力转向油泵

动力转向油泵为叶片泵,其额定流量为 6L/min,额定工作压力为 104kPa。为了保证汽车在高速行驶时有较强的路感,叶片泵的流量随着发动机转速的提高呈下降趋势。在叶片泵内装有一个限压阀,当工作压力超过限压阀的额定值时,压力油通过限压阀卸荷返回到吸油口,以防止液压系统的工作压力超过系统允许的最大工作压力。

(2)动力转向器

动力转向器为齿轮齿条式,上部的阀体为滑阀结构。阀体内分配阀左、右阀芯与转向柱轴线呈垂直放置,阀芯上有磨削的控制槽。阀芯是通过转向轴上的拨叉来拨动的。在齿条与小齿轮啮合位置的背面装有由弹簧压紧的压力块,通过调节螺钉来改变弹簧的预紧力,可消除齿轮齿条啮合的间隙。

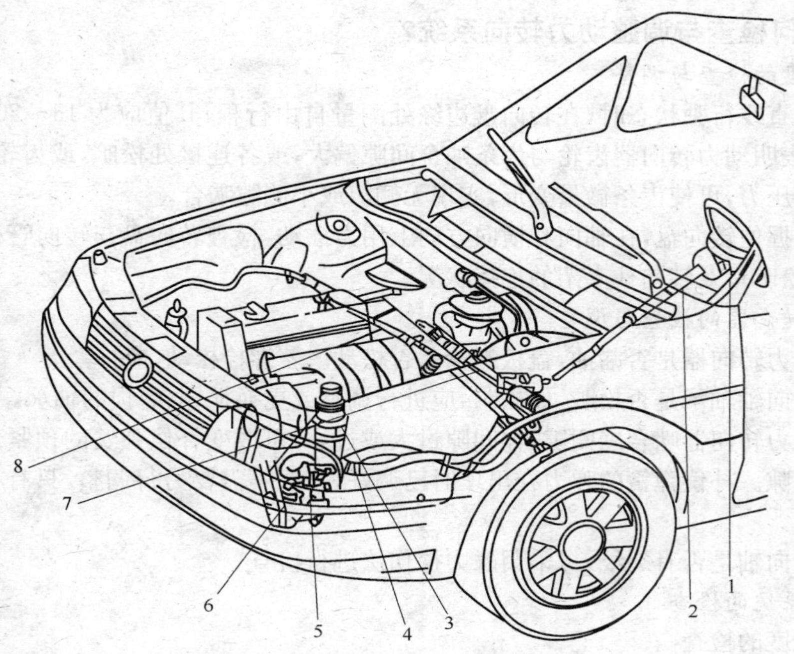

图4-34 动力转向系统的布置

1. 转向盘 2. 转向柱 3. 储油罐 4. 回油管 5. 进油管 6. 液压泵 7. 动力转向器 8. 横拉杆

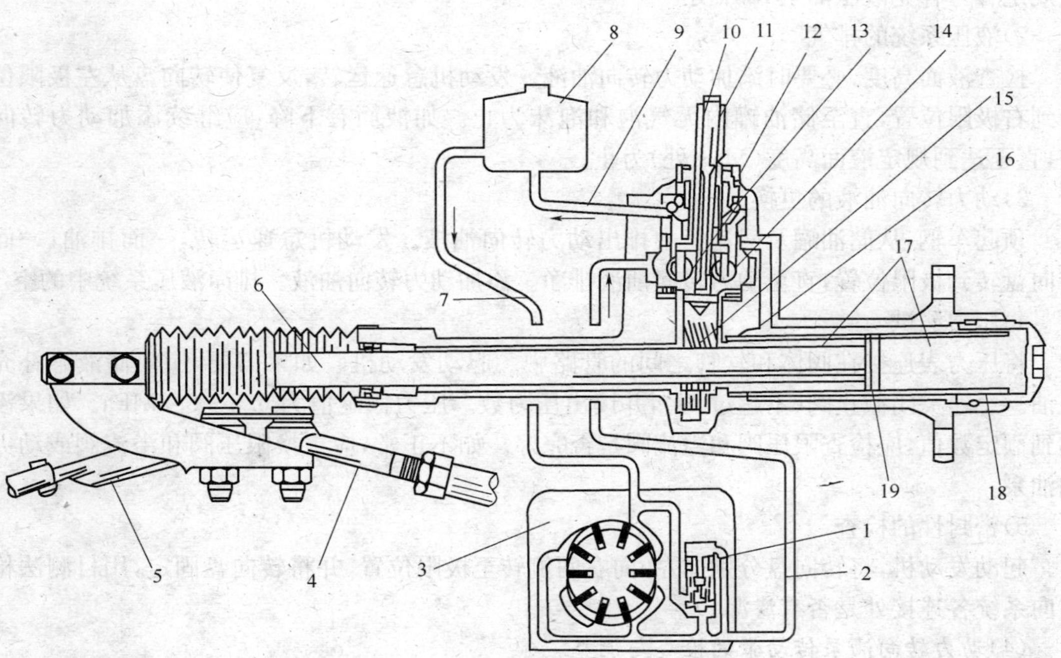

图4-35 动力转向系统的零部件

1. 限压阀和溢流阀 2. 高压油管 3. 叶片泵 4. 左转向横拉杆 5. 右转向横拉杆 6. 齿条 7. 进油管 8. 储油管 9. 回油管 10. 转向齿轮 11. 扭力杆 12. 分配阀 13. 右阀芯 14. 左阀芯 15. 活塞右腔进油管 16. 活塞左腔进油管 17. 压力腔 18. 动力缸 19. 活塞

197. 如何检查与调整动力转向系统？

(1)转向盘的检查与调整

前轮处于直线行驶状态时，在转向盘边缘处测量自由行程，其值应为15～20mm。当自由行程过大时，表明动力转向器齿轮与齿条啮合间隙偏大，或各连接处松旷，或齿轮和齿条磨损。调整齿条弹簧压力，可使齿条微量变形，实现无侧隙或小侧隙啮合。

用双手把握住转向盘，在轴向和横向方向上用力摇动，检查转向盘与转向管柱轴的装配情况、主轴承的松旷量及转向柱支架的连接状况。

(2)动力转向器的检查与调整

①检查动力转向器是否漏油，盖板螺栓是否松动。若螺栓松动，应拧紧。

②检查转向轴轴承是否松旷，如松旷，应进行调整或更换损坏、磨损的轴承。

③检查动力转向器啮合副间隙，如间隙过大或过小，可改变补偿弹簧的预紧力，调整齿轮、齿条的啮合间隙。补偿弹簧的弹力在出厂时已调好，一般不需要另行调整，只有在确实有问题时才进行调整。

④检查转向轴是否有裂纹，可采用磁力探伤法进行检查。

(3)液压系统的检查

1)液面高度的检查

发动机怠速运转，反复将转向盘从一侧极限位置转到另一侧极限位置，使油温达到40℃～80℃。检查储油罐内油量，油面应在储油罐的Max处。油量不足时，在检查各部位无泄漏后，按规定牌号补充液压油至Max处。

2)液压系统的排气

检查液面高度，必要时添加动力转向油液。发动机怠速运转，反复使转向盘从左极限位置转到右极限位置，直至储油罐内无气泡和泡沫为止。如液面有下降，应继续添加动力转向油液，直至达到规定液面高度(Max处)为止。

3)动力转向油液的更换

顶起车辆，从储油罐及回流管中排出动力转向油液。发动机怠速运转，一面排油，一面将转向盘转到极限位置，直至动力转向油液排净。添加动力转向油液。排净液压系统中的空气。

4)压力测试

将压力表连接在阀体和软管之间的管路中。起动发动机。如果需要，应向储液罐补充液压油。急速关闭截止阀(不超过5s)，并读出压力数。压力额定值为6.8～8.2MPa。如果没有达到额定数值，应检查限压阀和溢流阀是否完好。如不正常，应更换限压阀和溢流阀或动力转向油泵。

5)密封性的检查

起动发动机，将转向盘分别向左、向右两侧转至极限位置，并将转向盘固定，用目测法检查转向系统各连接处是否有渗漏。

(4)动力转向油泵传动带的检查与调整

①松开动力转向油泵支架上的后固定螺栓。

②如图4-36所示，松开张紧螺栓的螺母。

③如图4-37所示，通过张紧螺栓将动力转向油泵传动带张紧，用手指在传动带中间处按压，有10mm的挠度为合适。

④拧紧张紧螺栓的螺母。

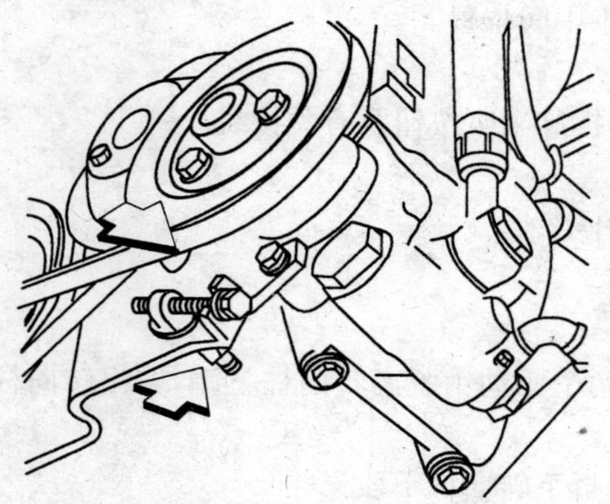

图 4-36　松开张紧螺栓的螺母

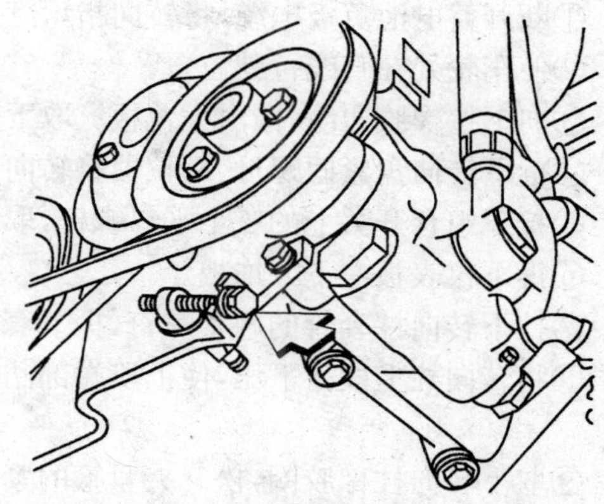

图 4-37　张紧动力转向油泵传动带

⑤拧紧动力转向油泵支架上的固定螺栓。

198. 如何检修转向柱?

(1)转向柱的拆卸

转向柱的零件如图 4-38 所示。

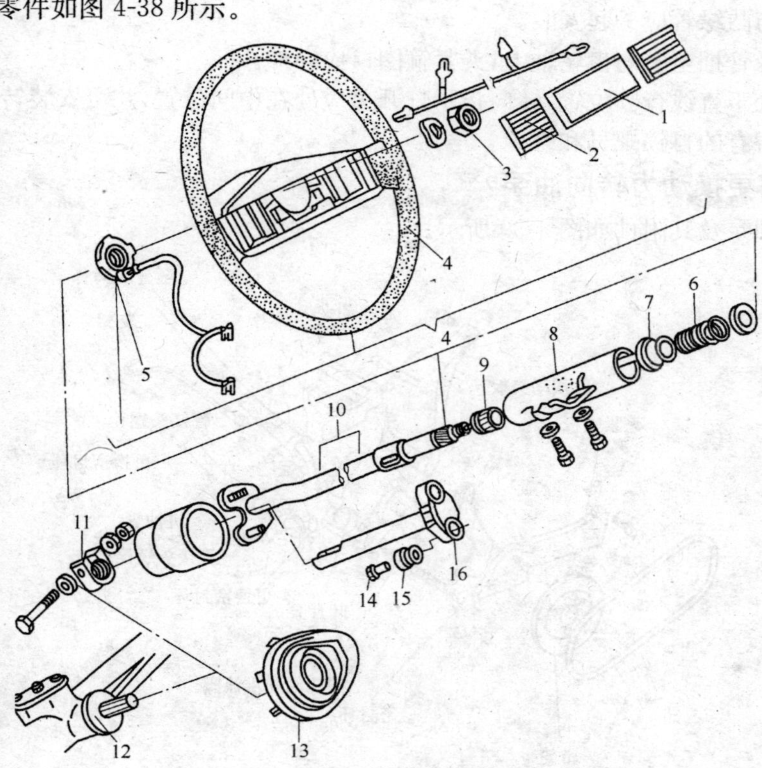

图 4-38　转向柱分解图

1. 大盖板　2. 喇叭按钮盖板　3. 转向盘与转向柱紧固螺母 M16(45N·m)　4. 转向盘　5. 接触环　6. 压缩弹簧　7. 连接圈　8. 转向柱套管　9. 轴承　10. 转向柱上段　11. 夹紧箍　12. 转向器　13. 转向柱管橡胶圈　14. 转向减振尼龙销　15. 转向减振橡胶圈　16. 转向柱下段

转向柱的拆卸顺序如下：

①断开蓄电池负极电缆，将转向指示灯开关置于中间位置。

②使车轮处在直线行驶位置。

③向下按橡胶边缘，撬出大盖板。取下喇叭盖，拆卸喇叭按钮及有关接线。

④拆下转向盘紧固螺母，用拉器将转向盘取下。

⑤拧下组合开关上的三个平口螺栓，取下组合开关。

⑥拆下仪表板左下方饰板。

⑦拧下转向柱套管的两个螺钉，拆下套管。

⑧将转向柱上段往下压，使上段端部凸缘上的两个驱动销脱离转向柱下端，取出转向柱上段。

⑨取下转向柱橡胶圈，松开夹紧箍的紧固螺栓，拆下转向柱下段。

(2)转向柱零件的检查

检查转向柱有无弯曲、安全联轴节有无磨损或损坏、弹簧弹性是否失效。如有，则应予以修复或更换。

(3)转向柱的安装

按与拆卸相反的顺序安装转向柱。安装时应注意：

①转向柱与凸缘管应一起安装。

②应将凸缘管推至转向齿轮轴上，夹紧箍圈口应向外。

③车轮应处于直线行驶位置，转向指示灯开关应处在中间位置，才可安装转向盘。

④应更换所有的自锁螺母和螺栓。

199. 如何更换动力转向油泵？

动力转向油泵及其附件如图 4-39 所示。

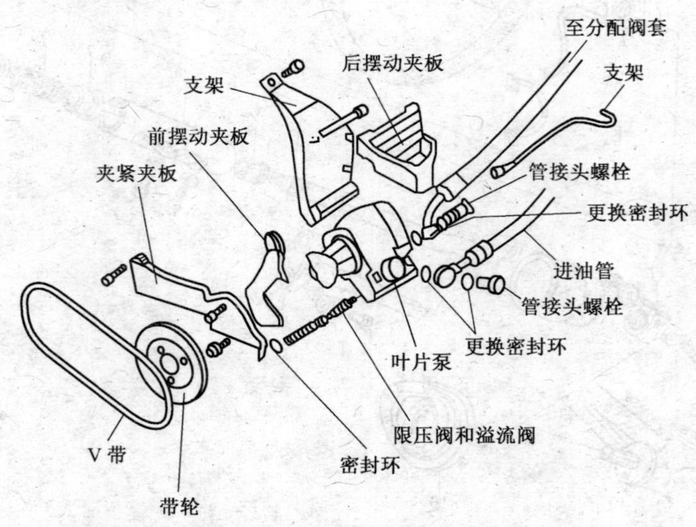

图 4-39　动力转向油泵及其附件

(1)动力转向油泵的拆卸

动力转向油泵的拆卸顺序如下：

①举升车辆。

②如图 4-40 所示，拆下动力转向油泵上的回油管和进油管的泄放螺栓，排放动力转向油液。

③如图 4-41 所示，拆下动力转向油泵前支架上的张紧螺栓。

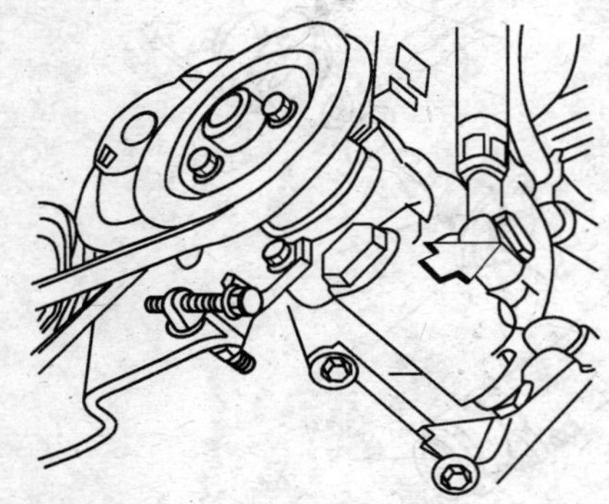

图 4-40　拆下泄放螺栓

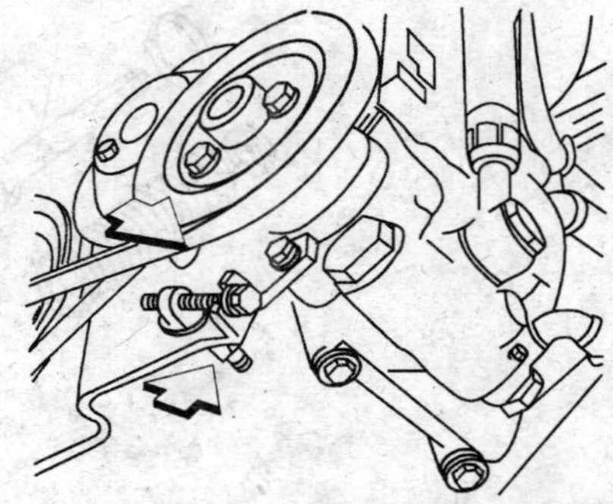

图 4-41　拆下前支架上的张紧螺栓

④如图 4-42 所示，拆下动力转向油泵后支架上的固定螺栓。

⑤如图 4-43 所示，松开动力转向油泵中间支架上的固定螺母和螺栓。

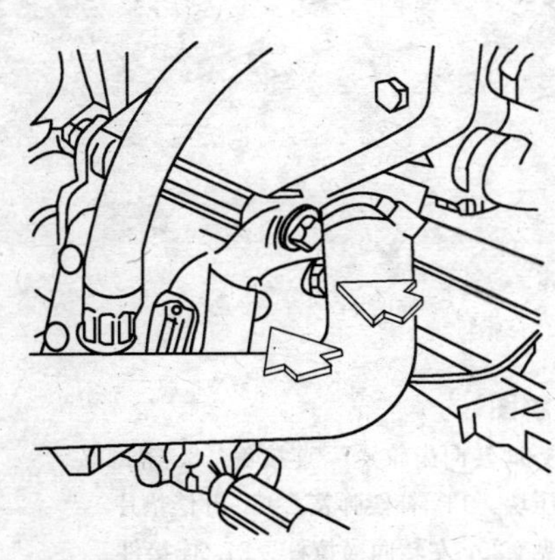

图 4-42　拆下后支架上的固定螺栓

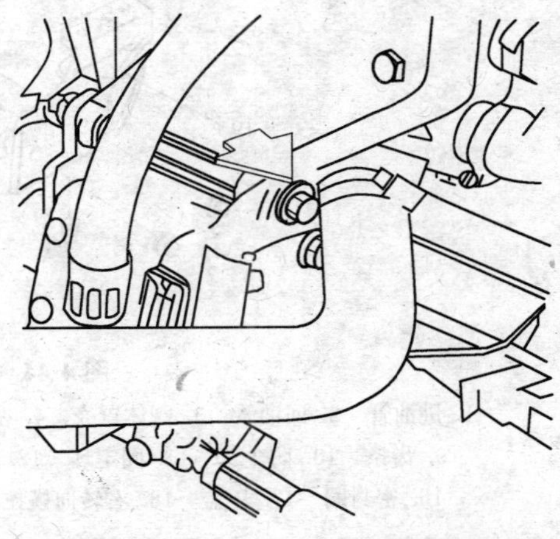

图 4-43　松开中间支架上的固定螺母和螺栓

⑥卸下动力转向油泵，把动力转向油泵固定在台虎钳上，拆下带轮和中间支架。

(2)动力转向油泵的安装

按与拆卸相反的顺序安装动力转向油泵。安装完毕后，应调整动力转向油泵传动带的张紧度，并加注动力转向油液。

200. 如何拆装动力转向器？

动力转向器零部件如图 4-44 所示。

(1)动力转向器的拆卸

动力转向器的拆卸顺序如下：

①举升车辆，排放动力转向油液。

②拆下转向横拉杆的固定螺母，拆下左前轮罩处的动力转向器固定螺栓。

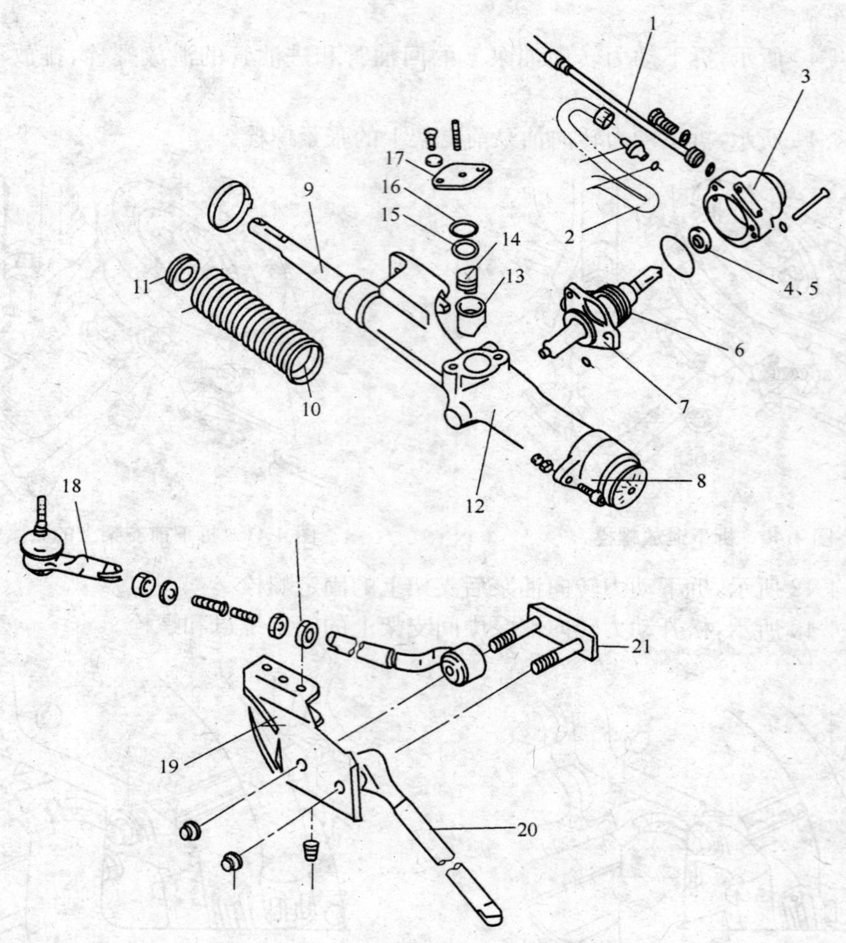

图 4-44 动力转向器分解图

1. 进油管 2. 回油管 3. 阀体罩壳 4. 密封圈 5. 轴承 6. 转向齿轮 7. 连接盖 8. 密封罩 9. 齿条 10. 防尘罩 11. 固定环 12. 转向器壳 13. 压块 14. 补偿弹簧 15. 补偿垫片 16. 密封圈 17. 压盖 18. 右转向横拉杆 19. 转向支架 20. 左转向横拉杆 21. 连接件

③松开转向器分配阀外壳上的进油管。

④拆下后横板上固定动力转向器的自锁螺母。

⑤降下车辆。

⑥拆下紧固齿条与转向横拉杆的螺栓，拆下紧固转向齿轮轴与联轴节的螺栓，并使各轴分开。

⑦拆下仪表板侧边下盖、通风管和踏板盖，拆下防尘罩。

⑧从车厢内部拆下固定动力转向器分配阀外壳上回油管的泄放螺栓。

⑨拧下后横板上的固定动力转向器的自锁螺母。

⑩拆下动力转向器。

(2)动力转向器的安装

动力转向器的安装顺序如下：

①在后横板上安装动力转向器,自锁螺母不要完全拧紧。

②举升车辆。

③装上动力转向油泵的进油管和回油管,使用新的密封圈,并以 40N · m 的力矩拧紧螺栓。安装左前轮罩上的动力转向器固定螺栓,并以 20N · m 的力矩拧紧螺母。安装后横板上固定动力转向器的自锁螺母,并以 40N · m 的力矩拧紧螺母。把进油管固定在动力转向器分配阀外壳上。

④降下车辆。

⑤以 40N · m 的力矩拧紧后横板上固定动力转向器的自锁螺栓。安装转向横拉杆支架固定螺栓,并用 45N · m 的力矩拧紧。从车厢内将回油管安装在动力转向器分配阀外壳上。安装防尘套。连接联轴节,安装固定螺栓并用 25N · m 的力矩拧紧。安装踏板盖、通风管和仪表盖。

⑥向储油罐内注入动力转向油液,直至达到标有 Max 处为止。举升车辆,在发动机停止的情况下转动转向盘数次,将液压系统中的空气排出。补充动力转向油液,达到储液罐标有 Max 处的高度。起动发动机,完全向左和向右转动转向盘,观察油面高度,一直操作到油面稳定在标有 Max 处为止。

第五节　一汽大众捷达 Ci 型轿车转向系统的检修

201. 如何检查动力转向系统的密封性?

动力转向系统密封性的检查应在热车时进行。

①将转向盘快速向左、右两侧转至极限位置,并保持不动。此时,可使动力转向系统内压力达到最大值。

②检查储油罐中是否缺少动力转向油液。如缺少,应检查动力转向系统的密封性是否完好。

③检查动力转向系统的油管接头处是否有渗漏现象。如有,应查明原因,并重新接好。

④检查是否有动力转向油液流入动力转向器的波纹管套里。如有,表明齿轮齿条密封件不密封。应拆开转向转向器,更换所有密封件。

⑤检查动力转向油泵、转向控制阀是否漏油。

202. 如何检查动力转向油泵的压力?

①拆下动力转向油泵的出油管。

②将管接头(V. A. G1402/1A)接到动力转向油泵上,连接检查仪器 V. A. G1402。

③起动发动机,观察储液罐内的液位。必要时,应添加动力转向油液。

④使发动机怠速运转,关闭阀门并读取压力值,该压力值应为 8.5～9.5MPa。如果压力值不符合要求,则应更换动力转向油泵。

203. 如何检修转向操纵机构?

(1)转向操纵机构的结构

捷达 Ci 型轿车转向操纵机构的结构如图 4-45 所示。

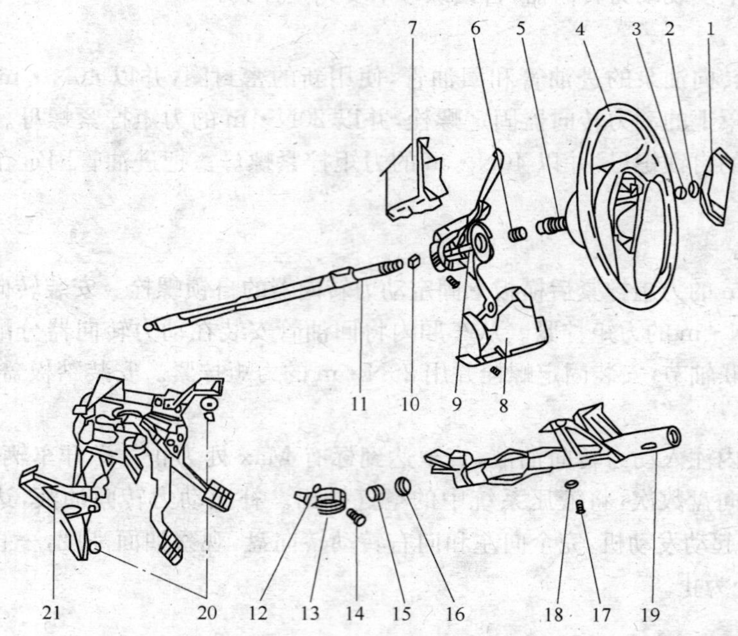

图 4-45　转向操纵机构结构

1. 喇叭按钮盖　2. 螺母(40N·m)　3. 弹簧垫圈　4. 转向盘　5. 锯齿形定套　6. 弹簧　7. 下装饰罩　8. 上装饰罩指示　9. 转向器锁壳体及转向柱开关　10. 支承环　11. 转向柱　12. 螺母(30N·m)　13. 转向柱万向节　14. 六角头螺栓　15. 弹簧　16. 转向柱下轴承　17. 保险螺钉　18. 垫圈　19. 转向柱管　20. 螺母(20N·m)　21. 转向柱管支架

(2)转向柱的拆装

1)转向柱的拆卸

转向柱的拆卸顺序如下：

①拆下蓄电池负极电缆,并将转向灯开关置于中间位置。

②使车轮处于直线行驶位置。

③撬出喇叭按钮盖,拆下喇叭开关导线。

④拧下转向盘紧固螺母,用拉力器将转向盘拉出,取下转向盘。

⑤如图 4-46 所示,用专用工具(Kukko204-2)拆下锯齿形紧定套。

⑥拧下组合开关的紧固螺栓,取下组合开关。

⑦拧下转向柱套管固定螺栓,拧下转向柱万向节锁紧螺栓,取下转向柱套管及转向柱。

⑧拆下转向柱套管的紧固保险螺钉,从转向柱套管中取下转向柱。如图 4-47 所示,转向柱为双层套管式安全结构。当转向盘受到向下很大冲击力时,转向柱可被压缩。

2)转向柱的安装

转向柱的安装顺序如下：

①如图 4-48 所示,将转向柱下体小心地在台虎钳上夹紧,其上体靠在台钳口上,上下体不会滑到一块,装配支承环、组合开关、点火锁壳体、弹簧及垫圈等。

②装上转向柱套管。

③将转向柱从转向柱套管靠转向盘端插入。

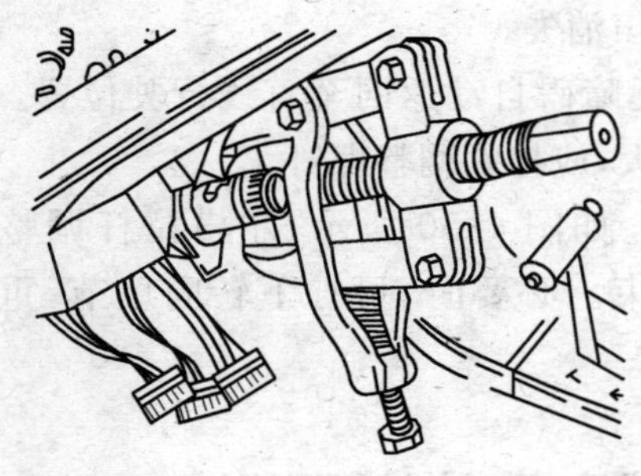

图 4-46　拆下锯齿形紧定套

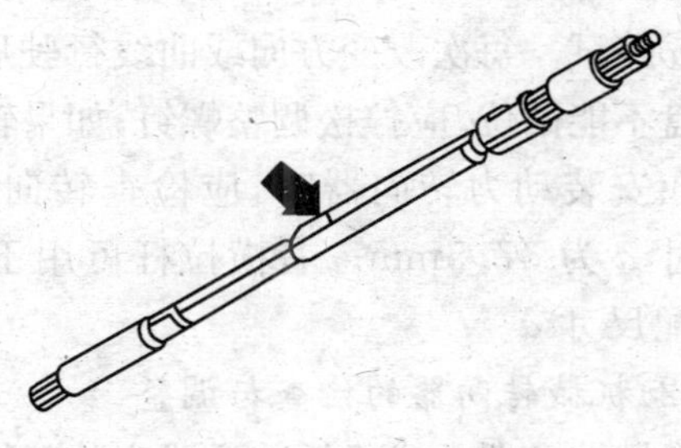

图 4-47　转向柱结构

④连接转向柱与转向万向节。

⑤将点火锁壳体固定到转向柱套管上。

⑥如图 4-49 所示，将锯齿形紧定套插到转向柱上，用螺母拧紧定套，直至密切配合为止。

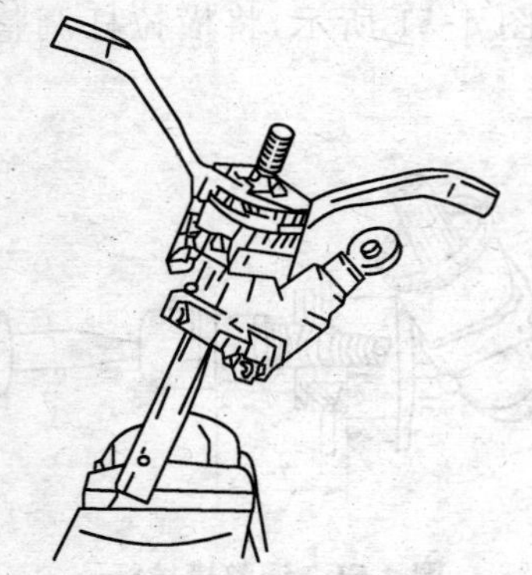

图 4-48　装配支承环、组合开关、点火锁壳体、弹簧及垫圈

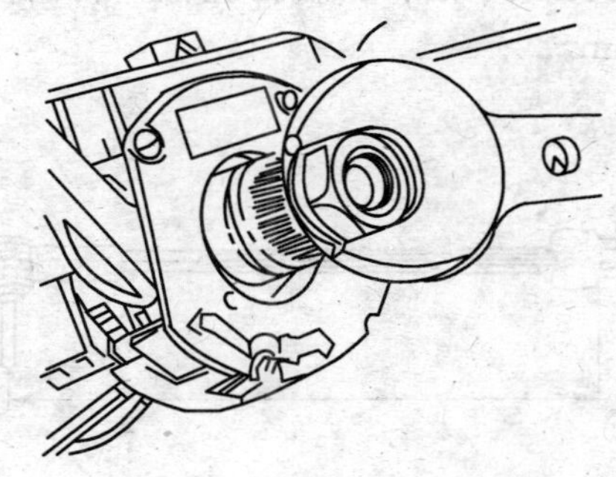

图 4-49　安装锯齿形紧定套

⑦装上转向盘。

⑧装上喇叭开关导线，装上喇叭按钮盖。

⑨连接蓄电池负极电缆。

(3)零件的检查

①检查转向柱有无弯曲，如有，应予以更换。通过转向柱上体的小孔检查转向柱的长度(图 4-47 箭头)，必须能看见转向柱下体的小凸耳。如需要，可将上、下体拉离挡块。

②检查万向节有无磨损及损坏，如有，应予以更换。

③检查弹簧是否失效，如失效，应予以更换。

204. 如何检修动力转向器？

(1)动力转向器的检查与调整

如果转向操作不平稳，间隙过大，转向盘不能回位，则必须调整动力转向器。

①举升车辆，使车轮悬空。

②将前轮置于直线行驶位置。

③左右转动转向盘(向左和向右约30°)。如果转向间隙过大,则可以听到轻微撞击声。

④用专用工具(U-30031)转动调整螺钉,直至撞击声消失。

⑤路试。每次改变方向或曲线行驶后,转向盘能无障碍自动返回至直线行驶位置。如果转向盘不能回位,应拧松调整螺钉;如果转向盘间隙过大,应拧紧调整螺钉。

在安装动力转向器时,应检查转向横拉杆长度。如图4-50所示,左横拉杆调整到固定尺寸a为37.5mm。右横拉杆可用于调整前轮前束。必要时,可拧下转向球节,重新调整装配尺寸a。

(2)机械转向器的检查与调整

机械转向器总成经拆装后或安装新机械转向器总成后,须对其进行调整。

①使前轮处于直线行驶位置。

②将自锁调整螺钉小心地拧进约20°。

③路试。如果转向器能自行回到直线位置,则把调整螺钉拧松一点;如果转向器还有间隙,则将调整螺钉拧紧一点。

在安装机械转向器时,应检查转向横拉杆长度。如图4-51所示,将横拉杆调整到b为37.5mm。

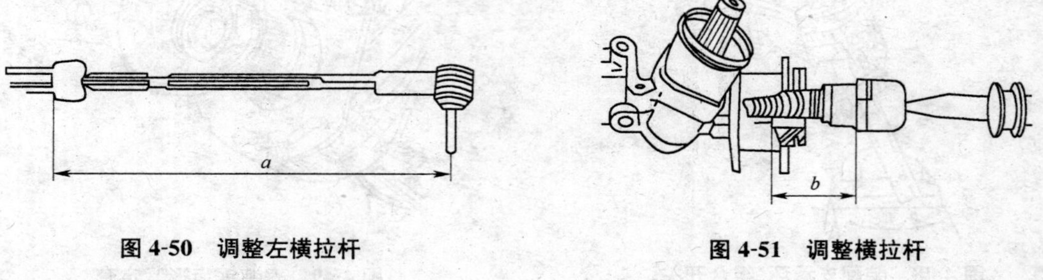

图4-50 调整左横拉杆

图4-51 调整横拉杆

第六节 一汽大众宝来轿车转向系统的检修

205. 如何检测动力转向系统油压?

(1)检测条件

①V形带及V形带张紧正常。

②动力转向系统不渗漏。

③软管没有扭曲或阻塞。

(2)检测油压

①拆下发动机罩盖。

②如图4-52所示,用软管夹3094夹紧回油管。

③如图4-53所示,用软管夹3094夹紧供油管。

④将放油盘置于车下。

⑤如图4-54所示,拆下压力管,连接压力监测仪V. A. G1402。

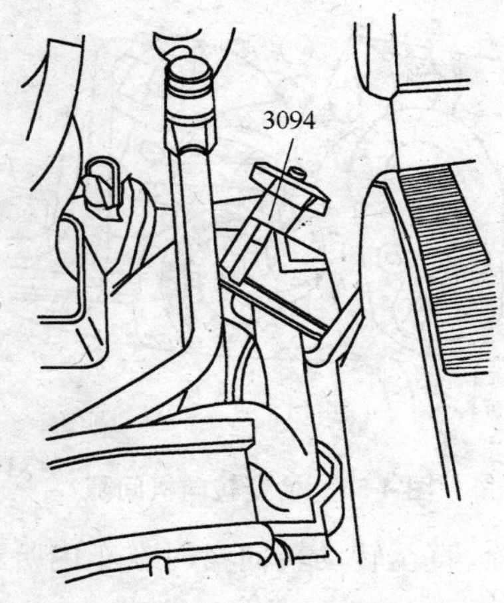

图 4-52　夹紧回油管

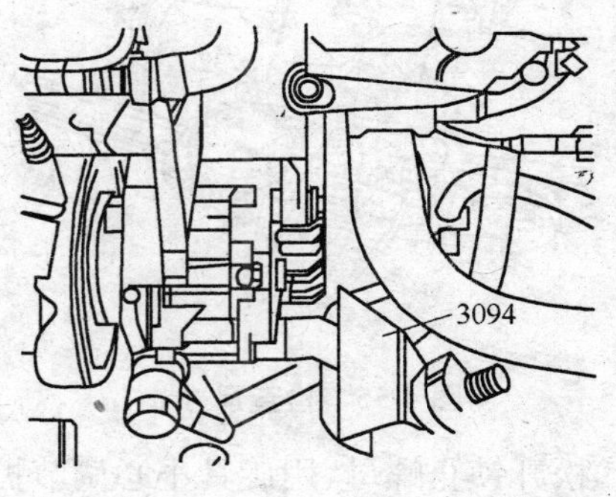

图 4-53　夹紧供油管

⑥将软管夹 3094 从供油管和回油管上拆下。若有必要，向储液罐中添加动力转向液。

⑦起动发动机。

⑧左、右转动转向盘到极限位置约 10 次。

⑨发动机怠速运转时，关闭切断阀门（不要超过 5s），读出供油压力，其压力应为 8.5～9.5MPa（汽油机车型）。如果油压低于或高于标准值，则应检修动力转向油泵（叶片泵）。

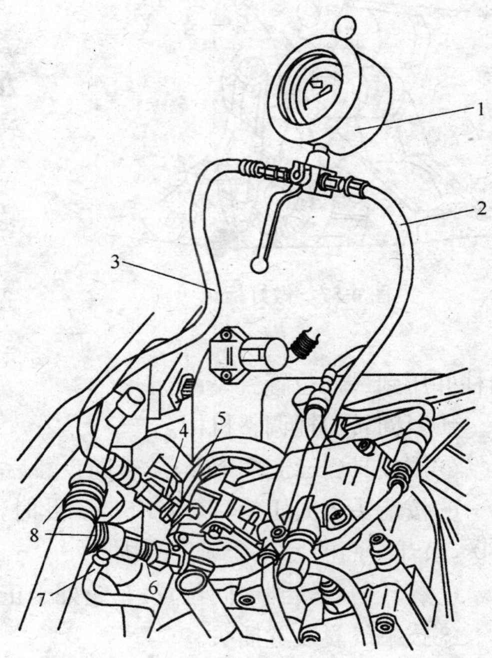

图 4-54　连接压力监测仪 V. A. G1402

1. V. A. G1402 压力监测仪　2. V. A. G1402 压力监测仪软管　3. 调整装置软管 V. A. G1402/6　4. 调整器 V. A. G1402/4　5. 密封环（2 个）　6. 调整器 V. A. G1402/2　7. 压力管/软管　8. 中空螺栓

206. 如何检查转向柱？

（1）直观检查

查看转向柱所有零件是否有损坏。若有损坏，应整体更换转向柱。

（2）功能检查

①拆开转向万向节与转向机的连接。

②检查转向柱转动情况。应转动自如，无卡滞现象。

③转向柱在高度和拉伸范围内应可调。

④如图 4-55 所示，检查尺寸 a，尺寸 a 最大为 23mm。若尺寸 a 不符合要求，表明转向柱已损坏，应更换转向柱。

207. 如何检查与调整转向机间隙？

按以下方法检查与调整转向机间隙：

①发动机熄火。

②用举升机举起车辆。

③摆正车轮。

④如图 4-56 所示，转动转向盘（约 30°范围）。如果有噪声，则表明转向机间隙过大。

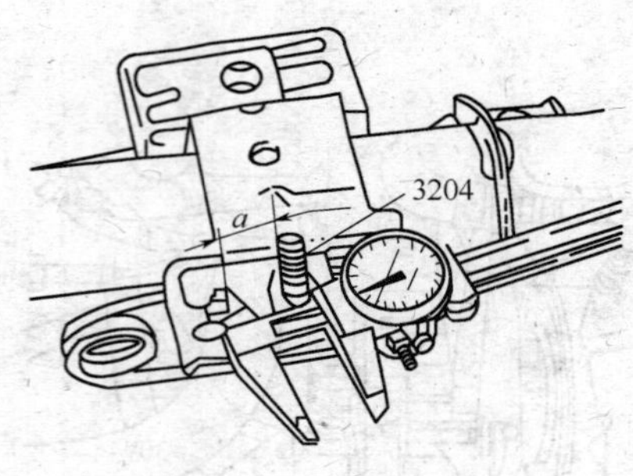

图 4-55　检查尺寸 *a*

图 4-56　检查转向机间隙

⑤松开锁止螺母，用旋具小心调节护盖上的调整螺栓，直至转动转向盘时在车内听不到噪声。

图 4-57　做好标记

⑥紧固锁止螺母，并做好标记，如图 4-57 所示。

⑦路试，转向盘自动回位正常，不卡滞。

208. 如何拆装转向盘？

转向盘带安全气囊装置如图 4-58 所示。

(1)转向盘的拆卸

转向盘的拆卸顺序如下：

①断开蓄电池负极。

②松开转向柱调整机构。

③转动转向盘，直至盘辐处于垂直位置，整体拉出转向柱并压到最低位置。

④紧固转向柱调整机构。

⑤用旋具(长约 175mm)从转向盘毂后面孔中插入(插入深度约 45mm)。

⑥按箭头方向压旋具(图 4-58)。此时，卡簧被压回，安全气囊锁止凸块脱开。转动转向盘 180°，松开对面的另一个锁止凸块。

⑦将转向盘转到中间位置(车轮处于正前方)。

⑧拔下气囊装置插头。

⑨拆下转向盘。

(2)转向盘的安装

按与拆卸相反的顺序安装转向盘。安装时，接好气囊装置插头，必须能听到气囊装置锁止凸块的啮合声音。

209. 如何检修动力转向器？

动力转向器的组成如图 4-59 所示。

(1)动力转向器的拆装

动力转向器的拆装顺序如下：

①如图 4-60 所示，拧下塑料螺母，拆下护罩 A。

②如图 4-61 所示，拆开万向节与转向机的连接。

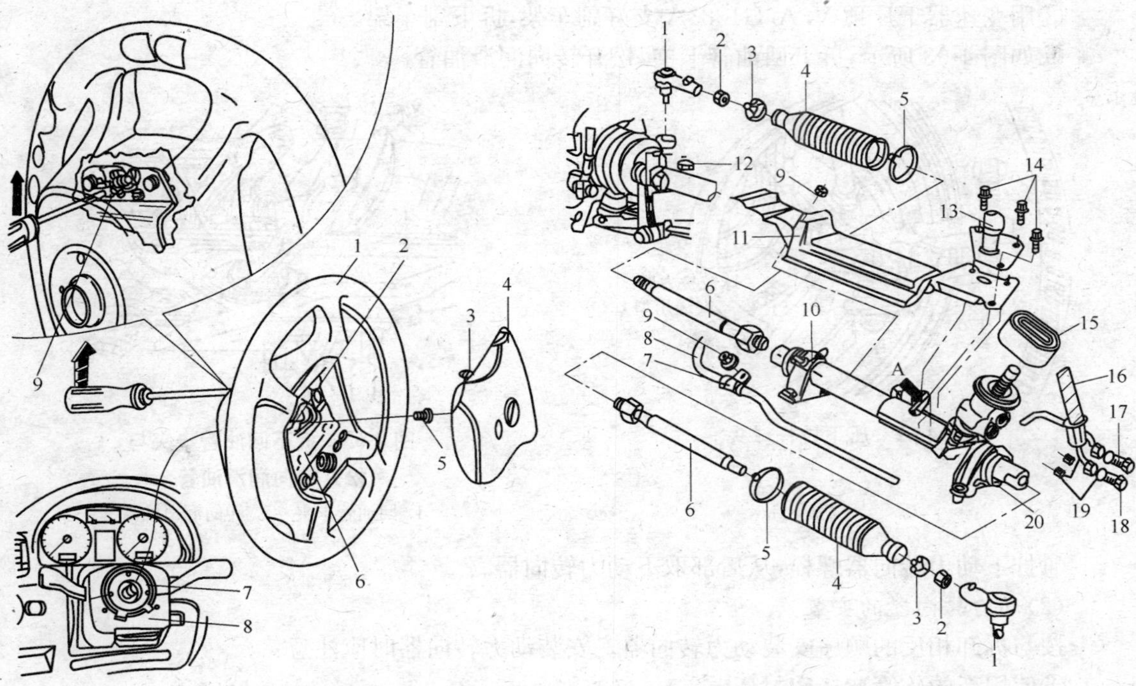

图 4-58　转向盘组成

1. 转向盘　2. 插头　3. 锁止凸块　4. 气囊　5. 螺栓　6. 固定盘　7. 螺旋插头　8. 装饰罩　9. 卡簧

图 4-59　动力转向器分解图

1. 转向拉杆球头　2. 螺母(50N·m)　3、5. 卡箍　4. 防护套　6. 拉杆　7. 带橡胶卡夹　8. 回油管　9. 六角螺母(22N·m)　10. 带橡胶座支架　11. 隔热板　12. 自锁螺母(45N·m)　13. 换档机构支架　14. 螺栓(24N·m)　15. 密封垫　16. 油管　17. 中空螺栓(45N·m)　18. 中空螺栓(40N·m)　19. 密封环　20. 转向机

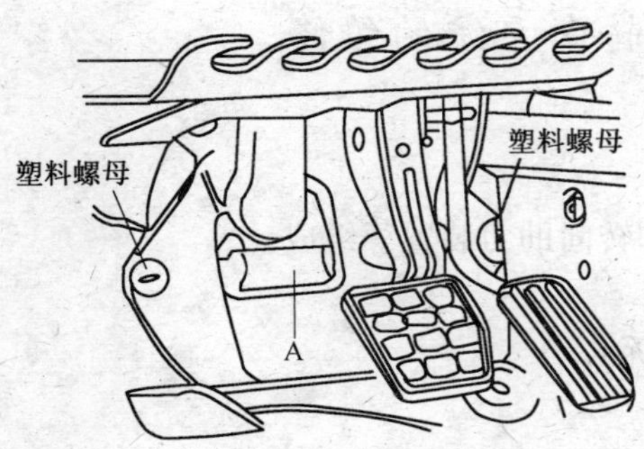

图 4-60　拧下塑料螺母与拆下护罩

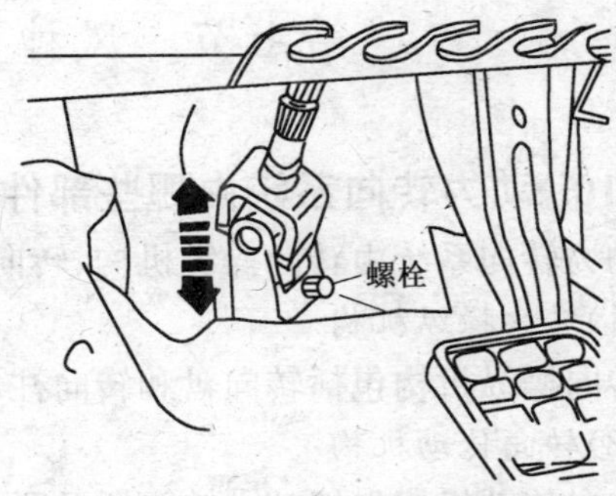

图 4-61　拆开万向节与转向机的连接

③用软管夹 3094 夹住通向储液罐的软管和通向动力转向油泵的软管。

④拆下隔声垫。

⑤将放液盘置于车下。

⑥如图 4-62 所示，将拉杆球头从转向臂上压下。

⑦拔下转向机软管，并用塑料密封堵密封好孔口。

⑧用变速器千斤顶 V. A. G1383A 支好副车架，拆下副车架。

⑨如图 4-63 所示，拆下回油管卡夹，松开转向润滑油管。

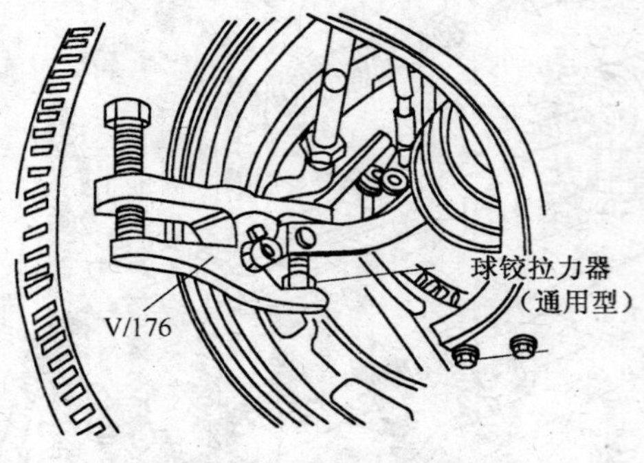

图 4-62　压下拉杆球头

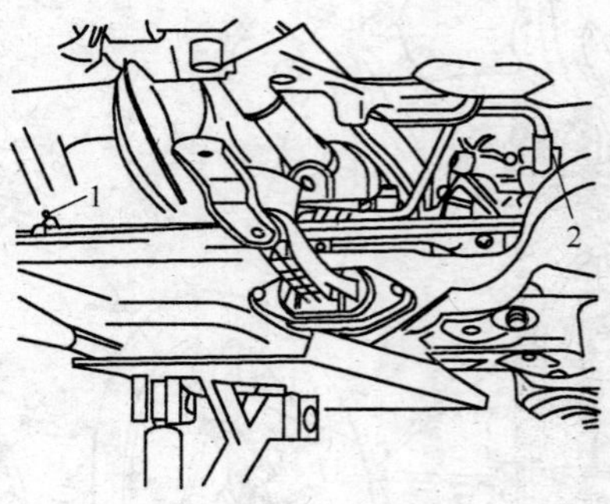

图 4-63　拆下回油管卡夹与松开转向润滑油管

1. 回油管卡夹　2. 转向润滑油管

⑩拧下动力转向器螺栓，从后部取下动力转向器。

(2)动力转向器的安装

按与拆卸相反的顺序安装动力转向器。安装动力转向器时应注意：

①使用新的软管连接密封环。

②安装转向机前，在转向机密封上涂一层淡肥皂液。

③密封面应清洁。

④回油管和转向机之间必须有约 10mm 间隙。

⑤按规定力矩拧紧各螺栓，动力转向器与副车架螺栓拧紧力矩为 20N·m＋90°，副车架与车身螺栓拧紧力矩为 100N·m＋90°，万向节螺栓拧紧力矩为 30N·m，中空螺栓拧紧力矩为 40N·m，拉杆球头与转向臂螺栓拧紧力矩为 45N·m。

第七节　风神蓝鸟轿车转向系统的维修

210. 动力转向系统由哪些部件组成？

动力转向系统由转向操纵机构、转向传动机构和转向助力装置等组成。

(1)转向操纵机构

转向操纵机构包括转向盘和转向柱，如图 4-64 所示。

(2)转向传动机构

转向传动机构包括动力转向器及联动装置(转向横拉杆)，如图 4-65 所示。

(3)转向助力装置

转向助力装置包括动力转向油泵、动力转向控制阀(转向器内)、油管等。

211. 如何检查转向盘？

(1)转向盘中间位置的检查

检查前，确定车轮定位正确，确认在拆卸转向盘前转向盘已处于中间位置。

①当前轮处于正前方状态时，检查转向盘是否处于中间位置。

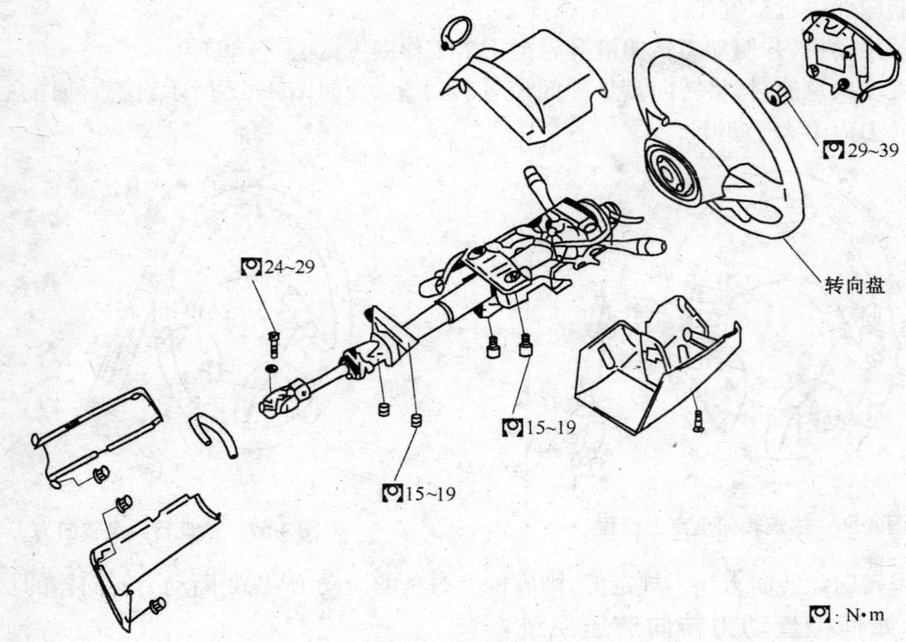

图 4-64　转向操纵机构

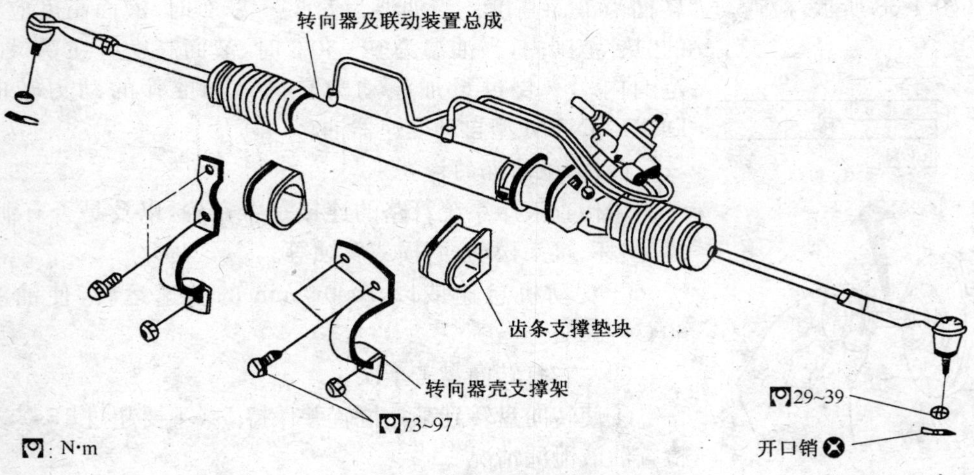

图 4-65　转向传动机构

②如果转向盘不在中间位置，则应拆下转向盘，重新安装转向盘。

③如果转向盘中间位置介于两个锯齿之间，则应松开横拉杆锁紧螺母，将左右横拉杆向相反方向转动相同的量，以补偿中间位置的误差。

(2)转向盘自由行程的检查

如图 4-66 所示，当转向盘处于正前方位置时，检查转向盘自由行程，转向盘自由行程不大于 35mm。如果不符合要求，应检查前桥及前悬架、转向柱、动力转向器及联动装置安装是否正确，或检查动力转向器及联动装置是否松旷。

(3)转向盘转向力的检查

①将车辆停在干燥、水平的路面上，并拉上驻车制动装置。

②轮胎应保持正常气压。

③起动发动机,并使动力转向液升温至正常工作温度(60℃～80℃)。

④在发动机怠速时,将转向盘从中间位置转过 360°,如图 4-67 所示,检查转向盘转向力,转向盘转向力应不大于 39N。

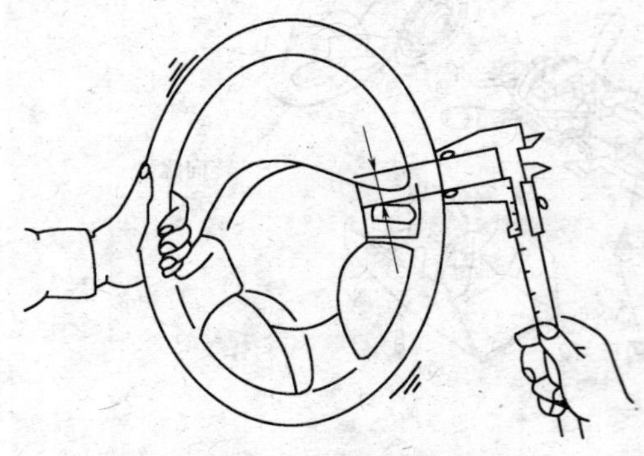

图 4-66　检查转向盘自由行程

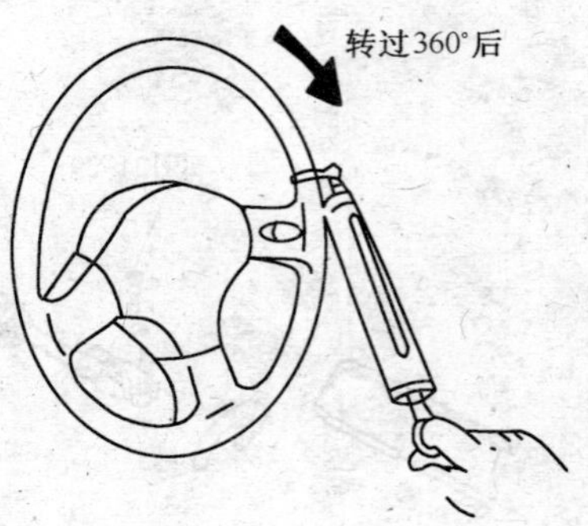

图 4-67　检查转向盘转向力

⑤如果转向盘转向力超出规定值,则应检查齿条的滑动力,以判断动力转向器的状况。

212. 如何检查动力转向液压系统?

(1)液面高度的检查

如图 4-68 所示,检查动力转向液液面高度。当油温为 50℃～80℃时,液面高度应在量尺的"热"范围内;当油温为 0～30℃时,液面高度应在量尺的"冷"范围内。不要过量加注动力转向液。推荐的动力转向液为 DEXRONTM 型自动变速器油。

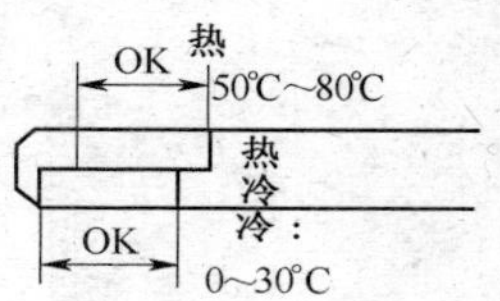

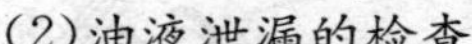

(2)油液泄漏的检查

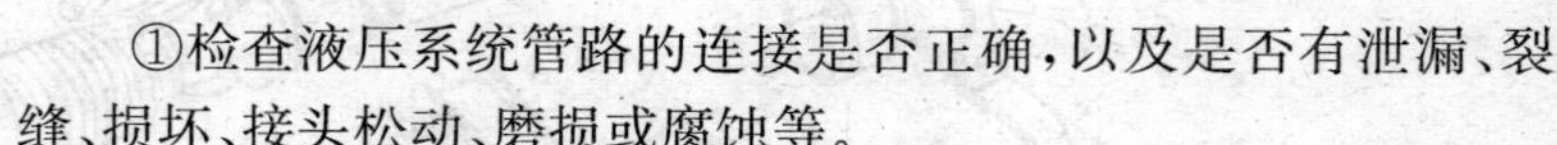

①检查液压系统管路的连接是否正确,以及是否有泄漏、裂缝、损坏、接头松动、磨损或腐蚀等。

②发动机怠速或以 1000r/min 的转速运转,使油温升到 60℃～80℃。

③左右打转向盘若干次。

④使转向盘转到某一位置并保持 5s(不要超过 15s),并仔细检查油液泄漏情况。

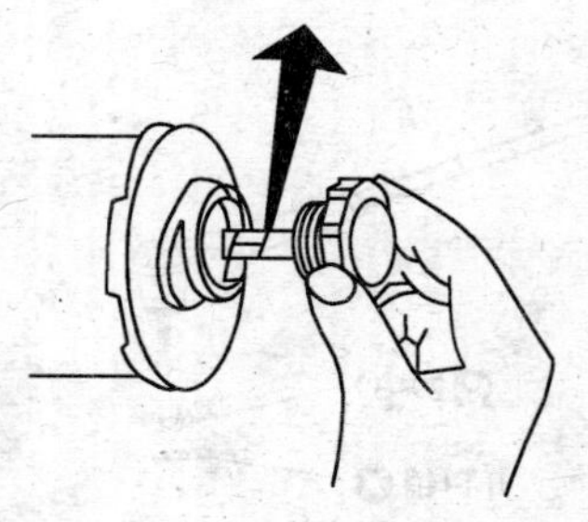

图 4-68　检查动力转向液液面高度

⑤如果在接头处发现油液泄漏,则应拧松油管螺母再重新拧紧,但不要过分拧紧接头。否则,会损坏 O 形密封圈、垫圈和接头。

(3)液压系统的排气

①举升车辆,使车轮离开地面。

②向储油罐里加注油液至规定高度,迅速将转向盘向左右打到底,并轻微地接触到转向限位块。重复打转向盘,直到油面高度不再下降为止。

③起动发动机。重复步骤②,使液压系统排气完全。如果排气不完全,储油罐里会产生气泡、油泵里有"喀哒"声、油泵的"嗡嗡"声过大等现象。如有这些现象,则需继续排气。应注意,当车辆静止或缓慢地打转向盘时,油泵里会出现油液噪声,这种噪声是动力转向系统固有的。

(4)压力的测试

①将压力表连接在动力转向油泵出油管上,打开截止阀。

②起动发动机,使油温升至60℃~80℃。

③当发动机以1000r/min的转速运转时,检查转向盘左右打到底时的压力,不要使转向盘转到某一位置时持续超过15s。动力转向油泵的最大标准压力为7649~8238kPa。

④如果油压低于标准压力,应缓慢关闭截止阀,并检查压力。当压力始终低于标准压力值时,说明动力转向油泵已损坏。应注意,关闭截止阀不要超过15s。

⑤如果油压超过标准压力值,应检查油泵控制阀是否正常。

⑥检查完后,拆下压力表,必要时添加油液,再使系统完全排气。

213. 如何检修转向柱?

(1)当转向盘转动不平滑时,应检查转向柱轴承是否损坏,检查套管是否变形或断裂。必要时,应予以更换。

(2)如果车辆发生了轻微碰撞,则应检查转向柱长度L,如图4-69所示,转向柱长度L为525.6~528.4mm。如果不符合要求,则应更换转向柱。

(3)检查转向柱倾斜机构的工作是否正常。

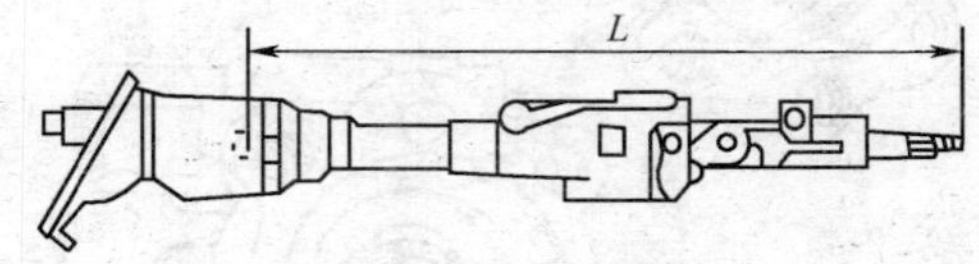

图4-69 检查转向柱长度

214. 如何检修动力转向油泵?

(1)动力转向油泵的分解

动力转向油泵的零件如图4-70所示。

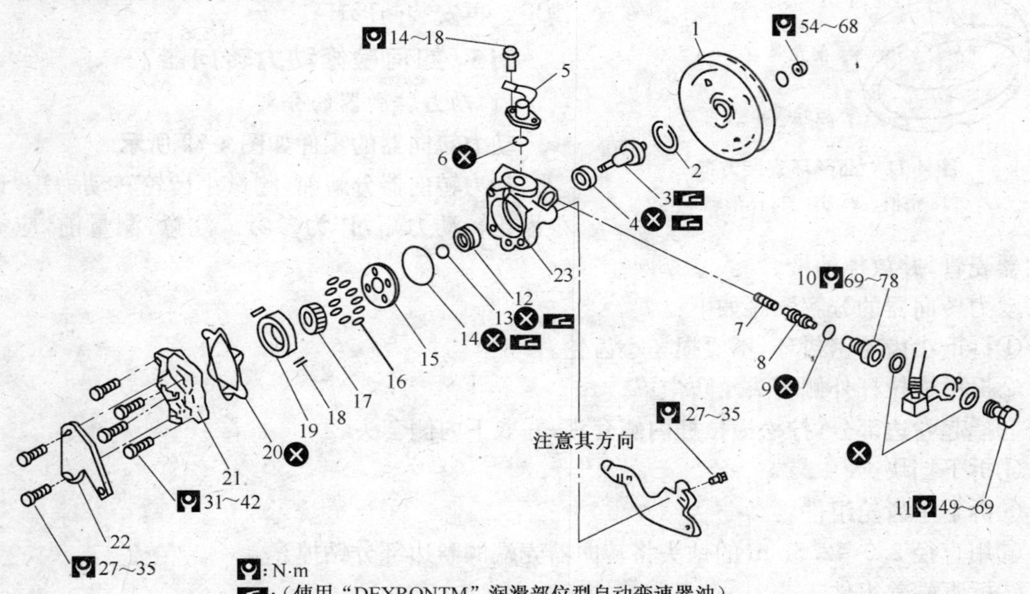

图4-70 动力转向油泵分解图

1. V带轮 2. 卡环 3. 驱动轴 4. 油封 5. 吸油管 6、13、14. O形圈 7. 弹簧 8. 控制阀 9. 垫圈 10. 接头 11. 连接螺栓 12. 前盖 15. 前端盘 16. 叶片 17. 转子 18. 销 19. 凸形环 20. 垫圈 21. 后盖 22. 安装架 23. 泵壳

只有当转向油泵出现泄漏、带轮变形或损坏、性能变差时,才可分解动力转向油泵。

①拆下卡环，抽出驱动轴。

②拆下油封。

③拆下吸油管、出油管及控制阀。

④拆下后盖。

⑤取下凸形环、转子、叶片、前端盘等。

(2)动力转向油泵零件的检查

检查各零件是否磨损、变形、刮伤或有裂纹。

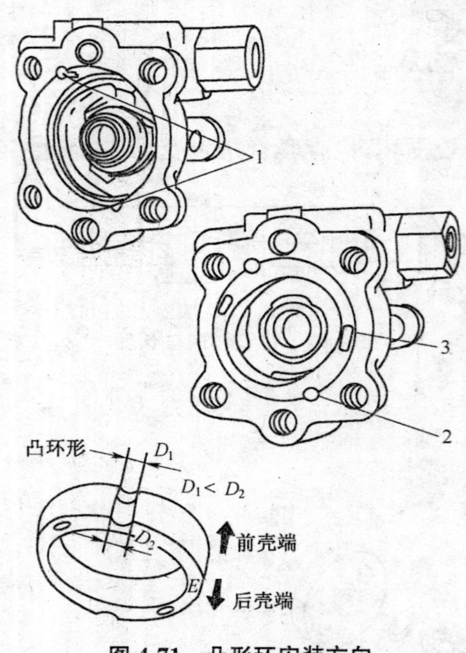

图 4-71 凸形环安装方向

1. 销槽 2. 销 3. 凸形环

(3)动力转向油泵的组装

按与分解相反的顺序组装动力转向油泵。组装时应注意：

①安装新的O形圈和油封，并保证O形圈及油封安装合适。

②必要时，凸形环、转子和叶片必须作为一个组件更换。

③装配时，应在每个零件表面涂上自动变速器油(ATF)。

④安装转子和叶片时，叶片的圆弧端要朝向凸形环侧，转子上的冲压标记应朝向前壳端。

⑤如图 4-71 所示，将销插入前壳和前端盘的销槽里。再安装凸形环。

215. 如何检修动力转向器？

(1)动力转向器的分解

动力转向器的零件如图 4-72 所示。

动力转向器分解前，测量小齿轮转动力矩，记下小齿轮转动力矩，作为参考。注意，测量前，应拆下转向器壳管，并放掉油液。

动力转向器的分解顺序如下：

①拆下小齿轮密封环，不要损坏小齿轮。

②拆下横拉杆外侧套头及防尘罩。

③撬起卷边部分，拧松横拉杆内侧套头，并取下内侧套头。

④拆下挡块。

⑤拆下小齿轮组件。

⑥用直径 2.0～2.5mm 的钻头将转向器壳端的卷边部分钻掉。

⑦拆下端盖组件。

⑧抽出齿条组件。

⑨用电热吹风机将齿条密封环加热至大约 40℃，拆下齿条密封环，不要损坏齿条。

⑩拆下中央轴套和齿条油封。

(2)动力转向器的检查

将所有的零件彻底清洗，用压缩空气吹干。

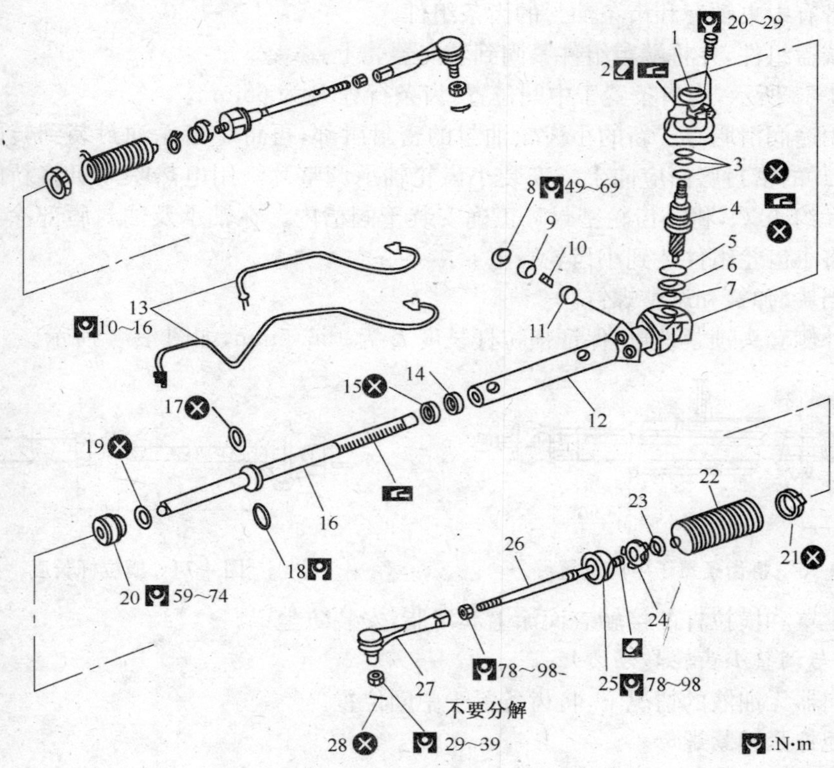

图 4-72　动力转向器分解图

1. 后壳盖　2. 后壳组件　3. 小齿轮密封环　4. 小齿轮组件　5、18. O形圈　6. 垫片　7. 小齿轮油封　8. 锁紧螺母　9. 调整螺钉　10. 弹簧　11. 挡块　12. 转向器壳　13. 转向器壳管　14. 中央轴套　15. 齿条油封　16. 齿条组件　17. 齿条密封环　19. 齿条油封　20. 端盖组件　21. 防尘罩卡箍　22. 防尘罩　23. 防尘罩套圈　24. 锁片　25. 横拉杆内侧套头　26. 横拉杆　27. 横拉杆外端　28. 开口销

①检查防尘罩，如果有损坏、裂纹或磨损，则应更换。

②检查齿条，如果有损坏、裂纹或磨损，则应更换。

③检查小齿轮组件，其轴承转动是否自如，是否有裂纹、麻点及磨损。必要时，应予以更换。

④检查转向器壳缸筒是否有划伤或其他损坏。必要时，应予以更换。

⑤检查横拉杆外侧和内侧套头。检查球形接头摆动力。横拉杆外侧球形接头摆动力为6.9～64.7N，横拉杆内侧球形接头摆动力为15.7～140.2N。检查横拉杆外侧球形接头转动力矩，应为0.3～2.9N·m。检查球形接头的轴向间隙，横拉杆外侧球形接头轴向间隙不大于0.1mm，横拉杆内侧球形接头轴向间隙不大于0.3mm。

(3)动力转向器的组装

动力转向器的组装顺序如下：

①用电热吹风机将新的齿条密封环加热至大约40℃，用手将它装到齿条上，再用专用工具将其紧固在齿条上。

②装上齿条油封。

③安装带有中央轴套和齿条油封的齿条组件。

④装上端盖组件，并将端盖组件紧固到转向器壳上。

⑤如图 4-73 所示，将齿条置于中间位置，齿条行程 L 为 66mm。

⑥将多用途润滑脂涂于新的小齿轮油封的密封唇部，再将小齿轮油封装到转向器壳的小齿轮壳上，油封的密封唇面应向上。安装小齿轮轴承调整片。用电热吹风机将新的小齿轮密封环加热至大约 40℃，将小齿轮密封环正确安装于阀槽内。在轴承及油封唇部涂上一层多用途润滑脂。将小齿轮组件装到小齿轮壳上

⑧装上挡块、弹簧和调整螺钉。

⑨拧紧外侧套头锁紧螺母，保证横拉杆长度 L 为 156.7mm，如图 4-74 所示。

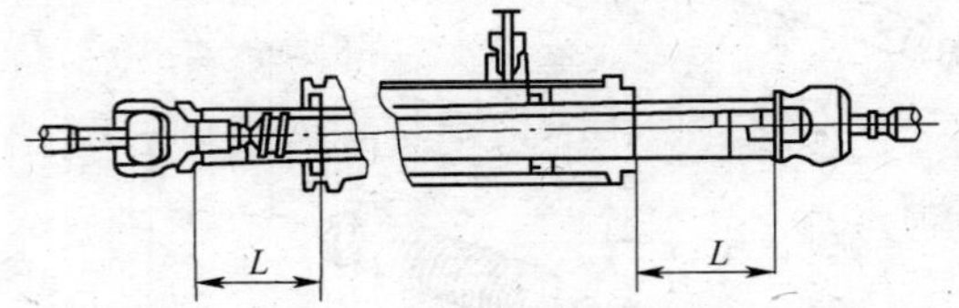

图 4-73 将齿条置于中间位置

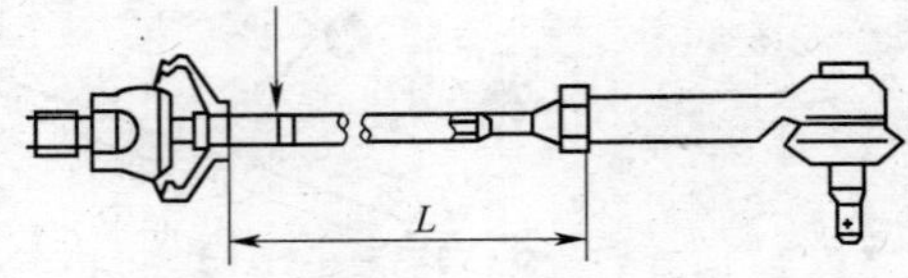

图 4-74 横拉杆长度

⑩在防尘罩和横拉杆的接触表面涂上润滑脂，安装防尘罩。

(4)检查与调整小齿轮转动力矩

①在转向器无油液的情况下，将齿条置于中间位置。

②轻轻地拧紧锁紧螺母。

③将调整螺钉拧紧，拧紧力矩为 14.7N·m。

④将齿条最大限度地来回移动几次。

⑤将调整螺钉拧松 30°。

⑥将调整螺钉固定不转动，同时将锁紧螺母拧紧至规定的力矩。

⑦测量小齿轮转动力矩，平均转动力矩为 0.8～1.3N·m。如果小齿轮转动力矩超过规定值，应从步骤③开始重新调整。重新调整后，如果小齿轮转动力矩仍超过规定值，则应更换转向器。

(5)检查齿条滑动力

①将转向器装到车上，但不要与转向节连接。

②连接油管，并加注动力转向液。

③起动发动机，并完全排除液压系统内的空气。

④拆开转向器与转向轴的连接。

⑤起动发动机，使发动机怠速运转，并确认转向液达到正常工作温度。

⑥从中间位置缓慢拉动横拉杆，齿条的滑动力应为 118～235N。如果齿条滑动力不符合要求，则应调整转向器。如果重新调整后，齿条滑动力仍不符合要求，则应更换转向器。

第五章　轿车制动系统的检修

第一节　东风雪铁龙爱丽舍轿车制动系统的检修

216. 制动系统由哪些部件组成?

爱丽舍轿车采用带真空助力器的双管路液压制动系统,并装备 ABS(防抱死制动系统),由前轮盘式制动器、后轮鼓式制动器、真空助力器、制动总泵、制动分泵、感载比例阀,以及 ABS 等组成,如图 5-1 所示。该车利用后轮制动器实现驻车制动。

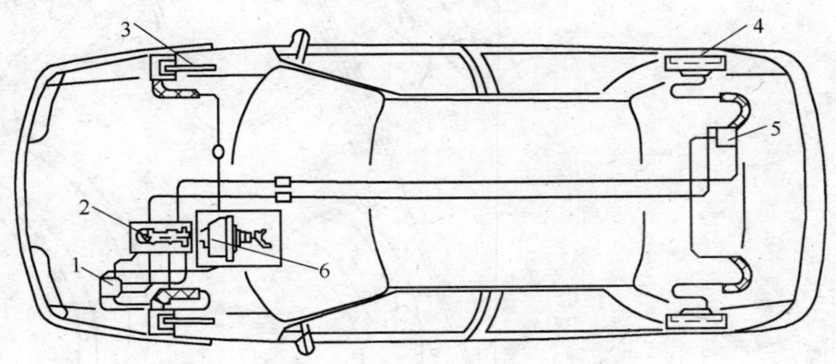

图 5-1　制动系统的布置

1. ABS 控制器　2. 制动总泵　3. 前轮盘式制动器　4. 后轮鼓式制动器
5. 感载比例阀　6. 真空助力器

217. 如何检查与调整制动踏板行程?

制动踏板行程的大小与制动踏板的高度位置在一定程度上反映了制动系统状况。如制动踏板行程过长,制动踏板过低,可能是液压系统中有空气或泄漏、真空助力器推杆长度调整不正确、制动摩擦片过度磨损、制动摩擦片与制动鼓或制动盘的间隙过大等。若制动踏板行程过长,应找出原因,并排除故障,然后对制动踏板行程进行检查和调整。制动系统检修后,制动踏板行程也应进行检查和调整。

检查制动踏板行程前,发动机应熄火,反复多次(5 次以上)踩制动踏板,使真空助力器的真空度为零后,再进行检查。如图 5-2 所示,爱丽舍轿车制动踏板最大行程为 60mm。若制动踏板行程过长,应予以调整。调整时,应保证制动灯开关处间隙为 2～3mm,并确认踩制动踏板时,制动灯亮,而松开制动踏板后,制动灯熄灭。

218. 如何检查制动液的泄漏?

制动系统的泄漏有内漏和外漏。内漏发生在总泵内,它不损失制动液,但可导致制动性能下降。而外漏可能是制动管路连接松动、制动管破裂、密封件损坏等。这既损失制动液,又影响制动性能。

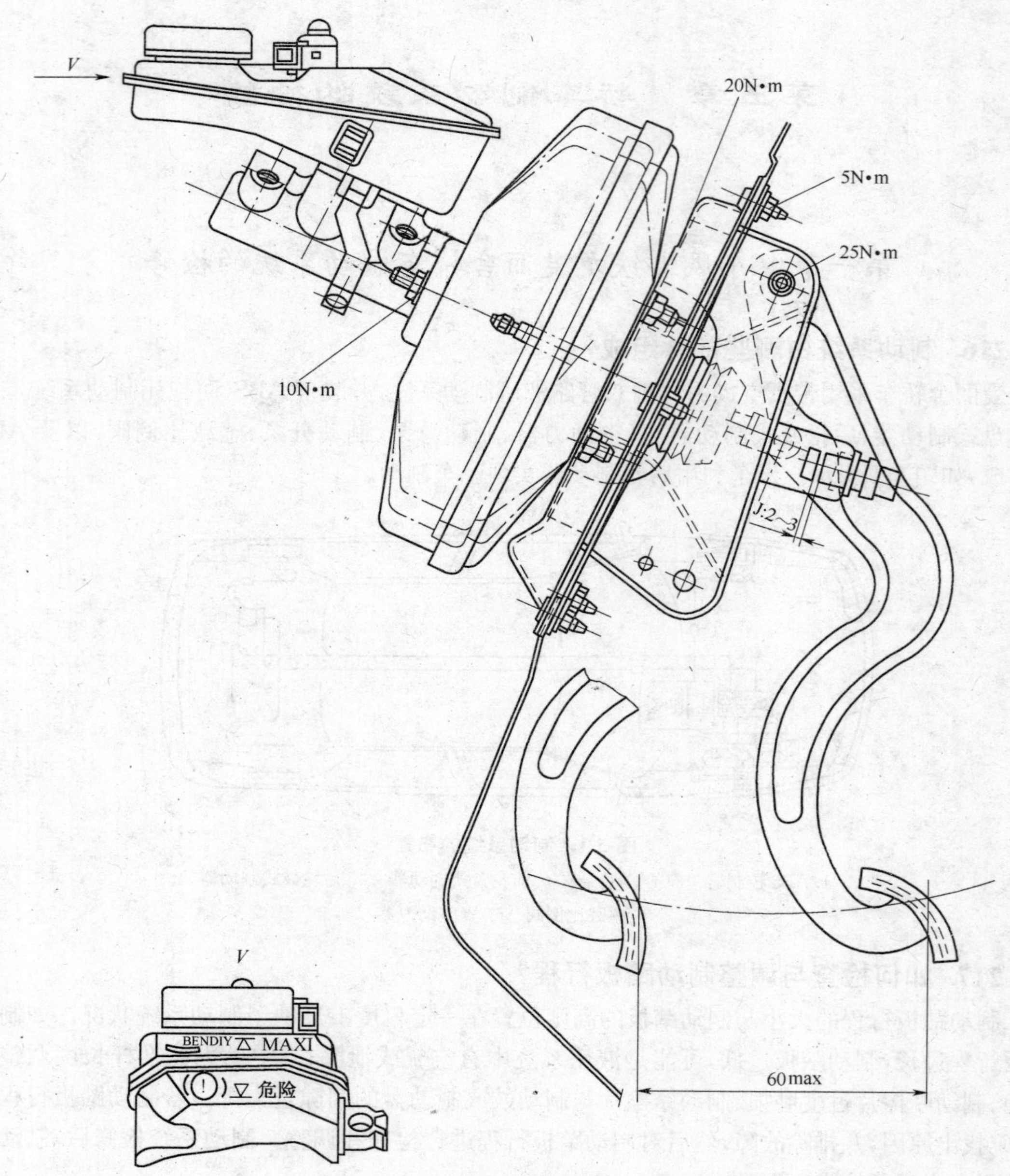

图 5-2 制动踏板行程的检查与调整

(1)目视就车检查

制动系统外漏严重时，可在车上查找制动液的泄漏痕迹，以确定泄漏部位。

(2)施压就车检查

①将变速杆置于空挡。

②发动机怠速运转。

③以中等踏板力踩下制动踏板，并稳定地保持约 15s。若制动踏板不下降，则表明制动系统既无内漏也无外漏；若制动踏板下降，则表明制动总泵可能有内漏或者制动管路中可能有泄漏。

④当制动系统有泄漏时，应顶起车辆，目视检查所有制动管路、前轮制动卡钳、后轮制动底板是否有漏油的痕迹，确定制动系统泄漏部位。若经检查无外漏，则表明制动总泵有内漏，应检修或更换制动总泵。

219. 如何检查与调整驻车制动装置?

在更换驻车制动拉索、后轮制动蹄片或拆检后轮制动器后，均应检查与调整驻车制动装置。

爱丽舍轿车驻车制动装置的检查与调整方法如下：

①拆下驻车制动罩盖。

②将车辆后部顶起，使后轮悬空。

③检查驻车制动拉索是否良好。

④踩几下制动踏板，使后轮制动蹄片与制动鼓之间的间隙正常。

⑤连续拉紧与松开驻车制动手柄 4 次，以便确定后轮制动器机械式自动调整间隙装置工作正常。

⑥在驻车制动手柄放松状态下，边转动后轮，边缓慢调整驻车制动手柄的调整螺母，直至能感觉到车轮受到阻力又能自由转动为止。

⑦将驻车制动手柄拉紧，检查棘爪在齿扇的位置。后轮应抱紧，而棘爪应停在齿扇第 9 至第 11 齿之间位置。否则，应重复⑤～⑦的操作。

⑧松开驻车制动手柄，检查两后轮是否能自由转动。如后轮能自由转动，则合格；如有摩擦阻力感，则应重新调整。

⑨装上驻车制动罩盖。

220. 如何检修前轮制动器?

(1)前轮制动器的结构

前轮采用浮动卡钳盘式制动器，主要由制动盘、制动卡钳、制动块、制动分泵等组成，如图 5-3所示。制动卡钳体与制动分泵固定在一起，可在制动卡钳支架(与转向节制成一体)上作相对于制动盘的轴向移动，即制动卡钳为浮动式。

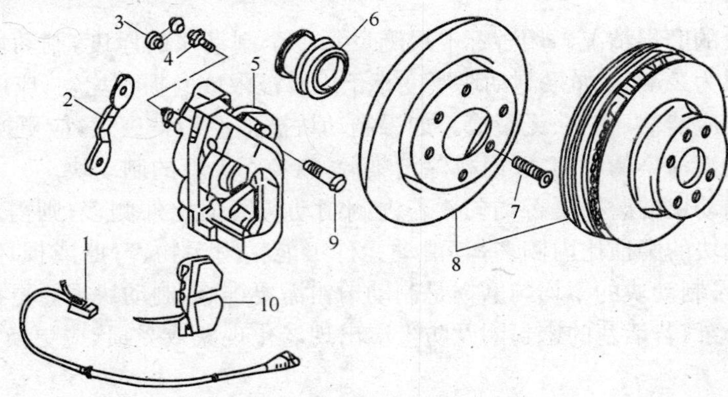

图 5-3　前轮制动器分解图

1. 制动块磨损检测插头　2. 止动板　3. 放气螺栓罩　4. 放气螺栓
5. 制动卡钳　6. 制动分泵组件　7. 沉头螺栓　8. 制动盘(实心或通风)
9. 卡钳螺栓　10. 制动块

(2)前轮制动器检修注意事项

①拆卸车轮时,不要损伤制动盘、管路及放气螺钉。

②不得将制动液洒在车漆上,以免损坏车漆。若制动液接触了车漆,应立即擦掉。

③拆装时,不要损坏制动盘,不要刮伤或擦伤制动块。

④检修时,制动盘、制动块等摩擦表面不得接触润滑脂、润滑油、制动液,以免降低制动效能。

⑤不能使用汽油、柴油清洗制动分泵各部件,最好使用专用清洗剂、无水酒精或制动液清洗零件。

⑥不要混用不同牌号的制动液,因为它们可能不相容。

⑦前轮制动器检修完毕后应进行路试。

(3)制动块的检修

当车辆行驶一定里程后,前轮制动器的制动块磨损严重,或磨损指示装置报警,应更换制动块。

1)制动块的拆装

制动块的拆装顺序如下:

①拧松前轮轮胎螺栓。

②顶起车辆前部,使两轮悬空,拆下前轮。

③拔下制动块磨损指示装置传感器插头。

④拆下卡销,拆下导板,将制动卡钳向摩擦面方向推,分别拆下外制动块和内制动块。

⑤使用专用工具,将活塞推回到活塞腔的底部,不要损坏活塞或防尘罩。

⑦将固定制动块的压簧压住制动块底板,装上导板,并装上新的卡销。

⑧插上制动块磨损指示装置传感器插头。

⑨安装车轮。

⑩制动块安装完毕后,车辆起步前,应反复地踩制动踏板,使制动分泵充满制动液,同时使制动块在正确的工作位置上,并保证制动踏板行程正常。

2)制动块的检查

①检查制动块的磨损情况。用游标卡尺测量每一个制动块的厚度,制动块厚度为13mm,其摩擦片维修极限为2mm。如果制动块厚度小于维修极限或磨损不均匀,应成套更换制动块。

②制动块表面应清洁、完整、无裂痕。如果制动块被油渍污染失效,应更换新的制动块,并查明该制动块被油渍污染的原因,及时排除污染源,以免污染新的制动块。

③检查内外制动块的磨损是否均匀。若内侧制动块磨损比外侧多,则需对制动卡钳进行维修。若外侧制动块的磨损比内侧多,其滑动元件可能粘附污物、弯曲或损坏,应检查这些部位。在任何情况下,制动块的不均匀磨损是制动卡钳需要维修、制动块需要更换的信号。

④检查制动分泵,若活塞的密封圈及防尘罩出现老化现象或受损,应更换;若漏油,应更换密封圈。

(4)制动盘的检修

1)制动盘的拆装

制动盘的拆卸顺序如下:

①拆下制动块。

②拧下制动盘的两个螺栓。

③拆下制动盘。如果制动盘用手拉不下来，可用橡胶锤敲击制动盘。

按与制动盘拆卸相反的顺序安装制动盘。安装时应注意下列问题：

①安装前，要清除轮毂与制动盘配合表面上的锈迹和异物。

②如果安装原制动盘或加工后的制动盘，要用80号粒度砂纸(使用石棉制动块)或120号粒度砂纸(使用半金属制动块)打磨制动盘表面，除去污物和灰尘，并清洗干净。

③如果安装新制动盘，要用清洗剂除去涂在制动盘表面的保护油层。

④所有零件的安装表面应干净。

⑤制动盘安装后，装上制动块和车轮，并反复踩制动踏板，直到制动分泵的压力正常。

2)制动盘的检查

①检查制动盘表面有无损坏和裂纹。将制动盘彻底清理干净，除去锈迹，进行目测检查，制动盘应无裂纹、硬点及过深的刻痕。

②检查制动盘表面磨损情况。制动盘工作表面有轻微的摩擦痕迹和制动磨损碎屑是正常的。当制动盘摩擦痕迹过深或严重磨损或磨损不均匀时，应使用千分尺测量制动盘厚度。测量点应选在距制动盘外缘10mm、间隔大约45°的8个点处。

制动盘厚度的标准值为通风盘20.4mm，实心盘10mm。制动盘的维修极限值为通风盘18.4mm，实心盘8mm。如果制动盘厚度小于维修极限，应更换制动盘。如果制动盘的厚度变化过大，则制动时会引起制动踏板脉动、制动不平稳和前轴振动。因此，当各次厚度测量值之间的最大差值超过0.02mm，且制动盘最小厚度大于维修极限时，可在车床上对制动盘进行加工修整。

③检查制动盘的变形情况。制动盘的翘曲变形即横向偏摆过大，制动盘转动时会左右摆动。这种摆动将冲击制动块，严重时将引起制动踏板脉动或振动，使制动效果变差。

制动盘的横向偏摆量可用百分表检查。检查前，用车轮螺栓及平垫圈将制动盘牢靠地固定在轮毂上，用百分表测量距制动盘外缘10mm处的端面圆跳动，其指针的最大摆差(端面圆跳动)应在0.2mm以内。当端面圆跳动超过维修极限(0.2mm)时，而轮毂及轴承的横向偏摆符合技术要求，应对制动盘进行加工修复或更换。

(5)制动卡钳的检修

1)制动卡钳的拆装

制动卡钳的拆卸装顺序如下：

①顶起车辆前部，拆下前轮。

②拆下制动块。

③将制动软管与制动卡钳分离。

④拧下制动卡钳螺栓，拆下制动卡钳。

⑤分解制动卡钳。

⑥用制动液清洗所有零件。组装制动卡钳时，更换所有橡胶密封圈，在活塞密封圈和卡钳缸壁处涂抹干净的制动液，更换防尘罩，应确保各零件位置准确。安装制动块。

⑦加注制动液。

⑧反复踩制动踏板数次，使制动分泵充满制动液，并使制动部件正确就位。

⑨对制动系统进行排气。

⑩检查制动管路及接头应无泄漏。

2)制动卡钳的检查

①检查制动分泵活塞表面有无划痕及锈蚀，缸壁有无磨损、划痕或损坏，活塞有无发卡现象。必要时，则予以更换。

②检查制动卡钳体有无裂纹和损坏。

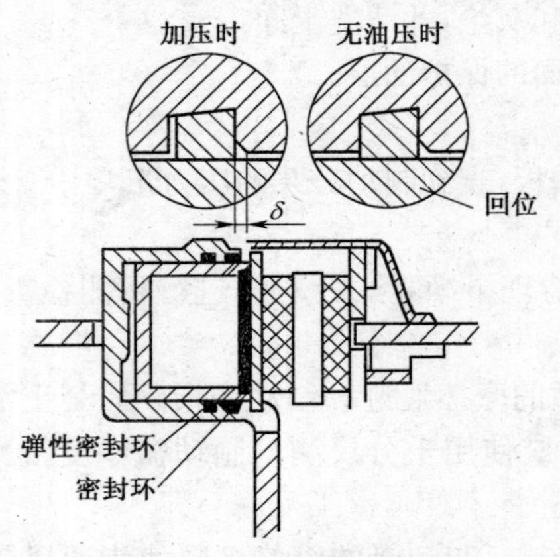

图 5-4 制动间隙自动调整装置

(6)制动间隙自动调整装置的检修

制动块摩擦片与制动盘的间隙要适当。前轮制动器制动间隙可自动调整。当制动块摩擦片或制动盘磨损后，其制动块摩擦片与制动盘之间的间隙靠活塞的弹性密封环自动调整。弹性密封环的弹性变形量 δ 可保持制动块摩擦片与制动盘之间的间隙为设定间隙（δ 为 0.01～0.15mm），如图 5-4 所示。

当活塞的弹性密封环发生老化或损坏时，应及时更换弹性密封环，以确保前轮制动器制动间隙的自动调整功能。

221. 如何检修后轮制动器？

(1)后轮制动器的结构

后轮采用鼓式制动器，由制动蹄、制动分泵、回位弹簧、间隙自动调整杠杆、制动底板等组成，如图 5-5 所示。后轮制动器还兼驻车制动作用。

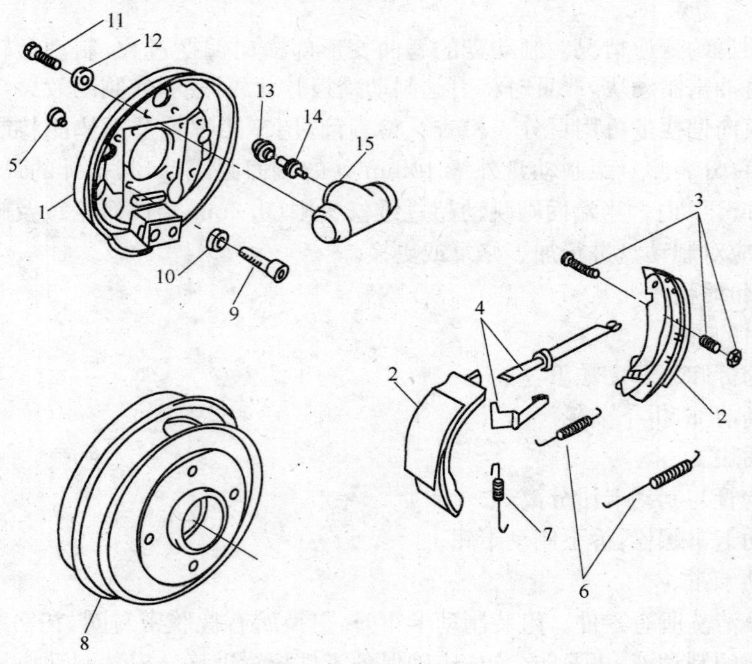

图 5-5 后轮制动器分解图

1. 制动底板 2. 制动蹄 3. 限位销钉及弹簧 4. 间隙自动调整杠杆 5. 塞子 6. 制动蹄回位弹簧 7. 间隙拨动杠杆弹簧 8. 制动鼓 9. 底板螺栓 10. 垫圈 11. 螺栓 12. 齿形垫圈 13. 放气螺栓罩 14. 放气螺栓 15. 制动分泵

(2)制动鼓的检修

1)制动鼓的检查

制动鼓由于其工作时温度高、压力大、工作条件差,因而制动鼓易出现变形、磨损、裂纹等。

①清洁制动鼓,除去灰尘和脏物。

②用指甲横滑过制动鼓工作表面,直观地检查制动鼓表面的划痕及裂纹。若划痕较深或有裂纹,则必须更换制动鼓。而高度磨光的制动鼓表面会引起制动噪声及制动力不足。

③通过目测制动蹄片的磨损情况来判断制动鼓缺陷。如制动蹄片的一端磨损严重,则表明制动鼓变形失圆;如制动蹄片磨损不均匀,则可能是制动鼓变成锥形所致。

④检查制动鼓的磨损状况及变形状况。利用游标卡尺在制动鼓工作表面的圆周上多处测量制动鼓内径。对于ϕ180mm的制动鼓,其磨损后允许的最大直径为ϕ182mm;对于ϕ203mm的制动鼓,其磨损后允许的最大直径为ϕ205mm。当测量的直径超过允许的最大值时,应更换制动鼓。当制动鼓变形产生锥度或失圆而加工余量足够时,应对其进行加工修复。

2)制动鼓的修复

①制动鼓表面划痕的修复。制动鼓的划痕一般是因砂粒被夹在制动蹄片和制动鼓之间作为磨料引起的,或暴露的铆钉、很硬的劣质摩擦片也会使制动鼓表面出现沟槽。对于较轻的表面划痕,用细砂布抛光修平即可。较严重的划痕,可在车床或制动鼓镗削机上进行加工修复。加工时应注意,同轴两侧制动鼓的尺寸应一致,以保证同轴左右车轮产生的制动力相等,一侧制动鼓因缺陷进行切削加工时,同轴另一侧制动鼓也必须用相同的加工方法切削加工至相同直径。

②制动鼓失圆的修复。制动鼓失圆是由于制动期间制动鼓工作温度较高和压力较大引起的。制动鼓稍有失圆,制动时会引起拖曳、卡住、制动踏板振动或脉动。当制动鼓失圆,引起车辆振动或制动不平稳时,应在车床或制动鼓镗削机上对制动鼓失圆缺陷进行修复加工。

(3)制动蹄片的检修

①检查制动蹄片的厚度,摩擦片厚度的使用极限为1mm。多点测量每个制动蹄的摩擦片厚度,当磨损超过或接近使用极限时应予以更换。

②检查制动蹄片有无变形、裂纹或松动。若发现这些情况,应更换制动蹄片。

③当摩擦片被润滑脂、润滑油或制动液弄脏时,最好更换制动蹄片,并找出被油渍弄脏的原因,及时排除。同车轴上的制动蹄片应成组更换,以保证制动力平衡。

(4)制动分泵的检修

①鼓式制动器的制动分泵除非有泄漏或有泄漏痕迹,否则,一般不拆卸和重装。检查泄漏时,可拉开制动分泵的防尘罩,通常看见有少量的制动液是正常的,是因为制动液对活塞起润滑作用。但防尘罩内有大量的制动液是不正常的,表明制动液通过活塞密封圈向外泄漏。对于有泄漏的制动分泵应重点检查,并进行检修或更换,以防止制动液流到制动蹄片表面。

②制动分泵工作一定时间后,会出现缸筒和活塞磨损、密封圈老化等问题,造成密封性能变差、制动力不足,应及时检修。

③检修制动分泵时,应检查活塞工作表面是否光滑,如有轻微的擦伤和斑点,可用细砂布磨光。若发现明显的伤痕,如拉毛、划伤,则应更换制动分泵。检查缸筒与活塞的磨损情况,若缸筒磨损量超过0.1mm或缸筒与活塞配合间隙过大时,应更换制动分泵。橡胶密封件不可重复使用,密封圈、防尘罩均应更换。制动分泵装配前,要用制动液清洗各零件,而不能用汽油或

煤油清洗。装配后，活塞在分泵内应移动灵活而不发卡。

222. 如何检修制动总泵？

(1)制动总泵的结构

制动总泵采用串联式双腔结构，如图 5-6 所示。制动总泵右边与真空助力器推杆连接，上部与储液罐连接，侧面两孔分别与两条对角管路连通。它把整个制动系统分成两个独立的系统，这样可防止部分制动管路或元件偶然发生故障时造成整个制动系统的功能失效，从而提高车辆行驶安全性。

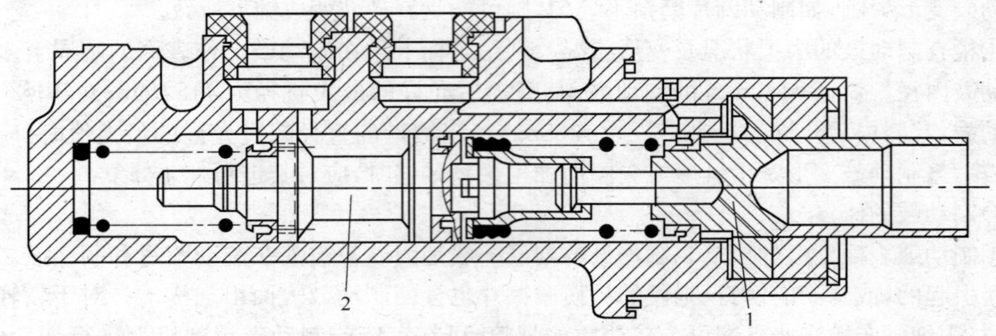

图 5-6 制动总泵结构

1. 左前轮和右后轮活塞 2. 右前轮和左后轮活塞

(2)制动总泵的拆装

制动总泵的拆卸顺序如下：

①取下储液罐盖，并用虹吸管吸出储液罐内的制动液。

②拔下储液罐上线束插头。

③从制动总泵上拆下制动管，不要让制动液溅洒到车体上，并用塞子或胶带堵住各制动管口。

④拧下制动总泵的两个安装螺母，然后将制动总泵从真空助力器上取下。

按与拆卸相反的顺序安制动总泵，安装时注意：

①安装时应小心，不要弯曲或损坏制动管。

②按规定力矩拧紧制动总泵螺母，规定的拧紧力矩为 10N·m。

③制动总泵安装后，应对制动踏板的行程进行检查，并视需要调整。

④加注制动液，并对制动系统排气。

(3)制动总泵的分解、检查与组装

①将制动总泵外部清洗干净。

②分解制动总泵，如图 5-7 所示，用干净的制动液清洗缸体及有关部件，并用压缩空气吹干。

③检查总泵缸孔的磨损情况。可将活塞放在缸孔内，用塞尺检查活塞与缸孔之间的间隙。若间隙过大(大于 0.015mm)，应更换制动总泵。

④缸孔壁面必须光滑，无锈蚀。其壁面如有轻微的擦伤和斑点，可用细砂布(金属氧化粉)磨光，不可使用砂纸研磨。如果刻痕较深，则应更换制动总泵。

⑤检查储液罐是否老化破裂，检查过滤网是否阻塞，除去积聚的沉积物。

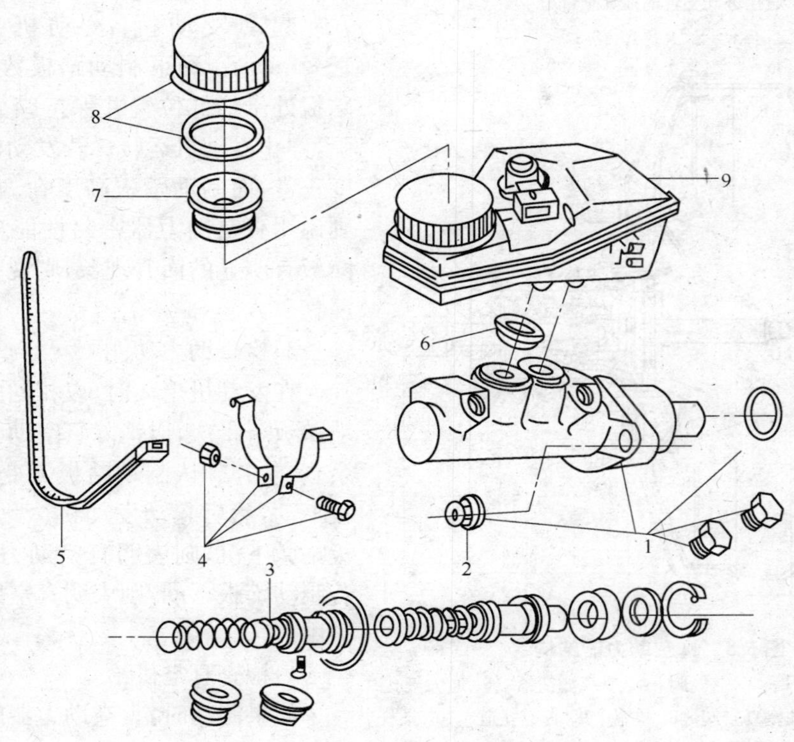

图 5-7　制动总泵分解图

1. 制动总泵　2. 凸缘螺母　3. 活塞弹簧组件　4. 储液罐紧固组件　5. 卡带　6. 密封圈　7. 过滤器　8. 储液罐盖　9. 储液罐

⑥更换所有的橡胶密封件。

⑦将所有零件用制动液清洗干净，用压缩空气吹净泵体上所有的通道，重新组装制动总泵。

223. 如何检修真空助力器？

(1)真空助力器的结构

真空助力器采用 TEVES 式，为单膜片真空悬浮式，其结构如图 5-8 所示，它主要由活塞、膜片、回位弹簧、操纵杆、单向阀、空气阀、柱塞真空阀等组成。真空助力器安装在制动踏板操纵机构和制动总泵之间，为驾驶员操纵制动踏板提供助力。

(2)真空助力器的检查

进气真空不足、真空管路泄漏或破损、膜片漏气，都能导致真空助力器工作不良，使得操纵制动踏板时费力。

1)检查密封性能

起动发动机，发动机怠速运转 1～2min 后熄火。以常用制动踏板力踩制动踏板若干次，每次踩制动踏板的间隔应在 5s 以上。若制动踏板踩下高度一次比一次逐渐提高，则表明真空助力器密封性良好。否则，应检查发动机真空供给情况。若发动机运转时，提供的真空度正常，则表明真空助力器密封不良。

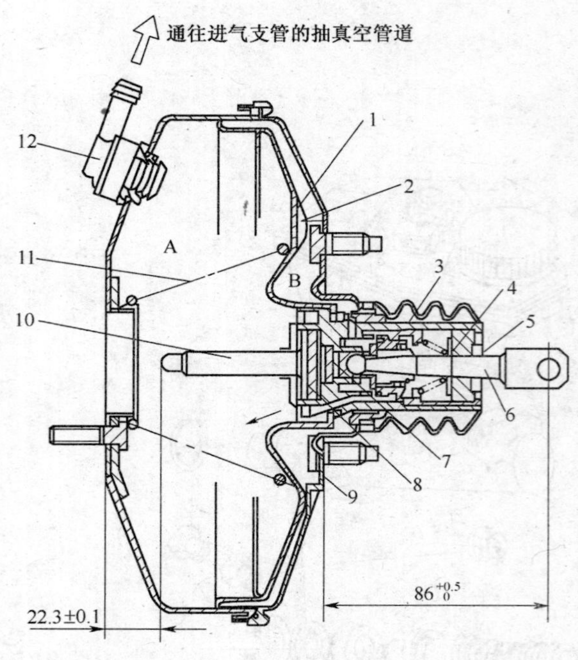

图 5-8　真空助力器结构

1. 活塞　2. 膜片　3. 空气阀　4. 空气滤清器　5. 通大气孔　6. 操纵杆　7. 柱塞真空阀　8. 推盘　9. 真空孔道　10. 推杆　11. 回位弹簧　12. 单向阀　A. 真空腔　B. 真空/空气腔

2)检查负荷密封性能

起动发动机，发动机在怠速运转1～2min后，踩下制动踏板数次，并在制动踏板处于最低位置并保持踏力不变的情况下，停止发动机运转。若发动机提供的真空度正常，而制动踏板高度在30s内无变化，则说明真空助力器密封性能良好。如制动踏板有明显的回升现象，则说明真空助力器漏气。

3)检查助力功能

在发动机熄火时，以相同的踏板力踩制动踏板若干次，以消除真空助力器的全部残余真空，并确认制动踏板无变化后，踩住踏板不动，然后起动发动机。此时，若制动踏板略微下沉，则表明真空助力器助力正常；若制动踏板不动，则表明真空助力器无助力作用。

4)检查真空供给

如果制动时，真空助力器助力功能丧失或助力作用微弱，除真空助力器需检查外，向真空助力器提供真空的真空源及其真空管路更应重点检查。检查时，拔下真空助力器的真空管接头，起动发动机使其怠速运转，用拇指迅速将真空管口堵住。此时，若感到有强烈的吸力，则表明发动机提供的真空度足够及真空管路正常；若用拇指堵真空管口时无强烈的吸力或根本无吸力，则应使发动机熄火，检查真空管是否损坏、卷曲、松动或堵塞。若真空管路损坏，则应予以更换。若真空管路正常，则用真空表检查发动机怠速时进气支管的真空度，其真空表读数应在40～67kPa范围内。若真空度过小，表明提供真空源的发动机进气系统有故障。

5)检查真空单向阀

真空单向阀的作用是发动机停转后可使真空助力器内的真空能维持一定时间。检查时，先使发动机怠速运转，然后使发动机熄火并等待5min，再踩制动踏板施加制动，至少在一个踏板行程中应有助力作用。如果在第一次踩制动踏板时没有助力作用，则表明真空单向阀存在泄漏故障。可拆下真空单向阀，用嘴吹气，应有一端不通。否则，表明真空单向阀泄漏。

6)检查空气阀

空气阀若漏气，可导致真空助力器自动工作。在车辆无制动行驶时，使车轮产生制动作用，增大行驶阻力，制动鼓发热严重，往往误认为是制动器调整不当所致，这种故障具有很大的隐蔽性。可用下面两种方法进行检查。

①通过制动器的拖滞试验来检查真空助力器的空气阀。顶起车辆，使车轮悬空。踩制动踏板数次，以便清除真空助力器内的残余真空。松开制动踏板，用手转动车轮，注意其阻力的大小。起动发动机，并怠速运转1min，然后熄火。再次用手转动车轮，如果阻力增加，则表明真

空助力器的空气阀存在漏气故障。

②直接检查空气阀。发动机怠速运转时，放松制动踏板，用一小束棉纱或纸条悬于空气阀进气口处。如被吸入，表明空气阀密封不良，有漏气故障；如不吸入，而当制动踏板刚一踏下时便被吸入，则表明空气阀良好，无漏气故障。

(3)真空助力器的调整

当真空助力器出现壳体破损或有裂纹、推杆弯曲或损坏、漏气、失去助力功能时，应更换真空助力器。更换真空助力器时，最好将制动总泵一起拆装。真空助力器通常不允许进行分解检修。

更换真空助力器后，应进行调整。调整时，检查和调整推杆至真空助力器与制动总泵安装面的距离，其距离应为 22.3mm±0.1mm（图 5-8），使真空助力器推杆与制动总泵活塞间有 2～3mm 的间隙，如图 5-9 所示。这样才能在解除制动时保证活塞完全回位，将膨胀孔彻底放开，使制动液回流储液罐，彻底解除制动。

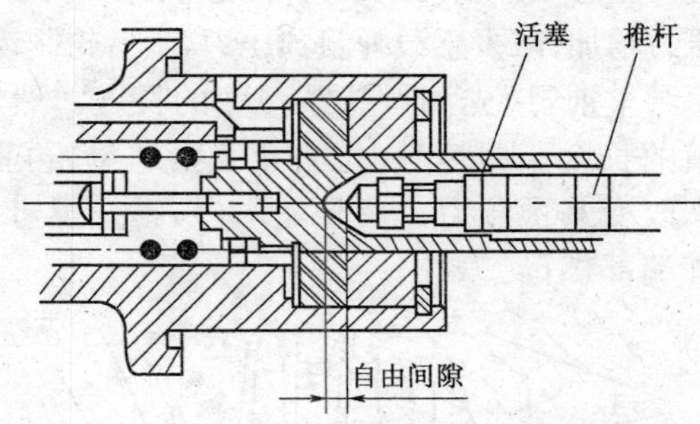

图 5-9　真空助力器推杆与制动总泵活塞的间隙

224. 如何检查与调整感载比例阀?

感载比例阀可调节前后制动压力的比例，它根据后桥轴荷以及制动时前后轴荷的变化，调节前后制动压力。当制动液压系统维修完毕，或制动液压系统有故障时，应检查感载比例阀的压力控制情况。按规定检查前、后轮制动分泵的制动压力，将检查结果与标准进行比较，从而确定感载比例阀是否需要调整或更换。

制动压力标准曲线如图 5-10 所示。横坐标 m 为后轴实际载荷，单位为 kg；纵坐标 p 为后制动分泵压力，单位为 MPa。其曲线表示制动踏板力一定时，后制动分泵压力 p 随后轴实际载荷 m 变化的关系。其中，a、b 曲线分别为前制动分泵压力是 6MPa 与 10MPa 时，后制动分泵压力 p 随后轴实际载荷 m 的变化（误差为 0～1.1MPa），这是感载比例阀检查、调整与更换的依据。

(1)感载比例阀的检查

①确定车辆后轴的实际载荷。利用称重设备，可直接称出后轴的实际质量。无称重设备时，可利用车辆后轴的名义载荷（含 1 人的质量）及油箱中燃油的质量求和得出后轴的实际质量。其后轴名义载荷为 420kg，燃油质量可查表 5-1。

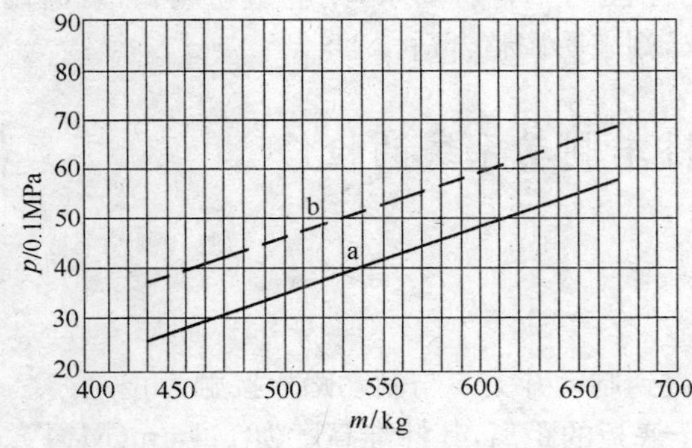

图 5-10　制动压力标准曲线

表 5-1　燃油质量表

燃油液面高度	燃油质量/kg
空(5L)	4
1/4	9
1/2	18
3/4	27
满	36

②测量前后制动分泵的压力。使用压力检测仪测量前后制动分泵的压力，记录前制动分泵压力为 6MPa 时后分泵的压力，对比制动压力标准曲线。如果测量值与标准值不符，则应对感载比例阀进行调整。

(2)感载比例阀的调整

感载比例阀安装在后桥上，其推杆下端连接在后减振器下端。后制动分泵的制动压力是通过调整感载弹簧的预压力(即感载弹簧的长度)实现的。增大感载弹簧预压力，后轮制动分泵压力增加；减少感载弹簧预压力，其后轮制动分泵压力减小。

调整前，应先测量感载弹簧的长度。然后根据检测的结果，确定是减少还是增加感载弹簧的长度。调整时，先松开锁紧螺母，再根据需要旋转调整螺母，以改变感载弹簧的长度来改变其预压力。调整完毕后，锁止螺母，如图 5-11 所示。在调整过程中，不允许拧动推杆端部螺母。

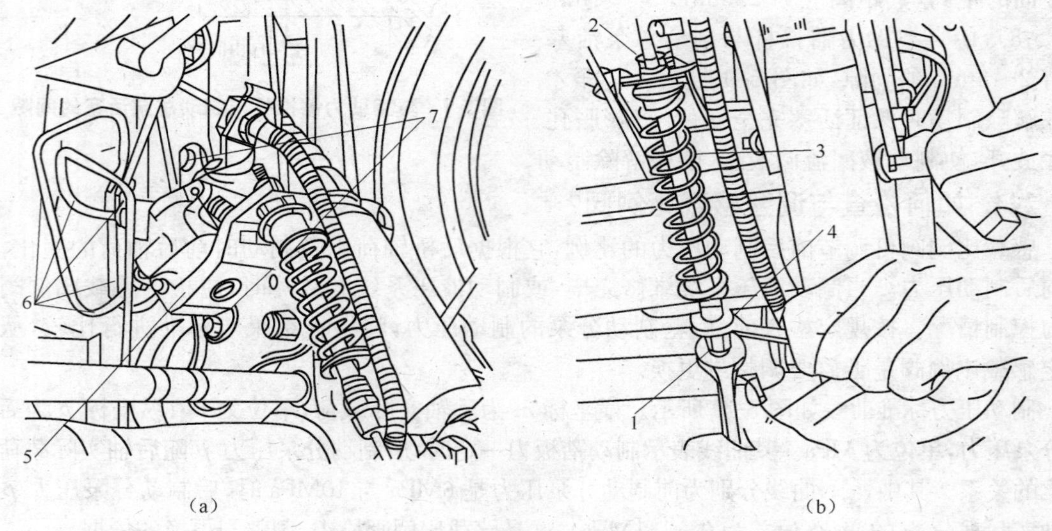

图 5-11　感载比例阀调整

(a)安装部位　(b)调整部位

1. 锁紧螺母　2. 端部螺母　3. 感载弹簧　4. 调整螺母　5. 感载比例阀　6. 油管　7. 螺钉

感载比例阀调整是否合适，应根据前后制动分泵的压力进行判断。重新测量前后制动分泵压力。若前制动分泵压力为 6MPa 时，后制动分泵压力不符合要求，则应重新调整；若前制动分泵压力为 6MPa 时，后制动分泵压力符合要求，则表明调整合适。

第二节　广州本田飞度轿车制动系统的检修

225. 如何检查与调整制动踏板？

(1)制动踏板高度的检查与调整

①逆时针转动制动开关，将制动开关向后拉，直到制动开关不与制动踏板接触为止。

②卷起地毯。如图 5-12 所示，测量制动踏板至底板的距离，其标准高度为 141mm(M/T)。

③如果制动踏板高度不符合要求，则应松开推杆锁紧螺母，用钳子转动推杆来调整制动踏

板高度。调整完后，拧紧锁紧螺母。

④将制动开关向里推，直到制动开关的柱塞被完全压紧(螺栓端与制动踏板臂上的衬垫接触)，顺时针转动制动开关，直到锁紧。此时，制动开关与衬垫之间的间隙将自动调整到0.7mm。确认制动踏板松开后，制动指示灯熄灭。

(2)制动踏板自由行程的检查与调整

发动机停止运转，用手推动制动踏板，检查制动踏板处的自由行程。其自由行程为1～5mm，如图5-13所示。如果制动踏板自由行程不符合要求，则通过制动开关来调整。

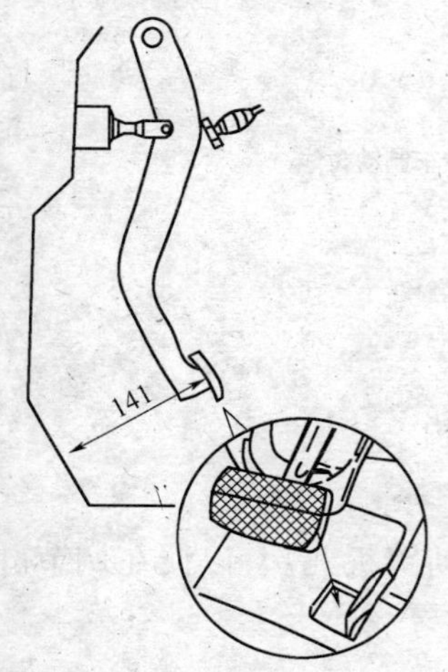

图 5-12　测量制动踏板高度

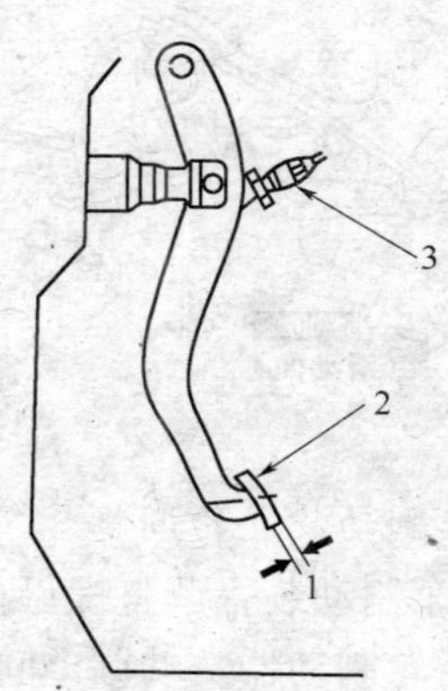

图 5-13　检查与调整制动踏板自由行程

1. 制动踏板自由行程　2. 踏板垫　3. 制动开关

226. 如何对制动系统排气?

制动系统排气方法如下：

①检查储液罐中制动液应位于最高(Max)液位。如果制动液不足，应添加同规格的制动液。

②将一根透明塑料软管的一端插在排气螺钉上，将另一端浸入装有新制动液的容器里。

③缓慢踩下制动踏板几次，以稳定压力踩住制动踏板。

④松开排气螺钉，使空气从制动系统中排放出来，拧紧排气螺钉。

⑤按右前、左前、左后、右后的顺序，依次对每个车轮进行②～④操作，直到排放管中的制动液中无气泡为止。

⑥向储液罐中添加制动液，使制动液达到最高(Max)液位。

227. 如何检查与调整驻车制动装置?

飞度轿车驻车制动操纵机构如图5-14所示。

(1)驻车制动装置的检查

用196N的力拉动驻车制动杆，使驻车制动杆完全锁定。驻车制动杆应在规定的齿数内锁紧，制动杆锁定齿数为6～10个。如果锁定制动杆的齿数不符合要求，则应调整驻车制动装置。

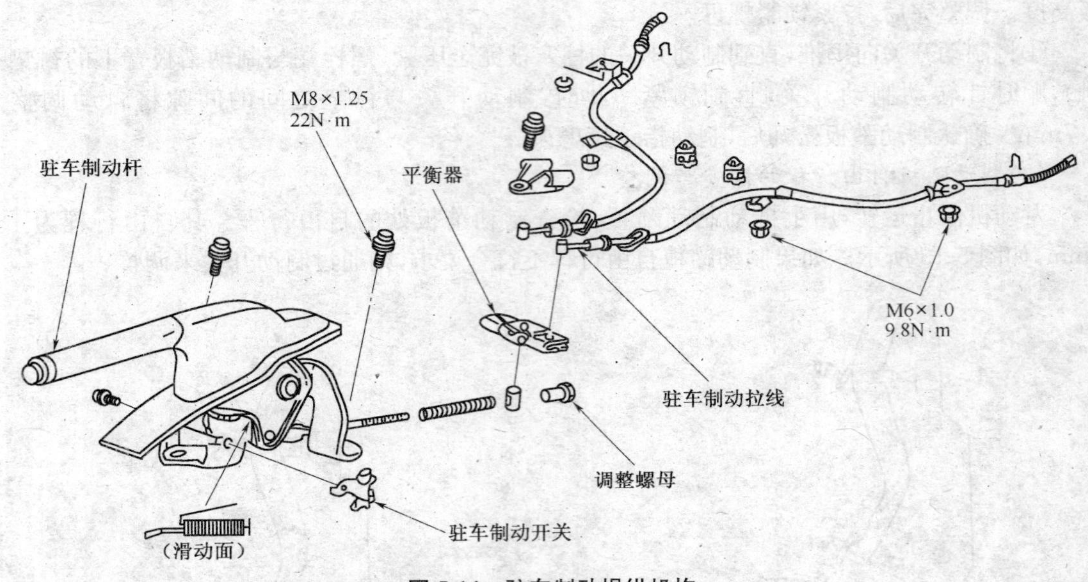

图 5-14 驻车制动操纵机构

(2)驻车制动装置的调整

松开驻车制动装置调整螺母,起动发动机,并踩下制动踏板几次,以便在调节驻车制动装置之前,使后轮制动器自动调整间隙。

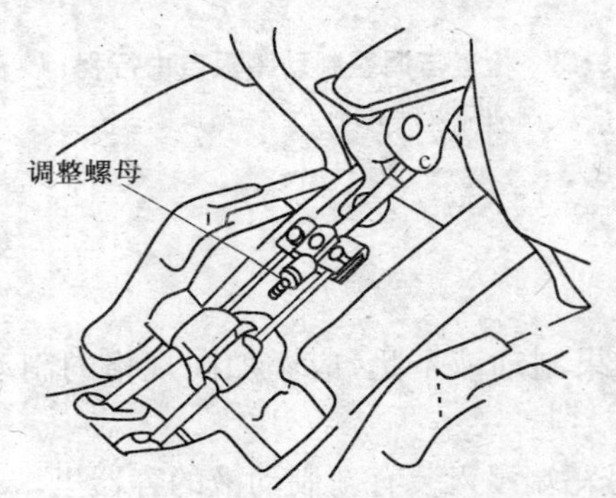

图 5-15 驻车制动装置调整部位

①举升车辆。

②取下控制台盖。

③将驻车制动杆拉动一个齿。

④如图 5-15 所示,拧紧调整螺母,直至转动后轮时有轻微拖滞为止。

⑤完全松开驻车制动杆,转动后轮时无拖滞。如需要,重新进行调整。

⑥在驻车制动杆被完全拉上时,能获得完全的驻车制动。

⑦装上控制台。

⑧降下车辆。

228. 如何检修前轮盘式制动器?

(1)制动钳的结构

飞度轿车前轮制动器为盘式制动器,由制动钳与制动盘组成。制动钳的零件如图 5-16 所示。

(2)制动片的检查与更换

①举升车辆前部,拆下前轮。

②如图 5-17 所示,检查制动片的厚度。内侧制动片和外侧制动片的标准厚度为 8.5～9.2mm,维修极限为 1.6mm。如果制动片厚度小于维修极限,则应更换制动片。

③如图 5-18 所示,拧下制动钳下部螺栓,把制动钳向上旋转。

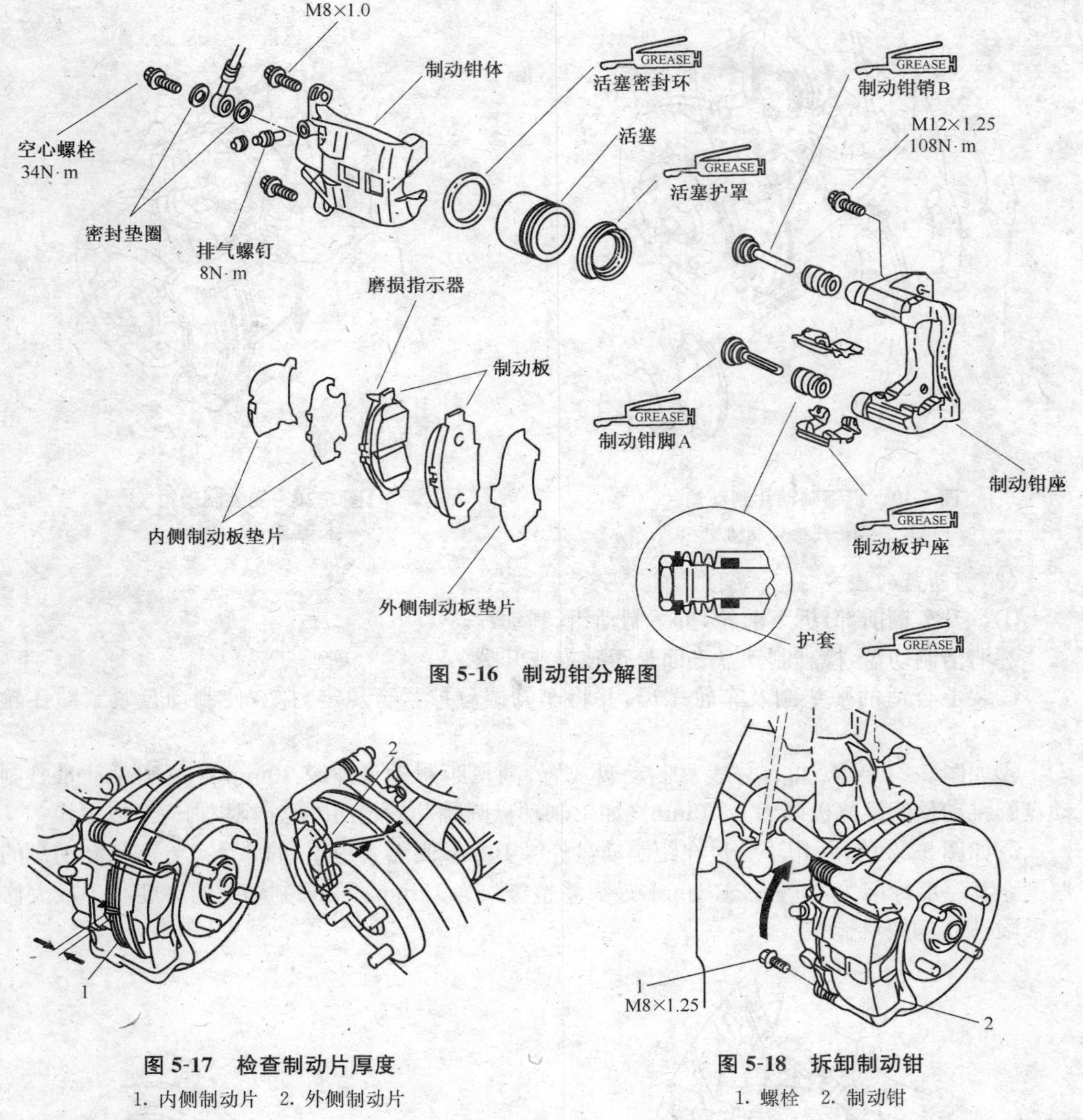

图 5-16　制动钳分解图

图 5-17　检查制动片厚度

1. 内侧制动片　2. 外侧制动片

图 5-18　拆卸制动钳

1. 螺栓　2. 制动钳

④图 5-19 所示，拆下制动片和制动垫片，拆下制动片护座。

⑤清洁制动钳，并检查制动钳是否有裂纹。检查制动盘是否破损及开裂。

⑥在制动片护座与制动钳的配合面上涂上润滑脂(P/N08798-9010)。安装制动片护座，将制动片护座上多余的润滑脂擦掉，以免制动盘和制动片沾上润滑脂。

⑦换上新的制动片，安装制动片和制动片垫片，带有磨损指示器的制动片应安装在内侧。

⑧如图 5-20 所示，将活塞推入，并确认活塞护套就位，向下转动制动钳，装上制动钳下部螺栓，将其拧紧。

⑨踩下制动踏板几次，恢复正常的踏板行程，确认前轮制动器工作正常。检查制动软管接口是否有泄漏。

⑩试车，确保车辆制动正常。

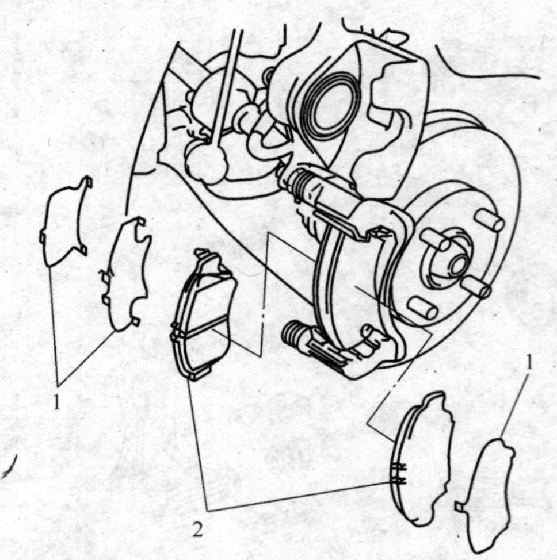

图 5-19 拆下制动片制动垫片

1. 制动垫片 2. 制动片

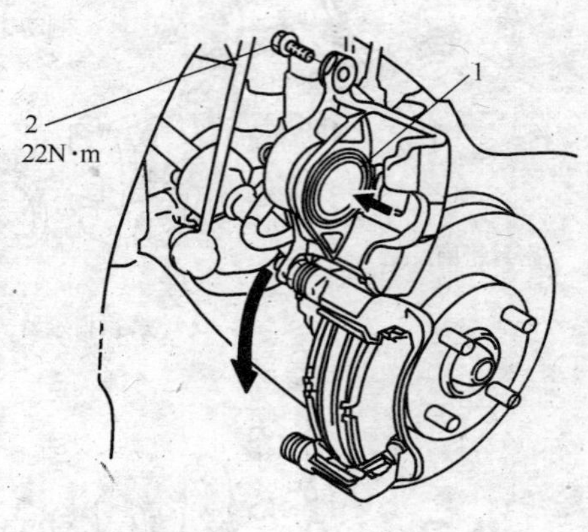

图 5-20 安装制动钳

1. 活塞 2. 螺栓

(3)制动盘的检查

①举升车辆前部,拆下前轮,拆下制动钳、制动片。

②清洁制动盘,检查制动盘表面是否破损或开裂。

③装上合适的平垫圈及车轮螺母,并将车轮螺母拧紧至规定力矩,使制动盘紧紧贴住轮毂。

④如图 5-21 所示,将百分表靠制动盘放置,测量距制动盘外缘 10mm 处的圆跳动量。制动盘圆跳动量的维修极限为 0.10mm。如果制动盘圆跳动量超出维修极限,则应予以更换。

⑤如图 5-22 所示,用千分尺在距制动盘外缘 10mm 间隔大约 45°的 8 个点处测量制动盘的厚度。其厚度标准为 20.9～21.1mm,最大修整极限为 19mm。如果制动盘的厚度小于最大修整极限,则应更换制动盘。

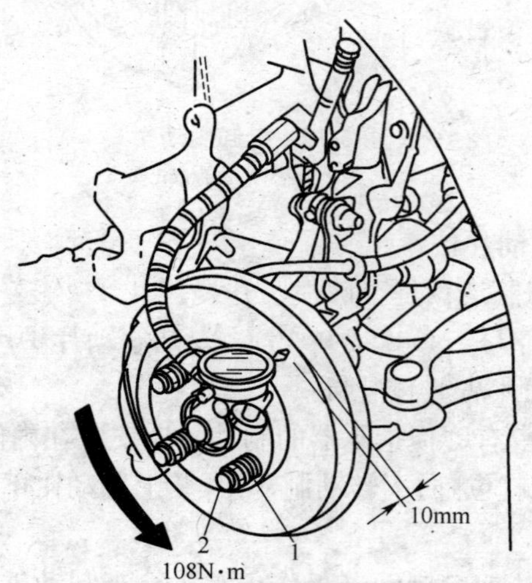

图 5-21 检查制动盘圆跳动量

1. 平垫圈 2. 螺母

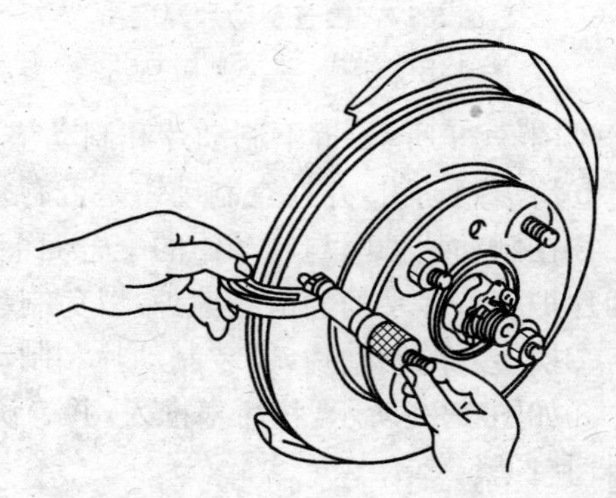

图 5-22 检查制动盘厚度

229. 如何检修后轮鼓式制动器？

(1)后轮制动器的结构

后轮制动器为鼓式制动器。后轮制动器的零件如图 5-23 所示。

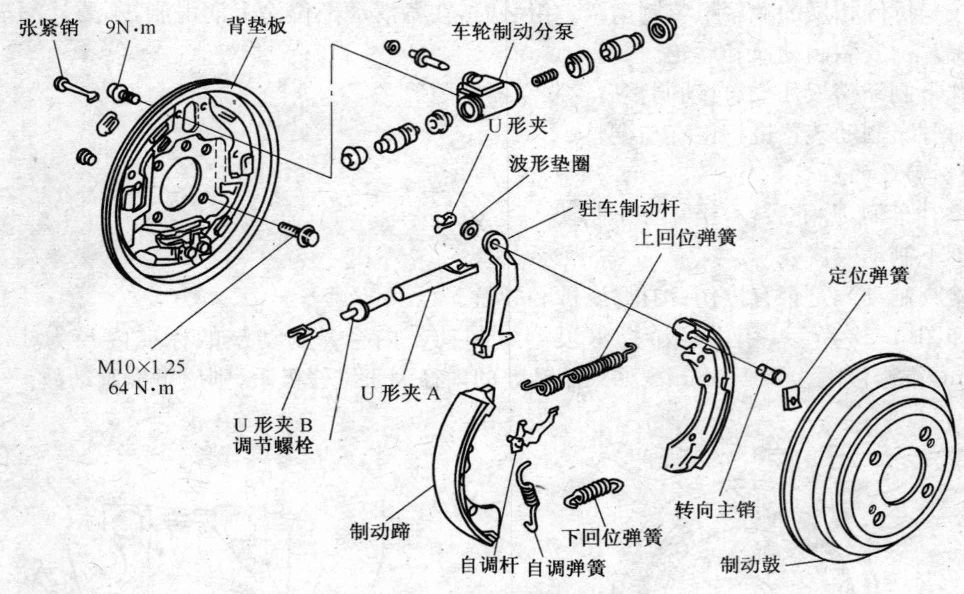

图 5-23　后轮制动器分解图

(2)制动蹄的检查与更换

①举升车辆，拆下后轮，松开驻车制动。

②拆下制动鼓，检查是否有制动液泄漏。

③推压护座弹簧，转动张紧销，拆下护座弹簧。

④如图 5-24 所示，取下制动蹄总成，并分解制动蹄总成。

⑤断开制动蹄上驻车制动拉线。

⑥如图 5-25 所示，取下 U 形夹、波形垫圈和销轴，分离制动蹄与驻车制动杆。

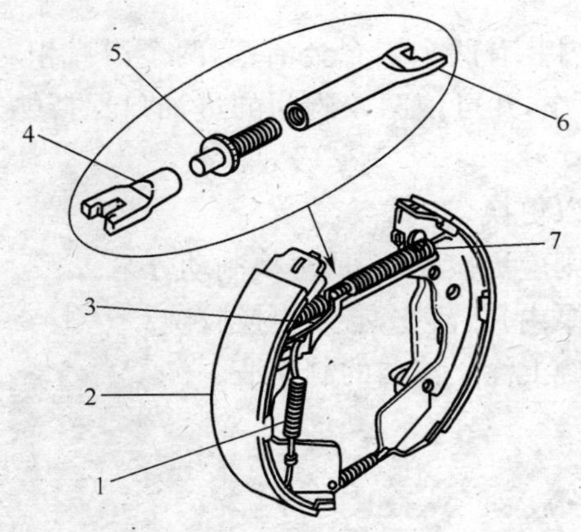

图 5-24　制动蹄总成

1. 间隙自动调节装置弹簧　2. 制动蹄　3. 间隙自动调节装置　4、6. U形夹　5. 调节螺栓　7. 上部回位弹簧

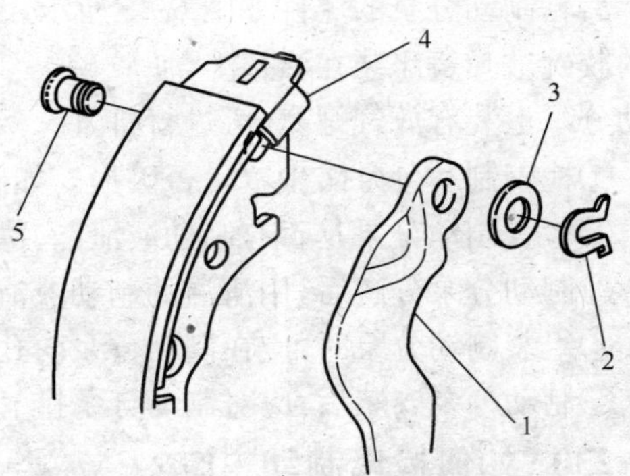

图 5-25　分离制动蹄与驻车制动杆

1. 驻车制动杆　2. U形夹　3. 波形垫圈　4. 制动蹄　5. 销轴

⑦如图 5-26 所示，检查制动衬片是否开裂、磨光、磨损和污染等。测量制动衬片的厚度，制动衬片的标准厚度为 4.3mm，维修极限为 1.0mm。如果制动衬片损坏，或其厚度小于维修极限，则应更换制动蹄总成。

⑧按与拆卸相反的顺序组装制动蹄。组装时，在各滑动部位涂上润滑脂，不要让润滑脂接触制动蹄片。安装制动鼓和后轮。

⑨踩下制动踏板几次，自动调整后轮制动器间隙。

⑩对驻车制动装置进行检查与调整。

(3)制动鼓的检查

①举升车辆，拆下后轮，松开驻车制动。

②拆下制动鼓。

③检查制动鼓是否有擦伤、沟槽、腐蚀和裂纹。

④如图 5-27 所示，用内径游标卡尺测量制动鼓内径。制动鼓的标准内径为 179.9～180.0mm，维修极限为 181.0mm。如果制动鼓的内径大于维修极限，则应更换制动鼓。

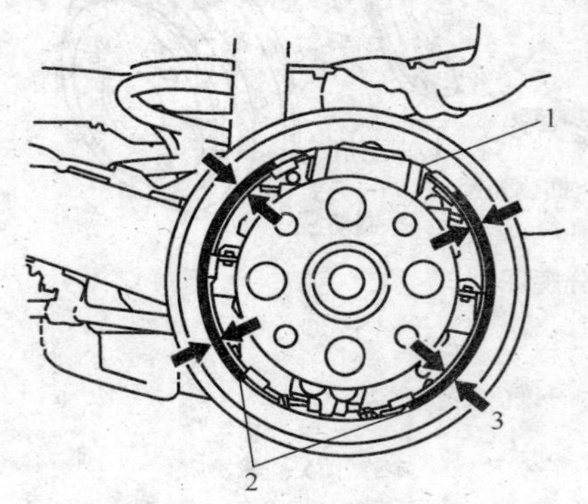

图 5-26　制动蹄检查部位

1. 制动分泵泄漏检查处　2. 制动衬片开裂、磨损和污染检查处　3. 制动衬片厚度检查处

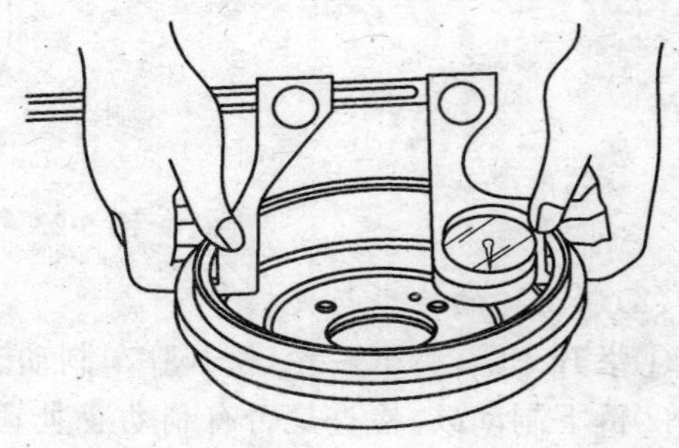

图 5-27　测量制动鼓内径

(4)制动分泵的检修

后轮制动分泵的零件如图 5-28 所示。制动分泵内装有两个铝合金活塞，两个刃口相对安装的胶碗被弹簧压装在活塞上，使胶碗与活塞一起动作，并可使两胶碗间的进油口保持畅通。制动分泵上装有放气螺塞，可进行排气。

①检查制动分泵防尘罩是否破损。如破损，应予以更换。

②检查制动分泵是否有制动液泄漏。如有泄漏，则应更换胶碗，或更换制动分泵。

③制动分泵分解后，用清洁的制动液清洗制动分泵内孔、活塞，必须更换胶碗。

④组装制动分泵时，应在制动分泵内孔、活塞、胶碗上涂上清洁的制动液。

⑤制动分泵安装后，应对制动分泵排气。

230. 如何检修制动主缸?

(1)制动主缸的拆卸

①吸出储油罐中的制动液。

②拔下制动液液位传感器插头。

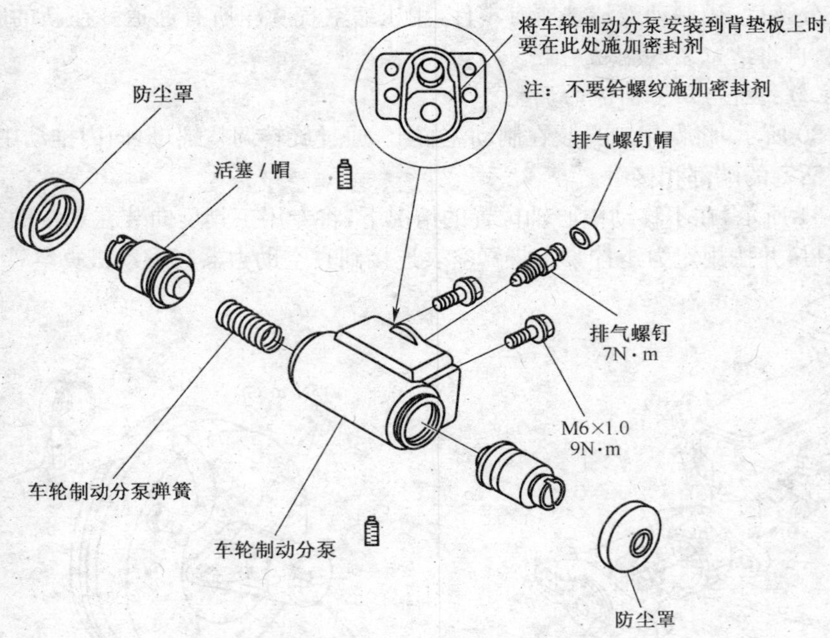

图 5-28　制动分泵分解图

③用抹布包住制动管接头，拆开制动主缸的制动管。

④拧下制动主缸的固定螺母，从制动助力器上取下制动主缸。

(2)制动主缸的分解与组装

制动主缸的零件如图 5-29 所示。

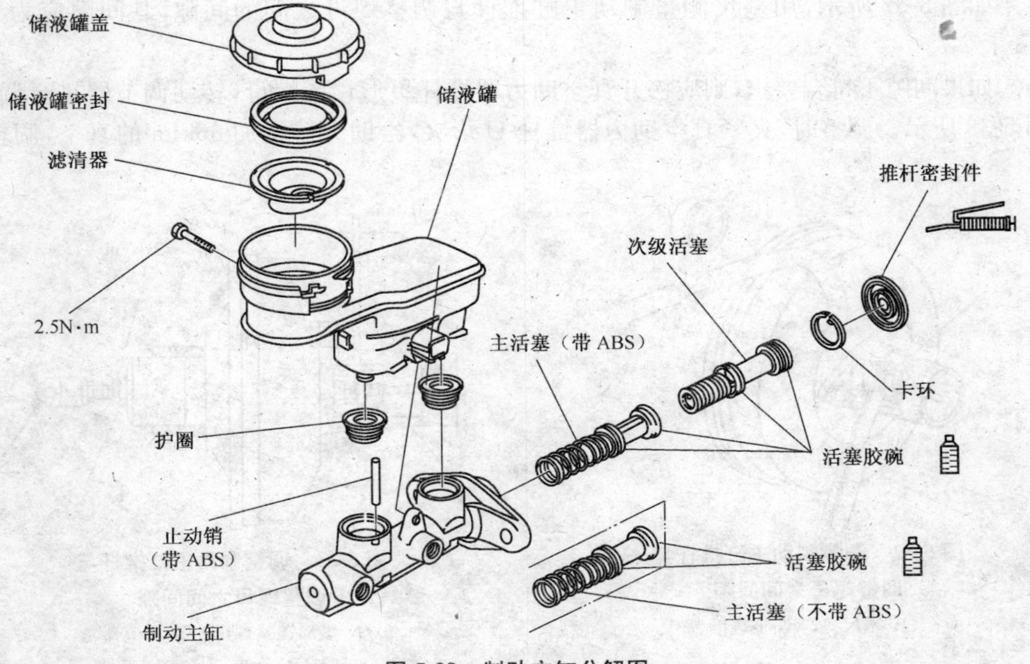

图 5-29　制动主缸分解图

制动主缸分解后，用制动液清洗所有零件，用压缩空气吹净所有通道。在新的胶碗上涂上清洁的制动液，再将活塞装入制动主缸。

(3)制动主缸推杆与活塞间隙的调整

①如图 5-30 所示，将专用工具装在制动主缸上，通过旋转调整螺母，向内推动中心轴，直到其上部与次级活塞的端部相接触。

②如图 5-31 所示，在不移动中心轴位置的情况下，将专用工具反向装在真空助力器上。装上制动主缸螺母，并按规定力矩拧紧。将真空表连接到真空助力器与发动机真空管上。

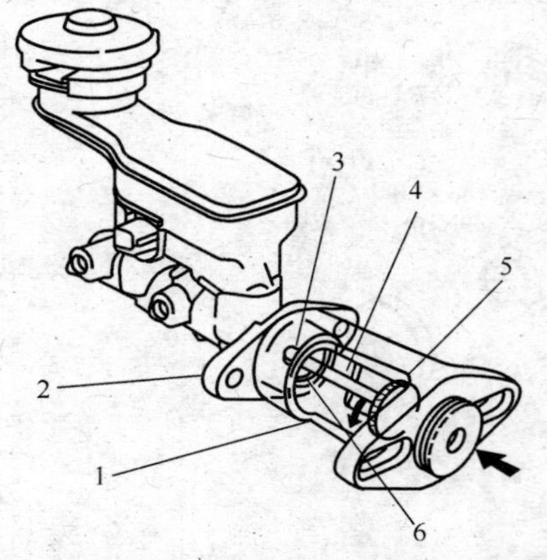

图 5-30 在制动主缸上安装与调整专用工具

1. 专用工具 2. 制动主缸 3. 上部
4. 中心轴 5. 调整螺母 6. 次级活塞

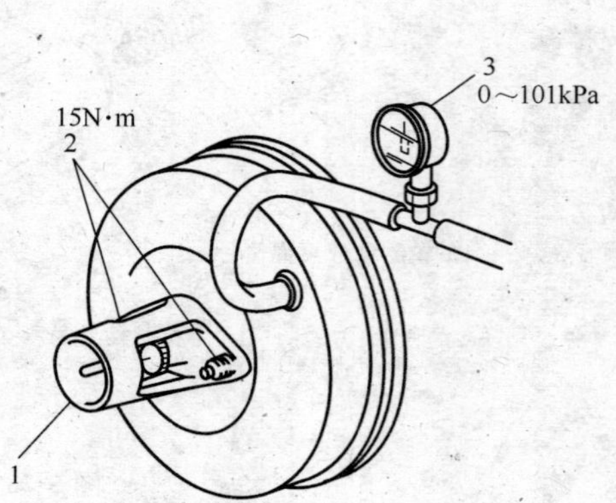

图 5-31 在真空助力器上安装专用工具与真空表

1. 专用工具 2. 螺栓 3. 真空表

③起动发动机，并维持能提供 66kPa 真空的发动机转速。

④如图 5-32 所示，用塞尺测量制动主缸推杆与调整螺母之间的间隙，其间隙应为 0～0.4mm。

⑤如果间隙不符合要求，则应松开真空助力器推杆星形锁紧螺母，转动调节器进行调整，如图 5-33 所示。调整时，夹紧真空助力器推杆 U 形夹，给助力器施加 66kPa 的真空，调整间隙。

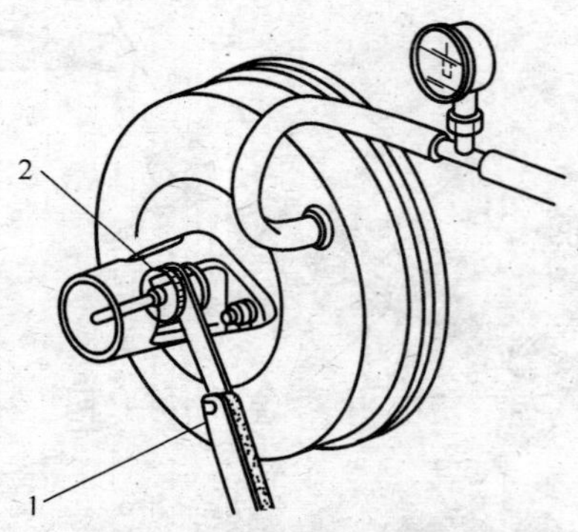

图 5-32 测量制动主缸推杆与调整螺母之间间隙

1. 塞尺 2. 调整螺母

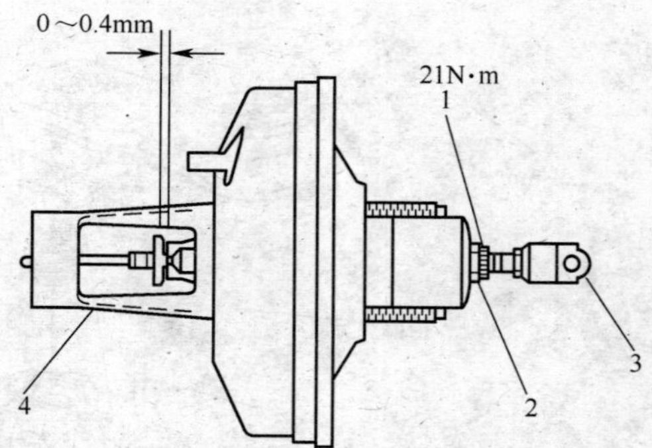

图 5-33 调整制动主缸推杆与调整螺母之间间隙

1. 星形锁紧螺母 2. 调节器
3. 推杆 U 形夹 4. 专用工具

⑥拧紧真空助力器推杆星形锁紧螺母。拆下专用工具与真空表。

(4)制动主缸的安装

按与拆卸相反的顺序安装制动主缸。安装时，更换推杆密封件。安装完后，检查制动踏板高度及自由行程。必要时，应进行调整。

231. 如何检修真空助力器？

(1)真空助力器的测试

1)泄漏测试

①在真空助力器和单向阀之间连接真空表。

②起动发动机，踩下加速踏板，调节发动机转速，使真空表的读数显示在40.0～66.7kPa范围，然后将发动机熄火。

③观察真空表的读数，如果30s后真空表的读数下降了27kPa以上，则要检查单向阀、真空软管、密封件、真空助力器部位是否泄漏。如果真空助力器泄漏，则应更换真空助力器总成。

2)功能测试

①在真空助力器和单向阀之间连接真空表。

②如图5-34所示，将油压表连接在制动主缸上。通过阀门进行排气。

③起动发动机，使其怠速运转。

④如图5-35所示，用98～294N的力踩住制动踏板，用压力表A来测量压力。

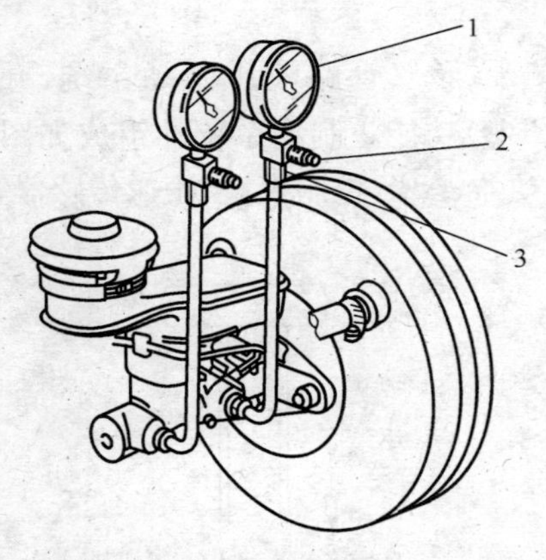

图5-34　连接油压表

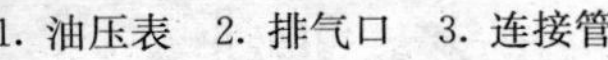
1. 油压表　2. 排气口　3. 连接管

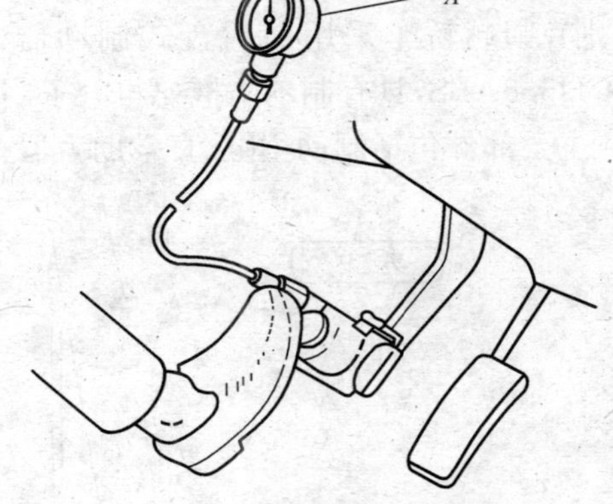

图5-35　踩住制动踏板

⑤在各种真空度下，观察油压表的数值，其压力值(带ABS)见表5-2。如果压力值不符合要求，则应检查制动主缸是否泄漏。

3)单向阀测试

①断开真空助力器侧的真空软管(内置单向阀)。

②起动发动机，使其怠速运转，此时真空软管口应有真空。如果无真空，则表明单向阀工作不正常。

③更换真空软管和单向阀，然后重新测试。

(2)真空助力器推杆长度的检查与调整

真空助力器拆卸后，应检查与调整真空助力器推杆长度。如图5-36所示，检查真空助力器推杆长度,其长度应为116mm。如果其长度不符合要求,则应松开真空助力器推杆锁紧螺母,旋转U形夹进行调整。调整完后,拧紧锁紧螺母。

表 5-2 带 ABS 型压力值

真空助力器真空/kPa	制动踏板力/N	制动主缸压力/kPa
0	98	0
	294	1600
66.7	98	3700
	294	9800

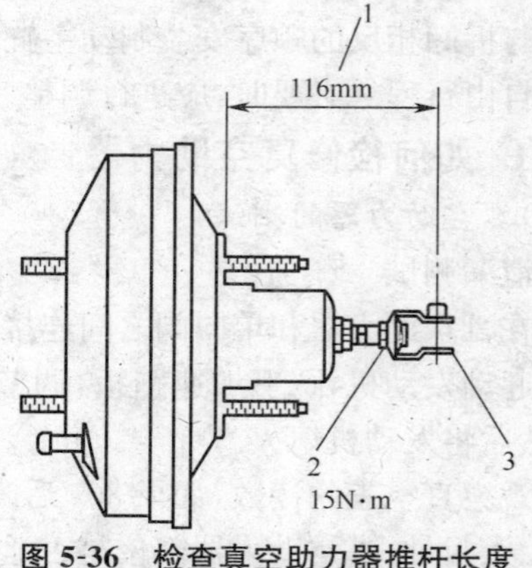

图 5-36 检查真空助力器推杆长度

1. 推杆长度 2. 推杆锁紧螺母 3. U形夹

第三节 上海别克凯越轿车制动系统的检修

232. 制动系统由哪些部件组成?

别克凯越轿车采用前后盘式制动器、真空助力、"X"形双管路液压制动系统,并带有BOSCH5.3ABS,具有制动防抱死与电子制动力分配(EBD)功能。制动系统的组成如图5-37所示,主要部件包括制动主缸、真空助力器、前后盘式制动器、ABS控制模块、轮速传感器等。

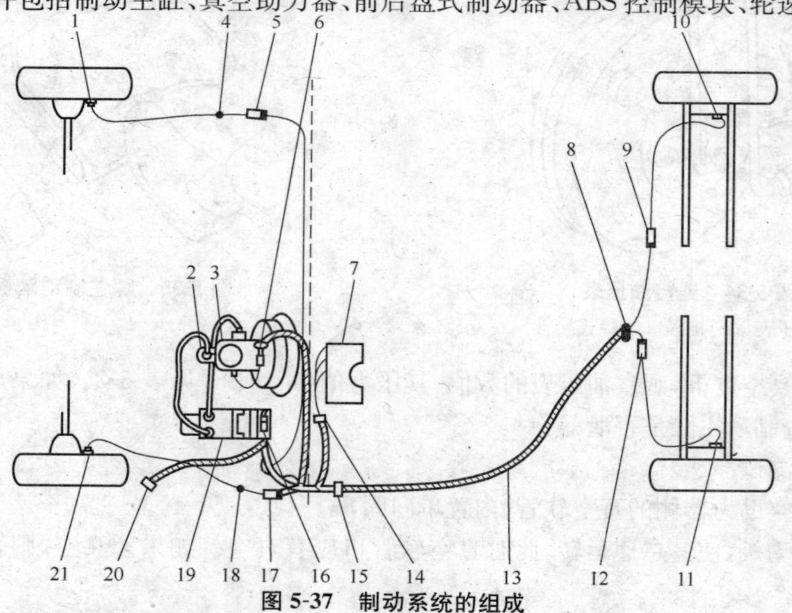

图 5-37 制动系统的组成

1. 右前轮速传感器 2. 制动主缸 3. 储油罐 4、18. 固定夹 5. 右前轮速传感器连接器 6. 真空助力器 7. 仪表板 8. 连接器 9. 右后轮速传感器连接器 10. 右后轮速传感器 11. 左后轮速传感器 12. 左后轮速传感器连接器 13. 线束 14、15. 连接器 16. ABS控制模块线束连接器 17. 左前轮速传感器连接器 19. ABS控制模块 20. 连接器 21. 左前轮速传感器

233. 如何对制动系统排气？

制动系统的排气过程如下：

①在发动机不运转的情况下，踏几次制动踏板，以释放真空助力器的真空。

②添加制动液，使储油罐内的制动液保持在至少一半的位置。

③如图 5-38 所示，拆下制动主缸前制动油管。往储油罐中添加制动液，直至制动主缸前制动油管接口处有制动液流出。连接前制动油管，并以 16N・m 力矩拧紧。

④慢慢踩下制动踏板，并保持。松开制动主缸前制动油管，以排出空气。拧紧制动主缸前制动油管，放松制动踏板。

⑤重复④几次，直至制动主缸中的空气排放彻底。以 16N・m 拧紧力矩拧紧前制动油管。

⑥如图 5-39 所示，拆下制动主缸后制动油管。往储油罐中添加制动液，直至制动主缸后制动油管接口处有制动液流出。连接后制动油管，以 16N・m 力矩拧紧。

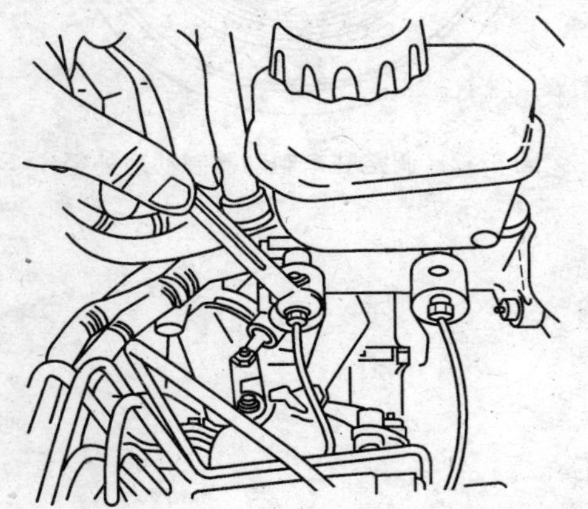

图 5-38　拆开制动主缸前制动油管

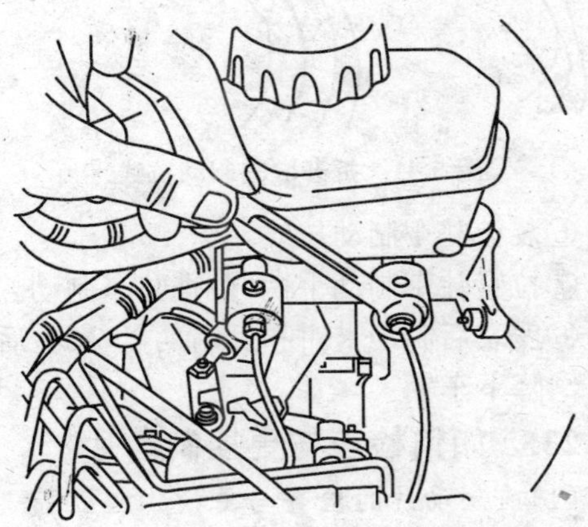

图 5-39　拆开制动主缸后制动油管

⑦慢慢踩下制动踏板，并保持。松开制动主缸后制动油管，以排出空气。拧紧制动主缸后制动油管，放松制动踏板。

⑧重复⑦几次，直至制动主缸中的空气排放彻底。以 16N・m 拧紧力矩拧紧后制动油管。

⑨慢慢踩下制动踏板，并保持。如图 5-40 所示，松开制动轮缸的放气螺栓，使空气排出，拧紧制动轮缸的放气螺栓。放松制动踏板。反复几次，直至制动轮缸中的空气排放彻底。以 8N・m 力矩拧紧制动轮缸的放气螺栓。

⑩添加制动液至规定的液面高度，并检查制动踏板的高度。

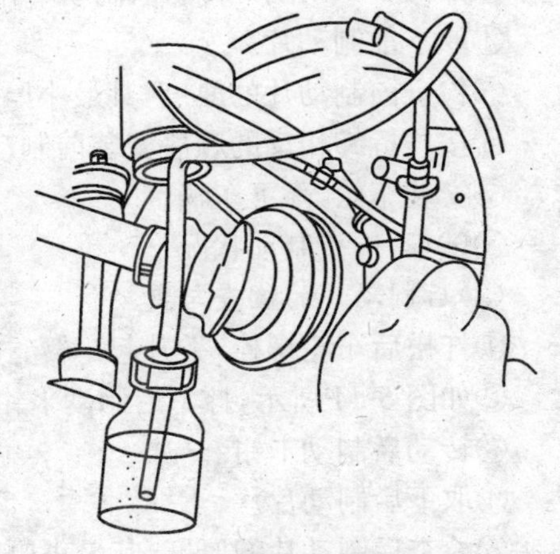

图 5-40　制动分泵排气

234. 如何检查与调整驻车制动装置？

驻车制动装置的检查与调整顺序如下：

①完全放松驻车制动手柄。

②拧松后车轮螺栓，举升起车辆，拆下后车轮。

③拆下后制动卡钳和后制动盘。

④如图 5-41 所示，拆开驻车制动拉线。

⑤顺时针转动调整螺母，如图 5-42 所示，使驻车制动片的外径为 167.6～167.8mm。

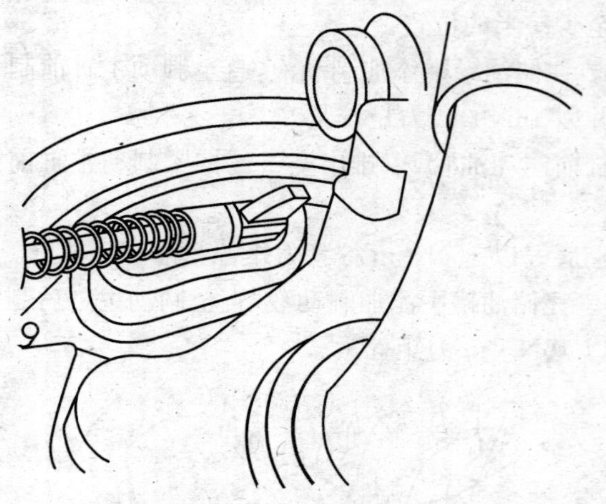

图 5-41 拆开驻车制动拉线

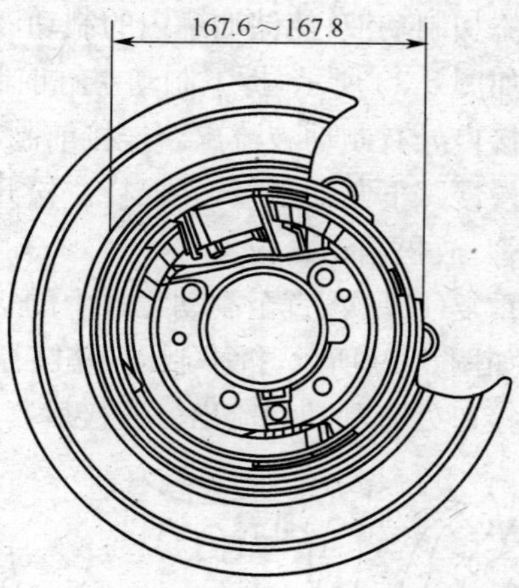

图 5-42 调整驻车制动器制动片外径

⑥装上驻车制动拉线。

⑦拉紧驻车制动手柄，检查驻车制动。

⑧安装后制动卡钳和后制动盘，装上后车轮。

⑨降下车辆。

235. 如何检查与更换制动片？

(1)前制动片的检查与更换

①拧松前车轮螺栓，举升起车辆，拧下前车轮螺栓，拆下前车轮。

②拧下前制动卡钳下部螺栓。

③如图 5-43 所示，转动前制动卡钳。

④取下前制动片。

⑤检查前制动片的厚度，其最小厚度应为 7mm。否则，更换前制动片。

⑥按与拆卸相反的顺序安装前制动片。以 32N·m 力矩拧紧制动卡钳下部螺栓。

⑦安装车轮，降下车辆。

⑧试车，检查制动状况。

(2)后制动片的检查与更换

①拧松后车轮螺栓，举升起车辆，拧下后车轮螺栓，拆下后车轮。

②如图 5-44 所示，拧下后制动卡钳下部螺栓。

③转动后制动卡钳。

④取下后制动片。

⑤检查后制动片的厚度，其最小厚度应为 7mm。否则，更换后制动片。

⑥按与拆卸相反的顺序安装后制动片。以 31N·m 力矩拧紧制动卡钳下部螺栓。

⑦安装车轮，降下车辆。

⑧试车，检查制动状况。

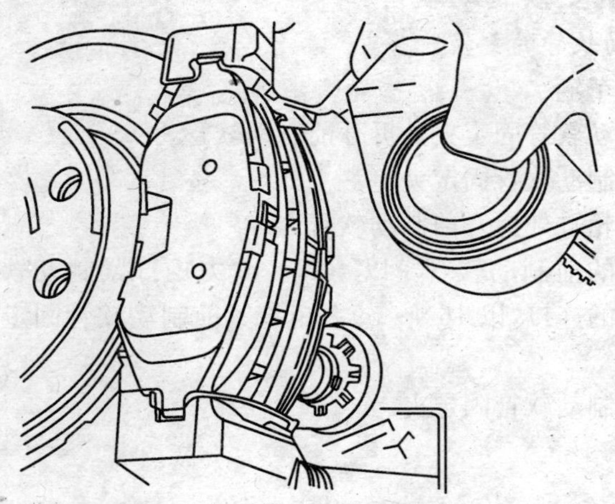

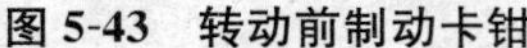

图 5-43　转动前制动卡钳

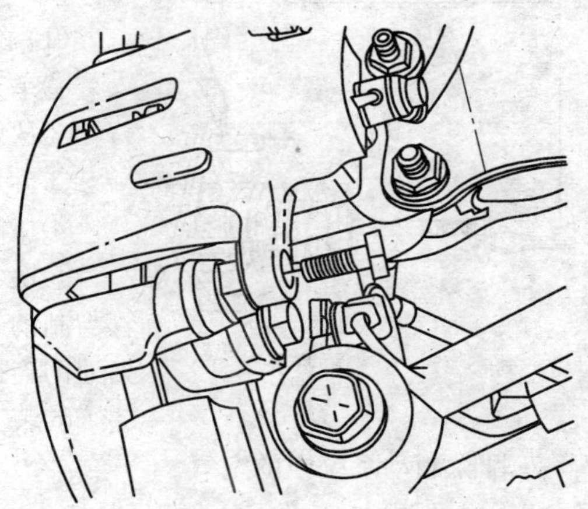

图 5-44　拧下后制动卡钳下部螺栓

236. 如何拆装真空助力器？

(1)真空助力器的拆卸

真空助力器的拆卸顺序如下：

①拔下制动液位开关插头，拆下制动主缸制动油管，拆卸制动主缸。

②如图 5-45 所示，拆下 ABS 控制模块制动油管。

③拆下真空助力器的真空管。

④拆下制动灯开关。

⑤拆开制动踏板与推杆的连接。

⑥如图 5-46 所示，拧下真空助力器螺母。取下真空助力器。

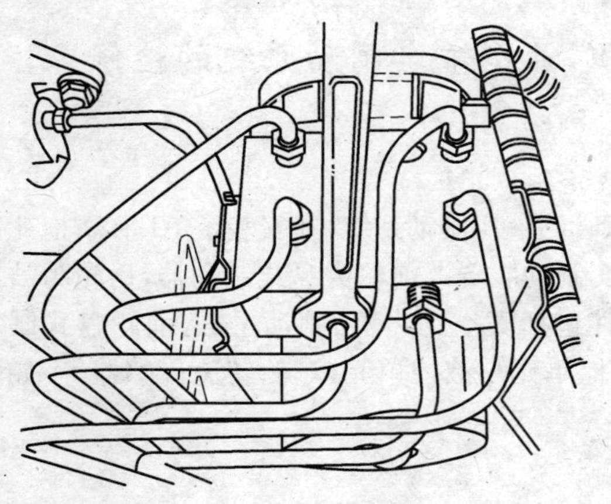

图 5-45　拆下 ABS 控制模块制动油管

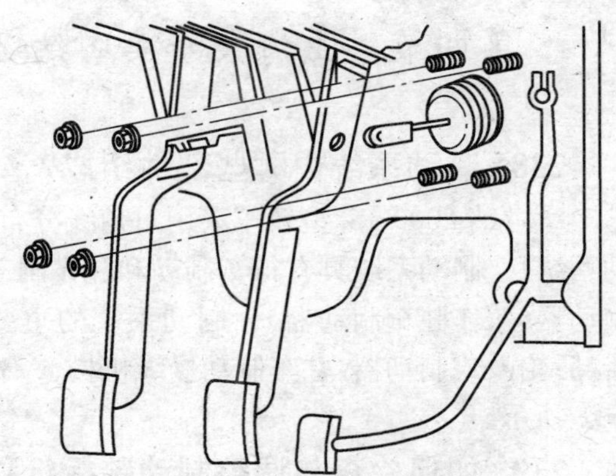

图 5-46　拧下真空助力器螺母

(2)真空助力器的安装

按与拆卸相反的顺序安装真空助力器。安装时，应检查与调整推杆长度，如图 5-47 所示。推杆叉销孔中心至真空助力器固定座之间的距离为 201mm，以 22N·m 力矩拧紧真空助力器螺母。安装完毕后，添加制动液，排除制动系统中的空气。

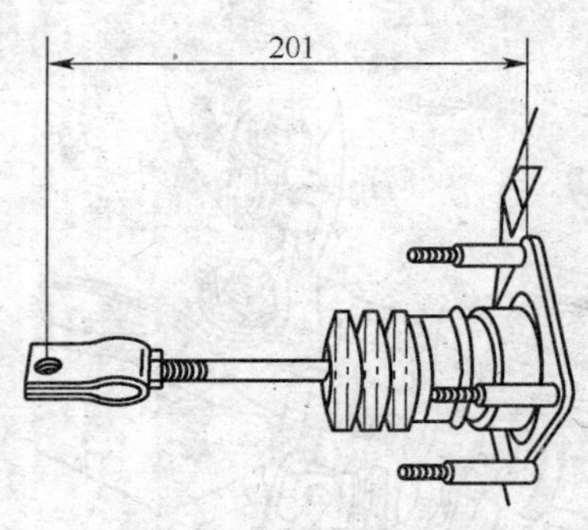

图 5-47 检查推杆长度

237. 如何更换制动软管?

(1)前制动软管的更换

①举升起车辆。

②从前制动软管固定夹处拆开前制动软管。

③拆下前制动软管固定夹。

④从制动轮缸处拆开前制动软管。

⑤换上新的前制动软管。以 40N·m 力矩拧紧制动软管与制动轮缸的连接,以 16N·m 力矩拧紧前制动软管固定夹处的连接。

⑥装上前制动软管固定夹。

⑦排除制动系统中的空气。

⑧降下车辆。

(2)后制动软管的更换

①举升起车辆。

②从后制动软管固定夹处拆开后制动软管。

③拆下后制动软管固定夹。

④从制动轮缸处拆开后制动软管。

⑤换上新的后制动软管。以 32N·m 力矩拧紧后制动软管与制动轮缸的连接,以 16N·m 力矩拧紧后制动软管固定夹处的连接。

⑥装上后制动软管固定夹。

⑦排除制动系统中的空气。

⑧降下车辆。

第四节 上海大众桑塔纳 2000GSi 型轿车制动系统的检修

238. 制动系统由哪些部件组成?

桑塔纳 2000GSi 型轿车采用对角线分布的双管路液压制动系统,并安装了 ABS(防抱死制动系统)。制动系统具有行车制动和驻车制动两套制动装置。前轮为盘式制动器,后轮为鼓式制动器(兼作驻车制动器)。制动系统的主要部件包括真空助力器、制动主缸、前轮盘式制动器、后轮鼓式制动器、驻车制动操纵机构、ABS 电控单元与液控单元、车轮转速传感器等,如图 5-48 所示。

239. 如何检查与调整制动踏板行程?

用手轻轻压下制动踏板,直到手感明显变重时,测出制动踏板自由行程,其值应不大于 45mm。如果不符合要求,则可松开真空助力器压杆上的螺母,通过转动叉头来调整压杆长度,从而调整制动踏板自由行程,且保证踏板有效行程 135mm,总行程不小于 180mm,如图 5-49 所示。

240. 如何检查与更换制动液?

制动液储液罐位于发动机罩内制动主缸上方,表面刻有"Max"和"Min"的标记,用来标示

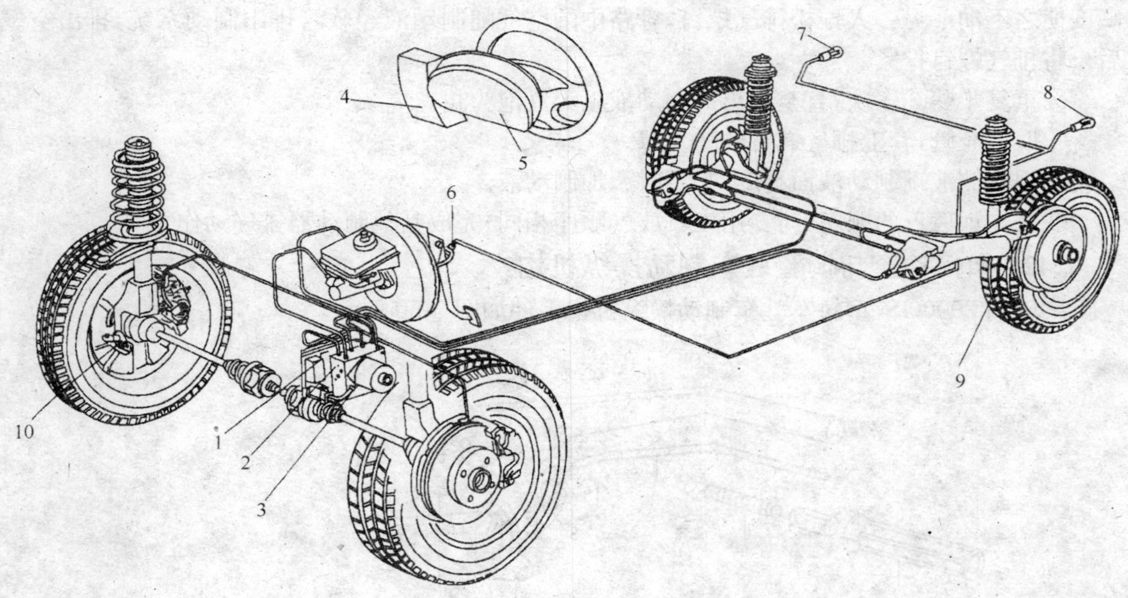

图 5-48 制动系统的布置

1. ABS电控单元(J104) 2. ABS液控单元(N55) 3. 电动液压泵(V64) 4. ABS故障警告灯(K47) 5. 制动装置警告灯(K118) 6. 制动开关(F) 7. 右制动灯(M10) 8. 左制动灯(M9) 9. 左后车轮转速传感器(G46) 10. 右前车轮转速传感器(G45)

检查液面高度。

制动液面应始终在“Max”和“Min”标记之间。制动摩擦片磨损后可自动调节，引起制动液面略有下降是正常的。如果短时间内出现制动液面显著下降或低于“Min”标记，则可能是制动系统有渗漏故障，应立即检查。一旦储液罐内液面过低，制动装置警告灯自动报警。

每两年或行驶5万千米应更换制动液，制动液的型号是NO52 7660。

(275)
(598)
至转向盘轮缘
(最小距离)
180

图 5-49 检查与调整制动踏板行程

241. 如何对制动系统排气？

制动系统检修、更换制动液之后，或是制动踏板无力有弹性时，需要对制动系统排气。可以使用专用的VW1238-1型制动液充放机，也可以人工进行排气。

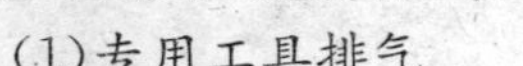

(1)专用工具排气

接通VW1238-1型制动液充放机。按规定顺序打开排气螺钉，排气顺序是右后车轮制动轮缸、左后车轮制动轮缸、右前车轮制动钳、左前车轮制动钳。需用容器盛放排出的制动液。

(2)人工排气

①将一根软管一端接到排气螺钉上，一头插入容器中。

②一人用力迅速踩下并缓慢放松制动踏板，如此反复数次后，踩下制动踏板，并保持一定

高度使之不动。另一人拧松排气螺钉,管路中的空气随制动液经软管排出制动系统,排出空气后再将排气螺钉拧紧。

③重复步骤②多次,直至放出的制动液里无气泡为止。

④取下胶管,套上排气螺钉的防尘罩。

⑤观察储液罐制动液面高度,必要时添加制动液。

⑥按先远后近的顺序(与专用工具放气顺序相同)完成其他制动器排气动作。

242. 如何检查与调整驻车制动操纵机构?

桑塔纳 2000GSi 型轿车驻车制动操纵机构零件如图 5-50 所示。

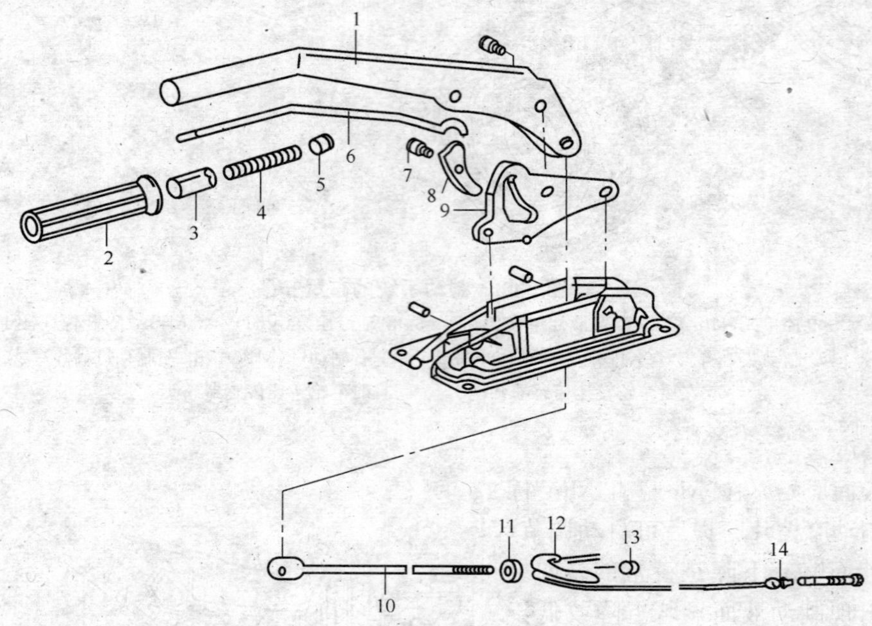

图 5-50　驻车制动操纵机构分解图

1. 驻车制动杆　2. 制动手柄套　3. 旋钮　4. 弹簧　5. 弹簧套筒　6. 棘轮杆　7. 销轴　8. 棘轮爪　9. 扇形齿　10. 拉杆　11. 限位板　12. 调整拉杆　13. 螺母　14. 驻车制动拉索

驻车制动杆自由行程为驻车制动杆移动两个齿。当松开驻车制动杆时,两后轮都能自由转动。如果不符合要求,则应对驻车制动杆自由行程进行调整。

①松开驻车制动杆。

②用力踩一下制动踏板。

③将驻车制动杆拉紧两个齿。

④拧紧调整螺母,直到用手不能转动两个被制动的后轮为止。

⑤松开驻车制动杆,两后轮旋转自如,即为调整合适。

243. 如何检修前轮盘式制动器?

(1)前轮盘式制动器的结构

桑塔纳 2000GSi 型轿车前轮盘式制动器为单缸浮钳式,如图 5-51 所示。前轮制动器的制动间隙可自动调节,它是利用轮缸活塞密封圈的弹性变形来实现的。制动间隙单边为 0.05～0.15mm。

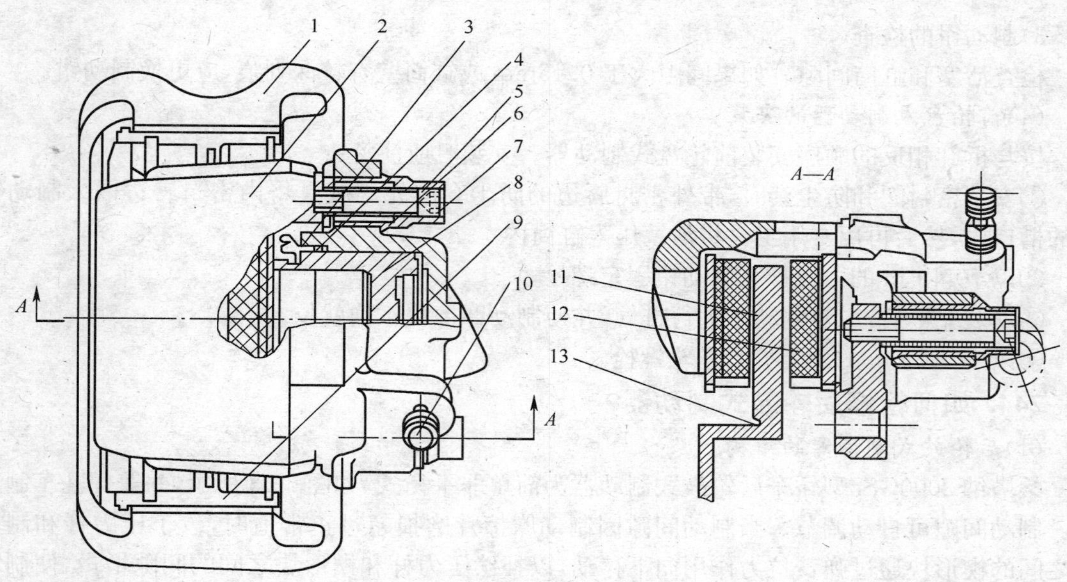

图5-51　前轮盘式制动器结构

1. 支架　2. 制动钳壳体　3. 活塞防尘罩　4. 活塞密封圈　5. 螺栓　6. 导套　7. 导向防尘罩　8. 活塞　9. 挡圈　10. 放气螺钉　11. 外摩擦块　12. 内摩擦块　13. 制动盘

(2)前轮盘式制动器的拆卸

前轮盘式制动器的零件如图5-52所示。

前轮盘式制动器的拆卸顺序如下：

①拧松车轮螺栓，举升车辆，拆下车轮。

②拆下制动摩擦块上、下定位弹簧。用内六角扳手拆下制动钳上、下固定螺栓。

③取下制动钳。

④从制动钳上拆下制动摩擦块，并将活塞压回到制动钳壳体内。

⑤如果需要拆下活塞，则应在活塞对面垫上木板，用压缩空气从放气螺钉孔中压出活塞，用旋具小心地从缸筒中取出密封圈。

图5-52　前轮盘式制动器分解图

1. 制动盘　2. 制动钳　3. 制动底板　4. 车轮支承壳总成　5. 传动轴

(3)前轮盘式制动器的检查

1)制动盘的检查

检查制动盘是否有裂纹或凸凹不平现象。检查端面圆跳动量，端面圆跳动量不应超过0.06mm。如有凸凹不平或跳动量超过标准，可进行车削加工，加工后的厚度不应超过17.8mm。制动盘的正常厚度为20mm。

如制动盘的磨损量超过标准，应更换制动盘。更换制动盘时，同一轴上两个制动盘必须同时更换，以确保左、右两轮的制动力相等。

2)制动摩擦块的检查

当车辆行驶25000km或制动摩擦块的厚度(包括底板)小于7mm时，说明摩擦块已磨损到极限，必须更换新的制动摩擦块。

3)制动钳的检查

检查活塞和缸筒间隙。如果间隙大于 0.15mm 或缸筒壁有较深划痕,应更换制动钳。

(4)前轮盘式制动器的安装

按与拆卸相反的顺序安装前轮盘式制动器。安装时应注意:

①安装密封圈和防尘套时,带外密封唇边的防尘套应先用旋具将内密封唇边嵌入制动钳壳的槽口内,然后再用专用工具将活塞压入缸筒内。

②以 70N·m 的力矩拧紧制动钳固定螺栓。

③安装完毕后,应对制动系进行排气,并使制动摩擦块正确就位。

④以 110N·m 的力矩拧紧车轮螺栓。

244. 如何检修后轮鼓式制动器?

(1)后轮鼓式制动器的结构

桑塔纳 2000GSi 型轿车后轮鼓式制动器为简单非平衡式,如图 5-53 所示,并兼作驻车制动器。制动间隙可自动调节。当制动间隙因制动摩擦片磨损超过正常值时,位于压力杆和制动蹄之间的楔形块通过弹簧拉力作用向下移动,以补偿压力杆和楔形块之间的间隙增量,使制动蹄进一步向制动鼓方向张开,以补偿制动摩擦片的磨损量。制动鼓上的观察孔可检查制动摩擦片磨损情况。

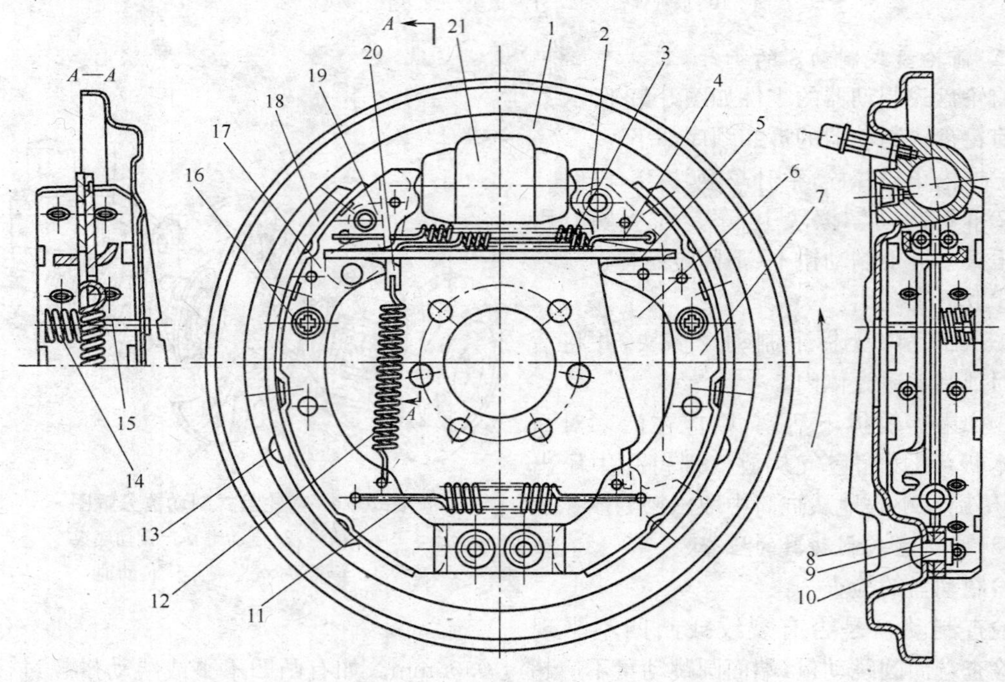

图 5-53 后轮鼓式制动器结构

1. 制动底板 2. 销轴 3、4、11、12. 回位弹簧 5. 压力杆 6. 制动杆 7. 带杠杆装置的制动蹄 8. 支架 9. 挡板 10. 铆钉 13. 观察孔 14. 压簧 15. 夹紧销 16. 弹簧座 17. 带斜楔支承的制动蹄 18. 摩擦片 19. 斜楔支承 20. 楔形块 21. 制动轮缸

(2)后轮鼓式制动器的拆卸

后轮鼓式制动器的零件如图 5-54 所示。

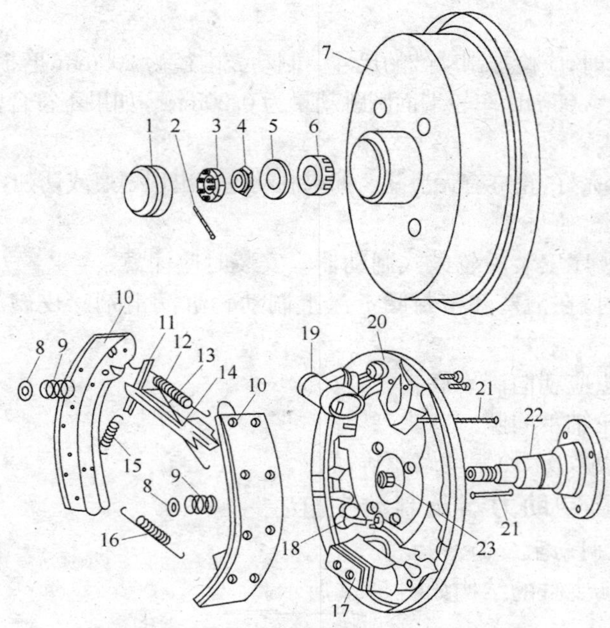

图5-54　后轮鼓式制动器分解图

1. 轮毂盖　2. 开口销　3. 开槽垫圈　4. 调整螺母　5. 止推垫圈　6. 轴承　7. 制动鼓　8. 弹簧座　9. 弹簧　10. 制动蹄　11. 楔形件　12. 定位弹簧　13. 上回位弹簧　14. 压力杆　15. 楔形件回位弹簧　16. 下回位弹簧　17. 固定板　18. 螺栓(拧紧力矩60N·m)　19. 后制动轮缸　20. 制动底板　21. 定位销　22. 后轮毂短轴　23. 观察孔橡胶塞

后轮鼓式制动器的拆卸顺序如下：

①拧松车轮螺母(拧紧力矩110N·m),举升车辆,拆下后轮。

②用专用工具VW637/2拆下轮毂盖,取下开口销和开槽垫圈,旋下六角螺母,取出止推垫圈。

③用旋具通过制动鼓螺栓孔向上拨动楔形块,使制动蹄片与制动鼓放松,拉出制动鼓。

④用尖嘴钳拆下制动蹄保持弹簧及弹簧座圈。

⑤借助旋具、撬杆或用手从下面的支架上提起制动蹄片,取出下回位弹簧。

⑥用钳子拆下制动杆上的驻车制动拉索。

⑦取下制动蹄。

⑧将带压力杆的制动蹄夹紧在台虎钳上,拆下定位弹簧,取下制动蹄。

⑨如有必要,拆下制动轮缸并分解。

(3)后轮鼓式制动器的检查

1)制动蹄的检查

检查制动摩擦片的磨损是否超限。制动摩擦片厚度标准为5.0mm,极限为2.5mm,均不包括底板。检查制动蹄有无被制动液或油脂污损。如有,应予以更换。

更换制动摩擦片时,可以连同制动蹄一起更换,也可以只更换制动摩擦片。如果仅更换制动摩擦片,应先去掉制动摩擦片上的旧铆钉及孔中的毛刺。铆接新摩擦片时(新摩擦片型号为461FF),应从中间向两端铆接。

新制动摩擦片必须经过磨合,在行驶200km之前,制动效果不是最佳。同一轴上应安装型号和质量等级相同的制动摩擦片。不可选用不符合规定的制动摩擦片。

2)制动鼓的检查

更换新制动摩擦片时,应检查制动鼓的尺寸。制动鼓内径为200mm,磨损极限值为201mm。摩擦表面径向圆跳动量为0.05mm,车轮端面圆跳动量为0.20mm。如果不符合要求,应予以更换。

3)制动轮缸的检查

检查橡胶皮碗是否完好,轮缸有无泄漏。如果制动轮缸出现划痕或锈蚀,则应更换制动轮缸。

(4)后轮鼓式制动器的安装

按与拆卸相反的顺序安装后轮鼓式制动器。安装时应注意:

①装配制动轮缸时,在活塞和密封圈上涂上制动轮缸润滑剂。皮碗不得有磨损及膨胀现象,并检查其密封性。

②楔形块凸出一边应朝向制动底板。

③检查与调整后轮轴承间隙。

④用力踩制动踏板数次,使制动蹄正确就位。

245. 如何检修真空助力器及制动主缸?

(1)真空助力器及制动主缸的结构

真空助力器及制动主缸的结构如图5-55所示。

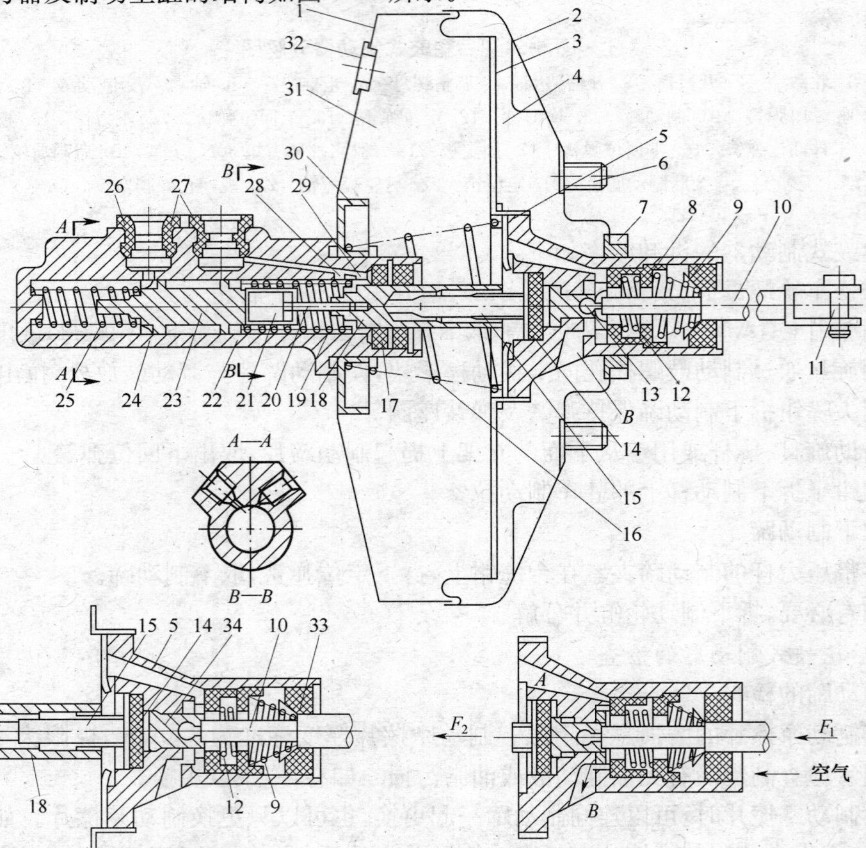

(a) (b)

图5-55 真空助力器及制动主缸结构

1. 前外壳 2. 后外壳 3. 气室膜片隔板 4. 后气室 5. 阀体 6、20. 螺栓 7. 密封套 8. 橡胶膜片 9、12、16、19、25. 弹簧 10. 压杆 11. 销 13. 球铰链 14. 橡胶块 15. 后推杆 17. 油封 18. 前推杆 21. 弹簧座 22. 制动主缸 23. 活塞 24. 小孔 26. 过滤器 27. 密封套 28. 进油孔 29. 补偿孔 30. 连接盘 31. 前气室 32. 真空单向阀 33. 空气滤清器 34. 铰链杆 A—左气室 B—右气室

(2)真空助力器及制动主缸的拆卸

真空助力器及制动主缸的零件如图5-56所示。

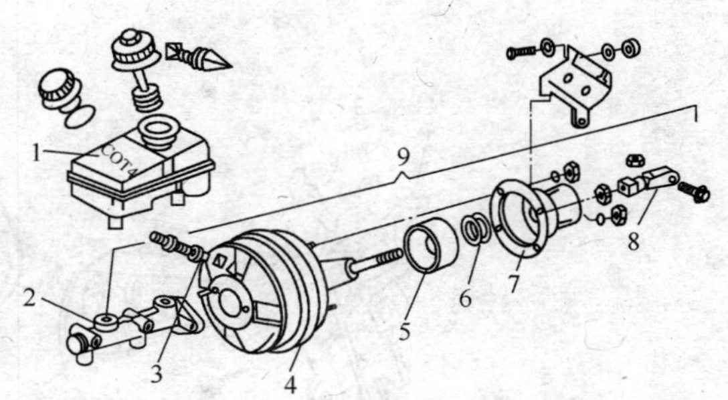

图5-56　真空助力器及制动主缸分解图

1. 储液罐　2. 制动主缸　3. 真空单向阀　4. 真空助力器　5. 密封垫圈　6. 支架密封圈　7. 真空助力器安装支架　8. 连接叉　9. 制动主缸和真空助力器总成

真空助力器及制动主缸的拆卸顺序如下：

①拆下制动踏板与真空助力器压杆连接叉的锁片和销。

②拆下制动主缸上的四根连接管，用容器收集制动液。

③拆下真空助力器安装支架的固定螺栓，将真空助力器与制动主缸一起从车上拆下。

④分解真空助力器前，应在前后壳体上做上标记，以便于装配。依次拆下膜片弹簧、推杆、膜片总成及壳体密封件等，如图5-57所示。制动主缸不允许进行分解和修理。若有损坏，应更换制动主缸。

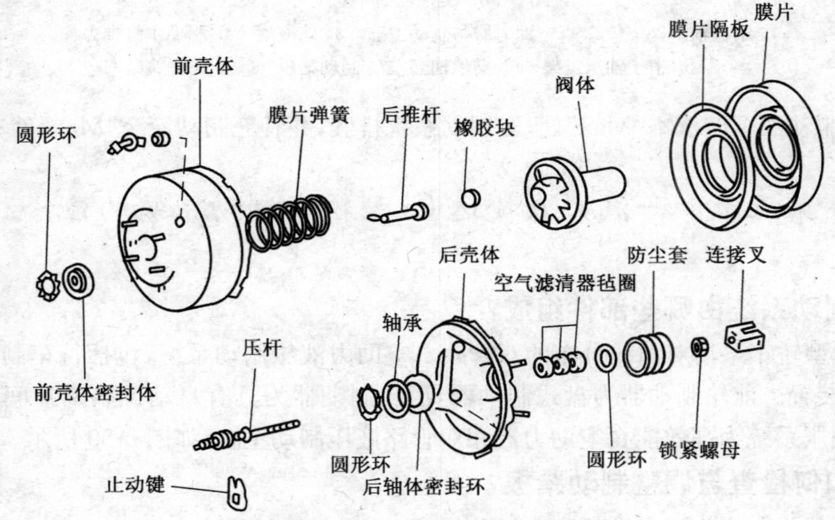

图5-57　真空助力器分解图

(3)真空助力器的检查

检查真空助力器之前，应清洗真空助力器零件。橡胶件用酒精或制动液清洗干净，禁止用汽油清洗。

①检查阀和阀座，如有破裂或沟槽，应更换阀体。

②检查推杆和压杆，如磨损，应予以更换。

③检查壳体和膜片，如有破裂或老化，应更换真空助力器总成。

④密封件如有泄漏，必须更换。

(4)真空助力器及制动主缸的安装

按拆卸相反的顺序安装真空助力器及制动主缸。安装时应注意：

①安装前，旋转真空助力器压杆上的连接叉，使连接叉调整尺寸a为220mm，如图5-58所示。

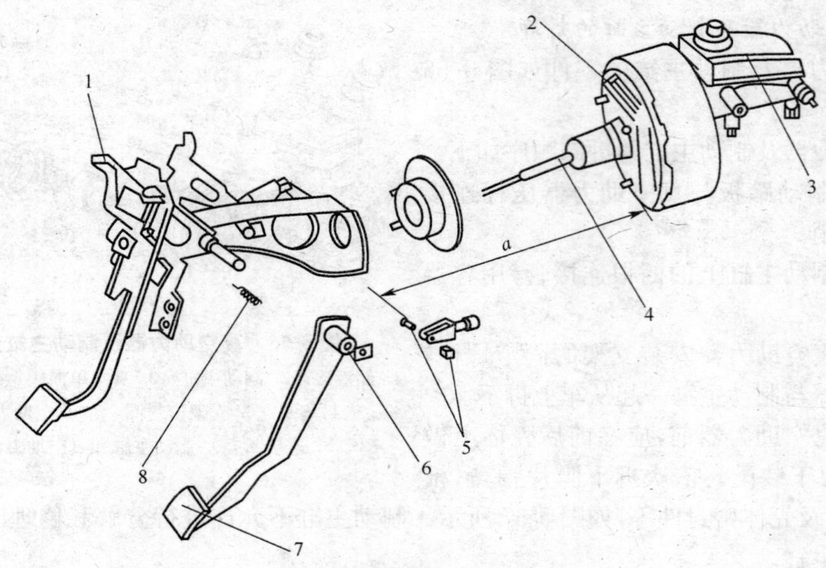

图 5-58　连接叉调整尺寸

1. 踏板轴承支架　2. 真空助力器与制动主缸　3. 储液罐　4. 制动主缸推力杆
5. 销子轴承支架　6. 支承轴套　7. 制动踏板　8. 回位弹簧

②加注制动液至储液罐“Max”处，对制动系统排气，并补充制动液至“Max”处。

第五节　一汽大众捷达 Ci 型轿车制动系统的检修

246. 制动系统由哪些部件组成？

捷达 Ci 型轿车采用对角线分布的双管路真空助力液压制动系统，包括行车制动和驻车制动两套制动装置。前轮制动器为盘式制动器，后轮制动器为具有自动调整蹄片间隙功能的鼓式制动器，伺服系统为高效能真空助力器和双管路液压制动主缸，如图 5-59 所示。

247. 如何检查与调整制动踏板？

(1)制动踏板与底板距离的检查与调整

如图 5-60 所示，用 300N 的力踩下制动踏板，测量制动踏板与地板之间的距离应不小于 80mm。如果不符合要求，应拆下真空助力器与制动踏板连接弹簧锁片及销，旋松锁紧螺母，调整推杆叉，直至满足要求为止。

(2)制动踏板自由行程的检查与调整

①发动机熄火，踩下制动踏板几次，使真空助力器内真空消耗掉。

②用手压下制动踏板，当感到有阻力时，制动踏板被压下的距离即为自由行程，其规定值为 3～6mm。

③如果制动踏板自由行程不符合要求，应调整真空助力器推杆与制动主缸的间隙。

248. 如何检查与更换制动液？

(1)制动液液位的检查

检查储液罐内液位，其液面应处于“Max”和“Min”之间。如果制动液液位过低，应及时检查，并排除故障，添加制动液。

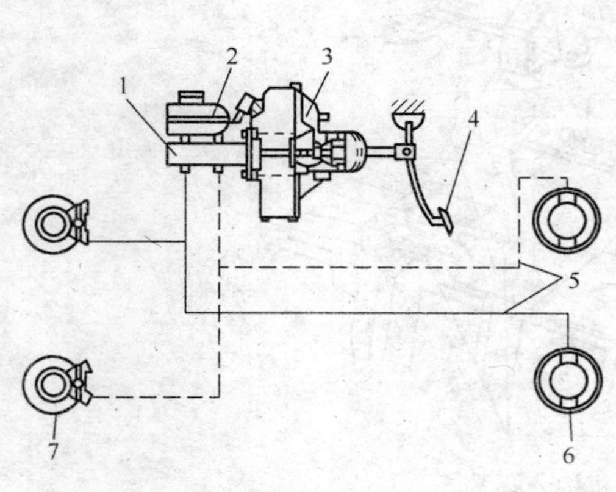

图 5-59　制动系统示意图

1. 制动主缸　2. 储液罐　3. 真空助力器　4. 制动踏板　5. 制动管路　6. 后轮鼓式制动器　7. 前轮盘式制动器

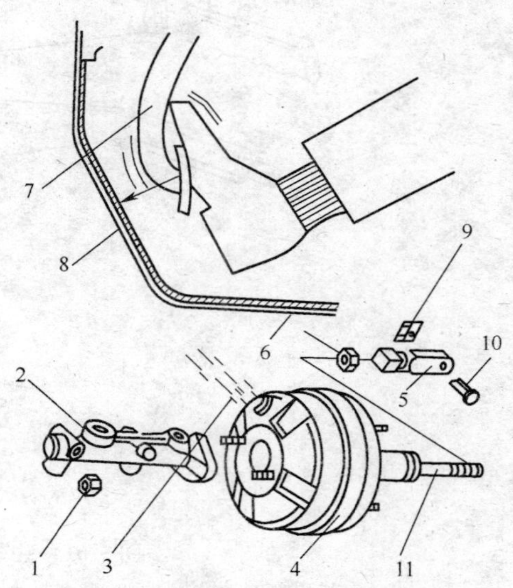

图 5-60　调整制动踏板与底板的距离

1. 螺母　2. 制动主缸　3. 真空管单向阀　4. 真空助力器　5. 推杆叉　6. 锁紧螺母　7. 制动踏板　8. 地板　9. 弹簧锁片　10. 销　11. 推杆

（2）制动液的更换

制动液一定要按时更换，即每隔两年应更换一次制动液。

更换制动液时，将旧制动液排出，加注 VW/Audi 制动液（符合美国 FMVSSI 16DOT 标准），或大众公司规定的制动液，其型号为 NO52 760X。应注意，制动液有毒并具有极强的腐蚀性，不可将制动液溅洒到车身表面油漆上，否则，将损坏漆膜。

249. 如何对制动系统排气？

（1）专用装置排气

使用专用制动系统充液—放气装置 VW1238/1。排气时，接通 VW1238/1 制动系统放气装置，按右后车轮制动轮缸、左后车轮制动轮缸、右前制动卡钳制动轮缸、左前制动卡钳制动轮缸的顺序打开放气螺栓，并用排液瓶盛放排出的制动液。

（2）人工排气

①将一根软管一端接到排气螺钉上，另一端插入排液瓶。

②两人配合，一人连续踩制动踏板数次，并用力踩住踏板不放，另一人将排气螺栓稍松开，让制动系统内的空气连同一部分制动液一起排出。当制动踏板被踩到底后，立即拧紧排气螺栓。

③重复步骤②，直至放出的制动液无气泡为止。在排气过程中，应注意观察储液罐内制动液面的高度，必要时添加制动液。

④按上述步骤对各制动轮缸进行排气。

250. 如何检查与调整驻车制动装置？

驻车制动装置是在后轮制动器的基础上加装一套驻车制动操纵机构，如图 5-61 所示。

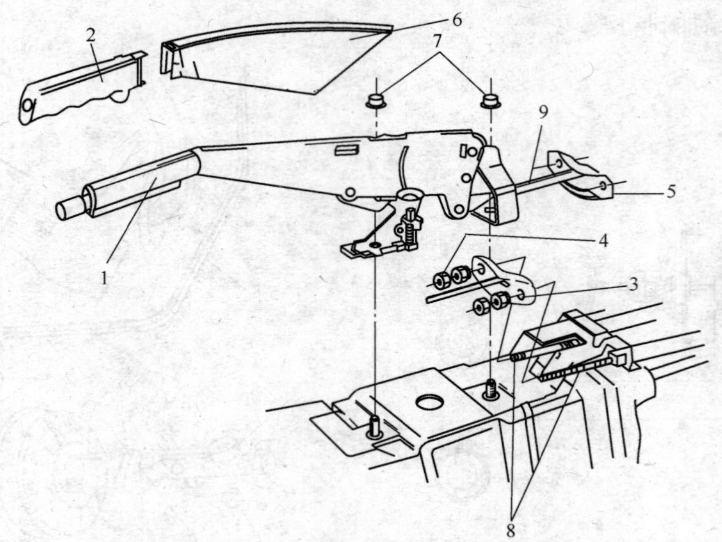

图 5-61　驻车制动操纵机构分解图

1. 驻车制动操纵杆　2. 驻车制动手柄　3. 调整螺母　4、7. 螺母　5. 调节压板　6. 驻车制动操纵杆护罩　8. 驻车制动拉索　9. 拉杆

当后轮制动器正常，而驻车制动效能下降，或更换驻车制动拉线、后轮制动器部件时，需要对驻车制动装置进行检查与调整。

①松开驻车制动操纵杆。

②用力踩下制动踏板一次。

③将驻车制动操纵杆拉起 4 个棘齿。

④如图 5-62 所示，拧紧调整螺母，直至两个后轮用手转不动为止。

⑤松开驻车制动操纵杆，检查两个后轮应转动自如。

251. 如何检修前轮盘式制动器？

(1)前轮盘式制动器的结构

前轮盘式制动器采用单缸浮动式制动卡钳。制动卡钳体可相对制动盘做轴向滑动，如图 5-63 所示。

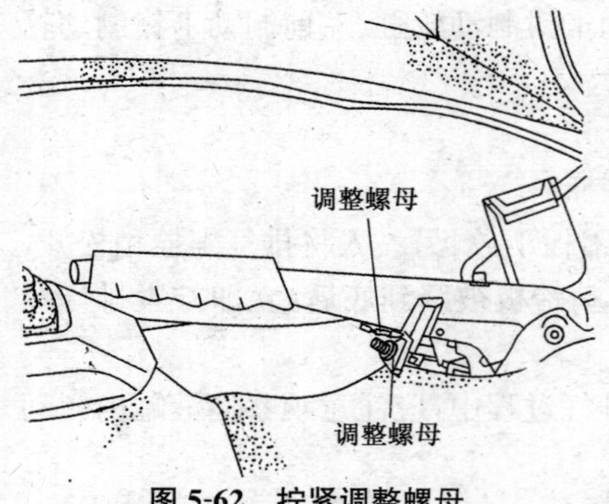

图 5-62　拧紧调整螺母

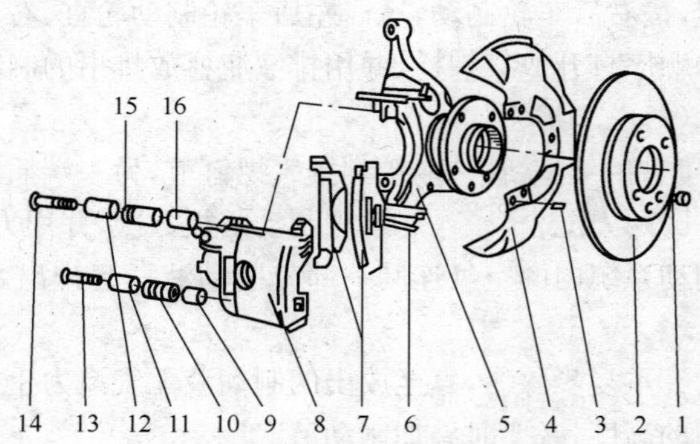

图 5-63　前轮盘式制动器分解图

1. 车轮螺栓　2. 制动盘　3. 挡尘盘螺栓　4. 挡尘盘　5. 转向节　6. 弹簧片　7. 制动块　8. 制动钳壳体　9. 套筒(下)　10. 衬套(下)　11. 隔离衬套(下)　12. 隔离衬套(下)　13. 螺栓(下)　14. 螺栓(上)　15. 衬套(上)　16. 套筒(上)

(2)制动卡钳的检修

1)制动块的更换

①举升车辆,并拆下前轮。

②拧松制动卡钳体上部固定螺栓,拆下下部固定螺栓。

③拆下弹簧片。

④如图 5-64 所示,从下向上转动制动卡钳,拆下制动块。

⑤检查制动块的磨损情况,制动块的磨损极限为 7mm。如果制动块小于磨损限度或磨损不均匀,则应予以更换。更换新制动块时,应左右同时更换同一厂家的新制动块。

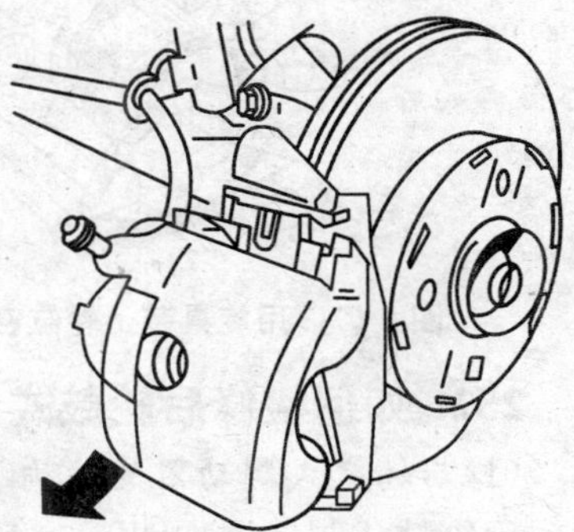

图 5-64　转动制动卡钳

⑥装上弹簧片,应保证弹簧处于正确位置,否则,制动时会发出噪声。先装上内侧制动块,再装上外侧制动块(摩擦面较大)。

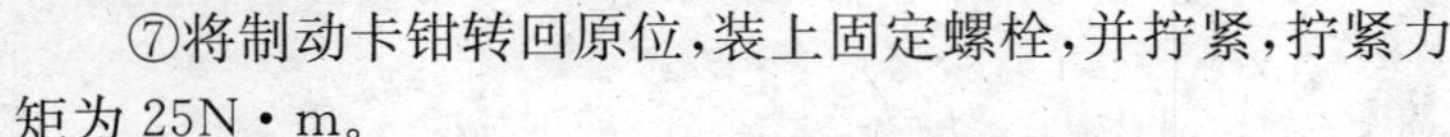

⑦将制动卡钳转回原位,装上固定螺栓,并拧紧,拧紧力矩为 25N·m。

⑧安装完后,车辆原地不动,用力踩踏制动踏板几次,使制动块处于正常的工作位置。

2)密封圈的更换

轮缸密封圈老化失效,会导致密封性差,制动液泄漏,应更换密封圈。

①拆下制动块。

②拆下轮缸上制动软管。

③如图 5-65 所示,在活塞外端放一木块,用压缩空气从制动卡钳轮缸里将活塞压出。

④如图 5-66 所示,用旋具小心撬出轮缸上密封圈。取下活塞上密封圈。

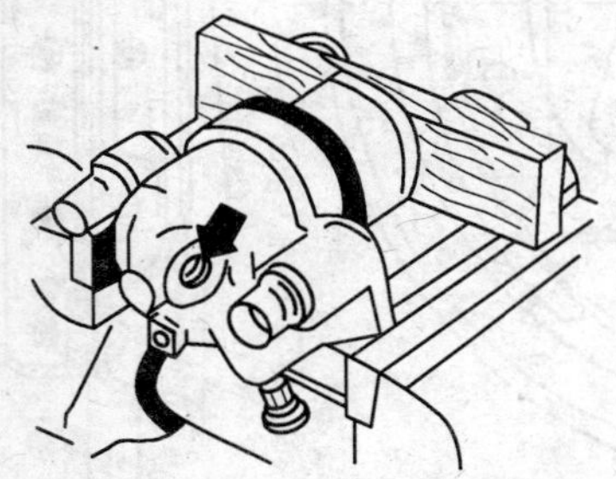

图 5-65　用压缩空气压出活塞

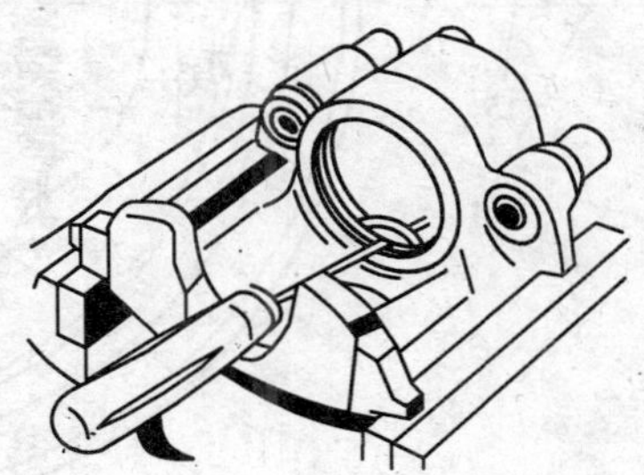

图 5-66　用旋具撬出轮缸密封圈

⑤将密封圈装到带有防尘罩的活塞上。

⑥如图 5-67 所示,用旋具将密封圈装到轮缸的密封槽内。

⑦如图 5-68 所示,用活塞装配专用工具,将活塞压入轮缸内。防尘罩的外密封唇也应位于活塞的凹槽内。

⑧安装制动卡钳。

⑨连接制动软管。

(3)制动盘的检修

①检查制动盘的厚度,其标准厚度为 12mm,使用极限为 10mm。

②检查制动盘有无沟痕,如沟痕过深,可对其进行加工或更换制动盘。

③更换制动盘时,左右两侧应同时进行。

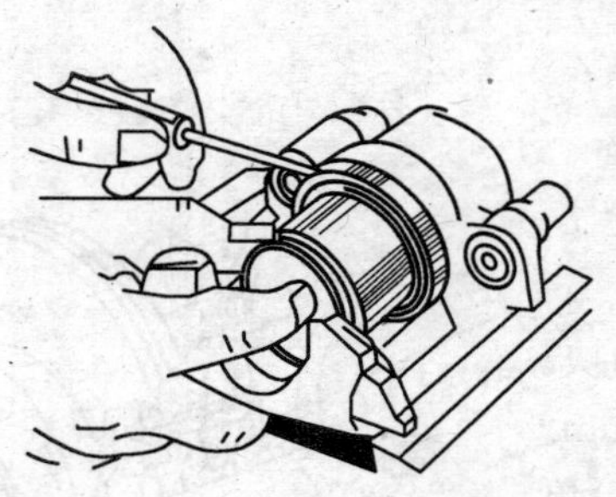

图 5-67　用旋具装上轮缸密封圈

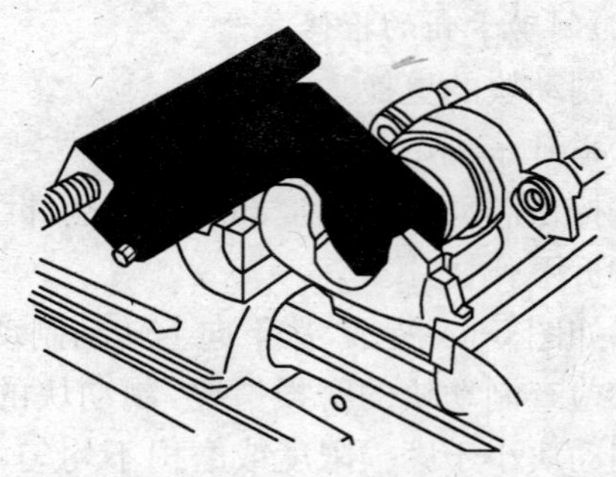

图 5-68　装入活塞

252. 如何检修后轮鼓式制动器?

(1)后轮鼓式制动器的结构

后轮鼓式制动器如图 5-69 所示。

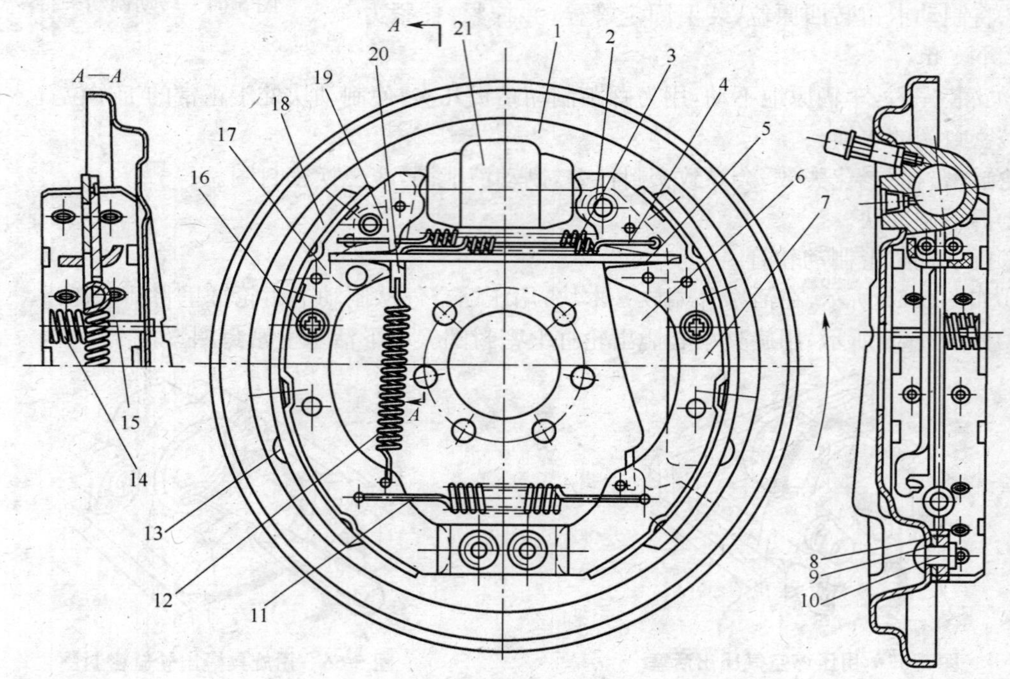

图 5-69　后轮鼓式制动器结构

1. 制动底板　2. 销轴　3. 副回位弹簧　4. 主回位弹簧　5. 杠杆　6. 驻车制动拉臂　7. 制动蹄带拉臂总成　8. 支架　9. 支承板　10. 铆钉　11. 回位弹簧　12. 拉簧　13. 检测孔　14. 压簧　15. 夹紧销　16. 弹簧座　17. 制动蹄带楔形调整齿板总成　18. 摩擦片　19. 楔形调整板　20. 楔形调整块　21. 制动轮缸

(2)后轮鼓式制动器的拆装

1)后轮鼓式制动器的拆卸

后轮鼓式制动器的拆卸顺序如下:

①举升车辆,拆下后轮。

②用旋具插入制动鼓上的轮胎螺栓孔内,将制动蹄片间隙调整楔形块向上压,使制动蹄回位。

③拆下制动鼓。

④拆下回位弹簧和驻车制动拉线。

⑤拆下制动蹄片限位弹簧座，取下限位弹簧。

⑥如图 5-70 所示，拆下楔形调整块拉簧。

⑦如图 5-71 所示，拆下主、副回位弹簧。

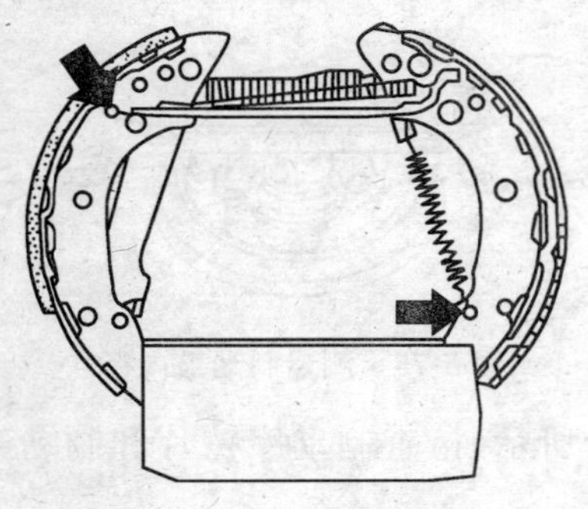

图 5-70　拆下拉簧

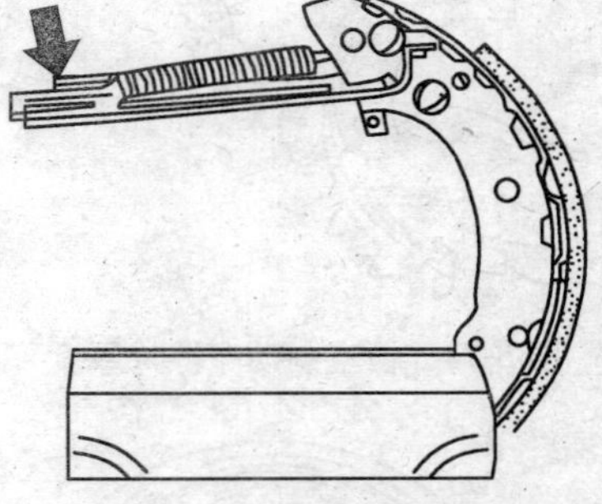

图 5-71　拆下主、副回位弹簧

⑧取下制动蹄。

2)后轮鼓式制动器的安装

后轮鼓式制动器的安装顺序如下：

①如图 5-72 所示，装上主、副回位弹簧，将制动蹄装到推杆上，插入楔形调整块，有凸出定位一面朝向制动底板。

②如图 5-73 所示，将制动蹄和驻车制动拉臂装到推杆上。

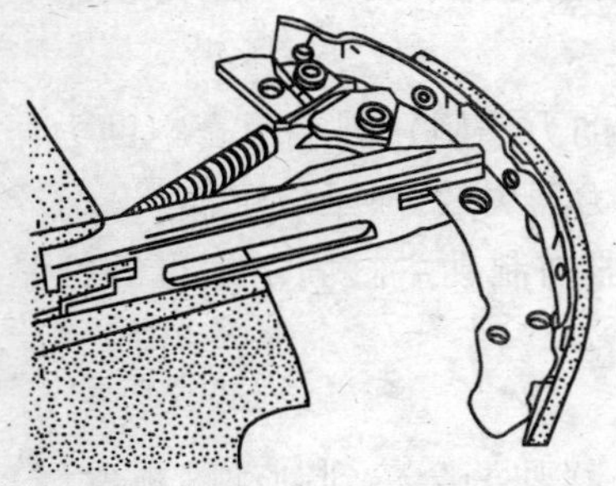

图 5-72　装上主、副回位弹簧及推杆

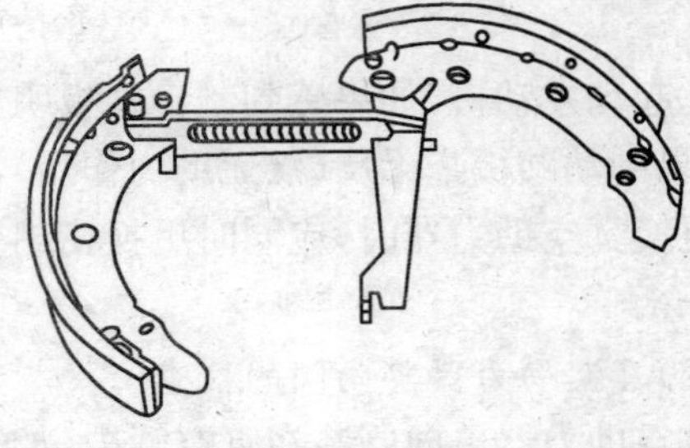

图 5-73　装上制动蹄和驻车制动拉臂

③装上制动蹄，并装上回位弹簧。

④将驻车制动拉线挂在驻车制动拉臂上。

⑤连接间隙调整楔形块弹簧。

⑥装上制动蹄限位弹簧与弹簧座。

⑦装上制动鼓，并调整车轮轴承间隙。

⑧装上车轮。

⑨踩下制动踏板几次，使制动蹄处于正确位置，并自动调整制动器间隙。

(3)制动摩擦片与制动鼓的检修

①如图 5-74 所示，检查制动摩擦片的厚度，制动摩擦片的使用极限为 2mm。当制动摩擦片的厚度超过使用极限时，应及时予以更换。更换制动摩擦片时，应连同制动蹄一起更换，且

使用同一厂家、相同质量的制动摩擦片。

②如图 5-75 所示，测量制动鼓内径。制动鼓标准内径为 180mm，使用极限为 181mm。如果制动鼓摩擦面出现划痕及沟槽时，在制动鼓内径不超过使用极限的情况下，可用车床对制动鼓进行加工。

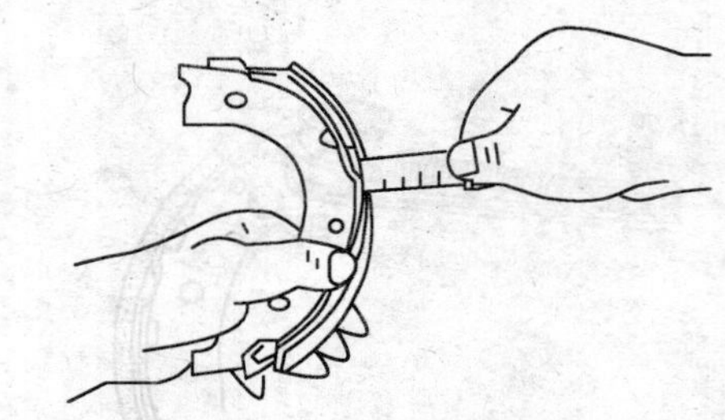

图 5-74　检查制动摩擦片厚度

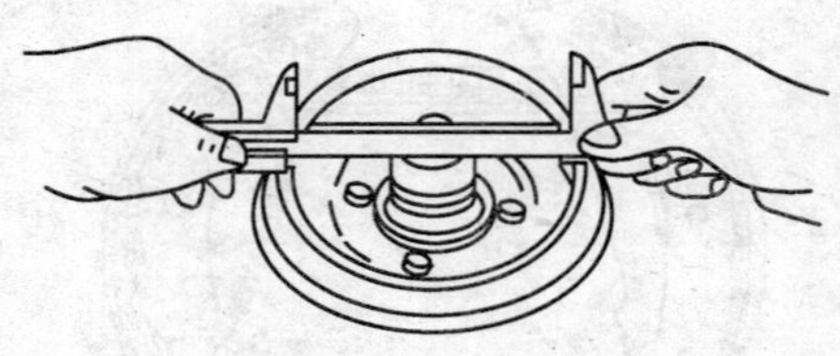

图 5-75　测量制动鼓内径

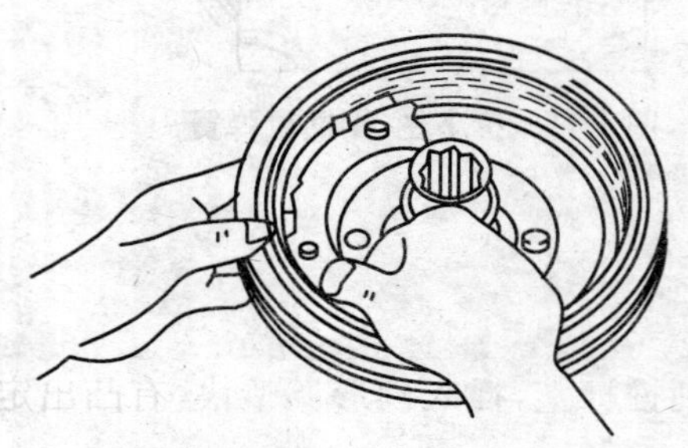

图 5-76　检查制动摩擦片和制动鼓接触状况

③如图 5-76 所示，检查制动摩擦片和制动鼓是否接触良好。

253. 如何检查真空助力器？

(1)真空助力器性能的检查

真空助力器失效后，驾驶员会感到制动效能下降，在踩制动踏板时，会感到发硬，阻力加大。

①将发动机熄火，用力踩下制动踏板数次，使真空助力器内部真空消耗掉。

②以适中的踏板力踩下制动踏板，并使制动踏板保持在一定位置。

③起动发动机，如果感到制动踏板明显自动下沉(有助力作用)，则表明真空助力器功能正常；如果制动踏板毫无反应(无助力作用)，则表明真空助力器失效，应予以更换。

更换真空助力器时，应同时更换密封垫。真空助力器与制动主缸固定螺母的拧紧力矩为 20N·m。

(2)真空助力器单向阀的检查

真空助力器单向阀装在真空管内，如果单向阀失效，驾驶员会感到制动踏板发硬，且感觉踩不到底，制动性能明显下降。

检查单向阀时，可按阀体上的箭头方向吹压缩空气应能通过，反向，则不能通过。也可用嘴吸法检验其单向通过性。单向阀密封不良时，应更换真空管总成。

第六节　一汽大众宝来轿车制动系统的检修

254. 如何调整驻车制动操纵装置？

驻车制动操纵装置的组成如图 5-77 所示。

当更换驻车制动拉索、后轮制动钳和制动盘后，需调整驻车制动。

①拆下中央面板延伸件。

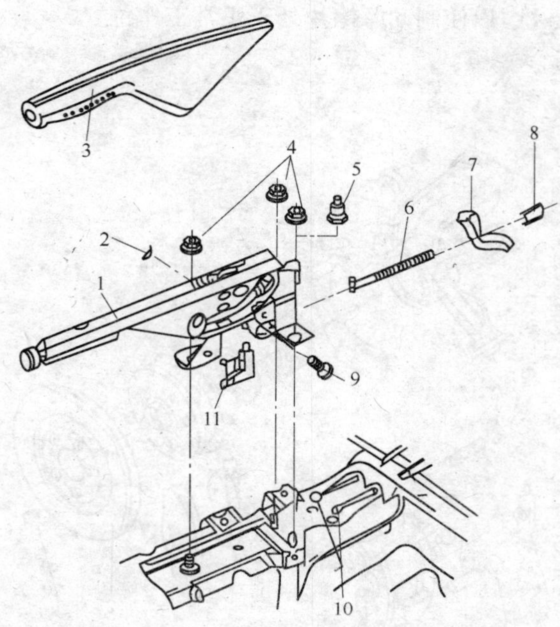

图 5-77　驻车制动操纵装置分解图

1. 驻车制动手柄　2. 卡簧　3. 驻车制动手柄装饰件　4. 螺母(25N·m)
5. 调整件　6. 拉杆　7. 补偿器　8. 调整螺母　9. 支承销
10. 驻车制动拉索　11. 驻车制动灯开关

②用力踩制动踏板一次。

③将驻车制动拉杆置于"rest/off"位置。

④如图 5-78 所示，当拉杆从制动钳停止位置抬起后(箭头)，拧紧调整螺母。从制动钳停止位置到每侧的最大允许间隙为 1.5mm。

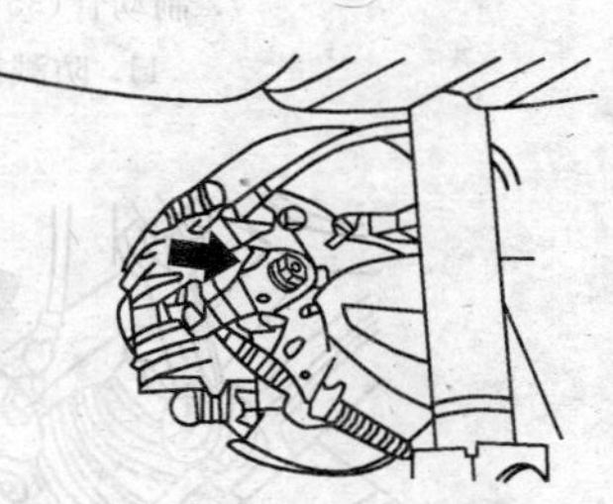

图 5-78　拉杆从制动钳停止位置抬起

⑤拉起驻车制动手柄三次，然后放下驻车制动手柄。

⑥检查后车轮应能自由转动。

255. 如何检修前轮盘式制动器？

前轮盘式制动器的组成如图 5-79 所示。

(1)更换制动摩擦片

①拆下导向销的保护帽。

②如图 5-80 所示，拆下制动钳上两个导向销(箭头处)。

③将制动钳壳体悬挂在车身上，以免制动钳重力损坏制动管。

④从制动钳壳体上拆下制动摩擦片。

⑤安装新制动摩擦片前，用排液瓶从制动液储液罐中吸出制动液，以免压回活塞时储液罐中制动液溢出。

⑥如图 5-81 所示，用调整工具将活塞压回到制动钳缸体内。

⑦装上新的制动摩擦片。

⑧安装导向销及保护帽。

⑨用力踩制动踏板数次,以使制动摩擦片处于正常工作位置。

⑩添加适量制动液。

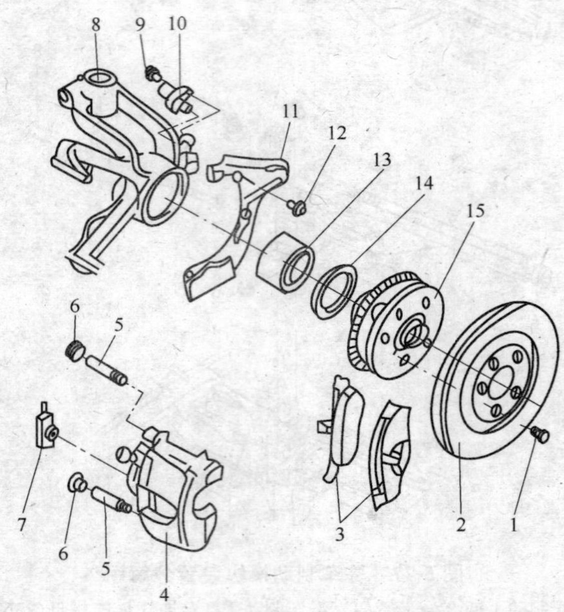

图 5-79 前轮盘式制动器分解图

1. 螺栓(4N·m) 2. 制动盘 3. 制动摩擦片 4. 制动钳 5. 导向销 6. 保护帽 7. 制动管(35N·m) 8. 车轮轴承座 9. 螺栓(8N·m) 10. 车轮转速传感器 11. 防溅板 12. 螺栓(10N·m) 13. 车轮轴承 14. 卡簧 15. 轮毂

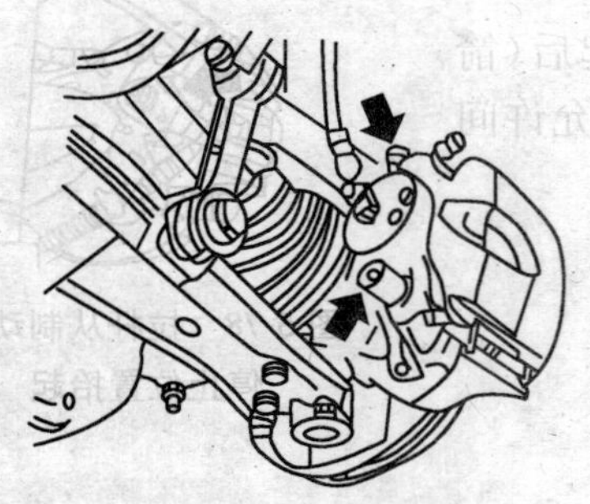

图 5-80 拆下导向销

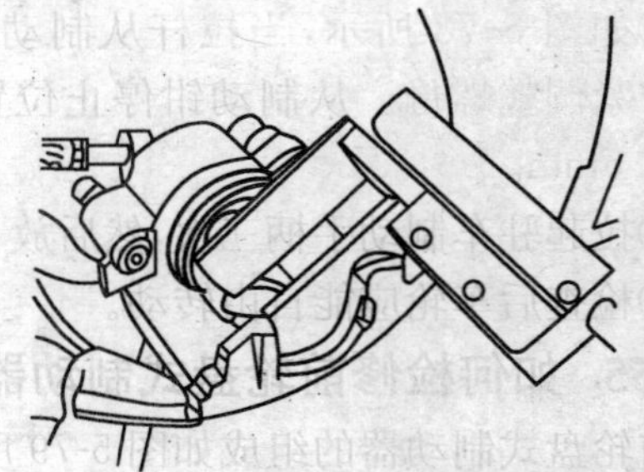

图 5-81 压回活塞

(2)检查制动盘

检查制动盘的磨损,制动盘的标准厚度为 22mm,磨损极限为 19mm。如果制动盘的磨损超过极限,则应同时更换两个制动盘。拆卸制动盘时,不要强行从轮毂上拆下。如有必要,使用除锈剂,否则,将会损坏制动盘。

(3)制动钳活塞的拆装

①安装制动踏板压下装置 V. A. G1869/2。

②拆下制动摩擦片。拆下制动钳上制动管,取下制动钳体。

③如图 5-82 所示,用压缩空气将活塞从制动钳缸体中吹出。

④如图 5-83 所示,用专用工具 3409 取下密封圈。

⑤用甲基酒精清洗活塞表面和密封圈，且晾干。

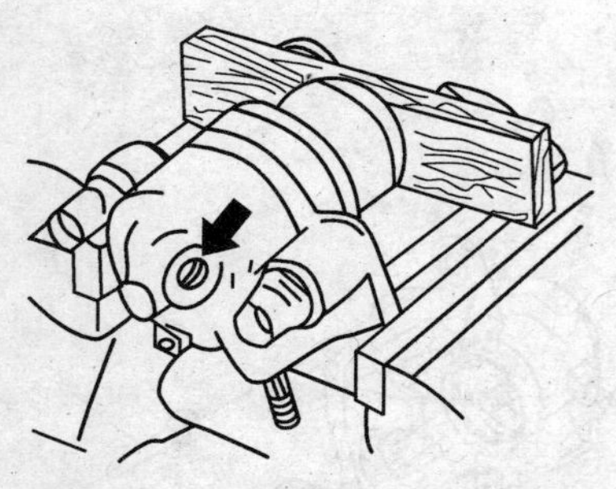

图 5-82　用压缩空气吹出活塞

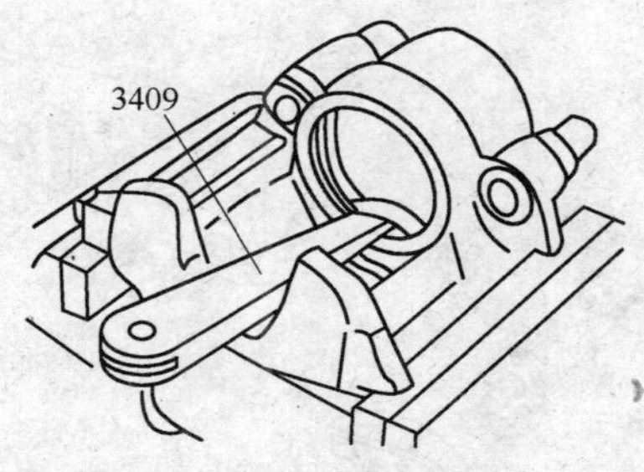

图 5-83　取下密封圈

⑥将油封装入制动钳缸体。

⑦将护盖和外密封唇装到活塞上。如图 5-84 所示，将活塞固定在制动钳缸体前，用专用工具 3409 将内密封唇装在活塞沟槽中。

⑧在活塞和密封唇上涂上一层润滑脂 G052 150 A2。如图 5-85 所示，用调整工具将活塞压入制动钳缸体。活塞外密封唇应位于活塞沟槽内。

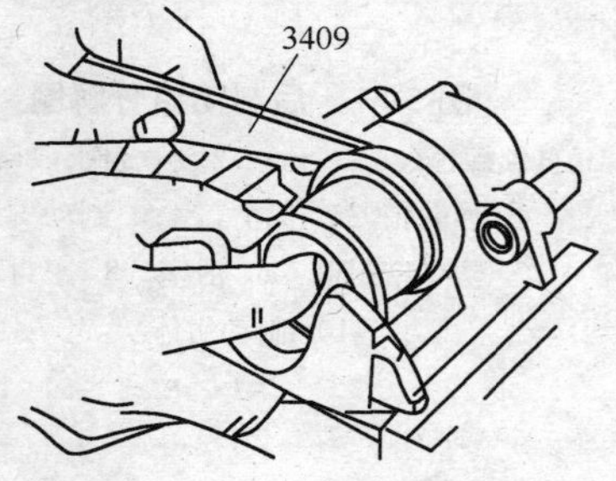

图 5-84　装上活塞内密封唇

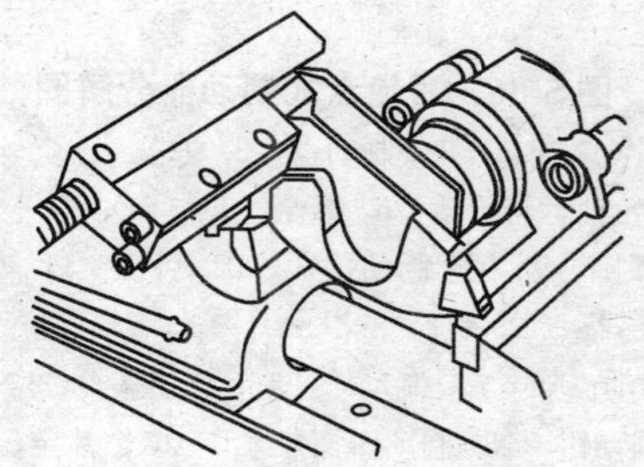

图 5-85　压入活塞

⑨安装制动摩擦片与制动钳体，装上制动管。

⑩拆下制动踏板压下装置 V. A. G1869/2。

安装完毕后，用力踩制动踏板数次，以使制动摩擦片处于正常工作位置。添加适量制动液，并排空气。

256. 如何检修后轮盘式制动器？

后轮盘式制动器的组成如图 5-86 所示。

后制动钳的组成如图 5-87 所示。

制动钳活塞的拆装顺序如下：

①如图 5-88 所示，装好专用工具 3272，使凸缘（箭头）位于活塞前，逆时针旋转滚花轮，将活塞从制动钳缸体中拉出。如果活塞难以移动，用呆扳手钳住平台（箭头 A），旋转扳手拉出活塞。

②如图 5-89 所示，用专用工具 3409 拆下密封环。

③用甲基酒精清洗活塞表面和密封环，并晾干。

④将外密封唇安到活塞上。

⑤用润滑脂 G 052 150 A2 润滑活塞和密封环。

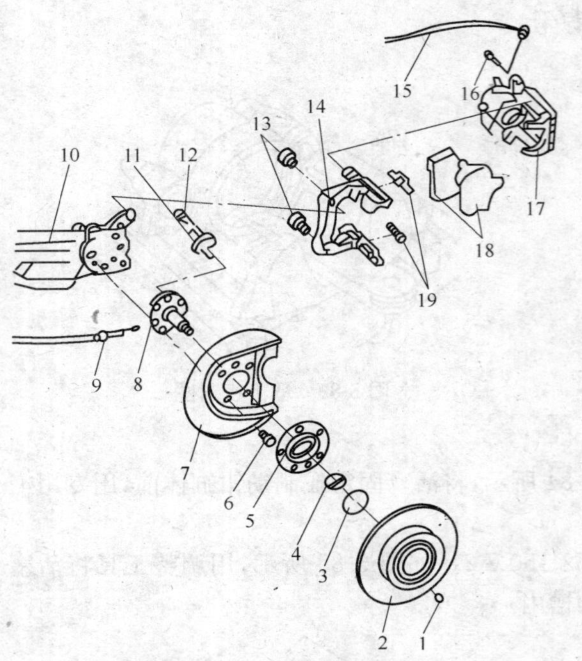

图 5-86　后轮盘式制动器分解图

1. 螺栓(4N·m)　2. 制动盘　3. 护盖　4. 车轮轴承　5. 车轮轴承与轮毂　6. 螺栓(60N·m)　7. 防溅板　8. 轮毂轴　9. 驻车制动拉索　10. 后桥　11. 车轮转速传感器　12. 螺栓(8N·m)　13. 螺栓(65N·m)　14. 制动支架　15. 制动管　16. 自锁螺栓(35N·m)　17. 制动钳　18. 制动摩擦片　19. 摩擦片定位弹簧

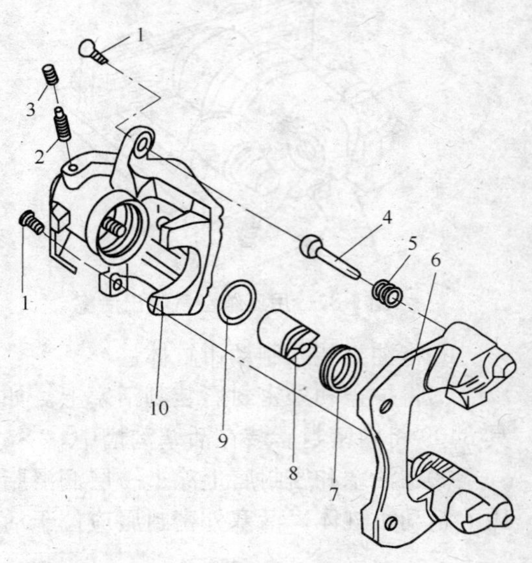

图 5-87　后制动钳分解图

1. 自锁螺栓(35N·m)　2. 排气阀　3. 防尘帽　4. 导向销　5. 保护盖　6. 制动支架　7. 防尘密封圈　8. 活塞　9. 密封环　10. 制动钳体

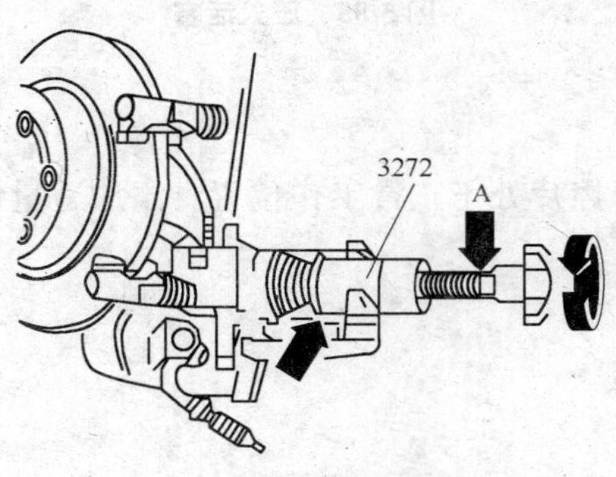

图 5-88　拉出活塞

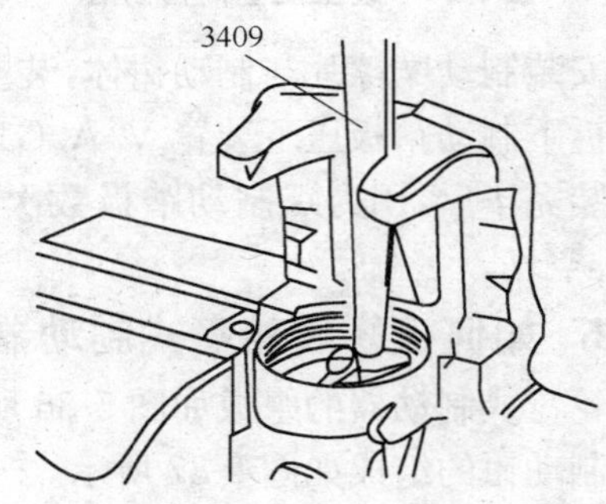

图 5-89　拆下密封环

⑥如图 5-90 所示，将活塞固定在制动钳缸体前，用专用工具 3409 将内密封唇安装在活塞沟槽中。

⑦如图 5-91 所示，安好专用工具 3272，使凸缘(箭头)置于制动钳上，顺时针旋转滚花轮，将活塞压入制动钳缸体内。如果活塞难以移动，用呆扳手钳住平台(箭头 A)，顺时针旋转，压入活塞。

⑧安装制动摩擦片。

⑨对制动钳预先排气，如图 5-92 所示，拧开排气螺栓(箭头 A)，接上标准气瓶，直到从螺纹

孔(箭头 B,制动管连接孔)流出的制动液中无气泡时,拧紧排气螺栓。

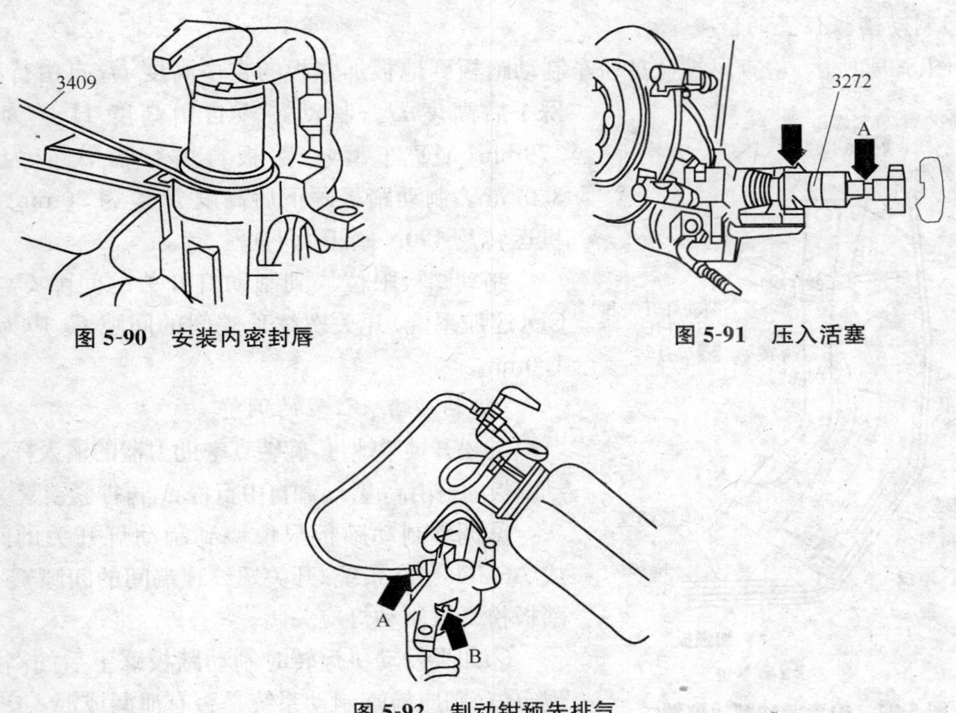

图 5-90　安装内密封唇

图 5-91　压入活塞

图 5-92　制动钳预先排气

第七节　风神蓝鸟轿车制动系统的检修

257. 制动系统由哪些部件组成?

制动系统的组成如图 5-93 所示,主要部件包括前盘式制动器、后盘式或鼓式制动器、制动主缸、真空助力器、比例分配阀,以及 ABS。

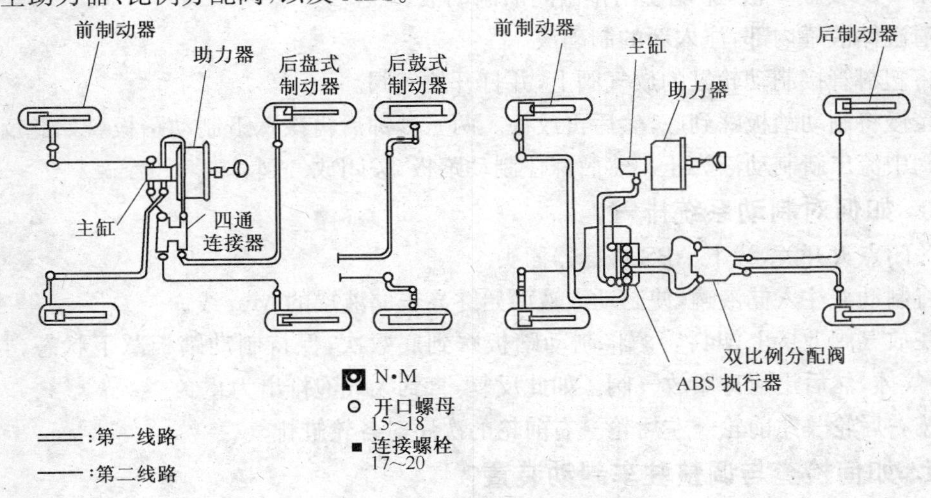

图 5-93　制动系统的组成

258. 如何检查与调整制动踏板位置？

(1)制动踏板位置的检查

如图5-94所示，检查风神蓝鸟轿车制动踏板到地板加强板的自由高度 H、自由行程 A 和踩下后高度 D。制动踏板自由高度 H 应为169～179mm(MT车型)。踏板自由行程 A 应为1.0～3.0mm。制动踏板踩下后高度 D 应为90mm(在发动机运转及490N踏板力下)。

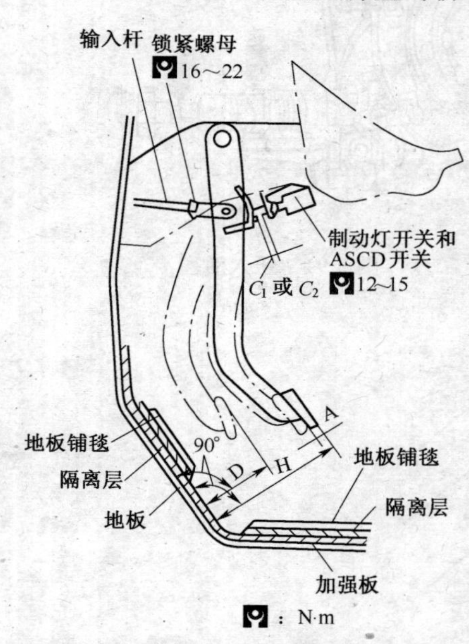

图5-94 检查制动踏板位置

制动踏板限位块到制动灯开关的间隙 C_1 或ASCD(巡航系统)开关螺纹顶端间的间隙 C_2 应为0.3～1.0mm。

(2)制动踏板位置的调整

①松开锁紧螺母，旋转真空助力器的输入杆，调整制动踏板的自由高度 H 和自由行程 A，再拧紧锁紧螺母。

②调整制动踏板限位块到制动灯开关的间隙 C_1 或ASCD(巡航系统)开关螺纹顶端间的间隙 C_2。制动踏板松开时制动灯应关闭。

③如果发动机运转时制动踏板踩下后的高度低于规定值，则应检查制动系统是否有泄漏或混入空气。

259. 如何检查与更换制动液？

(1)制动液液面高度的检查

检查储液罐中制动液的液面高度，液面高度应在储液罐的Max与Min两条线之间。液面过低，应检查制动系统是否有泄漏。当放松驻车制动杆时制动警告灯亮，检查制动系统是否有泄漏。

(2)制动液的更换

使用DOT4制动液，不能使用排出的旧制动液。

①清洗储液罐内部，注入新的制动液。

②将塑料管接制动轮缸的放气阀上，并打开放气阀。

③缓慢将制动踏板踩到底，然后再放松。两三秒钟后再次踩下制动踏板。如此反复，直到从放气阀中流出新制动液为止。然后踩住制动踏板，关闭放气阀。

260. 如何对制动系统排气？

①关闭点火开关，拔下ABS执行器插头。

②将制动液注入储液罐，使制动液液面始终高于储液罐的Min线。

③在放气阀上接上塑料管。将制动踏板踩到底数次，保持制动踏板踩下状态，打开放气阀，排出气体，然后迅速拧紧放气阀。如此反复，直到无气泡排出为止。

④按右后轮→左前轮→左后轮→右前轮的次序对各轮缸排气。

261. 如何检查与调整驻车制动装置？

驻车制动装置的操纵机构如图5-95所示。

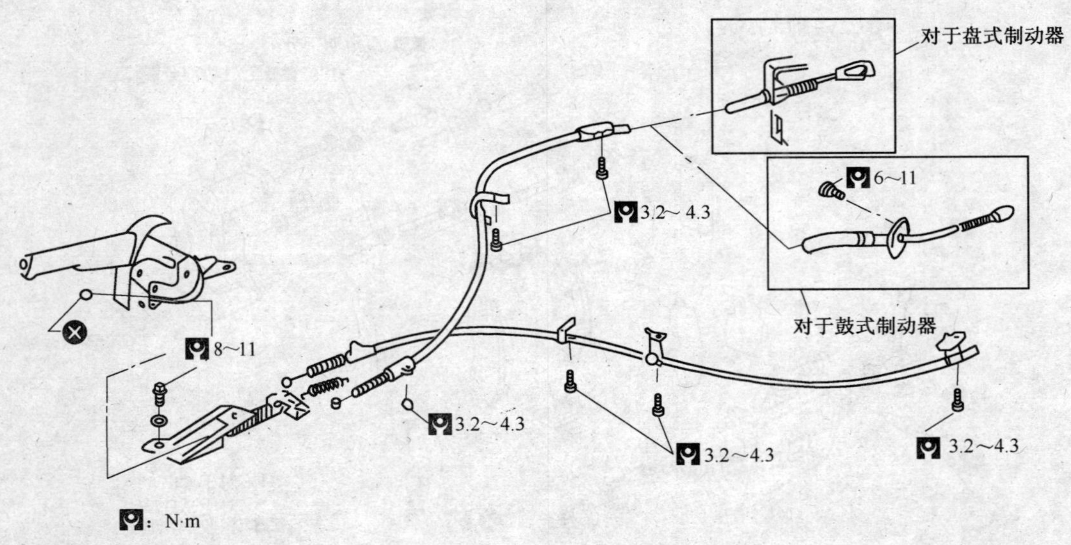

图 5-95　驻车制动装置操纵机构

(1)驻车制动装置的检查

①检查操纵杆是否磨损或有其他损坏。必要时,应予以更换。

②检查连接部分各零件。若有变形或损坏,则应更换。

③检查警告灯和开关。必要时,应予以更换。

(2)驻车制动装置的调整

①调整摩擦块与制动盘或制动蹄与制动鼓之间的间隙。松开驻车操纵杆,并拧松调整螺母。在发动机工作时,至少完全踩下制动踏板 10 次。

②将操纵杆拉过 4～5 个齿,然后拧动调整螺母,调整操纵杆。

③以规定的力(196N)拉动操纵杆,检查操纵杆的行程并应保证工作平稳。对于盘式制动器,操纵杆拉过 7～8 个齿。

④驻车操纵杆拉过 1 个齿或更小,驻车制动警告灯应亮。

262. 如何检修前盘式制动器?

(1)前盘式制动器的拆装

前盘式制动器的零件如图 5-96 所示。

(2)摩擦块的检查与更换

清洁前制动器外部灰尘,拧下主销钉螺栓,将缸体向上方旋转,拆下摩擦块、保持架、内外衬片和衬片盖,可用绳索吊起缸体。在缸体翻转的情况下,不要踩下制动踏板,以免活塞弹出。

检查摩擦块厚度,摩擦块标准厚度为 10.0mm(AD22VE 型)或 11.0mm(CL25VA 型),摩擦块磨损极限为 2.0mm。如果摩擦块厚度超过磨损极限,则应予以更换。更换摩擦块时,应更换衬片。

如果衬片生锈或橡胶面剥落,应更换衬片。

(3)制动钳的检查

①检查缸体内表面是否划伤、腐蚀、磨损、损坏或出现异物。如果有,则应更换缸体。腐蚀

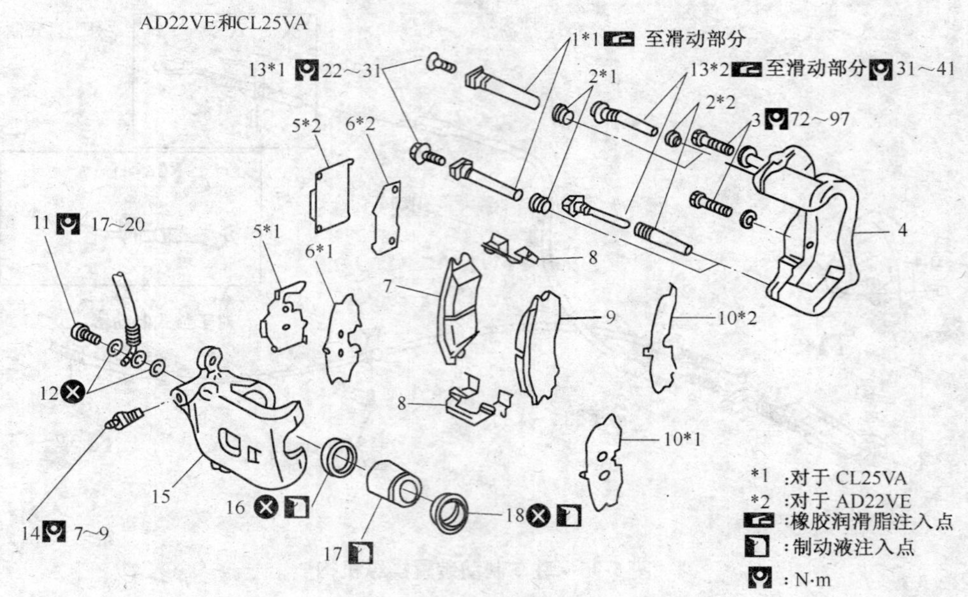

图 5-96　前盘式制动器分解图

1. 主销钉　2. 销钉防尘罩　3. 承扭臂固定螺栓　4. 承扭臂　5. 衬片盖　6. 内衬片　7. 内摩擦块　8. 摩擦块保持架　9. 外摩擦块　10. 外衬片　11. 连接螺栓　12. 铜垫圈　13. 主销钉螺栓　14. 放气阀　15. 缸体　16. 活塞密封圈　17. 活塞　18. 活塞防尘罩

及异物所造成的小损伤，可用细金刚砂纸打磨内表面。必要时，应更换缸体。要用制动液清洗刚体，绝不能用矿物油。

②检查活塞是否划伤、腐蚀、磨损、损坏或出现异物。如果有，则应更换活塞。活塞滑动表面是电镀的，不要用金刚砂纸打磨。

③检查主销钉、主销钉螺栓和销钉防尘罩是否出现磨损、裂纹或其他损坏。如果有，则应予以更换。

(4)制动盘的检查

1)检查制动盘跳动量

①按规定力矩拧紧螺母，将制动盘紧固于轮毂上。

②测量前应确保前轮轴承的轴向间隙符合要求。如图 5-97 所示，用百分表检查跳动量，最大跳动量应为 0.07mm。

2)检查制动盘厚度

测量制动盘的厚度变化(至少八个位置)，最大厚度变化量为 0.01mm。

如果制动盘跳动量或厚度变化量超出规定值，可车削制动盘，修复极限为 18.0mm(AD22VE 型)或 20.0mm(CL25VA 型)。

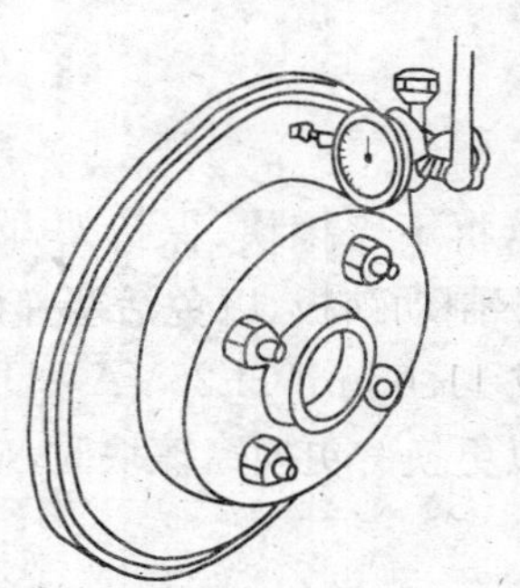

图 5-97　检查制动盘跳动量

263. 如何检修后盘式制动器?

(1)后盘式制动器的拆装

后盘式制动器的零件如图 5-98 所示。

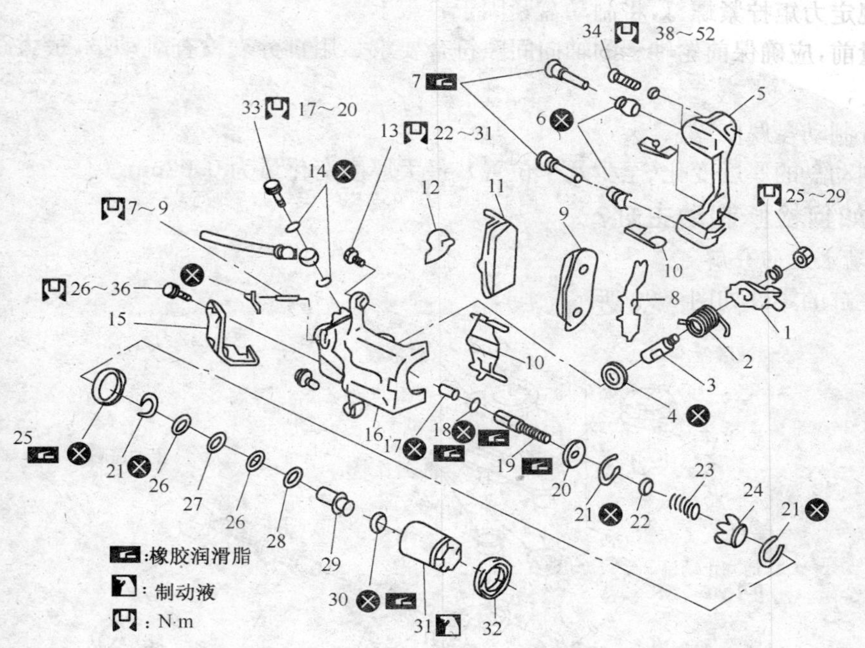

图 5-98　后盘式制动器分解图

1. 肘节杠杆　2. 弹簧　3. 凸轮　4. 凸轮防尘罩　5. 承扭臂　6. 销钉防尘罩　7. 侧销　8. 外衬片　9. 外摩擦块　10. 保持架　11. 内摩擦块　12. 内衬片　13. 销钉螺栓　14. 铜垫片　15. 拉索导向器　16. 缸体　17. 推力柱　18. O形圈　19. 挺柱　20. 锁孔板　21. 卡环　22. 弹簧座　23. 弹簧　24. 弹簧盖　25. 活塞密封圈　26. 隔离片　27. 波形垫圈　28. 轴承　29. 调整螺母　30. 活塞皮碗　31. 活塞　32. 活塞防尘罩　33. 连接螺栓　34. 承扭臂固定螺栓

(2)摩擦块的检查与更换

清洁后制动器外部灰尘，断开驻车制动拉索，拧下主销钉螺栓，将缸体向上方旋转，拆下摩擦块、保持架和内外衬片。可用绳索吊起缸体，在缸体翻转的情况下，不要踩下制动踏板，以免活塞弹出。

检查摩擦块厚度，摩擦块标准厚度为10.0mm，摩擦块磨损极限为1.5mm。如果摩擦块厚度超过磨损极限，则应予以更换。更换摩擦块时，应更换衬片。

如果衬片生锈或橡胶复面剥落，应更换衬片。

(3)制动钳的检查

①检查缸体内表面是否划伤、腐蚀、磨损、损坏或出现异物。如果有，则应更换缸体。腐蚀及异物所造成的小损伤，可用细金刚砂纸打磨内表面。必要时，应更换缸体。要用制动液清洗刚体，绝不能用矿物油。

②检查活塞是否划伤、腐蚀、磨损、损坏或出现异物。如果有，则应更换活塞。活塞滑动表面是电镀的，不要用金刚砂纸打磨。

③检查主销钉、主销钉螺栓和销钉防尘罩是否出现磨损、裂纹或其他损坏。如果有，则应予以更换。

(4)制动盘的检查

1)检查制动盘跳动量

螺母,将制动盘紧固于轮毂上。

前轮轴承的轴向间隙符合要求。用百分表检查跳动量,最大跳动量应为

检查制动盘厚度

测量制动盘的厚度变化(至少八个位置),最大厚度变化量为 0.02mm。

264. 如何检修制动主缸?

(1)制动主缸的分解

制动主缸的零件如图 5-99 所示。

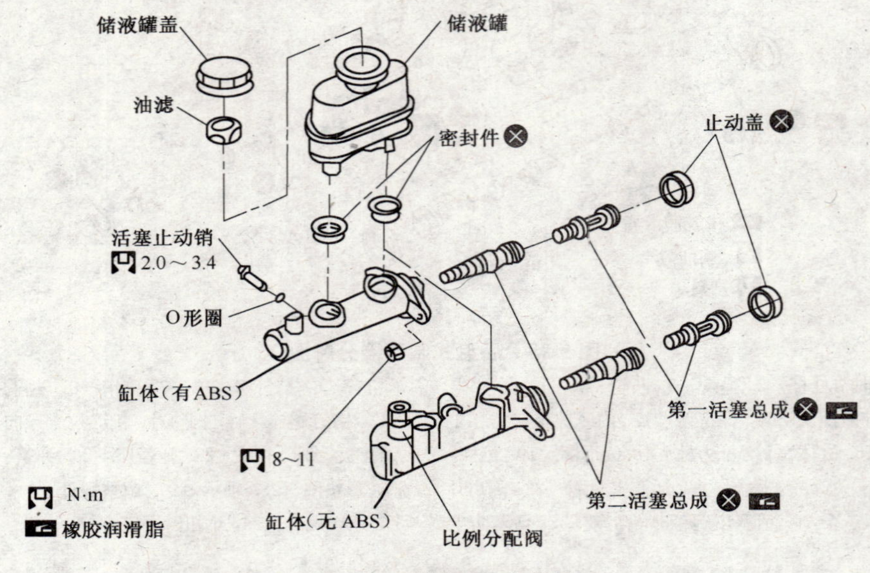

图 5-99　制动主缸分解图

①拆下制动主缸。

②向外扳出止动盖上的卡爪。

③将活塞往缸体内推入,拆下止动销(ABS 车型)。

④拆下活塞总成。若第二活塞总成拆卸困难,可用锤子等敲击缸体凸缘,即可取出第二活塞。

⑤拔下储液罐。

(2)制动主缸的检查

检查缸体内表面有无针孔或划伤。若有损坏,则应予以更换。

(3)制动主缸的装配

①装入第二活塞总成,将第二活塞的槽口对正缸体上活塞止动销的安装孔(ABS 车型),安装活塞止动销。装配时,应注意活塞皮碗的方向。装入活塞时应笔直对正,以免划伤缸体内表面。

②装入第一活塞总成。装配时,应注意活塞皮碗的方向。装入活塞时应笔直对正,以免划伤缸体内表面。

③安装止动盖。安装止动盖前,应将卡爪向内扳弯。

④装上储液罐密封件及储液罐。

265. 如何检修真空助力器？

(1)真空助力器的检查

①检查真空助力器的工作状况。发动机停机时，踩动制动踏板数次，制动踏板行程不应有变化。而踩下制动踏板，然后起动发动机，如果制动踏板略微下降，则表明真空助力器工作正常。

②检查真空助力器的密封性。起动发动机，并在 1～2min 后停下，慢慢踩下制动踏板数次。如果制动踏板第一次踩得低，而第二、第三次逐渐升高，则表明真空助力器的密封性良好。在发动机运转时，踩下制动踏板，使发动机停机，如果制动踏板踩下 30s 后，制动踏板行程无变化，则表明真空助力器的密封性良好。

(2)真空助力器的拆卸

真空助力器的拆卸如图 5-100 所示。

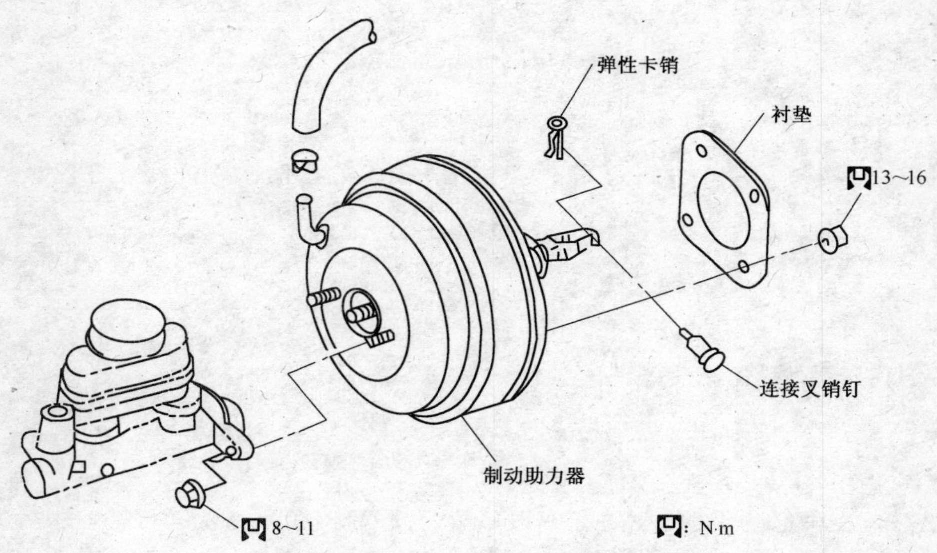

图 5-100　拆卸真空助力器

(3)推杆伸出长度的检查

用手动真空泵为制动助力器施加 66.7kPa 的真空度，检查推杆伸出长度。推杆伸出长度应为 10.275～10.525mm。

(4)真空助力器的安装

安装真空助力器时，注意不要使制动管变形或弯曲。若连接叉销钉已损坏，应更换。重新注入新的 DOT4 制动液。绝不能使用排出的旧制动液。安装时，不要碰伤真空助力器固定螺栓的螺纹。由于安装角度很小，螺纹可能被挡板孔四周的金属碰坏。

①安装真空助力器前，先调整连接叉，使推杆长度约为 125mm，如图 5-101 所示。

②装上真空助力器，并轻轻拧上固定螺母。

③用连接叉销钉连接制动踏板与真空助力器推杆。

④按规定力矩拧紧固定螺母，拧紧力矩为 13～16N · m。